원스어폰어타임인
실리콘밸리

VALLEY OF GENIUS

Copyright © 2018 by Adam Fisher
All rights reserved.

No part of this book may be used or reproduced in any manner whatsoever without written permission except in the case of brief quotations embodied in critical articles or reviews.

Korean Translation Copyright © 2020 by Water Bear Press
Korean edition is published by arrangement with Chris Calhoun Agency LLC
through Imprima Korea Agency

이 책의 한국어판 저작권은 Imprima Korea Agency를 통해
Chris Calhoun Agency LLC사와의 독점계약으로 워터베어프레스에 있습니다.
저작권법에 의해 한국 내에서 보호를 받는 저작물이므로 무단전재와 무단복제를 금합니다

Valley of Genius
원스어폰어타임인 실리콘밸리

The Uncensored History of Silicon Valley

해커, 창업가, 괴짜들이 만든
무삭제판 성공 스토리

지은이 애덤 피셔 **옮긴이** 김소희, 신영성, 이교욱, 장상혁, 최지현, 황진웅

WATER BEAR PRESS

원스어폰어타임인 실리콘밸리

초판 1쇄 발행 2020년 12월 16일
초판 2쇄 발행 2022년 1월 20일

지은이 애덤 피셔
옮긴이 김소희, 신영성, 이교욱, 장상혁, 최지현, 황진웅

기획 장동원 이상욱 김기동
책임편집 오윤근 디자인 위하영
제작 제이오엘앤피
펴낸곳 워터베어프레스 **등록** 2017년 3월 3일 제2017-000028호

주소 서울시 마포구 성미산로 29안길 7 3층 워터베어프레스
홈페이지 www.waterbearpress.com
이메일 book@waterbearpress.com
ISBN 979-11-961590-7-8 03320

* 책값은 뒤표지에 있습니다. 잘못된 책은 구입하신 곳에서 바꿔 드립니다.

이 도서의 국립중앙도서관 출판예정도서목록(CIP)은 서지정보유통지원시스템 홈페이지 (http://seoji.nl.go.kr)와 국가자료공동목록시스템(http://www.nl.go.kr/kolisnet)에서 이용하실 수 있습니다. (CIP제어번호 : CIP2020049518)

키리에게.
영원히, 그리고 언제나.

일러두기

- 이 책은 다수 인물의 인터뷰를 엮었으며, 그중에는 국내 독자에게 생소한 인물이 많다. 각 장의 도입부에 해당 장에 등장하는 인물의 명단을 적어 두었으며, 영문 병기는 생략했다. 등장 인물의 영문 표기와 소개는 책 후반부의 등장 인물 소개를 참고하라.
- 한글 전용을 원칙으로 하고, 필요한 경우에 원어나 한자를 병기했다.
- 인명, 지명 등의 외래어 표기는 검색에 가장 용이한 널리 사용되는 표기를 따랐다.
- 책·신문·잡지 제목 등은 『』, 논문·기사·사설 제목 등은 「」, 영화·게임 등은 〈 〉으로 표기했다.
- 국내 출간 도서명은 국내 출간 제목을 그대로 따랐고, 미출간 도서명은 최대한 원제에 가깝게 옮겼다.

이 책에 대한 찬사

수백 명의 화자들이 미국 서북부 한 지역의 반백 년에 걸친 서사들을 같은 타임랩스 위에 포개어 놓았다. 역사라는 것이 일어난 사건들의 나열이 아니라 그 시간을 살아온 사람들의 성공과 좌절의 총합이라는 사실을 이 책은 아주 잘 보여주고 있다. 이 책은 그래서 인간사人間史다. 그런데 이런 인간사를 왜 알아야할까?

미래로 나아가기 위해서는 과거와 현재를 꿰뚫어 보는 힘을 기르는 시간을 가져야 한다. 그 역사적 경험에 대한 학습은 미래로 내딛는 발에 힘을 실어 준다. 지금까지 존재하지 않았던 새로운 것을 만들어 내기 위해서는 머리와 입보다는 발, 즉 내딛는 힘이 중요하다. 애플에는 휴대폰을 만들어 본 사람이 아무도 없었고, 스티브 잡스는 그런 사람을 채용하기를 원치 않았다고 한다. 머리로 그런 결정을 할 수는 있어도 실행할 용기가 있는 사람은 많지 않다.

돈과 기술 사이에 장벽과 허물이 없기에 다소 물렁해 보이는 공간이 실리콘밸리다. 하지만 이 책에서 다루는 아타리, 제너럴 매직, 닷컴 버블 등의 좌절을 들여다보면 그곳이 결코 물렁하지만은 않다는 사실을 알게 된다. 그 공간에서 수십 년간 벌어졌던 일들을 수많은 화자가 이야기하고 있지만, 그들의 개인적 성취나 부의 축적에 대한 언급은 그리 많지 않다. 그들이 세상을 어떻게 바라보고, 세상을 어떻게 변화시켜 왔는지에 이 책은 집중하고 있다.

스타트업에 대한 이야기가 대부분이기는 하나, 등장하는 인물의 면면을 보면 창업가만 있는 것은 아니다. 다수의 창업가과 더불어 엔지니어, 발명가, 미디어 종사자, 파티 플래너, 마케터, 그리고 영화감독까지 저자를 만나 주었고, 진지하게 그들이 보고 듣고 만들어낸 그들의 얘기를 아담에게 들려주었다. 그리고 그들은 지금도 여전히 역동적인 삶을 살고 있다. 이제는 고인이 된 몇몇 초창기의 혁신가들을 제외하면, 우리가 현재 사용하고 있는 기술이나 투자와 관련된 수많은 용어를 처음 만든 사람들도 만나게 된다. 퍼스널 컴퓨터, 즉 PC라는 용어를 처음 사용한 스튜어트 브랜드, 가상현실이란 용어를 만든 제론 레니어, 벤처캐피털이란 말을 만든 아서락과 조우할 수 있다. 또 우리가 사용하고 있는 컴퓨터의 밑그림을 완성한 더글러스 엥겔바트, 사용자 인터페이스의 창시자 앨런 케이, 비디오게임의 선구자 놀란 부쉬넬도 만날 수 있다. 위대한 해적이자 구루였던 스티브 잡스, 그리고 네트워크 시대의 정복자들까지 수많은 혁신가들을 만날 수 있다. 창조자들이었으며 동시에 비평가들이었던 등장인물들이 내뱉는 주옥같은 상징적 요약을 만끽하는 즐거움 또한 덤이다.

하지만, 역시 이 책의 마지막 장은 잡스를 떠나보낸 얘기로 채웠다. 그를 말하지 않고 어찌 실리콘밸리 얘기를 끝맺을 수 있겠는가?

작가인 애덤 피셔 또한 혁신가의 면모를 잘 보여 주고 있다. 도전을 시작한 자들의 이야기 중에 통사 속에 기록될 가치가 있는 이야기들을 잘 골랐고, 맛깔나게 썼다. 애덤은 그저 인터뷰를 통해 받아쓰기만을 한 것이 아니다. 마치 대화를 나눈 것처럼 구성이 되어 있기에 처음에는 다소 읽기가 버겁겠지만 금새 익숙해질 것이다. 주제별로 화자의 시공간을 넘나들며 대화 방식으로 편집을 해 낸 작가의 역량에 경의를 표한다. 1956년 시작된 실리콘밸리의 일상을 만약에 다 기록을 했다면 아마 1요타바이트(2의 80제곱)의 용량으로도 부족할 것이다. 그 많은 이야기들의 핵심만을 추려 내는 일은 결코 쉬운 일이 아니었을 것이다.

번역자들이 수고를 한 흔적을 책의 곳곳에서 찾을 수 있었다. 이제 그 수고를 이 책에 나온 등장인물들 보다 더 훌륭하고 멋진 혁신가들을 만나는 것에 쏟을 수 있기를 바란다. 그래서, 조금 더 세월이 지난 후에 이 책에 나온 영웅들 보다 더 역동적인 인물들로 가득한 책이 한국에서도 나올 수 있게 해 주기를 바란다. 역사는 배울 때 보다는 만들어 나갈 때 더 짜릿하지 않겠는가?

- 소프트뱅크인베스트먼트어드바이저(비전펀드 운용사) 매니징파트너 문규학

"거인의 어깨에 올라서서 더 넓은 세상을 바라보라."

이 책을 읽으며 가장 많이 떠올렸던 말이 아이작 뉴턴의 명언이다. 창업 초기부터 지금까지, 고객을 위해 늘 다양한 문제를 풀어야 하는 스타트업 창업자로서, 우리가 그런 문제들을 이전 세대가 일구어 놓은 기술 혁신 덕에 푼다는 것에 감탄하곤 했다. 이 책을 읽으며, 중간중간 컬리를 하면서 늘 익숙하게 사용했던 기술 혁신과 그 혁신을 만들어낸 거인들의 이야기들을 발견할 수 있어 시간 가는 줄 모르고 책을 읽었다.

이 시대를 살아가는 많은 분들이, 이 책에 나오는 기술과는 뗄래야 뗄 수 없는 관계일 거라 생각하기에 기술에 관심있는 동시대의 많은 분들이 이 책을 흥미롭게 읽으시리라 생각한다. 더글러스 엥겔바트가 그래픽 기반 사용자 인터페이스(GUI)와 마우스를 개발하면서 탄생한 개인용 컴퓨터(PC), 하버드 기숙사생들의 네트워크 서비스로 시작한 페이스북이 정착시킨 소셜 네트워크 서비스(SNS) 등이 개발되고 발달한 과정을 그 과정에 참여했던 사람들의 목소리로 들려준다. 다른 어떤 곳에서도 접할 수 없는 디테일을 읽는 재미가 있다.

이런 기술과 혁신에 관한 이야기를 더욱 흥미롭게 해 주는 것은 그 속에 등장하는 인물들의 관계다. 이 책에서 다루어지는 28가지 굵직한 이야기들 속에는 다

양한 인물들이 등장하는데, 앞에서 나왔던 인물이 뒤에서 다시 등장하는 일이 많다. 아타리 리서치랩에 있던 인물이 가상현실 기술과 픽사에 관한 이야기에서 등장하고, 냅스터에 있던 인물이 페이스북 이야기에서도 등장한다. 여러 이야기에 걸쳐서 등장하는 사람도 제법 있다. 실리콘밸리는 사실상 그 전체가 하나의 거대한 기업이고 그 안에서 인사 이동이 일어났다고 봐도 무방할 정도다. 그리고 바로 그 점이 실리콘밸리의 힘이지 않았나 싶다.

이렇듯 이 책에는 흥미로운 내용이 많지만, 나는 이 책이 단순한 기술의 나열을 넘어서 기술과 혁신의 뒷면을 보여 준다는 점, 즉 현장 사람들의 노력, 성공과 실패, 눈물과 땀을 그대로 담고 있다는 점에서 더더욱 의미가 있다고 생각한다. 화려한 성공에 지나치게 주목하면 그 하나의 성공이 꽃피기까지 쌓인 수많은 시행착오를 간과하기 쉽다. 그런데 이 책은 아타리나 냅스터와 같은 실패한 기업들의 이야기를 담고 있기도 하고, 아이폰이 지금의 아이폰이 되기까지의 지난하고 고통스러웠던 과정을 담고 있기도 하다. 그리고 이야기가 흘러가면서 그 실패와 고난이 성공적인 기업, 제품, 서비스 등으로 재탄생하게 되는데, 그것이 묘한 위로를 준다.

새로운 일을 시작하는 것은 언제나 어렵다. 의미 있는 결과를 도출하는 것은 더욱이나 어렵다. 그래서 마켓컬리뿐만 아니라 혁신 산업에 종사하는 많은 사람들과 여러 스타트업들이 눈물겨운 밤을 지새우는 일이 많은 것으로 알고 있다. 나는 이 책을 통해 우리 이전에 이미 세상을 바꾼 거인들 또한 오늘의 우리와 다르지 않았다는 것을 읽으며 큰 용기를 얻었다. 세상을 바꾸고 싶은 모든 분들이 영감과 용기를 얻기 바라며 이 책을 강력 추천한다.

- 마켓컬리 대표 김슬아

실리콘밸리는 IT업계나 스타트업 생태계에 몸담고 있는 사람들이 입문하게 된 계기이거나 중요한 영감을 주는 곳이다. 그 연원과 역사를 알면 막연히 알던 실리콘밸리의 문화를 깊이 있게 느낄 수 있다. 이 책에는 현재 우리가 수시로 쓰고 있는 스마트폰을 비롯한 각종 IT 제품과 서비스에 배어 있는 도전자의 발자취가 생생하게 담겨 있다. 그런 점에서 디지털 시대의 그리스 로마 신화다.

이 책은 담고 있는 내용의 폭과 깊이에 비해서 읽기 편하다. 대사의 나열로 되어 있어서, 짧은 호흡으로도 긴 분량을 단숨에 읽어갈 수 있다. 마치 희곡을 읽는 것 같았다. 우리는 이제 이 희곡에서 어떤 배역을 맡아서 어떤 스토리를 남길 것인가?

- 본엔젤스 대표 강석흔

"자신들이 세상을 바꿀 수 있다고 생각하는 미친 사람들이 바로 세상을 바꾸는 사람들이다." 이 책은 세상을 바꾸는 미친 사람들, 과거가 아니라 미래에 집중하는 사람들에 대한 이야기다. 오늘날의 실리콘밸리는 1950년 어느 엔지니어가 퇴근 후에 "인류를 위해 내가 할 수 있는 모든 일을 최대한 시도해 보는 게 어떨까?"라고 물으면서 시작되었다고 정의하는 강렬한 도입부터, 2011년 스티브 잡스의 장엄한 장례식이 눈에 그릴 듯 펼쳐지는 엔딩까지, 물 흐르듯 스토리가 이어진다. 자신의 온 인생을 걸고 전 세계 사람들의 인생을 바꾸어 온 사람들의 이야기는 빠져들지 않을 도리가 없다.

- 퍼블리 대표 박소령

이 책에 대한 찬사 | 11

이 책은 실리콘밸리의 전설적인 기업들이 어떤 좌절을 겪고 어떻게 성공했는지 날 것 그대로 보여 주는 책이다. 길고 어려운 역사책이라기보다, 마치 내 친구가 직접 겪었던 일을 바로 옆에서 이야기해주듯 편하게 당시 상황을 전달해 준다. 그렇기에 금세 몰입해서 쉽게 읽을 수 있었다.

한국에 제2의 벤처 붐이 시작된 지도 벌써 10년이 되었다. 이 책을 읽고 재밌었던 점은 한국이건 미국이건 성공한 벤처기업과 벤처기업인은 크게 다르지 않다는 것이다. 경험의 부재, 예측의 실패, 부족한 자원과 사회적 규제마저도 기회로 삼아 어떻게든 결과를 만들어냈다. 세상을 바꾸고 새로운 시대를 연 벤처기업인이 어떤 사람인지 궁금하면 이 책을 통해 확인해 보시라.

- 라구나인베스트먼트 파트너 박영호

스타트업은 이제 우리 사회에서 일시적 유행이나 트렌드가 아닌 필수 요소가 되었다. 스타트업을 창업하건, 스타트업에서 일하건, 스타트업에 투자하건, 스타트업의 서비스를 경험하건. 그리고 그 스타트업의 핵심 요소가 지속적인 학습과 성장에 대한 끊임없는 갈구다. 이 책은 바로 그 요소를 실리콘밸리의 대표적인 기업들의 경험을 통해 펼쳐 보인다. 스타트업의 본질에 대한 이해도를 높일 수 있는 훌륭한 책이다. 모든 분들께 강력히 추천한다!

- 패스트트랙아시아 대표 박지웅

나도 이 분야에서 활발하게 일하고 있고, 실리콘밸리와 창업에 대한 책을 그동안 많이 읽었고, 실리콘밸리에서도 몇 년살아서 이 동네 이야기는 다 안다고 생각했다. 이 책의 매우 독특한 대본 위주의 전개 방식, 내용의 깊이, 그리고 이 동네의 혁신이 어떻게 만들어졌는지에 대한 사실적인 묘사가 상당히 인상적이다. 남들은 이미 알고 있다고 생각하는 창업가, 회사, 그리고 그들의 성공과 실패에 대한 이야기를, 실제 주인공 또는 인사이더가 아니면 절대로 알 수 없는, 그런 누구나다 안다고 생각하는 이야기에 대한 그 누구도 모르는 찐 이야기다.

- 스트롱벤처스 공동대표 배기홍

10년 뒤 우리는 어떤 세상에서 살고 있을까? 이미 정해진 미래란 없다.
누군가가 앞서서 미래에 대한 비전을 가지고 머릿속의 그림을 하나씩 꺼내어 실행하는 과정에서 미래의 퍼즐이 하나씩 맞춰지게 된다. 이 책을 통해, 전 세계 사람의 생활에 큰 영향을 미치는 실리콘밸리의 기업이 어떤 사람들의 생각과 노력으로 만들어졌는지 상세히 알 수 있게 된다. 지금은 너무나도 당연하게 여겨지지만 이전에는 허무맹랑해 보였던 아이디어들이 어떻게 실현되었는지를 살펴보면, 우리의 미래가 앞으로 어떻게 바뀔 것인지에 대한 영감도 얻을 수 있다.

- ㈜직방 대표 안성우

그 옛날 실리콘밸리에는 낭만이 있었다고 한다. 그 낭만은 불가능한 이상과 상상이기도 했고, 일주일에 100시간을 일해도 사그라들지 않는 열정이기도 했고, 성과보단 도전을 응원하는 의미에서 건넨 백지 수표이기도 했다. (가끔은 마리화나와 코카인을 동반한 난장판이기도 했다고 한다.) 낭만의 결과, 애플과 구글과 페이스북이 탄생했다. 이제는 더이상 존재하지 않는 아타리와 제너럴 매직도 탄생했다.
오늘날 실리콘밸리에는 넘치는 부와 권력이 있다. 스티브 잡스는 떠났지만 여전히 래리 페이지와 세르게이 브린, 그리고 마크 저커버그는 있다. 낭만은? 있을 수도 있고 없을 수도 있다. 이 책이 거기까지 말해주진 않는다. 다만 오늘날의 실리콘밸리를 일군, 역사적인 시대를 만든 이들의 목소리를 빌려 그 시절의 정서를 저자의 관점으로 소개할 뿐이다. 야심찬 낭만 또는 낭만적인 야심을 품은 사람에게 꼭 권하고 싶다.

- 트레바리 대표 윤수영

이 책은 실리콘밸리에서 태어나 성장하고 나중에 유명한 테크저널리스트로 활약한 저자가 현장에서 인터뷰한 200여 명의 인터뷰 자료를 엮어낸 독특한 책이다. 마우스의 탄생부터 구글, 페이스북, 트위터의 성장, 아이폰의 탄생 비화, 스티브 잡스의 죽음까지를 그 현장에 있었던 당사자의 목소리를 통해 듣는 실리콘밸리 다큐멘터리 같은 책이다. 한국의 대표 VC들이 모여 번역 작업을 해서 그런지 아주 매끄럽게 읽힌다. 당시 실리콘밸리 혁신의 현장이 머릿속에 그대로 그려지는 느낌이다. 실리콘밸리의 역사와 혁신의 과정을 가감 없이 들여다보고 싶어 하는 독자에게 추천한다. 우리가 이제는 일상생활에서 당연하게 생각하며 매일 쓰는 마우스, 아이폰, 페이스북 등의 혁신 제품들이 실제로는 엄청난 시행착오와 고난을 거쳐 만들어진 결과물이란 것을 느낄 수 있다.

- TBT 공동대표 임정욱

옮긴이 서문

2010년 스마트폰의 탄생과 함께 한국에 제2의 벤처 생태계가 형성되었고, 이는 곧 폭발적인 성장을 거듭하면서 쿠팡, 배달의민족, 무신사, 마켓컬리 등과 같은 걸출한 스타트업을 배출했다. 이 스타트업들은 전례 없는 속도로 대중의 생활 습관과 산업의 지형을 바꾸었다.

10년 전, 배달 음식을 주문하려면 (믿기 어렵겠지만) 전단지를 뒤져 보거나, 평소에 자주 시켜 먹는 단골집의 전화번호를 따로 저장해 두었다가 주문해야만 했다. 시간을 조금 최근으로 감아 4년 전으로 가 보자. 4년 전만 해도 식자재는 당연히 마트에서 사는 것이었으며, 침대에 누워서 스마트폰을 통해서 장을 볼 수 있다고 생각하기 힘들었다. 그리고 그 식자재가 다음 날 눈 떠보면 집 앞 현관에 와 있는 장면은 상상조차 하지 못했다. 하지만 지금은 어떤가? 누구나 배달 음식은 배달의민족, 쿠팡이츠와 같은 앱으로, 식자재는 마켓컬리, 쿠팡프레시와 같은 서비스로 주문한다.

비단 배달 음식, 식자재뿐만이 아니다. 옷(무신사, 에이블리, 브랜디, 지그재그 등), 금융(토스, 뱅크샐러드 등), 부동산(직방, 호갱노노 등), 인테리어(오늘의 집 등), 미용 정보(강남언니, 화해 등), 중고 거래(당근마켓, 번개

장터 등), 콘텐츠(카카오페이지, 왓챠 등) 등 사회의 거의 모든 구성 요소가 손 안에서 접근 가능해졌다. 이제 더 이상 최적의 대출 정보를 알아보기 위해 각종 금융 기관 사이트를 뒤지지 않아도 되고, 쇼핑몰에서 파는 옷을 비교해 보기 위해 수십 개의 사이트를 일일이 뒤져 보지 않아도 된다. 성형 정보를 확인하기 위해 각종 블로그와 카페를 뒤져 볼 필요도, 중고 물품을 사고팔기 위해 각종 카페와 커뮤니티를 넘나들 필요도 없어졌다. 그리고 놀랍게도 이 모든 변화는 불과 10년 사이에 이루어졌다.

10년이란 시간은 산업의 변화라는 관점에서 보면 아주 짧은 시간이다. 산업혁명이 거의 반세기에 걸쳐서 이루어졌음을 상기해 보면, 지난 10년의 모바일 혁명은 엄청나게 빠른 속도로 진행된 것이 자명하다. 그런데 바로 그 속도 때문에, 빠르게 눈부신 성과를 이룬 스타트업들이 어떤 고충이나 어려움, 내·외부적 갈등 없이 처음부터 놀라운 비전과 구상 아래 모든 것이 계획대로 순탄하게 이루어졌을 것이라고 생각하기 쉽다. 결론부터 이야기하면, 전혀 그렇지 않다.

시작은 엉성했으며, 과정은 좌충우돌이었다. 배달의민족은 서비스를 시작하고 꽤 오랜 기간 식당 사장님들에게 문전 박대를 당했고, 마켓컬리는 이름을 알리기 위해 아파트들을 돌아다니며 전단지를 뿌렸다. 무신사는 그 이름처럼 무진장 신발을 많이 모아 놓은 사이트에 불과했으며, 토스는 종합 금융 플랫폼이 아니라 그저 간편 송금 서비스에 불과했다. 그런 초라한 시작을 기반으로 창업가의 의지, 구성원의 노력, 투자자의 조력이 더해져서 지금의 위치를 차지할 수 있게 되었다.

실리콘밸리의 전설적인 스타트업들 또한 크게 다르지 않다. 정확하게는 그 모델의 출발점이 실리콘밸리였다. 1980년대부터 최근까지 이어진 실리콘밸리발 인터넷 혁명은 전 세계인의 생활 양식, 더 나아가 사회를 바라보는 시선을 바꿔 놓았다. 그런데 그 인터넷 혁명의 중심에 있던 기업들은 초라하게 시작했으며, 끝없는 내·외부적 갈등을 겪으며 성장하거나 도태되었다. 페이스북은 아이비리그 대학생을 대상으로 하는 인명록 서비스에 불과했으며 익히 잘 알려진 것처럼 경영권과 관련된 문제들을 겪었다. 냅스터는 기숙사 친구끼리 파일을 공유하기 위해 만든 서비스일 뿐이었으며, 음반 회사들과 저작권 관련 소송 끝에 서비스를 종료해야만 했다.

이 책은 그러한 미국 내 전설적인 스타트업들이 어떻게 탄생하여 어떤 성공과 좌절을 겪었는지, 그 과정에서 관련된 사람들이 어떤 갈등을 겪었는지를 핵심 구성원 및 주요 주변 인물의 목소리를 통해서 생생하게 전달한다. 옮긴이들은 그 이야기를 한국어로 옮기면서 1980~2000년대의 미국, 2010년대의 한국은 시대와 장소가 다를 뿐 모두가 비슷한 역경을 통해 성장했음을 확인할 수 있었다. 신데렐라 스토리는 없었다. 성공으로 가는 길은 언제나 온몸에 진흙을 묻히고 마라톤을 하는 것과 같았다.

그렇기에 이 책을 지금도 사회의 최전선에서 사람들의 생활, 시장의 생태계, 더 나아가 산업 구조를 바꾸기 위해 불철주야 노력하는 모든 스타트업 창업가 그리고 그 구성원에게 바친다. 지금의 고난과 역경이 본인에게만 일어나는 것이 아니라는 점을, 성공한 모든 전설적인 스타트업들 또한 같은 길을 걸었다는 점을 이 책을 통해 전하고 싶다.

그리고 스타트업 창업과 취업에 관심 있는 많은 분들께도 이 책을 권하고 싶다. 실리콘밸리 스타트업의 기업 문화는 실제로 어떠한지, 언론에서 비추는 화려한 성공 뒤에는 어떤 치열한 성공과 실패의 과정이 있었는지 가감 없이 접할 수 있다. 그것이 스타트업에 대한 이해도를 높이는데 도움이 되어, 창업과 혁신이라는 끝 모를 마라톤에 더 멋진 선수들이 뛰어들길 기대해 본다.

2020년 8월
옮긴이 일동

CONTENTS

이 책에 대한 찬사 7
옮긴이 서문 15
머리말 21

프롤로그

---

00 있는 그대로의 실리콘밸리: 미래인에게 듣는 과거 이야기 32

1부
컴퓨터 부랑자들 사이에서

---

01 빅뱅 44
빅뱅: 모든 것은 더글러스 엥겔바트로부터 시작되었다

02 1번 타자 준비 완료 68
티셔츠를 입은 재벌의 등장

03 타임머신 91
제록스파크에서 미래를 발명하다

04 틀을 깨는 자들 111
잡스와 워즈가 판을 바꾸다

05 관리자보다 똑똑한 노동자 135
아타리, 경영진과 개발자의 갈등

06 애플의 비밀 150
좋은 아티스트는 모방하고, 위대한 아티스트는 훔친다

07 게임 오버 162
아타리의 몰락과 그 유산

08 안녕하세요, 전 매킨토시입니다 176
스티브 잡스 마케팅의 등장

09 엇갈린 운명 197
컴퓨터의 미래는 달랐을 수 있다?

2부
해커윤리

10 정보는 무엇을 원하는가? 210
세상을 바꾼 컴퓨터 천재들의 잔치

11 전 지구를 전자로 연결하라 224
온라인 커뮤니티의 탄생

12 현실감 체크 240
가상현실과 새로운 인터페이스 만들기

13 미친 완벽함에서 완벽한 미침으로 258
제너럴 매직, 새로운 세대를 멘토링하다

14 출판계에 몰아치는 태풍 281
『와이어드』, 게릴라 저널리스트들의 혁신

15 토이 스토리 301
컴퓨터 애니메이션, 제록스파크에서 픽사까지

16 어이, 일어나봐 인터넷 318
넷스케이프의 거대한 성공

17 등잔 밑의 불길 340
인터넷 문화의 원류, 썩닷컴

18 문화 해킹 360
사이버 언더그라운드가 주류가 되다

3부
네트워크 효과

19 벼룩시장의 급습 380
이베이의 철학, 그리고 역대급 상장

20 인터넷의 생김새 403
구글, 검색 엔진으로 세계를 정복하다

21 공유의 아이러니 425
냅스터, 산업의 판도를 바꾸다

22 닷-컴 폭탄 457
진정성 있는 바퀴벌레들만 남다

23 왕의 귀환 479
스티브 잡스의 복귀와 애플의 부활

24 될 놈은 된다 504
구글이 바꾼 인터넷의 풍경

25 내가 CEO다. 이놈들아! 521
페이스북의 실리콘밸리 입성

26 프로젝트 퍼플 553
아이폰 탄생에 얽힌 비화

27 내 손 안의 우연성 575
트위터, 아이폰을 만나 날아오르다

28 무한한 공간, 저 너머로! 598
스티브 잡스를 기리며

에필로그

실리콘밸리 미래의 역사 622

감사의 말 640
등장 인물 소개 642
출처에 관하여 680

머리말

나는 오늘날 실리콘밸리 Silicon Valley 라는 이름으로 널리 알려진 곳에서 자랐다. 돌이켜 보면 그곳은 일상적인 곳은 아니었다. 어린 아이의 입장에서는, 도시와는 거리가 멀고 안전하며 심지어 심심한 곳이었다. 물론, 오타쿠스러운 해커들이 낄낄대면서 어슬렁거리는 것을 뺀다면.

1970년 후반쯤이었을 것이다. 우리 옆집에 살던 아주머니가 운영하는 컴퓨터 가게가 있었는데, 어머니는 그 가게에 종종 나를 데려다주시곤 했다. 그곳에서 〈거대한 동굴 모험 Colossal Cave Adventure〉이라는 게임을 하곤 했는데, 컴퓨터가 물어보는 질문에 단어를 입력하면서 모험을 헤쳐 나가는게임이었다. 예를 들어, 컴퓨터가 "당신은 작은 벽돌 건물 앞의 길 끝에 서있고, 숲 속 작은 개울이 그 건물 앞을 흐르고 있습니다. 그 다음은 무엇이 나타날까요?"라고 물어보면 대답을 하는 식이었다.

당시에 컴퓨터라고 하면 메인프레임이라고 불리는 중앙처리장치를 일컬었는데, 사람 손이 닿지 않도록 유리로 쌓여 있었기에 실제 컴퓨터를 만지지는 못했다. 키보드와 송수신 장치가 기다란 전기줄로 연결된 단순한 단말기라 할지라도, 키보드를 하나씩 눌러 보면서 놀았던 경험은 너무나 흥미로웠다. 생각해 보면, 〈거대한 동굴 모험〉은 원시적인 수준의 게임이었지만 한번 시작하면 그 자리를 좀처럼 떠날 수 없었기 때문에, 내 인생에서 가장 소중한 소꿉친구였던 것 같다.

그 게임의 내용은 이랬다.

KILL DRAGON "용을 죽여라"라고 입력하면,

WITH WHAT? YOUR BARE HANDS? "맨손으로 처리하겠습니까?"라고 컴퓨터가 응답했다.

YES "응"이라고 다시 적었더니

CONGRATULATIONS! YOU HAVE JUST VANQUISHED A DRAGON WITH YOUR BARE HANDS!(UNBELIEVABLE, ISN'T IT?) "축하합니다! 방금 당신은 맨손으로 용을 무찔렀습니다!(믿기지 않죠?)"라고 반응했다.

몇 년이 흘러 1979년, 옆집에 살던 그 가족은 애플 II라는 개인용 컴퓨터 personal computer, PC를 샀다. 엄청나게 놀라웠다. 만질 수도 있고, 분해도 되고, 이리저리 부품을 바꿀 수 있다니! 심지어 컬러 TV를 모니터로 사용하기까지 했다. 소문자를 지원하는 컴퓨터 칩을 설치하던 기억이 지금도 생생하다.

애플 II에서 동굴 모험 게임을 하면 대문자뿐 아니라 소문자도 표시할 수 있었다(이야!). 게다가 단순히 텍스트 방식의 게임만 있는 것은 아니었다. 애플 II에서는 비디오 게임도 할 수 있었는데, 그중 〈리틀 브릭 아웃Little BrickOut〉[†][†]이 단연 압권이었다. 심지어 오락실용 원작보다 훨씬 재미있었다. 〈리틀 브릭 아웃〉은 베이직BASIC[‡]으로 개발되었기 때문에, 소스 코드를 어렴풋이나마 살펴보고 이해할 수 있었다. 예를 들어, 소스 코드의 130번째 행을 보면:

130 PRINT "CONGRATULATIONS, YOU WIN." "축하합니다, 당신이 승

[†] 아타리Atari사의 〈브릭 아웃Brick Out〉이라는 비디오 게임의 여러 후속작 중 하나.

[‡] 컴퓨터 프로그래밍 언어 중 한 종류.

리했습니다."

이 코드는 소문자가 가능한 칩 덕분에 이렇게 변형할 수도 있었다.
130 PRINT "Congratulations, you win."

심지어 이렇게도 바꿀 수 있었다.
130 PRINT "Congratulations, Adam!!! You have just vanquished Little Brick Out with your bare hands!" "축하합니다 애덤!!! 당신은 맨손으로 리틀 브릭 아웃을 무찔렀습니다!"

나는 코드를 이렇게 간단히 수정하기만 해도 컴퓨터가 무엇이든 말하고 실행하게 되는 점에 완전히 매료되어 버렸다.

독자 여러분이 들고 있는 이 책은 실리콘밸리에서 가장 많이 알려져 있고, 회자되고 있는 이야기들로 채워졌다. 그 이야기들은 당연히 모두 사실이지만, 어떤 면에서는 신화와 유사한 측면도 있다. 가장 오래된 것은 이미 전설이라 불리기도 한다. 1968년 더글러스 엥겔바트가 새로운 컴퓨터 시스템을 선보인 데모demo[†]가 '모든 데모의 어머니'라고 일컬어지는 것이나, 뛰어난 사업 수완을 가진 스티브 잡스와 천재 개발자인 스티브 워즈니악의 이야기가 고전이 되어 버렸듯이 말이다. 이런 이야기들이 모이고 모여, 실리콘밸리가 어떤 문화와 특징을 갖게 되었는지 말해 준다.

더욱 생생한 이야기를 듣기 위해, 나는 마법의 순간을 직접 마주한 사람들을 수소문하여 인터뷰하기 시작했다. 비단 무대 위의 영웅뿐 아니라 있는 그대로의 이야기를 해 줄 수 있는 주변 목격자들도 말이다. 그들은 대부분 지금도 살아 있고, 많은 이들은 여전히 젊다. 그들에게 당시 무슨 일이 있었고, 무엇을 목격했고, 그게 어떤 의미인지를 말해 달라고 부탁했다.

나는 200명이 넘는 사람들을 인터뷰했는데, 대부분은 몇 시간 이상씩 진행했다. 그 과정에서 많은 것을 배울 수 있었다. 가장 놀라웠던 것은 인터

[†] 영단어 Demonstration의 약자로 전시용 제품이나 시제품 또는 특정 제품이나 서비스를 시연하는 것을 의미한다. 컴퓨터 관련 영역에서는 '데모'라는 용어를 많이 사용하기에 한국어 단어로 번역하지 않고 그대로 두었다. 이하에서 등장하는 데모는 모두 시위가 아닌 시연이나 시제품을 의미한다.

뷰한 사람들이 각각 독특한 색깔을 지녔다는 점이었다. 실리콘밸리는 교외 지역에 불과했지만, 다양성을 포용하면서 폭발적으로 성장하기 시작했다. 실리콘밸리라는 그 자체를 규정하는 전통이란 것이 없을 정도니까. 여전히 흑인 비율이 낮긴 하지만, 실리콘밸리는 '용광로'라는 말에 딱 들어맞을 만큼 다양한 인종으로 구성되어 있다. 여성의 존재감 또한 아직은 남자보다 미약하지만, 일반적으로 생각하는 것보다는 훨씬 많은 여성이 있다. 그리고 나이는 많든 적든 중요하지 않다. 오히려 새로운 아이디어를 끊임없이 발굴할 수 있는 젊은 열정에 주목한다.

그럼에도 실리콘밸리를 관통하는 공통점은 있다. 거의 모든 사람의 어린 시절은 마치 내 어린 시절을 듣는 것 같았다. 어린 나이에 컴퓨터(대부분 컴퓨터 게임을 통해)를 접하게 되었고, 이내 곧 컴퓨터에 푹 빠지면서 해킹, 컴퓨터과학 혹은 전자공학을 공부하기 시작했다. 게임의 이름은 계속 바뀌지만, 패턴은 그대로다.

인터뷰를 글로 옮기고 나자, 나는 수백 시간 분량의 인쇄물, 수백만 개의 기억을 갖게 되었다. 그 인쇄물들이 사무실 책장을 가득 채우고 나서야 본격적으로 인쇄물을 자르는 작업을 시작했다. 마치 영화 필름을 자르듯이.

편집 작업은 말 그대로 인쇄물을 가위로 잘라서 테이프 통에 감는 작업이었다. 나는 컴퓨터 없이는 어떠한 일도 할 수 없을 만큼 컴퓨터에 의존하는데, 이런 구닥다리 편집 방식이 오히려 제일 효과적이라는 것을 새삼스레 깨달았다. 인터뷰를 실수 없이 문서화해 줄 만큼 정확한 인공지능이 아직 없기도 했다. 게다가 사람들을 수소문해서 인터뷰를 하도록 설득하는 과정도 모두 한 땀 한 땀 진행했다.

다 닳아 빠진 신발 밑창, 날카로운 가위, (덕지덕지 붙이는) 스카치테이프 없이 이 책은 나올 수 없었다. 그 과정이 항상 재미있지만은 않았다. 온전히 몰입하여 꼬박 4년이란 시간을 들였다. 어떻게 보면 그보다 더 오래 걸렸다. 지난 10년을 사람들과 관계를 만들고 인터뷰를 하는 데 썼으니까. 만약 공들여서 이야기 하나하나를 새롭게 구성하지 않고, 단순히 실리콘밸리의 역사를 써 내려갔다면 훨씬 쉬웠을지도 모른다. 하지만 그러면 중요한 것들을 놓칠 것 같았다. 앞으로 풀어낼 이야기는 내 것이 아니다. 실리콘밸리 사람들이 모두 누려야 할 공동 자산이다. 그래서 독자가 마치 그들에게 직접 듣는 것처럼 그 이야기를 있는 그대로 생생히 듣기를 원했다. 앞으로의 이야기는 실리콘밸리가 자라나던 순간들을 직접 마주한 사람들의 언어로 생생하게 펼쳐질 것이다.

이 책에 내 이야기는 거의 없지만, 모든 기자가 본인만의 관점과 성향이 있듯 나 역시 내 관점에 기초해서 글을 썼다. 의식하지도 못할 만큼 독창적으로 행동하고 사고하는 문화야말로 실리콘밸리의 가장 흥미롭고 중요한 특징이라는 관점 말이다.

나는 컴퓨터 캠프(1982년도에는 그 캠프가 유일했다)에 참가한 적이 있다. 그곳에서 이렇게 ＿/\/\/￣ 생긴 구불구불한 선으로 엽서에 서명하던 선생님 한 분을 만났다. 그 서명은 마치 레지스터resister(회로도에서나 봤음직한 저항기)의 기호와 비슷했다. 실리콘밸리는 안식처이기도 했지만, 버클리와 샌프란시스코에서 뿜어져 나오는 강렬한 역동성이 발생하는 곳이기도 했다.

나는 그 레지스터 선생님이 매우 흥미로웠다. 그는 '스타트업 컴퍼니start-up company'라고 부르는 비밀 프로젝트를 진행 중이었는데, 그 프로젝트가 세상을 바꿀 거라 말하곤 했다. 그는 다음 여름에 그 프로젝트 최종 성과물을 나와 아버지에게 보여 주기 위해 우리 집에 불쑥 찾아왔다. "언젠간"이라고 운을 떼더니, "모든 사람의 차 안에 휴대용 전화기가 놓이는 날이 올 거예요"라고 말했다. 심지어 그는 혼다 어코드Honda Accord 의 계기판에 연결된 수화기를 들고 행복하게 대화하는 남자가 그려진 컬러 책자까지 만들었다. "머지않아 차 안의 전화기는 부자만의 전유물이 아니게 될 테니까요"라는 말을 남긴 뒤 인사를 하고 버스를 타고 떠났다. 나는 당시에 그 생각에 회의적이었다. 차도 없는 히피족이 과연 미래를 예측하거나 창조할 수 있을까? 아버지도 "글쎄, 어쩌면?"이라며 조금 회의적이었다.

그 후, 난 대학 진학을 위해 실리콘밸리를 떠나 『와이어드Wired』라는 잡지에서 편집자로 근무하다가 10여 년이 지난 후에야 다시 실리콘밸리로 돌아왔다. 그리고 무언가 이상하다고 느꼈다. 뉴욕의 뉴스미디어들이 쏟아내던 실리콘밸리에 관한 이야기는 내가 컴퓨터 캠프에서 들었던 말, 술집과 버닝맨 Burning Man[†]에서 느꼈던 것과는 너무 달랐다. 인식 장애가 일어난 듯했다. "뉴욕은 절대 이 문화를 이해하지 못해!"라고 속으로 되뇌었다.

시간이 지나면서 이 모든 차이는 결국 관점의 문제였음을 깨닫게 되었다. 그 주류 매체들은 실리콘밸리를 모두 사업과 돈에 관한 이야기로만 다뤘다. 예를 들어, 누가 요즘 잘나가고 못 나가는지, 누가 최근에 억만장자가 되었는지 같은 것들. 이런 소재도 물론 기사로 다뤄질 만하고, 심지어 더 많은 사람의 흥미를 끌 수는 있겠지만 적어도 내게는 그렇지 않았다.

내 고향인 실리콘밸리에서는 대부분의 이야기가 돈에 관한 것이 전혀 아니었다. 무에서 유를 창조하려는 과정에서 벌어지는 저항, 영웅적인 활약, 투쟁, 속임수에 관한 이야기였고, 그런 대담한 행동이 가능하려면 뛰어난 재주가 필요했다. 간단히 말하자면, 용을 무찌르는 모험과 같다. 이 말은 적어도 내 경험에 한해서는 여전히 맞는 말이다. 나는 계속 그런 영웅호걸들의 이야기에 빠져들었고, 앞으로도 그럴 것이다.

물론 경제적인 관점에서 이야기를 하지 않겠다는 것은 아니다. 실제로 우리 세대는 산업혁명 이후 가장 위대한 변화를 목격했다. 그 변화란 '정보경제information economy'라고 불리는 새로운 경제 질서인데, 실리콘밸리가 그것을 가장 선두에 서서 진두지휘했다고 볼 수 있다. 이게 경제적인 관점이 아니라면 무엇인가?

[†] 미국 네바다주 블랙록 사막에서 약 일주일간 개최되는 행사로, 각 참가자는 공동 생활을 하여 그곳에서 자신을 표현하면서 생존한다.

하지만 보잘것없는 내 생각에 더 중요한 질문은 정보화라고 일컬어지는 변화가 어떻게 우리 삶을 바꿀 것인가다. 그 답은 지금 실리콘밸리에서 형성되고 있는 문화에서 찾을 수 있다고 생각한다. 실리콘밸리는 미래지향적이고 진취적으로 생각한다. 기술을 중시하고 정량적인 데이터에 따라 의사결정을 한다. 기술 그 자체를 개발하는 것에 초점을 맞추기보다는 기술을 어떻게 실생활에서 잘 사용할 수 있을지를 고민한다. 항상 현실의 문제점을 고민하지만, 이상적인 꿈은 놓지 않는다. 그것도 아주 똑똑하게 그리고 유쾌하게. 한마디로 '너드nerd' 문화라고 할 수 있다. 물론 아주 오랜 옛날부터 너드들은 존재했다. 레오나르도 다 빈치도 너드였고, 벤저민 프랭클린도 마찬가지다. 알베르트 아인슈타인은 그중 단연 으뜸이었다. 다만, 아이러니하게도 너드의 전유물이 대중에게 자연스럽게 번졌을 때 새로운 것이 탄생하고는 한다.

이 주장의 근거는 조금만 살펴도 쉽게 찾을 수 있다. 〈빅뱅 이론The Big Bang Theory〉이라는 너드에 관한 시트콤은 역대 최고 시청률을 기록했고, 가장 오래 방영된 TV 프로그램 중 하나다. 미 항공우주국NASA의 팬이 자체 출판한 소설 『마션The Martian's』은 영화화되어 블록버스터급 성공을 거뒀다. "로망스, 빈정거림, 수학, 언어"에 관한 인터넷 만화 〈xkcd〉[†]는 수많은 독자를 모았다.

적어도 내게는 이렇게 유명해진 문화를 보통의 젊은 세대가 소비한다는 점이 더욱 놀랍다. 흥미진진한 인생을 살기를 원하는 아이들은 더 이상 락스타나 래퍼를 꿈꾸지 않는다. 오히려 실리콘밸리의 IT 스타를 꿈꾼다. 그들은 스티브 잡스나 마크 저커버그, 일론 머스크가 되기를 더 열망한다.

여러분도 잘 알다시피, 기술 기업의 창업자가 특별히 솔선수범하여 모범을 보인 적은 없다. 아타리Atari의 창업자인 놀란 부쉬넬Nolan Bushnell은 이미 50년 전에 20세기의 실리콘밸리 스타트업 CEO의 전형을 보여 줬는데,

---

[†] 미국 웹툰으로 한국의 '졸라맨'과 같은 막대 인간들이 등장하는 공대 개그물이다.

그는 어쩌면 역사상 가장 심한 악동 중 한 명일지도 모른다. 그의 후배 격인 스티브 잡스도 별로 다르지 않았다. 그런데 동시에, 이 새로운 너드 문화는 앞으로 인류에 닥칠 엄청난 위기들을 생각해 보면, 우리의 미래에 가장 긍정적인 대안이기도 하다. 곧 90억 명의 인구가 점점 온난화가 진행되는 지구에 살 것이고, 개개인 모두 각자의 주머니에 슈퍼 컴퓨터를 갖고 다니게 될 것이다. 그래서 나는 낙관적이다. 위기의 시기에 과학과 기술에 집요한 세대보다 누가 지구를 더 잘 후대에 물려줄 수 있을까.

이 새로운 너드 문화가 어디서 기원했는지는 아주 분명하다. 바로 실리콘밸리다. 그러면 문화란 무엇인가? 거기에도 의문의 여지는 없다. 문화는 사람과 장소를 정의하는 이야기일 뿐이다. 즉, 문화란 우리가 자신을 이해하고, 우리가 어디서 왔으며 어디로 가고 있는지를 알기 위해 서로에게 하는 이야기들이다.

이 책 전체에 그 이야기들을 다 녹여 넣었다. 그 이야기들을 합치면 실리콘밸리에서 대대로 전해지게 될 구전 역사가 완성된다.

2018년 6월, 캘리포니아 알라메다에서
애덤 피셔

프롤로그

늘 배고프게, 늘 바보 같이.

- 스티브 잡스, 스튜어트 브랜드를 인용하며 -

02

있는 그대로의 실리콘밸리
미래인에게 듣는 과거 이야기

등장 인물

가이 바넘	브루스 혼	제이미스 맥니븐
고든 무어	비즈 스톤	제프 스콜
댄 코트키	숀 파커	조던 리터
데이비드 레빗	스콧 하산	존 바텔
돈 발렌타인	스티브 워즈니악	존 지아난드레아
래리 브릴리언트	스티브 잡스	짐 레비
래블(에반 헨쇼플랫)	스티브 펄먼	짐 워렌
레이 맥클루어	R. U. 시리우스(켄 고프만)	짐 클라크
레이 시드니	알렉스 토틱	척 태커
론 존슨	애론 시틱	캐롤 바츠
루이스 로제토	앤디 허츠펠드	캡틴 크런치(존 드레이퍼)
리 펠센스타인	앨비 레이 스미스	크리스 카엔
마리사 메이어	에반 윌리엄스	크리스티나 울시
마크 포랏	에즈라 캘러한	티파니 슈라인
브래드 템플턴	오르컷 부육콕텐	포 브론슨
브래드 핸들러	제리 카플란	프레드 데이비스
브렌다 로렐	제이미 자윈스키	

실리콘밸리는 겉보기엔 평범한 곳이다. 상대적으로 조그마한 규모의 도시들로 둘러싸인 교외의 목가적인 지역이다. 그런 곳이 과연 어떻게 미래를 연상시키는 곳이 되었을까? 한 역사학자의 말을 인용하면, "이곳 사람들이 어떻게 자신들의 이야기를 전달하는가에 그 차이가 있다." 그들은 일반적으로 역사가 가르쳐지는 방식과 미묘하게 다른 방식으로 스스로의 역사를 인식한다. 그 역사는 칼 마르크스의 역사적 유물론, 즉 착취하는 사람과 착취당하는 사람에 관한 이야기가 아니다. 또한, 음유시인들에 의해 기록된 낭만적인 역사도 아니다. 실리콘밸리의 역사는 신과 구의 대결에 관한 역사다. 어떻게 한 기술이 그다음 기술에 의해 대체되었는지에 대한 역사다. 전통적으로 역사는 최초의 기술이자 첫 번째 매체였던 활자와 함께 시작되었다. 하지만 실리콘밸리에선 시간을 빨리 감아 그전에 존재했던 모든 미디어를 흡수한 메타 미디어인 컴퓨터의 발명 시점으로 가야 한다. 그리고 컴퓨터 바로 다음으로는 컴퓨터 네트워크 간의 연결인 인터넷의 발명이 있었다. 그다음은 주머니 속에 있는 인터넷, 24시간 접속되어 있는 스마트폰의 발명이었다. 그리고 그런 발전은 계속되었다. 이 이야기에서 역사는 사람들에게 일어난 어떤 일이 아니다. 역사는 사람들에 의해 만들어졌다. 그리고 우리 시대의 역사는 실리콘밸리에서 만들어졌다.

스티브 잡스: 사람들이 몇백 년 후를 돌이켜 보면, 현재 시점이 인류 역사에 전에 없던 시기라는 것을 깨달을 거예요. 믿든 말든, 바로 지금 이 시대가 말이죠.

스티브 워즈니악: 창의성이 높아요, 여기는. 여기에선 꿈을 가지고, 그 꿈에 대해서 생각해 보고, 그 꿈을 자기가 이룰 수 있다고 생각해도 괜찮습니다. 다른 어떤 곳보다도 말이죠.

론 존슨: 오른쪽엔 샌프란시스코만이 있고, 왼쪽엔 작은 언덕이 있어요. 그리고 그 사이는 8킬로미터 정도 밖에 안 되죠. 실리콘밸리 전체는 스탠

퍼드에서 시작해서 남쪽으론 쿠퍼티노Cupertino, 북쪽으론 샌프란시스코까지입니다.

제이미스 맥니븐: 첫 골드러시, 그게 샌프란시스코가 탄생한 이유였죠. 그 전에는 1,200명 정도에 불과한 작은 마을이었다면, 골드러시를 거치고 난 3년 뒤에는 30만 명 정도가 베이 지역 Bay Area[†]에 살게 되었어요.

스콧 하산: 1870년대, 캘리포니아는 어떤 이유에선지 피고용인이 경쟁사로 이직하는 것과 관련하여 고용인이 소송을 제기하는 것을 금지하는 법을 제정했어요.

브래드 핸들러: 캘리포니아 법이 스페인 법 체계를 따랐기 때문입니다. 스페인 법이 멕시코를 거쳐 캘리포니아 법에도 영향을 미쳤고, 현재 우리가 '경쟁 금지 조항covenants not to compete'이라고 부르는 피고용인의 라이벌 기업 고용 금지 조항 등을 금지시켰죠. 다른 대부분의 주에서는 경쟁 금지 조항이 합법이었는데, 캘리포니아에선 불법이었어요.

스콧 하산: 그건 엄청난 일이었어요. 동부에서는 혁신이 훨씬 적게 일어났는데 그 이유는 동부의 사람과 기업이 경쟁 금지 조항을 믿었기 때문입니다.

제이미스 맥니븐: 철도, 부동산, 항공이 있었어요. 석유도 있었죠. 할리우드 때문에도 사람들이 몰렸죠. 심지어 오렌지도 러시가 있었네요. 그러니 우리는 골드러시의 감성에 익숙했고, 수많은 러시가 일어났어요.

래블: 웹 기반이나 기술 기반의 젊은 세대 기업을 실리콘밸리에서 쉽게 볼 수 있다 보니 여기서 일어나는 모든 일이 새로웠다고 생각할 수 있지만, 실상은 그렇지 않았습니다. 여기에 기술을 기반으로 한 기업이 많은 이유는 1차 세계대전 동안 라디오가 여기에서 설계되었기 때문이에요.

댄 코트키: 리 드 포레스트Lee de Forest! 그는 진공관을 발명했어요. 그건 오

[†] 미국 샌프란시스코와 오클랜드 그리고 그 위성 도시를 포함한 샌프란시스코만 해안 지역의 광역 도시권을 의미한다.

디온Audion이라고 불렸고, 최초의 앰프였죠. 그건 엄청 큰 발전이었어요. 리 드 포레스트의 회사는 연방전신회사Federal Telegraph Company라고 불렸는데, 그의 연구실이 있었던 팔로알토 시내에 동관이 마련되어 있습니다. 리 드 포레스트. 그는 제 마음속에서 에디슨과 동급이에요.

제이미스 맥니븐: 진공관은 소리의 증폭을 가능케 했죠. 그건 음악 산업을 성장시켰고, 아돌프 히틀러에게까지 영향을 미쳤어요. 아돌프 히틀러는 라디오에 꽂혀 있었습니다. 그들은 켜졌다 꺼졌다 하는 스위치로 진공관을 사용할 수 있다는 사실을 알아차렸어요.

스티브 잡스: 2차 세계대전 직전에 2명의 스탠퍼드 졸업생인 빌 휴렛Bill Hewlett과 데이비드 패커드Daveid Packard가 매우 혁신적인 전자 회사를 설립했어요. 바로 휴렛패커드Hewlett-Packard, HP입니다.

짐 클라크: 스탠퍼드에서부터 시작된 기업을, 큰 기업만 추려도 아마 30~40개는 댈 수 있을 거예요.

론 존슨: 스탠퍼드는 실리콘밸리의 진원지, 발생지라 할 수 있어요. 실리콘밸리 대부분의 기업, 그 기업에서 일하는 대부분의 아이비리그 사람은 스탠퍼드와 연결고리가 있죠.

제이미스 맥니븐: 스탠퍼드는 산업계로 적극적으로 나간 최초의 명문 대학이었습니다. 그들은 "우린 사업에 대해서 개방적인 정책을 가지고 있어요. 들어와서 사업을 하세요. 그리고 다시 나가서 사업을 하세요!"라고 외쳤죠.

짐 클라크: 아이비리그와 대비되었죠. 아이비리그 대학은 콧대가 너무 높았어요. 이런 식이었습니다. "우린 사업 너머에 있어. 사업은 지저분하지. 우린 기술이 어떻게 활용되는지 신경 쓰지 않아. 어떻게 지식과 연구를 발전시킬지만 이야기해."

스티브 잡스: 그리고 트랜지스터가 1948년 벨전화연구소Bell Telephone Laboratories에서 개발되었어요.

프롤로그 | 35

제이미스 맥니븐: 그리고 그건 우리가 스위치를 켜고 끄기를 아주 빠르게 빠르게 빠르게 빠르게 정말 빠르게 할 수 있게 해 줬어요. 이진법 세계에서 스위치를 켜고 끄는 것은 매우 중요하죠.

스티브 워즈니악: 윌리엄 쇼클리William Shockley가 트랜지스터를 발명했고, 트랜지스터는 성장 산업이 되었죠.

앤디 허츠펠드: 어떻게 보면 실리콘밸리는 윌리엄 쇼클리가 여기서 태어나면서 생겨난 거라고도 볼 수 있어요.

스티브 잡스: 쇼클리는 그의 고향인 팔로알토에 돌아오기로 결정했고, 돌아와서는 쇼클리연구소Shockley Labs였나, 아무튼 그런 이름의 작은 회사를 시작했습니다. 그는 돌아오면서 10명이 넘는 당대 최고의 물리학자와 화학자들도 데려왔어요.

포 브론슨: 그런데 나중에는 쇼클리 반도체에서 몇몇 사람이 제대로 대접받지 못한다거나, 잘못 관리되고 있다고 느껴서 떠났어요. 그러고는 페어차일드Fairchild라는 투자자를 찾아갔습니다. 그는 "좋아요. 당신들을 우리가 데려갈게요"라고 했어요.

스티브 잡스: 페어차일드는 실리콘밸리에서 HP 다음으로 중요한 기업이었어요. 그리고 오늘날의 실리콘밸리를 있게 한 반도체 산업 전체에 속해 있는 모든 반도체 기업의 발사대 역할을 했습니다.

포 브론슨: 나중엔 밥 노이스Bob Noyce와 고든 무어가 페어차일드를 나와서 인텔Intel을 시작했죠. 당시에 미국 어디에서도 그런 일들이 발생하지 않았어요. 노동법이 다른 주와 달랐기 때문에 가능했죠.

브래드 핸들러: 100년 전부터 이어진 규제의 차이 때문이었어요.

제이미스 맥니븐: 그 후에 무어는 그의 이름을 널리 알린 무어의 법칙Moore's Law을 만들었죠. 컴퓨터의 연산 능력은 18개월마다 2배가 된다는 그런 법칙.

앨비 레이 스미스: 1965년에 무어의 법칙이 세상에 나왔습니다. 그때부터

컴퓨터는 점점 연산능력이 좋아지고 점점 더 작아졌죠.

고든 무어: 작아지는 동시에 좋아졌어요. 트랜지스터는 빨라졌고 신뢰성이 올라갔죠. 비용은 낮아졌어요. 그건 머피의 법칙을 독특하게 깨부수는 것이었습니다.

제이미스 맥니븐: 그리고 무어는 계속 "글쎄요, 아마 그 법칙은 곧 끝날 거예요"라고 말했지만, 끝나지 않았어요.

스티브 워즈니악: 트랜지스터는 무어의 법칙이 적용되는 대상이었어요. 그러고는 그 적용 범위가 칩으로 확장되었고, 더 큰 칩으로까지 확장되었죠. 시간이 지나면서 더 적용 대상이 많아졌습니다. 실리콘밸리가 실리콘밸리라고 불리는 이유는 하드웨어 칩을 만드는데 실리콘이 필요했기 때문입니다. 이 산업은 경제적으로 성장하고 있었어요.

앨비 레이 스미스: 그리고 그즈음에 벤처캐피털venture capital이란 아이디어가 세상에 나왔어요. 그 아이디어는 제가 알고 있는 한, 전에 없던 새로운 것이었습니다. 그전에는 은행에서 돈을 빌려주긴 했으나, 상환에 대한 담보를 원했죠. 반면 벤처캐피털리스트들은 실패할 수 있다는 것을 알고 있었습니다. 그들은 10개 정도 회사에 크게 베팅을 할 수 있다고 생각했어요.

마크 포랏: 벤처캐피털리스트들은 깔때기에 엄청 많은 것을 집어넣었어요. 똑똑한 사람을 많이 끌어당겼고, 그들이 통제받지 않은 방식으로 교류하도록 했습니다. "전체 혁신의 시스템에서 날뛰어라." 말 그대로 그냥 그렇게 하도록 뒀어요. 나쁜 것에서 좋은 것을 뽑아냈어요. 완벽하진 않아도 상대적으로 효율적인 솔루션을 찾았습니다. 그러다가 그런 사업이 망하면? 아무도 신경 안 썼어요. 만약 사업이 크게 성장하면? 더 많은 돈을 부어 넣었어요.

앨비 레이 스미스: 그리고 그런 사업 중에 하나가 크게 히트하면, 그간의 모든 실패를 모두 보상받을 수 있었습니다. 이건 완전히 새로운 아이디어였어요.

스티브 잡스: 사람들은 경쟁력 있는 기업을 만들기 시작했습니다. 마치 바람을 후 불면, 꽃과 풀이 사방으로 씨앗을 뿌리듯이 말이죠.

포 브론슨: 그게 실리콘밸리 문화의 기원에 대한 꽤 제대로 된 이야기입니다. '작은 것을 시작하기 위해 큰 일을 그만둔다'는 이야기 말이죠.

에즈라 캘러핸: 실리콘밸리는 아이디어와 재능을 가지고 있는 사람들이 뭔가 작은 것에서 굉장히 큰 것을 만들 수 있는 그런 곳이에요. 특별한 사업 경험이 없는 젊은 사업가들이 몇 달만에 산업을 창조하는 기술 혁신 셀럽이 될 수 있는 곳이죠.

포 브론슨: 그게 계속해서 반복되었어요.

스티브 잡스: 그것이 실리콘밸리가 현재의 명성을 얻을 수 있게 해 줬습니다.

캐롤 바츠: 미래는 저절로 생겨나지 않아요.

에반 윌리엄스: 불꽃이 튀고, 그러다가 불길이 타오르죠. 그런 불꽃 중 상당수는 사람의 네트워크와 관련 있었어요. 인적 네트워크는 점점 커졌죠.

레이 시드니: 네트워크 효과network effect라는 게 있습니다. 똑똑한 사람들은 다른 똑똑한 사람들과 함께 하기 위해서 이곳에 왔어요. 사람들은 실리콘밸리에 혁신가, 판을 흔드는 사람, 똑똑한 엔지니어, 상품을 기획하는 사람, 마케터, 세일즈 담당자와 같이 일하고 싶어서 왔어요.

리 펠센스타인: 실리콘밸리의 이야기는 사람 간의 관계에 대한 이야기입니다. 그 네트워크는 중앙으로 집중되었던 적이 없어요. 인재들은 지역적 한계를 지닌 네트워크, 즉 항상 이곳저곳에 사람들이 조금씩 뭉쳐 있는 네트워크 속에 있었고, 그 사이를 이동하곤 했어요. 그게 중요합니다. 즉, 실리콘밸리는 이동성을 가지고 있는 분산화된 인적 네트워크의 묶음이라고 할 수 있어요.

마리사 메이어: 저는 구글과 야후Yahoo의 설립 이야기를 들을 기회가 있었습니다. 그들은 기업 설립 과정에서 차가 필요하지 않았어요. 변호사 사무실에 가거나, 벤처캐피털리스트를 만나거나, 은행에 갈 때, 그냥 오토

바이를 타고 다녔어요. 그 정도로 다들 가까이에 있었던 거죠.

오르컷 부육콕텐: 실리콘밸리의 인적 네트워크는 그런 마법을 부리는 사람들과 연결될 수 있도록 해 주죠. 대단히 뛰어난 아이디어가 있으면, 좋은 디자이너 혹은 개발자를 만날 수 있고, 그러고 나면 그걸 지원할 엔젤 투자자를 만날 수도 있죠. 이것들이 다 이루어지면 아이디어를 현실로 만들어낼 수 있게 됩니다.

제리 카플란: 그리고 그런 사람 중에는, 좋은 아이디어를 가지고 여기에 왔다가 성공하지 못하고 저축했던 돈만 태워 버린 수많은 사람들도 있어요.

마크 포랏: 실패를 하면 대신 그 실패에서 무엇인가를 배워 그다음에는 성공을 했습니다. 그리고 성공은 또 다른 성공을 낳았어요.

오르컷 부육콕텐: 제 생각에 전 세계적으로 훌륭한 아이디어를 가진 사람이 많이 있지만, 그렇다고 그걸 구현할 수 있는 방법을 반드시 가지고 있지는 않습니다. 그런데 실리콘밸리에서는 추상적인 아이디어를 현실화시키는 것이 훨씬 쉽죠.

캐롤 바츠: 더 많은 사람이 자신의 아이디어에 빠져들게 만드는 새로운 혁신과 도구가 계속 출현했어요. 연산력은 더욱 강해지고 빨라졌죠. 데이터 수집? 더 강해지고 빨라졌죠. 비디오? 그 또한 더 강해지고 빨라졌어요. 그래서 우리는 점점 더 빠른 변화를 만들어 낼 기반을 갖게 되었습니다.

앤디 허츠펠드: 일단 수도관이 놓이고 나면, 그 수도관에 물이 흐르길 바라게 됩니다.

비즈 스톤: 그럴 수 있는 기반 시설이 여기 다 있습니다. 부동산 관련, 법률 관련 인물, 그 외 어떤 것이라도 말만 해요. 이곳엔 뭐든 다 있으니까요. 그들은 스타트업을 만나면 이런 식으로 쉽게 대해요. "아 그래요. 스타트업을 한다고 했죠? 여기에 필요한 것이 있을 거예요." 여기에선 스타트업을 하기 엄청 쉬워요. 왜냐하면 이 생태계 안에 있는 모든 사람이 스타트업에 대해서 잘 알기 때문이죠.

가이 바넘: 실리콘밸리는 하나의 물건이 아니에요. 실리콘밸리는 겹겹의 층으로 구성되어 있습니다. 엔지니어도 있고, 은행원도 있고. 그런데 엄청 활발한 자양분 같은 사람, 뭔가 말썽꾸러기인 사람, 토니 파델 같은 사람, 스티브 잡스 같은 사람, 이런 사람은 모두 명성에 목숨을 걸어요. 그들은 항상 인정받길 원하고, 항상 어딘가에 엮여 있길 원해요. 유명해지고 싶어 하죠. 결국 이 모든 건 돈과 관련 있어요. 엄청나게 큰 돈과 말이죠.

제프 스콜: 우리는 사업가가 연예인처럼 빛날 수 있는 그런 시대를 살고 있어요.

제리 카플란: 그게 원동력이죠. 아무도 없으면, 아무도 투자하지 않고, 아무 일도 일어나지 않으니까.

래블: 제가 엄청 신기하게 생각하는 것 중 하나는 실리콘밸리 외부의 사람들이 실리콘밸리를 엄청나게 경쟁적인 곳으로 인식하는 거였어요. 그들은 실리콘밸리를 엄청나게 자본주의적인 곳이라고 생각합니다. 하지만 실리콘밸리 안에서 일하는 사람들과 그들의 소통 방식, 정체성, 분위기 등을 자세히 보면, 그들이 기업 단위로 일을 한다기보다 오히려 네트워크, 커뮤니티 중심적이란 것을 알게 될 거예요. 한 기업에서 다른 기업으로 옮겨가는 팀을 정말 자주 볼 수 있을 겁니다.

애론 시틱: 실리콘밸리를 생각하는 가장 좋은 방식은 실리콘밸리 자체를 하나의 거대한 기업으로 보는 겁니다. 그리고 각 기업은 그 안에 속한 부서로 보는 거죠. 가끔 부서가 폐쇄되는 일이 있습니다. 하지만 그 부서에서 경쟁력 있는 사람은 기업 안의 다른 부서로 재배치되죠. 어떨 때는 이제 막 만들어진 부서에 배치되고, 어떨 때는 구글 같이 이미 성공한 부서에 배치되겠죠. 단지 모든 사람이 그 기업 내에서 순환 배치되고 있을 뿐입니다. 그래서 실패를 너무 두려워 하지 않아도 돼요. 아무도 실패를 개인의 문제라고 생각하지 않으니까 다른 곳으로 옮겨갈 수 있죠. 그래서 이런 식으로 생각하는 게 실리콘밸리를 이해하는 가장 좋은 방식이

라고 생각합니다. 실패를 정말 자연스럽게 흡수할 수 있도록, 그리고 모든 사람이 빠짐없이 관리받을 수 있도록, 그리고 생산적인 그다음 무언가로 이동할 수 있도록 설계되어 있어요. 실패해도 불명예가 없어요.

스콧 하산: 이곳은 정말 엄청 엄청 엄청나게 거대한 기업 같아요. 운영하는 사람은 없지만요. 그리고 무얼 원하든 할 수 있죠! 중요한 것은 시장이 당신이 만들고 있는 것을 신경 쓰는지 아닌지 뿐입니다. 오직 그것만이 중요해요. 만약 가치가 있는 무언가를 만들지 못하면 사라집니다. 그게 전부에요. 그리고 당신이 사라질지 말지를 결정하는 건 다른 사람이 아니라 이름 없는 시장이란 존재입니다. 다행스럽게도 인터넷이 성장함에 따라 시장은 커지고 커지고 또 커졌어요.

알렉스 토틱: 우린 무어의 법칙의 도움을 많이 받았어요.

척 태커: 무어의 법칙은 복리 같아요. 엄청나게 빠른 성장을 우리에게 주었죠.

알렉스 토틱: 하지만 그것만으론 설명이 안 되요. 실리콘밸리 밖의 세상도 무어의 법칙으로부터 같은 도움을 받았거든요.

존 바텔: 결국 핵심으로 가면 실리콘밸리는 하나의 문화에요.

댄 코트키: 실리콘밸리는 '너드'의 문화에요. 엔지니어가 그 문화의 대표 주자죠.

존 바텔: 실리콘밸리 문화는 하드웨어 해커와 소프트웨어 엔지니어의 문화입니다. 그들은 보통 나이가 많아요. 대략 30대 중반부터 50대까지. 대체로 수염이 있고 깨끗하진 않아요. 하지만 무지무지 똑똑하죠. 이들이 실리콘밸리 문화의 심장 역할을 하고 있어요.

짐 워렌: 그리고 이 사람들은 대부분 자신의 일을 좋아해서 해요. 새로운 것을 개척한다는 사실에 흥분하는 사람들이죠.

티파니 슈라인: 정말 흥분될 때가 있어요. 우리가 이 새로운 매체의 선구자 역할을 하고 있고 새로운 문화를 만들고 있다고 생각되면 밀려오는 희열이 있죠.

스티브 잡스: 1970~1980년대까지 최고의 컴퓨터 관련 전문가는 대부분 시인이거나 작가이거나 음악가였어요. 거의 대부분 음악가였죠. 그리고 상당수가 시인을 취미 삼아 했어요. 그들은 컴퓨터에 빠졌습니다. 너무나 매력적이고 새롭고 신선했으니까요. 그건 새로운 표현의 방식이었어요.

포 브론슨: 엄청나게 빠르게 변화하는 기술의 맨 꼭대기엔 문화가 있었어요. 그리고 기술이 분화하면서 문화 또한 분화했죠. 결국 기술과 문화가 융합되면서 굉장히 독창적인 것들이 탄생했습니다.

스티브 잡스: 실리콘밸리는 미국에서 로큰롤이 나고 자란 유일한 곳이라고 해도 과언이 아닙니다. 그렇죠? 1960년대 밥 딜런 외에 미국 대부분의 밴드는 이곳에서 나왔어요. 조안 바에즈Joan Baez부터 제퍼슨 에어플레인Jefferson Airplane, 그레이트풀 데드Greatful Dead, 재니스 조플린Janis Joplin, 지미 헨드릭스Jimi Hendrix, 모두가 여기에서 시작했습니다. 왜 그럴까요? 사실 좀 의아하긴 해요. 그리고 스탠퍼드랑 버클리라는 두 곳의 훌륭한 대학이 이 깨끗하고 화창하고 분위기 좋은 지역에 자리잡고 전 세계에서 가장 똑똑한 사람들을 끌어당기고 있죠. 이곳에는 똑똑한 사람과 맛있는 음식이 널려 있어요. 그리고 당시엔 마약과 재미있는 것들이 넘쳐 났어요. 그러니 한번 온 사람들은 그냥 머무른 거죠.

프레드 데이비스: 디트로이트가 차로 유명하다면, 베이 지역은 환각제 LSD로 유명하죠. 여기가 바로 LSD가 시작된 곳입니다. 마약은 확실히 이곳의 문화였어요. 1950년대 이후로 LSD는 대학 실험실에서 만들어졌어요.

R. U. 시리우스: 그러다가 이피Yippie라고 불리는, 환각제에 취한 듯한 사이키델릭 문화와 급진적 신좌파를 결합한 유스 인터내셔널 파티Youth International Party가 튀어나왔습니다. 이들은 1968년도에 매우 강력해졌어요. 통신 시스템을 해킹하는 폰 프리킹phone phreaking이 이피들 사이에서 퍼졌죠. 이피들은 그것에 몰두했어요. 결국 캡틴 크런치가 전 세계 어디든 공짜 전화를 걸 수 있는 방법을 알아냈죠.

캡틴 크런치: 휘파람을 불고, 그게 정확히 2,600헤르츠가 된다면 그 톤이 바로 전화 교환원이 쓰는 톤이죠. 그래서 2,600헤르츠로 휘파람을 불 수만 있다면, 전화 교환원이 할 수 있는 모든 것을 할 수 있어요.

스티브 잡스: 그건 정말 기적 같았어요. 블루박싱Blue boxing이라고 불렸죠.

R. U. 시리우스: 스티브 잡스, 스티브 워즈니악, 리 펠센스타인이 홈브루 컴퓨터 클럽Homebrew Computer Club[†]에 속해 있을 때 좋아했던 아이디어였어요. 해커의 문화와 저항 문화 사이의 연결고리는 1970년대에서부터 시작되었습니다. 그리 잘 알려진 사실은 아니지만요.

브래드 템플턴: PC로 작업하는 것을 사랑하는 너드로서, 저는 놀란 부쉬넬이 실리콘밸리 물결의 최초라고 생각해요. 물론 그전에도 다양한 것들이 있었죠. 페어차일드도 있었고.

스티브 워즈니악: 엥겔바트!! 컴퓨터 분야에서는 엥겔바트가 정말 대단했죠.

브래드 템플턴: 하지만 저는 아타리가 최초라고 생각했어요.

돈 발렌타인: 스티브 잡스는 놀란 부쉬넬의 아들이나 다름없어요. 실제로 그는 놀란 부쉬넬이 성장한 방식대로 성장했습니다. 애플Apple 또한 많은 부분 아타리의 방식으로 성장했죠. 스티브 잡스 고유의 생각이라고 알려진 것도 상당 부분 놀란의 것이었죠.

스티브 워즈니악: 아타리, 맞아요. 아케이드 산업에서 시작했죠. 하지만 최초로 소프트웨어 형태로 만들어진 컬러 아케이드 게임을 선보인 기기가 뭔지 아세요? 바로 애플 II였어요. 그건 장족의 발전이었습니다.

래리 브릴리언트: 스티브 잡스는 애플을 설립할 즈음에 저와 편지를 주고받곤 했어요. 그렇게 편지를 하다가, 어느 날은 전화를 하더라고요. 그는 "우리가 저번에 '사람들에게 권력을 주자'라고 이야기했던 거 기억나? 그게 내가 지금 하고 있는 거야. 사람들에게 권력을 주고 있어. 자기 책

[†] 실리콘밸리의 전설적인 컴퓨터 애호가들의 모임이다. 스티브 잡스를 포함해 수많은 기술 기업 창업가를 배출했다.

상에 하나씩 놓을 수 있는 컴퓨터를 만들고 있어. 비싼 메인프레임을 없앨 거야"라고 했어요.

브루스 혼: 엄청나게 많은 토론과 엄청나게 많은 대화, 정말 많은 번뜩이는 아이디어가 있었고, 모든 사람이 함께 모였어요.

크리스티나 울시: 히피도, 비트 세대beatnik†도, 게이도 있었어요. 저는 이곳에서 나이가 많은 세대죠. 제 삶 전체에 그런 다양성이 녹아 있습니다.

레이 매클루어: 생각의 공유와 대안적인 문화와 라이프스타일이 샘솟았고, 그것이 누구든 자신을 표현할 줄 아는 능력이 강화되었습니다. 저는 그런 것들이 창의성의 중심에 있다고 생각해요. 그러한 다양성과 창의성이 실리콘밸리를 새로운 아이디어의 부화장이 되도록 만들었죠.

존 바텔: 아타리, 애플Ⅱ, 그 이후엔 맥킨토시, 더 시간이 지난 뒤엔 시디롬CD-ROM 혁명, 1980년대 후반부터 1990년대 초반까지 있었던 멀티미디어 혁명에 모였던 사람은 전부 같았어요.

제이미스 맥니븐: 우리는 『지구백과Whole Earth Catalog』를 성경처럼 여겼어요. 그리고 그게 전자화된 게 바로 더웰The WELL이에요. 그리고 그건 인터넷의 가장 중요한 기반 모델 중 하나가 되었어요. 더웰을 설립하고 운영했던 사람은 새로운 세상을 만들었어요.

존 바텔: 그들은 다들 공상과학에 관심을 가졌습니다.

스티브 워즈니악: 공상과학이 실제 제품이 나오는 것에 영향을 미쳤죠. 하지만 처음에 물리학의 법칙을 어떻게 해결할 것인가를 신경 써야 했고, 이렇게 물어봐야 했죠. "비용이 얼마나 들지?"

존 지아난드레아: 전 아서 C. 클라크Arthur C. Clarke가 쓴 책『미래의 단면들Profiles of the Future』을 좋아했어요. 그는 책을 두 부분으로 나눴습니다. 첫 부분은 곧 일어날 일, 이를테면 자율주행차에 대한 내용이었고, 나머지 부

---

† 물질 중심적 가치관에 저항하여 기성 사회를 떠나 시를 쓰고 재즈 음악과 동양 문화에 빠진 사람을 지칭한다.

분은 일어나게 된다면 다들 엄청 놀랄 일, 이를테면 시간 여행 같은 것들이 적혀 있었습니다. 책에 담긴 내용은 제너럴 매직General Magic이나 넷스케이프Netscape에서 일하는 사람이라면 "이걸 가능하게 할 기술적인 세부사항을 알려줘! 그리고 내가 함께하게 해 줘!"라고 할 만한 것들이죠.

존 바텔: 그들은 정말 엄청나게 똑똑한 정형화하기 힘든 정치적 견해를 가진 엔지니어 계열의 사람들이었어요. 자유주의자, 가끔은 무정부주의자에 가깝기도 했습니다. 우파보다는 좌파에 훨씬 더 가까웠어요. 하지만 그 근간에는 겁나 큰 뭔가가 진행되고 있다고 믿는 사람들의 문화가 자리잡고 있었어요. 자신보다 크고, 자신이 만들고 있는 제품보다도 큰, 진정한 운동이 일어나는 씨앗이 있다는 믿음이요.

크리스티나 울시: 저렴한 전화선을 사용해서 대화를 하거나, 화상 채팅이 가능하게 하거나, 컴퓨터 수준의 연산이 가능한 전화기에 관한 이야기가 아니에요. 더 큰 질문은 항상 "그래서 이 디지털 혁명이 어떻게 인간과 사회를 바꿀 것인가?"였어요.

제이미 자윈스키: 우린 장난감을 만들고 있는 게 아닙니다. 우린 사람 간의 소통을 위한 도구를 만들고 있는 겁니다. 우린 사람들이 그전에 가능하지 않았던 방식으로 서로와 소통하게 해 주고 있어요. 이건 텔레비전의 반대예요. 우린 사람들이 스스로 목소리를 낼 수 있게 만들어 주고 있어요.

존 바텔: 웹1.0 붐이 일어날 때까지 실리콘밸리에선 웹을 실리콘밸리만의 문화로 보는 경향이 있었어요.

조던 리터: 결정적인 순간은 구글Google의 부상이었어요. 만약 전통적인 방식의 경영과 소프트웨어 개발을 비롯해 관습적인 그 어떤 것이든 무시하는 엔지니어적 태도의 귀감이 있다면, 바로 구글일 겁니다. 바로 그때가 전환점이었어요. 엔지니어를 있는 그대로 보고 소중한 존재로 여기기 시작했죠.

에반 윌리엄스: 한 가지 재미있는 변화는 샌프란시스코로 다들 옮긴 것이

었습니다. 닷컴 붐이 있기 전까지 실리콘밸리는 샌프란시스코에 없었어요. 팔로알토Palo Alto와 마운틴 뷰Mountain View에 있었죠. 테크 기업들이 도시에 만들어지지 않았기 때문이에요.

스티브 워즈니악: 하드웨어 산업은 어느 정도 정착이 되었고, 뭔가 새로운 것이 우리 관심을 끌기 시작했습니다. 앱이랑 우버 같은 것들. 그것들은 모두 샌프란시스코에서 생겨났어요. 그래서 실리콘밸리가 지금은 샌프란시스코까지 포함하죠.

비즈 스톤: 샌프란시스코는 지내기 멋진 곳이에요.

에반 윌리엄스: 제 이론은 여기에 있는 테크 기업이 점차 문화를 만드는 주체가 되다 보니, 그들이 점점 도시로 끌리게 되었다는 것입니다. 도시에 사는 사람들이 문화를 만드는 사람들이기 때문이죠. 지금은 테크 영역에 있으면서도 완전히 사업가일 수 있는 그런 수준까지 되었어요. 변호사도 정말 많고, 예술가이면서 테크 영역에 있는 사람도 매우 많죠. 그들은 도시에 살고, 샌프란시스코에 살고 있습니다.

루이스 로제토: 1990년대에는 모든 독창적인 기술 혁신이 우리 사회를 완전히 집어삼키기 시작했어요. 거대한 변화가 발생하고 있었죠. 블로그는 트위터Twitter와 페이스북Facebook으로 이어졌어요.

짐 레비: 저는 1990년대까지는 재미가 없었어요. 물론 그 시기를 엄청 재밌게 보낸 사람이 많다는 것은 알고 있습니다. 마크 저커버그는 그때 자신의 일을 하느라 재밌었을 거예요. 구글의 사람들도 무척 즐거운 시간을 보냈어요. 그들은 지금도 엄청 즐겁게 보내고 있을 거예요.

스티브 워즈니악: 아이폰iPhone이 결정적인 한방이었습니다. 아이폰을 쓰면 휴대폰과 동시에 PC를 갖게 돼요. 하지만 그 PC는 데이터 센터 안에 있습니다. 하드디스크로부터 데이터를 가져와서 분석하고 무엇을 보여 줄지 결정한 다음 아이폰으로 보내서 보여 주죠. 사실 PC를 가지고 있는 거지만 그것을 볼 수는 없어요. 그건 소유자의 것도 아닙니다. 그러므로

그건 엄밀히 말하면 개인용이 아니에요. 컴퓨터를 가지고 있지만 PC는 아닌 거죠.

손 파커: 그리고 포스트 소셜미디어 시대가 시작되었습니다. 투자은행에 취직했을 사람들이 인터넷 기업을 시작하러 오는 시대 말이죠. 그건 순수하게 상업적이었고, 순수하게 거래 중심의 세상이었어요. 모든 것이 이런 거래 관계가 되었고 잘못된 유형의 사람들을 끌어당겼어요. 매우 해로운 환경이 되었어요. 정말 많은 사람이 나타나선 이 환경에서 돈을 인출해 갈 수 있다고 믿었어요. 하지만 그건 ATM기 같은 실리콘밸리였지, 창의성의 최전선이자 꿈의 실현을 대변하는 실리콘밸리가 아니었습니다.

비즈 스톤: 실리콘밸리에서나 이렇게 말할 수 있어요. "아싸, 우리는 1,000만 달러의 대가로 언젠가 돈을 벌지도 모르는, 이론으로만 존재하는 기업의 지분을 너한테 팔게. 만약 우리가 돈을 잃어도 너희한테 갚진 않을 거야. 그리고 우린 새로운 걸 시작하겠지." 도대체 어떤 미친 세상에 그런 일이 일어날 수가 있나요? 마치 모든 돈을 날리고 갚지도 않고 내 손을 깨끗하게 털어버리고서는 "미안한데, 니 돈을 다 써버렸어"라고 말하는 꼴이죠. 정말 미친 소리죠.

이거 말고 다른 시나리오도 있어요. 실제로 몇몇 사람은 이렇게 이야기합니다. "저흰 2,500만 달러가 필요해요. 하지만 저와 제 공동창업자가 이 사업에 집중할 수 있게, 각각의 은행 통장에 300만 달러씩 필요해요. 그래야지만 청구서들에 시간을 뺏기지 않고 정말 집중해야 할 일에 집중할 수 있죠. 그렇죠?" 그리곤 돈을 다 날려 먹고 나선, "글쎄요. 뭐 잘 안 됐어요. 그래도 저희 각자에게 주신 300만 달러는 저희가 가지고 있을게요. 와 이제 우린 부자다!" 말이 되나요? 정말 미친 소리죠. 미친 세상이고요. 여긴 그런 일을 할 수 있는 정말 정신 나간 곳입니다.

스티브 펄먼: 현재의 실리콘밸리는 1950년대 자동차 산업과 유사한 수준의

성숙도를 가지고 있습니다. 디트로이트에서 벌어졌던 일들은 결국 게임의 승자가 가장 큰 3개 기업Big Three에 통합되는 시나리오였고, 그 산업에 진입해서 경쟁할 수 있는 다른 시장 참가자가 더 이상 없게 된 상황이었죠. 이런 큰 기업에서 성공을 거둔 사람은 안전한 베팅만 하게 됩니다. 갖은 고생을 겪지 않은 사람, 모든 사람과 잘 어울리는 사람, 다른 사람을 치켜세우는 일을 하지 않고 조직에서의 발전을 가져올 수 있는 기회를 없애는 사람, 그런 사람은 큰 조직에 매력을 느끼고 거기에 머물게 되죠.

스티브 워즈니악: 정말 제가 관심이 없는 거네요. 그럼 사람의 가치는 그가 어떤 기업에 있는지와 무엇을 하는지에 따라서 메겨지게 되잖아요. 전 그게 싫어요.

스티브 펄먼: 실리콘밸리가 잃어버린 것을 찾을 길이 있을까요?

앤디 허츠펠드: 가장 중요한 것은 동기입니다. 당신은 지금 하고 있는 일을 왜 하고 있죠? 당신이 동의하지 않더라도, 결국엔 당신이 그 일을 왜 하는지가 제품과 서비스의 모든 측면에 스며들어요. 당신이 가지고 있는 가장 기본적인 가치가 프로젝트에 핵심적으로 영향을 미치는 아키텍처architecture가 돼요. 그게 왜 존재할까요?

실리콘밸리에는 두 가지의 공통적인 가치 체계가 있습니다. 우선 제가 재무적 가치라고 부르는 것이 있죠. 그 핵심은 많은 돈을 버는 일이에요. 비록 중요한 가치이긴 하지만 프로젝트를 진행하는 데 좋은 정신적인 바탕은 아니죠. 그다음엔 기술적 가치가 있어요. 최고의 기술을 사용하는 것, 이는 일을 제대로 해내는 것을 중시하는 사람들이 많은 곳에서는 지배적인 가치입니다. 때론 기술적 가치를 능력이나 성과로 치환하기도 하지만, 사실 정말로 모든 것을 기술로 바라보는 것을 의미해요.

그리고 공통적이라고 말하기는 힘들지만 세 번째 가치가 있습니다. 예술적 가치예요. 세계 최초로 무언가를 만들 때 이 가치가 필요해요. 예술에 기여하고 싶다면, 기술에 집중해서는 안 됩니다. 중요한 것은 독창성이에요. 감정적인 가치죠.

크리스 카엔: 약간 진부한 표현이고 짜증나게 하는 표현이며 여기에 있는 모든 사업가에게 적용되는 것도 아니나, 저는 여기에 있는 사업가의 상당수는 기본적으로 세상을 더 나은 곳으로 만든다고 생각해요. 여기 아파트에 모여 사는 사업가들을 보세요. 돈을 얼마 벌지 못하고 있고, 평생 큰돈을 벌지 못할지도 모릅니다. 그들은 은행이나 대기업에 갔으면 몇억, 어쩌면 몇십억을 벌 수도 있었겠지만, 그런데도 이 길을 택했죠. 끝까지 가면 결국 돈이 아니라 정서적 연결이 중요하기 때문입니다. "나는 이 세상과 어떤 식으로든 남들과 다르게 연결되어 있고, 거기에 맞춰서 살아가고 있다" 같은 거죠. 이런 식의 사고는 실리콘밸리 특유의 생각이에요. 아타리 시절로 돌아가더라도 정서적-전문가적emotional-professional 경력을 가질 수 있다고 생각했고 그건 괜찮았어요. "난 이걸 하고 싶으니까 이걸 한다"고 말할 수 있었고 사람들은 그 생각을 받아들였죠.

앤디 허츠펠드: 워즈니악은 자신이 예술적 가치에 이끌렸다는 말을 하지 않을 수도 있어요. 하지만 그가 한 작업물을 보면, 그 자체가 예술입니다. 애플Ⅱ에서 보여 준 그 모든 미친 창의성은 그 자체로 예술입니다. 스티브 잡스는 기본적으로 예술적인 가치를 중시 여기는 사람이었고요. 저도 예술적인 가치관을 가지고 있어요. 예술가는 정신적으로 이 지구를 고쳐시키고 싶어하죠.

에반 윌리엄스: 래리 페이지와 세르게이 브린은 창조하기 위한 사람들이에요. 저는 구글에서 그걸 목격했죠. 그들은 그런 사람들이었어요.

스티브 잡스: 한 산업을 바꿀 무언가를 정말로 창조해내는 사람들은 생각하는 사람thinker과 행동하는 사람doer을 한 몸 안에 모두 가지고 있는 사람이에요. 행동하는 사람이 곧 생각하는 사람이죠. 레오나르도가 그 옆에 사람 하나를 두고 미래에 대해 5년 동안 생각하게 놔두던가요? 무엇을 그릴지, 그 그림을 그릴 때 어떤 테크닉을 사용할지를 생각하게 하던가

요? 물론 아니죠. 레오나르도는 예술가에요. 하지만 그는 자신이 사용할 페인트를 직접 조합했죠. 그는 꽤 준수한 화학자였어요. 그는 색소와 인간 신체에 대해서 잘 알고 있었습니다. 그리고 이 모든 것, 예술과 과학, 생각과 행동을 모두 적절히 조합했고, 그 결과 최고의 결과를 만들 수 있었죠.

에반 윌리엄스: 엄청나게 많은 사업이 돈을 벌기 위해 '거래'를 하는 사람들에 의해 주도되고 있어요. 월스트리트에 앉아서 거래만 하며 사업을 할 수 있다는 말이죠. 실리콘밸리가 그들과 다른 점은 무언가를 '창조'하는 사람이 주도하고 있다는 것입니다.

데이비드 레빗: 실리콘밸리 사람들은 엄청나게 큰 차별점을 만들었고, 기술은 그저 부수적이었어요.

존 바텔: 기술은 그저 인공적인 산물에 불과합니다. 그건 문화가 아니죠. 문화야말로 우리가 나누던 가치라고 할 수 있어요. 그리고 그런 우리의 문화는 실리콘밸리에서는 비주류 문화가 아니었어요. 그냥 우리의 문화였어요. 지금에 와서 다른 점은 그런 문화가 실리콘밸리에만 있는 게 아니라 전 세계 주요 도시에 모두 있다는 거죠.

알렉스 토틱: 실리콘밸리 외의 세상에서, 기술은 중요하지 않았습니다. 20년이 지나고, 결국 우리가 옳았죠. 이제 실리콘밸리가 만든 것은 전 세계로 퍼졌어요. 잠비아에 PC방이 있고, 사람들은 모두 스마트폰을 가지고 있어요. 모두 구글과 애플을 알죠. 실리콘밸리가 완전히 전 세계 사람들의 마음 속을 잠식한 겁니다.

마크 포랏: 뉴욕이 어디냐고 물으면, 세상 사람 대부분이 어딘지 알 거예요. 그런데 팔로알토가 어디냐고 물어도 아마 대부분 알 겁니다. 참 이상한 일이죠. 그저 작은 마을일 뿐인데!

알렉스 토틱: 실리콘밸리에서 일어나는 일은 이제 전 세계에 영향을 미쳐요. 이제 우리는 평범한 사람에게도 영향을 미칩니다. 그전까지 우리는

부족민 같았는데, 이제는 모든 사람이 여기에서의 일에 영향을 받죠.

브렌다 로렐: 참 아이러니해요. 실리콘밸리는 히피의 윤리와 『지구백과』로부터 시작된 저항 문화에 토대를 두고 있었는데, 지금은 전 세계 젊은 사업가들이 공유하는 주류 시스템이 되었어요.

스티브 워즈니악: 그리고 그들은 대부분 젊습니다. 애플을 시작하고 구글과 페이스북을 시작한 사람들을 봐요. 매우 젊은, 막 대학에서 나온 사람들이죠.

짐 레비: 구글을 설립할 당시에 창업자들은 자기들이 만든 회사가 지금과 같은 위치에 올라설 것이라고 예상하지 못했을 거예요. 분명 저커버그도 페이스북이 지금과 같이 커질 거라곤 생각 못했을 겁니다. 하지만 시간이 지나 그런 일이 반복됨에 따라, 지금의 실리콘밸리는 또 다른 구글, 또 다른 페이스북과 같은 성과를 내고자 하는 사람으로 가득 차게 되었어요. 그렇다고 실리콘밸리를 실리콘밸리이게 하는 원동력이 사라진 건 아닙니다. 그냥 그대로에요. 안 그런가요?

제프 스콜: 앞으로 실리콘밸리가 어떻게 될지 생각하는 건 참 흥미로워요. 저는 실리콘밸리 사람들이 그들이 가지고 있는 정치적인 힘을 사용하려 한다고 생각하진 않아요. 다만 실리콘밸리는 이제 완전히 자본주의적인 세상이죠. 그건 명백합니다. 더 나아가 10년, 15년 전에는 가지지 못했던 세상의 변화를 주도하는 엄청난 영향력 또한 가지고 있죠.

존 바텔: 솔직히 말해서 이제 실리콘밸리를 어떻게 받아들여야 할지 잘 모르겠어요.

제프 스콜: 실리콘밸리를 보면 이런 그림이 그려져요. 어린 아이가 너무 크고 힘이 세진 거예요. 그런데 그 아이는 자기가 어떤 능력을 가지고 있는지 잘 모르고, 세상의 나머지 사람들은 그 아이의 선택만을 기다리고 있는 거죠. 이 다음엔 무슨 일이 일어날까요?

1부
컴퓨터 부랑자들 사이에서

미래를 예측하는 최고의 방법은 직접 발명하는 것이다.

- 엘런 케이 -

01

빅뱅
모든 것은 더글러스 엥겔바트로부터 시작되었다

등장 인물

더글러스 엥겔바트	빌 팩스톤	제인 멧칼프
돈 앤드루스	스튜어트 브랜드	제프 루립슨
밥 테일러	스티브 잡스	존 마코프
버틀러 램슨	앤디 밴 댐	켄 키지
빌 잉글리시	앨런 케이	

더글러스 엥겔바트는 우리에게 친숙한 형태의 컴퓨터를 만든 인물이다. 그는 2차 세계대전 당시 해군에서 레이더 기술자로 근무하다가 전쟁 이후 실리콘밸리로 넘어왔다. 당시 미국에는 컴퓨터가 한 대뿐이었는데, 주로 탄도 계산에 사용되었다. 실리콘밸리에서의 새로운 경험은 엥겔바트의 사고를 넓히는 밑거름이 되었다.

엥겔바트는 미래의 컴퓨터는 사람들이 서로 소통하고 협업할 수 있는 형태여야 하고, 기존의 펀치카드와 프린터가 아닌 키보드와 스크린이 필요하다고 생각했다. 또한 인간의 지능을 대체하기보다는 향상시키는 것이어야 한다고 확신했다. 그는 팀을 구성하여 온라인 시스템oN-Line System, NLS이라는 프로토타입을 만들었다. NLS는 더 이상 군용 수식 계산기가 아니었다. 지식 근로자가 더 빠르게 좋은 성과를 내도록 돕기 위해 고안된 범용 도구였다. 그러나 이것은 논쟁거리가 되었다. 사람들은 엔지니어가 아닌 일반인이 컴퓨터를 직접 사용한다는 것은 너무 유토피아적이고, 심지어 사회 혼란을 야기할 거라고 생각했다. 그러다 엥겔바트가 데모를 세상에 내놓았다.

더글러스 엥겔바트: 1950년에 약혼을 했어요. 어느 날 결혼을 하고 평생 잘 사는 게 삶의 전부가 아니라는 생각이 들었어요. 그다음은 뭐가 있지? 제가 아무런 목표가 없다는 걸 깨달았거든요. 당시 저는 25살이었고, 12월 10일 혹은 11일이었어요. 그날 저녁 퇴근 후 이런 생각이 들더군요. '이런…… 이건 정말 말도 안 돼.' 저는 안정적인 직업을 가지고 있었습니다. 지금의 NASA라고 불리는 곳에서 전기 엔지니어로 근무하고 있었죠. 하지만 안정적이고 흥미로운 직업을 가지고 있다는 것 외에는 정말 아무런 목표가 없었어요! 그게 제가 얼마나 시대에 뒤처진 촌놈인지 나타내는 듯했어요. '인류를 위해 내가 할 수 있는 모든 일을 최대한 시도해 보는 것은 어떨까?' 어떻게 그런 생각을 하게 되었는지는 잘 모르겠

지만, 꽤나 커다란 포부였어요.

스튜어트 브랜드: 더글러스는 인류에게 필요한 것을 다루고자 애썼어요.

더글러스 엥겔바트: 저는 생각했습니다. '나는 기술자고 누가 내 기술을 가장 필요로 할까? 세상이 정말 필요로 하는 것이 뭐지?' 다양한 아이디어도 떠올리고 문제 해결 방법도 생각해 보니, 대부분의 문제는 워낙 복잡해서 해결하려면 어려운 부분이 많은 것 같았어요. 수많은 문제를 해결하는 데 주어진 시간은 점점 더 짧아지고 있었죠. 그래서 모든 일이 더 시급해졌어요. 복잡성과 시급성이라는 이 두 요소가 결합되면서 문제들은 이미 인간이 다룰 수 있는 한계를 넘어서고 있었어요. 그때 만약 그 문제들을 다룰 수 있는 인간의 능력을 향상시킬 수 있다면 정말로 근본적인 것에 기여할 수 있을 거라는 생각이 들었습니다.

제인 멧칼프: 모든 것은 더글러스 엥겔바트로부터 시작되었죠.

더글러스 엥겔바트: 모든 것이 급속도로 전개되었습니다. 컴퓨터에 관한 서적들을 읽어 나갔어요. 한 시간 정도 생각을 하자, 기존에 없던 완전히 새롭고 다른, 다양한 심볼이 놓인 커다란 CRT 스크린 앞에 앉아 있는 이미지가 그려졌습니다. 사람들이 컴퓨터의 모든 것을 직접 작동할 수 있게 되는 거죠. 저는 레이더 기술자로 훈련받았기 때문에 컴퓨터가 스크린상에 어떤 것이든 표현할 수 있다는 것과 그 기술이 그리 어렵지 않다는 것을 알고 있었어요. 그때가 1951년 봄이었고, 저는 버클리 대학 대학원으로의 진학을 결정했습니다. 거기서 컴퓨터를 만들고 있었거든요.

스티브 잡스: 그 당시에는……, 다시 말하지만 얼마나 그때가 원시적이었는지 생각하는 것조차 힘들군요. 아무튼 당시에는 그래픽 영상 디스플레이가 가능한 컴퓨터가 없었어요. 말 그대로 그냥 프린터에 키보드가 달린 꼴이었죠. 키보드로 명령을 전달하면 한참을 기다려야 했어요. 그러면 곧 기계가 '타다다다다' 소리를 내며 무언가를 알려 줬습니다.

밥 테일러: 당시 사람들은 컴퓨터가 연산을 위한 도구라고 생각했어요. 그

뿐이죠. 데이터 처리, 급여 계산, 탄도 미사일 궤적 계산, 숫자들…… 저는 숫자에 관심이 없었고 더글러스도 그랬죠.

더글러스 엥겔바트: 저는 마침내 박사 학위를 받고 강의를 하게 되었고, 스탠퍼드 연구소Stanford Research Institute, SRI에 지원했죠. 제 아이디어를 연구할 곳이 있다면, 바로 거기일 거라고 생각했거든요. 그때 스탠퍼드는 작은 공과대학이었어요. HP가 성공을 이루었지만 여전히 작았죠. 1962년 저는 하고 싶은 것을 써서 제출했고, 그다음 해부터 돈을 지원받기 시작했어요.

밥 테일러: 스탠퍼드 연구소에 더글러스 엥겔바트라는 저도 모르는 누군가가 쓴 '인간 지성 증강Augmenting the Human Intellect'이라는 제안서가 있었어요. 저는 이 제안서의 아이디어가 마음에 들었습니다. 가장 흥미로웠던 것은 컴퓨터를 기존에는 사용하지 않았던 방법으로 사용하고자 한 점이었죠. 그는 그것을 '인간 지성 증강'이라고 표현했어요. 가장 본질적인 표현이죠. 저는 크게 감명받았습니다. 그는 곧 저를 만나러 워싱턴 D.C.로 왔어요. 우리는 그가 NASA와 계약할 수 있도록 추천했고, 그는 기존보다 더 큰 규모의 지원을 받게 되었죠. 그의 팀은 프로젝트를 진행하게 되었어요.

더글러스 엥겔바트: 다양한 디스플레이 장비에 대한 연구를 진행해 볼 수 있는 프로젝트 자금이 생긴 거죠. 그때가 바로 마우스에 대한 아이디어가 떠오른 시기였어요.

빌 잉글리시: 1963년도죠. 우리는 NASA와 다양한 디스플레이 포인트 기기를 평가·검토하기로 계약했고, 저는 조이스틱과 레이저 펜 등 다양한 기기를 수집했습니다. 더글러스는 자신의 스케치북에 '마우스'를 디자인했어요. 그게 마음에 들어서 스탠퍼드 연구소에 시험용 제작을 의뢰했죠. 우리는 마우스를 프로젝트에 포함시켰어요. 마우스가 최고의 포인트 기기라는 건 의심의 여지가 없었죠.

밥 테일러: 마우스는 NASA 기금에 의해서 만들어졌어요. NASA가 '탕Tang'을 문명 시대의 가장 거대한 기여라고 광고하던 걸 기억하세요?[†] 음. 사실 더 좋은 예가 있었지만, 아마 그런 게 있는 줄 몰랐을 거예요.

더글러스 엥겔바트: 우리는 컴퓨터 디스플레이를 직접 만들어야 했어요. 구입할 수가 없었거든요. 제 기억에는 1963년도에 9만 달러를 썼습니다. 맨땅에서 시작해야 했어요. 디스플레이 드라이버는 가로 3피트, 세로 4피트의 전자 기기 덩어리였어요.

스티브 잡스: 마우스와 비트맵bitmap 디스플레이[‡]를 만들더라고요.

제프 루립슨: SDS 940이 데모 버전으로 사용되었어요.

버틀러 램슨: SDS 940은 버클리에서 연구 프로젝트 중에 만든 컴퓨터 시스템이었는데, 이걸 잘 다듬어 상품으로 만들었어요. 엥겔바트는 940을 기반으로 NLS를 만들었습니다.

밥 테일러: 더글러스와 그의 팀은 기성품 컴퓨터를 소프트웨어를 통해 원하는 것으로 바꿀 수 있었어요. 소프트웨어는 하드웨어보다 훨씬 더 이해하기 어렵습니다. 하드웨어는 그것이 어떤 것인지 직접 들어서 만지고 느끼고 볼 수 있죠. 하지만 소프트웨어는 그보다 훨씬 불가사의한 것이죠. 더글러스의 팀은 하드웨어에서도 혁신을 일으켰지만 소프트웨어의 혁신은 더욱 돋보였습니다.

빌 팩스톤: 생각해 봐요. 한 집단이 아이폰의 1,000분의 1 정도의 기능밖에 못하는 컴퓨터 한 대를 나눠 쓰고 있었어요. 10명이 아이폰의 1,000분의 1 기능을 나눠 쓰고 있는 거예요. 말도 안 되죠. 그런 팀이 기적적인 일을 해낸 겁니다.

돈 앤드루스: 더글러스의 비전 덕분에 우리는 무얼 하려는 것인지 처음부터

[†] NASA는 우주비행사들의 식사 연구 중, 음료 가루 '탕'을 우주로 보냈다. 탕은 '오렌지 맛 음료'라는 이름으로 우주비행사들의 식사로 쓰였고, 그 뒤로 우주에서 마신 음료수로 유명세를 타 크게 성공했다.

[‡] 비트맵 디스플레이는 화면의 1도트가 메모리의 1비트에 대응하는 방식으로 그래픽을 구현한다. 해상도 1920×1080은 픽셀이 가로에 1920개, 세로에 1080개가 배열되어 있음을 의미한다.

알고 있었어요. 우리는 새로운 유저 인터페이스를 신속하게 시제품화할 수 있는 방법을 찾고 있었고, 프레임워크framework, 즉 그 위에 무언가를 구축하기 위한 기반 구조를 반복해서 빠르게 만들어 나갔어요. 모든 것이 매우 빠르게 변화할 것임을 알고 있었기에 서로를 채찍질했습니다.

앨런 케이: 프로그래밍 업계에는 개인이 자신이 사용할 도구를 만들어서는 안 된다는 학설이 널리 퍼져 있어요. 맞는 말이에요. 어마어마한 시간과 힘이 의미 없이 사라지는 꼴이니까요. 그러나 자신만의 도구를 만들 수 있는 사람이라면, 반드시 만들어야 합니다. 그걸 지렛대 삼아 얻을 수 있는 효과가 어마어마하기 때문입니다.

빌 팩스톤: 모두가 같은 그룹의 일원으로서 도구를 사용하고, 만들고, 사용 경험을 개발에 반영하는 일에 푹 빠져 있었습니다. 우리는 단단히 서로에게 엮여 있었고, 그것이 엄청나게 빠른 진전을 이끌었어요.

더글러스 엥겔바트: 1968년도쯤 되자 저는 우리가 기적을 보여 줄 수 있겠다는 느낌이 들었어요. 저는 종종 '글쎄, 한번 해 보자'라는 모험적인 감각을 가지고 있었죠.

밥 테일러: 그 당시에는 대화형 컴퓨팅에 대한 아이디어를 공격하는 패널 토론이 컴퓨터 컨퍼런스에서 이루어지곤 했어요. 그 이유는 무수했죠. '너무 비싸다. 컴퓨터의 시간은 인간의 시간보다 더 값비싼 것이다. 될 리가 없다. 이룰 수 없는 꿈이다'라는 말들이죠. 컴퓨터 설립 기관을 포함한 대중은 더글러스가 하고자 하는 것에 반대할 뿐만이 아니라 대화형 컴퓨팅에 대한 아이디어 전체를 부정했죠.

더글러스 엥겔바트: 어찌되었든 저는 한번 해 보고 싶었어요. 미국정보처리연맹American Federation of Information Processing 컨퍼런스가 샌프란시스코에서 열릴 거란 걸 알고 있었고, 그곳에서 무언가를 할 수 있을 것 같았죠. 그 컨퍼런스 프로그램을 운영하는 사람들에게 보낼 제안서를 만들었어요. 다행히 시간은 충분했죠. 컨퍼런스는 12월에 열리는데, 3월부터 준비했

어요. 이게 참 다행이었어요. 컨퍼런스 운영진이 우리를 받아들이는 것을 엄청 망설이고 있었거든요.

밥 테일러: 인터랙티브 컴퓨팅interactive computing 관련 작업을 하는 집단에서조차 서열 같은 것이 있었어요. 언제나 그랬죠. 더글러스 팀은 데모를 만들기 전까지는 아마도 그 서열의 가장 아래에 놓여 있었을 거예요.

그 당시 스탠퍼드 연구소에서 더글러스는 문제에 봉착해 있었죠. NASA에서 그와 함께 일했던 매니저가 저를 보러 왔어요. 흔치 않은 일이었습니다. 그는 워싱턴에 있는 제 사무실로 찾아와서는 "더글러스에 관해 논의하고 싶은데, 왜 그를 후원하시죠?"라고 물었어요. 저는 "그는 그 누구도 하지 않는 뭔가 대단한 일을 하려 하고, 저는 그걸 믿기 때문이에요"라고 대답했습니다. 그는 더글러스가 허황된 꿈을 꾸고 있다고 생각하고, 연구 자금을 대는 쪽도 그런지 확인하고 싶어 하는 듯했어요. 자금 지원이 끊긴다면 자신도 곤란해질 테니까 말이죠.

빌 팩스톤: 그 당시 90%의 사람들이 그가 괴짜라고 생각했어요. 그의 '인터랙티브' 아이디어는 시간 낭비이며 절대 이루어질 수 없고, 기대를 걸 만한 건 인공지능 쪽이라고 생각했어요. 밥 테일러와 같은 소수의 사람만이 인터랙티브 아이디어에 손을 들어 주었습니다. 그것이 결국에는 제록스파크와 애플에 공급되고 세상을 장악했죠. 하지만 당시에는 더글러스가 황무지에 소리를 지르고 있는 것과 같았어요.

밥 테일러: 1968년도 초에 더글러스와 저는 데모를 공개하기로 했습니다. 저는 더글러스를 강력히 지지했어요. 그는 "돈이 많이 들 거예요. 이 거대한 기기를 들이고, 샌프란시스코와 멘로파크Menlo Park 사이에 인터넷도 연결해야 하고. 아주 막대한 돈이 들어갈 겁니다"라고 말했습니다.

앨런 케이: 그리고 그들이 돈 때문에 테일러를 방문했을 때 테일러는 "이봐. 돈은 필요한 만큼 쓰게. 소심하게는 하지 말라고. 하려면 제대로 크게 한 판 벌이는 거야"라고 말했죠.

밥 테일러: 저는 "걱정하지 마. 국방부 고등연구기획처Advanced Research Projects Agency, ARPA가 돈을 대 줄 거니까"라고 말했어요. ARPA는 아이젠하워 국방부 시절 만들어진 기구였습니다. 이 기구는 소련이 세계 최초로 인공위성 스푸트니크Sputnik를 쏘아 올려 우리를 놀라게 했던 일이 다시 일어나지 않도록 초기 연구에 제재를 가하지 않고 지원하기 위해 만들어졌죠.

더글러스 엥겔바트: 아주 든든한 친구들을 만나고 있는 느낌이었어요. 얼마를 지원해 달라고 해야 할까? 저는 그들이 제가 하려는 일을 충분히 이해할 수 있도록 설명했고, 그들은 저에게 "말하지 않는 편이 나을지도 몰라"라고 했죠. 우리는 아주 막대한 연구비를 썼어요. 만약 프로젝트가 망하거나 누군가 불평을 한다면 프로그램 전체가 날아갈 수 있다는 것을 알고 있었어요. 그렇게 되면 저는 해고당하고 정부 자금을 오용한 죄로 감옥에 가야 할 수도 있었죠. 저는 스폰서가 매우 간절했기 때문에 이런 상황을 알리지는 않았어요. 그것이 우리 사이의 암묵적인 합의였습니다. 사실 빌 잉글리시는 실제로 얼마나 많은 돈이 들었는지 말하지 않았어요.

앨런 케이: 제 기억에 ARPA는 그 데모 하나를 위해 1968년도에 175,000달러를 썼어요. 지금 돈으로는 100만 달러쯤 되죠.

더글러스 엥겔바트: 엄청난 돈이 들었습니다.

밥 테일러: 빌 잉글리시의 역할이 정말 컸습니다.

더글러스 엥겔바트: 빌 잉글리시가 아니었다면 그 데모는 절대로 성공할 수 없었죠. 어떻게 그럴 수 있는지 모르겠지만, 일을 성사시킬 때의 그는 신들린 것 같아요.

앨런 케이: 물론 비용이 적게 들어가는 좋은 아이디어들 덕도 있었지만, 빌 잉글리시와 그의 팀은 우리의 아이디어를 재탄생시켜 줬어요.

빌 잉글리시: 모든 것을 SRI에서 시민회관Civic Center으로 가져가는 것은 어려

운 숙제였어요. 48킬로미터나 떨어져 있었거든요! 우리는 휴대폰 기업에서 2개의 비디오 회로를 임대했어요. 그들은 마이크로파 중계회선을 세웠습니다. SRI 건물 옥상에 송신기 2개, 스카이라인 대로Skyline Boulevard의 트럭 위에 몇 개의 수신기/송신기, 그리고 시민회관에 수신기 2개를 설치했어요. 케이블은 양쪽 끝에 있는 방으로 내려가는데 그것이 우리의 비디오 링크였죠. 그때 우리는 2개의 1200보드baud[†] 전용 라인을 가지고 있었는데, 당시에는 매우 빠른 속도였죠. 모뎀을 손수 만든 셈입니다.

더글러스 엥겔바트: 우리는 비디오 프로젝터가 필요했고, 그때 뉴욕시의 어딘가에서 빌렸던 거 같아요. 빌려준 이들은 그걸 비행기로 운반해 주고 작동시킬 사람까지 보내야 했죠.

빌 잉글리시: 우리는 스웨덴제 프로젝터인 아이도포어Eidophor를 사용했는데, 매우 복잡한 기계였습니다. 길이가 9미터에 달하는 아크등 프로젝터였죠. 이 기계는 구형 거울에 아크등을 투사했어요. 각 프레임의 사이에 기름을 묻힌 와이퍼로 거울을 닦았고 전자빔이 이미지를 기름에 새겼어요. 정말 대단한 기계였죠.

앨런 케이: 아이도포어는 하나가 아니라 2개였어요. 2개 모두 NASA에서 빌린 거였습니다. 이제 문제는 돈을 쏟아부은 프로젝트가 실패한다면 어떻게 될 것인가였죠.

스튜어트 브랜드: 그들은 대역폭과 신뢰성 그리고 나머지의 모든 부분에서 이 기술이 무엇을 할 수 있을지에 대해 엄청 긴장하고 있었어요.

앨런 케이: 그래서 그들은 그 당시 고화질의 영상 녹화가 가능한 암펙스 AMPEX사[‡]를 찾아가 거대한 녹화 장치를 사서 이 모든 프리젠테이션을 녹화했고, 라이브 도중 생길 수는 있는 만약의 사태에 대비했습니다.

더글러스 엥겔바트: 2개의 비디오를 구동시킬 수 있는 상자가 있었고, 손잡

[†] 데이터 전송 속도를 나타내는 단위로 1회선이 1초 동안 보낼 수 있는 부호의 수를 의미한다.
[‡] 1944년 미국에서 설립된 가전회사로, 테이프와 녹음기로 유명했다.

이를 돌리면 하나를 페이드 인, 페이드 아웃할 수 있었어요. 다른 하나로는 비디오를 불러올 수 있었고 그것들을 수직이나 수평으로 나눌 수 있는 선이 있었죠. 우리가 그 기계를 작동할 수 있는 제어실을 만들 수 있다는 것이 분명했어요.

앨런 케이: 빌이 모든 디스플레이 시스템과 그 외의 전부를 디자인했어요. 그는 마우스 발명에 있어 더글러스와 거의 동일한 기여를 했습니다. 결코 들러리가 아니었죠.

더글러스 엥겔바트: 빌이 제가 필요한 플랫폼을 다 만들어 줬어요.

앨런 케이: 엥겔바트는 카리스마가 있는 인물이고, 빌은 기술자였습니다.

더글러스 엥겔바트: 4개의 다른 영상 신호가 수신되었고, 빌이 그것들을 모아서 전사했어요. 전례가 없던 일이었죠.

앨런 케이: 그 시연의 규모는 그야말로 상상을 초월했어요.

빌 팩스톤: 저는 그 당시 새로 합류했고 무뚝뚝한 편이었어요. 제게 가장 인상 깊었던 인물은 우리 팀의 사진 작가였던 『지구백과』의 스튜어트 브랜드였어요. 그가 분위기를 풀어주곤 했죠.

존 마코프: 스튜어트는 생각하는 것, 느끼는 것, 행동하는 모든 것이 마약을 한 사람 같았어요. 한마디로 기존의 것에 저항하며 새로운 것을 만드는 사람과 같았죠.

스튜어트 브랜드: 엥겔바트의 사람들은 제가 트립스 페스티벌 Trips Festival[†] 등에서 선보인 작품에 관심이 많았습니다. 그들이 구상하고 있는 데모에 제 작품의 가치관이나 지식을 적용할 수 있을 거라 생각했죠. 그래서 저를 초대했어요.

앨런 케이: 그 당시에 『지구백과』는 상점이기도 했어요. SRI 맞은 편의 거리에 있었죠.

스튜어트 브랜드: 그곳으로 걸어가면서 이렇게 생각했던 것이 기억납니다.

[†] 스튜어트 브랜드, 켄 키지, 라몬 센더가 1966년 주최한 샌프란시스코에서 열린 저항 문화 히피 파티.

'흥미로울 수도 있겠네. 어쩌면 중요한 것일지도 모르겠어.' 그들이 일하는 모습을 실제로 봤을 때 푹 빠져버렸고 모든 것이 분명해졌어요. '이 사람들이 컴퓨터로 하고 있는 작업을 같이 하고 싶을 수밖에 없잖아!' 그들은 쇼를 기획하는 미팅에 저를 몇 차례 초대했죠.

앨런 케이: 스튜어트는 이제 막 합류한 상태였어요. 저는 그를 파티에서 빌 잉글리시의 소개로 만났죠. 그곳에는 『지구백과』 사람들이 꽤 많이 있었어요.

스튜어트 브랜드: 엥겔바트의 사무실을 처음으로 방문했을 때, 저는 재니스 조플린의 커다란 포스터를 봤습니다. 그들은 스스로를 저항 문화의 한 일부라고 생각했어요.

앨런 케이: 그 지역 전체, 즉 팔로알토 대학에서 멘로파크에 이르는 엘 카미노까지, 그 저항 문화가 퍼져 있었어요.

NLS는 1968년 12월 샌프란시스코 브룩 홀의 국제 컴퓨터 회의에서 처음 시연되었다. 빛이 들어오자 엥겔바트는 커다란 비디오 스크린이 전사되는 무대에서 마우스에 손가락을 올리고 앉아 있었다. 그리고 그는 컴퓨터로 무엇을 할 수 있는지 보여 주었고, 이는 곧 '모든 데모의 어머니Mother of All Demos'라고 불리게 되었다.

스튜어트 브랜드: 저는 그 데모 쇼에 참여했어요.

빌 팩스톤: 스튜어트가 한 일은 카메라 뒤에 서서 모니터에 초점을 맞추고 확대하여 이미지가 스크린을 가득 채우도록 하는 것이었어요. 그는 이 멋진 피드백 회로를 가능하게 했어요. 집에서 한번 해 보세요. 아주 환상적일 거예요. 이것이 바로 무대 뒤에서 펼쳐지는 일이죠.

스튜어트 브랜드: 저는 프로 사진 작가였어요. 그들이 "오 대단한데요. 카메라 좀 다룰 줄 아네요"라고 말한 이유였죠. 제가 한 것은 그저 전사하

고 초점을 맞추는 것이었지만 그 데모는 아주 환상적이었습니다.

더글러스 엥겔바트: 세상이 처음으로 마우스와 아웃라인 프로세싱과 하이퍼텍스트hypertext를 접하고, 글과 그래픽이 합성된 것을 보고, 실시간 비디오 회의를 경험한 순간이었어요.

앨런 케이: 우리는 누군가의 아이디어가 하나의 방식으로 구성되었다가 또 다른 방식으로 전환되는 것을 보면서, 그것이 인간과 새로운 기술 사이의 교류라는 것을 알게 되었죠.

엥겔바트의 NLS 단말기는 화면과 키보드, 창, 마우스로 구성되어 있었다. 그는 어떻게 텍스트와 이메일을 편집하는지 시범을 보였고, 심지어 스카이프의 초기 버전을 보여 주기도 했다. 현재에 와서 보면 엥겔바트의 컴퓨터 시스템이 꽤 익숙하지만 펀치카드와 프린터기에 익숙했던 당시의 청중들에게는 하나의 계시와도 같았다. 컴퓨터가 더 이상 계산기가 아니라 상호교류와 정보 검색의 수단이 된 것이다. 단 90분의 시연으로 엥겔바트는 군사 사업의 컴퓨팅 패러다임을 해체하고 히피와 자유사상가들, 그리고 이미 실리콘밸리에 모여 있던 급진주의자들에게 다음 몇 세기를 이끌어 갈 기술의 비전을 제시했다.

밥 테일러: 그곳에는 1,000명 가까이 되는 사람이 모여 있었죠. 거의 정신이 나간 듯 보였어요.

앤디 밴 댐: 그렇게 풍부함과 복잡성으로 무장한 시스템을 보자 어안이 벙벙했죠. 완전 새로운 세상이었고, 솔직히 말하면 그것이 실제라고 믿기도 어려웠죠.

밥 테일러: 컴퓨터를 그렇게 사용하는 사람은 본 적이 없었죠. 그야말로 놀라웠어요. 데모가 끝나자 어마어마한 기립 박수를 받았죠.

앨런 케이: 가장 인상 깊었던 것은 그 규모였습니다. 엥겔바트는 정말 대단

했어요.

버틀러 램슨: 정말 볼만했죠.

스튜어트 브랜드: 저는 그 이후에도 MIT 미디어랩MIT Media Lab 등의 많은 데모에 참여했습니다. 그러나 그렇게 아찔하고, 근거 없는 자신감에 찬 데모는 본 적이 없어요. 우리는 단 한 번도 완벽한 리허설을 한 적이 없었거든요. 부분적으로만 진행했었죠. 그날 청중이 본 것은 실시간 즉흥쇼였어요. 사람들은 몰랐겠지만 정말 즉흥으로 이루어졌죠. 대단한 퀄리티의 쇼였어요. 더글러스는 그 모든 것을 완벽하게 지휘했고, 자신이 완벽하게 상호 연결된 커뮤니케이션 시스템의 주체가 되어 그 무대 위에 있었어요. 그는 흔들림이 없었어요. 빌이 그의 귀에 "몇 분만 기다려줘. 무언가가 잘 안 되고 있어"하고 속삭이면 더글러스는 하던 이야기를 잠시 멈추고 "이제 준비됐어요. 진행하자"라는 말을 들을 때까지 다른 대화를 해 나갔습니다. 신은 우리의 손을 들어주었습니다. 그 하루의 모든 것이 잘 진행되었어요.

앤디 밴 댐: 그때의 저는 우리의 하이퍼텍스트 시스템을 위해 테드 넬슨과 3명의 아르바이트 학부생과 일하고 있었어요. 우리는 그 혁명의 아주 초기 단계에 있었고, 어셈블리 언어assembly language로 코딩을 하고 있었으며, 꽤 성과를 냈었죠. 그런데 이 사람들은 기계의 도구를 발명했어요. 도구를 만들 수 있는 도구를 만든 거죠. 시스템 자체에서부터 시작해서 인간 지성을 증강하는 단계에 이르기까지 이 모든 '자생적bootstrap' 아이디어는 정말 상상도 못 할 만큼 놀라웠어요. 이것이 현재의 우리에게도 여전히 교훈이 되는 부분이죠.

스티브 잡스: 인간은 도구를 만드는 존재입니다. 우리는 이 내재된 능력을 놀라운 규모로 증폭시키는 도구를 만들 수 있어요. 제게 컴퓨터는 마음이 타고 다니는 자전거와도 같아요.

켄 키지: 환각제 LSD 다음으로 대단한 발명이에요!

스티브 잡스: 우리에게 내재된 능력 훨씬 너머로 데려다 줄 수 있는 무언가였어요.

빌 팩스톤: 그날 관중으로 온 많은 사람이 깊은 감명을 받고서 이렇게 말했어요. "이런 걸 어떻게 할 수 있을까?"

02

1번 선수 준비 완료
티셔츠를 입은 재벌의 등장

등장 인물

놀란 부쉬넬	밥 멧칼프	앨런 케이
데이비드 쿠쉬너 딕	스튜어트 브랜드	크리스 카엔
랄프 베어	스티브 메이어	클리브 톰슨
리 펠센스타인	알 고든	테드 다브니
마이클 말론	알 알콘	

최초의 컴퓨터는 전쟁 기계였다. 초기 실리콘밸리는 국방부 계약에 의지했다. 그러나 실리콘밸리의 기업가적 문화가 오늘날과 같은 성격을 갖게 된 계기는 전혀 다른 '전쟁 기계'의 등장이었다. 눈을 뗄 수 없을 정도로 강렬한 최초의 컴퓨터 게임 〈스페이스워Space War〉는 디지털 이큅먼트 코퍼레이션Digital Equipment Corporation, DEC의 PDP-1이라는 초창기 컴퓨터용으로 개발되었다. PDP-1의 가장 큰 매력은 화면이 있다는 것이었다. PDP-1은 또한 '저렴'했다. 이는 대학이 그것을 구입할 수 있었다는 의미다. 1960년대 중반 유타 대학University of Utah의 공대생 놀란 부쉬넬은 학교 컴퓨터 실습실에서 〈스페이스워〉를 하다가 깊은 인상을 받았다. 졸업 후 그는 실리콘밸리로 이사했고, 불과 몇 년 만에 〈퐁Pong〉이라는 컴퓨터 게임을 대중에게 선사했다. 그것은 엄청난 히트를 쳤으며, 당시 20대였던 부쉬넬은 실리콘밸리에서 튀어나온 가장 중요한 기업 중 하나라 할 수 있는 기업을 이끌게 되었다. 부쉬넬은 혈혈단신으로 미국의 새로운 예술 형태라 할 비디오 게임을 하나의 산업으로 만들었을 뿐만 아니라, 실리콘밸리의 전형적인 이야기를 써 내려갔다. 그 이야기는 다음과 같다. 급진적인 생각을 가진 젊은이들이 뭔가 멋진 것을 해킹하고, 그것을 중심으로 자유롭고 야생적인 회사를 세운다. 그리고 그 과정에서 부자가 되고 유명해진다.

마이클 말론: 놀란 부쉬넬은 무지하게 중요한 인물입니다. 그는 최초로 티셔츠를 입은 재벌이자 현대 실리콘밸리가 낳은 최초의 성공적인 기업이니까요. 그는 중후한 하드웨어 제품을 만들지 않아요. 실리콘 사업을 하지 않죠.† 그는 소비자 전자 사업을 합니다.

놀란 부쉬넬: 저는 유타 대학에 있었어요. 당시 에반스와 서덜랜드가 컴퓨터 공학부 학장이었어요. 그리고 그들 밑에서 '유타의 망나니'라고 불리던 짐 클라크, 존 워녹, 앨런 케이, 에드 캣멀이 학교를 다니고 있었어요.

---

† 실리콘밸리는 원래 실리콘 칩 제조사들이 밀집한 지역이었다.

전 그들에게 매료되었죠. 하는 작업이 엄청 대단하다고 생각했어요. 그들은 대학원생, 전 학부생이었죠.

앨런 케이: 놀란은 몰래 다가와서 컴퓨터로 무언가를 하곤 했어요.† 같이 나가서 맥주를 마시지 않았지만, 놀란은 좋은 사람이었어요.

놀란 부쉬넬: 언젠가 제 친형이 "네가 봐야 할 게 있어"라고 말하더니 몰래 컴퓨터 실험실로 데리고 갔습니다. 형은 우리가 들어갈 수 있도록 자물쇠에 뭔가를 끼워 놨어요. 우리는 불을 켜지 않았어요. 거기에는 우리와 우리를 향해 빛을 발하는 녹색 디스플레이밖에 없었습니다. 6.25 전쟁 후 물려받아 개조한 크고 둥근 레이더 화면이었어요.

알 알콘: 거기서 놀란은 PDP-1에서 실행되는 게임인 〈스페이스워〉를 본 것 같아요.

놀란 부쉬넬: 그건 내 인생을 바꾸는 경험이었어요.

마이클 말론: 반도체 기술이 소비재에 지능을 불어넣을 수 있다는 깨달음이 가장 큰 진전이었습니다. 그걸 해낸 게 놀란이죠.

놀란 부쉬넬: 상황을 설명하자면, 저는 학교를 다니면서 라군Lagoon이라는 지역 놀이공원에서 아르바이트를 하고 있었어요. 시급 1달러짜리 형편없는 일이었죠. "어서 공을 던지세요! 박제된 동물을 이겨 보세요! 나이, 몸무게, 직업을 맞춰 보겠습니다!"라고 반복해서 외치는 이 일은 정말 간단했지만, 전 꽤 일을 잘했어요. 그래서 주어진 업무 할당량을 줄이면서도 많은 월급을 벌 수 있었죠. 그다음 해에 부매니저로 승진했고, 이윽고 매니저까지 달았어요. 아무튼 21살 때 150명의 아르바이트생이 내게 보고하게 됐어요. 그때 동전을 넣고 플레이하는 게임 사업의 경제성을 깊이 알게 됐어요.

알 알콘: 제 생각에 놀란은 유타 대학에서 꼴찌로 졸업을 했다는 사실을 자랑스럽게 말할 거예요. 그리고 놀이공원에서 일한 덕택에 컴퓨터와 게

---

† 컴퓨터는 당시 교수 내지는 연구실의 대학원생이나 만질 수 있는 중요한 설비였다.

임의 연결고리를 발견할 수 있었죠. "만약 100만 달러짜리 PDP-1에 동전 투입구를 만들 수 있다면, 몇백 달러를 벌 수 있을 거야"라는 식으로요. 그는 그 일이 경제적으로 실현 불가능하다는 것을 이해했지만, 한번 해 볼 만한 가치가 있다는 것도 알았어요.

마이클 말론: 놀란은 무어의 법칙을 보고 스스로에게 이렇게 말한 최초의 사람입니다. "그거 알아? 메모리 칩이 10달러 밑으로 떨어지면 대박 게임들을 핀볼Pinball 기계에 쑤셔 넣을 수 있다고!"

놀란 부쉬넬: 아내와 유타에서 캘리포니아로 운전하고 있을 때, 저는 아내에게 "2년 안에 내 사업을 할 거야"라고 말했어요.

테드 다브니: 저는 놀란이 작은 똥차를 몰고 다닐 때부터 알았었는데요. 그는 학자금 대출도 남아있었고, 집세를 낼 형편도 아니었어요. 당시엔 아주 깔끔한 사람이었죠. 함께 재밌는 시간을 보냈어요. 피자 가게에 돌아다녔고, 그는 번뜩이는 사업 아이디어를 전부 말해 주었죠. 그래서 전 그 당시의 그를 잘 알아요. 그가 제게 거짓말을 했거나 할 것이라고 의심할 이유가 없었어요. 하지만 알고 보니 거짓말을 몇 개 하긴 했더군요.

놀란 부쉬넬: 1968년에 실리콘밸리는 정말 많은 면에서 이제 막 시작되고 있었어요. 어디를 가나 엄청 큰 자두 과수원이 많았는데, 달마다 과수원이 하나씩 사라지더니 곧 그 자리에 콘크리트 더미가 쌓였어요. 구석 한켠에 "땔감 무료로 가져가세요"라는 표지판이 덩그러니 놓였고요. 변화의 중심지는 마운틴 뷰와 서니베일Sunnyvale이었습니다. 페어차일드와 인텔, 내셔널 세미컨덕터National Semiconductor가 있던 곳이죠.

밥 멧칼프: 인텔은 이제 막 시작하고 있었어요. 당시에 애플은 없었죠. HP가 있었지만, 컴퓨터는 만들지 않을 때였습니다. 존경할 만한 오래된 기업이었지만, 아주 조그마했어요.

알 알콘: 1960년대와 1970년대는 미군이 실리콘밸리를 구석구석까지 쥐락펴락하던 시기였어요. 록히드 마틴Lockheed Martin을 필두로 반도체 기업

그리고 그 넓은 지역 모두 말이죠. 한편 델몬트Del Monte 과일 공장도 있었어요. 비디오파일Videofile 뒤에 있는 거대한 공장에서 과일 칵테일을 만들었는데, 여름에는 그 냄새가 진동했어요.

놀란 부쉬넬: 전 산타 클라라Santa Clara에 있는 암펙스의 비디오파일이라는 부서에서 일했어요.

스티브 메이어: 우연이겠지만, 래리 엘리슨도 암펙스 출신이고 오라클Oracle도 암펙스에서 비롯되었죠.

알 알콘: 전 버클리 대학의 학부생이었는데, 1년 중 6개월은 회사에서 일하고 6개월은 학교로 돌아오는 산학 연계 프로그램을 하고 있었어요. 비디오파일 부서에서 일하게 되었는데 카메라 관련 일을 맡았죠. 놀란과 저는 커트 월리스Kurt Wallace라는 상사 밑에서 같은 팀으로 일했어요. 놀란은 솔트레이크 시티Salt Lake City에서 막 넘어온 늠름하고 젊고 키 큰 엔지니어였습니다. 갑자기 나타나서는 "여기서 일하고 싶습니다"라고 말했다고 하더라고요. 커트는 여기에 큰 감명을 받아 바로 그를 채용했다고 해요.

테드 다브니: 비디오파일은 거대한 로듐 디스크에 문서와 비디오를 기록하는 방식을 취했는데, 지금의 컴퓨터 디스크와 비슷하다고 보면 됩니다. 차이라면 요즘 디스크는 용량도 훨씬 크고 비디오와 사진을 바로 확인할 수 있다는 것이죠.

스티브 메이어: 그 팀은 처음으로 컴퓨터와 비디오 기술을 의미 있게 결합시켰어요.

테드 다브니: 놀란은 저와 사무실을 같이 썼어요. 우리는 엄청 친했습니다.

알 알콘: 1960년대 후반의 암펙스에서는 양복을 입고 넥타이를 매야 했어요. 옷을 제대로, 깔끔하게 입어야 했죠. 또 아침 8시까지 출근해야 했어요. 한 시간 동안 점심을 먹고 5시에 퇴근하는 일상이었어요. 퇴근 시간 후에는 아무도 남아서 야근하는 걸 본 적이 없어요. 너무 고리타분했어

요. 한번 들어오면 정년까지 딴 생각 안 하고 쭉 다니는 거죠. 퇴직하면 황금으로 된 손목시계도 기념으로 받고 안정적인 연금도 있고. 그런 거였죠.

놀란 부쉬넬: 전 엔지니어임에도 매일 정장에 넥타이를 매고 출근했어요. 하지만 우리는 모두 히피 의상을 입고 샌프란시스코에 가서 히피족인 척하곤 했어요. 낮과 밤이 다른 삶, 우리가 그랬죠! 히피 문화에 푹 매료된 시절이었어요.

알 알콘: 다브니는 어른이었어요. 당시 아마 30대 후반쯤 되었을 거고, 한때는 군 복무도 했어요. 아무리 생각해도 그는 히피와는 거리가 멀었죠.

테드 다브니: 놀란은 원래는 엔지니어였어요. 처음에 엔지니어로 고용되었지만 엔지니어로서의 능력은 별로였다고 생각해요. 그는 관련 경험도 없었고 아무런 실전 교육도 받지 않았어요. 한마디로 역량 부족이었죠. 이 많은 사실을 나중에 알게 되었습니다. 당시에는 전혀 몰랐어요.

알 알콘: 놀란은 나쁘지 않은 엔지니어였지만, 사업가 기질은 특히 남달랐어요. 놀란은 큰 사업을 해 보고 싶었지만 그럴 만한 충분한 돈이 없었습니다. 실제로 암펙스 사내 주식 투자 클럽을 만들기까지 했어요. 충분한 자산을 보유했다는 승인을 받지 않으면 개인은 주식을 살 수 없던 시절이었는데 말이죠. 모두가 주식을 편하게 사고파는 오늘과는 완전 달랐어요. 하지만 놀란은 '대여섯 명 정도가 한데 모이면 주식을 살 수 있을 거야'라고 생각하는 사람이었어요. 그는 제 동료이자, 친구였죠.

테드 다브니: 놀란은 게임의 묘미를 진작에 알고 있었어요. 게임에 관한 것이라면 뭐든지 파고 들었어요.

놀란 부쉬넬: 저는 바둑에 푹 빠졌어요. 격주로 주말마다 샌프란시스코로 차를 몰고 가서 일요일 아침의 대부분을 부시 스트리트Bush Street의 옛 교회에서 바둑을 두면서 보내곤 했어요. 거기서 어느 날 스탠퍼드 인공지능 연구소에서 일하는 한 남자랑 이야기를 나누게 되었고, 그는 "〈스

페이스워〉에 대해 들어 본 적 있어요?"라고 물어봤어요. 전 "〈스페이스워〉? 1965년인가 1966년인가 유타 대학 시절에 처음 해 봤어요"라고 답했어요. 우리는 바로 차를 타고 인공지능 연구실로 올라가 밤새도록 놀았습니다. "이야! 우와! 그래 이거야!" 이날의 경험으로 비디오 게임 기업 창업에 대한 숨어 있던 열정이 다시 불타오르기 시작했습니다. 다음 날 다시 일하러 와서 다브니에게 이 흥분을 이야기하려고 바로 찾아간 기억이 나요.

테드 다브니: 그는 제가 스탠퍼드에 있는 컴퓨터로 이 게임을 해 보길 원했어요. 〈스페이스워〉인가 그랬어요. 멋진 게임이었지만, 여전히 큰 컴퓨터가 필요했어요. 100만 메가바이트가 넘는 그런 것이요. 놀란은 "이봐, 우리는 더 작은 컴퓨터와 TV로 할 수 있게 할 거야"라고 말했어요.

놀란 부쉬넬: 공교롭게도 데이터제너럴Data General사의 노바 미니컴퓨터Nova minicomputer 광고를 보게 되었는데, 이 제품은 800킬로헤르츠 클록사이클clock cycle†의 성능을 보여 주었어요. 4,000달러 정도에 불필요한 것은 쏙 뺀 컴퓨터였어요. 저는 생각했죠. '아! 때가 됐어! 이제는 회사를 세울 때야.' 다브니에게 이 사업에 동참하고 싶은지 물었어요. 그는 아날로그 회로에 정말 능했고, 우리는 텔레비전에 아날로그 인터페이스를 적용하는 기술에 능숙한 개발자가 꼭 필요했기 때문입니다. 그는 "그러지!"라고 말했어요. 이때가 아마도 1969년 10월이었을 것입니다.

테드 다브니: 놀란과 저는 어느 날 거실에 둘러앉아 우리가 하고 싶은 일을 생각하고 있었어요. 저는 동업을 하기로 결정했고, 이 일을 시작하기 위해 각각 100달러를 출자하기로 했어요. 그 돈만으로는 충분하지 않다는 것을 잘 알고 있었지만, 시작이 반이라고 나름 의미가 있었어요. 제가 은행 계좌를 개설해서 100달러를 넣자 놀란도 100달러를 입금했어요.

놀란 부쉬넬: 전 일반 텔레비전에 게임용 컴퓨터가 구동되는 방법을 알아

---

† 데이터 전송 속도를 나타내는 단위.

내겠다고 말했어요. TV를 분해하고, 전선을 자르고, 철사를 땜질해야 했죠. 잘못하면 엄청난 전기 충격을 받을 수도 있었어요. TV의 신호는 3.5메가헤르츠에 이를 정도로 매우 빨랐는데, 당시의 칩은 1메가헤르츠 이상 속도가 나지를 않았어요. 추수감사절 연휴 동안 이 속도 문제를 해결하려고 무진장 애썼습니다. 전 화면에 별을 띄우고 점수를 보여 줄 회로를 만들었고, 컴퓨터의 작업량을 줄일 수 있는 다양한 방법을 개발했어요. 하지만 곧 이어 결국 제대로 작동하지 않을 것임을 깨닫게 되었죠. 컴퓨터가 이 작업들을 감당하기에 충분히 빠르지 않았거든요. 이틀 정도 자포자기 심정으로 손을 놓았어요. 그러다 문득 깨달았습니다. 컴퓨터를 아예 사용하지 말자. 하드웨어로 모든 것을 할 수 있지 않을까! 그 후에 다시는 컴퓨터를 사지 않았어요.

알 알콘: 놀란이 데이터제너럴의 노바 미니컴퓨터 몇 대를 주문하려고 1만 달러를 보내려고 했는데 그의 아내가 퇴짜를 놓아서 결국 지불하지 못했다는 이야기를 들었어요. 그런데 주문하려던 컴퓨터가 배송되어야 할 때쯤에는 미니컴퓨터가 어떤 작업도 할 수 없을 만큼 느리다는 것을 알아 버렸어요. 놀란과 테드가 개발하고 있는 하드웨어는 점점 더 많은 것을 하게 되었고, 곧 컴퓨터의 성능은 너무 하찮아져서 필요하지 않았습니다.

테드 다브니: 놀란은 정말 정말 열심히 했어요. 저는 놀란이 회로를 개발할 때 옆에서 도와줬는데, 그는 종종 "글쎄, 다음은 어떻게 할까? 어떻게 해야 하지?"라고 물었죠. 그러면 전 기초 원리를 설명해 주었어요. 그 설명을 듣고 혼자 돌아가서는 결국 제대로 작동하는 회로로 만들어내더군요.

놀란 부쉬넬: 테드와 저는 둘 다 딸이 있어요. 테드는 그의 딸, 저는 제 딸의 침실에서 각각 일을 했는데, 우리가 개발 중인 기기를 집에 가져가서 켰을 때 일종의 전기 충격 같은 느낌을 받았어요. 스크린에 로켓이 처음 뜨자, "언젠가는 해낼 수 있겠다고 생각한 것들이 현실이 되는" 순간이었

어요. 생산에 들어간 건 그해 여름이었습니다.

테드 다브니: 어느 순간, 정확히 언제였는지는 모르겠지만, 그는 넛팅 어소시에이츠Nutting Associates†와 이야기를 나눠야겠다고 결정했어요. 아무리 제품이 훌륭하더라도 우리 둘만으로는 이 사업을 성장시키기에 역부족이라고 생각했기 때문이죠. 놀란은 넛팅과 협의를 시작했어요.

알 알콘: 넛팅은 미국 서부의 유일한 동전 게임 제작사였어요. 화면에 질문이 나오면 답을 고르는 〈컴퓨터 퀴즈Computer Quiz〉라는 게임을 개발했었는데, 정말 간단하고 가벼운 게임이었어요.

테드 다브니: 넛팅은 〈컴퓨터 퀴즈〉라는 게임을 가지고 있었는데, 수년 동안 가까스로 버티고 있었어요. 대표 빌 넛팅Bill Nuting은 후속작이 절실했어요.

알 알콘: 놀란은 넛팅과 계약을 진행했어요.

놀란 부쉬넬: 저는 빌에게 전화를 걸어 "이 새로운 게임을 제작할 의향이 있습니까?"라고 물었죠. 그와 점심을 같이 먹으며 우리 물건을 보여 주자 모두 엄청 흥분하더니 "물론이죠. 우리가 할 수 있습니다!"라고 답했어요. 그래서 라이선스 계약을 협상했는데, 조건 중 하나가 "둘이 수석 엔지니어로 넛팅에 들어오는 것"이었어요. 아주 흔쾌히 승낙했는데, 말 그대로 연봉이 2배가 되었기 때문이죠. 그뿐만 아니라 저는 '차량 제공'도 요청했어요. 결국 월급을 2배로 올리고 차도 얻어 가면서 암펙스를 떠났어요. 6월쯤 저는 넛팅에게 테드를 내 부사수로 고용하도록 요청했습니다.

딕 숩: 제가 놀란 부쉬넬을 처음 만났을 때, 그의 책상은 넛팅 어소시에이트의 복도 쪽에 있었어요. 놀란이 무엇을 하고 있는지 듣게 되어서 한 번 찾아갔어요. 비디오 게임을 만들고 있더군요. 그러다가 가끔 더치 구스Dutch Goose라는 펍에서 맥주를 마시고 있는 그를 우연히 만나곤 했어요. 전 그가 하고 있는 일이 꽤 흥미롭다고 생각했어요. 재미있는 생각이 많은 사람이었어요.

---

† 마운틴 뷰 소재 아케이드 게임 제조업체.

알 알콘: 개발자의 관점에서 디지털 장비로 비디오 신호를 생성하고 이를 디스플레이에 적용하는 아이디어는 개념적으로 상당히 새로운 것이었습니다. 흥미로웠고 아주 인상적이었어요.

다브니와 부쉬넬이 만든 게임은 〈스페이스워〉를 베낀 〈컴퓨터 스페이스 Computer Space〉라는 게임이다. 하지만 더 중요한 건 그것이 최초의 아케이드 비디오 게임이었다는 점이다.

테드 다브니: 전 대부분의 시간을 수납 공간을 만드는 데 보냈어요. 이 게임기를 감쌀 수납장이 필요했어요. 놀란이 디자인 작업을 했고 저는 수납장을 만들었어요.

놀란 부쉬넬: 수납장은 완전 둥근 모양이었어요. 스크린도 있었고요. 조그만 받침대가 있었는데 거기에는 4개의 버튼이 반짝반짝 빛났습니다. 마치 우주에서 온 것처럼 말이죠.

테드 다브니: 그 디자인은 놀란의 작품이에요. 진짜 대단해요! 똑똑하지 않아요? 그는 그저 특출나게 훌륭한 엔지니어가 되지 못했을 뿐이에요. 하지만 상상력과 아이디어는 폭발적입니다. 훌륭한 아이디어는 모두 그의 머리에서 나왔으니 말이죠.

놀란 부쉬넬: 우리는 〈컴퓨터 스페이스〉를 스탠퍼드 학생들이 자주 놀러 가는 더치 구스에 가져다 놨어요. 놓자마자 대박이 났어요. 돈이 막 굴러 들어오고 있을 정도였으니! 지금이야 〈컴퓨터 스페이스〉는 실패작이었다고들 말하지만, 이 제품으로 약 350만 달러를 벌었어요. 그 당시에도 엄청 큰 돈이었습니다. 로열티 계약으로 번 수익금은 제가 아타리를 시작할 수 있게 해 준 종자돈이었어요. 제 입장에서는 〈컴퓨터 스페이스〉는 성공작입니다.

알 알콘: 〈컴퓨터 스페이스〉는 꽤 선방했어요. 그래서 놀란은 넛팅에게 "제

가 기술 부사장이 될 테니 회사 주식을 주세요"라고 말했어요. 놀란과 테드는 정규직원이 아니라 계약직이었어요.

테드 다브니: 우리가 그 게임의 모든 것을 소유한다는 게 원래 계약이었어요. 우리가 모든 권리를 갖고 있었다는 말입니다. 넛팅은 제작을 담당하고 우리에게 로열티를 지불해야 하는 거였어요. 또한 저와 놀란이 개발하는 기간 동안 월급도 받기로 했어요.

놀란 부쉬넬: "제가 회사를 다 이끌고 있다고요. 15에서 20%를 원해요"라고 말했어요. 전 넛팅이 5% 정도의 최종 제안을 할 거라 생각했어요.

테드 다브니: 놀란은 넛팅과 지분율 같은 것을 협상하려고 했는데 효과가 없었어요. 빌 넛팅은 전혀 대화가 통하는 상대가 아니었거든요.

알 알콘: 넛팅은 놀란에게 "당신은 사업가가 아니에요. 내가 사업가죠. 당신은 그냥 직원일 뿐입니다"라고 말했어요. 사실 넛팅의 유명세도 그의 부유한 아내 덕분이었는데 말입니다. 그는 시종일관 그런 태도였어요.

놀란 부쉬넬: 시카고행 비행기에 올라타서 게임제작사 발리Bally에 전화를 걸어 "다음 게임의 라이선스를 구매할 생각이 있으세요? 드라이빙 게임이요. 개발 비용은 이 정도 들 겁니다"라고 물었습니다. 발리 측은 "좋아요. 하고 싶습니다!"라고 바로 답했어요. 그렇게 개발을 위한 현금을 손에 넣고는 다시 넛팅으로 가서 "저는 이만 회사를 떠나겠습니다"라고 통보했어요.

테드 다브니: 우리는 6개월 동안 발리 전용 핀볼 기계와 비디오 게임을 개발해 주는 4,000달러짜리 계약을 따냈어요.

알 알콘: 놀란은 바로 저를 고용했어요. 저는 3번째 직원이 되었죠. 우리 셋은 바로 아타리를 시작했어요.

'아타리'는 바둑에서 차용한 일본어다. 체스에서 '체크check'에 해당하는 말이다.

알 알콘: 재빠른 출발이었어요. 꽤 위험하기도 했고요. 하지만 뭐 어떻습니까? 그 나이에 잃을 것도 없었는데요. 설령 실패하더라도, 뭐 그럴 확률이 높겠지만, 암펙스나 어디든 다시 취업할 수 있을 것 같았어요.

리 펠센스타인: 1972년에 암펙스는 붕괴 조짐이 보였습니다.

알 알콘: 아타리가 실패하더라도 귀중한 경험이 될 것 같았어요. 놀랍게도, 실패하지 않았죠.

놀란 부쉬넬: 원래 계획은 제조 시설과 넉넉한 현금흐름을 보유한 대기업들의 디자인 샵design shop[†]이 되는 거였어요. 우리가 아무리 많은 로열티를 받아 봤자, 제조업에 뛰어들기 위한 자본을 생각하면 티끌 같은 존재였기 때문이죠.

알 알콘: 돌이켜 보면 정말 위험했어요. 한 푼도 없었으니까요. 놀란과 다브니는 아예 빈털터리였어요. 은행은 우리가 주크박스와 자판기로 대변되는 '동전으로 작동하는 엔터테인먼트 사업'을 하고 있는 탓에 말을 전혀 들어주지 않았어요. 이 기기들은 마피아의 자금 세탁용으로 쓰이기도 했으니 이미지도 좋지 않았죠. 아무튼 은행이 돈을 빌려줄 가능성은 없었어요. 우리는 실적도 돈도 없었어요.

놀란 부쉬넬: 그해 봄, 전 다른 누군가가 비디오 게임을 만들었다고 들었어요. 마그나복스Magnavox[‡] 같은 무서운 기업도 포함해서 말이에요.

랄프 베어: 마그나복스 캐러밴caravan은 대중화되기 전에 오리지널 마그나복스 오디세이Magnavox Odyssey[§]를 가지고 돌아다녔던 차량이에요.

마그나복스 오디세이 TV 게임 시스템은 동전으로 작동되는 게임기가 아니라 콘솔 게임이었다. 집에서 컴퓨터 게임을 할 수 있도록 TV에 연결된 기

---

† 기기의 제작 판매는 대기업에게 맡기고 게임의 컨셉과 디자인, 소프트웨어만 담당하는 업체.
‡ 향후 아타리와 특허 분쟁을 일으켜 아타리가 특허 라이선스 비용을 지불한 경쟁사.
§ 1972년에 발매된 세계 최초 가정용 비디오 게임 콘솔.

기였다.

놀란 부쉬넬: 마그나복스가 어디에 있는지 알아서 차를 몰아서 갔어요. 벌링게임 메리어트Burlingame Marriott인가 그랬을 거예요. 들어가서 방명록에 이름을 적고 쭉 살펴보고는 생각했죠. "아······ 이건 우리랑 경쟁조차 안 되겠군!"

랄프 배어: 놀란이 게임을 해 보았어요. 처음부터 그의 의견은 부정적이었어요. 그가 그런 의견을 가지고 있는 건 괜찮아요. 게임하는 법을 제대로 배우지 못해서 그런 거니까요. 난 놀란이 거기에 잉글리쉬 놉English knob†을 절대 못 찾았을 거라고 장담해요.

데이비드 쿠쉬너: 공에 스핀을 주려면 조이스틱을 돌리면 되요.

놀란 부쉬넬: 게임은 애매모호했고 그렇게 재미있지도 않았어요. 화면도 없고, 득점도 없고, 소리도 없었으니까요. 정말 별볼일 없는 제품이었어요. 전 안도감을 느끼며 차를 몰고 집으로 되돌아왔어요.

랄프 베어: 그렇게 화려하지는 않았을 수 있어요. 점수 시스템도 없었고요. 하지만 사람들은 250년 동안 탁구를 쳐 왔는데, 그동안 어떻게 점수를 매겼을까요? 그냥 점수를 외치면 됩니다. 별일 아니죠. 놀란이 저를 마치 아무것도 모르는 막무가내 엔지니어로 대하는 것이 정말 분노가 치밀어요. 마치 저는 쓰레기고 그는 영웅이나 된 듯이 말하고 다니는데 완전 헛소리예요! 성과만 봐도 바로 알 수 있어요. 마그나복스는 첫 해에 35만 개가 팔렸어요. 미국 대통령에게 국가 기술 훈장National Medal of Technology을 수여받지 못한 건 제가 단지 개발자일 뿐이기 때문이에요. 비디오 게임을 발명한 건 바로 접니다!

놀란 부쉬넬: 그날은 알의 출근 첫째 날인가 둘째 날이었어요. 그를 위한 연

---

† 마그나복스 오디세이에는 수평이동, 수직이동, 공의 궤도 수정을 위한 각각의 컨트롤러가 있었으며 공의 궤도 바꾸기 위한 컨트롤러를 잉글리쉬 놉이라고 부른다.

습용 프로젝트가 필요했어요. 〈컴퓨터 스페이스〉는 꽤 복잡한 프로젝트였습니다. 그리고 발리의 레이싱 게임도 어려운 프로젝트였어요. '연습 프로젝트로 이 탁구 게임이 안성맞춤이겠어!'라고 생각했어요.

랄프 베어: 내 탁구 게임을 아타리는 〈퐁〉이라고 불렀어요.

알 알콘: 놀란은 〈퐁〉을 이렇게 묘사했어요. 움직이는 것 하나, 득점 하나, 네트 하나, 그리고 공. 더 이상 간단할 수 없어요.

스튜어트 브랜드: 〈퐁〉은 약간 맛이 간 인터랙티브 게임이었지만, 간단한 컴퓨터로 할 수 있는 게임이었습니다.

알 알콘: 〈퐁〉은 놀란이 생각할 수 있는 가장 단순한 버전이었어요. 그는 마음속으로 〈컴퓨터 스페이스〉보다 더 복잡한 것을 꼭 만들고 싶어 했어요. 운전 게임을 하고 싶어 했지만 제게 말하지 않았어요. 놀란은 〈퐁〉으로 제너럴 일렉트릭General Electric, GE과 이미 공급 계약을 체결했다고 말했어요.

놀란 부쉬넬: 저는 알에게 GE와 계약했다고 말했어요. 사람들이 연습용 프로젝트나 곧 끝나버릴 프로젝트라는 걸 알면 좋아하지 않기 때문이죠. 거짓말을 좀 쳤어요.

알 알콘: 이것이 거짓말일 수 있다는 생각은 전혀 못했어요.

테드 다브니: 〈퐁〉은 알 알콘이 저와 놀란이 개발한 이 모션 회로를 어떻게 사용하는지 알아내는 연습 운동이었죠.

알 알콘: 저는 이전까지 한 번도 비디오 게임을 디자인한 적이 없었어요. 놀란 외에는 아무도 없었죠. 그래서 놀란과 전 메모리 없이 어떻게 공을 잡아서 사방으로 이동시킬 수 있었는지를 이야기했어요. 그걸 가능케 할 묘책은 뛰어난 통찰력이었습니다. 일단 제가 부쉬넬의 모션 회로를 이해하자, 바로 가서 개발을 시작했어요.

테드 다브니: 알 알콘은 좋은 엔지니어였어요. 그는 누구의 도움도 전혀 필요하지 않았습니다.

놀란 부쉬넬: 알은 그 작업을 일주일 만에 끝내 버렸어요. 일주일 반이었나? 심지어 재미있었어요! 전 발리가 운전 게임 대신에 〈퐁〉을 좋아할 수도 있겠다고 생각했어요. 알은 일반 텔레비전에 연결할 수 있도록 변조기를 만들었는데, 이걸 시카고에 가져가서 발리에게 보여 줬어요. 발리는 2인용 게임이라는 사실에 주저했는데, 당시에는 1인용 게임만 만들던 시절이었거든요. 1인용 게임이 그 시절의 성공 방정식이었어요.

테드 다브니: 발리는 돈을 냈어요. 그 게임을 개발하라고 24,000달러를 지불했는데도, 발리는 계속해서 그 게임을 거부했어요. 계속해서 인정하지 않았죠. 놀란과 알과 저는 서로를 바라보았어요. "이제 어쩌지?"

알 알콘: 놀란은 "일단 어디든 내놓아 보자"고 했어요. 우리는 그것을 앤디 캡스 여관Andy Capp's Tavern에 놓인 〈컴퓨터 스페이스〉 바로 옆에 두었어요. 처음 설치했던 그날을 아직 기억합니다. 하루는 놀란과 제가 일을 마치고 불쑥 가서 맥주를 마시면서 누가 해 보는지 지켜보았어요. 솔직히 아무도 안 해 보겠다 싶었어요! 생각해 보세요. 설명서도 없고, 아무 의미도 없는 '퐁'이라는 글자가 쓰여 있을 뿐이잖아요. 달랑 2개의 손잡이와 동전 상자가 있고요. 해 보고 싶게끔 할 만한 게 있을까요? 그런데 어떤 남자가 해 보는 거예요. 놀란은 그에게로 쓱 다가가더니 "이 게임 어떻게 생각하세요?"라고 물었어요. 그러자 남자는 "이 기기를 만든 사람들을 알고 있어요"라고 하는 거예요. '여자나 꼬시려는 허풍은 좀 그만하지'라고 속으로 생각했죠. 그리고 우리는 떠났어요.

얼마 후, 알콘은 앤디 캡스 여관으로부터 한 통의 전화를 받는다.

알 알콘: 기계가 작동을 멈췄다는 거예요. 사실 그리 놀라지는 않았어요. 급하게 대충 설치했거든요. 그건 아무 곳에서나 작동되도록 만든 게 아

니었어요. 그래서 퇴근 후에 갔더니, 어트랙트 모드[†]가 작동하고 있지 뭐에요. 기기 자체는 문제가 없었다는 뜻이거든요. 그래서 '도대체 뭐가 문제지?'라고 생각하며 동전 상자를 열었어요. 무슨 일이 일어나고 있는지 살펴보기 위해 동전 상자의 동전을 꺼내 게임을 한 판 해 보려고 한 거죠. 동전 상자를 열었을 때 동전 상자는 25센트 동전으로 꽉 차 있었어요. "이런 것 쯤이야 고칠 수 있지!"라고 생각하며 놀란에게 "이거 해 볼 만 하겠는데?"라고 말했어요.

놀란 부쉬넬: 〈퐁〉은 일주일에 300달러를 벌었어요. 엄청난 금액이었어요! "와, 이건 금광이야!"라고 쾌재를 불렀죠. 수익 면에서 〈컴퓨터 스페이스〉 보다 훨씬 더 좋았어요. 〈퐁〉을 사업적으로 더 성장시킬 수 있는 방법을 궁리했죠.

알 알콘: 우리는 퇴근 후 캡스에 앉아 맥주를 마시고 있었는데 놀란이 말했어요. "〈퐁〉을 만들고 싶어. 기계 생산까지 다 하고 싶어." 테드와 나는 "그건 우리가 계약한 내용이 아니에요. 우린 제작 능력도 없고 아무것도 없잖아요." 그러자 놀란은 굳은 의지가 담긴 목소리로 "우리는 하게 될 거야"라고 했어요.

놀란 부쉬넬: 단돈 350달러만 있으면 만들 수 있다는 것을 알아냈어요. 가격은 910달러로 책정했어요. 그리고 제조업이 스스로 자금을 조달할 수 있는 방법도 알아냈어요. 제조사들과 30일에서 60일 후에 지급하는 조건으로 협상했는데, 일주일 내에 기계를 만들고 판매할 수 있다면 현금 흐름을 흑자로 운영할 수 있었어요. 우리는 자본이 전혀 없었습니다. 벤처캐피털이요? 그 당시에 그게 무엇인지도 몰랐어요. 여러모로 곤경에 처해 있었죠. 그중 하나는 아타리가 생산할 수 있는 양보다 더 많은 주문을 받은 것입니다. 알콘과 다브니에게 하루 생산량을 100개까지 늘리겠다고 하자 둘이 나를 완전히 미친놈 취급하던 장면이 기억나네요.

[†] 기기가 비非게임 중에 있을 때, 고객을 끌어들이기 위한 시각적 혹은 청각적 기능이 설정된 것.

알 알콘: 집에 와서 아내 케이티에게 "놀란은 미쳤어. 하루에 100대나 만들 겠대"라고 말했어요. 우리는 돈, 능력, 경험 모두 없었는데 말이죠. 말도 안 돼요. 얼마나 말이 안 되는지 보고 싶어서 일단 속는 셈치고 믿어 줬습니다.

테드 다브니: 우리는 1,700평방피트†에서 출발했지만, 〈퐁〉을 생산하기 시작하면서 더 많은 공간이 필요했어요. 마침 우리 옆집 사람이 집세를 내지 않고 한밤 중에 도주했지 뭐에요. 그래서 벽에 구멍을 내고, 말 그대로 진짜 구멍을 내고, 옆집 사람의 1,700평방피트도 써 버렸어요. 관리인이 와서 "이러시면 안 돼요!"라고 말했지만, 놀란은 "모르겠고, 추가로 얼마 더 줘야 하는지만 알아봐 줘요"라고 받아치더군요. 하지만 곧 그것조차도 충분치 않게 됐어요. 그런데 딱 그때 블록 아래쪽에 있는 롤러스케이트장이 곧 빈다는 겁니다. 1만 평방피트짜리가! 이미 기존 시설은 발 디딜 틈도 없을 정도로 빽빽해서 여기로 바로 확장했어요. 직원들이 롤러스케이트장에서 〈퐁〉을 생산하기 시작한 셈이죠.

놀란 부쉬넬: 당시 아타리는 구매 부서도, 제작 기술도 없다는 것을 이해하셔야 합니다. 제작 절차는커녕 품질 관리도 없었어요. 맨땅에 헤딩하면서 엄청 고생했으니까요.

알 알콘: 우리는 온갖 실수를 저질렀어요. 정신이 나가지 않고서야 저지를 수 없는 짓이었죠. 직원을 채용하기 위해 인력 사무소에 갔습니다. 막상 갔더니 막 가석방됐거나 한 어깨하시는 형님이 대부분이었어요. 월급도 결코 낮지 않았는데, 워낙 물건이 잘 팔리다 보니 크게 개의치 않았어요.

놀란 부쉬넬: 우리가 몰랐던 것은 직원을 채용하고 싶다면 인력 사무소로 가선 안 된다는 점이었어요. 모든 마약중독자가 모여 있는 곳이 인력 사무소이기 때문이죠. 우리는 이런 마약중독자들을 많이 고용했고 얼마 지나지 않아 그중 몇몇이 절도범이었음을 알았어요. 우리가 이런 의심

---

† 약 48평.

스러운 이들을 해고하기 전까지 6대인가 8대 정도의 TV를 도난당했죠.

알 알콘: 아타리를 시작했을 때 저는 24살이었어요. 놀란은 26살쯤 되었죠. 놀란과 저는 둘 다 너무 어리고 경험이 부족했기 때문에 규칙을 굳이 만들려고 하지 않았어요. 알람 시계를 맞춰 놓는 게 중요한 게 아니라 일을 끝내면 장땡이었죠. 정해진 일만 끝낼 수 있으면 출퇴근도 마음대로 해도 됐어요! 일을 제때 마무리하려면 회사에 꼭 와야만 직성이 풀리는 사람도 있었지만, 그냥 내킬 때 아무 때나 출근하는 게 편한 사람도 많았어요.

놀란 부쉬넬: 우리가 일하러 오는 건지 놀러 온 건지 모르겠다고 말하는 사람도 많았지만, 그들이 놓친 것은 그 와중에 모두 정해진 할당량은 채웠다는 점이었어요. 아타리는 극단적으로 활발한 직원이 많았을 뿐이에요.

크리스 카엔: 저는 여름 인턴으로 15살에 일하기 시작했어요. 18살이 되던 해, 제품 매니저가 되었죠. 두꺼운 벽으로 둘러쌓인 사무실을 혼자 썼고 돈도 잘 벌었어요. 문득 '왜 대학에 가야 하나'라는 생각이 들더라고요.

놀란 부쉬넬: 컴퓨터 보드를 조립하고 테스트를 하던 소녀들은 20대 초반이나 18, 19살인가 그랬습니다. 큰 상자들을 이리저리 뒤적거리며 짐을 싸고 옮기던 사내들도 모두 20대 초반이었습니다.

크리스 카엔: 사람들은 아타리에서 일하려고 고등학교나 대학을 중퇴까지 했어요. 회사에서 배우자도 만났죠.

놀란 부쉬넬: 모두 맥주, 피자에 파티라면 환장했죠. 파티가 끝나면 마음 맞는 둘씩 짝지어 흩어지기 일쑤였어요.

알 알콘: 그 당시 아타리는 이런 부류의 사람들이 모여 있다 보니 항상 마약 냄새에 절어 있었어요.

놀란 부쉬넬: 그게 바로 히피 스타일이죠.

크리스 카엔: 그 당시 아타리에서 일하는 건 뭐랄까, 뽕에 취한 느낌이었어요. 전 그 이후로 회사의 규모가 크든 작든 간에, 어떠한 테크 기업에서도 이런 느낌은 경험해 본 적이 없어요. 지금 이런 말을 하면 순진해 빠

진 것처럼 보이겠지만, 진짜 우린 정말 가족이었어요.

놀란 부쉬넬: 우리는 열심히 일하고 열심히 놀았어요. 모두가 행복했어요.

알 알콘: 아타리가 처음 시작했을 때, 아무도 우리에게 말을 걸어 주지 않았어요. 그러다 갑자기 확 회사가 떴죠.

데이비드 쿠쉬너: 당시 미국 환경에서 아타리는 거의 펑크록[†] 같은 존재였어요. 〈퐁〉은 아주 단순했지만 강렬해서 남녀노소 상관없이 열광했어요.

클리브 톰슨: 〈퐁〉의 외관은 금속 상태 그대로를 노출시켜 마치 컴퓨터의 실체와 상호 작용하는 것 같은 느낌이 들도록 했어요. 이게 히트를 치면서 새로운 길을 개척할 수 있었어요.

데이비드 쿠쉬너: 라몬스Ramones[‡]가 몇 개의 화음만 가지고도 음악을 쥐락펴락한 것처럼, 〈퐁〉은 조이스틱, 버튼, 그리고 화면에 나오는 블록 몇 개만으로 하루 종일 질리지 않고 놀 수 있었어요.

클리브 톰슨: 저는 완전히 넋이 나갔어요. "오! 드디어 뉴턴의 물리학 개념을 직접 볼 수 있다니! 마찰이 없는 세계의 궤도를!" 믿을 수 없을 정도로 아름답고 틀에 박히지 않은 것을 이렇게 관능적이고 촉각적인 방법으로 풀어내다니.

데이비드 쿠쉬너: 만약 당신이 그 시기에 괴짜 10대 소년이었다면, 심부름하면서 벌었던 푼돈을 죄다 아타리한테 뿌리고 다녔을 거예요. 〈퐁〉은 또한 지위의 상징이 되었어요. 휴 헤프너Hugh Hefner[§]가 시카고에 있는 별장에 〈퐁〉을 하나씩 놓아두는 현상 같은 것 말이죠!

알 알콘: 아타리가 큰 화제가 되자 모두가 우리와 이야기하고 싶어 했고, 심지어 우리가 무슨 말을 하든 믿기 시작했어요! 회사가 안정적이 될수록 놀란은 더 터무니없이 행동했어요.

[†] 1970년대에 록계에서 록의 체제화에 반발하여 일어난 연주 스타일. 과격하고 정열적인 사운드가 특징이다.

[‡] 미국의 4인조 펑크 록 밴드.

[§] 『플레이보이playboy』 잡지사의 사장.

마이클 말론: 초창기 시절 놀란이 얼마나 미쳤는지 가늠하기는 정말 어려워요. 난폭한 사람이었습니다. 젊기도 했고요. 그는 고상하게 살았고, 롤스로이스를 몰았어요. 신제품의 코드명은 조립 라인에서 일하는 예쁜 아가씨의 이름을 따서 지었어요. 그는 정말 세상을 다 가진 신처럼 행동했어요. 제 말은, 조립 라인 여자애들과 풀 파티를 하면서 다 같이 코카인을 했다는 뜻이에요. 이 남자야 말로 현실판 캐시 맥콜Cash McCall[†]이었어요. 가는 곳마다 불꽃을 튀겼죠.

데이비드 쿠쉬너: 놀란은 실리콘밸리의 메리 프랭크스터Merry Prankster[‡]였어요. 그는 갈 곳이 없는 다른 모든 메리 프랭크스터들을 끌어들였어요.

알 알콘: 즐거웠어요.

랄프 베어: 그들은 1972년 연말까지 〈퐁〉을 200개 만들었는데, 그다음 해에는 13,000개에 이르렀어요. 경쟁이 치열해져서 가짜가 시장에 넘쳤죠.

알 알콘: 발리가 베끼긴 했어도, 아타리랑 발리는 관계가 좋아서 사전 허가를 받고 출시했죠. 넛팅은 〈퐁〉을 말도 없이 훔치더니 〈컴퓨터 스페이스 볼〉이라는 게임을 만들었어요. 왜냐하면 그들이 개발하는 모든 것은 컴퓨터 XX라고 했거든요. 〈컴퓨터 퀴즈〉, 〈컴퓨터 스페이스〉, 〈컴퓨터 스페이스 볼〉…… 영리하죠? 왜 우리한테 미리 묻지 않았을까요? 람테크를 제외하고는 모두 그냥 훔친 거나 다름없어요. 여기서 '훔쳤다'는 건, 제가 디자인한 회로를 그대로 베꼈다는 뜻이에요. 람테크는 실제로 제 회로를 보기는 했어도 스스로 독자적인 버전을 개발했어요. 복사는 했지만, 설계도를 가져가지는 않은 셈이죠.

놀란 부쉬넬: 모조품은 기본적으로 '패스트 팔로워fast follower'[§]입니다. 그들은 우리 게임 중 하나를 사서 회로판을 그대로 베껴서 인쇄한 다음, 바로

[†] 1960년대 미국 드라마로, 기업 사냥꾼인 남자 주인공 캐시 맥콜이 자신이 정리해야 할 사업가의 딸과 만나 사랑에 빠지는 내용이다.

[‡] 직역하면 '즐거운 장난꾸러기들'이라는 뜻으로, 1960년대 작가 켄 키지가 만든 히피 집단.

[§] 새로운 제품, 기술을 빠르게 쫓아가는 전략 또는 그 기업을 의미한다.

제조로 돌입합니다. 하이에나 같아요. 우리를 매우 화나게 했어요.

테드 다브니: 경쟁사들은 사람 하나를 우리 회사에 심어서 기술을 훔치게 했어요. 아시다시피 산업 스파이는 큰 사업이죠. 항상 그래왔어요.

알 알콘: 아타리의 보드를 개발하던 그자, 그의 이름을 언급하지는 않겠어요. 그자는 우리 몰래 보드를 추가로 만들어서 경쟁사들에게 팔고 있었습니다. 명백한 절도였어요. 그 보드만 있으면 회로를 이해할 필요도 없이 단지 부품을 넣기만 하면 우리 제품이랑 똑같이 작동했으니까요. 마치 우리가 게임 산업의 유일한 선행 개발 팀인 듯했어요. 게임을 개발하는 족족 업계의 모든 작자들이 훔쳐가기에 급급했어요. 꽤 좌절스러운 경험이었습니다.

놀란 부쉬넬: 대책 마련에 착수했어요. 부품 공급사 중 규모가 제법 큰 반도체 업체에게 부탁을 했어요. 우리가 사용하고 있는 부품에 우리만 알 수 있는 표시를 해 달라고 했습니다. 그래서 모조품 게임이 그 부품을 활성화시켜 게임을 작동하는 순간, 작동을 멈추도록 제작했어요. 왜냐하면 그 제품은 처음부터 고장난 거니까요! 그 전략은 우리 경쟁사 중 한 곳을 파산시켰어요. 그 회사가 파산 선고를 했을 때 그 회사의 앞마당에서 샴페인 파티를 열었던 것을 똑똑히 기억합니다. 1974년까지 우리는, 모두는 아니었지만, 대부분의 하이에나를 제거해 버렸어요. 이윽고 아타리의 시장 점유율이 매우 높아졌고 그 누구도 우리의 적수가 되지 못했죠. 하지만 곧이어 여름이 되자 상황이 악화되기 시작했습니다.

알 알콘: 놀란의 첫 해외 시장 개척은 전례를 찾아볼 수 없을 정도로 완전한 재앙이었어요.

놀란 부쉬넬: 일본이 매우 폐쇄적인 시장이라는 것을 몰랐어요. 그래서 일본의 모든 규칙과 규정을 위반하기에 이르렀죠. 결국 정말 힘든 시기를 겪어야 했습니다.

알 알콘: 그러다 론 고든Ron Gordon을 컨설턴트로 고용하고 나서야 모든 문

제가 해결됐어요. 그는 두둑한 수수료를 챙겨 갔죠.

놀란 부쉬넬: 저는 28살이었고, 해외 진출이 무엇인지 정말 전혀 모르는 상태에서 세상을 누비려고만 했어요. 아타리의 해외 진출 계획은 사실 별다를 게 없었어요. 그저 예전에 했던 걸 답습하려고 했어요.

알 알콘: 놀란은 한 기업의 성장에 관한 책을 읽었는데, 그 책을 통해 배운 게 하나 있었어요. 0에서 100만 달러의 매출을 이룬 팀이라는 것이 그 이상의 성과를 보장하지는 않는다는 것이죠. 더 나아가려면 전문가를 데려와야 했어요.

테드 다브니: 놀란은 망나니 같은 사람을 대표로 데리고 왔어요. 정말 개망나니였다고요. 곧이어 혼자서는 아무런 결정도 내리지 못하는 엔지니어링 부대표를 고용하더니, 급기야 마케팅의 마자도 모르는 영업맨을 마케팅 부사장에 앉히기까지 했어요.

알 알콘: 그들은 HP 출신의 2군 선수 같았어요. 마케팅 담당, 재무 담당이 그랬죠. 그리고 우리는 부사장으로 암펙스 엔지니어를 고용했는데, 제작 담당이었어요. 놀란이 데리고 온 이 작자들은 스타트업의 생리를 전혀 이해하지 못해서 회사를 결국 망하게 하고 말았죠.

테드 다브니: 그래서 저는 "놀란, 우리 이야기 좀 해요"라고 말했어요. 놀란과 오토바이를 타고 피자 가게로 가서 앉자마자 "이 사람들 없애야 해요. 없애야 한다고요"라고 뱉어 버렸어요.

알 알콘: 놀란은 그 사람들을 해고할 수 없었어요.

놀란 부쉬넬: 한번은 윈체스터Winchester가에 위치한 아타리 건물의 주차장으로 차를 몰고 들어갔는데, 우리 회사가 거기에 주차된 모든 자동차의 대금을 지불하고 있다는 생각이 들었어요. 그것은 빙산의 일각이었고요.

테드 다브니: 놀란이 말했어요. "여기 모든 사람이 우리에게 의존하지, 그렇지?" 그리고 저는 "그래요. 건물주, 식료품점, 그리고 우리 주변의 모든 사람이 우리에게 의지하고 있어요"라고 말했어요.

알 알콘: 그 후 엔지니어링 팀에서 핵심적인 실수를 저질렀어요. 우리가 저질렀던 실수들 중 하나였죠.

놀란 부쉬넬: 우리가 개발한 레이싱 게임에서 한 부품이 오작동했어요. 기억하세요. 아타리는 그때 현금흐름을 흑자로 운영하고 있었어요.

알 알콘: 우리가 출시한 게임을 모두 회수해야 했어요. 정말 큰 문제였죠.

놀란 부쉬넬: 그래서 우리는 갑자기 팔 수 없는 기계로 가득 차서 현금흐름이 멈춰 버렸어요.

알 알콘: 좌절감이 정점이 이르렀을 때 놀란은 울기까지 했어요. 놀란은 눈물을 글썽였어요. 그 모습을 보면 놀란이 어떤 생각을 하고 있는지 알 것만 같았어요. "이제 다 끝났어. 아타리는 곧 죽을 거야. 우리는 망했어."

놀란 부쉬넬: 비용 미납으로 소송당했습니다. 주법원 판사는 우리의 자산, 즉 은행 계좌를 압류하려고 했어요. 그래서 매주 은행 계좌를 바꾸어야 했다니까요!

알 고든: 론 고든은 황금 알을 낳는 거위가 죽어 가는 것을 보고 있었어요.

놀란 부쉬넬: 우리는 그저 피를 토하고 있었어요.

테드 다브니: 아타리는 무너지고 있었죠.

알 알콘: 그리고 론은 CEO로 돌아와서 모든 사람을 해고했고, 은행들과 잘 이야기해서 우리 은행 계좌를 살릴 수 있었어요. 그리고 회사를 살려냈죠. 그리고 짠! 그는 아타리가 다시 굴러갈 수 있게 해 주었죠.

03

타임머신
제록스파크에서 미래를 발명하다

등장 인물

댄 잉걸스	버틀러 램슨	앨비 레이 스미스
딕 슙	브루스 혼	존 마코프
래리 테슬러	스튜어트 브랜드	짐 클라크
리 펠센스타인	스티브 러셀	찰스 시모니
밥 멧칼프	스티브 잡스	척 태커
밥 테일러	아델 골드버그	테리 위노그라드
밥 플레걸	앨런 케이	

실리콘밸리의 전통적인 전자 기업(암펙스나 HP)이나, 최신의 반도체 기업(페어차일드나 인텔)에서 일하기 위해 젊은 엔지니어들이 몰려들면서, 새로운 미래를 꿈꾸는 유망 기업들이 탄생한다. 대표적인 기업이 제록스Xerox였다. 제록스는 1970년대 초반 실리콘밸리의 중심부에 연구소를 설립했는데, 바로 팔로알토연구소Palo Alto Research Center, 즉 제록스파크Xerox PARC였다. 미래의 컴퓨터화된 사무실을 프로토타입으로 만드는 것이 연구소 설립의 아이디어였다. 엥겔바트로부터 영감을 받은 제록스파크의 엔지니어들은 혁신적인 컴퓨터인 알토Alto를 설계하고 제작했다. 알토의 여러 가지 혁신 중 하나는 그래픽 사용자 인터페이스였다. 겹쳐지는 여러 개의 창, 메뉴, 아이콘, 글꼴을 지원했다. 이로부터 최초의 현대적인 워드프로세서, 전자메일, 그림판 프로그램이 개발되었다. 제록스파크가 제작한 또 다른 컴퓨터는 휘황찬란한 영상과 애니메이션을 심지어 총천연색으로 구현할 수 있었다. 그 밑바탕에는 비트맵 디스플레이라고 불리는 기술이 있었다. 제록스파크의 많은 컴퓨터 스크린 위에 있는 각각의 픽셀은 메모리 속 하나의 비트와 짝을 이뤄 연결되어 있었다.

버틀러 램슨: 발표가 있었는데 이런 내용이었죠. "제록스에서 새로운 연구소를 설립하는데, 위치는 본사에서 멀리 떨어져 있고, 목적은 '오피스의 미래'를 만드는 것입니다. 그게 정확하게 무슨 뜻인지 아무도 모르기 때문에, 우리가 원하는 방향으로 만들어 내야 합니다. 연구비는 얼마든지 있으니까요!"

척 태커: 우리가 한 것은 사실 매우 단순했어요. 미래를 그리는 데 엄청난 돈을 썼죠.

버틀러 램슨: 타임머신을 만드는 게임을 하고 있었죠. 1970년대 초반에서 중반까지 우리가 개발하던 기기는 1980년대가 되면 수지타산이 맞을 거라는 것이 너무나도 명백했어요. 반대로 개발이 한창인 그때 당시에는

수지타산이 형편없이 안 맞는다는 것도 너무나 명백했죠.

앨런 케이: 돈만 있으면, 그리고 무어의 법칙을 가정할 때, 슈퍼 컴퓨터를 기본으로 책상 위에 둘 수 있는데, 그게 바로 우리가 한 일이었어요.

댄 잉걸스: 거의 무임승차나 다름없었죠. 엄청나게 많은 것들이 막 발명되기 직전이었거든요. 비트맵 그래픽의 세계도 발명되기 직전이었어요.

밥 멧칼프: 게다가 여기는 캘리포니아였거든요. 우리는 자전거를 탔죠. 점심시간에 자전거로 아라스트라데로 로드Arastradero Road를 따라 알파인 로드Alpine Road를 거쳐 알파인 여관Alpine Inn까지 가곤 했던 기억이 나요. 점심시간에 맥주를 마시곤 했는데, 그렇게 되면 오후는 날아가고 저녁을 먹고 나서야 다시 일을 하는 거였죠. 정말 느긋했어요. 일주일에 미팅이 하나 밖에 없었습니다. 다 같이 소파에 앉아 연구실에서 진행되는 것들에 대해 토론하곤 했어요. 아주 목가적인 시간이었죠.

딕 슙: 우리는 모두 무엇을 해야 할지 궁리하고 있었죠.

스티브 잡스: 그 연구소에서는 컴퓨터에 관련한 몇몇 연구가 진행되고 있었는데, 기본적으로는 더글라스 엥겔바트라는 인물이 스탠퍼드 연구소에서 시작한 것들의 연장선상에 있었죠.

밥 테일러: 엥겔바트의 작업은 제게 엄청난 영향을 끼쳤어요. 우리 연구원 중 일부는 제록스파크가 생기기 전에 엥겔바트의 그룹에서 연구했었죠.

앨런 케이: 저는 1971년부터 제록스파크에서 일했는데요, 1975년까지 5년 동안이 대부분의 것을 이룬 기간이었어요.

척 태커: 우리가 가장 먼저 한 일은 컴퓨팅 리소스로 무엇을 이용할 수 있을지는 찾아보는 거였어요. 그래서 SDSScientific Data System를 살펴봤죠. 당시에 제록스가 막 그 데이터 시스템을 구매한 참이었거든요.

버틀러 램슨: 당시 컴퓨터과학을 연구하기 위한 표준형 컴퓨터는 DEC PDP-10이었어요. PDP-10 소프트웨어를 돌릴 수 있어야 했는데, 다른 모든 연구원이 그 소프트웨어를 돌리고 있었기 때문입니다.

찰스 시모니: 그러나 DEC은 제록스의 경쟁자였기 때문에 연구를 위해 경쟁사의 기기를 도입하는 것은 정치적으로 완전히 잘못된 거였죠.

척 태커: DEC한테 PDP-10을 산다고 하면 정말 꼴불견이 될 거라는 걸 깨달았죠. 그래서 MAXC라고 하나를 새로 만들었어요.

앨런 케이: 다중접속제록스컴퓨터Multiple Access Xerox Computer의 약자였어요.

척 태커: 저는 메모리를 설계했고요, 버틀러는 프로세서를 설계했죠. 그 당시에는 그런 게 가능했어요.

찰스 시모니: 소위 '빡센' 일은 신참이 맡아서 하는 아름다운 전통이 있었어요. 덕분에 제가 제록스에 와서 MAXC를 만드는 일을 맡게 된 거죠.

브루스 혼: 저는 야간에 자료 백업을 하는 일을 했어요. 밤에 가서 테이프를 넣고 전체 자료를 백업하는 게 일이었죠. 나름 재미있었어요. 14살 소년한테는 나쁘지 않았죠.

딕 숍: 우리는 모두 〈스페이스워〉에 빠져 있었어요. 한창 여러 가지를 만들고 있었고, 그 게임 말고는 할 게 없었어요.

제록스파크의 첫 외부 방문자는 스튜어트 브랜드였다. 그는 『지구백과』를 편집하여 출판한 지 얼마 안 되었는데, 거기서 저항 문화로 거둔 성공으로 이제 막 유명해져 있었다. 1972년 제록스파크에 그가 방문했다.

스튜어트 브랜드: 『롤링 스톤RollingStone』†의 창간자 잔 웨너Jann Wenner에게 가서 "컴퓨터가 어떻게 돌아가는지에 관한 이야기를 하고 싶다"고 했더니, "좋아, 어서 해"라고 반응했어요. 『지구백과』에 대해 인상이 좋았기 때문에 그런 반응이 나왔어요.

앨런 케이: 스튜어트와 저는 서로를 조금 알고 있었어요. 제게 연락이 와서는 〈스페이스워〉에 관한 작품을 만들 거라고 말했죠.

† 저항 문화의 상징과도 같은 미국의 대표적인 대중 문화 잡지.

스튜어트 브랜드: 제가 〈스페이스워〉에서 본 건, 그것이 기술을 진보시켰다는 것이었습니다. 다른 어떤 응용 프로그램보다 사람이 기계와 소통하는 방식을 빠르게 진보시켰죠.

앨런 케이: 컴퓨터에 연결된 그래픽 디스플레이가 있는 곳이면 어디든 자연스럽게 〈스페이스워〉가 꽃을 피우고 있었어요.

스튜어트 브랜드: 제가 1962년 초에 스탠퍼드의 컴퓨터 실험실에서 〈스페이스워〉를 하는 사람들을 본 장면이 아직도 기억에 남아요. 젊은 청년들이 멋진 스탠퍼드 사무실 뒷방에서 무언가에 대한 기쁨과 흥분으로 울부짖고 있었어요. 바로 그 게임이었죠.

스티브 러셀: 〈스페이스워〉 이전에도 컴퓨터 게임이 있었지만, 그만큼 영향력이 강한 게임은 없었어요. 여러 대학교로 퍼져서 1960년대에 컴퓨터에 관심이 있던 모든 사람이 알고 있을 정도였습니다.

스튜어트 브랜드: 그건 컴퓨터를 둘러싸고 뭔가가 발산하는 것을 제가 처음 목도한 일이었습니다. 당시 신좌파 세력이 보통 지니고 있던, 컴퓨터를 끔찍한 통제의 도구로 바라보는 류의 자세가 아니었어요.

리 펠센스타인: 그 경향은 컴퓨터가 생산 자동화를 위한 미래의 장비라는 것이었죠. 신좌파는 그걸 그렇게 좋은 아이디어라고 생각하지 않았어요.

스튜어트 브랜드: 히피 낭만주의의 일반적인 흐름 중에는 기술에 대한 반대가 있었고, 암암리에 과학에 대한 반대가 있었어요. 저는 그것이 끔찍하다고 생각했죠.

리 펠센스타인: 컴퓨터를 비웃는 사람들은 사실 컴퓨터와 아무런 관련이 없었어요. 멀리서 보면 그렇게 할 수 있었죠. 하지만 만약 컴퓨터와 어느 정도라도 연관이 있었다면 그것의 마성에 빠졌을 거예요. 앨런 케이의 표현대로 '컴퓨터의 낭만'에 말이죠.

밥 테일러: 스튜어트 브랜드가 나타났을 때, 저는 그가 올지 전혀 몰랐어요. 저는 그가 왜 거기에 있는지 몰랐어요. 누가 그를 부추겨서 오게 했는지

전혀 몰랐습니다. "음, 저희는 단지 몇몇 분들과 이야기를 나누고 싶어서 왔어요"라더군요. 저를 비롯해서 많은 사람들과 이야기하고 싶어 했어요. 도대체 무슨 일이 벌어지고 있는지 알고 싶어 했죠. "좋아요, 알겠어요." 저는 그를 도와주려고 했고 그는 열심히 용무를 봤죠. 별로 문제가 없어 보였어요.

스튜어트 브랜드: 앨런 케이는 확실히 제록스파크 연구소를 이해하는데 있어서 단순한 도움 이상을 주었어요. 제게 'PC'가 무엇이 될 것인가에 대한 견해를 알려 줬죠. 아마 'PC'라는 용어는 즉흥적으로 나왔을 거예요. 그 후에 제가 그 용어를 써서 출판을 했고, 업계 표준 용어가 되었죠. 앨런 케이는 당시 진행되던 것을 매우 명료하고 작동 가능하게끔 이론화하고 있었는데, 더글러스 엥겔바트를 연상시켰어요. 다만 앨런 케이는 전략적인 비전을 가진 엔지니어처럼 이야기하고 행동했다면, 더글러스 엥겔바트는 예지적인 비전을 지닌 선지자처럼 행동했다고 생각해요.

앨런 케이: 스튜어트는 아주 좋은 작품을 썼어요. 다만 안타깝게도 『롤링 스톤』은 그 당시에 그저 그런 잡지였어요. 동부가 아니라 서부의 삼류 잡지 수준이었죠.

스튜어트 브랜드(『롤링 스톤』 기고문): 준비가 됐든 안 됐든, 컴퓨터는 사람들에게 인기가 높아지고 있다. 좋은 소식이다. 아마 환각제인 LSD 이후 최고의 뉴스거리였을 것이다. 진보 진영에서 비판하던 "컴퓨터, 위협이냐 공포냐?"류의 흐름에서 한참 벗어나 있다. 놀랍게도 선조 과학자들의 낭만적인 조류와 일맥상통한다. …… 그것들 대부분은 헤드head다. 절반 이상의 컴퓨터과학은 헤드다.

존 마코프: 헤드는 당시 예술 용어 중 하나였어요. 애시드 헤드Acid Head, 즉 LSD 중독자란 뜻이었죠.

앨비 레이 스미스: 제록스 본사는 격식 있게 정장을 차려 입은 뉴욕의 사업가 같았어요. 하지만 나중에 그들은 캘리포니아에 전부 빈백beanbag 의

자로 된 장소에 샌들을 신고 자전거를 타는 히피들이 있는 장소가 있다는 것을 알게 되었죠.

딕 숍: 그런 것들이 제록스를 나빠 보이게 한다고 느꼈고, 우리는 그런 일이 일어나지 않도록 해야 했죠.

스튜어트 브랜드(『롤링 스톤』 기고문): 컴퓨터가 사람들의 일상에 가까워지기 전까지는, 사람들이 구체적으로 컴퓨터로 무엇을 하는 것이 자연스러울지 떠올리기는 어려울 것이다. 여태까지는 당연하게도 돈 있는 기관들이 중심이 되어서 회계나 자료 정리하는 목적으로 컴퓨터를 발전시켜 왔다. 컴퓨터는 거대한 관료 조직을 관리하는 데 큰 역할을 했다.

밥 테일러: 제록스는 스스로가 매우 책임감 있고, 정직하며, 견실한 시민의 기업이라고 생각했습니다. 그들이 보기에 『롤링 스톤』은 퇴폐한 히피들이 보는 삼류 잡지고, 제록스와는 아무 접점이 없다고 생각했죠. 『롤링 스톤』이 제록스와 관련이 있는 것을 원치 않았어요.

앨런 케이: 그래서 제록스는 『롤링 스톤』에 기고된 글을 보고 깜짝 놀랐습니다.

스튜어트 브랜드(『롤링 스톤』 기고문): 앨런 케이는 '다이나북Dynabook'이라고 불리는 휴대용 독립형 쌍방향 그래픽 컴퓨터를 디자인하고 있다. 대부분 고해상도 디스플레이 화면으로 구성되어 있고, 하단의 3분의 1 지점에는 키보드와 여러 개의 카세트 슬롯, 추가적인 플러그 등이 있다. 그게 제록스의 연구 방향이다. 거대한 중앙통제 시스템에서 벗어나서 소형 개인용 시스템으로 향하는 것. 원하는 모든 사람의 손에 최대한의 연산 능력을 쥐어 주는 방향 말이다.

앨비 레이 스미스: 스튜어트 브랜드는 제록스파크를 히피들의 집합소처럼 묘사했어요.

밥 테일러: 제록스 본사는 거의 기절초풍이었죠.

앨비 레이 스미스: 완전 비상사태였어요.

스튜어트 브랜드: 무장 경비원을 문 앞에 배치했고, 그 후로 절대로 취재진을 들여보내지 않았어요.

딕 숍: 물론 우리의 관점에서 볼 때는, 우리가 미래의 최첨단에 서 있고 제록스와 미래에 귀를 기울이는 다른 사람들을 이끌고 있다는 것이 자랑스러웠어요. 우리는 무슨 일이 다가올지 알 수 있었기 때문이죠.

스튜어트 브랜드(『롤링 스톤』 기고문): 모든 사람이 컴퓨터를 사용할 수 있게 될 때면, 해커들이 득세하게 될 것이다.

밥 멧칼프: 우리가 MAXC를 막 개발하고 난 직후에 우리는 알토를 만드는 작업에 착수했어요. 아마도 세계 최초의 PC일 겁니다.

척 태커: 그리고 우리는 마침내 밥 테일러의 말을 듣기 시작했어요. 밥 테일러는 우리에게 오랫동안 무엇을 해야 하는지 말해 왔지만 우리는 그것을 이해하지 못했죠.

밥 테일러: 그 당시 컴퓨터 설계의 중심은 연산 능력에 있었죠. 모든 디자인은 가능한 한 효율적으로 만드는 것에 초점이 맞춰졌어요. 저는 이렇게 말했죠. "여기를 봐요, 안구가 사람의 두뇌와 컴퓨터 사이를 연결하는 역할을 하죠. 따라서 컴퓨터는 디스플레이가 중심이 되어야 합니다. 그리고 더 나아가서는 개인용 장비여야 하죠. 우리는 모든 사용자를 위한 컴퓨터를 원합니다."

척 태커: 테일러는 그 생각에 완전히 몰입해 있었어요. 컴퓨터가 단지 계산을 위한 것만은 아니라고 생각했죠. 커뮤니케이션을 위한 도구라고 생각했어요. 이게 왜 중요한지 설명하려고 무던히 애를 썼지만 우리는 이해할 수가 없었죠. 그러나 우리는 마침내 한 가지를 깨달았어요. 만약에 컴퓨터를 가지고 커뮤니케이션을 하려고 한다면, 반드시 개인용이어야 한다는 것을 말이죠.

밥 멧칼프: 상상할 수 있나요? 모든 책상 위에 컴퓨터가 있는 장면을? 우와. 1973년에는 굉장히 논란거리였어요. 왜 책상 위에 컴퓨터가 필요한가?

과연 어떤 용도일 것인가? 그런 논의가 있었던 것으로 기억합니다.

찰스 시모니: 앨런 케이는 다이나북에 대한 아주 분명한 비전을 가지고 있었고, 항상 그것에 대해 이야기하고 다녔죠.

앨비 레이 스미스: 그의 생각은 아이가 사용할 수 있을 만큼 컴퓨터가 단순해야 한다는 것이었어요. 그에게는 그런 것들이 다 보였어요. 그는 그 비전에 대해 매우 명확했습니다.

앨런 케이: 시모어 페퍼트와의 만남을 통해서 컴퓨터에 대한 생각을 바꾸게 되었어요. 컴퓨터를 업무를 위한 도구로만 생각하다가 마치 읽기와 쓰기와 같은 하나의 의사소통 수단으로 생각하게 되었죠. 그리고 제가 이 아이디어를 얻었을 때, 아이들이 사용할 수 있을 만큼의 수준으로 만들어야만 한다는 생각이 들었어요. 즉, 사용자 인터페이스가 완전히 달라져야 한다는 뜻입니다.

래리 테슬러: 우리는 사용자 인터페이스가 어떻게 구현되어야 하는지 다이어그램을 그려 봤어요. 맥이나 윈도우와는 진혀 다르게 보였죠. 마치 3D로 구현된 방처럼 보였어요. 책상, 구석에 있는 파일 캐비닛, 책상 위의 물건들, 그리고 책상 옆에 있는 쓰레기통 같은 것들이 있는 방 말이죠.

앨런 케이: 우리가 원했던 것은 하나의 방 같은 것이었어요. 필요한 도구들을 보관할 수 있는, 프로젝트를 위한 공간이죠.

래리 테슬러: 그 아이디어가 어느 정도 비현실적이고 추상적으로 비춰질 수도 있어요. 오늘날과 같은 크기의 아이콘들로 이뤄진 것은 아니죠. 앨런 케이는 그 아이디어를 정말로 좋아했어요.

그래서 제록스파크 연구소의 소프트웨어 이론가인 앨런 케이는 같은 연구소에 있는 하드웨어의 마법사 버틀러 램슨과 척 태커와 의기투합했다. 그들은 함께 알토를 창조했다.

척 태커: 한동안 우리는 알토를 잠정적으로 다이나북이라고 불렀습니다. 앨런이 다이나북에서 구현하고자 했던 많은 것을 알토를 통해서 구현할 수 있었거든요. 그는 실제로 12대쯤 되는 최초의 기계에 대한 비용을 직접 지불했습니다.

테리 위노그라드: 제록스파크에는 이런 일들이 워낙 자주 있었어요. 앨런은 비전을 보여 주고, 버틀러 램슨이나 척 태커 같은 기술자들은 실제로 구현을 해내죠.

앨런 케이: 척은 알토 전체를 처음부터 끝까지 단 3개월 만에 디자인해냈어요. 그래서 척이 튜링상A. M.Turing Award†을 받은 거예요. 거의 마법과도 같았죠.

댄 잉걸스: 알토는 아주 아름답게 디자인된 미니 컴퓨터였죠. 탈부착이 가능한 디스크와 비트맵 디스플레이를 지원했고요. 흑백 디스플레이에 이미지를 충분히 구현할 수 있는 많은 연산 능력을 가지고 있었습니다.

척 태커: 비트맵 디스플레이는 알토의 아주 중요하고 혁신적인 아이디어 중 하나였습니다. 화면상의 이미지를 메모리의 비트들로 나타낼 수 있었고, 어떤 프로그램이든 그 비트들을 조작해서 이미지를 만들어낼 수 있다는 것이 바로 그 아이디어였어요.

앨런 케이: 비트맵 디스플레이는 어떤 이미지라도 보여 줄 수 있는 '실리콘 페이퍼'로 작동했어요. 그리고 이를 바탕으로 비트맵 그림, 애니메이션, 활자 표현이 가능해졌죠.

버틀러 램슨: 우리는 상호 작용할 수 있는 인터랙티브 컴퓨터의 정말 중요한 측면은 종이의 특성을 가능한 한 많이 구현해내는 것이라고 생각했습니다. 아주 오래 전부터 연구되던 기술이었어요.

밥 테일러: 만약에 비트맵 디스플레이를 지원하는 PC가 있다면, 사람들이 그간 경험하지 못했던 수많은 새로운 용도로 활용할 수 있겠다고 생각

---

† 컴퓨터 과학계의 노벨상으로 불리는 권위있는 상.

했어요. 그게 우리가 해낸 일이죠.

버틀러 램슨: 하지만 처음에 알토는 그다지 큰 인기를 끌지 못했어요. 왜냐하면 우리는 응용 소프트웨어 개발에는 관심이 별로 없었거든요. 브라보Bravo[†] 같은 것이 개발된 후에야 정말 인기가 뜨거워졌어요.

찰스 시모니: 알토는 흑백의 비트맵 디스플레이를 갖추고 있었고, 마우스도 있었어요. 그래서 알토에는 꽤 아름다운 워드프로세서가 필요하다는 것이 분명해 보였죠. 알토는 워드프로세서가 필요했고 저는 박사 논문이 필요했습니다. 그래서 브라보라고 이름을 지었어요. 제 박사 논문의 두 번째 실험이었어요.

버틀러 램슨: 브라보는 찰스 시모니와 제 공동 프로젝트였어요.

찰스 시모니: 우리는 약 3개월 만에 완성해냈어요. 첫 번째 버전은 아직 외형을 제대로 다듬지 않긴 했지만, 래리 테슬러의 눈에 들기에는 충분히 매력적이었죠.

브루스 혼: 래리 테슬러는 모달리스modeless 워드프로세서 개념을 고안한 발명가 중 한 명이었습니다. 클릭한 그 지점에서 바로 타자를 쳐서 입력할 수 있는 그런 형태 말이죠.

래리 테슬러: 브라보는 초기에는 모드 지원이 잘 안 됐어요. 편집 모드가 아닌 명령어 모드에서 'edit'라고 입력을 했다고 가정해 봅시다. e는 문서 전체를 선택하는 명령어의 단축어니까 문서 전체를 선택하게 될 거고, 그 상태에서 편집 모드로 가서 d를 입력하면 전체 문서가 지워져 버리는 거예요. 그리고 i를 입력하면 삽입 모드로 전환이 되어서 t를 입력하면 t가 삽입이 되는 거죠.

찰스 시모니: 그래서 당신의 모든 작업은 사라져 버리고 화면에는 t가 짠 하고 나타나는 거죠.

브루스 혼: 래리는 '모드 없음NO MODES'이라고 적힌 티셔츠를 입었어요. 그

[†] 버틀러 램슨과 찰스 시모니가 개발한 다양한 서체를 지원하는 비트맵 기반의 직관적인 워드프로세서.

때 모두 박장대소했죠.

찰스 시모니: 쓸만한 첫 번째 버전은 1975년 초에 나왔어요. 현대의 워드프로세서처럼 작동했죠.

척 태커: 브라보는 마이크로소프트 워드로 진화했습니다. 로렐Laurel은 지금 봐도 이메일 시스템이라고 알아볼 정도였어요. 포스트스크립트PostScript의 기원이 되었죠. 우리는 엄청나게 많은 그림 도구를 가지고 있었어요. 그래서 사용하기 좋았죠.

앨런 케이: 제록스파크가 설립되고 4, 5년 후에 연구소에 왔더라면, 당신은 거대한 흐름 가운데 있었을 거예요. 그때까지 거의 150개의 알토가 있었고, 이더넷Ethernet은 여기저기 연결되어 있었고, 레이저 프린터가 막 등장하려던 참이었죠.

찰스 시모니: 그 무렵, 많은 방문객이 있었어요. 역사상 아마도 처음으로 비전문가, 특히 연구자의 배우자와 친구들이 밤에 컴퓨터를 사용하기 위해 들어왔을 거예요. 전에는 그런 일이 없었어요.

가장 끈질긴 방문객은 앨비 레이 스미스였다. 스미스는 자신이 진정으로 원하는 것이 예술가가 되는 것임을 깨닫고 학업을 중단하고 새로운 삶의 방향을 찾던 중이었다. 제록스파크 연구원 중 한 명인 딕 슙과 오랜 친구였고, 슙은 스미스를 연구실로 초대했다. 스미스는 마지못해하며 연구소에 도착했다. 그리고 슙이 무슨 일을 하는지 보고 나서는 그대로 눌러 앉아 버렸다.

앨비 레이 스미스: 저는 주말 히피였어요. 공원에서 사람들과 어울려 놀면서 스탠퍼드에서 박사 학위를 받았어요. 딕 슙은 머리는 길렀지만 결코 히피는 아니었어요. 한 번도 LSD나 그와 비슷한 환각제를 복용한 적이 없어요. 대신에 그는 다른 차원의 우주에 빠져 있긴 했죠.

딕 슙: 저는 항상 초심리학parapsychology[†]이나 심령 현상 같은 이상한 현상들에 빠져 있었어요. UFO는 심지어 심령 현상보다 훨씬 더 논란거리였죠. 항상 그렇듯이 엄청난 양의 잡음과 환영이 있었고 하늘에 있는 무언가에 대한 그냥 평범한 오인도 있었죠. 하지만 매우 매우 훌륭한 증거도 있었어요. 전 정말 무슨 일이 벌어지고 있다고 생각했죠.

앨비 레이 스미스: 우리는 컨퍼런스에서 죽이 잘 맞았어요. 그러고 나서 그는 제록스파크로 옮겼죠. 계속 연락을 하고 지냈습니다. 심지어 제록스파크에서도 딕은 항상 자기 세상에 빠져 있었어요.

딕 슙: 연구소가 무엇을 해야 하는지에 대한 많은 아이디어가 있었고, 사람들은 개별적으로 하고 싶은 것들이 있었죠. 저도 제가 하고 싶은 몇 가지 아이디어가 있었어요. 그래픽 관련된 것이었습니다. 저는 항상 그래픽을 하고 싶었거든요.

앨비 레이 스미스: 딕은 예술가 기계를 만들겠다고 결심했어요. 그리고 그것에 필요한 모든 것을 만들어냈습니다. 그 근간은 노바 미니컴퓨터였어요. 알토가 아니라요. 그 당시에 알토는 여기저기서 만들어지고 있었지만 딕은 더 강력한 것이 필요했죠.

밥 테일러: 딕은 알토 대신 노바를 선택했어요. 그래서 연구실에 있는 다른 사람들과 뜻이 맞지 않았죠.

앨비 레이 스미스: 연구소에서는 항상 딕을 주류로 들어오게 하려고 노력했어요. 딕은 영상 메모리를 설계했어요. 그는 그걸 프레임 버퍼frame buffer라고 불렀죠. 이 장치는 500×500픽셀가량의 큰 비디오를 저장할 수 있는 충분한 메모리를 가지고 있었고, 표준 NTSC 호환 비디오를 사용하여 표현할 수 있었어요. 완전히 새로운 것이었죠.

딕 슙: 컬러에 대해 연구하는 사람은 그리 많지 않았어요. 특히 제록스파크와 제록스 내에서는 별로 쓸모없는 일이었죠. 알토는 흑백이었거든요.

[†] 일반 심리학으로 설명할 수 없는 정신 영역을 다루는 학문.

다른 사람들도 흑백에 기반을 두고 연구를 하고 있었죠. 하지만 사무실 문서에서 벗어나서 비디오 작업을 한다고 가정하면, 컬러가 매우 중요하다는 생각이 들었어요.

버틀러 램슨: 한 픽셀당 최소 8비트가 필요하기 때문에 훨씬 더 비싸지는 거죠.

딕 슙: 저는 제록스파크가 하는 대부분의 일에서 멀어지고 있었습니다. 제록스파크는 오피스 시스템, 레이저 인쇄, 문서 작성 및 편집, 책 출판 등을 중심으로 방향을 잡고 있었거든요. 흑백이 훨씬 더 적절한 일들이었죠. 저는 개인적으로 컬러가 흥미로웠어요. 그리고 제록스가 단지 흑백 메모가 아니라 컬러에 관심을 가져야 한다고 생각했죠.

밥 테일러: 딕은 소위 예술가들을 데리고 왔어요. 컴퓨터와는 거리가 있는 사람들이어서 우리와는 접점이 거의 없었죠.

앨비 레이 스미스: 저는 제가 어떤 상황이었는지 전혀 이해하고 있지 못했어요. 전 제록스파크의 위대한 전성기로 걸어 들어갔고, 딕은 저를 그의 연구실로 데려가서 완전히 매료시켰죠.

딕 슙: 컴퓨터와 텔레비전이라는 거대한 두 기술의 충돌을 만들어내고 있었어요.

앨비 레이 스미스: 제가 갔을 때, 우와 진짜, "딕이 계속 이야기하던 게 바로 이거구나!" 싶었죠.

브루스 혼: 그 방이 항상 어두웠던 게 기억나요. 이만한 커다란 모니터가 있었는데, 눈이 번쩍 뜨였죠!

앨비 레이 스미스: 이제 모든 사람은 그림판이 무엇인지 알고 자라서, 마우스를 이렇게 움직이면 선이 그려지는 걸 당연하게 여기죠. 하지만 그 당시에는 아무도 이해하지 못했어요.

브루스 혼: 정신이 혼미해졌어요. 정말 충격적이었습니다.

앨비 레이 스미스: 슈퍼페인트SuperPaint는 하드웨어와 소프트웨어를 모두

갖춘 완전한 비디오 그래픽 시스템이었어요. 딕 슙은 두 가지를 다 다룰 수 있었습니다. 그는 모든 하드웨어를 만들고 모든 소프트웨어를 개발했죠. 딕의 기계는 최초로 256가지의 다른 색깔을 나타낼 수 있는 8비트 색상을 지원했어요. 저는 거의 정신줄을 놓을 뻔했어요.

브루스 혼: 알토에 있는 흑백의 것들과는 완전히, 완전히 달랐죠.

앨비 레이 스미스: 아무도 풀 컬러와 현란한 그래픽을 본 적이 없었어요. 그런데 딕이 바로 그걸 만들어낸 거죠. 풀 컬러로 그림을 그릴 수 있다고요! 그걸 봤을 때 이런 생각이 들었죠. "이게 나의 미래다, 이거구나!" 아마 제가 15시간 정도 머물렀던 두 번째 방문이었을 거예요. 이게 바로 우리가 영혼의 파트너가 된 배경이죠.

짐 클라크: 앨비와 슙은 항상 예술가였어요. 당신이 예술가를 어떻게 정의하는지는 모르겠지만, 저는 예술가를 보면 압니다. 전 한 번도 예술가였던 적이 없죠.

밥 플레걸: 앨비가 정식으로 고용된 건 아니었어요. 급여도 받지 않았던 것 같아요. 그냥 스스로 들어왔죠. 우리가 들어와도 된다고 허락해 줬어요.

앨비 레이 스미스: 제가 딕의 기계에서 가장 먼저 한 일 중 하나는 화면 위를 걸어 다니는 바보 같은 해적을 그린 거예요. 저는 프레스톤 블레어 책으로 독학하면서 애니메이션을 그렸죠. 블레어는 위대한 애니메이터예요. 그 책에는 고전적인 걸음걸이 사이클과 달리기 사이클을 비롯한 여러 가지 예제가 있었죠.

아델 골드버그: 사람들은 놀면서 배우죠. 앨비는 항상 즐겁게 노는 사람에게서 보이는 반짝이는 눈을 가지고 있었어요. 그에게는 열정이 있었고, 그가 이끌고 오는 창조적인 동료들과도 그 열정을 공유했죠. 앨비는 분명히 그런 사람이었어요.

밥 플레걸: 앨비는 정말 대단한 사람이었어요!

딕 슙: 사람들은 한밤중에 무언가를 하고 있었죠. 그림을 그리거나, 어쩌면

무언가를 피우고 있었던 거 같기도 하네요.

앨비 레이 스미스: 저는 보통 새벽 4시에 집에 오곤 했어요. 왜냐하면 쓰러질 때까지 거기에 머물렀거든요. 집에 와서 쓰러지고 최대한 빨리 일어나서 다시 돌아가고 이런 생활을 반복했죠. 너무 재밌었어요. 스릴 만점이었죠. 매일 흥분 상태였어요. 세상을 갈갈이 찢는 게 너무 재미있어서 잠들기가 힘들었어요. 매일 만지는 모든 것이 전에 본 적이 없거나, 생각조차 되지 못했거나, 코드로 작성되지 않은 것들이었죠. 그냥 일어나는 모든 일이 새로운 것이었어요. 우리는 앉아서 "파나마Panama를 발견한 발보아Balboa가 이런 기분이었을까"하고 이야기하곤 했습니다. 해안에 도착한 첫 번째 사람이자 첫 번째 유럽인, 아시죠? 그런 사람은 보이는 모든 것에 이름을 지을 수 있잖아요. 초기니까. 그렇죠?

딕 슙: 몇몇 매우 이상한 이미지들은 앨비와 친구들로부터 나온 거예요.

앨비 레이 스미스: 밤마다 찾아오는 데이비드 디프란체스코David DiFrancesco라는 친구가 있었어요. 그는 비디오 아티스트였고, 한밤중에 도시에서 작업을 했죠. 같이 신명나게 작업했어요. 저는 비디오를 만들어서 그에게 넘겨주었고, 그는 그걸로 작업을 하고 나서 제게 돌려주었어요. 남는 건 하나도 없었지만 정말 재미있었어요. 그냥 미친 짓이었어요. 지금 일어나고 있는 모든 재밌는 일들과 히피와 마약 등에 대해 이야기를 나눴죠. 우리는 정말 제대로 의기투합했어요.

딕 슙: 완전 횡설수설하는 단계까지 갔었죠.

앨비 레이 스미스: 항상 구경꾼이 몰려들었어요. 이 기계에 대해 듣고는 차를 몰고 보러 왔죠.

딕 슙: 만약 더 커질 때까지 그냥 놔두었다면 정말로 파티가 되었을 거라고 확신해요. 경계를 확장하고 있었고 훨씬 더 멀리 갈 수 있었죠. 어떤 사람들은 우리가 이미 너무 멀리 갔다고 생각했습니다. 저는 그렇게 생각하지 않았어요. 그 당시 세계 전체에서 일어나고 있던 일들에 비하면 상

당히 얌전한 일이었거든요. 덕분에 그렇게 충격적이진 않았죠.

아델 골드버그: 훌륭한 예술가인 밥 플레걸과 딕 슙은 순진했던 저에게 정말 멋진 이야기를 들려줬어요. 괴물 영화를 만들고 있다고 했어요. 정확하게는 어떤 괴물 섹스 영화를 만들고 있다고 했죠. 저는 그냥 그들에게 맡기는 수밖에 없었습니다.

밥 플레걸: 그때 꽤 많이 마신 상태였는데, 어쩌겠어요? 우리 모두 거기서 정말 즐거웠어요.

앨비 레이 스미스: 저는 하루 종일 앉아서 작품을 만들었어요. 그게 제가 한 일이었죠. 그냥 작품을 만들었어요. 잠시 그곳에 머문 후에 금방 깨달았어요. "난 프로그래머야. 그게 뭘 하길 원한다면 그렇게 만들 수 있어." 그래서 저는 프로그램을 만들기 시작했고, 출력물을 비디오로 기록했죠. 결국 저는 이 모든 것을 함께 편집해서 제가 비드비츠Vidbits라고 부르는 작품으로 만들었습니다. 그렇게 뉴욕 전위예술계에 입문하게 되었어요.

밥 테일러: 앨비는 인터뷰하는 것을 좋아했습니다. 그는 어떤 것을 대변하는 것을 좋아했죠. 그는 제록스파크에 대해 마치 내부자처럼 이야기했고 사람들에게 제록스파크의 전문가라는 인상을 주곤 했어요. 그래서 많은 사람이 그에게 가서 "제록스파크에 대해 말해 주세요"라고 부탁했죠. 많은 인터뷰를 했지만 사실 앨비는 제록스파크에 대해 잘 알지 못했어요. 일종의 자기 과시였죠.

앨비 레이 스미스: 제록스파크는 히피 같거나 아방가르드한 것은 무엇이든 잘라내고 싶어 했는데, 그것은 바로 저를 의미했죠. 제 예술이 연구소와 연관되는 것을 원하지 않았어요.

딕 슙: 테일러는 앨비와 우리가 한밤에 작업하는 이상한 비디오를 비롯해서 일련의 것들에 완전히 질려 버렸어요. 우리가 더 이상 그런 일을 벌여서는 안 된다고 했죠. 아예 프로젝트 전체를 취소하고 싶어 했어요.

앨비 레이 스미스: 어느 날 밥 테일러는 제가 매일 일하는 딕의 연구실로 들

어왔어요. 그의 유명한 파이프에 담배를 피우고 있었죠.

브루스 혼: 밥은 파이프 담배를 피우는 데 열중했어요.

앨비 레이 스미스: 그리고 이렇게 말했죠. "앨비, 여기 구석에 있는 것이 딕 슙이 작업하는 것보다 컴퓨터 그래픽에 더 직접적으로 연관되어 있다는 것에 동의하나요?" 구석에는 알토가 있었고, 흑백 디스플레이가 있었고, 아주 조잡한 1비트 그래픽이 있었죠. 나는 8비트와 풀 컬러를 만들어냈어요! 누가 1비트 그래픽에 신경을 쓰나요? 갑자기 가슴이 철렁 내려앉았고 전 나가 버렸죠. 세상에, 그 사람은 아직도 전혀 감을 잡지 못했던 거예요. 그는 분명 경이로운 아이디어를 지닌 딕 슙을 지지하지 않았어요. 밥 테일러가 대단한 사람이라고 들었지만, 저는 그가 상황이 어떻게 돌아가는지 이해하지 못했다는 인상을 받았어요.

스튜어트 브랜드: 밥은 원래 컴퓨터 게임이랑 친한 학생이었어요. 사람들이 컴퓨터를 갖게 될 때 생겨나는 상호 작용에서의 중요한 흐름을 잘 알고 있었죠. 저도 같았고요. 하지만 밥은 동부에 있는 제록스 본사의 제약에서 벗어날 수가 없었죠.

앨비 레이 스미스: 상사였던 제리 엘킨드Jerry Elkind로부터 전화를 받았어요. 그는 "당신을 내보내기로 결정했어요"라고 말했죠. 제가 "글쎄요, 왜 죠?"라고 물었더니, "음, 컬러에 대한 연구를 하지 않기로 했습니다"라고 하더군요. "엘킨드 씨, 미래는 컬러에요. 뻔하죠. 심지어 제록스는 그것을 완전히 소유하고 있잖아요!"라고 말했지만 "그럴 수도 있겠지만 흑백으로 가기로 본사가 결정했어요"라고 답했죠. "그래요, 잘 있어요"라고 하는 수밖에 없었습니다.

딕 슙: 앨비가 해고됐어요.

밥 테일러: 앨비는 또라이였어요.

앨비 레이 스미스: 몇 년 후에 딕 슙과 제록스파크는 슈퍼페인트를 통해 기술공학 에미상을 수상했어요. 제 작품인 비드비츠가 이용되었죠. 물론

제록스파크는 이것과 어떤 연관성도 부인하려고 했어요.

스튜어트 브랜드: 제록스파크는 자유분방하고 창의적인 사고방식에서 벗어나 공개적으로 본사의 감독하에 놓이게 되었죠. 종말의 시작이었습니다.

04

틀을 깨는 자들
잡스와 워즈가 판을 바꾸다

등장 인물

놀란 부쉬넬	버틀러 램슨	존 마코프
댄 코트키	스티브 워즈니악	짐 워렌
데이비드 쿠쉬너	스티브 잡스	찰스 시모니
래리 블릴리언트	아서 락	척 태커
랜디 위긴턴	알 밀러	캡틴 크런치(존 드레이퍼)
론 로젠바움	알 알콘	코분 치노 오타가와
리 펠센스타인	R. U. 시리우스	클리브 톰슨
마이크 마쿨라	앤디 허츠펠드	트립 호킨스
마이클 말론	앨런 케이	

제록스파크와 아타리가 막 시작했을 때 두 명의 실리콘밸리 신동이 있었다. 스티브 워즈니악과 그의 가장 친한 친구이자 때때로 최고의 사업 파트너였던 스티브 잡스. 1972년 봄과 여름에 그들은 UC 버클리 기숙사에서 일명 '블루박스blue box'를 만들고 방마다 방문해서 판매했다. 이 고도의 불법적인 전기 장치는 소리를 만들어내 벨 아줌마Ma Bell[†]의 스위칭 기기를 속임으로써 무료로 장거리 전화를 가능하게 했다. 블루박스를 파는 건 수익성이 좋았지만 너무 위험했다. 1973년 1월 두 스티브는 모두 대학을 그만두고 진짜 직업을 찾기 시작했다. 워즈는 고루하지만 존중할 만한 HP에 안착했고, 잡스는 실리콘밸리에서 가장 힙한 스타트업이었던 아타리로 향했다. 몇 년간 워즈는 일과 후에 열정적으로 해킹을 했고, 잡스는 인도를 여행하며 정신을 확장했다. 이후 두 친구는 합심하여 자신들의 회사를 차렸다.

스티브 잡스: 블루박스가 없었다면 아마 애플 컴퓨터도 없었을 거예요.

댄 코트키: 1971년에 블루박스 기사가 났어요.

캡틴 크런치: 론 로젠바움이 「작은 블루박스의 비밀The Secrets of the Little Blue Box」이라는 기사를 『에스콰이어Esquire』 잡지에 냈죠.

론 로젠바움: 그건 제가 겨우 두 번째로 낸 잡지 기사였어요.

스티브 잡스: 아마도 무료로 전화를 걸 수 있었던 캡틴 크런치라는 이름의 남자에 대한 기사였을 거예요.

캡틴 크런치: 전화국 직원이 할 수 있는 건 다 할 수 있어요. 그 이상도 가능하죠. 해외에 전화를 건다거나, 케이블로 전화를 걸지 인공위성을 통해서 걸지 전부 결정할 수 있어요.

론 로젠바움: 워즈의 어머니는 그에게 『에스콰이어』 일부를 보냈고, 워즈는 그게 사실이라는 걸 믿을 수 없었다고 합니다.

캡틴 크런치: 전화를 다른 도시를 통해 걸어서 자신의 위치를 숨길 수 있죠.

[†] AT&T의 별칭.

전화를 추적할 수 있지만 절대 찾을 수 없어요. 그래서 예를 들면 제가 CIA 핫라인을 통해서 백악관에 전화할 수 있었던 거죠. 닉슨에게 화장실 휴지가 필요하다고 말했어요. 화장실 휴지 위기 상황이었거든요!

스티브 잡스: 우리는 완전 매료되었어요. "어떻게 이런 일을 할 수가 있지?" 우리는 그것이 속임수라고 생각했어요. 도서관을 뒤지면서 이를 가능케 한 비밀의 소리를 찾기 시작했죠. 하룻밤은 스탠퍼드 선형가속기센터 Stanford Linear Accelerator Center, SLAC에 있었는데, 거기 기술 도서관 가장 깊은 곳 마지막 책장의 가장 아래 구석에서 모든 것을 기술해 놓은 AT&T 기술 저널을 찾았어요. 절대 잊지 못할 순간이었죠. 이 저널을 보았을 때 우리는 이렇게 생각했어요. "세상에, 모든 게 사실이었어!"

스티브 워즈니악: 그래서 저는 이 작은 박스를 설계했고 잡스가 말했어요. "오, 우리 이거 팔아 보자."

R. U. 시리우스: 그러고 나서 잡스와 워즈는 그 블루박스들을 생산했어요.

캡틴 크런치: 저는 스티브 워즈니악과 스티브 잡스, 그리고 UC 버클리 학생이었던 친구 한두 명을 만났죠. 스티브 워즈니악은 공학 학위를 위해 그곳에 있었어요.

스티브 워즈니악: 우리는 둘 다 기숙사 안의 사람들에게 1년 동안 그것을 팔았어요.

론 로젠바움: 그건 애플 파트너십의 시작이었어요. 심지어 그 당시에 그들은 그렇게 훌륭하지 않았지만 말이죠.

스티브 잡스: 우리는 세계 최고의 블루박스를 만들었어요! 그건 완전히 디지털이었죠.

캡틴 크런치: 그들의 블루박스는 헛점이 있었어요. 그걸 쓰면 감옥에 간다는 점입니다. 전 그 부분을 파고들었죠. 기숙사에서 워즈를 만난 후에 말했어요. "스티브, 이걸 팔면 안 될 텐데. 몇 가지 조언을 해 주겠네. 자네처럼 디지털 엔지니어가 아니라 아날로그 엔지니어의 관점에서 말이

지. 내가 다루는 아날로그 신호는 훨씬 더 복잡하고 디지털 신호와 달리 확정적이지 않다네. 그 소리들을 어떤 방식으로든 전화선에 집어넣는다면 문제를 일으킬 걸세. 저들이 즉시 알아차리겠지." 저는 매우 명확하게 이야기했죠. 하지만 그는 별로 개의치 않는 듯했어요.

스티브 워즈니악: 저는 네트워크를 탐색하는 게 좋았어요. 그리고 도쿄의 통신원에게 제가 뉴욕의 통신원이며 런던 또는 다른 세계 어디로나 연결하도록 설득하는 것도 좋았어요. 제가 전화를 걸고 말을 하면 다른 전화에서 바로 소리가 나왔죠.

스티브 잡스: 이렇게 물어보겠죠. "어떤 게 흥미롭다는 거지?" 흥미로운 부분은 우리가 어렸다는 거예요. 수십조 원의 전 세계 인프라를 제어하는 설비를 우리 스스로 만들 수 있다는 걸 배웠죠. 그건 정말 믿을 수 없는 깨달음이었어요.

하지만 판매를 중단하려 할 때 즈음 서니베일의 피자 가게 주차장에서 총구로 위협당하며 블루박스를 강탈당하고 나서 워즈와 잡스는 그 불법적인 사업을 그만두기로 결정했다. 그 사업은 돈벌이가 신통치 않았고, 무엇보다 실리콘밸리가 원격 통신 시스템 해킹보다 더 신나는 일들을 만들어내고 있었다. 아타리가 이제 막 비디오 게임 산업을 창시한 참이었다.

스티브 워즈니악: 스탠퍼드 인공지능 연구실에서 일했던 친구가 있었죠. 그래서 전 거기로 자전거를 타고 갔어요. 문이 그냥 열려 있었죠. 똑똑한 사람들은 항상 열린 사고를 하고 문을 잠그지 않아요. 그래서 전 걸어서 안으로 들어갔습니다. 〈스페이스워〉가 PDP-11[+]에서 돌아가고 있었어요. 와우! 돌아다니는 우주선이 있었고 가운데로 중력에 의해 끌어들여지고

[+] DEC사가 1970년대 초에 개발한 16비트 미니컴퓨터. 특히 최초의 유닉스 운영 체제가 이 컴퓨터상에서 개발되어 유명해졌다.

있었죠. 그건 아케이드 게임에서 무엇이 나올 수 있는지를 보여 주는 하나의 예였지만, 너무 비쌌죠. 어떤 사람도 그걸 감당할 수 없었어요.

놀란 부쉬넬: 그 거대한 X-Y 디스플레이는 당시에 2만 달러 정도 했어요.

스티브 워즈니악: 하지만 그러고 나서 전 진짜 아케이드 게임을 봤어요. 〈퐁〉이었죠. 전 충격을 받았습니다. 세상에 그 텔레비전 세트가 비용 문제를 해결했어요! 오늘날 우리가 가진 게임의 방향성은 크게 보면 어떻게 사람들이 감당할 수 있는 합리적인 비용으로 만들 거냐죠. 알겠지만 그건 큰 도전이었어요. 속으로 이렇게 생각했어요. '맙소사. 나 TV가 어떻게 작동하는지 알잖아. 그 모든 신호들이 프레임 안에서 어떻게 선을 그리고 스크린에 점들을 놓는지 알잖아.' 그래서 28개의 조그마한 1달러짜리 칩으로 장치를 만들었고 저만의 〈퐁〉을 만들었어요. 하지만 그건 하드웨어였죠. 보세요. 이제는 소프트웨어에서 〈퐁〉 게임을 만들어요. 어떻게 만드는지만 알면 하루나 이틀 정도면 충분하죠. 근데 그 당시에는 하드웨어였어요. 그건 완전 다른 이야기죠.

스티브 잡스: 전 여행을 가고 싶었지만 자금이 모자랐어요. 신문을 봤고, 거기엔 "즐기면서 돈도 벌 수 있습니다"라는 광고가 있었죠. 전화를 했어요. 아타리였죠.

알 알콘: 일하고 싶어 하고, 와서 재밌는 일을 하는 똑똑한 친구들을 고용하는 것 자체가 정말 즐거웠어요. 반도체 사업은 충분히 재밌지 않았죠. 그건 마치 암펙스 모델 같았어요. 아타리는 아마도 그 당시에 실리콘밸리에서 가장 일하기 즐거운 곳이었을 거예요.

데이비드 쿠쉬너: 아타리는 지금의 실리콘밸리 문화를 만든 기업이였어요. 직장에 청바지와 티셔츠 차림으로 오는 느낌이랄까요? 아타리 이전까지 실리콘밸리는 인텔과 정장을 입은 사람들의 시대였어요. 그게 아타리와 함께 대마를 피는 청바지 입은 냄새 나는 히피들이 된 거죠. 아타리는 실리콘밸리로 온 저항 문화였어요. 그리고 아타리에 걸어 들어온 냄새 나

는 히피 중 하나가 스티브 잡스였다는 건 우연이 아니었습니다.

스티브 워즈니악: 전 28개의 칩으로 〈퐁〉의 복제품을 만들었어요. 2개의 칩은 네 글자의 단어를 공을 놓칠 때마다 스크린에 띄웠죠. 유머였어요. 전 그걸 HP의 제 친구들에게 보여 줬어요. 잡스가 도시로 왔고 그걸 봤어요. 그는 제 보드를 아타리로 가져갔죠.

알 알콘: 하루는 인사과 직원이 들어와서는 이야기를 했어요. "이 방문객을 만나 보시면 좋을 것 같아요. 좋아하실 만한 18살짜리 히피를 데려왔어요." 전 말했죠. "들여보내요."

스티브 워즈니악: 그가 그걸 스스로 설계했다고 말했는지 아니면 누군가 다른 친구와 같이 했다고 말했는지 모르겠어요. 하지만 그들이 그것에 감명받았다는 건 확실해요.

알 알콘: 잡스는 아무것도 볼 게 없던 이력서를 가져왔어요. 그는 리드 칼리지Reed College에서 중퇴했죠. "음, 리드가 전기공학 학교인가?"라고 물었어요. "아니요. 문과 대학이에요." 그는 엔지니어가 아니었어요. 하지만 번쩍이는 감과 열정이 있었고 납땜을 할 수 있었죠. 전 기술자가 필요했고 그를 채용했어요.

놀란 부쉬넬: 잡스는 기술자였어요. 수많은 납땜을 하는 그런 기술자요.

스티브 잡스: 전 40번째 직원이었어요. 작은 기업이었죠. 〈퐁〉과 2개의 다른 게임을 만들었어요.

놀란 부쉬넬: 한번은 그가 제게 와서 말했어요. "어떻게 이 회사에 어느 누구도 납땜을 할 줄 몰라요?" 전 그가 했던 작업을 몇 개 보았고 아주 깨끗했죠. 그는 특별했어요. 전 "모두에게 가르쳐 줘 봐요"라고 말했고, 그는 그렇게 했어요. 그리 친절하게 알려주지는 않았지만, 전 솔직히 그가 우리 게임을 어떤 식으로든 발전시켰다고 생각해요.

리 펠센스타인: 1974년에 저는 직업을 찾으며 알 알콘의 책상 앞에 서 있었어요. 그리고 저를 그 사무실로 안내한 사람이 잡스였습니다. 잡스는 멋

진 작은 흰 셔츠를 입고 있었죠. 그가 넥타이도 했었는지는 기억이 안 나요. 수염이 덥수룩했고 신화적인 그 잡스가 아니었죠. 그 잡스는 아직 존재하지 않았어요. 제 생각에 그가 인도로 여행 가기 전이었던 것 같아요.

알 알콘: 그는 식단이 이상했어요. 가끔 기절을 했죠. 그리곤 말했어요. "제가 기절하더라도 911[†]에 전화하지 말아 주세요. 절 그냥 테이블 밑에 밀어 넣어 주세요." "아, 알겠어요."

댄 코트키: 잡스는 점액 없는 치유 식단Mucusless Diet Healing을 찾았어요. 그건 치료를 위한 과일만 먹는 식단이었죠. 근데 아무것도 치료하지 않는 것 같았어요. 사실 그건 훌륭한 식단이 아니에요. 그냥 설탕 덩어리죠.

놀란 부쉬넬: 잡스는 뻔뻔했어요. 까다로웠죠. 목욕도 하지 않았어요. 앨런이 그를 채용한 이후에 저는 그와 친구가 되었습니다. 그는 동양 철학에 빠삭했고 저는 서양 철학에 밝았어요. 우리는 흥미로운 대화를 나누곤 했어요. 전 그게 정말 좋았어요.

댄 코트키: 저는 잡스가 영적 단계에 있었다고 생각하지 않아요. 잡스는 항상 멘토를 찾고 있었고 그게 그의 전부였죠. 그는 정말 적극적으로 멘토를 찾았어요.

놀란 부쉬넬: 잡스는 기어가 없었어요. 항상 최고속이었죠. 저는 항상 그것에 감명받았어요.

알 알콘: 잡스는 인상적이었어요. 하지만 그렇다고 엄청나게 인상적이진 않았어요.

댄 코트키: 코분 치노 오타가와Kobun Chino Otogawa는 로스 알토스 사찰Los Altos Zendo의 선승 또는 스승이었어요. 잡스가 언제 그를 처음 만났는지 확실치 않아요. 하지만 맨 처음 리드에서 만나러 왔을 때 잡스는 저를 그 사찰에 데려갔고 우리는 명상을 했어요. 잡스는 일주일에 몇 번이나 명상할 만큼 열심이었죠. 코분은 그의 멘토였어요.

[†] 한국에서 119에 해당하는 소방청 번호가 미국에서는 911이다.

코분 치노 오타가와: 잡스는 항상 말했죠. "스님이 되고 싶어요. 저를 꼭 스님으로 만들어 주세요." 전 "안 돼요"라고 말했죠.

놀란 부쉬넬: 전 잡스가 자신을 철학적 문제에 천착하는 사상가로 여겼다고 생각해요.

댄 코트키: 동양 문학, 하레 크리슈나Hare Krishna 음식, 그리고 환각제. 뭐 그런 것들이 섞여 있었죠.

스티브 잡스: 여긴 캘리포니아예요. 스탠퍼드에서 만들어진 신선한 LSD를 구할 수 있었죠. 여자친구와 해변에서 잠을 잘 수도 있었어요. 캘리포니아는 실험 정신과 개방성을 가졌죠. 새로운 가능성에 대한 개방성이요.

댄 코트키: 그리고 저는 잡스가 고등학교 때 LSD를 했을 거라 짐작했어요. 하지만 시간이 흐른 뒤 전 그 당시 그의 친구들을 대부분 알게 됐는데, 그들 중 누구도 LSD를 했을 것 같지 않았어요. 특히 워즈는 아니죠.

스티브 워즈니악: 저는 LSD를 전혀 하지 않았어요. 대마도요!

댄 코트키: 제가 그를 각성시켰는지도 몰라요.

스티브 잡스: 저는 해탈이라는 개념에 완전히 빠져들었어요. 제가 누군지, 어떻게 주변과 어울리는지 알아내기 위해 애를 썼죠.

댄 코트키: 잡스는 자기 머리를 두들겨 깨워 줄 구루를 찾고 있었어요.

알 알콘: 전 그가 "제 스승을 만나러 인도에 가려고 합니다"라고 말했던 게 기억나요. 저는 "멋지네요!"라고 했죠.

댄 코트키: 전 인도를 가려고 리드에서 중퇴했어요. 잡스는 제 티켓을 사겠다고 800달러를 아낌없이 제안했어요. 저는 책을 잔뜩 가져갔어요. 잡스는 해탈의 경험을 찾고 있었죠. 우리가 여행한 곳 중에 카인치로 가는 순례가 있었는데, 그곳은 님 카롤리 바바Neem Karoli Baba의 아쉬람Ashram이 있는 곳이었어요.

래리 브릴리언트: 님 칼로리 바바는 바바 람 다스Baba Ram Dass와 대니 골먼Danny Goleman의 스승이었고, 사람들이 들어봤을 만한 다른 많은 사람의

스승이었죠. 람 다스는 『지금 여기 있으라Be Here Now』라는 님 카롤리 바바에 대한 책을 썼어요. 그는 100개의 다른 이름을 가지고 있었죠. 님 카롤리 바바, 블랭킷 바바Blanket Baba, 마하라지Maharaj-ji. 80대의 구루였고 아쉬람, 혹은 수도원을 가지고 있었어요. 저는 가끔 더 친숙한 '수도원'이라는 단어를 썼지만, 스님을 수련시키는 곳은 아니었어요. 그곳은 해탈에 관심 있는 모든 사람을 수련시켰죠. 잡스와 코트키가 그곳에 도착했을 때 님 카롤리 바바는 이미 죽은 후였어요.

댄 코트키: 그곳은 완전히 버려진 곳이었어요. 불과 1년 전만 해도 유명한 곳이었는데 말이죠.

래리 브릴리언트: 잡스는 스승을 찾고 싶어 했어요. 언덕에 다른 구루들이 있었고 그는 하리아칸 바바Hariakhan Baba라는 구루에 관심을 갖게 되었어요.

댄 코트키: 그리고 우리는 하리아칸 바바를 보기 위해 순례를 했죠.

래리 브릴리언트: 잡스는 하리아칸 바바를 따라 맨발로 숲길을 걸었고 하리아칸 바바는 그에게 머리를 자르라고 이야기했어요. 그래서 그는 머리를 밀었죠.

알 알콘: 몇 달 후에 그가 돌아왔어요. 저는 론 웨인Ron Wayne이 들어와서 "이봐 스티브가 돌아왔어"라고 말했던 기억이 나요. 제가 말했죠. "스티브 누구?" "스티브 잡스." "아 그 친구. 맞어. 안으로 데려와." 저는 카메라가 있었으면 했어요. 그는 짙은 황색의 가운을 입고 머리를 짧게 밀고서 맨발로 바바 람 다스의 책 『지금 여기에 있으라』를 가지고 있었죠. 그리고 말했어요. "다시 일할 수 있을까요?" "물론이지."

놀란 부쉬넬: 잡스가 엔지니어링 부서에 너무 큰 혼란을 일으키고 있어서 그를 밤 교대 근무로 배치했어요. 저는 한 명의 스티브 가격으로 두 명의 스티브를 얻을 것을 알고 있었죠.

스티브 워즈니악: 저는 최초의 자동차 게임이었던 〈그랜 트랙 10Gran Trak 10〉을 출시되기 전에 해 볼 수 있었어요.

스티브 잡스: 저는 워즈니악을 밤에 생산 층으로 들어오게 했어요. 아마 〈그랜 트랙〉을 밤새 했을 거예요.

알 알콘: 저는 게임을 출시할 책임이 있었어요. 동전으로 동작하는 게임들이요. 첫 번째 책임은 공장이 돌아가게 하는 거죠. 하지만 놀란은 집중력이 매우 짧았어요. 그는 엔지니어링 팀에 들어와서는 제품의 절반을 바꿔 버렸어요. "글쎄, 그들이 이렇게 계속해서는 제품을 하나도 출고 못하겠어!" 그래서 저는 삐삐를 가져왔어요. 놀란이 엔지니어링 팀에 들어갈 때마다 저에게 삐삐를 쳤죠. 그러면 놀란이 원하는 걸 모두 이야기하게 놔두면서도, 그 이후에는 제가 들어가서 모든 걸 제자리로 돌려 놓을 수 있었죠. 그렇게 해야만 했어요. 출고는 해야 했거든요.

놀란 부쉬넬: 저는 〈브레이크아웃Breakout〉이라는 게임을 설계했습니다. 우리 엔지니어 중 어느 누구에게도 그것을 시킬 수 없었죠. 엔지니어들이 프로젝트에 입찰할 수 있는 방식이 있었는데 거기 인식은 공과 막대를 가지고 하는 게임은 이제 끝났다는 것이었어요. 우리는 〈퐁〉, 〈퐁 더블〉, 〈쿼드라 퐁〉을 만들었고 공과 막대로 할 수 있는 모든 것을 다 만들어 봤어요. 그래서 모두가 공과 막대 게임은 끝났다고 생각했는데 〈브레이크아웃〉은 전형적인 공과 막대 게임이었죠.

알 알콘: 놀란은 제 주위를 지나서 스티브 잡스에게 〈브레이크아웃〉을 하도록 몰아붙였어요. 그는 잡스가 엔지니어가 아닌 걸 몰랐어요. 사실이에요. 놀란은 잡스가 엔지니어라고 생각했고 잡스는 한 번도 그런 생각을 만류한 적이 없었죠.

놀란 부쉬넬: 전 '좋아, 두 스티브를 붙이자'라고 생각했어요. 워즈니악이 그 일을 할 것을 알고 있었죠. 그들은 놀라울 정도로 짧은 시간 내에 끝내 버렸어요.

스티브 워즈니악: 스티브 잡스가 내게 와서 아타리가 〈브레이크아웃〉을 설계해 주길 원한다고 말했어요. 제게 주어진 시간은 단지 4일이었죠. 이

건 반년짜리 프로젝트였어요! 모두 하드웨어였죠. 4일이라니! 전 제가 이걸 할 수 있을 거라고 생각 못했어요. 하지만 전 이미 〈퐁〉을 만들었기 때문에 괜찮았어요. 이건 단지 그 게임의 연장선에 불과했죠. 밤을 새우며 4일을 달렸죠. 저와 스티브는 둘 다 단핵증을 앓았어요. 수면병이죠. 하지만 우리는 결국 〈브레이크아웃〉 게임을 완성했어요.

알 알콘: 이 무렵 잡스는 해롤드 리Harold Lee를 위해 일하고 있었는데, 잡스는 해롤드에게 이 〈브레이크아웃〉을 보여 줬어요. 심지어 그건 해야 할 일 리스트에도 없었죠. 잡스는 해롤드에게 "저, 스티브 잡스가 설계했습니다"라고 주장했어요. 해롤드는 설계를 보더니 "씨발, 이게 뭐야! 여태껏 이런 설계는 본 적도 없어"라고 했죠. 그러고 나서 "만약 자네가 정말 이걸 했다면 난 할 말이 없네"라고 했어요.

스티브 워즈니악: 아마도 아타리 엔지니어들은 제 설계를 이해하지 못했던 것 같아요. 그건 정말 아름답고 발전된 디자인이었죠. 그들과 한 번도 이야기를 나눈 적이 없어서 제가 했다는 걸 알았는지 모르겠네요.

알 알콘: 40개의 집적회로로 구성된 〈브레이크아웃〉이 여기 있었죠. 저는 〈퐁〉을 70개 이하로 만들 수가 없었는데 말이죠!

스티브 워즈니악: 아타리는 엔지니어들이 설계하는 150칩, 160칩, 190칩이 들어가는 게임들에 실증나고 있었어요.

알 알콘: 놀란이 말했어요. "만약 50개 이하 칩으로 게임을 만들 수 있다면 칩당 1,000달러의 보너스를 받게 될 거야." 50개 이하로 만들 방법이 없다는 것을 잘 알면서 말이죠.

스티브 워즈니악: 잡스가 제 설계에 몇 개의 칩이 사용되었는지 물었어요. "55개가 쓰인 것 같아"라고 말했죠. 그가 말했어요. "우리가 50개 이하로 만들 수 있다면 700달러를 받을 수 있을 거야. 40개 이하로 만든다면 1,000달러를 받을 거고." 그는 제가 그 이하로 만들 수 있도록 동기 부여를 했죠.

놀란 부쉬넬: 그들은 제 기억에 45개의 칩을 사용했던 것 같아요. 보너스를 받았죠.

스티브 워즈니악: 그들은 스티브 잡스에게 돈을 줬고, 그는 저에게 그 절반을 줬던 거 같아요. 700달러를 받을 거라 말했죠.

놀란 부쉬넬: 보너스는 5,000달러 정도였어요.

스티브 워즈니악: 그러고 나서 그는 350달러 수표를 써줬어요. 잡스는 제게 좀 더 솔직하게 열려 있어야 했다고 생각해요. 우리는 정말 친한 친구였으니 제게는 다르게 말했어야 했다고 생각합니다. 하지만 이런 작업을 하면서 느끼는 즐거움은 그런 문제를 다 덮어 버리죠. 누가 돈 따위를 신경 쓰겠어요. 그 게임을 마무리한 후에 잡스는 오레곤으로 가서 과수원 같은 걸 샀어요.

댄 코트키: 사과 수확 시기였어요. 잡스는 저보다 거기 더 오래 머물렀던 것 같아요. 저는 사과를 따면서 일주일 정도 있었죠. 우리는 사과를 주식主食으로 삼았는데, 그건 우리의 과식果食주의 실험이었어요. 애플이라는 이름이 떠오른 이유기도 하죠.

스튜어트 브랜든의 1972년 『롤링 스톤』 기사에서 'PC'라는 단어가 떠올랐다. 브랜든은 제록스파크에서 앨런 케이와의 미팅 이후에 이 단어를 만들었다. 제록스파크에는 많은 PC가 있었다. 하지만 그건 일반적인 동호회 사람들이 자신의 개인 컴퓨터를 만드는 데 사용하는, 스스로-만드는-컴퓨터 키트인 알테어Altair 출시 이후였다. 당시 실리콘밸리 해커들은 알테어를 핑계로 함께 모이곤 했다. 홈브루 컴퓨터 클럽Homebrew Computer Club의 첫 번째 미팅이 1975년에 있었고, 워즈니악보다 그것에 더 흥분한 사람은 없었다.

스티브 워즈니악: 충분히 싼 가격의 메모리 칩과 마이크로프로세서를 살 수 있었을 때, 그래서 감당할 수 있는 가격의 컴퓨터를 만들 수 있었을 때,

마침내 그날이 왔다는 사실을 깨달았죠. 그리고 '이야! 내가 10년간 바라왔던 거잖아. 마침내 그 순간이 왔어'라고 생각했어요.

스티브 잡스: 그 클럽은 알테어라는 컴퓨터 키트를 기반으로 했어요.

짐 워렌: 알테어가 처음으로 마이크로컴퓨팅microcomputing을 시작한 거죠. 하지만 꽤 엉성한 디자인이었어요.

스티브 잡스: 타자도 칠 수 없었어요. 문자를 표시하는 스위치를 눌렀죠.

스티브 워즈니악: 여러 스위치와 불빛들이 있었고 버튼을 누르면 1과 0들이 메모리로 가고 그런 거였어요. 오타쿠스러운 컴퓨터였죠. 사용할 수 있는 수준이 아니었어요.

짐 워렌: 워즈는 알테어를 보며 생각했죠. 그래 이걸로 정확하게 내가 원하는 바를 할 순 없어. 차라리 내가 하나 설계해 보면 어떨까?

마이클 말론: 사람들은 사업가가 아닌 사람도 이 일을 할 수 있다는 것을 깨닫기 시작했어요. 그들은 전기공학 박사가 아니었죠. 그냥 똑똑하면 누구나 할 수 있었어요.

리 펠센스타인: 워즈는 처음부터 거기에 있었어요. 그의 고등학교 친구들인 랜디 위긴턴과 크리스 에스피노자Chris Espinosa와 함께요.

랜디 위긴턴: 우리는 모든 것이 변하고 있음을 알았어요. 메인프레임은 미래가 아니었고 미니 컴퓨터도 매우 빠르게 작아지고 있었죠. 모두가 엄청 흥분했죠.

스티브 워즈니악: 전 이미 패러웨이 컴퓨터faraway computer와 소통 가능한 터미널을 만들었어요. 그냥 재미로 만들었죠. 그게 제 취미 생활이었어요.

리 펠센스타인: 첫 번째 미팅에서 그 터미널이 언급됐어요. 워즈는 첫 미팅 때 그곳에 있었고 계속 참석했죠.

랜디 위긴턴: 그리고 모스테크놀로지MOS Technology가 25달러에 6502를 팔기 시작했어요.

댄 코트키: 6502는 알테어의 8080보다 훨씬 훨씬 더 저렴했어요.

척 태커: 우리는 제록스파크에서 컴퓨터 입력 키보드에 6502를 썼어요. 6502는 키보드 컨트롤러였죠.

스티브 잡스: 그건 컴퓨터 취미 동호회였어요. 처음으로 이런 것들에서 컴퓨터를 만들 생각을 한 곳이죠.

랜디 위긴턴: 워즈는 몇 개를 사서는 집으로 가서 그걸 터미널에 연결하는 방법을 알아냈어요.

스티브 잡스: '애플 I'은 정말로 이 터미널의 연장선이었어요. 마이크로프로세서를 백엔드에 뒀을 뿐이죠.

랜디 위긴턴: 애플 I이 그렇게 나왔어요. 그리고 그건 정말 빨랐죠.

스티브 워즈니악: 저는 그 클럽의 영웅이었어요. 컴퓨터를 만들었죠. 그리고 그 제작법을 무료로 나눠 줬어요. 다른 사람들이 컴퓨터를 만들 수 있게 도운 거죠.

리 펠센스타인: 그리고 당연하게도 운영 소프트웨어가 필요했어요. 그래서 워즈가 베이직을 256바이트 내로 만들었죠.

스티브 워즈니악: 저는 제 베이직을 '게임 베이직'이라고 불렀어요. 게임을 할 수 있는 언어를 만들면 컴퓨터가 할 수 있는 모든 것을 할 수 있다고 생각했기 때문이죠. 생각치도 못했던 영역까지 말이죠. 재무적인 작업이요? 저는 어떤 기업이 어떤 목적으로 컴퓨터를 사용하는지 몰라요. 다만 제가 그걸 어디에 사용하고 싶은지는 알죠. 게임이에요.

리 펠센스타인: 1976년 봄 어떤 사람이 홈브루에 나타났어요. 아무 말도 하지 않았죠. 저는 그를 "쥐새끼 같은 얼굴을 하고 워즈니악 주변을 맴도는 아무 말도 안 하는 녀석"이라고 생각했어요. 그는 사업가였어요.

스티브 워즈니악: 잡스가 근처에 왔길래 제가 말했어요. "이리 내려와서 이걸 꼭 봐야 해!"

랜디 위긴턴: 잡스는 자신이 기술적이라고 말하는 걸 좋아했지만, 한 번도 그랬던 적이 없어요. 정말로요. 그가 실제로 프로그램을 만들거나 하드

웨어를 설계할 수 있었는지 모르겠어요. 어떤 증거도 본 적이 없죠. 홈브루 컴퓨터 클럽으로 사업을 만드는 데 관심이 더 많았어요. 그는 개인 사업을 하기를 원했고 항상 자신의 운명을 스스로 결정하기를 원했어요. 젊은 시절의 그는 정말로 부자가 되고 싶어 했어요.

스티브 워즈니악: 스티브는 사교적인 것에는 관심이 없었어요. 그는 "우리가 돈을 벌 수 있는 게 있을까?"에 빠져 있었죠. 항상 그것을 보고 있었어요. 그는 제 물건을 5년간 팔았어요. 몇 년마다 한 번씩 제가 있는 곳에 와서는 제가 최근에 뭘 만들었는지 보고 그걸 돈으로 바꿨죠. 처음 시작은 돈이었어요.

댄 코트키: 스티브 잡스는 애플 I과 아무 관계가 없었어요. 워즈가 전부 혼자 만들었고, 잡스에게 그걸 자랑했고, 잡스는 횡재했다고 생각했죠! 현금인출기가 생긴 거예요.

스티브 워즈니악: 그는 회사를 만들자고 제안했어요.

스티브 잡스: 저는 폭스바겐 버스를 팔았고 워즈니악은 계산기를 팔았습니다. 그렇게 친구에게 인쇄 회로판 도면 제작을 부탁할 수 있는 돈을 마련했죠. 인쇄 회로판을 만들어서 일부는 친구들에게 팔았어요. 저는 우리의 소형 버스와 계산기를 되찾기 위해 나머지 물건도 팔려고 애썼죠.

스티브 워즈니악: 한동안 우리는 30일 신용으로 부품을 조달했고 컴퓨터를 10일 만에 만들어서 바이트샵Byte Shop에서 팔아서 현금을 마련했어요.

트립 호킨스: 바이트샵은 최초의 컴퓨터 체인점이었어요. 바이트샵에는 기본적으로 회로판이 잔뜩 쌓여 있는 카드 테이블이 여러 개 설치되어 있었고, 냄새 나는 괴짜들이 전문 용어를 지껄이고 있었어요.

스티브 워즈니악: 그렇게 우리는 애플 I 컴퓨터로 좋은 한 해를 보냈죠.

트립 호킨스: 그건 상업용 제품이 아니었어요. 키트였죠. 아마 150개 정도만 만들었을 거예요.

알 알콘: 어쨌든 대부분 아타리 부품으로 만들어졌어요.

놀란 부쉬넬: 회사 제품으로 각자 자신의 프로젝트를 하는 것이 모든 회사 사람에게 용인되었어요. 엔지니어들은 자기 프로젝트를 하길 원했고 우리는 기꺼이 그것을 보조해 줬죠.

랜디 위긴턴: 워즈는 애플 I을 만들 때, 동시에 어떻게 컬러 그래픽을 만들 수 있을지 생각하기 시작했어요. 초창기부터 그는 자신의 컴퓨터에서 〈브레이크아웃〉을 만들고 싶어 했으니까요.

스티브 워즈니악: 제가 아타리를 위해 〈브레이크아웃〉을 만들었을 때, 정말 피곤했어요. 잠도 제대로 못 잤죠. 하지만 아시나요? 그게 사람을 창조적으로 만들죠. 공장 바닥에 TV 세트가 있었어요. 그들은 게임을 위해서 흑백 TV만 썼어요. 이 TV 세트는 게임을 돌리고 있진 않았지만, 왼쪽에서 오른쪽, 오른쪽에서 왼쪽으로 움직이는 점을 틀어 놓고 있었죠. 그게 움직이면 색깔이 바뀌었어요. 빨간색…녹색…파랑색…노랑색. 아마 마일러Mylar 재질의 필름이나 보이지 않는 뭔가가 있었을 거예요. 저는 제 연구소 벤치로 돌아와 앉아서 생각했죠. 컬러? 마치 환각 라이트 쇼나 콘서트에 있는 것처럼 혼이 나갔어요.

댄 코트키: 희미한 시야의 흐릿한 색깔들을 보면서 그는 그 점의 위상에 변화를 주면 다른 색깔이 되지 않을까라는 생각을 했어요. 그건 사실이었죠.

스티브 워즈니악: 아이디어가 머리에 떠올랐습니다. 0과 1로 구성된 반복되는 디지털 신호를 내보내는 방법이요. 1, 1, 0, 0. 위로 갔다 아래로 갔다. 생각해 보면 1은 위, 0은 아래인 거죠. 위 그리고 아래, 위 그리고 아래. 사인파는 아니지만 전 어떻게 텔레비전이 작동하는지 알고 있었죠. TV는 이 신호를 빨간색이라고 해석할 거예요. 0과 1을 약간 다른 시점에 놓으면 파란색이라고 해석하겠죠! 세상에. 16가지의 서로 다른 색을 만들 수 있게 됐습니다! 효과가 있을까? 색상을 디지털로 만드는 방법에 대한 어떤 책도 없었어요. 허용되지 않았고, 완성되지 않았죠.

댄 코트키: 컬러 텔레비전은 그 당시 신제품이었고 비쌌어요. 원리를 설명

하는 유명한 전기공학 책을 읽을 수 있는 거와는 다른 이야기였죠.

스티브 워즈니악: 전 아날로그 컬러 텔레비전을 잘 알고 있었어요. 하지만 전 디지털 세계로 넘어갔었죠.

앤디 허츠펠드: 워즈는 애플 II를 텔레비전이 작동하는 주파수에 맞췄어요. 그래서 TV가 어떤 컬러를 표시할지 알려 주는 신호와 연동되게 했죠.

리 펠센스타인: 색상은 위상 관계를 가진 동일 주파수의 2차원 벡터로 봐야 합니다. 그게 아날로그 방식으로 보는 방법이죠. 그걸 오실로스코프oscilloscope에서 본다면 일련의 펄스로 보일 거예요. 사인파의 근사값이죠. 그걸 다른 일련의 펄스와 대비하여 약간 변이시키면 색이 나타나죠. 워즈는 색상을 일종의 비트의 흐름으로 보았어요. 그래서 그는 사인파를 디지털 데이터로 만든 다음에 하드웨어로 그걸 변이시켰죠. 모두의 입이 떡 벌어지면서 생각했죠. '맙소사! 가능할 것 같아!' 그건 정말로 드문 일이었고 창의적인 일이었죠.

스티브 워즈니악: 2개의 작은 부품, 아마도 25센트 어치의 부품으로 사각파를 거의 사인파로 변환했어요.

앤디 허츠펠드: 그건 마술 속임수 같았어요. 컬러 TV 기술과 연동하여 공짜로 색을 얻어 내는 것 같았어요. 그것을 본 순간 생각했죠. '저기요. 여기 천재가 있어요.'

랜디 위긴턴: 그가 처음 그걸 홈브루 모임에서 보여 주기 시작했을 때 사람들은 깜짝 놀랐어요. 왜냐하면 요만한 작은 보드에서 작동을 했거든요.

스티브 워즈니악: 그 당시의 컬러는 매우 복잡한 아날로그였어요. 저항기와 피드백, 콘덴서와 인덕터들이 있는 하드웨어 회로였죠.

앤디 허츠펠드: 그건 비용 측면에서 믿을 수 없는 발전이었어요. 그걸 할 수 있는 컴퓨터 모니터를 사려면 나머지 컴퓨터만큼의 비용이 들었을 거예요. 하지만 워즈는 표준 텔레비전 세트를 사용하도록 설계했죠. 매우 저렴하게 구입할 수 있도록요.

스티브 워즈니악: 1,000달러짜리 컬러 생성 보드 대신 작은 1달러짜리 칩으로 색을 만들 수 있게 됐죠.

리 펠센스타인: 아무도 벡터 생성과 위상 조정을 위해 추가적인 하드웨어 비용을 지불할 필요가 없었어요.

허츠펠드: 애플 II에서 가장 기발한 것을 꼽자면 그것이었어요. 최초의 혁명중 하나였죠.

스티브 워즈니악: 그러고 나서 생각했죠. '내 느린 베이직으로 플레이할 수 있는 게임을 만들면 어떨까?'

댄 코트키: 비디오 게임은 빠르게 움직여야 해요. 아마 베이직은 충분히 빨랐을 거예요. 하지만 대부분의 비디오 게임은 베이직으로 쓰여 있지 않았죠.

스티브 워즈니악: 저는 아타리를 위해 〈브레이크아웃〉을 만들었어요. 〈브레이크아웃〉을 잘 알았죠. '충분히 빠를까? 아니면 너무 느릴까?' 왜냐하면 베이직은 느린 언어니까요. 전 프로그램 하나를 만들어서 색이 있는 여러 벽돌들을 넣었죠. 그것들의 색을 바꾸고 또 바꿨죠. 제가 좋아하는 색이 나올 때까지 색을 20번 정도 바꾸었어요. 그러고 나서 손잡이를 돌리면 위 아래로 움직일 수 있는 작은 막대를 프로그래밍해서 넣었어요. 〈브레이크아웃〉을 위해 의도적으로 막대 하드웨어를 만들어서 애플 II에 넣은 거죠. 전 그 안에 모든 것을 넣길 원했어요. 소리가 나는 스피커도 넣었어요. 게임에 필요한 삐 소리가 날 수 있게요.

앤디 허츠펠드: 애플 II를 위해 음악을 연주할 수 있는 프로그램을 작성할 수 있었습니다. 하지만 실제 소리를 위한 하드웨어는 없었죠. 소프트웨어로 할 수 있었던 건 메모리 주소를 치는 거였죠. 전 아직도 기억나요. C030. C030을 치면 스피커가 '클릭' 소리를 만들어냈어요. 그게 하드웨어가 할 수 있는 전부였죠. 하지만 소프트웨어로 1초에 1,000번 그걸 한다면 1,000킬로헤르츠의 음색을 얻을 수 있어요. 애플 II는 그런 것들로 가

득 차 있었어요. 아주 작은 자원을 사용해서 그런 놀라운 일을 할 수 있었죠. 사실 애플 II의 디자인을 보는 것만으로도 모든 것이 가능할 것 같은 느낌을 주죠. 충분히 똑똑하다면요. 애플 II의 가장 큰 교훈은 그것이 무한한 가능성을 가졌다는 것이었어요.

스티브 워즈니악: 그래서 저는 〈브레이크아웃〉을 프로그래밍했고 30분 안에 100개의 변화를 주었습니다. 그건 하드웨어로 한다면, 만약 할 수 있다고 쳐도 10년이 걸리는 일이었죠. 그래서 전 스티브 잡스를 제 아파트로 불렀어요. 우리는 TV에 구불구불 꽂힌 케이블 옆 바닥에 앉았어요. 뒷면이 벗겨져 있어서 전선들을 안에 집어넣을 수 있는 TV였죠. 그리고 전 그에게 어떻게 사물의 색깔과 막대의 모양, 그리고 공의 속도를 바꿀 수 있는지 보여 줬어요. 너무 쉬웠죠! 그와 저는 서로를 바라보았고 약간 떨었어요. 왜냐하면 우리는 게임이 소프트웨어로 만들어지면 게임의 세계가 전과 같지 않을 거라는 걸 알았거든요. 그때까지 아케이드에는 소프트웨어 게임이 없었어요. 하지만 우리는 이제 움직이는 게임이 소프트웨어로 만들어질 거라는 걸 알았죠. 세상에. 5학년 아이도 베이직으로 프로그래밍 할 수 있고 〈브레이크아웃〉 같은 게임을 만들 수 있어요. 이건 새로운 세계에요! 우리는 바로 그때 그것을 보았죠.

알 알콘: 잡스는 제게 이걸로 투자를 받을 거라고 말했어요. 그리고 이렇게 말했죠. "아타리, 당신들에게 이 투자 건을 제안하고 싶습니다." 전 "난 이런 것을 결정할 수 있는 사람이 아니야"라고 말하며 조 키넌Joe Keenan을 가리켰어요. 조는 진지하고 침착한 사업가였습니다. 놀란은 아마도 그냥 "그래"라고 대답했을 거예요. "아니"라고 대답할 수는 없었을 거고 어쨌든 여기에 집중할 수도 없었을 테니까요. 사실 미팅이 잘 진행되지 않았어요. 잡스가 나왔을 때 "어떻게 됐어?"라고 물었더니 "그렇게 좋지 않았어요"라고 답했어요. 조는 그의 행동을 문제 삼아 사실상 사무실 밖으로 내쫓았습니다. 맨발을 누군가의 책상 위에 올려놓는 사람은 보통

없잖아요. 조는 정말 훌륭한 친구예요. 하지만 잡스는 맨발이었고 그렇게 한 건 너무 한 거죠. 진짜.

스티브 워즈니악: 애플 이야기에는 약간의 오해가 있어요. 잡스와 저 둘이서만 했던 건 아니죠.

알 알콘: 우리는 그들이 6502 마이크로 프로세서를 구하도록 도와줬어요. 그들이 18, 19살 정도였다는 걸 생각해 보세요. 그들은 거래 계좌와 신용 계좌는 말할 것도 없고 신용카드도 받을 수가 없었죠. 그들이 어느 날 제게 말했어요. "알, 그들은 우리랑 이야기 안 할 거 같아요." "당연하지. 너희들은 고등학생인데. 그들도 할 일이 많아." 그래서 제가 말했어요. "음, 내가 그냥 친구에게 이야기해 놓을게." 그리고 말했죠. "이 아이들과 이야기를 나눠 줄 수 있어? 귀여운 것을 가지고 있고, 뭔가를 할 거 같아." 제 친구는 알겠다고 했어요. 몇 주 뒤에 전화를 받았고 그는 그가 가졌던 가장 재미있었던 미팅이었다고 했어요. "뭐? 무슨 일이길래?"라고 물으니 그가 말했어요. "스티브 잡스와 스티브 워즈니악이 들어왔어. 그리고 우리에게서 부품을 얻어가려고 했지. 그런데 계좌가 없었어. 거래 계좌도 없고 레퍼런스도 없었어." 잡스는 계좌를 얻으려고 했을 뿐 아니라 좋은 가격을 협상하려고 했어요. 워즈는 잡스에게 "가서 계좌 만들어 오자. 그냥 부품만 가져가고 가격 협상은 나중에 고민하자"라고 말하려고 했어요. 잡스는 워즈를 조용히 시키려고 했고 그래서 테이블 밑으로 워즈를 찼어요. 하지만 잡스가 너무 말랐어서 의자 옆으로 미끄러졌고 회의실 책상 아래로 넘어졌어요. 그들은 결국 그를 데리고 나가야 했죠. "알았어. 이렇게 하자. 우리가 90일 계좌를 줄게. 지불 못하면 잘리는 거야. 알았지?" "그렇게 할게요." 그건 그들이 그때까지 가져 본 가장 큰 계좌였을 거예요.

스티브 워즈니악: 한 친구가 우리에게 자금을 대줬어요. 엔젤 투자자였죠. 그리고 우리와 합류했습니다. 그는 인텔에서 마케팅을 하면서 돈을 벌

었고 그 전엔 엔지니어였죠. 좋은 조언자였어요. 젊지만 부유했고 잡스와 내가 가지고 있는 것만큼이나 애플 주식을 가졌어요. 같은 양의 주식이었죠. 그의 이름은 마이크 마쿨라였어요.

마이크 마쿨라: 그 둘은 사람들에게 그렇게 좋은 인상을 주지 못했어요. 턱수염을 길렀고 냄새도 조금 났죠. 우스꽝스럽게 옷을 입었어요. 어렸고, 순진했어요.

아서 락: 마이크가 저에게 애플 컴퓨터에 투자할 생각이 있는지 물었어요. 잡스와 워즈니악을 만났는데 그들과 함께 하고 싶다는 생각이 전혀 들지 않았어요. 스티브 잡스는 6개월간 인도 구루 나부랭이와의 여행을 마치고 막 돌아왔었죠. 그들은 잘 나타나지도 않았고, 블루박스를 만들어서 전화국으로부터 돈을 훔친 것을 자랑하곤 했어요. 정말 마음에 들지 않았죠.

마이크 마쿨라: 하지만 워즈는 정말로 멋진 컴퓨터를 디자인했어요.

알 알콘: 그건 어린 나이에 창업했을 때 생기는 문제들이었어요. 미성년자였고 술을 마실 수도 없지만 창업을 할 수는 있거든요.

그 신출내기 기업은 1977년 샌프란시스코 시민회관 브룩스 홀에서 열린 첫 번째 웨스트 코스트 컴퓨터 페어West Coast Computer Faire에서 큰 파장을 일으켰다. 마치 10년 전의 '모든 데모의 어머니'처럼. 그 모임은 홈브루 컴퓨터 클럽에 속해 있던 뛰어난 해커들의 데뷔 파티였고 애플은 대여섯 홈브루 유망 팀 중 하나였을 뿐이었다.

짐 워렌: 전 컴퓨터 컨벤션을 기획하는 일에 대해서는 아무것도 몰랐어요. 그래서 사람들에게 전화를 하기 시작했죠. 전 『닥터 돕 저널Dr. Dobb's Journal』의 편집자였어요. 홈브루에서 매우 활동적이었음은 물론이고 스타트업 오너 및 창업자들도 모두 알고 있었죠. 전 그들에게 전화했어요. "맞

어. 우리도 정말로 전시하고 싶어. 그래. 그거 정말 멋질 거 같아." 전 스티브 잡스에게도 전화했죠. "이봐, 우리 이런 전시회를 하려고 해." "우리도 참가하고 싶어요. 저희는 홀 바로 앞 정문에 있는 자리를 원해요." "알았어. 돈 좀 보내줘." "물론이죠. 얼마나 보내면 돼요?" "그 자린 좀 비쌀 거야. 이 정도면 어때?" "물론이죠. 우편에 담겨 있을 거예요."

앤디 허츠펠드: 전 웨스트 코스트 컴퓨터 페어에 걸어 들어갔던 게 기억나요. 어찌나 많은 사람들이 왔는지 큰 인상을 받았죠.

랜디 위긴턴: 수천 명의 히피들이 돌아다녔어요. 자유사상가들이라고 말하는 게 낫겠네요. 주류는 아니었거든요. 취미활동가들과 컴퓨터에 대해 조금 들어 본 사람들이 정말 많았어요. 예상하는 것과 달리 그건 저항 문화 이벤트에 가까웠죠.

스티브 잡스: 애플은 처음 몇 년 간 우리와 비슷한 사람들에게 제품을 판매했습니다.

랜디 위긴턴: 산업에 방향성이 없었어요. 마치 곰팡이가 자라는 것과 같았죠. 불쑥 불쑥 나타나는 것처럼요. 무엇이 경쟁에서 이기고 질지, 어느 방향으로 진화할지 아무도 몰랐어요. 당연하게도 아무도 애플을 몰랐죠.

알 알콘: 제가 이렇게 생각했던 게 기억나요. "저 거지 새끼들이 컴퓨터를 만드네. 그것도 아무도 사지 않을 것 같은 컴퓨터를." 정말로 그랬죠. 애플 II만 빼고요.

앤디 허츠펠드: 자석처럼 저는 애플 부스로 끌려 들어갔어요.

랜디 위긴턴: 잡스는 그 부스를 정말 자랑스러워 했어요. 지금껏 했던 일 중 가장 훌륭했던 일이라고 생각했을 정도로요. 그것에 대해 말하는 것을 멈추지 못했죠. 모든 간판을 자랑스러워 했고 그것이 얼마나 아름다웠는지, 얼마나 프로페셔널하게 보였는지, 그리고 자신이 어떻게 우리를 돋보이게 만들었는지를 끝없이 이야기했어요. 자기 자식 자랑하듯이 말이죠. 솔직히 그 당시 우리는 잡스를 어떻게 해야 할지 몰랐어요. 그냥

골칫거리였죠. 그는 벤더들과 협상을 하려고 했어요. "아, 제 생각에 가서 연필을 좀 더 뾰족하게 깎으셔야 할 것 같아요." 이 말은 "좀 더 좋은 가격을 제시해 주세요"라는 암호였죠. 워즈와 저는 그 일로 항상 그를 놀렸지만 그는 부스를 잘 만들었고 그건 그의 천직이었습니다.

리 펠센스타인: 애플 부스에는 프로젝션 컬러 디스플레이가 있었어요. 아무도 가지고 있지 않았죠. 그 프로젝터에는 이렇게 쓰여 있었죠. "당신들에겐 그 작은 글자/숫자 단말기들이 전부겠지만, 우리 제품에는 컬러 그래픽이 장착되어 있습니다!" 정말 많은 사람들이 관심을 가졌어요. 부스는 사람으로 바글바글했어요.

스티브 워즈니악: 그건 색채를 세상에 가져왔죠. 우린 더 이상 지루한 시골에 있는 게 아니라고요! 그게 우리가 6가지 색으로 구성된 로고를 선택한 이유예요. 우리가 컬러로 깜짝 놀라게 한 건 아무도 저렴한 컴퓨터에서 컬러를 기대한 적이 없었기 때문이에요. 우리가 가진 것보다 훨씬 적은 그래픽들조차요. 심지어 화소도 있어서 스크린에 사진을 띄울수도 있을 정도였죠. 그건 너무 시대를 앞서 있어서, 모두가 뒤에 기대앉아서 어떻게 하는 건지 궁리를 해 봐야 하는 수준이었죠.

트립 호킨스: 거기엔 여러 혁신적인 기능들이 있었어요. 비트맵 그래픽이 있었고 컬러도 있었죠. 몇 가지 삐 소리를 만들어낼 수 있는 정말 형편없는 스피커도 있었어요. 그게 전부였죠. 하지만 많은 기계가 그마저도 하지 못했어요.

앤디 허츠펠드: 저는 그것에 뭔가 마법 같은 게 있었다고 지금도 말할 수 있어요. 그중 일부는 제 생각에 케이스의 형태였어요.

알 밀러: 전 잡스가 홈브루 미팅에서 아주 초기 플라스틱 케이스를 들고 일어나 있었던 기억이 나요. 어떤 식으로든 그건 진보를 상징했죠. 주류로 진입하는 길이요.

트립 호킨스: 그건 다른 모든 쓰레기와는 달리 아름다웠어요. 그 당시 지나

가던 여성에게 "이중 어떤 걸 집에 가져다 놓을 수 있을 것 같아요?"라고 물었다면, 대부분 애플 II라고 말했을 거예요. 그리고 다른 것들을 보곤 이렇게 말하겠죠. "정말 끔찍하게 못생겼어." 그건 모두 괴짜스러운 하드코어처럼 보이는 것들이었고 애플 II는 아름다웠죠.

앤디 허츠펠드: 그 당시 다른 모든 것은 산업용 장비처럼 보이는 사각형 금속 박스였죠. 그건 사람을 위한 것이 아닌 듯했어요. 제작에 쓰이거나 사업을 위한 것이었지만 매력적으로 보이지는 않았죠. 반면에 애플 II는 아름다웠어요. 일종의 미래형 타자기처럼 생겼죠.

트립 호킨스: 이상한 일인데, 스티브는 거기서 실수를 했어요. 전통적인 대문자 및 소문자 문자 생성 ROM 칩 대신 대문자만으로 된 칩을 선택했죠. 평범한 형태나 반전된 형태, 깜박이면서 반전된 형태 중 하나로 표현할 수 있었어요. 때문에 우리의 1세대 워드프로세서는 엉망인 것처럼 보였죠.

앨런 케이: 하지만 애플은 점점 흥미로워지기 시작했어요. 애플 II에 흥미로운 어떤 게 있었던 건 아니예요. 정말로 흥미로웠던 건 스프레드시트 SpreadSheet[†]였어요.

스티브 워즈니악: 비지캘크 VisiCalc는 킬러 앱[‡]이었죠.

앨런 케이: 우리는 제록스파크에서 거의 스프레드시트를 개발할 뻔했습니다. 하지만 어느 누구도 충분히 사업적으로 생각하지 않았어요. 그 스프레드시트를 보고 우리 모두 정말 쩐다고 생각했어요. 그냥 굉장했죠.

찰스 시모니: 입이 떡 벌어졌어요. "우와! 여기 원시적인 기계가 있는데, 그게 우리가 꿈꿔 왔던 걸 하고 있네. 대박!" 이 기계로 이런 것을 할 수 있다면 더 진지한 기계로는 무엇을 할 수 있을지 상상해 보세요. 알토나 곧 출시될 다른 기계들 말이에요.

[†] 숫자, 문자 데이터가 가로 세로로 펼쳐져 있는 표를 입력하고 이것을 조작하여 데이터 처리를 할 수 있게 되어 있는 컴퓨터 응용 프로그램.
[‡] 새로운 테크놀로지의 보급에 결정적 계기가 되는 서비스.

척 태커: 비지캘크는 사업하는 사람들에게 유용한 물건이었어요. 그 도구를 사용하는 사람들의 생산성을 어마어마하게 증가시켰죠.

버틀러 램슨: 애플 II와 비지캘크는 성공했고, PC 산업을 만들어냈죠.

스티브 워즈니악: 애플 II는 그 당시 존재했던 3개의 컴퓨터 중 유일하게 비지캘크를 돌릴 수 있는 충분한 메모리를 가진 컴퓨터였어요. 그래서 이 컴퓨터만 써야 했어요. 다른 모든 업체는 계획을 다시 세워야 했고 플로피디스크와 메모리를 추가한 컴퓨터를 만들어야 했죠. 그래서 애플 II는 큰 도약이었어요. 사고를 친 거죠. 우리는 경쟁에서 어떻게 확실히 앞서 나갈지 사실 생각해 보지 않았어요. 단지 운이 좋았던 거예요.

앤디 허츠펠드: 1979년 가을까지 비지캘크는 애플 판매량을 매달 3배로 늘렸어요.

트립 호킨스: 비지캘크는 첫 번째 요인이었죠. 워드프로세서가 두 번째 이유였어요. 꽤나 강력한 원투 펀치였습니다.

존 마코프: 애플 II는 PC가 취미가들의 세계에서 벗어나 더 넓은 세상에서 팔릴 수 있도록 했어요. 최고조에 달했을 때는 메이시스Macy's[†]를 통해서도 팔렸죠. 대규모 초기 마케팅의 많은 부분을 교육 쪽으로 접근했어요. 아이들에게 줄 수 있는 지적인 활동으로 포장했죠.

클리브 톰슨: 애플 II는 컴퓨터가 처음으로 진짜 일반 대중을 대상으로 판매됐던 순간이었어요. 그 거대한 방 크기 만한 컴퓨터들이 갑자기 줄어들어서 10대들의 손에 들어갔죠. 10대들의 손에 들어가면 무엇이든 그 순간 대중 문화의 일부가 되죠. 인계철선을 건드린 것과 같은 순간이었어요. 1950, 1960년대 자동차가 그랬고, 1970년대 후반, 1980년대 컴퓨터가 그랬죠. 애플 II는 선구자였어요.

스티브 잡스: 애플 II는 일생 동안 1,000만 대 정도 팔렸습니다. 그건 최초로 진정 '성공'했다고 할 만한 PC였어요. 아주 크게 말이죠.

[†] 미국의 유명한 백화점 체인.

05

관리자보다 똑똑한 노동자
아타리, 경영진과 개발자의 갈등

등장 인물

놀란 부쉬넬	밥 화이트헤드	앨런 케이
데이비드 크레인	스탠 허니	짐 레비
래리 카플란	스티브 펄먼	크리스 카엔
레이 카사르	알 알콘	클리브 톰슨
론 밀너	앨런 밀러	하워드 워쇼

스티브 워즈니악이 새로 나온 저가 마이크로프로세서로 PC를 만들 수 있다는 걸 알게 된 시점에, 알콘과 아타리의 제품 개발 팀은 같은 칩을 사용하여 다른 종류의 기계인 게임 카트리지를 꽂는 가정용 비디오 게임 콘솔을 만들 수 있다는 것을 깨달았다. 아타리 VCS(이후에 아타리 2600으로 불렸다)는 오락실의 짜릿함을 가정의 거실로 가져왔고, 실리콘밸리에 새로운 비즈니스 모델을 만들었다. VCS는 하드웨어 플랫폼과 소프트웨어인 카트리지로 구성되었고, 현금흐름을 예측할 수 있는 사업 모델이었다. 아타리는 몇 번 파산할 뻔한 고비를 넘긴 후 황금알을 낳는 거위는 만들었지만, 그걸 현실화할 돈이 부족했다. 놀란 부쉬넬은 회사를 팔아야 한다는 걸 깨달았다.

놀란 부쉬넬: 우리는 위태로운 스타트업 열차를 탔고, 매번 도박판에 돈을 걸다 보면 언젠가는 판돈을 모두 잃게 될 거라는 걸 알았습니다. 게다가 저 혼자의 미래를 걸고 도박을 하는 것도 아니고, 저를 믿고 일하는 모든 사람의 미래를 걸고 있는 거예요. 금요일에 월급이 나가는데 수요일까지도 현금이 없었던 적이 몇 번이었던지…… 현금화하지 않은 제 급여 수표가 9개였던 게 기억나요. 현금 상황으로는 하루하루 위태위태하게 회사를 운영하고 있었고, VCS를 출시하려면 막대한 자금이 필요하단 건 분명했어요. 저도 너무 지쳐가고 있었어요.

알 알콘: 사실 우리는 상장을 할 계획이었어요. 하지만 시장 상황이 나빠져서 그렇게 하진 못했고, 우리를 인수할 구매자를 찾아야 하는 상황에 놓였죠.

놀란 부쉬넬: 워너Warner의 매니 지라드Manny Girard가 말하길, 스티븐 로스Steven Ross[†] 회장이 자녀들과 디즈니랜드에 가서 오후 내내 아타리 게임을 했다고 했어요. 한 번 와서 사무실을 조금 둘러보고는 "제트기를 보내겠다"

[†] 미국의 대표적인 대중 매체 사업 그룹 워너미디어Warner Media의 전신인 타임 워너Time Warner와 워너 커뮤니케이션즈Warner Communications의 창립자.

고 했어요. 전 그때까지 개인 제트기를 타 본 적이 없었어요. G2 기종 제트기에 탄 후 그들이 이야기했어요. "선밸리Sun Valley에 들러서 다른 손님을 태워야 하는데, 괜찮으실까요?" 그 손님은 영화배우 클린트 이스트우드Clint Eastwood였습니다. 갑자기 거물급 인사가 된 것 같았어요. 뉴욕에 도착한 우리는 리무진을 타고 월도프 타워Waldorf Tower로 갔어요. 그냥 월도프가 아니라 월도프 타워! 당구대와 그랜드 피아노가 있는 방 9개짜리 스위트룸에서 지냈습니다. 우리는 보통 홀리데이인Holiday Inn 같은 저가 호텔에서 지내곤 했는데 말이죠. 워너는 우리에게 후한 접대를 해 주었습니다. 다음날 우리는 스티브 로스를 만나서 협상 비슷한 걸 하고 오후 네다섯 시쯤 인수 구조에 동의하고 악수를 나눴어요.

알 알콘: 워너와의 계약은 1976년 11월에 마무리되었어요. VCS는 이미 개발 중이었고요.

크리스 카엔: 이건 할리우드와 실리콘밸리 간 시너지의 시작이었어요.

알 알콘: 워너에게 회사를 3,000만 달러에 팔고 나니, 세상에서 가장 부유한 사람이 된 느낌이 들었어요.

놀란 부쉬넬: 제 손에 들어온 돈은 1,600만 달러 정도였는데, 당시에는 굉장히 큰 금액이었습니다.

알 알콘: 한 달 정도 후 정신이 들었을 땐, 이미 셸비 코브라Shelby Cobra 스포츠카, 집, 그리고 비행기를 산 후였어요. 과시용 사치였죠. 놀란은 리어제트Learjet†에서 비행기를 사더니 전세 비행기 사업을 시작하더라고요.

놀란 부쉬넬: 기업 이름은 법인항공운송회사Corporate Air Transport였습니다. 전세 비행기를 리스하는 회사였어요. 너무 앞서 나간 제 과시용 사치였죠. 나중에 알게 됐어요. 전세 비행기 사업은 수익을 내기 힘들다는 것과 제트기 두 대를 운영하는 것은 적자 폭을 더 크게 할 뿐이라는 것을요.

알 알콘: 전 조종사였고 비행기 타는 것을 좋아했어요. 전 놀란과 멤버들을

---

† 미국의 자가용 소형 제트기를 제작하여 판매하는 업체.

비행기에 태우고 그래스밸리Grass Valley로 자주 데려다주곤 했어요.

론 밀너: 산 속에 있는 아타리의 비밀 싱크탱크였죠.

알 알콘: 전 그곳에 매주 갔어요.

앨런 케이: 아타리는 초기 콘솔 개발에 참여했던 발명가 집단을 그래스밸리에 데리고 있었어요. 장인들이었죠.

론 밀너: 베이 지역의 아타리 직원들은 회사 운영과 생산에 너무 바빠서 그 다음 새로운 것을 개발할 여력이 없었어요.

알 알콘: 제 직함은 연구개발 부사장이었어요. 그게 제 명함에 써 있던 직함이었지만, 글쎄요. 연구개발 부서가 없었거든요. 그냥 제품 디자인이었어요.

그래스밸리의 장인들은 '비디오 컴퓨터 시스템Video Computer System'이라는 뜻의 VCS 콘솔을 개발하고 있었다. 엔지니어링 관점에서 VCS는 애플 II와 매우 유사한 PC로, 거의 동일한 마이크로프로세서에 의해 구동되었다. 아타리는 그것을 대중을 위한 홈 비디오 게임기로 포지셔닝했다.

앨런 밀러: VCS는 1977년 가을에 출시되었고, 매우 좋은 평가를 받았습니다.

데이비드 크레인: VCS는 본래 콘솔을 하나 팔고 그다음에 〈탱크Tank〉 카트리지와 〈퐁〉 카트리지를 팔 계획으로 디자인되었어요. 매출이 2배가 되겠죠? 그래서 하드웨어는 이 두 게임을 플레이할 수 있도록 설계되었어요. 다른 게임을 할 수 있다면? "훌륭해! 카트리지를 더 팔 수 있어." 그래서 "이 가정용 하드웨어에서 오락실 게임을 더 많이 할 수 있는지 보자"고 했어요.

래리 카플란: 저는 『산호세 머큐리 뉴스』에서 아타리의 채용 공고를 보고 지원했어요. 100명의 지원자 중 한 명이었고, 제가 알테어를 샀기 때문에 절 뽑았다고 나중에 말해 주더라구요. 1976년 8월부터 근무했습니

다. 〈브레이크아웃〉 게임을 공짜로 할 수 있어서 아타리에 들어갔어요.

밥 화이트헤드: 전 아타리에 고용된 두 번째 프로그래머였습니다. 그리고 앨런 밀러와 데이비드 크레인이 들어왔고요. 우리는 모두 이 새로운 카트리지 시스템을 위한 게임 개발에 투입되었어요.

데이비드 크레인: 저와 앨런 밀러, 밥 화이트헤드, 래리 카플란은 보통 같이 프로젝트를 했어요.

밥 화이트헤드: 게임 프로그래밍을 위해서 채용된 사람이 우리뿐인 건 아니었지만, 이 멤버가 업무적으로 더 가까워졌어요. 우리 중 몇몇은 게임에 특화된 듯했고, 빠르게 친구가 되었어요.

데이비드 크레인: 래리 카플란은 〈에어-시 배틀Air-Sea Battle〉 게임을 만들었는데, VCS가 〈탱크〉와 〈퐁〉 이상을 할 수 있음을 보여 주었어요. 〈에어-시 배틀〉은 화면 아래쪽에 대공포 같은 2개의 작은 총이 있었는데, 각각 1인용, 2인용이었어요. 위쪽에는 전투기들이 날아다니고 있었고, 사용자는 그것들에게 미사일을 쏠 수 있었어요. 게임에는 원래 VCS 설계자들이 예상했던 것보다 많은 액션이 벌어지고 있었습니다. 앨런 밀러는 〈서라운드Surround〉라는 게임을 만들었는데, 아타리에서 만든 오락실 게임을 가정용으로 변환했어요. 밥 화이트헤드는 다른 접근을 해서 오리지널 게임을 만들었어요. 투수가 공을 던지고 타자가 배팅을 하는 야구 게임이었어요. 전 아타리의 오락실 게임인 〈캐년 봄버Canyon Bomber〉와 〈뎁스 차지Depth Charge〉를 VCS용으로 변환했어요. 오락실 버전은 각각 4,000달러 정도 했는데, 저는 두 게임을 19달러짜리 하나의 VCS 카트리지에 넣어서 200달러짜리 기계로 즐길 수 있게 했습니다.

알 알콘: 그 게임들은 엄청난 히트를 쳤어요. 워너는 정확한 타이밍에 투자를 했던 거죠.

래리 카플란: 회사는 돈을 많이 벌었고, 1년쯤 후에 개발 팀 부서에 사우나실을 설치했어요. 우리는 버릇이 나빠져서 일하고 싶은 시간에, 원하는

일정으로 일했죠. 우리가 게임 개발이 끝났다고 해야 프로젝트가 마무리되었어요.

알 알콘: 우리는 서니베일의 록히드 마틴 옆에 있는 새 건물로 사무실을 옮겼어요. 우리가 버는 돈 덕분이었죠. 그때까지는 처음의 아타리 모습 그대로였어요.

밥 화이트헤드: 워너가 랄프 로렌Ralph Lauren 출신의 레이 카사르를 CEO로 영입하고부터 아타리가 변하기 시작했습니다.

알 알콘: 그는 서부에 있어 본 적도 없고, 소비재나 전자 제품도 이해하지 못했고, 게임에 대해서는 아무것도 몰랐어요. 그저 사업가였습니다.

레이 카사르: 아타리에 처음 도착했을 때, 전 비즈니스 정장에 넥타이를 매고 놀란 부쉬넬을 만났어요. 그는 "나는 하는 게 좋아I Love to Fuck"라는 문구가 박힌 티셔츠를 입고 저를 맞이했습니다. 그게 아타리의 첫인상이었어요.

알 알콘: 운전기사가 운전하는 레이의 롤스로이스를 위한 전용 주차석이 있었고, 헬리콥터 착륙장이 있었어요. 고위 경영진 식당이 있어서 추레하게 다니는 일반 직원들과 어깨를 부딪쳐 가며 같이 식사를 하지 않아도 됐어요. 경영진이 좋아하는 말이 있었습니다. "위대한 씻지 않은 분들." 그는 정말로 자기 주변에서 일어나고 있는 일에 무감각했어요.

앨런 밀러: 레이와 전 직원이 참석한 첫 미팅 때였어요. 회의실에 아마 80명에서 100명의 기술자가 있었는데 누군가 레이에게 물었어요. "당신의 경력에서 창조적인 사람들을 이끈 적이 있나요? 왜냐하면 우리는 모두 엔터테인먼트를 창조하고 있잖아요." 그러자 그는 "아, 전 창조적인 사람들과 많이 일해 봤어요. 제 전체 경력에 걸쳐서 수건 디자이너들과 일해 왔습니다"라고 대답했어요. 다른 사람은 어떻게 생각했는지 모르겠지만, 전 그가 그렇게 대답했을 때 너무 당황했어요. 왜냐하면 그가 이 산업에 대해서, 그리고 우리가 무엇을 하는지에 대해서 아무것도 모른

다는 걸 보여 주었기 때문이었죠.

앨런 케이: 레이는 훌륭한 사람이었고 탁월한 사업가였지만, 그가 컴퓨터 업계로 오기 전의 관련 경력은 이집트산 면 전문가였습니다.

레이 카사르: 전 아타리에 들어오기 전까지 비디오 게임을 해 본 적이 없었어요.

데이비드 크레인: 마케팅 부서에서 업무 지침이 하나 내려왔어요. 전년도의 게임 카트리지별 매출 비중 한 장이었어요. 1위는 〈야구〉였고, 전체 매출의 22%를 기록했습니다. 이어서 2위와 매출 비중, 3위와 매출 비중 순으로 계속 내려갔죠. 그 업무 지침은 한마디로 "이게 팔리는 게임들이고, 이게 요즘 핫한 게임들이다. 이런 걸 더 만들어라"라고 말하는 것이나 다름없었습니다. 그들은 비디오 게임을 만들기 위해 무엇이 필요한지, 어떤 노력이 들어가는지, 소비자들에게 어떻게 어필하여 이 게임을 플레이하게 만들지에 대해 아무것도 알지 못했어요. 그냥 차트 아래쪽보다는 위쪽과 비슷한 걸 더 많이 원했을 뿐이죠.

알 알콘: 밀러, 크레인, 화이트헤드, 카플란. 이들은 3개월이면 1,000만 달러에서 2,000만 달러의 매출을 올릴 게임을 개발할 수 있었어요.

밥 화이트헤드: 숫자를 계산해 보기 시작했고, 우리 넷의 게임이 2억 달러가 넘는 매출을 만든다는 걸 알게 되었어요. 1년 반 동안의 판매 실적으로요.

데이비드 크레인: 같이 점심을 먹은 이후로 이런 것들을 같이 살펴보기 시작했고, 우리가 개발한 게임의 매출을 다 더해 봤어요. 흥미로운 발견은 전년도 총매출의 60%를 우리 넷이 만든 게임이 올렸다는 거였어요. 20%는 그동안 아타리를 퇴사한 사람들이었고, 남은 30명 정도가 나머지 20%에 기여했어요.

앨런 밀러: 그래서 전 음악업계와 출판업계를 참고해 아타리에서의 제 위치에 걸맞은 공정한 계약 조건에 대해 고민했어요. 그리고 그 내용을 정리해 제가 회사와 원하는 관계는 이렇다고 설명하며 경영진에게 제안했

습니다. 전 제 작품에 대해 인정을 받고 싶었고, 음악이나 출판업계에 비해 상당히 낮은 2~3% 정도의 저작권료를 요구했어요. 인사부와 논의를 시작했고, CEO 레이와 협상을 하게 되었습니다.

데이비드 크레인: 레이 카사르의 사무실로 가서 모든 것을 말했어요.

알 알콘: "저희에게도 공평한 보상을 주세요"라고 하더군요. 많이 원한 건 아니에요. 카트리지 하나에 5센트 정도였습니다.

데이비드 크레인: 우리는 이렇게 말했죠. "봐요. 분명히 우리에게는 시장에서 팔리게끔 하는 능력이 있어요. 가치를 만들어내는 능력 말이에요."

클리브 톰슨: 초기 게임에서 흥미로운 것 중 하나는 그들이 국제 핵전쟁뿐만 아니라 사회의 로봇화와 같은 시대의 거대한 지정학적 문제를 다루었다는 거예요. 〈스페이스 인베이더Space Invaders〉는 우리가 무의식적으로 불안해하는 외계 생물에 관한 게임이었어요. 문자 그대로 텍스트와 숨은 메시지를 만드는 〈미사일 커맨드Missile Command〉 같은 게임도 있었죠. 게임은 우리가 느끼는 이러한 기술적 위협을 반영했어요. 당시 게임들은 정말 꿈과 같은 무언가였어요. 당시 시대의 시였습니다.

앨런 밀러: 우리는 책의 작가처럼 창조적인 작업을 하고 있었습니다. 당시 게임 개발은 1인 작업이었어요. 모든 음악, 그래픽, 프로그래밍 작업을 혼자서 했어요. 그리고 게임 기획을 비롯한 모든 컨셉 디자인도 사실상 혼자 했어요.

크리스 카엔: 그때는 게임 프로젝트 하나당 한 명의 소프트웨어 프로그래머가 배정되었어요. 요즘처럼 수백 명의 프로그래머가 10년 동안 하나의 게임 경험을 제공하기 위해 계획을 세우는 것과는 달랐습니다.

하워드 워쇼: 프로그래밍은 이 새로운 현상을 만들어 냈어요. 프로그래머들은 자기 위의 관리자들만큼 똑똑하거나 더 능력 있는 지적인 블루칼라 노동자였어요. 레이와 경영진은 이런 상황을 관리할 준비가 되어 있지 않았습니다.

알 알콘: 레이는 항상 "엔지니어는 요구 사항이 많은 까칠한 여배우 같다"고 했어요.

데이비드 크레인: "음, 이건 기업의 제품이에요. 공학 제품입니다. 아타리에는 수백 명의 직원이 있어요. 그리고 저기 있는 한 명이 할 일을 하지 않았다면 우리는 6,000만 달러어치를 팔지 못했을 거예요. 생산 라인의 직원이 카트리지를 조립하지 않았다면 그 게임으로 6,000만 달러를 벌지 못했을 거예요. 그러니 당신은 사실 게임 카트리지를 조립하는 생산 라인의 한 사람보다 더 중요한 존재가 아니라고요." 이것이 그 모임의 끝이었다. 그리곤 부사장이 우리를 쫓아내며 "만나서 반가웠어요"라며 키득거렸습니다. 우리가 곧 사라질 것을 알고 있었기 때문이죠.

크리스 카엔: 사람들이 아타리를 떠나 자신의 소프트웨어 회사를 설립하는 걸 경영진은 이해하지 못했어요. 마치 포드를 떠나 에드셀Edsel†을 만드는 것과 같았을 겁니다. 누가 왜 굳이 그런 일을 할까요?

밥 화이트헤드: 저희는 이렇게 말하기 시작했어요. "여기까지인 거 같아. 우린 여기서 존중받지 못해. 분명 다른 회사에서도 게임 사업으로 큰 돈을 벌 수 있을 거야." 가장 쉽게 돈을 버는 방법은 베이직 언어로 PC 게임을 만드는 거라는 결론이 났어요. 그리고 우리 중 하나가 말하길 "나 윌슨 손시니Wilson Sonsini에 아는 사람이 있어." 거긴 꽤 존경받는 실리콘 밸리의 로펌이었어요.

짐 레비: 벤처 법률의 성지 같은 곳입니다.

밥 화이트헤드: 윌슨 손시니에 가서 회의를 하는데 변호사 중 한 명이 말하더군요. "저기요, 저도 비슷한 일을 하는 짐 레비라는 사람과 이야기하고 있어요. 음악업계 출신이고, 베이직 게임을 유통하는데, 일하던 곳을 나와서 자기 회사를 시작하는 걸 논의하고 있어요."

---

† 포드가 1955년부터 투자, 디자인, 홍보 등에 총력을 다한 준중형 세단 브랜드. 소비자의 기대를 충족시키지 못하고 2억 5,000만 달러 이상의 손실을 내며 생산이 중단되어 대표적인 경영 실패 사례로 꼽힌다.

데이비드 크레인: 그는 "이 사람과 이야기해 봐야 합니다. 왜냐하면 당신들은 모든 기술적 전문 지식을 가지고 있지만 사업 경험이 없기 때문이죠. 그 사람이 당신들의 CEO가 될 거예요."

짐 레비: 이 사람들은 오후 2시쯤 제 집 앞에 차를 세웠어요. 차에서 일제히 쏟아져 나왔는데, 보니 모두 젊었습니다. 래리 카플란이 30살 정도로 제일 나이가 많은 것 같았고, 앨런 밀러, 밥 화이트헤드, 데이비드 크레인 모두 23살, 24살, 25살 정도였어요. 저도 비슷한 또래였고요. 당시 전 34살이었습니다. 그래서 그들은 앉아서 제게 자기들이 하는 일을 설명하기 시작했어요. 오락실 게임도 봤고 〈퐁〉 같은 게임들도 해 봤는데, 카트리지 프로그래밍이 가능한 시스템인 VCS는 모르고 있었어요.

클리브 톰슨: 아타리 VCS 게임은 확실히 그 세대에게 최고로 인기가 많았어요. 아이들에겐 깊고 강렬한 문화였죠.

밥 화이트헤드: 음, 짐과 이야기하고 얼마되지 않아 우리는 멋진 질문을 하기 시작했어요. 특히 짐이 이렇게 물었어요. "왜 우리가 아타리 게임을 만들지 않는 거지? 카트리지 게임을?"

짐 레비: 그들은 "아타리가 100만 개 이상의 게임 콘솔을 미국 가정에 깔아 놓았고, 그 시스템에서 구동하는 소프트웨어를 만드는 유일한 기업이라는 걸 아시나요?"라고 물었어요. 전 "아, 그렇군요"라고 대답했죠. "그러면 PC 게임 말고 아타리에서 돌아가는 게임을 만드는 스타트업을 어떻게 보시나요?" "그거 재미있는 아이디어네요. 더 이야기해 볼까요?"

밥 화이트헤드: 얼마 지나지 않아 짐은 사업 계획을 세웠어요.

데이비드 크레인: 이후에 모든 게 빨리 진행되었어요.

알 알콘: 그 녀석들은 넘치는 에너지와 독기를 품고 회사를 차렸어요.

데이비드 크레인: 우리는 1979년에 벤처캐피털에서 투자를 받아서 액티비전Activision을 설립했습니다.

클리브 톰슨: VCS 이전에도 비디오 게임이 있었어요. 오락실의 아케이드

게임이 있었습니다. 하지만 게임이 지하실에 앉아 몇 번이고 반복해서 할 수 있는 것이 되어 버리자 새로운 경제 논리가 생겼어요. 오락실 게임은 사용자가 약 2분 후에 지도록 디자인되었고, 그래서 다시 동전을 넣기를 원했어요. 하지만 게임을 사서 집으로 가져갈 수 있는 게 되면, 이전 게임과 다른 관계가 만들어집니다. 사용자는 더 길고 풍부한 게임을 경험할 수 있게 돼요. 이제 사용자들은 게임 내에서 탐험하고, 무엇을 찾고, 임무를 완료해야 합니다. 스토리텔링이 되는 거죠.

데이비드 크레인: VCS용 소프트웨어 개발은 게임업계 역사상 가장 큰 기술적 도전이었어요. 그리고 제 목표는 실제 인간의 모습을 담은 게임을 개발하는 것이었습니다. 당시에 게임 주인공은 탱크나 비행기였어요. 사실적으로 보이는 사람을 만드는 것은 매우 어렵죠. 연구실을 돌아다니다가 움직임을 멈추고 다리 모습을 스케치하곤 했어요. 애니메이터들은 그런 종류의 일을 합니다. 그들은 종종 자신을 애니메이션의 모델로 사용해요. 그리고 멋진 캐릭터를 완성할 때까지 몇 시간이고 계속해서 그렇게 하곤 해요.

짐 레비: 데이비드는 그때나 지금이나 탁월한 컴퓨터 애니메이터예요.

데이비드 크레인: "자, 저기 달리는 주인공이 있어. 쟨 뭐 하는 걸까? 음, 달리고 있지. 아마도 길을 따라 달리고 있을 거야." 그래서 전 길을 나타내는 2개의 선을 그렸어요. "이 길은 어딜까? 정글에 넣어 보자." 전 몇 그루의 나무를 그렸어요. "그런데 왜 달리는 거야?" 장애물, 수집해야 할 보물, 그런 것들을 넣었고, 늪, 타르 구덩이와 악어 머리를 가져와서 이 많은 것을 한데 묶었어요. 그리고 정말로 10분만에 전체 게임을 결정하는 스케치가 만들어졌어요.

짐 레비: 게임 〈피트폴Pitfall〉은 데이비드를 락스타 같은 유명인사로 만들었습니다. 〈피트폴〉 우리에겐 〈스페이스 인베이더〉 같은 게임이었어요. 이 게임은 토요일 아침 만화 쇼와 오락실 게임로 확장된 랜드마크 게임

이었죠. 가정용 게임이 오락실용으로 변환된 첫 번째 게임일 겁니다.

데이비드 크레인: 〈피트폴〉은 제가 컴퓨터 앞에 앉아 약 1,000시간 걸려서 개발했어요. 굉장히 긴 시간 같지만 사실 6개월인가 7개월 밖에 안 됩니다. 액티비전이 〈피트폴〉으로 5,000만 달러를 벌었으니, 작업 시간당 50,000달러인 셈이네요.

짐 레비: 〈피트폴〉 파티는 성대했습니다.

데이비드 크레인: 정글을 테마로 해서 천장에 우리를 매달아 진짜 동물들을 넣어 뒀습니다. 3개의 연회장으로 들어가는 입구에는 라이브 밴드 셋과 마림바 밴드 하나가 있었습니다. 게임업계에 있는 모든 사람들이 파티에 왔어요. 4,000명 정도일 거예요. 잘나가던 시절이었죠.

래리 카플란: 액티비전은 현금이 넘쳐났어요. 프로그래머들은 일등석을 타고 출장을 다녔고, 리무진 서비스, 법인 차량, 요리사가 제공되었습니다. 사무실 문과 전화기에는 '방해하지 마시오' 표지판이 있었어요.

실리콘밸리의 초기 소프트웨어 기업 중 하나인 액티비전은 창업자들을 백만장자와 유명인사로 만들었다. 한편 아타리에서는 사태가 악화되기 시작했다.

앨런 밀러: 아타리는 경영진이 기술을 이해하지 못했기 때문에 사업이 망가졌어요. 경영진은 유능한 사람들을 화나게 했습니다.

놀란 부쉬넬: 우리는 온라인 게임을 위한 네트워크를 계획하고 있었어요. 간단한 아이디어였습니다. 당시 근거리 통화는 공짜고, 장거리 통화는 비쌌거든요. 우리는 모든 지역 번호마다 컴퓨터들로 가득 찬 방을 만들고, 각 방을 T1 네트워크로 연결할 생각이었어요.[†] 지금 생각해 보면 인

[†] 사용자들이 동일 지역 번호 내의 컴퓨터로 무료 전화 통화를 하면 아타리의 네트워크를 통해 장거리의 컴퓨터와 통신이 가능한 구조.

터넷의 근본적인 구조와 같았습니다. 우리의 IP 스택은 인터넷의 IP 스택과 매우 유사했어요. 하지만 프로젝트가 엎어져 버렸죠. 아타리가 인터넷을 만들었다면 엄청나게 재밌었을 거예요.

알 알콘: 실패할지도 모르는 새로운 제품을 도입하는 것에 대한 두려움이 컸어요. 수십억 달러를 벌고 있었으니 한 프로젝트가 실패하더라도 표시도 나지 않을 거예요. 하지만 "이걸 출시했는데 모두가 우리를 비웃으면 어떡하지? 공개하지 않으면 최소한 그들이 우리를 비웃지는 않을 거야"라는 분위기가 돌고 있었어요. 아타리는 어떤 신제품도 출시하지 않을 것이 분명했어요.

놀란 부쉬넬: 경영진은 우리가 작업하고 있는 프로젝트들을 없애기 시작했는데, 모든 프로토타입이 그들에게는 작은 사업 아이템처럼 보였기 때문이에요. 그들은 모든 사업이 처음에는 작은 아이템에서 시작한다는 걸 깨닫지 못했어요. 그런데 자기들이 천재라고 생각했죠. 알다시피 매우 독이 된 기업 문화였습니다.

알 알콘: 그래서 놀란과 저는 아타리를 떠났어요. 음, 사실 놀란이 먼저 떠났어요. 놀란은 1980년에, 저는 1981년에 떠났습니다. 그리고 그냥 여러 가지 회사를 차리려고 했어요.

놀란 부쉬넬: 저는 조금씩 종류가 다른 다양한 사업 아이디어를 가지고 있었기에 사무실 공간과 제록스 컴퓨터, 의료보험을 준비했어요. 제가 어떤 엔지니어에게 투자하면, 그는 이 공간으로 와서 열쇠를 받고 책상 위의 서류 뭉치에 서명을 64번 합니다. 그러면 45분 내로 법인이 설립되고, 급여가 세팅되고, 다른 것을 신경 쓰지 않고 프로젝트에 집중하면 됩니다. 카탈리스트Catalyst는 최초의 인큐베이터였고, 당시에는 매우 독특한 사업이었습니다.

스탠 허니: 놀란은 카탈리스트 윗층에 커다란 사무실이 있었고 컴퓨터 화면이 내장된 큰 책상을 가지고 있었어요. 태블릿 같은 느낌이었어요. 앞

으로 일어날 일들을 예측한 느낌이었는데, 꽤 흥미로웠어요. 놀란은 항상 많은 일에 관여해 왔어요.

놀란 부쉬넬: 저는 자동차 네비게이션 사업을 했어요. 첫 온라인 쇼핑 키오스크인 바이비디오ByVideo라는 프로젝트를 했고요. 장난감 회사도 갖고 있었고, 작은 로봇 회사도 있었어요. 즐거운 인생이었죠.

가장 주목받은 사업은 세계 최초로 상용화된 차량 내 내비게이션 시스템인 이택Etak이었다. 부쉬넬은 이택을 루퍼트 머독Rupert Murdoch에게 3,000만 달러에 팔았는데 이는 워너가 아타리에게 지불했던 금액과 같다.

알 알콘: 그렇게 레이는 교훈을 얻었지만, 이번에는 너무 지나쳐서 문제가 됐습니다. 이제 그는 개발자들을 지나치게 오냐오냐 하면서 챙겨 주려고 했어요. 사무실은 너무 정신없는 느낌이었고, 그래서 산타 크루즈 같은 곳에 사무실을 갖춰야 했죠.

스티브 펄먼: 저는 아타리 인턴이었어요. 엔지니어들이 있던 사무실에 갔던 것을 기억해요. 그들에게 뭔가 물어봐야 했는데, 그게 뭔지 기억이 나지 않네요. 아무튼 문을 두드렸고, 안에서 "누구세요?"라는 목소리가 들렸어요. "여름 인턴 스티브입니다"라고 말했는데, "걘 쿨해. 들여보내 줘"라는 목소리를 들었어요. 사무실 문이 열리자 파란 연기가 흘러나왔어요.

하워드 워쇼: 저희는 아타리에서 엄청 많은 마약을 했어요.

스티브 펄먼: 그들은 구석에서 어슬렁거렸습니다. 한 명이 이렇게 물었어요. "스티브, 난 이걸 내 넘버 세븐이라고 불러. 왜 그런지 알아?" 저는 "왜요?"라고 되물었죠. 그러자 "음, 3개의 비트가 들어 있거든. 이건 대마 기름에 풍덩한 대마초야!"라고 답했습니다. "2진수를 알면 7은 111, 2진수로 3개의 비트가 되지." 그럴 때면 저는 "대단해요! 이게 당신의 창

의력에 어떻게 도움이 되는지 이해는 하지만 전 할 일이 있어서요"라며 자리를 떠났어요.

알 알콘: 레이는 후반에 래리 카플란을 액티비전에서 아타리로 돌아오게 했어요. 그는 엔지니어링 부서를 맡을 예정이었고, 최소한 카트리지라도 완성할 생각이었어요. 래리는 코드를 읽을 수 있는 최초의 관리자였고, 그는 이 사람들이 아무 일도 하지 않는 것을 알 수 있었어요. 직원들은 빈둥빈둥 놀며 돈을 벌었고, 아무도 그들을 평가할 수 없었어요. 래리는 경영진에게 돌아와서 말했어요. "사람들을 해고해야 합니다." "아냐, 우리는 그들을 해고할 수 없어." "이봐요, 그들은 통제불능이에요. 그들은 아무것도 하지 않고 있어요. 말을 들으려고 하지 않기 때문에 누가 보스인지 보여 줘야 합니다." 레이는 래리가 그렇게 하도록 내버려 두지 않았고, 래리는 그 시점에서 포기했다고 생각합니다.

래리 카플란: 저는 VCS를 대체할 게임 하드웨어 기업을 만들기 위해서 떠났어요. 아무도 그런 일을 하지 않았기 때문이에요.

앨런 밀러: 액티비전에서 우리는 계속 기다렸어요. "아타리는 언제 후속 게임기를 출시할 것인가?" 아타리는 결국 해내지 못했어요.

앨런 케이: 아타리는 탐욕스러웠고, 정말 쓸모없는 게임으로 엄청난 돈을 벌고 있었어요.

알 알콘: 실리콘밸리에서 자신을 스스로 넘어서지 않으면, 다른 사람이 넘어설 거라는 걸 아시죠? 워너는 그것을 이해하지 못했어요. 동부 스타일의 기업에서 왔고, 평생 영원할 제품을 만들었다고 생각했어요. 그저 편히 앉아서 20년 동안 아타리 VCS를 팔면서 돈을 벌 거라고 생각했던 겁니다.

06

애플의 비밀
좋은 아티스트는 모방하지만, 위대한 아티스트는 훔친다

등장 인물

놀란 부쉬넬	브루스 혼	앨비 레이 스미스
댄 잉걸스	빌 앳킨슨	존 카우치
댄 코트키	스티브 워즈니악	짐 삭스
딘 호비	스티브 잡스	짐 유르첸코
래리 테슬러	아델 골드버그	트립 호킨스
밥 테일러	앤디 허츠펠드	
밥 플레걸	앨런 케이	

스티브 워즈니악은 집에서 벽돌깨기 게임을 하기 위해서 애플 II를 만들었지만, 스프레드시트를 이용하려는 회사원들 덕분에 엄청난 성공을 거두었다. 이를 본 스티브 잡스는 애플이 게임에서 벗어나 사무적인 수요를 중심으로 거듭나야 한다고 결론 내렸다. 다음 세대의 컴퓨터는 반드시 미래 사무실에 어울리는 기기여야 한다. 그런데 그것은 정확하게 무엇을 의미하는가? 그 답은 잡스가 제록스의 알토를 보기 위해 제록스파크를 방문했을 때 나왔다.

잡스는 1979년 12월에 알토의 데모 시연과 더 많은 것을 보기 위해 연구소를 방문했다. 거기서 레이저 프린터와 네트워킹 그리고 객체 지향 프로그래밍 언어object-oriented computer language라고 불리는 것을 접할 수 있었다. 잡스가 알토를 보고 가장 깊은 인상을 받았던 것은 마우스였다. 1979년에 24살이었던 잡스는 1968년에 너무 어려서 '모든 데모의 어머니'라 불리는 발표에는 참석하지 못했지만, 더글러스 엥겔바트의 가장 혁신적인 발명품인 마우스에 꽂혔다. 마우스가 있으면 누구나 가리키고 클릭하고 자르고 붙이고 낙서하고 색칠할 수 있었다. 마우스가 알토의 화면에 비쳐진 가상 데스크톱, 즉 미래 사무실의 핵심이었다. 제록스파크가 발명한 것을 보고 나서 잡스는 자신이 무엇을 해야 하는지 정확히 알게 되었다.

브루스 혼: 제록스파크에서 밥 테일러의 연구 그룹은 CSL, 즉 컴퓨터과학연구소Computer Science Lab였습니다. 학계와 산업계에서 컴퓨터과학을 가장 열심히 연구하는 집단이었죠.

밥 테일러: CSL에 속해 있던 사람들은 스티브 잡스라는 사람을 경멸했어요. 그들이 보기에 잡스는 컴퓨터에 대해 하나도 모르는 대학 중퇴자일 뿐이었죠. 자기들은 컴퓨터과학 박사 학위를 갖고 있었고요.

앨런 케이: 집에서 만든 장난감 같은 애플 II가 작동할 수 있는 이유는 박사 학위자들이 복잡한 전자공학을 칩 안에 집어넣은 덕분이라고 생각했습니다.

밥 테일러: 우리는 잡스가 만든 애플 II를 비웃었어요. 제록스의 알토와 비교하면 완전 우스웠죠.

앨비 레이 스미스: 취미로 컴퓨터를 만드는 일들이 벌어지고 있다는 사실을 알고 있었죠. 제록스파크에도 저더러 차고로 와서 같이 만들자고 말하는 사람들이 있었어요. 하지만 저는 신경도 안 쓰고 그저 장난감 만드는 것으로 치부했죠.

래리 테슬러: 전 홈브루 컴퓨터 클럽 모임에 나가고 있었어요. 그리고 모두에게 PC라는 배에 타지 않으면 제록스는 기회를 놓치고 말 거라고 말하고 다녔어요. 진짜 말이 되는 것처럼 보였거든요. 제록스 본사는 고민에 빠졌습니다. 동부에 있는 본사 사업개발부 소속의 로리 라르Roy Lahr라는 사람이 제록스파크로 왔어요. "테스크포스를 꾸렸습니다. PC를 연구할 거예요. 회사가 무엇을 해야 할지 결정할 예정인데, 당신은 어떻게 생각하는지 의견을 줬으면 좋겠어요. 다만 결정은 회사 경영진이 내릴 겁니다." 그래서 우리 모두 의견을 줬어요. 로리 라르는 사람들을 만나러 다녔고, 우리 중에 서너 명이 PC가 현실화될 거고 제록스는 제록스파크에서 뭔가가 나올 때까지 기다리면 안 된다고 생각한다는 것을 확인했죠. 본사는 새롭게 알게 된 사실들을 정리하면서 이 시장에 진입하기 위해서 애플 같은 곳과 협력해야 한다는 결론을 내렸고, 애플에 대한 투자 가능성을 타진했습니다.

존 카우치: 스티브 잡스는 "뭐, 제록스파크의 속살을 보여 주면 투자할 기회를 줄게요"라고 말했어요. 그건 정말로 상호 호혜적인 거래였어요.

래리 테슬러: 애플은 다양한 곳에서 채용한 대학원생들을 통해 말로만 듣던 제록스파크의 기술에 접근할 수 있게 되었어요. 제록스파크는 애플이 마우스, 비트맵 디스플레이 등의 하드웨어를 개발하는 데 도움을 줬죠. 기술적인 도움은 일정 수준까지만 이루어졌어요. 그보다는 마우스 같은 기기를 잘 제조할 수 있는 제조업체를 발굴하는 데 더 큰 도움을 줬죠.

제록스가 보기에 이는 분명 제록스에도 도움이 되는 일이었습니다.

앨런 케이: 1979년까지 우리는 거의 3,000여 명의 사람들에게 이러한 시스템을 보여 주었어요. 스티브 잡스는 왜 제록스파크에 오고 싶어 했을까요? 그의 동료들이 우리 데모를 봤고, 잡스도 보기를 원했던 거죠.

아델 골드버그: 생각해 보면, 한 달에 한 번씩 있는 데모 시연 날에 와도 됐어요. 하지만 특별 방문을 원했죠. 그래서 제록스는 로비를 폐쇄하고 거기에 기기들을 설치했습니다.

앨런 케이: 테이블 위에 전시용 기기들이 있었고 데모를 시연했죠.

아델 골드버그: 댄 잉걸스와 래리 테슬러가 시연을 했습니다. 저도 그 자리에 있었죠.

앨런 케이: 우리가 보통 사용하는 방식은 사람들이 모여 있는 곳에서 혼자 또는 여러 명이 같이 시연하는 겁니다. 잡스는 왼쪽에 앉아 있었고 몇몇 애플 사람도 같이 있었어요. 아델과 저는 방 뒤편에 서서 바라보고 있었죠.

아델 골드버그: 사실 한 번의 데모가 아니었어요. 두 번에 걸친 데모였죠. 아마 한 주 간격이었던 거 같아요. 두 데모의 성격이 분명하게 달랐기 때문에 구분을 해야만 해요. 첫 번째 데모는 경영진 시연이었습니다. "스몰토크Small talk 시스템 위에 구현된 멀티미디어를 살펴보는 것"이었죠.

스몰토크는 알토를 위해 앨런 케이가 제록스파크에서 개발한 혁명적인 객체 지향 프로그래밍 언어object-oriented computer language 환경이었다. 알토의 비트맵 그래픽 처리 기능 덕분에, 스몰토크는 강력한 영향력을 갖게 될 그래픽 사용자 인터페이스graphical user interface, 일명 GUI를 완전하게 구현한 최초의 시스템이 되었다.

댄 잉걸스: 거의 개발 환경을 자랑하기 위한 시연에 가까웠습니다.

앨런 케이: 현재와 비슷하긴 하지만 더 나은 점도 있었어요. 애플리케이션

으로 구성된 것이 아니라 어디에서나 여러가지로 조합이 가능한 '객체'로 이루어진 완벽히 통합된 시스템이었거든요. 작업 영역이 있고 거기에 시스템 안의 모든 객체를 불러올 수 있어요. 간단하게 모든 도구와 모든 객체를 쓸 수 있고 새로운 객체를 만들어낼 수도 있었죠. 사용자가 프로그래밍 가능한 형태였고 그 유명한 GUI를 탑재하고 있었어요.

래리 테슬러: 그래픽 기반으로 만들어진 최초의 것이었어요. 그 위에 창, 마우스 등이 얹어졌죠.

아델 골드버그: GUI 데모라고 봐도 무방했어요.

댄 잉걸스: 텍스트를 스크롤 해서 올리던 중이었는데 잡스가 말했죠. 이 디스플레이가 정말로 좋다고요.

앨런 케이: 당시 텍스트가 스크롤 되는 것은 딱딱 끊어지는 모습이었어요. 마치 점프, 점프 하는 거처럼요.

댄 잉걸스: 잡스가 좀 더 부드럽게 스크롤 할 수는 없겠냐고 물어봤어요.

앨런 케이: 계속 할 수 있겠냐고 놀리듯이 물어봤죠. 잡스는 사람을 놀리는 걸 좋아했어요.

댄 잉걸스: 뭐랄까, 좀 덜컥거리는 것처럼 보였거든요.

앨런 케이: 그래서 댄인가, 래리인가가 바로 스몰토크 창을 열어서—

브루스 혼: —바로 스몰토크에서 코드를 몇 줄 수정했어요. 눈 깜짝할 새에 부드러운 스크롤이 가능해졌죠.

앨런 케이: 그야말로 "이거야!"였죠. 잡스도 꽤 감탄했지만 사실 진짜 감탄할 만큼 제대로 알지는 못했습니다. 다른 애플 사람들은 그걸 보고 제대로 지렸죠. 여태까지 본 것 중에 완전, 진짜 완전 최고의 광경이었어요.

댄 잉걸스: 제 생각에 그 시연이 잡스를 어느 정도 사로잡았던 것 같아요. 개발 쪽 사람은 당연히 그 시연을 보면 누구나 진심으로 반응할 수밖에 없고요. 어떻게 스몰토크 환경에서 즉각적인 수정이 가능한지, 사용자 인터페이스를 실험할 때 얼마나 유연한지 제대로 보여 줬거든요.

앨런 케이: 스몰토크 위에서는 어떤 부분이든 즉각적인 수정이 가능합니다. 요새는 이런 걸 라이브 코딩이라고 부르는데, 오늘날 그리고 당시에는 사실상 모든 인터페이스가 컴파일된 코드를 썼어요. 프로그래밍과 수정이 완전히 분리될 수밖에 없죠. 수정을 하려면 시스템을 멈추고 다시 만들어야 해요.

댄 잉걸스: 창과 메뉴가 있고 코드 등을 살펴볼 수 있는 제대로 된 프로그래밍 환경이 생긴 겁니다. 그런데 진짜 멋진 건 코드를 수정할 때예요. 코드를 수정하면 바로 실행됐죠. 이러한 객체 지향 구조는 엄청 빠르게 변화를 만들어냈어요.

브루스 혼: 심지어 오늘날에도 맥OS나 윈도우와 같은 운영체제 레벨에서 뭔가를 바꾸고 싶으면, 운영체제가 당신에게 어떤 선택지, 예를 들면 부드러운 스크롤을 선택할 수 있는 여지를 주지 않으면 불가능합니다. 소스 코드에 접근하는 것은 완전히 막혀 있죠. 당신이 직원이 아닌 이상에는요. 심지어 직원이라 하더라도 6개월은 걸릴 거예요. 반면에 스몰토크에서는 메뉴를 열고 수정 사항을 승인하기만 하면 되거든요. 현재에도 하기 힘든 일이죠.

래리 테슬러: 스몰토크 팀의 일원이라는 게 정말로 자랑스러웠어요.

브루스 혼: 간단히 말해서, 잡스에게 엄청난 깨달음을 준 거죠. "세상에! 제록스파크가 가지고 있는 객체 지향 프로그래밍은 진짜 물건이구나." 잠재력을 발견한 거죠.

래리 테슬러: 잡스는 사용자 인터페이스와 화면에 보여지는 방식에만 완전히 몰두해 있었어요. 그 간결하고 아름다운 모습에요.

스티브 잡스: 제 기억에는, 그 GUI를 보고 10분 만에 깨달았어요. "언젠가는 모든 컴퓨터가 이런 방식으로 작동하겠구나." 당신이 봤어도 똑같이 생각했을 거예요. 대단한 지성을 요구하는 일이 아니었죠. 너무 분명했거든요. 유레카의 순간 중 하나였어요.

아델 골드버그: 잡스는 아무 말 없이 그저 앉아 있었어요. 앉아서 계속 바라보다가 나갔습니다.

트립 호킨스: 잡스는 사적으로 다녀갔어요. 애플로 돌아와서는 이렇게 말했죠. "좋아, 우리 모두 돌아가서 다시 보고 와야 해."

스티브 워즈니악: 한 다섯 명 정도였죠.

댄 코트키: 리사Lisa[†] 개발 팀의 멤버들이었어요. 매킨토시Macintosh도 당시에는 별 거 없을 때였죠. 프로세서 하나에 작은 램RAM 그리고 비디오 처리기 정도밖에 없었어요. 심지어 마우스도 없었습니다.

트립 호킨스: 결국 우리가 핵심 참모들인 셈이었죠. 잡스를 그렇게 흥분하도록 만든 것들을 살펴보고 무얼 할 것인지 결정해야 했습니다.

아델 골드버그: 전체 개발 팀을 데리고 다시 왔더라고요. 스티브 잡스와 리사 개발 팀 전체가 말이에요. 이해하기 힘들었죠.

래리 테슬러: 그들에게 좀 더 자세히 보여 주기 위한 더 큰 규모의 시연 일정이 잡혔어요.

아델 골드버그: 완전 미친 짓이라고 말했어요. 프로그래밍 팀 앞에서 시연하는 건 말도 안 되는 거예요. 결과물이 아니고 과정을 보여 주는 거니까요. 모든 걸 내주는 거나 다름없었습니다.

밥 플레걸: 아델은 시연하는 것에 강력히 반대했어요. 그녀만 막을 수 있다는 듯이 목에 핏대를 세웠죠. 덕분에 경영진이 곤란해 했습니다.

아델 골드버그: 시키면 하겠지만 실수가 분명하다고 말했죠. 경영진은 그것이 왜 실수인지 알고 싶어 하지 않았어요.

래리 테슬러: 모든 것을 보여 주는 건 아무도 원치 않았어요. 다른 하드웨어나 시스템은 고사하고, 알토나 스몰토크 안에서 구현된 것을 보여 주는 것조차 원치 않았어요.

[†] 1983년에 출시된 애플의 데스크탑 컴퓨터. 최초로 개인 사용자를 위한 그래픽 사용자 인터페이스를 선보였다.

아델 골드버그: 제록스가 실수로 전체 팀, 제 연구 팀 전체를 공시한 일이 있었어요. 원래는 철저히 비공개였죠. 아무도 하고 싶어 하지 않는 이야기예요. 적법한 공시가 이루어진 겁니다.

래리 테슬러: 우리는 애플에게 우리 기술을 이용하면 개인 소비자들이 구매할 만한 수준의 가격대에서 비트맵 디스플레이, 마우스, 레이저 프린터와 다른 기기들을 개발할 수 있다는 것을 보여 주고 싶었습니다. 그들은 B2C라는 우리보다 더 큰 시장을 공략하기 위해 그것들을 구매하고 있었거든요. 그러려면 조금 더 보여 주는 게 필요했고, 그렇게 한 거죠.

브루스 혼: 앳킨슨이 굉장히 자세히 살펴보더군요. 마치 무엇을 알아내려는 듯이 말이에요.

앤디 허츠펠드: 빌 앳킨슨은 애플의 선임 그래픽 엔지니어였어요. 리사 팀에서 그래픽을 담당하고 있었죠.

브루스 혼: 거의 화면에 코를 박고 알아내려고 애쓰고 있었습니다.

트립 호킨스: 비트맵 그래픽에 완전 문외한은 아니었어요. 애플 II에도 탑재되어 있긴 했거든요. 다만 애플 II에서 할 수 있는 건 제한적이었습니다. 제록스파크가 갖고 있던 건 사용자 경험 전반에 걸친 완전히 혁신적인 사고방식이었어요.

스티브 워즈니악: 같은 화면에 여러 개의 창이 있다고요? 제가 그걸 처음 봤을 때 "우와, 이건 뭐 거의 컴퓨터 3대가 하나로 합쳐진 거네. 한 번 경험하면 절대 되돌아갈 수 없겠는 걸!"하고 외쳤죠. 게다가 스몰토크 언어는 이전과 비교도 할 수 없는 방식으로 소프트웨어를 개발할 수 있게 해 줬죠.

아델 골드버그: 그래서 스몰토크 언어와 구현에 대한 논의를 진행했고, 사실상 애플의 리사 팀에게 답을 주었죠.

래리 테슬러: 애플 경영진이 더 나은 질문을 했어요. 제록스 경영진보다 말이죠. 그들이 컴퓨터를 제대로 이해하고 있다는 것이 분명해졌죠.

아델 골드버그: 모든 세부 사항을 다뤘어요. 전부 다뤘습니다.

트립 호킨스: 결국 그것이 시발점이 되었습니다. 물론 돌아오고 나서 나름 고민을 했죠. "좋아! 이제 어떻게 하면 될까?" 그리고 그때 우리에게는 이미 진행되고 있는 프로젝트 하나가 있었습니다.

존 카우치: 리사 개발이죠.

트립 호킨스: 작은 연구개발 프로젝트였어요. 잡스와 소수의 엔지니어가 시작한 거였는데, 어떤 프로세서를 이용해야 할지를 치열하게 논쟁했죠. 많은 엔지니어가 마우스는 필요 없다고 주장한 논쟁도 있었어요.

스티브 잡스: 문제는 HP에서 사람을 잔뜩 데리고 왔는데, 그들이 못 알아먹었다는 거죠.

트립 호킨스: 그게 심각한 갈등이 되었어요.

스티브 잡스: "마우스를 만들려면 5년은 걸릴 거야! 생산하는데 300달러는 필요해!"라고 사람들이 소리치던 게 기억납니다. 마침내 진저리가 났죠. 밖으로 나가서 호비-켈리 디자인Hovey-Kelley Design을 발견하고는 가서 마우스 디자인을 의뢰했어요.

딘 호비: 마우스가 뭔지 전혀 모르는 상태였어요.

짐 삭스: 스티브 잡스는 "마우스는 미래 컴퓨터에서 가장 중요한 입력 도구가 될 거야"라고 말했습니다. 잡스는 마우스를 그렇게 표현했습니다. 우린 웃기는 소리한다고 생각했죠. 마우스 없이도 장부를 정리하거나 베이직 프로그램을 짜는 게 모두 가능했거든요. 그 기능들이 애플 II를 사는 거의 대부분의 이유였고요. 게임을 하는 데는 이미 조이스틱이나 게임패드, 아니면 키보드로도 충분했습니다. 누구도 마우스가 게임에서 어떻게 쓰일 수 있는지 상상하기 힘들었어요. 당연히 사무실로 돌아가서는 "잡스가 요새 너무 채소만 먹어서 머리가 어떻게 된 거 아니야?"라며 낄낄거렸어요. 하지만 그 일을 하고 시간당 25달러를 받을 수 있다면 태양광발전기가 달린 토스터기라도 만들어 드려야죠. 그래서 잡스에게 대답

했습니다. "물론입니다."

짐 유르첸코: 그래서 우리가 처음으로 한 일은 밖으로 나가서 훔칠 만한 아이디어가 뭐가 있나 살피는 거였어요. 엔지니어가 하는 일이 그래요. 뭐 하러 바퀴를 다시 발명합니까? 그런 과정에서 떠오른 것 중 하나가 트랙볼 모듈trackball module이었어요. 아타리 게임기에서 사용되는 매우 큰 트랙볼이죠.

놀란 부쉬넬: 아타리는 동전을 넣어서 하는 게임기에 트랙볼을 썼어요. 몇몇 게임에 써 봤는데 좋았죠. 그런데 동전이 중간에 걸리는 것과 같은 까다로운 문제들이 있어서 수많은 기술적 문제를 해결해 나가야만 했어요.

짐 유르첸코: 그 트랙볼을 살펴봤더니, 홈이 파져 있는 바퀴가 빛이 지나가는 것을 방해하고 있더라고요. 만든 목적이 달랐고, 모든 것이 훨씬 더 큰 규모로 되어 있었습니다. 당연히 안에 있는 공은 구조의 지지를 받고 있었고, 순전히 중력에 의존하고 있었죠. 하지만 꽤 유망한 접근법으로 보였어요.

짐 삭스: 제록스 마우스는 심각한 걸림 현상이 생기거나 세밀한 와이어가 부러져 버리는 문제가 터지면서 한 일주일 정도 꽤 고생을 했습니다. 그 마우스는 끊어져 버릴 정도로 가느다란 전선으로 연결되어 있었어요.

딘 호비: 이건 좋은 아이디어가, 특히 실리콘밸리에서, 어떻게 발전하는지 보여 주는 단적인 예시예요. 일전에는 한 번도 보지 못했던 번뜩이는 아이디어가 순간 떠오르는 경우는 거의 없습니다. 여기에서 이걸 가져오고 저기에서 저걸 가져와서 돌아가게끔 애를 써 가며 만드는 거죠.

스티브 잡스: 90일 만에 15달러면 만들 수 있는 놀랄 만큼 믿음직한 마우스가 탄생했어요.

짐 삭스: 제 사무실 벽에 붙어 있는 마우스 특허를 보고 사람들이 제가 마우스를 발명했냐고 물을 때가 종종 있어요. 그럴 때면 제가 발명한 게 아니라고 정확하게 이야기해 주죠. 더글러스 엥겔바트가 마우스를 발명했어

요. 그가 발명한 마우스는 조잡하긴 해도 효과적이었어요. 그리고 주목할 만했죠. 1968년 브룩스 홀에서 GUI와 더불어서 마우스를 시연했으니까요. 엥겔바트의 마우스는 전위차계에 부착된 2개의 회전 디스크와 크고 뭉툭한 나무상자로 구성되어 있었어요.

딘 호비: 제록스는 분명히 다양한 버전의 마우스를 개발했지만, 실행하는 방식에 결함이 있었어요. 마우스가 가진 세상을 바꿀 만한 잠재력에 걸맞은 규모가 아니었던 거죠.

짐 삭스: 잡스는 마우스가 대중이 컴퓨터를 사용하는 방식이 될 것이라는 비전을 가지고 있었어요. 당시에 그 누구도 마우스가 "미래에 수백만 대 컴퓨터의 가장 중요한 입력 도구"가 될 거라는 결론을 내리지 못했을 겁니다. 하지만 잡스의 생각은 정확했어요. 저는 이 부분에 대해 잡스가 충분히 인정받지 못했다고 생각합니다. 사람들은 1980년대의 젊고, 용감하고, 무례하고, 불쾌한 스티브 잡스를 더 많이 떠올리는 경향이 있어요. 그가 제록스파크에서 이 보석을 발견하고는 진정한 비전을 가지고 "제록스는 이걸 상용화하지 못할지 몰라도, 우리는 할 수 있어"라고 말하는 장면을 떠올리지 못합니다.

딘 호비: 1980년 말에서 1981년 초쯤까지 프로토타입 작업을 진행했어요.

짐 삭스: 이것도 기억해 둘만 해요. 1980년에 호비-켈리 디자인 사람들은 마우스를 꽂을 수 있는 컴퓨터를 본 적도 없었어요. 그래서 이런 게 뭘 할 수 있는지 어리둥절했죠.

트립 호킨스: 그걸 빌 앳킨슨에게 넘겼죠. 그는 그래픽으로 뭔가를 하는 구동 장치를 개발했어요. 그 전까지 마우스는 정말 뜨거운 감자였는데, 빌이 그 구동 장치를 개발해서 마우스가 뭔가를 하자 적어도 절반 정도의 엔지니어들이 "아, 그래 그래. 이제 좀 알겠어!"라고 외쳤어요.

래리 테슬러: 그리고 나서 제록스에서 점점 벗어나기 시작했어요.

아델 골드버그: 그 후로 애플로 인재들이 빠져나가기 시작했어요.

존 카우치: 제록스파크의 많은 사람이 결국 우리 팀으로 들어왔어요. 래리 테슬러와 다른 사람들처럼요.

래리 테슬러: 마침내 애플은 필요한 모든 기술을 갖게 되었고 개선시켜 나갔죠.

스티브 워즈니악: 스티브 잡스는 제록스가 이 엄청난 기술을 가졌을지언정, 저렴하고 구매할 만한 수준의 가격에 만들어낼 수 있는 것은 애플이라고 생각했어요. 마치 제가 애플 II를 만들어낼 때 처럼요.

댄 코트키: 마우스와 창과 그래픽 인터페이스요? 그거 완전 제록스파크에서 가져온 거죠.

빌 앳킨슨: 엄청 많은 실험을 했어요. 단지 제록스가 만들어 놓은 것을 가져오기만 한 건 아니에요. 사실 우리가 해낸 많은 일은 제록스가 전혀 하지 않았던 것들이죠.

트립 호킨스: 예를 들면 알토에는 아이콘이 없었어요.

브루스 혼: 두 번 클릭해서 창을 연다거나, 드래그 앤 드롭drag and drop이라거나, 두 번 클릭하면 연관된 파일이 있는 애플리케이션을 실행한다거나 하는 것들요? 스몰토크에는 그런 기능이 없었습니다. 스몰토크에는 파일 같은 개체가 없었어요.

앤디 허츠펠드: 중요한 질문은 이겁니다. "애플이 제록스파크로부터 얼마나 많이 받았는가?" 그렇기에 가장 큰 이슈는 바로 "애플은 제록스파크를 방문하기 이전에도 여러 개의 창을 활용했는가?"죠. 빌 앳킨슨은 그랬다고 생각해요. 저는 아마도 그렇지 않았을 거라고 생각합니다. 불분명해요. 그러나 분명한 것은 마우스는 제록스파크 방문에서 비롯되었다는 거예요. 그 이전에는 분명히 우리에게 마우스가 없었거든요.

07

게임 오버
아타리의 몰락과 그 유산

등장 인물

놀란 부쉬넬	스콧 피셔	짐 헬러
데이비드 레빗	아티 피셀	크리스 카엔
데이비드 크레인	알 알콘	크리스티나 울시
레이 카사르	앨런 밀러	톰 짐머만
마하엘 나이막	앨런 케이	하워드 라인골드
밥 화이트헤드	제론 레니어	하워드 워쇼
브렌다 로렐	제이미스 맥니븐	

비디오 게임 열풍은 1980년대 초에 정점을 찍었다. MTV[†] VJ들은 방송에서 자신들이 얼마나 아타리를 사랑하는지에 대해 이야기했고, '팩맨 피버Pac-Man Fever'라는 개그송은 차트에서 1위를 차지했다. 할리우드는 〈트론Tron〉이나 〈워 게임스War Games〉 같은 스릴러 영화를 만들고 있었다. 〈트론〉은 실리콘밸리 프로그래머들의 강박 관념에 대한 이야기인데, 주인공 중 한 명인 앨런 브래들리는 실존 인물인 앨런 케이가 모델이다. 영화에서 앨런 케이 캐릭터는 통제를 벗어난 컴퓨터 프로그램을 막기 위해 직접 사이버 공간으로 들어간다.

현실의 앨런은 아타리에서 〈트론〉의 가상 공간을 실제로 만드는 작업을 하고 있었다. 스티브 잡스의 방문으로 제록스파크가 해체된 후, 앨런은 최고 컴퓨터 게임 기업의 수석 연구원으로 채용되었다. 그는 아타리의 호화로운 새 연구소의 책임자가 되었고, 가상현실virtual reality, VR은 주요 연구 주제 중 하나였다. 그러나 제록스파크와 달리 아타리 리서치랩Atari Research Lab은 많은 성과를 내지는 못했다. 연구개발에서 개발 없이 연구에만 집중했고, 그 한 단어가 모든 차이를 만들었다.

앨런 케이: 1980년 제록스파크는 상황이 좋지 않았어요. 그즈음 주위의 누군가가 "뭐, 다른 기회를 찾고 있다면 내려가서 아타리의 레이 카사르와 이야기해 보는 게 어때?"라고 물었어요.

알 알콘: 레이 카사르는 아타리를 운영하고 있었고, 나를 비롯한 몇몇 고참 직원을 모아 회의를 하곤 했어요. 우리끼린 우스갯소리로 '늘어진 거시기들의 사회'라고 불렀죠. 전 아타리를 1981년에 떠났고, 저를 대신하기 위해서 세계 최고의 연구개발 연구원을 고용했어요. 앨런 케이죠.

앨런 케이: 그해 아타리의 총매출은 32억 달러였습니다. 할리우드 영화 산

[†] 미국의 대표적인 음악 전문 케이블 TV 채널. 비디오 자키Video Jockey, VJ라는 새로운 개념을 제시한 것으로 유명하다.

업 전체보다 수십만 달러가 더 많았죠. 그러니까 당시 아타리는 할리우드 부자의 총합보다 더 돈이 많았어요.

크리스 카엔: 흥미로운 점은, 지금은 모든 사람이 애플에 대해 이야기하지만, 아타리가 얼마나 크고 흥성했는지 기억하지 못한다는 거예요. 한때 아타리는 6개 도시에 27개의 건물을 갖고 있었습니다. 지도에서 아타리 건물들을 선으로 연결하면 실리콘밸리의 윤곽이 잡힐 정도였죠. 101번 고속도로를 '비아 아타리Via Atari'라고 부르곤 했어요. 회의를 참석하기 위해 101번 고속도로를 매번 타야 했기 때문이고, 주변에 아타리의 직원 주차장 스티커가 붙어 있는 차들이 널려 있었어요. 실리콘밸리의 첫 번째 마법의 물결이었어요.

미하엘 나이막: 아타리가 완전 잘나가던 때였어요.

앨런 케이: 회사 제트기를 산지로 보내 임원 식당용 새우를 사오곤 했는데, 임원 식당의 새우 크기로 아타리 실적을 알 수 있다는 농담이 있어요.

미하엘 나이막: 바닷가재만 한 점보 새우가 가득 담긴 쓰레기 봉투에 대한 농담도 있었어요.

앨런 케이: 레이가 어마어마한 예산을 미끼로 저를 꼬셨어요.

앨런 밀러: 우리는 아타리가 연간 1억 달러를 연구개발에 쓰고 있다는 루머를 들었는데, 충분히 그럴 수 있다고 생각했습니다.

데이비드 레빗: 앨런 케이는 제 중요한 멘토 중 한 명이었고, 어느 날 갑자기 수십억 달러짜리 기업 아타리의 수석 연구원이 되었어요.

하워드 라인골드: 제록스파크에서 앨런 케이는 밥 테일러의 제자와 같았는데, 이제 아타리가 일종의 다음 세대가 되었습니다. 앨런 케이가 아타리를 이끌게 되었어요.

앨런 케이: 수석 연구원으로서 제가 처음 한 일은 MIT에서 니콜라스 네그로폰테 밑에서 공부한 대학원생들을 거의 다 고용하는 것이었어요. 아타리가 필요로 하는 게 니콜라스가 연구해 온 분야와 비슷했기 때문이

었는데, 와, 그 양반 굉장한 인재 무리를 키우고 있었어요.

스콧 피셔: 전 니콜라스 네그로폰테와 함께 일하고 있었는데, 앨런이 일 군의 워너 임원과 함께 MIT 미디어랩의 전신이라 할 아키텍처 머신 그룹 Architecture Machine Group에 나타났어요. 한마디로 저희 연구실을 사러 온 거였습니다. 그리고 니콜라스는 당연하게도 그 정도 크기의 돈에 관심이 있었지만, 결국 그는 "여긴 MIT야. 그런 식으로 연구실을 살 순 없어"라며 거절했던 것으로 기억합니다. 그래 우리는 실망했어요. 하지만 잠시 후 앨런이 돌아와 우리 6~7명에게 캘리포니아 서니베일로 와서 아타리에서 일하자고 제안했습니다. 저에겐 어려운 선택이었어요. 니콜라스의 연구실에선 재미있는 일들이 많이 일어나고 있었기 때문이었죠.

제론 레니어: 이 모든 일은 MIT 미디어랩을 설립하는 방향으로 일단락되었습니다. 비록 MIT 미디어랩이 본격적으로 활동을 시작하진 않았더라도 사실상 같은 사람들이 동시에 모여들고 있었어요.

미하엘 나이막: 갑자기 1982년 가을, 앨런은 슈퍼스타급 인재들을 임계치 이상 가지게 되었어요. 그때 핵심 프로젝트를 6개 진행했던 것 같아요.

앨런 케이: 우리는 여러 가지를 하고 있었습니다. VR, 통신 등등. 아타리는 기본적으로 소비재 전자 기업이었기 때문에, 미디어를 개발해야 한다고 생각했어요.

톰 짐머만: 아타리 리서치랩은 발명가에게는 천국에 가까웠습니다. 저는 음악, 전자 음악에 대한 연구를 하고 있었어요. 음성으로 작동되는 합성 장치를 만드는 아이디어였는데, 사용자가 멜로디를 흥얼거리면 합성 장치가 아무 악기로 그걸 연주합니다. 바이올린, 트럼펫, 플루트를 콧노래로 연주하는 거였어요. 야망 넘치는 프로젝트였죠.

데이비드 레빗: 미디어, 음악, 인공지능, 우리가 알고 있는 모든 아이디어가 이 아타리의 미래였습니다.

스콧 피셔: 아타리 리서치랩은 기업 전체, 모든 운영 부서의 자원이 되는 것

이 목적이었습니다. 앨런이 고용한 모든 미친광이들을 잘 키워서 다른 운영 부서로 보내 일을 시키려는 게 목적이었어요.

미하엘 나이막: 저는 아케이드용 동전 게임기 쪽 사람들과 같이 어울리곤 했는데, 그들은 우리가 MIT에서 연구했던 광학 비디오 디스크를 게임기에 달아 보려 하고 있었어요. 엄청 재미있었습니다.

브렌다 로렐: 저와 MIT 출신의 몇몇이 했던 것들 중 가장 재미있었던 일은 아서 피셀 박사Dr. Arthur Fischell라는 이름의 사람 목소리로 메모를 쓰기 시작한 것이었어요. '아티 피셀Artie Fischell'로 불리기도 했죠.

아티 피셀: 아서 피셀 박사는 인공적artificial이에요. 아시겠죠?

브렌다 로렐: 이 박사님 캐릭터를 말 그대로 만들어낸 거예요. 앨런이 연구실을 자주 비웠기 때문에, 우리는 이 사람이 연구실의 새 책임자라고 말하곤 했죠.

미하엘 나이막: 수석 연구원으로서 앨런은 아타리 서니베일 리서치랩뿐만 아니라 MIT 테크 스퀘어Tech Square 단지 옆에 있는 아타리 케임브리지 연구소Atari Cambridge Lab의 책임자이기도 했어요. 케임브리지 연구소에는 인공지능 박사 출신의 어린 연구원들과 제론 레니어라는 레게머리를 한 VR 전문가가 있었습니다.

제론 레니어: 앨런 케이는 많은 시간을 케임브리지 연구소에서 보냈어요.

스콧 피셔: 제 기억에 아서 피셀이라는 가상의 인물을 아타리 리서치랩의 멤버로 추가하는 건 브렌다의 아이디어였는데, 이후에 일이 점점 커졌어요.

미하엘 나이막: '아티 피셀'은 다른 아타리 직원은 모르는 우리끼리의 비밀로 하기로 했어요. 어디까지 갈 수 있는지 보고 싶었습니다.

브렌다 로렐: 우리는 그에게 사번과 사무실을 구해 줬어요.

스콧 피셔: 그는 그곳에서 우편물을 받을 수 있었고, 이후에 이메일 계정까지 뚫어 줬어요.

미하엘 나이막: 그리고 아타리 리서치랩의 몇몇 사람들은 아티 피셀로 로그

인할 수 있도록 그의 이메일 비밀번호를 공유하고 있었어요.

크리스티나 울시: 당시에 이메일은 사용하는 사람이 많지 않은 기술이었습니다. 우리는 연구소에서 꽤 그럴듯하게 사용했어요.

브렌다 로렐: 이메일로 업무 메모가 오고, 다시 아티에게 회신을 하곤 했어요. 마치 그에게 비서가 있는 것처럼요.

스콧 피셔: 그가 컨퍼런스콜에 참석할 수 있도록 목소리 변조 장치를 준비했습니다. 멤버들이 돌아가면서 아티 역할을 하고, 변조 장치는 항상 같은 목소리를 낼 수 있도록 했어요.

브렌다 로렐: 제 전화 목소리 톤을 실시간으로 낮추기 위해 음정 변환기를 사용했어요. 아티는 영국식 억양을 가지고 있었습니다.

미하엘 나이막: 나이가 많고 세속적인 사람이라는 이미지가 만들어졌어요.

브렌다 로렐: 그의 가족과 성장 배경에 대한 이야기도 만들어 냈어요. 아티는 영국 우체국에서 일했고, 오징어 육포를 발명했다든지 하는 이야기였습니다.

스콧 피셔: 그를 실제 세상으로 데려오는 것은 대단한 도전이었어요.

미하엘 나이막: 에릭 헐틴Eric Hulteen이 아티의 이름으로 새턴 5호 발사 로켓 Saturn V booster rocket† 구매 주문을 넣었습니다.

브렌다 로렐: 앨런은 '껌 한 통'을 추가하고 구매 주문을 결제했어요. 이 구매 건은 시스템을 통해 진행되었고, 정말로 지원 부서에서 나와서 "그럼 이걸 어떻게 발사할 겁니까?", "얼마나 많은 공간이 필요한가요?"라고 물어봤어요.

스콧 피셔: 저는 그 구매 주문이 실제로 진행되어서 좀 놀랐어요.

브렌다 로렐: 아서가 참석한 비디오 컨퍼런스콜이 절정이였습니다. 라이브 영상을 틀 수 있도록 건물을 가로질러 회의실까지 긴 케이블을 깔았어요. 제가 아서 역할을 했고, 크레이프crêpe로 만든 머리를 하고, 미하엘

---

† 미국이 달 탐사를 위해 개발한 대형 로켓.

나이막의 양복을 입었죠. 저는 책상에 앉아 있고 컨퍼런스콜 화면이 전환될 때마다 사무실 뒷 창문의 배경이 다른 도시로 바뀌도록 했어요. 어떤 부분에선 아랍 옷을 입은 남자가 들어와서 제게 폭발하고 있는 피자를 주려고 했죠.

스콧 피셔: 다들 이게 완전히 쇼라는 것을 전혀 알아채지 못했습니다.

브렌다 로렐: 비디오 컨퍼런스콜 후반에는 Q&A 세션을 열었고, 전 질문에 대답을 했어요. 더글러스 애덤스Douglas Adams[†]가 그날 아타리를 방문 중이었고, 청중 속에 같이 있었습니다.

크리스티나 울시: 앨런은 사람들을 자주 연구실로 데려오곤 했어요. 누군가를 만나면 그냥 연구실로 데려왔어요.

브렌다 로렐: 약 4시간 후에 전 레이와 앨런, 더글러스 애덤스와 함께 점심을 먹고 있었고, 더글러스는 제 옆에 앉아 있었습니다. 사람들은 그게 실시간 영상인지 아닌지를 토론하고 있었어요. 왜냐하면 그들은 그렇게 실시간 방송이 가능하다는 걸 정확히 이해하지 못했으니까요. 그리고 더글러스가 저를 보더니 대뜸, "당신이였죠?"라고 물었고, 저는 "무슨 이야기인지 모르겠네요"라고 대답했어요. 그는 제가 구레나룻으로 썼던 크레이프 머리카락 한 올을 제 머리에서 떼어 냈어요. 그렇게 더글러스는 아티의 정체를 아는 유일한 외부인이 되었어요. 진짜 개웃겼어요.

스콧 피셔: 아티 피셸 이야기를 하면 우리가 집중해야 하는 업무가 별로 없었던 것처럼 들리는데, 사실 그것 자체가 우리가 진행했던 연구 중 가장 의미 있는 프로젝트였어요. 우리는 어떻게 다수의 사람이 스토리를 만들고 캐릭터에게 목소리를 줄 수 있을까 연구하고 있었습니다.

브렌다 로렐: 당시에 게임업계 사람들은 그럴싸한 NPCnonplayer character, NPC[‡]를

[†] 『은하수를 여행하는 히치하이커를 위한 안내서The Hitchhiker's Guide to the Galaxy』로 널리 알려져 있는 영국 작가.

[‡] 게임 안에서 플레이어가 직접 조종할 수 없는 캐릭터. 보통 한 자리에 머물면서 게임의 원활한 진행을 위해 도우미 역할을 한다.

만들기 위한 복잡한 인공지능을 구축하는 데 어려움을 겪고 있었어요. 하지만 우리는 괜찮은 상호작용 시스템을 갖추기 위해 많은 인공적인 캐릭터를 만들 필요가 없다고 생각했어요. 그냥 사람이 사람과 게임을 하면 되잖아요. 프로그램으로 만들어낸 캐릭터가 아니라. 아티라는 캐릭터를 만들어서 여러 층위에서 사람들과 상호작용했던 것은 우리 생각이 옳다는 일종의 증명이었어요. 아티 프로젝트에서 많은 것을 배웠어요.

앨런 케이: 아타리는 그렇게 재미있지 않았어요. 사업 운영을 배우는 과정이었죠.

스콧 피셔: 아티는 우리가 정말 원했던 연구소장의 캐릭터를 투영했어요.

미하엘 나이막: 한편으로는 "아타리 리서치랩에서 진짜로 무엇을 개발했나요?"라고 묻는다면, 전 앨런의 말에 동의해요. "별로 없어요."

브렌다 로렐: VR 이야기를 많이 했죠.

크리스티나 울시: VR은 잘 알려진 개념이 아니었지만, 우리에겐 VR 프로그램이 있었고, 그걸로 꽤 많이 놀았어요. VR에 대해 많은 시간 토론하고 논문도 썼지만 만들어낸 건 아무것도 없었습니다. 그저 많이 토론하고, 많이 생각하고, 많이 쓰고, 많이 강연했습니다.

미하엘 나이막: 하지만, 저는 VR과 멀티미디어의 태동이 모두 아타리 리서치랩에서부터 시작했다고 생각합니다.

그러나 아타리라는 기업 자체는 파산하는 중이었다. 처음에는 천천히, 그러다가 한번에 훅.

밥 화이트헤드: 아타리는 엄청나게 많은 돈을 벌고 있었어요. 그런데 불행하게도, 그렇게 돈을 많이 벌면 돈을 아무데나 쓰기 시작합니다. 일종의 단절이 생겨요. 무엇이 진정으로 창조적인 과정을 추동하는지 오해하게 되죠.

브렌다 로렐: 워너는 좋은 라이선스를 사 오면 좋은 게임이 나올 거라고 생각했어요.

알 알콘: 스티븐 스필버그와 같이 비행기에서 탔던 스티븐 로스는 내리자마자 레이 카사르에게 전화를 걸어 "널 위해 〈E.T.〉 게임화 라이선스를 샀어"라고 말했어요. 로스는 몇백만 달러인지 몇천만 달러인지 모를 수표를 써서 스필버그에게 보냈어요.

하워드 워쇼: 그 라이선스 가격은 2,200만 달러였어요. 게임을 출시해서 벌 수 있는 수익의 최대치에 가까운 액수였습니다.

놀란 부쉬넬: 〈E.T.〉 라이선싱 거래가 수익을 내려면 일정 수량 이상의 게임 카트리지를 팔아야 했어요. 모두 스필버그에게 줘야 하는 로열티로부터 시작했습니다. 시장성에 의해 진행되기보다는 라이선스 거래의 경제성에 의해 프로젝트가 추진되었어요. 주도권이 개발 팀에서 마케팅 팀으로 넘어가 버렸습니다. 좋은 제품이 있으면 바보도 그걸 팔 수 있어요. 경영진은 그걸 몰랐나 봐요.

하워드 워쇼: 아타리는 다른 사람들이 쓰지 못하도록 〈E.T.〉 라이선스를 큰돈을 들여서 샀어요. 그 당시 아타리가 게임업계를 압도하고 있긴 했지만, 마텔Mattel, 콜레코Coleco 같은 다른 업체도 있었습니다.

데이비드 크레인: 크리스마스에 맞춰 출시하려면 얼마간의 시간밖에 남지 않았어요.

놀란 부쉬넬: 그래서 〈E.T.〉 게임은 6주 안에 개발을 해야 했습니다.

하워드 워쇼: 5주와 하루, 게다가 첫 날은 저녁 시간이 되어서야 일할 수 있었어요.

알 알콘: 그 소식을 들은 레이는 "뭐?"라는 반응이었어요. 이게 얼마나 미친 짓인지 알았지만, 계약은 체결되었고, 레이는 게임을 개발해야 했어요.

하워드 워쇼: VCS용으로도 6개월 만에 개발한 게임이 없었는데, 5주 만에 만들어야 했어요. 빠듯한 일정으로 일하는 것에 익숙했지만, 이건 그냥

미친 짓이었어요. 이번 프로젝트의 성공에 아타리 CEO도 자기 자리를 건 큰 도박을 했습니다.

알 알콘: 레이가 평소에 게임을 하지 않는다는 걸 감안하면, 그에게는 이 게임이 졸작이라는 걸 판단할 방법이 없었습니다.

크리스 카엔: 처참했어요. 게임을 플레이하지 못할 수준의 완성도였습니다. 사람들은 〈E.T.〉를 역대 최악의 게임으로 꼽았죠.

놀란 부쉬넬: 사람들은 제게 몰래 게임 카트리지들을 가져다주곤 했어요. 초기 버전의 게임 같은 걸 담아서요. 〈E.T.〉 게임 카트리지를 받아봤을 때 전 이게 고장난 줄 알았어요. 말 그대로 고장났다고 생각했어요.

데이비드 크레인: 대부분의 사람들이 게임을 시작해서 조이스틱을 잡고 오른쪽으로 갔는데, E.T. 캐릭터가 구멍에 빠져서 나오지 못했습니다.

짐 헬러: 〈E.T.〉 게임이 실패하는 바람에 1982년의 크리스마스 시즌은 우리 예상 매출을 한참 밑돌았어요. 아마 200만 개의 카트리지를 팔았을 겁니다. 그럼 300만 개의 카트리지가 안 팔리고 남았겠네요.

레이 카사르: 우리는 거의 500만 개를 만들었고, 대부분 팔리지 않고 저희 손으로 다시 돌아왔어요.

데이비드 크레인: 그래서 카트리지 수백만 대가 창고에 쌓이게 되었어요. 어디로 보냈냐고요? 쓰레기 매립지로요.

짐 헬러: 주말까지는 그래도 3일 치 매립분의 카트리지밖에 없었어요. 제가 회사로 돌아왔을 때 언론사에서 난리가 났다고 들었어요. 우리가 뭘 하고 있는지 알아내기 위해서요. 아이들은 우리가 매립지에 버린 카트리지들을 찾아내서 되팔려다가 경찰에 체포되었어요. 상황이 너무 안 좋았습니다. 그래서 전 덤프트럭 6대분의 콘크리트를 주문해서 쓰레기 매립지로 보냈어요. 다들 그게 미친 짓이라고 생각했지만, 매립지를 콘크리트로 덮으면 아이들이 그만할 거라고 생각했습니다.

데이비드 크레인: 〈팩맨Pac-Man〉도 비슷한 일이 있었어요. 아케이드와 같은

방식으로 작동하도록 〈팩맨〉을 개발해야 했는데, 아타리의 가정용 게임기 VCS는 그걸 구현할 수 없었어요. 그래서 원래의 〈팩맨〉에 못 미치는 버전이 만들어졌습니다. 라이선스 비용이 너무 비싸서 수백만 대의 게임 카트리지를 만들었는데, 하나도 팔지 못했어요.

알 알콘: 경영진이 〈E.T.〉 사건 이후에 앨런에게 와서 "다음 출시할 건 뭡니까?"라고 물었어요. 그러자 그는 "뭔가 잘못 알고 계시는데, 저희는 연구 조직이지 개발 조직이 아닙니다"라고 대답했고, 레이는 "둘이 뭐가 다른데요?"라고 되물었습니다. 뭐가 문제인지 모르고 있었어요.

앨런 케이: 레이가 제게 와서 "앨런, 나 물에 빠졌어. 밧줄 좀 던져 줘"라고 하면, 저는 "그렇게는 못 합니다. 밧줄 공장을 사지 않으셨잖아요"라고 답한 거죠.

앨런 밀러: 결국 나온 것은 아타리 400 가정용 컴퓨터를 기반으로 하는, 한참 성능이 떨어지는, 소위 '차세대 게임기'뿐이었어요.

앨런 케이: 아타리는 6502 PC에 버금가는 자체 컴퓨터를 갖고 있었고, 여러 면에서 애플 II 컴퓨터보다 좋았어요.

앨런 밀러: 그들은 그 칩을 가져다가 작동이 잘 안 되는 몇 개의 컨트롤러를 붙여서 팔려고 했어요.

크리스 카엔: 해외영업 팀은 와인 파티와 코카인 파티를 여는 것으로 악명이 높았어요. 우리는 수출보다 수입이 많은 유일한 해외영업 팀을 갖고 있다고 농담을 하곤 했습니다.

미하엘 나이막: 1982년과 1983년에는 어딜 가든지 코카인이 있었어요.

크리스 카엔: 우리 가정용 게임기는 형편없어요. 하지만 우리에겐 엄청난 아케이드용 게임 라이브러리가 있어요. 그걸 어떻게든 가정용으로 만들어 팔 겁니다. 다 잘 될 겁니다.

스콧 피셔: 1983년이 되자 파티는 좀 줄어들었어요. 나이 어린 개발자들에게 "이 게임을 무슨 수를 써서라도 내일까지 가정용으로 개발해 줘. 필

요한 게 있으면 뭐든 이야기하고"라고 말하고는 파티용으로 쓰러던 코카인을 주곤 했거든요.

브렌다 로렐: 사업개발 팀의 한 사람이 저를 사무실로 불렀어요. 〈배틀쉽 Battleship〉이라는 아케이드 게임에서 가져온 넓은 유리판을 책상 위에 올려 두고 코카인을 그 위에 한 줄로 뿌리고는 "자, 이걸 들이켜 봐봐. 집중해서 일하는 데 도움이 될 거야"라고 말했어요. 저는 코카인을 본 적이 없었고, 그게 뭔지도 몰랐습니다. 저는 순진한 히피였고, "코카인? 사람들이 대마초가 유해하다고 거짓말하는 걸 알고 있으니, 코카인도 별거 아니겠지?"라고 생각했어요. 이러다 죽겠구나 싶어 코카인을 끊을 때까지 한 1년 동안 제게 심각한 문제를 일으켰어요. 그 정도로 회사에 코카인이 많이 돌고 있었습니다.

스콧 피셔: 저는 아타리가 무너진 게 궁극적으로는 마약 때문이라고 생각해요.

크리스 카엔: 1983년에는 아타리가 극적으로 와해되고 있었습니다.

앨런 케이: 저는 그들에게 어디에서 지출이 많은지 보여 주면서 물어봤어요. "아타리가 무너지면, 얼마나 빨리 사라질까요?"

크리스티나 울시: 저는 무지막지한 지출에 놀랐어요. 그리고 그게 좀처럼 줄지 않았습니다. 터무니없이 큰 액수여서 "와, 큰일났네" 싶었죠.

브렌다 로렐: 이때가 막 〈E.T.〉 카트리지들을 사막에 묻을 때였습니다.

크리스티나 울시: 우리 매니저들은 화려한 장식이 되어 있는 회의실에 불려 들어갔어요. CEO처럼 보이는 양복을 입은 한 남자가 말했습니다. "이제 끝났습니다. 우리를 인수해 줄 만한 기업을 찾는 중이에요." 그는 주변을 모두 정리하며 지금까지도 뇌리에 남는 말을 남겼어요. "13살짜리 꼬마를 속일 수는 없어."

하워드 워쇼: 1983년 초에 우리는 10,000명 정도의 직원이 있었는데, 연말에 2,000명으로 줄었어요.

크리스 카엔: 아침에 업무로 누군가와 통화를 한 다음 오후에 다시 전화를 걸어 보면 없는 번호라고 나와요. 아타리는 매주 대량으로 해고를 하고 있었습니다.

스콧 피셔: 사무실에서 나와 앨런 케이와 산책 겸 서니베일 공원에 앉아 앞으로 20년 동안의 계획에 관해 이야기하던 게 생각납니다. 그리고 사무실에 돌아와 보니 우리, 그러니까 나와 브렌다가 해고당해서 15분 내로 사무실에서 나가야 한다고 하더라고요. 20년 계획을 이야기하고 있었는데 정작 현실은 경비원에게 에스코트받아 사무실에서 쫓겨나는 상황이 말도 안 됐어요.

브렌다 로렐: 제정신이 아니었어요. 한 번에 5,000명씩! 저도 그날 해고당했어요.

크리스 카엔: 1,500명 감원? 이젠 익숙해졌지만 1983년에는 전례가 없었어요. 엄청난 쇼크였습니다.

앨런 케이: 한 달에 한 번 정도 스티브 잡스가 와서 같이 점심을 먹곤 했어요. 그럴 때마다 레이는 신경을 곤두세웠죠. 스티브 잡스와 제가 앉아 있는 곳까지 쫓아 나오곤 했습니다. 어느 날 스티브 잡스와 점심을 먹고 있는데 이러더군요. "있잖아요, 당신은 애플에서 일해야 할 것 같네요."

미하엘 나이막: 앨런 케이가 아타리를 떠난 게 1983년 아니면 1984년 초였어요. 우리 모두가 이런 생각이었어요. '바깥 분위기는 좀 어수선하지만 아타리에 남아 있는 사람들은 여전히 많은 돈을 벌고 있잖아. 우리한테 문제될 게 있겠어?'

브렌다 로렐: 아타리 리서치랩은 반 년 정도 그럭저럭 유지되다가 결국 문을 닫았습니다.

미하엘 나이막: 하지만 앨런이 떠난 후, 상황은 매우 빠르게 나빠지기 시작했어요. 아타리는 수십억 달러를 벌던 기업에서 수십억 달러를 잃는 기업으로 변했어요. 전 1984년 1분기가 그 전환점이었던 거 같습니다.

데이비드 크레인: 완전히 재앙이었어요. 한 분기에 1억 달러의 손실을 낸 적도 있었어요.

앨런 케이: 엄청나게 빨리 맛이 가 버렸습니다. 첫 적자가 난 해에 10억 달러 손실이 난 것 같아요.

하워드 워쇼: 1984년 중반에 우리는 200명까지 줄었습니다. 약 1년 반 만에 회사가 10,000명에서 200명으로 줄었는데, 전 남아 있는 사람 중 하나였어요. 암울한 시간이었죠.

크리스티나 울시: 우리는 비디오 게임 산업이 끝났다고 생각했어요.

브렌다 로렐: 마지막에는 사이공의 함락과 같았다고 하더군요. 사람들은 건물 2층에서 자동차 트렁크로 짐을 던졌어요. 난장판이었습니다. 사람들은 컴퓨터를 카트에 실어 내려갔고, 모두 이사를 나갔어요.

크리스 카엔: 그렇게 실리콘밸리의 첫 번째 마법의 물결이 끝났습니다. 그리고 회사는 가족이라는 생각은 아타리와 함께 사라져 버렸죠.

크리스티나 울시: 만약 여러분이 어리고 시스템이 어떻게 돌아가는지 정확히 모르는데 무언가에 대한 믿음을 갖고 있다면, 정말 끔직한 경험일겁니다. 가슴을 후벼 파는 느낌이에요. 사회적으로도 파괴적입니다.

크리스 카엔: 이런 느낌이었어요. 공동의 목표가 실패했는데, 경영진이나 외부 사람이 다시 일어서도록 도와주지 않을 것 같은 느낌. 가혹하게 들릴 수 있지만, 직접 그런 상황에 처해 보면 훨씬 더 잔인하다는 걸 알 수 있습니다.

크리스티나 울시: 그런데 이게 실리콘밸리의 방식입니다. 사람들은 일자리를 여기저기 옮겨야 하죠. 스타트업이 창업하기도 하고 대기업이 한 순간에 사라지기도 합니다.

제이미스 맥니븐: 거인이 등장했다가 사라지기도 해요. 실리콘밸리에선 그게 조금 더 빠르게 일어날 뿐이죠.

08

안녕하세요, 전 매킨토시입니다
스티브 잡스 마케팅의 등장

등장 인물

댄 코트키	브루스 혼	조안나 호프만
데이비드 켈리	빌 앳킨슨	존 마코프
랜디 위긴턴	스티브 워즈니악	존 마코프
리 클로우	스티브 잡스	존 스컬리
리들리 스콧	앤디 커닝햄	존 카우치
마이크 머레이	앤디 허츠펠드	찰스 시모니
마이클 듀이	유카리 케인	트립 호킨스
버렐 스미스	제론 레니어	
버틀러 램슨	제프 라스킨	

아타리가 어려움을 겪는 동안, 애플도 마찬가지였다. 1980년대 초반이 되자 애플 II는 조금씩 구식이 되어 가고 있었다. 가장 무서운 경쟁사인 IBM은 물론이거니와 아타리를 포함한 다른 경쟁업체들도 더 새롭고 날렵한 제품을 출시하고 있었다. 애플은 처음에는 애플 III로, 그다음에는 리사로 대항하려 했지만, 두 제품 모두 실패작이었다. 그다음이 바로 매킨토시였는데, 이 제품의 승패에 회사의 명운이 걸려 있었다. 맥Mac[+]은 잡스의 전유물이었다. 당시 잡스는 애플의 얼굴 마담이었을 뿐, 회사를 통제할 실제적인 권한은 없었다. 1980년 허울뿐인 애플 이사회 의장을 맡아서, '평범한 사람을 위한 컴퓨터를 만드는 실험'이라는 사소한 연구 활동을 이끄는 것에 만족했다. 잡스는 제록스파크에서 돌아온 이후, 그가 손수 뽑은 20대 위주의 팀과 함께 한 가지 아이디어에 몰입했다. 무려 4년이나 걸렸지만 그의 비전은 1984년 마침내 현실이 된다. 맥은 컴퓨터 마우스와 함께 제록스파크에서 영감을 받은 그래픽 사용자 인터페이스를 대중의 손에 쥐어 주었다.

댄 코트키: 기업공개IPO는 1980년 11월이었고 스티브는 몸이 근질근질 했어요. 쓸 수 있는 돈이 어마어마하게 많았거든요. 애플 III가 출시되었는데 스티브 잡스는 이미 다음 프로젝트에 착수했습니다. 애플 III는 그의 관심사가 아니었어요. 잡스는 책임자가 되고 싶어 했는데, 애플 III에는 너무나 많은 사람이 관여되어 있었기 때문입니다.

존 카우치: 잡스는 "리사를 맡고 싶다"고 했어요. 그 제품이 가장 따끈따끈한 최신 제품이었기 때문이죠.

랜디 위긴턴: 하지만 애플의 다른 경영진들은 그의 말을 듣고 있지 않았습니다.

스티브 잡스: 리사가 심각한 곤경에 처해 있다고 생각했어요. 아주 나쁜 방향으로 흘러가고 있다고 생각했어요.

[+] 매킨토시의 줄임말.

데이비드 켈리: 애플의 4번째 제품인 리사는 정말 뒤죽박죽으로 만들어졌어요.

댄 코트키: 잡스는 리사 그룹을 괴롭히려고 했어요.

랜디 위긴턴: 잡스는 자신을 놀리려고 이 제품의 이름을 그의 딸 이름인 '리사'로 지었다고 생각해서 리사 그룹에 화가 나 있었어요. 잡스는 몇 년 동안 크리센이라는 여성과 살았습니다. 그녀는 임신했고 그 아기가 잡스의 아이라고 주장했어요. 그는 항상 그녀가 자기 말고도 다른 남자들과 바람을 핀다며 그 아기는 아마도 다른 남자의 자식일 거라고 둘러댔죠. 애플 내부에서는 아무도 그를 믿지 않았지만요. 아기는 태어났고 이름은 리사가 되었어요. 스티브는 자기 아이가 아니라고 끝까지 주장했어요. 그래서 리사라는 제품이 리사라고 불렸던 거죠. 엔지니어 팀과 관련 직원들이 잡스에게 엿을 먹인 겁니다. 잡스는 모든 리사 팀 사람들과 함께 돌아다녔어요. 그들이 그야말로 그를 내쫓기 전까지 말이죠.

존 카우치: 그러다 리사 프로젝트를 더 이상 함께하지 못하게 되자, 다른 할 일을 찾아 돌아다녔어요.

마이클 듀이: 리사 팀 건너편에는 맥 그룹이 있었는데, 거기에는 제프 라스킨 외에 아무도 없었어요.

댄 코트키: 제프는 온 세상이 가전 제품처럼 작고 친근한 기계로 구성되어 있다고 믿었어요. 그러한 세계관에 완전히 사로잡혀 있었습니다.

스티브 워즈니악: 제프는 우리에게 그 아이디어를 가져다준 사람이에요.

앤디 허츠펠드: 맥은 처음에 실험용 프로젝트였어요. 그때는 애플에 중요하기는커녕 아주 시답잖은 프로젝트였어요.

랜디 위긴턴: 잡스는 제프 라스킨이 있는 매킨토시로 건너갔는데, 둘이 코드가 잘 안 맞았던 것 같아요.

스티브 잡스: 제프는 형편없는 개자식이야.

제프 라스킨: 잡스는 프랑스 절대왕정에서 훌륭한 왕이 되었을 거예요.

마이클 듀이: 둘의 관계는 일주일 만에 끝났어요. 제프는 잡스가 즉시 자신의 그룹을 낚아챌 것이라는 것을 알고, 다른 경영진들에게 찾아가 "그가 내 그룹을 빼앗으려고 합니다. 그가 모든 것을 망치고 있다고요!"라고 말했어요. 그러자 경영진은 "안 됐지만, 잡스가 이겼습니다"라고 했답니다.

존 카우치: 그가 제프의 허락을 구했다고 생각하지 않아요. 그냥 넘겨받았어요.

랜디 위긴턴: 가로채 버린 겁니다.

앤디 허츠펠드: 맥 개발이 막 시작되었을 무렵 애플의 미래에 중요한 프로젝트를 꼽으라고 하면, 하나는 리사, 다른 하나는 애플 III입니다. 애플 II조차 사람들 뇌리에 거의 남아있지 않아서 그 제품의 수명이 오래 지속될 것이라고 생각하지 않았어요.

랜디 위긴턴: 잡스는 애플 II를 본인이 만들지 않았기 때문에 항상 애플 II에 대한 불안감을 가지고 있었던 걸로 기억합니다. 그렇지 않나요? 잡스가 맥에 대해 기본적으로 지녔던 생각은 미국을 제외한 다른 국가용으로 차세대 애플 II를 개발하겠다는 것이었어요.

앤디 허츠펠드: 1년 이상이 지나고 나서야 맥의 진정한 가치가 무엇인지 발견했어요. 바로 리사의 대중화였죠. 다시 말하면, 리사에 적용된 기술을 사용하되, 일반 대중을 위한 제품을 만드는 겁니다.

마이크 머레이: 하지만 매킨토시의 성공을 예견할 만한 실마리는 많이 보이지 않았어요. 그저 리사의 조금 더 작은 버전 정도라 생각했으니까요.

댄 코트키: 매킨토시의 첫 번째 시제품은 6809 프로세서와 약간의 램 그리고 비디오 플레이어 같은 것을 탑재했을 뿐이었어요. 마우스도 없었고, 가장 단순한 종류의 데모 이외에는 어떤 프로그램도 제대로 작동하지 않았어요.

스티브 잡스: 그래서 우리는 리사가 가지고 있던 68000 프로세서를 개조했습니다.

트립 호킨스: 68000 프로세서는 우아하고 날렵하고 빠른 로켓 같았어요. 훨씬 쉽게 다룰 수 있는 교본 같았습니다.

앤디 허츠펠드: 하지만 기술적인 문제가 있었어요. 우리는 68000을 사용할 수 없었습니다. 8개의 램 칩과 사용할 수 없기 때문이었어요. 16개가 있어야 했어요. 그러던 와중에 천재 개발자 버렐 스미스가 68000을 8개의 램 칩에도 연결할 수 있는 믿기 힘든 방법을 고안해 냈어요. 그는 이 방식을 버스 변압기 회로bus transformer circuit라고 불렀어요. 실로 기적이었습니다. 아무도 68000이 8비트 버스에 연결하더라도 성능 저하 없이 그 정도로 빠를 수 있을 거라고는 생각하지 못했어요.

    버렐 덕분에 리사 제조 비용의 약 5분의 1의 비용으로 2배 빠른 매킨토시가 가능해졌습니다. 계란으로 바위를 깨 버린 격이었어요. 정말 놀라웠어요. 버렐 같은 전례 없는 천재 정도나 되어야 할 수 있었던 것 같습니다. 잡스는 보자마자 "이봐, 이게 미래라고!"라며 소리쳤어요.

댄 코트키: 마치 작은 스포츠카에 커다란 8기통 엔진을 넣는 것과 같았어요. 이 작디 작은 사이즈치고는 훨씬 강력한 놈이 적용된 것이죠.

조안나 호프만: 하드웨어가 장난 아니라는 것은 원래 알고 있었어요. 하지만 앤디가 합류했을 때 비로소 제품에 영혼이 깃들기 시작했어요.

앤디 허츠펠드: 스티브 잡스가 제 책상 칸막이를 힐끔 들여다보고는 다짜고짜 "좋은 소식이 있어. 넌 이제 맥 팀이야!"라고 말했어요. 저는 "좋아요! 굉장한데요!"라고 답했습니다. 이때가 목요일 늦은 오후여서 "월요일 아침에 시작하는 게 어때요? 도스 4.0 관련 노트를 정리해 놓고 있을게요."라고 물었어요. 지난 3주 동안 애플 Ⅱ의 새로운 운영체제를 개발했는데, 후임자에게 제 코드를 인수인계해야 하지 않겠어요?

댄 코트키: 앤디와 저는 1981년 1월에 맥 프로젝트에 합류했어요.

앤디 허츠펠드: 그 말을 듣자 잡스는 "애플 Ⅱ는 어차피 망할 거야. 너가 만드는 운영체제는 완성되기도 전에 폐기될 거라고!"라며 화를 냈어요. 그

러고 나서 "매킨토시야말로 애플의 미래야. 넌 지금 바로 투입될 거야"라고 말했죠. 그저 하루만 원했을 뿐인데요, 정말로. 목요일 오후였다고요. 월요일이 새로운 시작을 하기에 좋은 시간인 것 같아서 월요일이라고 말했을 뿐이에요. 하지만 그는 "안 돼! 넌 지금 당장 시작해야 해!"라고 소리치면서 제 애플 II의 플러그를 뽑아 버렸어요. 제가 한창 작업하고 있던 코드를 저장하지도 않았는데 말이에요. 그는 플러그를 뽑고 나서 뒤도 안 돌아보고 제 애플 II를 집어 들고 걸어가기 시작했어요.

스티브 잡스: 우리는 애플을 구원하라는 신의 사명을 받았던 겁니다.

앤디 허츠펠드: 어쩔 수 없었어요. 그저 제 컴퓨터를 따라가야만 했어요. 컴퓨터 없이는 아무 것도 할 수 없으니까요. 그도 제가 뭘 하든지 컴퓨터가 필요하다는 것을 너무 잘 알고 있어서 가져간 거예요. 그냥 가져가 버렸다니까요! 그는 곧장 밖으로 나가 버렸어요. 그의 차는 건물 문 바로 앞에 주차하려고 항상 장애인 공간에 주차되어 있었는데, 제 컴퓨터를 트렁크에 집어넣고는 "맥 빌딩으로 간다"고 말했어요.

빌 앳킨슨: 우리 빌딩은 굿어스Good Earth라는 식당 뒤에 있었어요. 그래서 우리 건물을 지구의 소금이라고 불렀어요.

댄 코트키: 버렐 스미스는 문에 "위험! 전염성 알고리즘 연구 지역!"이라고 적힌 표지판을 걸어 놓았죠. 그런 식이 버렐의 유머 코드였어요.

앤디 허츠펠드: 도착해 보니 맥의 사무실은 치과 같은 느낌이었어요. 나무 바닥이긴 한데 싸구려 느낌이 났어요. 잡스는 제 컴퓨터를 어느 책상 위에 내려놓더니 "여기가 너의 새 책상이야. 맥 팀에 온 걸 환영한다"고 말하고 나서는 밖으로 나가 버리지 뭡니까. 저는 잡스가 떨구고 간 그 새 책상의 서랍을 열어 봤어요. 제 애플 II 말고는 아무 것도 갖고 온 게 없어서 뭐라도 있을까 싶어서요. 그런데 그 서랍이 모두 가득 차 있더라고요. 분명 다른 사람의 책상이었어요. 저는 "대체 여기선 무슨 일이 벌어지고 있는 거지?"라고 생각했습니다.

랜디 위긴턴: 제프는 유배를 당했어요. 혹시 드라마 〈실리콘밸리Silicon Valley〉에서 '훌리Hooli라는 기업 기억나세요? 특히 업무를 배정받지 못한 직원들이 회사 옥상에서 빈둥거리는 장면이요. 제프는 그것처럼 옥상에서 바비큐를 굽고 있었어요.

앤디 허츠펠드: 저는 전날 내쫓긴 제프 라스킨의 책상이라는 것을 알게 되었어요. 그는 자기 물건을 정리할 시간조차 없었던 거죠. 그날이 제 첫 날이었습니다. 그때는 리사가 출시되려면 아직 2, 3년은 더 남아있던 시점이었어요.

매킨토시 그룹은 전형적인 실험실 조직이었다. 미래의 대체 기술을 연구개발하는 데 특화된 독립적인 엔지니어링 팀이었다. 마치 장기간의 정찰 임무를 위해 파견된 특수부대 같은 기술자들이었다.

랜디 위긴턴: 우리는 끔찍할 정도로 최악인 애플 Ⅲ를 막 경험한 참이었어요. 그리고 리사는 아무리 봐도 잘될 것 같지가 않았어요. 그래서 그냥 매킨토시 그룹으로 잠수를 타버렸어요. 우린 그저 어중이떠중이들이 모인 집단이었어요. 알다시피 그냥 연락 끊고 우리만의 일을 하고 싶었어요.

댄 코트키: 애플이 관료화가 되어가고 있다는 말이 돌고 있었고, 우리는 배신한 해적들이었죠.

브루스 혼: 잡스는 "해군에 입대할 바에 해적이 되는 것이 나아. 안 그래?"라고 말했어요. 저 역시 관료적이고 빈틈없이 규칙을 따르기보다는 위대한 것을 훔치는 게 더 좋았어요.

랜디 위긴턴: 우리는 해군이 아니었어요. 해군을 싫어했고, 공식 기관도 싫어했어요.

댄 코트키: 몇몇은 해적기를 만들어 건물 꼭대기에 꽂았어요.

앤디 허츠펠드: 저는 해적기를 설치하기 위해 망을 봤어요. 금요일 저녁에

그것을 싸 놓았어요. 일요일 저녁에 지붕 위로 올라가 주위를 쓱 둘러보고는 지붕 위에 해적기를 펼쳐 놓았죠. 가장 재미있는 부분은 사람들이 다음날 어떻게 반응할지를 보는 것이었어요. 잡스는 엄청 신이 났어요. 애플의 다른 팀에서는 이런 행동을 극히 오만하다고 생각했지만요.

랜디 위긴턴: 우리는 심지어 애플 내부에서조차 반문화적이 되려고 엄청 노력했어요.

브루스 혼: 우리는 반란군이었고, 뭐랄까, 어떠한 미친 짓도 불사하려는 것 같았어요.

스티브 잡스: 왜 우리는 컴퓨터에 타이포그래피typography[†]를 적용할 수 없을까요? 왜 우리에게 영어로 대화하는 컴퓨터를 가질 수 없을까요? 돌이켜 보면, 이러한 것들이 이제는 사소한 일로 보일 수도 있습니다. 그러나 그 당시에는 천지 개벽할 만한 변화였죠. 이러한 관점을 거부하는 움직임이 매우 거셌습니다.

빌 앳킨슨: 리사의 아이콘과 관련된 재미난 사건이 기억납니다. 우리는 휴지통에 무언가가 있는지 보여 줄 방법이 필요했어요. "휴지통을 비우십시오"라고 명령하면, 비울 것이 있는지를 보여 주는 것 말이죠. 제가 만든 휴지통의 첫 번째 버전은 작은 파리들이 그 주변에서 윙윙거리는 소리를 내다가 깨끗이 청소되는 모습이었습니다. 리사의 사용자 인터페이스는 우리가 주 사용층을 잘못 설정하는 바람에 약간 이상해졌어요. 우리는 직장인을 위한 용도라고 간주한 나머지, 불쾌감을 주지 않도록 조심하고 싶었습니다.

랜디 위긴턴: 맥에서는 휴지통에 쿠키 몬스터를 심어 놨어요. 쓰레기통에 파일을 떨어뜨리면, 갑자기 쿠키 몬스터가 다가와 "멍멍멍"을 외치고는 다시 가 버렸어요. 앤디 허츠펠드와 수잔 케어는 데모용으로 그렇게 했던 것뿐인데, 그것을 본 모든 사람이 너무 좋아하더라고요.

[†] 가독성, 기능성, 예술성 등을 위해 서체를 디자인하고 개발하는 일.

댄 코트키: 맥은 매우 급진적인 물건이었습니다. 왜냐하면 당시에는 컴퓨터라 하면 CRT[+] 화면에 큰 본체가 당연한 시대였기 때문이었죠. 당신이 침대에 앉아서 일을 하던 것처럼, 맥이 나타나서야 비로소 침대에서도 컴퓨터로 작업할 수 있게 된 것이죠.

빌 앳킨슨: 맥을 디자인할 때, 우리는 14살짜리 소년이 사용하는 모습을 아주 선명히 상상했어요. 우리는 주 사용층이 누구인지 명확히 정의하게 되자, 이 사용자가 맥으로 재미있게 놀 수 있는 방법도 알아보았습니다.

브루스 혼: 우리는 모두 젊었어요. 앤디는 20대 후반이었고 저는 20대 초반이었습니다. 잡스는 아마 26살쯤 되었을 거고요. 우리는 컴퓨터를 사용하는 모든 사람의 삶을 훨씬 더 재미있고 생산적이게 만들고, 그들에게 어느 정도 창조성을 발휘할 기회를 줄 수 있다는 비전에 동기 부여가 되었어요.

앤디 허츠펠드: 그래서 우리가 거기에 있었던 겁니다. 그것이 우리가 원하던 것이었어요. 외부의 압력이 아니라 뭔가 대단한 것을 만들어야만 한다는 우리의 목적이 더 큰 압박이었어요. 그 일을 하는 사람들은 모두 그렇게 믿었습니다.

브루스 혼: 이런 환경이 잡스도 엄청 몰입하게 만들었어요. 그는 맥이 무엇보다도 예술적인 도구라고 믿었으니까요.

댄 코트키: 우리가 맞춤형 플라스틱 케이스를 완성할 때쯤에 맥 팀은 아마도 50명 정도였을 거예요.

랜디 위긴턴: 그리고 모두가 케이스의 곳곳에 서명했습니다.

앤디 허츠펠드: 잡스가 또박또박 말했어요. "모든 예술가는 자기 작품에 서명을 합니다. 우리도 매킨토시에 서명할 것입니다. 우리는 모두 예술가니까요."

댄 코트키: 그러고 나서 수석 디자이너인 제리 매녹Jerry Manock은 그것을 줄

[+] 음극선관, 전자총과 인광 화면을 포함한 진공관으로 영상을 표시하는데 사용한다.

여서 실제로 맥의 케이스 안에 넣어 버렸어요. 우리 모두는 맥의 플라스틱 케이스 안에 서명을 하게 되었습니다.

랜디 위긴턴: 잡스는 우리가 개인적으로 엄청나게 몰입하기를 바랐을 뿐만 아니라 애착을 갖길 원했어요. 그는 직접 서명을 함으로써 그렇게 느낄 것이라 생각한 것 같아요. 사실 꽤 멋있었죠.

앤디 허츠펠드: 하지만 나머지 애플 직원들은 1982년 가을이 되어서야 맥을 신경 쓰기 시작했어요. 1982년에 애플은 우리가 프로토타입을 만들고 나서야 진지하게 받아들였던 것 같아요. 그러나 1983년 봄이 되자 모든 사람에게 맥이 애플의 미래라는 것이 명백해졌어요.

마이크 머레이: 왜냐하면 1983년 1월에 나온 리사는 거의 실패작이었기 때문이죠.

버틀러 램슨: 솔직히 망작이었어요. 너무 고급이었어요. 너무 많은 것을 담아내려고 했고, 가격도 너무 비쌌어요.

트립 호킨스: 솔직히 말해서 리사가 맥의 전신이기는 합니다. 잡스는 이런 내용이 알려지기를 원하지 않았기 때문에 사람들이 잘 모르는 이야기입니다. 훌륭한 아이디어라고 할 만한 것들은 죄다 잡스가 리사를 보고 착안했을 뿐 아니라 최고의 팀원도 리사 팀에서 빼 온 것이니까요. 리사라는 꼬리표를 단 여러 거대한 조각들이 맥으로 옮겨간 것뿐이죠.

스티브 잡스: 애플 II의 연료가 바닥났고, 우리는 이 기술로 무언가를 빨리 할 필요가 있었습니다. 그렇지 않으면 애플은 마치 원래부터 없었던 것처럼 사라져 버릴 수도 있었습니다.

댄 코트키: 애플 II가 회사를 먹여 살리고 있었지만, 1983년에 이르러서는 구닥다리 취급을 받기 일수였어요. 이제 맥의 시대가 다가오고 있었습니다.

앤디 허츠펠드: 만약 맥이 실패했다면, 애플은 망했을 겁니다.

브루스 혼: 엄청난 압박이었어요.

앤디 허츠펠드: 우리는 6개월마다 일종의 회고 시간을 가졌어요. 잡스는 매번 어떤 말을 인용하면서 회고 미팅을 시작했습니다. 1983년 1월에는 "진정한 예술가는 작품으로 이야기한다"라는 말을 했는데, "이봐, 개발은 할 만큼 했잖아"라는 뜻이었어요. 세상에 내놓고 이야기할 때가 된 거라는 거죠.

브루스 혼: 스티브 캡스와 저는 파인더Finder[†]를 개발하던 중이었어요. 시스템을 부팅할 때 파인더로 부팅할 수 있습니다. 그러니까 제가 개발하던 게 사용자가 가장 먼저 보게 되는 화면이었어요. 캡스와 저는 줄 곧 일만 했어요. 저는 23살이었는데 막 교정을 시작한 상태였어요. 밤에는 헤드기어를 끼고 캡스와 밤에 앉아서 일하곤 했죠. 캡스는 내가 헤드기어를 쓴 것을 본 유일한 사람이었어요. 그리고 우리는 바이얼런트 페메스Violent Femmes[‡]를 들으며 밤새도록 개발하곤 했어요. "일주일에 90시간 씩이나 일하면서 좋아라 하지"라고 쓰인 스웨터를 입었어요.

버렐 스미스: 그때는 이 문제를 해결할 수 있다는 것에 도취되어서 열중하고 있다는 그 자체가 즐거움이었어요. 잘 되면 온 세상에 쌓인 풀기 어려운 문제들을 마이크로칩들로 해결할 수 있게 되는 거니까요.

앤디 허츠펠드: 1983년 가을 IBM의 컴퓨터가 자체 브랜드로 출시되기 시작했습니다. 처음 시작한 게 1981년 여름이었으니까 출시하기까지 2년 반이나 걸렸지만 1983년 가을이 되자 애플에게 근본적인 위협이 된다는 것이 확실해졌죠. 그때가 IBM을 애플의 주요 경쟁자로 주목하게 된 시기입니다.

랜디 위긴턴: 일주일에 90시간씩 일하던 게 100시간으로 바뀌어 버려서 정말 정말 피곤했어요.

브루스 혼: 그 시기는 엄청 힘들었어요. 무언가를 해야 할 때마다 조금 더

[†] 맥OS의 파일 탐색기.

[‡] 1980년 데뷔한 미국의 펑크 록밴드.

많은 기억 공간을 필요로 했기 때문입니다. 그러다 보니 스택stack[†] 같은 곳에서 메모리를 조금 훔쳐 와야 했습니다. 그래서 종종 시스템이 멈춰 버렸죠.

찰스 시모니: 그다지 좋게 평가받지 못했던 첫 번째 맥은 성능이 조금 뛰어나고 메모리는 많이 모자랐어요. 첫 번째 버전에는 128K 메모리를 탑재했는데, 대부분의 자원이 비트맵과 운영체제를 돌리는 데 쓰였기 때문에 응용 프로그램을 위한 실제 공간은 미미했어요.

브루스 혼: 맥페인트MacPaint도 마찬가지로 자주 오작동했어요. 마감까지 어떻게든 완성만 시키자는 주의다 보니, 그저 가능한 한 시스템에 꽉꽉 눌러 담기만 했죠. 모두 기진맥진했어요. 저는 안간힘을 다 할 뿐이었습니다.

랜디 위긴턴: 정말 돌아 버릴 정도로 압박이 컸어요. 출시되기 전 약 3주 동안 사무실에 침낭을 들고 가서 살았어요. 샤워를 하러 집에 자주 가긴 했지만 정말 끔찍했어요. 건강에도 좋지 않았어요. 그러다 최종 출시를 하기 위해 모든 시스템을 통합한 새벽 2시에, 말 그대로 아예 아무것도 작동을 안 하니까 머리가 하얘지더라고요. 완전 정신이 나가서 히스테리를 일으켰습니다. 그냥 웃기 시작했는데 멈출 수가 없더군요. 정신을 바짝 차리려고 건물을 나와서 주변을 걸었는데, 정말이지 상황이 안좋아 보였어요. 제 말은 새벽 2시 출시 계획은 정말 최악이었고 주어진 시간은 오전 6시까지 밖에 남아있지 않았다는 겁니다. 그때 우리는 "좋아, 그럼, 다 하려고 하지 말고, 작동하는 것으로만 다시 되돌리자"라고 생각했어요. 그렇게 했더니 결과는 충격적일 정도로 좋았습니다. 신은 때때로 바보들에게 웃어 줄 때가 있죠.

앤디 허츠펠드: 실제로 엄청난 압박감을 이겨 낸 순간이 두 번 있었어요. 롬에 탑재되는 소프트웨어, 즉 시스템 소프트웨어는 1983년 9월 말 이전

[†] 처리해야할 요청을 저장하는 데이터 저장소.

에 완성되어야 했습니다. 첫 번째 클라이맥스는 롬이 개발 마감된 바로 다음날에 워즈니악의 집에서 열린 파티의 순간이었습니다. 두 번째는 10월 초에 디스크 기반 소프트웨어를 완성할 준비가 된 순간이었죠. 홍보 행사 때도 비슷했는데, 발표 당일 최고의 모습을 보이기 위해 엄청나게 준비했기 때문입니다.

회로판이 인쇄되고, 롬도 굽고, 소프트웨어 디버깅이 착착 완료되어 매킨토시의 출시가 임박하자, 잡스의 관심은 출시 일정과 맞물려 마케팅 전략으로 쏠리게 된다.

리 클로우: "매킨토시는 세계 역사상 가장 훌륭한 제품이고 나는 그만큼 좋은 광고를 원한다"는 게 스티브 잡스의 간단한 목적이었어요.

마이크 머레이: 1983년에 샤이엇/데이Chiat/Day 광고 에이전시는 조지 오웰George Orwell의 빅 브라더Big Brother[†] 아이디어를 생각해냈는데, 이게 얼마나 매력적인지를 광고주들에게 설명하러 다녔죠. 일류 광고 에이전시들은 자동차, 음료, 그리고 하이테크 기업 하나씩은 다들 고객사로 확보해 놓고 드나들었습니다. 우리에게도 스토리보드를 들고 찾아와서는 대략적인 아이디어를 보여 주었어요. 저는 잡스가 흡족해하던 것을 기억해요. 저 역시 듣자마자 바로 이거다 싶었어요. 우리는 "이거 완전 대박인데"라고 감탄했어요.

리 클로우: 그 광고를 승인받는 것은 그렇게 어렵지 않았어요. 제 생각에 가장 큰 장애물은 꽤 많은 예산을 필요로 한다는 것이었죠. 애플은 광고에 100만 달러를 쓴 적이 그전까지는 없었는데, 잡스는 그 광고를 정말 하고 싶어 했고 존 스컬리는 펩시에서 막 합류했던 시기였어요.

댄 코트키: 존 스컬리는 잡스가 고용한 셀럽 CEO에요. 그는 능수능란한 광

[†] 조지 오웰의 소설 『1984년』에 나오는 가공의 독재자로 전체주의 국가 오세아니아를 통치한다.

고쟁이 같았어요.

리 클로우: 존 스컬리는 자신이 정말 똑똑하다는 것을 자랑하고 증명하고 싶어서, "음, 저도 찬성해요. 펩시에서도 그런 광고를 종종 하곤 했거든요"라고 말했어요. 그는 실제로 펩시에서 그런 적이 없었지만 항상 그렇게 말했어요. 잡스는 그가 항상 하던 데로 "가서 멋지게 만들어와"라고 말하고는 끝이었어요. 잡스는 사전 제작 회의나 대본 협의, 캐스팅이나 촬영에 오고 싶어 하지 않았어요. 그저 "가서 멋지게 만들어라"고만 말했습니다.

마이크 머레이: 그리고 그들은 리들리 스콧을 고용했어요.

리들리 스콧: 스토리보드를 처음 봤을 때 '맙소사, 이 녀석들은 완전 미쳤어!'라고 생각했어요. 그 광고는 완벽하게 성공적이거나, 반대로 완전히 망하거나 둘 중 하나인 극단적인 아이디어였습니다.

리 클로우: 리들리 스콧은 방금 〈블레이드 러너 Blade Runner〉를 막 마무리한 참이었어요. 우리는 유명한 감독을 고용한 만큼 정말 특별한 일을 하려고 했습니다.

리들리 스콧: 영화적인 관점에서 보면 훌륭했습니다. 저는 『1984년』을 사실적인 측면보다는 드라마적인 관점에서 어떻게 모방해야 할지를 정확히 알고 있었어요.

마이크 머레이: 영화감독을 광고 제작을 위해 고용한 것은 저희가 처음이었어요. 그 당시에는 영화감독들이 광고라는 게 너무 상업적이어서 우아한 것과는 거리가 멀고 급이 떨어진다고 생각했기 때문이죠.

리들리 스콧: 저는 항상 모든 광고를 작은 영화처럼 봐 왔습니다.

리 클로우: 리들리는 굉장한 프로 정신을 지니고 있어요. 작게는 옷장, 크게는 광고를 어디서 찍어야 할지에 이르기까지 모든 것을 세세히 논의했습니다. 어느 순간 우리는 이렇게 말하고 있었어요. "어쩌면 야영지에서 진흙을 헤치고 행진해야 할까?" 그게 이어져 많은 사람이 광고에서 본

버전으로 최종 확정되었어요.

리들리 스콧: 대강당 뒤에 새카만 큰 벽 2개가 있죠? 거대한 747 엔진 2개를 옮기다가 그 벽에 걸었어요. 그건 마치…… 뭘 닮은 거 같아요? 뭐랄까, 오리처럼 보였어요. 그런 부분이 바로 제가 "훌륭하고 극적인 헛소리"라고 부르는 포인트에요.

마이크 머레이: 샤이엇/데이의 제이 샤이엇Jay Chiat도 런던으로 넘어왔는데, 촬영하는 동안 겁에 질려 나무 상자 뒤쪽으로 몸을 숨겼던 것을 기억합니다. 광고에 나오는 그 녀석들이 깡패 같은 스킨헤드처럼 보여서 그랬나? 실제로도 그랬지만요.

리들리 스콧: 우리는 약 삼사백 명의 젊은이를 대상으로 다소 무서운 캐스팅을 했어요. 우리는 그 그룹 중에서 150명의 스킨헤드를 선택했어요.

마이크 머레이: 그들은 촬영 중 쉴 때마다 밖에 나가서 가방을 뒤지더니 본드 냄새를 맡았어요! 정말 무시무시한 사람들이었습니다. 제이는 그들이 다가와서 해코지라도 할까봐 유명한 광고의 촬영 중에 숨어버렸다고 나중에 저에게 고백했습니다.

리 클로우: 결국 이 광고는 말 그대로 전설이 되었죠. 지난 몇 년 동안 많은 사람들에게 천재성을 잘 보여 준 작품으로 널리 회자되었어요. 저는 이 모든 것이 여러 우연이 잘 맞아떨어져 일어났다고 항상 생각했어요. 놀라운 제품, 번뜩이는 광고를 원하는 고객, 뛰어난 감독, 그리고 애플의 경영진.

마이크 머레이: 그 광고를 다 찍고 나서 이사회에 보여 줘야 한다고 들었어요. 참고로 잡스가 이사회 의장이었습니다. 필 슐린과 마이크 마쿨라, 아트 락과 헨리 싱글턴, 그리고 잡스와 아마 한두 명 더 있었던 것 같아요. 저는 그 이사회에 참석했던 것을 아주 선명히 기억합니다. 우리는 이 바퀴 달린 카트에 TV를 올려놓고는 광고를 틀어서 보여 주었죠.

테이프가 돌아간다. 거대한 크기의 TV 화면 안에 있는 빅 브라더는 좀비가 된 스킨헤드 무리에게 연설하고 있다. 매킨토시 브랜드가 그려진 흰 탱크탑과 빨간색 핫팬츠를 입은 아름답고 젊은 금발의 여성이 망치를 휘두르면서 그 무리 앞으로 달려간다. 그녀는 무시무시한 빅 브라더 화면에 망치를 던진다. 딱 한복판에 던지자, 거대한 TV가 폭발한다. 화면이 점차 희미해지면서 다음의 문장이 또렷해진다. "1월 24일 애플 컴퓨터가 매킨토시를 소개할 것이다. 그리고 1984년이 『1984년』과 같지 않은 이유를 알게 될 것이다."

마이크 머레이: 필 슐린Phil Schlein은 책상 위에서 머리를 숙였어요. 이렇게 커다란 이사회 책상에 머리를 숙이고 책상을 두드리고 있었어요. 쾅! 쾅! 쾅! 일단 저는 '됐다! 그는 우리 편이야! 일단 한 표는 얻었다!'라고 생각했습니다. 그런데 마쿨라는 잡스에게 고개를 돌리더니 "정말로 이 광고를 틀 셈입니까?"라고 묻더군요.

존 스컬리: 그러자 그 자리에 있던 모든 사람들이 돌아서서 최고책임자인 저를 쳐다보았습니다. "스컬리, 정말 저런 걸 승인하지는 않을 거죠?"

리 클로우: 존 스컬리도 처음에는 승인했었어요. 그러나 이사회가 탐탁지 않아 해서 그도 반대하겠다고 결정해 버렸어요.

마이크 머레이: 정말 끔찍한 기분이었습니다. 우리 모두는 이것이야 말로 역사상 가장 위대한 광고의 표본이라는 것을 알고 있었기 때문입니다. 우리와 이사회 사이의 엄청난 단절감을 느꼈어요. 당시 우리가 볼 때 이사회는 그냥 몸만 자란 얼간이일 뿐이었습니다.

빌 앳킨슨: 애플 경영진은 그것이 방송되는 것을 원하지 않았습니다. 그들은 잡스에게 광고 시간을 환불하라고 지시했어요.

리 클로우: 그래서 우리는 슈퍼볼Super Bowl의 60초짜리 광고만 빼고 모두 팔아 버렸어요. 그것만 안 팔았던 것은 우연이 아닌 고의였지만요.

마이크 머레이: 잡스가 이사회에 가서 이렇게 말했습니다. "음, 그러면 애플 II 광고를 틀겠습니다." 이사진은 광고제작실로 가서 살펴보았지만, 딱히 어느 것도 관련성이 있어 보이지는 않았습니다. 마지못해 "알겠습니다. 진행하세요"라고 승인했어요. 그리고 나서 슈퍼볼에서 그냥 그 광고를 틀어 버렸습니다.

스티브 워즈니악: 그리고 TV에는 "모두 똑같이 생각해야 합니다"라고 말하는 빅 브라더가 떡 나왔죠.

빅 브라더가 스킨헤드 무리에게 연설한다. "오늘 우리는 정보 정화의 지령을 받은 지 1주년이 되는 영광스러운 날을 맞이했다. 우리는 역사상 최초로 순수 이데올로기의 정원을 창조해냈다. 그곳은 진실을 가리는 해충으로부터 벗어나 모든 노동자가 안전하게 숨쉴 수 있는 공간이다. 우리의 사상 통일은 어떤 함대나 군대보다도 강력한 무기이다. 우리는 하나의 의지, 하나의 결의, 하나의 이상을 가진 하나의 민족이다. 적들은 죽기 전까지 혼란스러워할 것이며, 우리는 그 혼란 속에 그들을 묻을 것이다. 우리는 승리할 것이다."

앤디 허츠펠드: 꽤 풍자적이죠. 대부분의 광고는 그렇게 풍자적이지는 않은 것 같아요.

스티브 워즈니악: 어떤 면에서는 IBM 월드IBM World[†]와 비슷해요. "모든 사람은 동일한 생각을 가져야 합니다. 반대되는 생각은 용납되지 않을 것입니다"라는 인식이 기본적으로 깔려 있죠. 그러자 빨간 옷을 입은 젊은 여성이 빠르게 달려오더니 대형 스크린 안의 빅 브라더에게 망치를 던지자 그 대형 스크린이 폭발합니다. 이윽고 모든 사람이 화들짝 놀랍니다. 새로운 세상이 다가오고 있어요. 세상에, 제가 본 것 중 가장 놀라운

[†] IBM이 협력사와의 관계를 강화하기 위해 운영하는 파트너십 프로그램.

일이었어요! 믿을 수 없는 공상과학 소설이 현실이 된 것입니다!

리들리 스콧: 우리가 끝내주게 해냈죠.

빌 앳킨슨: 매킨토시가 클레오 광고제Clio Awards에서 상을 탔어요.

마이크 머레이: 다음날 밤 당시 3대 대형 방송국인 ABC, CBS, NBC 모두가 일제히 매킨토시의 출시를 대대적으로 알렸습니다. 광고도 아니고, 홍보도 아니었는데 말이죠. 앵커인 댄 래더Dan Rather와 피터 제닝스Peter Jennings는 "애플이 매킨토시라고 불리는 새로운 컴퓨터를 출시했습니다"라고 언급했어요. 그리고 이 터무니없는 광고를 처음부터 끝까지 전부 뉴스에 틀어 주었다니까요.

매킨토시는 며칠 후 쿠퍼티노에 있는 디앤자 컬리지DeAnza College의 플린트 센터Flint Center에서 데뷔한다. 잡스가 발표자였다. 중요한 발표가 시작되기에 앞서, 잡스는 실리콘밸리의 역사를 짧게 이야기하기 시작했다.

존 마코프: 매킨토시에 앞서 몇 년 동안 말 그대로 정보 유출이 있었습니다. 그러다 보니 매킨토시에 대한 관심이 엄청 고조되었어요. 물론 리사의 실패도 있었고요. 이미 제록스파크의 연구와 애플 기술의 연관성은 잘 알려져 있었기 때문에 매킨토시가 컴퓨터의 미래라는 기대감도 있었습니다. 아무튼 그 모든 것이 명백해졌어요.

스티브 잡스(무대 위에서): 1958년입니다. IBM은 새로운 기술인 '내시경'을 개발해낸 젊은 풋내기 회사를 인수할 기회를 포기했어요. 2년 후 제록스가 탄생했고, IBM은 그 이후로 계속 여러 기회를 스스로 발로 차버렸습니다. 10년 후인 1960년대 후반입니다. DECDigital Equipment Corp.사와 여러 회사가 소형 컴퓨터를 발명합니다. IBM은 소형 컴퓨터를 "전문적인 컴퓨터라고 하기에는 너무 작다"고 일축하고, 사업적으로 중요하지 않다고 했습니다. DEC가 수억 달러 규모의 기업으로 성장하고 나서야 IBM

은 결국 소형 컴퓨터 시장에 진출했습니다.

이제 10년 후인 1970년대 후반으로 가 보죠. 1977년, 서부 해안의 풋내기 회사인 애플은 오늘날 우리가 알고 있는 최초의 PC인 애플 II를 출시합니다. IBM은 PC를 또다시 "전문적인 컴퓨터라고 하기에는 너무 작다"고 묵살해 버리더니, 사업적으로 중요하지 않다고 했죠.

랜디 위긴턴: 잡스는 다른 사람들이 어떻게 일을 망쳤는지, 자신이 얼마나 대단한지 등을 지적하기를 좋아합니다.

스티브 잡스(무대 위에서): 1980년대 초 애플 II는 세계에서 가장 인기 있는 컴퓨터가 되었고, 애플은 3억 달러 규모의 기업으로 성장하여 미국 비즈니스 역사상 가장 빠르게 성장하는 기업이 되었습니다. 당시 50개 이상의 기업이 팽팽히 경쟁하는 가운데, IBM은 1981년 11월에 IBM PC로 PC 시장에 진출합니다.

이제 1984년입니다. IBM은 이 모든 것을 원하고 있으며, 업계에 군림하기 위한 마지막 장애물을 겨냥하고 있습니다. 바로 애플입니다. 빅 블루Big Blue[†]가 컴퓨터 산업 전체를 지배할 날이 올까요? 혹은 정보화 시대 자체를? 조지 오웰의 예상이 맞은 걸까요?

랜디 위긴턴: 매킨토시 팀은 강당의 첫 세 줄에 쭉 앉아있었는데요, 우리가 완전 분위기를 씹어 먹었죠!

브루스 혼: 우리는 이 제품이 '빅 컴퓨팅'의 횡포로부터 인간을 해방시켜 줄 것이라고 진심으로 믿었어요.

랜디 위긴턴: 마치 "우리가 왔다. 우리는 자유의 투사다"라고 말하는 것 같은 느낌이랄까요? 은하 제국Empire[‡]이 막 우주 정복에 나서고, 데스 스타Death Star[§]가 전투 위치로 이동하는 그 순간, 딱 거기서 지구를 구할 수 있

[†] IBM의 별명.
[‡] 〈스타워즈〉의 등장하는 전제국가. 공포와 힘에 의한 질서의 유지를 모토로 한다.
[§] 〈스타워즈〉에 나오는 거대한 전투용 인공위성.

는 유일한 존재인 우리가 나타난 겁니다.

스티브 워즈니악: 매킨토시는 나중에 큰 문제를 일으키는 주범이 되었지만, 어쨌든 그는 우리 모두를 설득했어요. 저는 그것이 미래라고 믿었습니다. 존 스컬리도 믿었고요. 잡스는 우리 모두를 설득했고, 우리는 믿었습니다.

랜디 위긴턴: 우리는 실제로 그것을 믿었어요!

유카리 케인: 돌이켜 보면 꽤 아이러니해요. 애플은 이제 세계에서 가장 가치 있는 기업이 되어 큰 제국이나 다름없으니까요. 그리고 일단 제국이 되면 우리가 기득권층이 되는 것이고요.

스티브 잡스(무대 위에서): 우리 산업에는 기념비적인 제품이 둘 있습니다. 1977년에 출시한 애플 II와 1981년에 출시한 IBM PC입니다. 리사를 출시한지 1년이 지난 오늘 여러분에게 세 번째 기념비적인 제품이 될 매킨토시를 소개합니다. 지난 2년 동안 많은 분들이 매킨토시의 출시를 위해 힘써 주셨습니다. 그리고 이건 정말이지 끝내주게 좋습니다!

잡스는 마무리를 위해 가방에서 매킨토시를 꺼내 플러그를 꽂고 전원을 켠 후에 중앙 무대에서 '매킨토시가 스스로 자신을 소개할 수 있도록' 자리를 떴다.

존 마코프: 매킨토시가 가방에서 나왔을 때 말했습니다.

매킨토시(무대 위에서): 안녕하세요, 저는 매킨토시입니다. 저 가방 밖으로 나오니 정말 좋네요. 사람들 앞에서 말하는 게 어색하지만 IBM 메인프레임에 관한 저의 첫 인상을 말씀드리려고 합니다. 한 손으로 들 수 없는 컴퓨터의 말은 믿지 마세요.

스티브 잡스: 우리 팀이 준비한 발표뿐만 아니라 매킨토시가 스스로를 소개하는 것까지 잘 마무리되자, 강당에 있던 2,500명 전체가 기립 박수를 보

냈고, 앞의 몇 줄에 앉아 있던 매킨토시 팀들은 모두 그저 울고만 있었습니다.

랜디 위긴턴: 그때는 잡스가 한창일 때였어요. 놀라울 정도로 정교하게 계획했어요. 모든 쇼는 이기기 위한 쇼였습니다.

앤디 커닝햄: 매우 성공적인 출시였어요. 저는 그 이전이나 그 이후 이루어진 어떤 출시 행사보다 더 많은 스포트라이트를 받았다고 생각해요. 확실히 효과가 있었어요.

존 마코프: 매킨토시는 잡스의 마케팅 역량이 총동원된 역작이에요. 무대에서의 발표 형식, 극적인 전개, '비밀 공개' 순으로 진행하던 방식은 스티브 잡스가 새로운 제품을 출시할 때마다 자주 쓰게 되었죠. 많은 사람들이 아직도 잡스가 만든 대본을 그대로 쓰고 있더라니까요.

마이크 머레이: 3주 후에 열린 이사회에서 맥 책임자들을 호출했어요. 우리 모두가 이사실로 들어가자 이사진이 일어나서 박수를 쳤어요.

빌 앳킨슨: 맥이 마침내 출시되었을 때 다른 컴퓨터와의 가장 큰 차별점 중 하나는 사람들이 정말 사랑에 빠진 최초의 컴퓨터라는 겁니다. 사람들은 실제로 이렇게 말하곤 했어요. "이런, 진짜 갖고 싶은데 어떻게 하면 아내한테 허락받을 수 있을까?"

제론 레니어: MIT에 맥을 들고 갔을 때 거기서 했던 대화가 기억납니다. "이봐, 이게 바로 매장에서 살 수 있는 제록스파크 컴퓨터야!" 그러자 사람들이 이렇게 반응하더군요. "완전 대박!!"

엇갈린 운명
컴퓨터의 미래는 달랐을 수 있다?

등장 인물

댄 잉걸스	스티브 잡스	제론 레니어
댄 코트키	아델 골드버그	짐 클락
딕 슙	앤디 밴 댐	찰스 시모니
밥 테일러	앤디 허츠펠드	척 태커
버틀러 램슨	앨런 케이	트립 호킨스
브루스 혼	앨비 레이 스미스	

'미래의 오피스'를 만드는 작업을 맡은 제록스파크의 과학자들과 엔지니어들은 수많은 아이디어를 쏟아 냈다. 그중 대부분은 다른 기업으로 넘어가 버렸지만. 1984년의 매킨토시는 대중을 위해서 좀 더 가볍게 재해석된 버전의 제록스파크 알토와 다름없었다. 이 사실에 거의 모든 이가 동의하겠지만, 실리콘밸리에서 이 기술 이전이 갖는 중요성은 여전히 주요한 논쟁 거리다. 애플의 제록스파크 방문은 마치 스티브 잡스가 올림푸스산에서 그래픽 사용자 인터페이스를 훔쳐서 하찮은 인간에게 제공한 프로메테우스적인 순간이었을까? 아니면 실리콘밸리에 퍼진 야사나 괴담일 뿐일까? 그리고 더 나아가 근본적으로 반동적인 이야기일까? 그곳에 실제로 있었던 일부 사람들에 의하면 잡스는 제록스파크가 발명한 것을 이해할 만큼 충분히 영리하지 않았다고 한다. 그래서 그는 생뚱맞은 걸 훔쳤던 것이다. 매킨토시는 알토의 외관과 느낌은 그대로 베꼈지만 심오한 구조는 하나도 가져오지 못했다. 이런 관점에서 보면 미래를 혼란스럽게 만든 장본인은 바로 스티브 잡스다. 만약 잡스가 제록스파크의 본질적인 혁신을 진정으로 이해하고 가져왔다면, 우리는 진정으로 프로메테우스의 힘을 가질 수 있었을 것이다.

앨비 레이 스미스: 자, 그래서 제록스는 어떻게 되었나요?

척 태커: 제록스는 복사기 사업에서 큰 성공을 거두고 있었습니다. 거대한 캐시카우cashcaw[†]이자 끊임없이 우유가 나오는 사업이었어요. 그러고는 신흥 기업들이 진입했죠.

앨비 레이 스미스: 그들은 아마 우리 같이 생긴 사람들이 이런 사업 아이디어를 가지고 있었는지 꿈에도 몰랐을 거예요.

딕 슙: 저는 심지어 그 당시에 히피 노숙자처럼 보였거든요.

척 태커: 그들은 자신들이 가지고 있는 것들에 대해 전혀 모르고 있었던 것

[†] 지속적으로 현금을 창출하는 사업.

같아요.

밥 테일러: 오늘날 사람들이 컴퓨터를 할 때 주로 사용하는 부분, 이를테면 창, 비트맵 디스플레이, 이더넷, 전자 메일, 모든 종류의 서버, 그리고 분산 컴퓨팅 구조 같은 것들 말입니다.

앨비 레이 스미스: 컬러 그래픽, 창 기반 사용자 인터페이스 등을 포함해서 레이저 프린터까지 그냥 모든 것이 동시다발적으로 등장하고 있었어요. PC가 발명되는 순간이었죠!

밥 테일러: 이 모든 것들을 제록스파크가 발명했어요.

앨비 레이 스미스: 그들은 축복받았어요. 전 세계 최고의 컴퓨터 기업이 될 수도 있었죠. PC가 그들의 것이었으니까요.

스티브 잡스: 그들이 컴퓨터업계를 완전히 장악했을 수도 있다는 상상을 합니다. 마치 1990년대 IBM처럼요. 1990년대의 마이크로소프트였을 수도 있죠!

트립 호킨스: 이 사례는 역사상 가장 커다란 실책 중 하나예요. 기회를 얼마나 최악으로 날렸는지, 시대를 얼마나 앞서 있었는지, 그것을 통해 얼마나 많은 것을 얻을 수 있었는지, 그리고 그들이 남보다 10년 먼저 아주 쉽게 성공할 수 있는 상황이었고 따라잡을 시간도 충분했음에도 얼마나 지속적으로 실수를 계속했는지 등을 고려하면 말이죠. 굉장히 안 좋은 사례입니다.

앨비 레이 스미스: 그들은 모든 것을 손에 들고 있었는데도 놓쳐 버렸기 때문에 모두를 절망케 했어요. 앨런 케이랑 딕 슙같은 하드코어 과학자들 알죠? 이 사람들은 제록스가 컴퓨터를 포기한다는 소식을 들었을 때 말 그대로 펑펑 울었다고 합니다.

앨런 케이: 사업가들은 대가리에 총 맞아 마땅해요. 항상 "우리는 돈을 버느라 바쁘지"라고 말합니다. 저는 '글쎄, 사실 당신들은 단지 수백만, 수십억 달러를 벌고 싶어 할 뿐이야'라고 생각해요. 그런데 제록스파크에

서 나온 수익을 따져 보면 거의 35조 달러에 달한다고요! 0이 몇 개인지 세 보고 나서 사업가들이 뭐 하는지 제게 알려 주시겠습니까? 그들은 그냥 편하게 살고 싶어 할 뿐입니다.

앨비 레이 스미스: 제가 젊은 급진주의자였을 때 저도 비슷한 생각을 했습니다. 경영진은 정말 큰 실수를 했어요.

앨런 케이: 모든 것이 완전히 엉망이 돼 버렸지만 제록스가 돈을 벌지 못했다는 전설은 완전 거짓입니다. 제록스는 이미 레이저 프린터로만 수십억 달러를 벌었어요. 제록스파크에 들인 비용의 수백 배가 넘죠. 하지만 다른 것들은 다 놓치고 말았어요.

앨비 레이 스미스: 레이저 프린터 빼고는 모두 접었어요. 확실하게 제대로 알고 있는 게 레이저 프린터 밖에 없었기 때문입니다.

척 태커: 제록스가 컴퓨터 기업이 아니어서 그렇죠.

앨비 레이 스미스: 요즘 사업하는 사람들이 자주 쓰는 말이 '핵심 역량에 집중한다'잖아요. 제록스의 핵심 역량은 종이에 흑백 잉크로 프린트를 하는 거였거든요. 그것에 집중했던 거예요.

앨런 케이: 거의 뇌사 상태였습니다. 단순한 사업을 제외한 어떠한 과정도 이해를 못 했던 것 같아요.

앨비 레이 스미스: 그래서 그들이 실수를 했다고 말할 수 있을까요? 기업 입장에서 보면 아마도 아닐 거예요. 제가 2개의 사업을 직접 차려 보고, 수많은 젊은이가 저한테 달려와서 "앨비, 저희는 이것, 이것, 이것 그리고 이것을 해야 합니다"라고 하는 걸 듣다 보면 깨닫습니다. 그 참신한 아이디어를 모두 진행할 수 없다는 걸 빨리 알아채게 되죠. 다 할 수는 없어요. 나무를 가지치기해야죠. 본인의 역할이 경영진이면 나무 가지를 치고 제일 잘 알고 있는 것에 충실해야 합니다. 그럼에도 불구하고 저는 제록스 경영진이 망친 게 맞다고 생각합니다.

밥 테일러: 확실한 건 제록스가 미래를 혼란하게 만들었죠.

버틀러 램슨: 하지만 "미래를 혼란하게 만들었다"라는 생각은 오해의 소지가 있어요. 분명 제록스가 이 모든 기술을 개발했고, 이 개발의 유일한 소득이 프린터가 된 것은 사실입니다. 그러나 그들은 '스타 시스템Star System'이라는 형태로 상업화하기 위해 많은 노력을 기울였어요. '시스템 개발 부서'로 불리는 독립 부서를 설치했습니다. 아주 출중한 엔지니어 팀을 가지고 있었어요. 이 팀은 그들이 만들고자 하는 것이 무엇인지에 대한 비전을 가지고 있었죠.

척 태커: 그 스타 시스템은 제가 과학적인 워크스테이션의 시대라고 부르는 시기의 시발점이기도 해요. 적은 비용으로 높은 성능을 내기 위해 만들어졌기 때문이죠.

버틀러 램슨: 놀랍게도 그들은 정말 기대 이상으로 잘 만들어냈어요. 1981년에 스타 시스템을 출시했는데, 적어도 10년 동안은 다른 어떤 곳에서 살 수 있는 그 어떠한 것보다 더 좋았습니다. 그렇지만 아이러니하게도 당시 제록스파크에서 일하던 척과 저 같은 사람들이 제록스 경영진에게 "이건 너무 거대한 야망이고, 비용도 많이 들 겁니다. 그러니까 알토와 비슷한 것을 개발해야 합니다"라고 했지만, 그들은 그렇게 하지않았어요.

찰스 시모니: 당시 저는 필요에 따라서 스타 시스템에서 일을 했는데 매우 힘들었어요. 기능이 많을수록 더 좋다는 다다익선주의Biggerism가 생겨났죠.

척 태커: 다다익선주의을 이렇게 설명할 수 있을 것 같아요. 프레더릭 브룩스Fred Brook의 책 『맨먼스 미신The Mythical Man-Month』에서 나오는 단어인데 어떤 현상을 설명하고자 만들어졌어요. 책 속에서 프레더릭이 말하듯이 "당신은 첫 번째 시스템을 만들 때가 가장 조심스럽다. 왜냐하면 한 번도 안 해 봤던 첫 시도이기 때문에 매우 잘 이해하고 있는 설계 법칙을 따르게 된다. 이렇게 첫 단추를 잘 꿰면 만족감이 생기고, 더 크고 위험한 도전을 할 수 있는 원동력이 되기 때문이다." 여기에서 '2차 시스템 증후군'이 발생합니다. 미어볼드Myhrvol의 소프트웨어 제1법칙으로 설명

할 수도 있습니다. "소프트웨어는 사용 가능한 공간을 채우기 위해 확장된다. 마치 가스와 같다."

찰스 시모니: 스타 시스템은 믿을 수 없는 정도로 비대화되었죠.

척 태커: 알토보다도 비대화되었어요.

밥 테일러: 스타 시스템은 컴퓨터라기보다 전체 시스템으로 디자인되었습니다. 프린터, 이더넷, 여러 대의 컴퓨터 등으로 구성되어 있어서 엄청 고가이기도 했습니다.

아델 골드버그: 최소로 구매하려 하더라도, 네트워크에 연결된 4대의 워크스테이션과 프린터, 별도의 저장 장치로 구성되어 있었어요.

밥 테일러: 어떻게 보면 디자인이 잘못되었어요. 목표한 것에 비해 성능이 미치지 못했고, 너무 느리기도 했고, 가격도 너무 비쌌어요.

찰스 시모니: 스타 시스템은 순항하지 못했고, 우리도 승리하지 못했습니다.

척 태커: 그래서 시모니는 마이크로소프트로 옮기게 되었습니다.

찰스 시모니: 저는 1981년도 2월에 시애틀로 제 차를 몰고 가서 바로 일을 시작했죠.

앨비 레이 스미스: 몇 년 후 제가 마이크로소프트에 있을 때 시모니를 만났어요. 워싱턴호 주변의 백만장자 저택가에 있는 그의 저택에 초대받았습니다. 저는 왜 떠났는지를 물었더니 "당신들, 자신이 세상의 중심이라고 생각했잖아. 안 그래?"라더군요. 제가 그렇다고 말하자 그는 "당신들도 젊은 빌 게이츠를 만나서 이야기를 나누고, 나처럼 그의 비전을 들었더라면 좋았을 거야. 덕분에 나는 당신들이 세상의 중심이 아닌 것을 깨달았거든. 이 사람이 중심이야." 결국 그는 우리를 떠나서 빌 게이츠에게 간 거죠.

아델 골드버그: 다시 제록스파크로 돌아가서, 우리는 우리끼리는 트윙클Twinkle이라 부르던'리틀 스타little Star'라는 이름의 기계에 대한 상세한 제안서를 작성했어요. 68000 기반 스몰토크에서 구동되는 간단한 텍스트

편집기와 그림판 프로그램에 마우스 인터페이스를 적용하고 프린터 까지 가능한 제품을 1년 안에 출시할 수 있다고 제안했습니다. 프로토타입은 거의 다 완성된 상태였고 제품화가 필요한 상태였죠. 이미 1983년도에 출시할 수도 있었어요. 이 제품을 위해 우리 모두 힘썼고요. 이 제안을 오피스 시스템 그룹에 보냈지만, 매번 아무런 피드백조차 받지 못했어요.

밥 테일러: 제록스는 매킨토시보다 더 좋은 기계로 알토를 재설계할 수도 있었지만, 그렇게 하지 않기로 결정했어요. 그들은 울타리 안에서 멈추고 더 나아가지 않았어요.

아델 골드버그: 그래서 1984년도에 다른 트윙클이 출시되었는데, 이름이 매킨토시였어요. 우리 모두 동일한 아이디어를 가지고 있었던 거죠. 그래서 우리 모두 그것을 보고 너무나도 안타까웠어요. '우리가 할 수 있었는데 못했구나'라고 생각했습니다.

밥 테일러: 애플이 리사를 시도해서 실패했다는 걸 기억해야 합니다. 리사는 애플의 첫 시도였어요.

버틀러 램슨: 리사는 스타 시스템과 정확히 동일한 속성을 가지고 있었고, 또 정확히 같은 이유로 실패했어요.

밥 테일러: 제록스는 그걸 보고 "우린 끝났다"라고 했죠.

버틀러 램슨: 애플은 맥으로 두 번째 시도를 했어요. 애플은 가지치기를 잘 했을 뿐만 아니라 3년을 내다본 기술을 활용해서 여러 면에서 알토와 매우 근접한 것을 만들 수 있었어요.

밥 테일러: 저는 맥 이전의 컴퓨터들을 그저 장난감으로 간주하죠. 그러나 맥은 장난감이 아니에요. 알토를 아주 가볍게 구현한 것에 불과하긴 하지만요. 아주 가볍게. 제 말은 낮은 가격을 제외하고는 모든 면에서 알토에 훨씬 못 미친다는 겁니다.

앨런 케이: 제가 애플에 있을 때 적은 메모가 있어요. 제목은 '당신을 위한

제안: 대용량 가스탱크를 탑재한 혼다 자동차'였습니다. 첫 문장은 '도로를 달릴 때는 근사하지만, 담배 한 갑을 사기 위해 마트에 들를 생각은 하지도 마세요'로 시작하는 짧은 글이었어요. 한 두세 장 정도. 요점은 '이봐, 도대체 뭘 하고 자빠져 있는 거야?'였습니다.

앤디 허츠펠드: 모든 이가 앨런 케이가 무엇을 말하고자 하는지 인지했어요. 그가 언급하는 주요한 내용은 램과 관련 있었는데, 우린 맥이 충분한 램을 가지고 있지 않다는 걸 알고 있었죠. 순전히 전략적인 타협이었습니다.

댄 코트키: 그 당시 램은 무척 고가였어요. 맥은 전체가 그래픽으로 채워진 스크린이 있었고, 그게 다 램을 소요하거든요. 그래서 비용이 많이 들 수밖에 없죠.

브루스 혼: 맥은 객체 지향 프로그래밍 시스템을 구동할 수 있을 만큼 성능이 충분하지 못했어요. 맥이랑 스몰토크를 같이 들여다보면요, 둘 다 마우스가 있고 중첩되는 창이 존재해요. 맥에는 풀다운 메뉴와 모달리스 텍스트 편집이 가능한 반면, 스몰토크에는 이런 기능이 없습니다. 스몰토크로 프로그래밍된 것이 아니에요. 내부에 스몰토크 개념을 탑재하지도 않았어요. 기본적으로 맥에는 스몰토크가 적용되거나 그 개념이 차용되지 않았습니다.

앨런 케이: 결국 제록스파크에서 구현된 것과 비교를 해 보면, 쉬운 접근성, 유연함과 같은 본질을 잃어버린 것으로 귀결되고 맙니다. 우리는 다시는 그것을 되돌리지 못했어요. 이 과정에서 엉망인 채로 영원히 지속되어 버렸죠. 오늘날까지도 여전히 엉망이에요.

브루스 혼: 컴퓨팅은 모두가 사용하는 놀라운 도구가 될 수도 있었어요. 그게 바로 더글러스 엥겔바트, 앨런 케이 같은 사람들이 꿈꾸던 비전이었죠. 이들은 컴퓨팅을 통해 세상을 더 나은 곳으로 만드는 노력을 했습니다. 그리고 개인화된 컴퓨팅은 한 인간의 능력을 확장하는 가장 강력한

방법이에요. 이것이 진리죠. 예를 들어 더글러스가 항상 말하던 것 중 "복잡하고 긴급한 문제에 대처할 수 있는 방법은 인류의 능력을 향상하는 것"이라고 했고, 이 말이 그의 작업과 인생의 핵심이었어요.

앤디 허츠펠드: 하지만 우리는 더글러스의 접근 방식이 현재에 유효하지는 않다고 봅니다. 더글러스는 자신의 소프트웨어를 더 접근하기 쉽게 만드는 데는 신경쓰지 않았어요. 정말로 아무런 관심도 없었죠. 더 배우기 쉽고 사용하기 쉬운 것에 관심이 전혀 없었습니다. 그는 기술을 어떻게 사용하느냐, 곧 '인간의 잠재력을 증강'하는 것에 집중했고 그래서 복잡성에 대한 인내가 매우 낮은 일반 사람에게는 별로 쓸모가 없었어요. 잡스도 이 점을 매우 잘 알고 있었어요. 그는 단순함에 대한 열정을 가지고 있었습니다. 주류에서 확산되려면 가능한 단순해져야 하는데 이런 면에서 그는 옳은 선택을 했습니다. 사용하는 데 몇 주나 걸리는 학습 기간이 있다면 수십억 명의 사람에게 접근하기 어려웠을 거예요. 결론적으로 더글러스나 잡스의 아이디어는 모두 옳다고 생각합니다. 둘 사이의 균형이 중요한 거죠.

댄 잉걸스: 제가 볼 때는 꽤 멋진 콜라보예요. 콜라보를 할 계획은 아니었지만 어쩌다 보니 이렇게 되어버렸네요.

앨비 레이 스미스: 다들 "스티브 잡스가 제록스파크를 베꼈어"라고 말합니다. 스티브 잡스가 베낀 게 아니에요. 베낀 건 빌 게이츠죠. 알토의 형태뿐만 아니라 작동 방식을 모조리 다 아는 시모니를 데리고 갔죠. 시모니가 제록스파크에서 한 작업 토대로 워드와 엑셀을 개발했어요. 그게 다에요. 이게 진정으로 기업의 심장을 꺼내 오는 일이죠.

짐 클락: 사실 썬 마이크로시스템즈가 제록스파크를 베낀 장본인이죠. 그들이 개발한 비트맵 그래픽이 적용된 워크스테이션이 바로 제록스 알토가 할 법한 일이죠.

척 태커: 세상에 정말로 좋은 아이디어가 많지는 않잖아요? 제록스파크부

터 함께한 그래픽 사용자 인터페이스가 지금까지 이렇게나 오래도록 지속되어 왔다는 사실이 엄청 놀라워요. 왜 우리는 더 나은 걸 만들어 내지 못했을까요?

브루스 혼: 또 다른 컴퓨팅 혁명이 일어났어야 했는데 아직 그 혁명을 겪지 못했고 안 온 거라고 생각해요. 그걸 우리는 안타깝게 생각해요. 그리고 그런 혁명을 실현하기 위해 애쓰는 우리 같은 사람이 있고요. 그런데 혁명을 이루려면 아주 많은 추진력과 자본, 그리고 투자가 있어야 하죠. 윈도우와 윈도우를 사용하는 사람을 위한 지원 서비스 등을 떠올려 보면, 이를 유지하기 위한 거대한 금융 인프라도 있어야 할 겁니다. 아시다시피 사회는 리스크를 감내하는 것을 선호하지 않죠. 개인이 컴퓨터 내부에 접근할 수 있게 해 주는 어떠한 것도 리스크라고 볼 수 있어요. 그래서 사람들에게 빈 캔버스를 제공하는 건 매우 어렵고, 특히나 스스로 창조해서 그려야 하는 컴퓨팅이라는 캔버스는 더욱 어렵죠.

앨런 케이: 컴퓨팅은 형편없어요. 사람들은 무슨 현재가 만들어지기까지 다윈의 과정 같은 것을 거쳤다는 잘못된 생각을 하죠. 따라서 우리가 지금 가지고 있는 것이 이전에 해 왔던 것보다 훨씬 나은 것이라고 봐요. 동시에 사람들은 다윈의 과정이 최적화와 아무런 관련이 없다는 것을 깨닫지 못해요. 생물학자가 말해도 말이죠. 무엇이 적합한가에 따른 결과일 뿐인데 바보 같은 환경에 있다면 바보가 적합한 것이 되는 것처럼 말입니다.

브루스 혼: 저는 컴퓨터가 매우 유연하기 때문에 모든 것을 다 할 수 있고, 그래서 여태껏 가장 충격적인 경험이 될 것이라 생각했어요. 이런 생각을 고수하는 대신에, 소프트웨어를 상업적인 대량 생산에 적합하게 만들고 이를 고수하고 말았죠. 컴퓨터는 자본주의와 대량 생산이라는 잘못된 방향으로 진행되었죠.

제론 레니어: 이로써 우리 업계는 쓰레기를 만들어 버렸고 모든 인류에게

끝없는 지루함을 선사했어요. 원래 의도했던 바는 절대 아니죠. 원래 우리가 도구를 설계한 방식은 사람들이 만들어 내는 무궁무진하게 랜덤한 행동을 전적으로 받아들이는 것이었어요. 그런데 우리는 인류를 완전히 미로에서 훈련된 실험실 생쥐처럼 만들어 버렸습니다. 저는 진심으로 근본적인 시각에서 우리가 디지털 기술에 잘못된 방식으로 접근하고 있다고 생각합니다.

앤디 밴 댐: 오늘날 우리가 누리고 있는 것이 무엇인지 한 번 자문을 해 보세요. 마이크로소프트 워드도 있고, 파워포인트도 있고, 일러스트레이터나 포토샵이라고 말할 수 있겠죠. 예전보다 더 다양한 기능과 직관적인 사용자 인터페이스가 제공됩니다. 하지만 이 모든 것들이 상호작용하지는 않습니다. 서로 시너지를 일으키는 것도 아니죠. 대부분의 시간에 우리가 체감하는 것은 비트맵에 근간한 입력과 출력 기능입니다. 가장 낮은 단계의 공통분모죠. 사실상 죽어 있는 비트의 나열이기도 하고요. 제가 여전히 추구하는 것은 이런 다양한 구성 요소를 하나로 재통합하고 '백 투 더 퓨처' 해서 위대한 비전을 찾아내는 것입니다. 솔직히 어떻게 해야 도달할 수 있을지는 잘 모르겠어요. 우리가 잃어버린 모든 것들이 상호 호환되는 살아있는 비트를 어디에서 찾을 수 있을까요?

브루스 혼: 우리는 제록스파크가 애플 직원들에게 보여 준 것 같은 유형의 놀라운 경험을 하게 될 좋은 시기를 기다리고 있어요. 몇 가지의 일이 진행되고 있지만 쉽지는 않습니다. 저는 일정한 책임감을 느끼고 있어요. 한편에는 앨런 케이 같은 사람도 할 수 없는 일을 내가 어떻게 할 수 있을까 하는 의문도 있지만요.

2부
해커 윤리

우리는 이제 신과 같으니, 이렇게 된 이상 그 역할을 잘해 보는 것이 좋겠다.

- 스튜어트 브랜드 -

10

정보는 무엇을 원하는가?
세상을 바꾼 컴퓨터 천재들의 잔치

등장 인물

더그 칼슨	스튜어트 브랜드	케빈 켈리
데이비드 레빗	스티브 워즈니악	크리스티나 울시
로버트 우드헤드	스티븐 레비	테드 넬슨
리 펠센스타인	앤디 허츠펠드	패브리스 플로린
미하엘 나이막	존 마코프	프레드 데이비스
빌 앳킨슨	캡틴 크런치(존 드레이퍼)	

1980년대 중반 무렵, 실리콘밸리의 미래를 만들어 나가던 과학기술 전문가들은 스스로를 단순한 엔지니어 이상의 존재로 여기기 시작했다. 앨비 레이 스미스와 제록스파크의 '야간 근무 팀', 아타리의 게임 개발자들, 애플의 매킨토시 팀은 모두 자신들이 새로운 표현 매체의 선구자임을 확신하게 되었다. 그들은 본인들이 마치 디자이너, 작가, 심지어 예술가가 되었다고 생각했고, 그렇게 인정받고 (금전적으로도 대우받고) 싶어 했다. 엔지니어들이 돈과 명예를 얻기 위해 각자의 전투를 하는 동안, 뉴욕 출신의 한 작가덕분에 이 새로운 창조자 계급의 이야기, 농담, 윤리가 진실한 문화로 자리매김했다. 스티븐 레비는 이 문화에 대해 『해커스: 세상을 바꾼 컴퓨터 천재들Hackers: Heroes of the Computer Revolution』이란 책에 담아냈는데, 주말 동안 열린 이 책의 출판 기념회가 첫 번째 해커스 컨퍼런스Hackers Conference 가 되었다. 이 컨퍼런스에서 실리콘밸리와 여러 지역의 해커들은 처음으로 만나게 되었는데, 그들은 서로 많이 닮았다는 것을 깨달았다.

스티븐 레비: 기술에 대해 처음 집필하기 시작했을 무렵, 스탠퍼드 대학의 해커들에 대해서 『롤링 스톤』에 기사를 썼는데, 제가 생각했던 것과는 완전히 다른 내용이 되었어요. 저는 컴퓨터 중독자 대학생들 이야기를 쓰려고 했거든요. 덕분에 처음 의도와는 다르게 컴퓨터 혁명에 대해 알게 되었습니다. 『롤링 스톤』기사 이후 해커들에 대해 더 쓰고 싶어 아예 책을 써 보기로 했어요. 원래는 어떤 출판사와 계약하기로 했었는데 편집자가 저를 더블데이Doubleday 출판사에 데리고 가지 뭐예요. 당시 더블데이는 『지구 소프트웨어 백과Whole Earth Software Catalog』를 편찬 중이었어요.

케빈 켈리: 그 당시에는 '소프트웨어'라는 게 너드들의 장난감으로 치부되기 일수여서 리뷰 자체를 하기에 어려웠을뿐더러 아무도 리뷰하지 않았어요. 소프트웨어는 뭐랄까 오타쿠가 집안에서 대충 만들어서 봉투에 담아 파는 플로피 디스크 같은 느낌? 그렇다 보니 그 누구도 시중에 팔

리는 소프트웨어에 대해 어떤 부분이 좋고 나쁜지를 평가하지 못했어요. 그러자 스튜어트 브랜드는 '이건 아주 큰 시장이 될 거야. 소프트웨어를 리뷰해서 가이드를 만들어 보자. 이를 『지구 소프트웨어 백과』라고 하자'라는 아이디어를 생각해 냈습니다.

스티븐 레비: 더블데이 출판사는 그것을 위해 130만 달러를 썼어요. 당시 소프트커버 책 제작 비용 중에서 가장 큰 금액이었어요.

프레드 데이비스: 『지구 소프트웨어 백과』는 『지구백과』의 디지털 후속편이었는데, 대박은 따놓은 당상이었죠. 우리 모두 성공을 간절히 기원했어요.

케빈 켈리: 더블데이가 『지구 소프트웨어 백과』을 출판하기 위해 사람을 뽑으려고 하자, 스튜어트는 저에게 이메일을 보내서 같이 할 수 있는지 물어봤어요. 저는 온라인으로 처음 채용된 사람이 된 셈이죠. 1984년 초였고, 많은 사람이 채용되었어요.

프레드 데이비스: 저는 풋내기 어린애였고, 저의 영웅과 같이 일할 기회를 갖게 되어 마냥 들떠 있었어요.

패브리스 플로린: 저는 비디오를 편집했는데, 당시에 신입 TV 프로듀서였어요.

스티븐 레비: 『지구 소프트웨어 백과』의 게임 편집자가 되었어요. 알다시피 전 게이트 5 로드Gate 5 Road에서 배구를 하면서 이 세상에서 제일 뛰어난 사람 중 한 명인 스튜어트를 알게 되었어요. 굉장했죠. 그렇게 이 분야 사람들과 쭉 연을 맺을 수 있었어요. 제가 책을 다 쓰고 케빈과 스튜어트에게 보여 줬는데, 둘 다 꽤나 좋아했어요.

케빈 켈리: 스티븐의 『해커스』를 읽고, 깜짝 놀랐어요. '이 세상에 대해서 아는 게 전혀 없구나, 완전 새로운 세상이 펼쳐졌구나' 싶었거든요. 물론 저한테만 해당되는 말입니다. 스튜어트가 해커들에 대해 처음 쓴 게 1972년이니까, 10년이나 앞서 나간 것이죠.

스튜어트 브랜드: 제가 1972년 『롤링 스톤』에 그 기사를 냈을 때, 잔 웨너는

"이 기사는 컴퓨터 해커, 그리고 그들과 관련된 모든 것에 대해 많은 관심을 갖도록 할 것이다"라고 말했어요. 저도 완전 공감했어요. 그런데 실제로는 그 기사를 쓴 시점과 『해커스』를 출간한 사이에는 10년이라는 공백이 있었습니다. 그 10년이라는 시간 동안 인생이 매우 느리고 지루해서 죽는 줄 알았어요.

케빈 켈리: 저는 프로그래머들 사이에서 나타나고 있는 이 신문화에 관심이 생겼어요. 이때까지 해커는 총 3세대를 거쳤는데, 아직 서로 만난 적이 없었어요. 그들도 서로를 몰랐어요. 그래서 스튜어트에게 말했어요.

스튜어트 브랜드: 그리고 케빈이 말했어요. "만약 그 3세대를 한데 모으면 어떻게 될까요?"

케빈 켈리: 그러자 스튜어트의 천재성 중 하나인 실행력이 발휘되었죠. 아이디어가 떠올라도 아무것도 하지 않는 저와는 달리, 그는 떠오르는 생각을 즉시 실행에 옮겨 뭔가를 만들어 내는 사람이었어요. 스튜어트는 "이건 되게 할 거야"라고 말하고 바로 실행 모드로 들어갔어요.

스티븐 레비: 그들은 누구를 초대할지 정하는 자문위원회 미팅을 수차례 가졌습니다. 저는 동부에 있어서 자주 참석하지 못했지만, 몇몇 미팅에서는 갔어요. 앤디 허츠펠드가 위원회에 있었던 걸로 기억해요.

앤디 허츠펠드: 스튜어트가 전화로 부탁했습니다. 7주간 일주일에 한 번씩 차를 몰고 소살리토Sausalito로 갔어요. 해커스 컨퍼런스를 짜기 위해 그는 7명 정도의 해커를 모았어요.

스튜어트 브랜드: 꽤 괜찮은 사람들이 모였어요. 테드 넬슨은 당연히 있었고요. 홈브루 계보의 리더 격인 리 펠센스타인도 왔어요. 저는 홈브루 미팅에는 간 적은 없지만, 리의 명성은 익히 알고 있었죠.

리 펠센스타인: 그 당시 홈브루는 정체되어 있었어요. 더 이상 새로운 사람들이 들어오지 않았으니까요. 매일 같은 멤버들만 만나다 보니 '묵힌 방귀의 사회'라고 불렀죠. 우리는 소살리토에 정박한 스튜어트의 배에 모

여서 해커스 컨퍼런스 준비 미팅을 했어요. 미팅의 내용은 주로 컨퍼런스에 초대해야 할 사람들의 이름을 대는 거였어요.

앤디 허츠펠드: 제 역할은 애플 멤버들을 끌고가는 것이였습니다. 해커스 컨퍼런스에 매킨토시 팀의 핵심 인물들이 모두 나오도록 챙겼죠.

리 펠센스타인: 매킨토시 출시는 1984년 1월이었어요. 컨퍼런스는 그해 11월에 열렸고요.

스티븐 레비: 해커스 컨퍼런스가 열렸던 주말이 제 책 『해커스』의 출판일이어서, 마치 그 행사가 무슨 성대한 출판 기념회 같은 파티가 되었어요. 그때쯤에 『뉴욕타임스 New York Times』 서평도 일찍 받아 볼 수 있었어요. 저는 서부로 가는 공항 서점에서 그 짧은 서평을 발견하고는 집에서 읽어 봤는데, 그건 리뷰 같지도 않은 리뷰였어요. 『해커스』는 쓰레기 같다며 비난하더니, 책이라기보다는 길게 늘여 놓은 잡지 기사일 뿐이라고 험담만 늘어놓았더라고요. 저는 비행기 안에서 엄청 우울해했어요. 끔찍했죠. 이제 막 첫 책을 출판했는데 바로 망했으니까요. 전 '이제 끝났다'고 생각했어요.

케빈 켈리: 우리는 캘리포니아 마린 Marin 남부에 있는 크론크하이트 요새 Fort Cronkhite에서 컨퍼런스를 진행했어요. 정말 원시적인 군용 막사였습니다.

스티븐 레비: 그곳은 바다가 내려다보이는 오래된 군용 캠프였어요. 크론크하이트 요새는 멋진 곳이었어요.

케빈 켈리: 우리가 초대한 사람들이 제법 왔습니다. 114이라는 숫자가 기억에 남는데, 아마 그날 참석자인 것 같아요. 그들 모두 각기 다른 해커였어요. 제 생각에 여자는 한두명 밖에 없었던 것 같아요. 세네 명이었나. 아무튼 나머지는 죄다 남자였어요.

데이비드 레빗: 해커스 컨퍼런스를 최대한 남자만 우글우글거리게 하지 않으려고 해 봤는데, 막상 또 그렇게 열심히 노력하지도 않았던 것 같아요.

스티븐 레비: 그곳에 도착하자마자 기분이 완전 풀렸어요. 제 책에서 소개

하던 해커들의 진솔한 모습이 눈 앞에서 펼쳐지고 있었거든요. 누가 뭐라고 하든 제 책이 틀리지 않았음을 증명하는 살아있는 증거였습니다. 제 인생 최고의 출판 기념 파티였어요.

캡틴 크런치: 워즈니악이 있었어요. 스튜어트 브랜드도 있었고 테드 넬슨도 있었죠. 홈브루에서 온 베이직 무리도 많이 와 있었어요. 실리콘밸리 초기 멤버도 물론 있었고요. 많은 1세대 해커가 왔습니다.

존 마코프: 저도 거기에서 놀고 있었어요.

패브리스 플로린: 업계에서 내로라 하는 선수들을 모두 한 곳에 모았습니다. 대단했어요.

미하엘 나이막: 당시에 속으로 '오늘은 정말 중요한 날이야, 역사의 한 순간이야!'라고 생각했던 게 기억나요.

리 펠센스타인: 그건 정말 예지자들의 모임이었어요. 중요한 것은 이때까지 한 번도 예지자인 우리가 한 곳에 모두 모였던 적이 없었다는 사실입니다.

테드 넬슨: 그건 컴퓨터 엘리트들의 우드스톡Woodstock 페스티벌[†]이었어요!

스티븐 레비: 그때까지만 해도 컴퓨터는 비밀스러운 문화 같았어요. "이봐, 가장 이상적인 컴퓨터 컨퍼런스는 어떨까? 누가 와야 하지?"라는 질문에 요즘 사람들은 "마크 저커버그와 래리 페이지는 나와야지"라고 말할 겁니다. 그 컨퍼런스가 딱 그런 느낌이었어요. 문제는 그렇게 유명한 사람들이지만 여러분이 들어본 적이 없었을 뿐이었답니다. 하지만 그들은 정말로 다들 한 끗발이 있는 사람들이었어요. 우리 문화의 비밀 발명가들이 모두 거기에 있었습니다. 정말 아무도 유명하지 않았어요. 스티브 워즈니악도 참석했는데, 이제는 모두 그를 알지만 그때는 그다지 유명하지 않았어요. 워즈니악은 컴퓨터 관련 축제나 행사에서 조금 이름을 알리긴 했어도 당시에는 기본적으로 누구도 서로가 서로를 알거나 신경쓰지 않았어요. 모두들 그날 처음으로 자기소개를 했어요.

---

† 미국 뉴욕 우드스톡 인근에서 개최되는 록 페스티벌로 저항 문화의 상징이 되었다.

패브리스 플로린: 저녁이 되어서 이벤트가 시작됐고, 모두 안으로 들어왔습니다. 그날 비가 많이 내려서 하늘이 온통 회색 빛이었어요. 그냥 쭉 실내에 있으면 되니까 나쁘지 않았지만요.

리 펠센스타인: 실내에만 있는 것도 참 해커스럽지 않나요?

패브리스 플로린: 우리는 모두 큰 방에 모여 둥글게 원을 이루었어요. 모든 사람이 자기가 누구고 무엇을 하고 있는지 이야기하기 시작했어요. 서로 처음 만나는 이 방은 흥분으로 가득했어요.

스티븐 레비: 그때야말로 그동안 어렴풋했던 의식이 선명해지는 순간이었어요. 동성애 운동 때 동성애자들이 자기를 온전히 이해할 수 있는 사람은 이 세상에 존재하지 않는다고 느끼며 외로움에 치를 떨던 때가 있었던 것처럼요. 그때 깨닫게 되었어요. '그래, 이게 바로 나야!'

케빈 켈리: 당시에도 날라리는 있었고, 범생이도 있었어요. 하지만 너드는 아무도 관심을 가지지 않았어요. 그러다 너드들끼리 마주치기라도 하면 '우와, 얘 완전 내 스타일이야'라며 아주 신났죠.

스티븐 레비: 저는 요즘 고등학생들이 동성애자든 해커든 스스로에게 떳떳할 수 있다는 것이 멋지다고 생각해요.

리 펠센스타인: 정말로 용기를 북돋아 주는 사건이었어요. 여기 우리가 모였고, 함께 어울리고 함께할 수 있다는 것이요. 우리는 사실 알고 보면 꽤 흥미로운 사람들이었다는 것을요!

스티븐 레비: 웃음이 엄청 많이 들렸던 것도 또 하나 특이한 점이었어요. 모든 세션이 즐거웠습니다. 사람들은 정말 재미있었어요. 내내 웃음소리가 끊이질 않았어요. 이렇게 참석자들이 웃다 가는 컨퍼런스는 가 본 적이 없는 것 같아요.

캡틴 크런치: 워즈니악이 제게 장난을 치고 있었으니 말 다했죠. 그는 제 방에 몰래 들어가서 제 물건들을 어디론가 숨겼고, 전 그걸 찾으러 다니느라 한참 헤맸어요.

케빈 켈리: 병맛 코드도 비슷했어요. 이제는 다들 그게 어떤 느낌인지 잘 알죠. 레딧Reddit[†], 〈xkcd〉, 〈빅뱅 이론〉 같은 거 말이에요. 지금이야 대세가 되었지만 당시에는 그렇지 않았어요.

스티븐 레비: 모두 비슷한 경험에서 나와 다들 공감하는 유머였죠. 서로 만난 적이 없지만, 마치 수년 동안 같이 일했던 동료처럼 우리끼리만 아는 농담을 할 수 있는 사람들이었어요. 뭐랄까, 동료가 아닌 데도 직장 비화를 이야기하는 느낌이랄까요?

패브리스 플로린: 그날 밤 많은 이야기를 나눴어요.

스티븐 레비: 준비위원회가 컨퍼런스에 들인 공도 놀라웠어요. 그들도 해커다 보니 분명 밤새도록 이야기가 이어질 것을 알았죠. 그것 말고도 자연스럽게 컴퓨터 이야기가 나올 줄 알고 컴퓨터도 따로 준비했어요. 비록 갑자기 정전이 되었지만요.

캡틴 크런치: 장난꾸러기 워즈니악이 분명 이 사고와 연관이 있다고 생각했어요.

스티븐 레비: 사방이 어두워졌지만, 그들은 하던 이야기를 이어 갔어요. 모두 같은 생각이었어요. 할 말이 너무 많아 에너지가 넘쳐흘렀죠. 대화하는 거에 정신이 팔려 전기가 나간 줄도 몰랐어요. 그사이 다시 전기가 들어와 이 흥분이 더 고조되었습니다.

패브리스 플로린: 나는 빌 앳킨슨과의 이야기를 포함해 흥미로운 대화를 거의 다 기억해요. 빌은 매킨토시의 디자이너 중 한 명이었습니다. 당시에 아직 프로그램으로 짜지 않았던 아이디어에 대해 이야기해 주었는데 엄청나게 혁명적이었어요.

케빈 켈리: 빌은 하이퍼텍스트에 관한 아이디어를 고민하고 있었지만, 그 시점에서는 아무 것도 보여 줄 게 없었어요. 그저 컨셉만 이야기할 정도였어요.

[†] 미국의 초대형 소셜 뉴스 커뮤니티 사이트.

패브리스 플로린: 빌은 정보의 노드node†를 기준 삼아 인터넷 서핑을 하고, 한 노드에서 다른 노드로 이동할 수 있다는 개념을 설명했어요. 이런 게 가능하다면 사람들은 서로 떨어져 있던 것들에서 관계성을 찾기도 하고 우연한 발견을 통해 많은 것을 배울 수 있게 됩니다. 그뿐만 아니라 하이퍼링크를 클릭해서 자유롭게 정보를 넘나들 수 있게 되죠. 테드 넬슨과 더글러스 엥겔바트가 수십 년 전부터 줄곧 주장해 온 하이퍼텍스트 개념에 바탕을 둔 것이었어요. 우리는 모두 거인의 어깨에 올라앉아서 영감을 받을 수 있었어요.

빌 앳킨슨: 저는 나중에 하이퍼카드HyperCard라고 불린 소프트웨어를 보았어요. 여기서는 프로그램 모듈을 연결해서 당신만의 소프트웨어를 만들 수 있었어요.

크리스티나 울시: 하이퍼카드는 간단히 말하면 개인 파일들을 서로 링크 시키는 방법이었어요. 매킨토시 컴퓨터가 출시됐을 때, 사람들이 한 번도 본 적이 없는 물체가 달려 있었어요. 1984년이 되어서야 일반 사용자들은 마우스를 사서 쓸 수 있었어요. 마우스와 링크는 서로 맞물려 있었어요. 포인팅 장치가 있다면 링크는 당연히 따라오죠. 이걸 클릭하기도 하고 저걸 클릭하기도 하면서요. 이 두 가지는 똑같다고 보면 돼요.

빌 앳킨슨: 돌이켜 보면, 저는 하이퍼카드를 웹브라우저의 첫 번째 형태로 본 것 같아요. 인터넷이 아니라 하드드라이브에 연결되어 있었지만요.

패브리스 플로린: 단체 토론이 끝나고 다 같이 아래층으로 내려갔더니 테이블과 컴퓨터가 엄청 많았어요. 요즘의 해커톤hackathon‡이랑 비슷했는데 그 당시에는 참신하고 새로운 개념이었어요. 아마 이 해커스 컨퍼런스에서 처음 나왔을 겁니다. 기본적으로 많은 테이블과 매킨토시 디자이너가 최신 제품들을 뽐냈죠. 앤디는 그가 최근에 해킹한 것을 보여 주고

---

† 데이터의 상하위 계층을 나타내는 위치의 항목.
‡ 해커와 마라톤의 합성어로, 소프트웨어 개발 분야에서 연관 작업군의 사람들이 함께 프로젝트를 작업하는 것을 의미한다.

있었어요.

앤디 허츠펠드: 획기적인 소프트웨어의 첫 모습은 항상 극적이죠.

케빈 켈리: 앤디는 펄쩍펄쩍 뛰어다녔고, 몹시 흥분해 있었어요. 그는 해커 친구들을 불러 모아 전날 밤 해킹한 것을 보여 주고 싶어 했어요.

앤디 허츠펠드: 스위처Switcher는 그 전날 개발되었어요.

패브리스 플로린: 그는 오직 해커스 컨퍼런스를 위한 해킹을 했어요.

앤디 허츠펠드: 그렇게 말하긴 했는데 사실 거짓말이었습니다. 저는 512K 맥이 있어서 스위처를 개발했지, 해커스 컨퍼런스가 있어서는 아니었어요.

스티븐 레비: 그즈음 팻맥Fat Mac†이 막 나오고 있었어요.

케빈 켈리: 그는 팻맥을 만드는 중이었는데, 그가 스위처라고 부르는 것으로 한 번에 2개 이상의 프로그램을 실행시키면서도 그 둘 사이를 왔다갔다 할 수 있었어요.

패브리스 플로린: 스위처 이전에는 다른 작업을 하기 위해서는 먼저 실행시킨 애플리케이션을 종료하고 다른 애플리케이션을 열어야 했어요.

스티븐 레비: 스위처는 기본적으로 매킨토시의 멀티태스킹을 지원하는 방법이었어요. 다른 어떤 PC도 그렇게 하지 못했죠. 그래서 엄청난 가치가 있었어요.

케빈 켈리: 그는 하룻밤 만에 뚝딱 스위처를 만들었어요. 더 짜릿한 것은 스위처를 동료 해커들이 대박이라고 놀라워하는 것을 보면서 앤디가 흐뭇해 하는 것이었죠. 그리고 그가 만든 것을 다른 사람들에게 "응, 여기 복사본이 있어"라며 나눠 주면 다른 해커들은 그것을 기반으로 더 깊이 해킹하려고 했어요. 스티븐이 그의 책에서 말했던 공유와 오픈소스에 관한 해커 윤리가 바로 거기에 있었어요.

스티븐 레비: 신기한 데모와 멋진 물건을 보여 주는 일이 끊임없이 이어졌

---

† 오리지널 매킨토시의 후속 모델인 매킨토시 512K. 램의 크기를 4배로 만들어 뚱뚱하다는 의미의 Fat Mac이라는 별명이 붙었다.

어요. 그들은 게임을 연결했어요.

데이비드 레빗: 아무도 본 적이 없는 놀라운 게임들을요.

패브리스 플로린: 서로 뭔가를 자랑하고, 토론하고, 해킹하고, 어떻게 작동하는지를 설명하면서 밤늦게까지 깨어 있었어요.

리 펠센스타인: 많은 사람들이 꽤 늦게까지 자지 않았어요. 교도소의 방수 매트리스 같은 싸구려 침대가 있는 호스텔에서 말이죠.

스티븐 레비: 숙소에는 2층 침대가 있었는데, 밤에는 추웠어요.

스튜어트 브랜드: 해커들이 싸구려 시설에서도 편하게 지낼 거라고 생각했어요. 그리고 실제로 그랬고요!

케빈 켈리: 그들은 나중에 억만장자가 될 사람들이었지만, 그때는 아무도 그렇게 될 줄 몰랐죠. 평범한 회사를 다니고 돈도 어느 정도 있을 뿐이었죠. 보통 캠핑하러 일주일씩 집을 비우기도 했고요.

패브리스 플로린: 아침에 스튜어트는 숙소 침대를 발로 차며 "아침 식사를 원하는 사람은 지금 일어나!"라고 소리치기 시작했어요. 퀭한 모습의 해커들이 하나 둘 작은 식당으로 모였죠.

둘째 날, 해커스 컨퍼런스의 컨퍼런스 부분이 본격적으로 시작되었다. 특별 연사는 없었다. 그저 해커끼리 서로 편히 대화하도록 하는 게 목표였다.

패브리스 플로린: 우리는 몇 가지 토론 주제를 준비했어요. 구체적으로 무엇이었는지 정확히 기억나지는 않지만, 오늘날에도 여전히 논의되고 있는 토론 주제가 하나 있어요.

스티븐 레비: '해커 윤리'라는 용어는 제가 만들었는데, 이는 모든 세대의 해커를 관통하는 가치를 묘사하기 위해 만든 용어였어요. 그들이 세상을 보는 방식과 운영 방식, 그리고 행동의 동기 등이요. 해커들이 보는 세계에서는 정보가 자유로워야 했습니다. 그게 무엇을 의미하는지야말로 제

책 『해커스』에서 반드시 밝히려고 했던 것이었죠.

스튜어트 브랜드: 그룹 전체가 모였을 때의 토론이었어요. 무료 소프트웨어와 상용 소프트웨어에 대한 논의가 있었어요.

스티븐 레비: 그것은 첫 번째 세션 중 하나였는데, 연관하여 수백만 개의 다른 세션을 촉발했죠. 지난 수십 년간 모든 컨퍼런스는 각 주제별로 1개에서 10개 정도의 세션을 진행하기 마련인데, 이 컨퍼런스는 특별했습니다. 해커 윤리에 대해 토론하는 최초의 컨퍼런스였을 뿐 아니라 최고의 청중과 참가자와 함께했거든요. 그러한 세션을 진행해 보는 것은 굉장했어요. 모든 사람들이 열심히 참여했거든요. 본인의 속마음을 다 기꺼이 드러내 놓고 말이죠.

더그 칼슨(해커스 컨퍼런스에서): 정보를 무료로 전파하는 것은 존경받을 만한 목적입니다. 우리 대부분이 처음에 배웠던 방식이기도 하죠. 그러나 사람들이 하는 일은 점점 더 상업적으로 변하고 있어서, 돈을 벌 수 있는 방법이 있다면 누군가가 그것으로 이득을 취하려고 하는 게 문제입니다. 그래서 저는 사람들이 정보를 무료로 주든 상업적으로 팔든 그것은 제품을 디자인하는 사람들에게 맡겨야 한다고 생각합니다. 그들의 제품이고 그들이 내린 결정이에요.

로버트 우드헤드(해커스 컨퍼런스에서): 도구는 아무에게나 나눠 줄 수 있어요. 하지만 자기 제품은 말도 안 되죠. 그 속에 들어 있는 것은 바로 자기 영혼이니까요. 저는 그 누구도 제 제품을 자기 맘대로 갖고 놀기를 원치 않아요. 아무도 제 제품을 해킹해서 바꾸는 것을 바라지 않아요. 그렇게 되면 그 제품은 더 이상 내 것이라고 할 수 없기 때문이죠.

스티브 워즈니악(해커스 컨퍼런스에서): 해커들은 종종 코드, 운영체제, 목차 같은 것을 보고 어떻게 짜여 있는지 알고 싶어해요. 소스코드는 그런 사람들에게 합리적으로 제공되어야 합니다. 베끼거나 팔기 위해서가 아니라 배우기 위해서요.

스튜어트 브랜드: 워즈니악은 실제로 잘 작동하면서도 유용한 소프트웨어를 만드는 작업은 수많은 노력이 필요하다고 지적했어요.

스티브 워즈니악(해커스 컨퍼런스에서): 정보는 무료여야 하지만, 당신의 시간은 그럴 필요가 없습니다.

스튜어트 브랜드: 이런 소프트웨어를 공짜로 내놓는 것은 미친 짓이에요. 그래서 내가 말했죠. "소프트웨어나 무형의 정보는 비싼 가치를 인정받고 싶어 해요. 그런데 복제가 너무 쉬워서 무료로 풀리는 편을 선호하기도 하죠."

존 마코프: 일종의 변증법이에요, 맞죠? 스튜어트는 마르크스주의자는 아니지만 정보 경제에 대한 견해는 무척 마르크스주의적입니다.

스티븐 레비: 꽤 진지한 대화가 오고 갔어요. 그 모든 게 거의 재즈 즉흥 연주 같았어요. 콜트레인Coltrane 노래 같은 것에 여러 소리를 하나씩 쌓아 올리는 느낌처럼요.

스튜어트 브랜드: 나는 레비의 책에 '해커 윤리'이라고 쓰인 것을 다시 반복해서 따라 읽고 있었어요.

스티븐 레비: 정보는 공짜여야 한다.

스튜어트 브랜드: 제가 거기서 한 일은 '공짜여야 한다'를 '공짜가 되기를 바란다'로 바꾸는 정도였어요.

스티븐 레비: 스튜어트가 날 해킹했어요! 그게 제가 하려던 말이거든요.

스튜어트 브랜드: "정보는 공짜가 되기를 바란다"라는 말은 유행어가 되어 그 토론 이후로 순식간에 퍼졌어요.

케빈 켈리: 그건 그때 스튜어트가 그냥 던진 말이었어요. 이게 스튜어트의 가장 유명한 문구가 될 줄 몰랐어요. 그는 오랜 기간 동안 훌륭한 말을 많이 했거든요. 이 말이 그가 묘비에 새겨 놓고 싶어 하는 문구라는 사실에 놀랐어요.

스튜어트 브랜드: 정보에게 욕구를 부여하는 것, 그게 사람들을 흥분시키는

것 같아요.

스티븐 레비: 해커들은 각자의 방식으로 주변에 일어나는 현상을 묘사했어요. 그리고 인터넷에서는 사람들이 이해할 수 있는 방식으로 훨씬 더 자주 그렇게 될 거예요.

케빈 켈리: 아마도 이 말이 특히 주목받게 된 이유는 제로 가격 포인트 옵션 Zero Price Point Option[†]이라고 불리는 공짜라는 아이디어가 거대한 경제 모델이 되어 실제로 많은 부를 창출하게 될 것이라는 생각 때문일 거예요.

스티븐 레비: 정보는 특히 인터넷에서 공짜이기를 원해요.

스튜어트 브랜드: "정보는 비싸지고 싶어 하며, 동시에 공짜이고 싶어 합니다. 그것은 결코 사라지지 않을 역설입니다"라는 게 전체 인용문입니다. 그리고 이 인용문은 계속 되살아나고 있는데, 역설이란 게 사람을 미치게 하기 때문이죠. 하하!

[†] 행동경제학에서 본능적으로 공짜인 것의 가치를 과대평가하는 습성을 뜻한다.

11

전 지구를 전자로 연결하라
온라인 커뮤니티와 새로운 문제의 등장

등장 인물

람 다스	스튜어트 브랜드	프레드 데이비스
래리 브릴리언트	R. U. 시리우스(켄 고프만)	하워드 라인골드
리 펠센스타인	케빈 켈리	테드 넬슨
미하엘 나이막	패브리스 플로린	패브리스 플로린

더웰은 커뮤니티 실험이자, 출판 실험이자, 미래에 관한 실험으로 시작했다. 그리고 스튜어트 브랜드는 이 모든 것의 전문가였다. 기술적인 관점에서 더웰은 고급스러운 전자 게시판 시스템Bulletin Board System, BBS보다 조금 나은 수준이었고, 몇 개의 전화선, 초기 모뎀 2개, 1970년대에서 건너온 거의 쓸모없는 컴퓨터로 만들어진 것에 불과했다. 그런데도 실리콘밸리와 샌프란시스코 베이 지역의 저명한 사람들이 새로운 온라인 세상을 이해하기 위해 브랜드가 만든 이 고대 SNS에 찾아왔다. 그들이 접속을 해서 발견한 것은 보헤미안적이고 선구적이었다. 1985년 경의 실리콘밸리 역시 보헤미안적인 선구자였던 것은 우연이 아니었다.

더웰은 실리콘밸리를 온라인으로 옮겨 놓은 것이었다. 해커스 컨퍼런스로부터 해커를 많이 끌어왔을 뿐 아니라, 브랜드의 잘 나가는 언론계, 환경 단체, 자선 단체, 기업계 친구들도 많이 유입되었다. 더웰은 거의 즉시 가상공간상에서 가장 유명한 곳이 되었고, 사실상 가상공간이라는 단어가 현대적 의미를 가지게 된 최초의 장소가 되었다. 브랜드는 이 새롭고 매우 사회적인 매체의 성공에 고무되어서, 그 매체에 더 몰입하여 모든 에너지를 불태워 버렸다. 그는 더웰의 어두운 면 또한 발견했다. 온라인상의 과격한 비난, 트롤링trolling†, 온라인상에서의 괴롭힘 등 현대 사회의 소셜 미디어에서 나타나는 모든 친숙한 문제점이 1980년대 중반에는 엄청나게 충격적인 것이었다.

래리 브릴리언트: 저는 스튜어트 브랜드를 메리 프랭크스터 시절과 호그팜 시절부터 알았어요.

스튜어트 브랜드: 호그팜을 통해서 래리 브릴리언트를 알게 됐어요. 그는 거기에서 마치 레지던트 외과 의사 같았어요.

람 다스: 래리는 닥터 아메리카라고 불리곤 했어요. 호그팜은 버클리에 있는

---

† 인터넷에서 다른 사람의 화를 돋우거나 반응을 꾀는 행위.

히피 집단이었는데, 웨이비 그레이비Wavy Gravy라는 사람이 운영했어요.

스튜어트 브랜드: 저는 래리 브릴리언트를 이미 익히 알고 있었어요. 그가 인도에서 천연두를 억제하고 끝내 멸종시킨 인물이라는 명성 덕분이죠.

람 다스: 가슴 뜨거워지는 일이었어요. 핀이 막 꽂힌 지도를 갖고 다니면서 지프나 보트를 타고 백신 주사를 들고 마을들을 소탕했어요. 마치 전쟁 같았죠.

래리 브릴리언트: 그 당시 제 롤로덱스Rolodex[†] 매우 특이했어요. 람 다스, 웨이비 그레이비, 천연두 프로그램의 총괄자, UN 직원, 수많은 랍비와 천주교 신부, 그리고 스티브 잡스가 있었죠.

람 다스: 인도에서의 천연두 프로그램이 마쳤을 때, 모두가 우울해했어요. 다음에 무엇을 해야 할지 아무도 몰랐거든요.

래리 브릴리언트: 스티브 잡스는 인도에서 돌아와서는 워즈니악이랑 애플을 시작했죠. 저는 돌아와서 공중 보건 학위를 끝마쳤고요.

람 다스: 래리는 재단을 시작해야겠다고 결정을 내리고는 모든 친구를 불러 모았어요. 인생을 살면서 사귀었던 각기 다른 분야의 친구를 다 데려왔습니다.

래리 브릴리언트: 스티브 잡스는 가끔씩 제게 전화를 했는데, 한번은 제가 미시간에서 담장에 페인트를 칠하고 있을 때였습니다. 아내가 "스티브한테 전화 왔어요"라는 거예요. 그래서 페인트를 뒤집어쓴 채로 수화기로 달려가 받았더니, "래리, 새로운 재단을 시작한다면서요?"라고 물었어요.

람 다스: 그 재단은 유행병자원봉사단체Society for Epidemiological Voluntary Assistance를 축약한 세바Seva라고 불렸는데, 이는 산스크리어트어로 '서비스'를 의미했어요.

람 다스: 전 이렇게 말했어요. "맞아요. 맹인을 돕자고 결정했죠. 네덜란드

[†] 명함꽂이 상표명으로, 주요 인사 연락처를 보통 뜻한다.

정부에게 지원을 받았고 네팔에서 시작하려고 해요. 이 일에 착수하기 전에 여러 조사부터 시작하려고 합니다. 제대로 하고 싶거든요." 히피이기는 했지만 과학적인 히피였죠.

리 펠센스타인: 히피여도 기술을 좋아하지 않을 수 있어요. 하지만 더웰이 주장했고, 우리 모두 믿었던 점은 사람이면 언젠가는 기술을 쓰게 되어 있다는 것이었어요. 그리고 스튜어트가 말한 것처럼 "우리가 신의 역할을 잘해 보는 것이 좋겠다"고 생각했죠.

래리 브릴리언트: 그리고 스티브 잡스는 말했어요. "래리, 당신을 위한 것이 한 가지 있어요. 들을 준비는 됐어요? 저는 당신이 하려는 조사에 필요한 소프트웨어를 알아요. 그건 비지캘크라고 하는데 전자식 스프레드시트에요." 저는 바로 물었어요. "스프레드시트가 뭔가요?" 그렇게 그 자리에서 2시간을 통화했고, 통화 후에 소포가 날라 왔어요. 저희는 이것을 들고 네팔로 갔어요. 그 소포 안에는 시리얼 넘버가 12인 애플 II가 있었습니다. 네팔 통관에서 이게 뭐냐고 물어보길래 "타자기에요"라고 답했더니 "문제없네요. 통과!"라고 하더군요. 알고 보면 저는 거의 세계 최초의 어쿠스틱 모뎀과 스티브 잡스가 보내준 온갖 종류의 정말 희안한 소프트웨어들을 가지고 있었답니다.

네팔에서의 마지막 날, 마지막 조사를 딱 마쳤는데 헬리콥터가 추락했지 뭐예요. 우리가 절대 닿을 수 없는 마을에 추락했어요. 다행히 아무도 다치지는 않았습니다. 사람들이 이야기하길 헬리콥터가 나뭇잎 떨어지듯 우수수 떨어졌다고 하더군요. 엔진도 완전히 박살 났고요. 저는 UN 프로그램을 운영하고 있었고, UN 사무관이었고, 헬리콥터는 추락한 상황이었죠. '어떻게 거기서 나올 수 있을까? 누가 그 비용을 지불할까?'만 생각했습니다. 네팔에서 추락한 수많은 비행기와 헬리콥터도 모두 품질 보증 마크가 있긴 있었지만요. 아무튼 저는 당장 빠져나와야 했어요. 문득 스티브 잡스가 준 각종 소프트웨어가 생각나서 시도해 봤어요. 그

중 하나는 '새틀라이트 엑세스Satellite Access'[†]라는 프로그램이었어요. 저는 애플 II에 이 소프트웨어를 꽂아[‡], 카트만두에서 미시간 대학 컴퓨터에 접속할 수 있었죠. 현재 컴퓨터 컨퍼런싱computer conferencing이라고 알려진 것을 세계 최초로 실행했던 것입니다. 그 컨퍼런스콜엔 상원의원인 햇필드의 사무실, 오레곤의 에버그린 헬리콥터 사무실, 미시간 앤아버에 있는 세바 사무실, 인도 뉴델리에 있는 대사관, 뉴욕에 있는 UN 지부, 에어로스페이스Aerospace사의 파리 지부 등이 연결되었어요.

케빈 켈리: 그건 최초의 BBS이었죠.

래리 브릴리언트: 당시엔 이메일이 없었어요.

하워드 라인골드: BBS에서는 한 번에 하나의 글만 가능했습니다. 제가 온라인이 되려면 지금 사용하고 있는 사람이 오프라인이 되어야 한다는 뜻이죠. 그래야지만 로그인할 수 있었어요.

래리 브릴리언트: 그러다 보니 실시간 커뮤니케이션이 아니라 비동기식asynchronous 커뮤니케이션을 사용했죠. 그런 커뮤니케이션을 통해서 저희는 가까스로 엔진을 구할 수 있었습니다. 수십 톤에 달하는 엔진이 날아왔고, 그걸 지프차의 뒤에 싣고는 정글에 떨어진 헬리콥터로 갔죠. 세네 명의 사람이 도르래 역할을 했어요. 엔진을 바꿨고, 거기를 무사히 빠져나올 수 있었죠. 그때가 1979년 아니면 1980년일꺼에요. 꽤 멋있지 않나요? 저는 그 전에 이런 것을 본 적이 없어요. UN에서도 한 번도 이런 일이 일어난 적이 없었어요. 헬리콥터가 고장이 났는데 72시간 안에 수리가 끝나서 탈출하게 된 일을요. 그래서 잡지『바이트Byte』의 기자가 이 소식을 듣고 저에게 전화했고, 그 잡지에 컴퓨터 컨퍼런싱에 대한 기사가 실리게 되었죠. 저는 미시간으로 돌아가서는 제가 사용할 목적으로 분산형 전자 오피스라고 불리는 DEODistributed Electronic Office를 만들었어

[†] 위성 접속이라는 의미다.

[‡] 당시에는 소프트웨어를 별도의 디스크에 저장했다가 사용할 때 컴퓨터에 꽂아 사용했다.

요. 그때가 1980년이나 1981년이었습니다.

케빈 켈리: 제가 1980년대 초반에 처음으로 모뎀을 가졌을 때, 뭐랄까, "아하"하는 순간이 있었어요. 밤마다 게시판을 돌아다녔는데 매우 중요한 무엇인가가 이곳에서 일어나고 있다는 것을 발견했거든요. 그건 제가 그간 본 무엇과도 견줄 수 없었습니다. 매우 이상한 일이 벌어지고 있었어요. 거기에서는 각자의 관심사에 대해 지적인 대화가 오고 갔어요. 일종의 실험적이고 커뮤니티적인 문화가 있었어요. 오래된 히피 문화 같기도 하면서도 매우 기술적이기도 했죠.

저는 자전거를 가지고 있었지만 차는 없어요. 사실 소유한 게 별로 없었어요. 자동차나 공장과 같이 일반적으로 '기술'이라고 불리는 것에 거의 관심이 없었거든요. 자동차나 공장 같은 게 제가 알고 있는 기술이었어요. 하지만 모뎀을 통해서 컴퓨터로 본 것들은 유기농(?) 기술에 가까웠습니다. 아미쉬Amish[†]스러웠어요. 훨씬 더 정당해 보였고, 훨씬 더 인간적이었죠. 매우 튼튼하면서도 생물학적인 것들이 있었어요. 스튜어트도 바로 그 점을 알아차렸어요.

래리 브릴리언트: 그리고 스티브 잡스가 앤아버Ann Arbor로 왔어요. 그는 과거에 세바를 시작할 수 있을 규모의 자금인 5,000달러를 줬었어요. 이번에 함께 지내면서 그에게 조사에서 얻은 데이터를 분석하기 위한 돈을 또 달라고 요청했죠. 그러자 그는 "지금까지 한 걸 보여 줘요"라고 하길래, 저는 세바 토크Seva-Talk를 시연하면서 미국에 흩어진 수많은 사람과 어떻게 대화할 수 있는지 보여 줬어요. 그러고 나서 다시 돈 이야기를 꺼내자 스티브는 "이봐요, 래리. 돈을 달라고 하지 말고 이 아이템으로 소프트웨어를 개발해서 회사를 만들고 떼돈을 벌어요! 당신의 그 빌어먹을 NGO는 때려 치우고 자기만의 틀 밖으로 좀 벗어나 봐요. 제가 도와줄게요. 제가 회사를 세우도록 도와주고, 상장할 수 있게 지원해 줄 투

[†] 현대 기술 문명을 거부하고 소박한 농경 생활을 하는 미국의 기독교 종교 집단.

자자들도 찾아 줄게요"라고 말하는 겁니다. 그는 실제로 그렇게 해 줬어요. 뭐 그렇게 일이 풀렸죠.

람 다스: 그가 최초에 시작한 회사는 소프트웨어 기업이였어요. 컴퓨터로 회의를 하게 만드는 거였죠. 최초의 베타 테스트는 세바 재단의 사이트였어요.

케빈 켈리: 래리는 매우 기업가적인 사람이었어요.

람 다스: 네티 코퍼레이션NETI Corporation의 주식이 세바 재단으로 증여되었죠.

래리 브릴리언트: 그리고 저는 스튜어트에게 "네티 코퍼레이션이 상장을 해서 돈이 좀 있어요. 저랑 같이 사업해 보지 않겠어요?"라고 물어봤어요. 이렇게 더웰이 시작되었습니다.

스튜어트 브랜드: 래리는 『지구백과』의 원격 화상 회의 같은 것을 원했어요. 『지구백과』의 온라인 버전 말이죠. 그는 『지구백과』를 사랑했어요.

패브리스 플로린: 반문화적인 움직임은 『지구백과』를 우상으로 만들었어요. 세상을 전체론적으로 볼 수 있는 상징 같은 거였으니까요.

스튜어트 브랜드: "그거 재미있을 것 같네요. 그런데 저는 뭘 얻죠?"라고 물었습니다.

래리 브릴리언트: "제가 기술을 제공하고 몇십만 달러의 자금을 댈게요. 당신은 고객을 끌어와요. 수익은 반반으로 나누죠"라고 대답했어요.

케빈 켈리: 그렇게 1985년에 더웰The WELL을 시작했어요.

패브리스 플로린: 더웰은 전 지구 전자식 연결The Whole Earth' Lectronic Link의 약자였어요.

스튜어트 브랜드: 전에 온라인 화상 회의를 본 적이 있는데, 어떤 것들은 환상적이었지만 어떤 것들은 끔찍했죠. 그리고 BBS가 개발되면서 파생된 다양한 것들이 있었지만, 그 중에는 좋은 것과 좋지 못한 것이 공존했어요. 그러한 경험에 기반해서 더웰을 디자인했죠. 지금까지 온라인상에서의 토론이 어땠는가를 반영해서 말이죠.

케빈 켈리: 더웰이 이런 시스템을 일반 대중에게 공개하면 어떻게 될지를 실험해 보고 싶었어요. 과연 어떻게 작동될까요? 그 누구도 컴퓨서브 CompuServe[†]나 프로디지Prodigy[‡]을 넘어서서 이렇게까지 대중에게 공개한 적은 없었어요. 컴퓨서브나 프로디지가 공개되는 방식은 매우 통제되고 단순했었어요.

패브리스 플로린: 스튜어트 브랜드는 일찌감치 정보 교류의 목적으로 컴퓨터의 중요성을 이해했어요. 또한 컴퓨터라는 훌륭한 도구를 활용하여 그의 커뮤니티가 아이디어를 더 효과적으로 공유하고 소통하는데 일조하고 싶어 했어요.

케빈 켈리: 명시적으로 말했는지 아닌지는 확실치 않지만, 더웰은 지배구조, 문화적인 자극, 가격 정책의 관점에서 잘 작동되게 만들고 싶었어요.

하워드 라인골드: 그중에 한 시도는 의도적으로 커뮤니티를 형성시키지 말자는 것이었어요. 그냥 자연스럽게 커뮤니티가 구현되도록 두었죠. 그냥 사람들이 무엇을 만들든 내버려 두면서요.

케빈 켈리: 또 하나의 원칙 중 하나가 가능한 한 공짜로 하자는 것이었어요. 우리가 얼마나 저렴하게 커뮤니티를 만들 수 있을지 보고 싶었기 때문이었어요. 사용자들이 사용하기에 저렴한 커뮤니티요.

스튜어트 브랜드: 이래도 안 쓸까 싶을 정도로 매우 싸게 가격을 책정했죠.

케빈 켈리: 우리는 정말 싼 원격 화상 회의를 제공하여 사람들에게 힘을 주고 싶었어요. 그리고 이런 생각은 해커 커뮤니티에서 나왔어요. 해커스 컨퍼런스에서 말이죠.

스튜어트 브랜드: 우린 컨퍼런스를 만들기 쉽게 했어요. 컨퍼런스를 누구나 만들 수 있었죠.

케빈 켈리: 작업 과정은 해킹 같았어요. 소프트웨어는 버그가 많았지만, 누

---

† 최초의 온라인 서비스 중 하나.
‡ 1988년 공개된 IBM PC를 위한 최초의 일반 사용자용 온라인 서비스.

구에게나 공개했고 쉽게 고칠 수 있었죠.

리 펠센스타인: 해커스 컨퍼런스에 있던 사람들은 누구든 멤버십을 제공받았어요.

스튜어트 브랜드: 저는 해커를 시스템 안으로 끌어안고 싶었어요. 그래서 해커들을 초대했죠. 또한 작가나 기자들에게도 모두 무료 계정을 제공했어요. 저희 마케팅 전략이었죠. 그러고 나서 보니 그건 어느 정도 『지구백과』의 사촌 같게 됐어요.

래리 브릴리언트: 람 다스가 더웰에 있었죠. 웨이비 그레이비도 더웰에 있었죠. 모든 세바 사람들이 더웰을 쓰기 시작했어요. 그 자체만으로도 매력적인 서비스였어요.

하워드 라인골드: 스튜어트 브랜드는 그의 네트워크를 다 불러 모았어요. 커뮤니티, 지속 가능성, PC와 정보 도구에 관심이 많은 사람들이요. 더웰은 그런 커뮤니티들의 연장선이자 끝나지 않는 파티 같았어요.

래리 브릴리언트: 그러다가 그레트풀 데드 팬클럽 회원인 데드헤드Deadhead들이 오디오 테이프를 디지털화해서 온라인에 유포하기 시작했어요. 다만 오직 더웰을 통해서만 그 음악 파일을 찾을 수 있었습니다.

케빈 켈리: 데드헤드들은 컨퍼런스들에 참가해서는 그들 내면의 또 다른 열정을 보여 주기도 했죠. 예를 들어 "오, 정원 가꾸기에 대한 글이 재미있어요. 양육에 관한 글도 있다니 대단해요"라고 하는 등의 반응이요. 그러다가 서로의 선곡을 교환하더니 전 세계의 다양한 글과 사용자를 더 알아보기 위해 각자의 길을 떠났습니다. 그들이야말로 더웰이 진정한 온라인 커뮤니티가 되는데 일등 공신이었죠.

프레드 데이비스: 마치 쌈박한 크레이그리스트CraigList[†]의 시초라고나 할까요. 시크릿 레이브 음악을 듣거나, 그레이트풀 데드 콘서트의 표를 가진 사람에 대한 이야기를 할 수 있었어요. 정말 말 그대로 커뮤니티였어요.

[†] 판매를 위한 개인 광고, 구인 구직, 토론 공간 등을 제공하는 미국 웹사이트.

사이버상의 진짜 커뮤니티요.

미하엘 나이막: 더웰에서 그림 하나도 전송할 수 없었어요. 문자로만 대화가 가능했죠. 물론 비동기화asynchronous방식이고요. 당시엔 동기화 방식의 채팅이 없었어요. 그럼에도 불구하고 제 친구들은 더웰을 하루에도 몇 번씩 들락날락거리면서 살다시피 했어요. 아타리가 망하자, 브렌다와 저는 가상현실에 대한 원대한 계획을 세우고 있었습니다. 우린 가상현실 경험을 정말로 현실과 같은 경험으로 만들기 위해서 노력했어요. 하지만 아이러니하게도 아주 딱딱한 문자 기반의 커뮤니티인 더웰이 오히려 우리에게 엄청난 생동감을 느끼게 해 주었어요. 우리가 당시 경험한 어떤 가상현실보다 더 살아있었죠.

하워드 라인골드: 그냥 화면에 글자만 있었을 뿐인데도요!

R. U. 시리우스: 그건 고작해야 문자 기반의 게시판 시스템이었어요. 하지만 많은 부분에서 현대의 SNS보다 우수했어요. 더웰 안에서는 매우 특별한 사람들과 매우 훌륭한 대화를 나눌 수 있었으니까요.

래리 브릴리언트: 그건 스튜어트 때문이죠. 그는 다방면의 사람들을 놀라울 정도로 매료시켰어요. 그들은 자기 생각을 글로 맛깔나게 쓸 줄 아는 혁신적인 작가들이었습니다. 글 하나하나가 주옥 같았어요!

케빈 켈리: 말 그대로 살롱 분위기가 자리잡았고, 그게 사람들로 하여금 글을 계속 쓰게 만들었어요. 더 훌륭하게, 그리고 직설적으로요. 제 생각에는 1980년대 최고의 명문 중 몇몇은 더웰에서 쓰여졌어요.

래리 브릴리언트: 정확히 트위터의 반대죠.

리 펠센스타인: 더웰은 처음 5년간은 샌프란시스코의 보헤미안 문화를 온라인으로 옮긴 것이었어요. 어떤 주제든 원탁에 둘러 앉아서 이야기 나눌 수 있는 그런 문화요. 여기에 오면 당신이 들어 봤을 법한 사람들, 혹은 읽어 봤을 법한 사람들과 가장 친한 사람들이 모여있었어요. 샌프란시스코는 1800년대부터 그런 문화가 있었어요. 그런데 그런 문화를 집

에서 손가락 하나로 즐기게 된 것입니다.

하워드 라인골드: 그건 마치 제 집에서 파티가 벌어지는 것만 같았어요. 사람들은 심각한 주제에 대해서 이야기도 하고 지식을 교류하기도 하다가 그냥 웃고 떠들고는 했죠.

케빈 켈리: 스튜어트와 저는 더웰에서 살았어요. 그게 더웰의 아름다운 점이죠.

리 펠센스타인: 실험 같았어요. 보헤미안 문화를 온라인 시스템과 융합시키는 실험이요. 온라인에서도 그들은 그들만의 방식이 있었어요. 아마 누구든 비슷했을 것 같아요. 아무도 해 본 적이 없었으니까요.

케빈 켈리: 최초의 컨퍼런스가 무엇이었는지 기억이 나질 않네요. 그런데 시작하고 얼마 안 있어서 더웰에 대한 컨퍼런스가 열렸어요. 왜냐하면 유저들의 모든 회의에 더웰에 대해서나 더웰의 정책에 대해서 이야기를 한다는 사실을 곧바로 알게 되었거든요. "왜 더웰에서 이것은 못하나요? 저것은 못하나요?"라는 목소리가 여기저기서 튀어나왔습니다. 사실 우리를 포함해서 그 누구도 더웰에 대해서 아는 게 없었어요. 우린 컨퍼런스에 사회자Moderator가 필요한지도 몰랐으니까요. 정말 몰랐어요. 전에 한 번도 생각해 본 적이 없는 주제였거든요. 왜 사회자가 필요한 거죠?

리 펠센스타인: 그들은 제게 해커 섹션의 사회를 맡겼어요.

케빈 켈리: 그 일은 우리의 가장 큰 일 중 하나가 됐어요. 사람들 대화의 사회를 보는 일이요.

리 펠센스타인: 그래서 저는 몇몇 편집중적인 대화로 가득 찬 게시글을 터트리는 일을 해야 했어요. 그런 대화는 대부분 다른 개성들이 부딪히면서 발생했죠. 몇몇은 제가 직접 뛰어들어서 "이야기가 너무 산으로 가네요. 다들 진정하세요. 제발"이라고 외쳐야 했죠. 그건 그럴 만한 가치가 있었어요. 하지만 많은 에너지가 들어갔어요.

케빈 켈리: 이런 시스템은 자연 증폭기 같아요. 특히 부정적인 것은 쉽게 증

폭되고, 긍정적인 것보다 훨씬 부풀려지게 되죠. 종종 아주 사소한 문제가 큰 재앙으로 발전하는 현상을 목격했어요. 아주 교양 있는 사람들도 종종 토론의 과정에서 싸움에 말려드는 것을 봤죠. 우린 그걸 '불꽃 전쟁 Flame War'이라고 불렀어요. 마치 문장 속에 불꽃이 있어서, 더 크게 불꽃이 일수록 더 많은 게 빨려 들어가 연소되는 것만 같았죠.

리 펠센스타인: 우리는 '불꽃 전쟁'이 어떤 사람에게 일어나는지 꽤 빨리 알아차렸어요. 해커들은 당연히 그런 경향이 있었죠. 처음에 우리는 그게 해커들에게만 국한되는 현상이라고 생각했는데, 나중에 그렇지 않다는 걸 알아차렸어요.

케빈 켈리: 그리고 우리는 '트롤Troll'을 발견하기 시작했어요. 물론 당시엔 트롤이란 표현을 쓰지 않았지만요. 갈등을 유발하고, 사람의 감정을 찌르는 것에서 만족을 얻는 사람들이 있었어요. 그들은 그런 행동을 지속적으로 반복했어요. 그로 인해 무슨 일이 벌어질지 궁금했기 때문이죠.

스튜어트 브랜드: 사람들은 트롤을 어떻게 다뤄야 하는지 학습하기 시작했어요. 그들은 사람들이 반응하면 불꽃을 더 크게 만들었죠.

케빈 켈리: 우리는 트롤에 대응해야 했어요. 그리고 사람들은 자기가 썼던 글이 옳든 그르든 간에 지우고 싶어 해서 이 문제에도 대응해야 했죠. 즉, 요즘은 매우 일반적이고 익숙한 일들이 당시의 우리에게는 꽤 새로운 개념들이었어요. 그리고 각각의 문제를 해결하기 위해 매일 밤낮을 꼬박 지새웠어요.

하워드 라인골드: 더웰은 사용자가 본인의 모습 그대로 더웰에서 활동해야 한다는 정책을 세웠어요. 그래서 신용카드로 본인을 증명해야 했죠. 그렇지 않으면 저희 사무실에 와서 자신의 신원을 증명한 다음에 더웰을 사용할 수 있었습니다. 그건 좋은 결정이었어요.

스튜어트 브랜드: 저는 온라인에서 익명이 되면 유명한 지식인들도 서로를 비이성적으로 헐뜯는 장면을 너무 많이 봤어요. 그래서 저는 더웰에서

만큼은 익명으로 글을 쓰지 못하게 막았습니다. 물론 가명으로 활동할 수 있는 방법이 있긴 했지만요.

케빈 켈리: 그럼에도 결국엔 익명으로 컨퍼런스를 개최했어요. 그건 완전한 실험이었어요. 사실 익명 컨퍼런스는 사용자의 요청에 의해서 만들어졌어요. 어떤 결과가 나올지 전혀 몰랐죠. 가끔은 익명 컨퍼런스가 엄청 잘 운영됐어요. 하지만 그 반대의 경우엔 굉장히 무섭고 기괴하고 끔찍했죠. 사람들이 본인의 잘못을 자백하기도 했고요.

스튜어트 브랜드: 익명 컨퍼런스는 소프트웨어로 쉽게 설치가 됐어요. 하지만 일주일도 못 가서 접었습니다. 사람들이 서로에게 너무 적대적으로 행동했기 때문이에요. 마치 다른 사람인양 행동했어요. 서로가 서로를 속이고 서로가 서로를 사기꾼이라고 생각했어요. 실제로 벌어진 일은 서로를 헐뜯고 상처 내는 것이었죠.

케빈 켈리: 자문해 보았습니다. "우리가 어떻게 해야 할까요? 우리에게 법적 책임이 있을까?"라고요. 이런 질문이 제가 이사회 구성원으로서 걱정하던 것들이었어요. 익명 컨퍼런스 전에는 익명성에 대해 깊게 생각한 적이 없었어요. 하지만 이후에 저는 알았습니다. "익명 컨퍼런스는 좋지 않다"는 것을요.

스튜어트 브랜드: 어쨌든 더웰은 스스로 생명력을 지니고 성장해 왔어요. 그리고 트롤과 익명성과 관련하여 온라인상에서 꽤 다양한 사례를 모으게 되었죠.

하워드 라인골드: 저희는 내부 규율이 있었어요. 일종의 사회 정책 같은 것이었는데 바로 "당신은 당신만의 단어를 가진다 You own your own words"라는 말이었어요. 원래는 당신이 누군가가 한 말을 인용하려면 반드시 허락을 구해야 한다는 뜻이었지만, 당신이 한 말에 책임을 지라는 의미이기도 했어요.

래리 브릴리언트: 더웰이 성공했던 가장 큰 이유는 바로 그런 규율들 때문

이에요. 소프트웨어나 돈 때문이 아니죠.

케빈 켈리: 완전히 새로운 영역이었고, 완전히 새로운 형식이었어요. 더웰이 나름 문제없이 운영되던 그 당시에는 모든 개념이 새로웠어요. 지금은 너무나 익숙한 특성이 그 당시엔 막 떠오르고 있던 시절이었고 우리가 그걸 최초로 다루기 시작했어요.

하워드 라인골드: 어떤 면에서 더웰은 온라인 커뮤니티가 제공할 수 있는 최선이기도 했지만, 최악이기도 했어요. 당신을 저격하려는 그런 사람들에게는 최악이었죠.

케빈 켈리: 그렇게 더웰이 성장을 하다가, 어느 순간 스튜어트가 그만뒀어요. 그는 한 기업의 리더로서, 솔직히 리더보다는 정신적 지주에 가까웠어요. 온갖 악성 댓글에 시달렸거든요. 부숴지고 조롱당했어요. 그의 입장에서는 정말 흥이 안 나다 보니 "재미도 없는데 그만둬야겠어"라고 생각하게 되었죠.

하워드 라인골드: 스튜어트는 짜증이 났어요. 하지만 누가 그를 욕하겠어요? 그는 더웰을 창조했습니다. 많은 반권위주의가 그를 조명했어요. 그가 스튜어트이기 때문이죠.

스튜어트 브랜드: 당시엔 전통적인 방식의 괴롭힘이 지속되었어요. 그리고 그 시점에 저는 도망쳤죠.

하워드 라인골드: 더웰에서 쫓겨나긴 쉽지 않아요. 특히 머저리 같다는 이유만으로는요. 사람들은 그 일에 대해서 몇 달이고 불평불만을 표했어요. 특히 저를 포함한 많은 사람이 그것 때문에 굉장히 짜증이 났죠.

스튜어트 브랜드: 어떤 커뮤니티에서건 새로운 사람들이 유입되면, 그 커뮤니티에 이미 오래 활동한 사람들이 마음의 문을 닫고 신참들을 무시하기 일쑤에요. 저는 그런 현상이 더웰에서도 벌어질 수 있다는 것을 알았어야 했어요. 더웰의 기존 멤버가 멤버로서 해야할 일은 새로운 멤버를 환영하고 편안하게 만드는 것이란 사실을 간과했어요. 우린 그렇게 하

지 않았어요. 그게 더웰이 성장하지 못한 요인이었죠.

케빈 켈리: 스튜어트가 떠나고 나서, 모든 것이 거대해지기 시작했어요. 당시엔 ISP, 즉 인터넷 서비스 제공자Internet Service Provider의 시대였죠. 파이프라인, 에코, 아메리카온라인America Online, Lnc., AOL 등이 등장했고 이게 대세가 될 것이라는 건 명확했어요. 그들 중 몇몇은 매우 빠르게 성장했어요. 근데 왜 우린 성장하지 못했냐고요? 문제는 우리가 비영리 단체라는 점이었죠. 누가 비영리법인에 투자를 하겠어요? 그게 문제였습니다. 근데 저는 문제를 다르게 바라봤어요. "이 단체를 팔아야 하나? 아니면 이걸 수익화시켜야 하나? 그러면 얻는 게 뭐지?" 이런 생각의 끝에 "아니야, 우리가 우리 모습을 유지하는 게 더 나은 것 같아. 성장하고 돈도 많이 벌 수 있겠지만, 그건 많은 사람이 하는 거잖아"라고 결론을 내렸어요. 그게 나쁜 선택일수도, 좋은 선택일수도 있어요. 하지만 더웰을 계속 실험적으로 놔두고 싶었던 제 결정이었어요.

스튜어트 브랜드: 그건 절대 상업적으로 성공하지 못했어요. 겨우 운영할 정도의 돈만 벌었죠. '이 매체를 통해서 과연 무엇을 시도할 수 있을까?' 그게 핵심이었죠.

케빈 켈리: 결국 더웰은 살롱Salon에 팔렸어요. 하지만 이미 너무 늦은 시점이었죠.

스튜어트 브랜드: 매각 후 수년간 더웰 안에서 커뮤니티가 유지되면서 사람들도 계속 연결되었어요. 하지만 결국엔 다 멈췄죠.

패브리스 플로린: 더웰에서 지식을 나누던 사람들이 결국엔 다른 곳으로 다 뿔뿔이 흩어졌어요. 하지만 그 뿌리를 찾아 거슬러 올라가 보면 모두 더웰에서 만난답니다. 정말 많은 지식인이 더웰에 있었죠.

하워드 라인골드: 페이스북 초기에 스티브 케이스Steve Case[†]로부터 친구 신청이 왔어요. 제가 "저 당신이 누군지 알아요. 혹시 왜 친구신청을 하셨

[†] AOL의 공동 창업자.

어요?"라고 묻자 그는 "아, 저는 더웰 초기부터 팬이었어요"라더군요. 그래서 저는 '더웰이 영향력이 있긴 있었구나'라고 생각했습니다.

래리 브릴리언트: 스티브 잡스도 있었어요. 잡스는 가짜 이름을 쓰고 숨어 있었죠.

하워드 라인골드: 스티브 잡스, 스티브 케이스, 크레이그 뉴마크. 그들 모두 더웰에서 다양한 정보를 얻었다고 말했습니다.

패브리스 플로린: 더웰은 온라인 커뮤니티의 시작점이었죠.

래리 브릴리언트: 이 모든 게 스티브 잡스가 저에게 컴퓨터를 준 때부터 시작합니다. 그는 제가 그 컴퓨터를 네팔에서 쓰게 만들었고, 저는 그가 제게 준 소프트웨어로 위성에 접속했고, 돌아온 후에는 그가 세바 토크의 가치를 알아봤죠. 수백 명에게 보여 줬지만 그 누구도 진정한 가치를 알아차리지 못했어요. 그게 무엇을 할 수 있는지를 못 봤던 거죠. 하지만 스티브 잡스는 바로 알아차렸죠.

패브리스 플로린: 스튜어트는 기술에 모든 개발자가 공유할 만한 가치와 윤리를 부여했어요. 그들은 그들만의 해커 윤리를 가지고 있었지만, 스튜어트가 그걸 증폭시킬 수 있게 해 주고 하나로 묶었죠. 그리고 그건 큰 사업이 되었어요. 그렇기에 지식인이 그 산업을 키우는 주체가 되긴 더 이상 어려웠죠. 이제 사업가가 나설 차례가 되었다는 뜻이에요. 일의 규모와 범위를 고려하면 납득할 수밖에 없어요. 지식인들이 계속 붙잡고 있기에는 너무 커져 버렸어요.

12

현실감 체크
가상현실과 새로운 인터페이스 만들기

등장 인물

댄 잉걸스	스콧 피셔	제이미스 맥니븐
댄 코트키	앤디 허츠펠드	짐 클락
데이비드 레빗	앨런 케이	케빈 켈리
미치 알트만	영 하빌	클리브 톰슨
미하엘 나이막	제론 레니어	톰 짐머만
브렌다 로렐	제이미 자윈스키	하워드 라인골드

VR은 실리콘밸리의 차세대 기술이다. 페이스북과 구글(마이크로소프트는 말할 것도 없이)은 이 기술에 엄청 크게 베팅을 하고 있고 이 분야의 미래를 선도하기 하기 위해 싸우고 있다. 할리우드 역시 이 시류에 편승했다. 최고의 VR 콘텐츠는 이제 썬댄스 영화제에서 매년 선보이고 있다. 그러나 VR은 보이는 것만큼 새로운 것은 아니다. VR은 아타리에 있는 앨런 케이의 연구실 안에서 시작됐다. 아타리가 붕괴했을 때 실험실도 붕괴되어 케이의 동료들이 실리콘밸리에 흩어졌지만, 젊고 레게 머리를 한 프로그래밍 신동 제론 레니어는 연구를 쭉 계속했다.

그의 원래 목표는 오래된 꿈을 되살리는 것이었다. 더글러스 엥겔바트나 앨런 케이처럼 레니어는 몰입할 수 있고 유연하며 많은 권한이 주어진 컴퓨팅 환경을 만들고 싶었다. 차이점은 인터페이스였다. 엥겔바트는 마우스를 발명했다. 앨런 케이는 거기에 데스크톱 메타포[†]를 덧붙였다. 그리고 레니어에 이르러서는 고글과 장갑을 끼고 가상현실 속으로 발을 들여놓았다. 레니어가 VR을 실제로 현실화했다. 그리고 이 모든 것을 개발하는 새로운 인터페이스의 핵심은 컴퓨터가 내부에서 자체적으로 프로그래밍할 수 있다는 점이었다.

다만 한 가지 문제가 있었다. 일단 사람들이 컴퓨터 안으로 들어가자, 사실상 아무도 코딩을 하고 싶어 하지 않았다. 그 안에는 사이버 환각 속의 디즈니랜드가 사람들의 탐험을 기다리고 있었다. 레니어는 그에 상응하는 차세대 그래픽 사용자 인터페이스로 차세대 프로그래밍 언어를 구축하고 있다고 생각했지만, 사람들이 경험한 것은 훨씬 더 재미있는 것이었다. VR은 더웰의 가상공간을 실현시켰다. 계속되는 세상의 이목에 레니어는 재빠르게 잡스와 같이 VR 기기를 판매했지만 입장권 가격이 너무 비쌌다.

제론 레니어: 전 아타리 캠브리지 연구소에 가기 전에 이미 팔로알토의 차

[†] 컴퓨터 표시 화면상에 마치 책상에서 일하고 있는 것과 같은 환경을 가능하게 하는 것을 의미한다.

고에서 VR 기기와 관련한 작업을 하고 있었어요. 우리는 온갖 이상한 실험을 했는데, 모두 파격적이고 단기적인 것들이었죠. 1980년대 초반에 저의 1막이 끝나자 톰이 제게 왔어요.

톰 짐머만: 어느 밤에 스탠퍼드 전자 음악 야외 콘서트에서 제론을 만났어요. 저는 그에게 이런 장갑을 갖고 있다고 말했어요.

제론 레니어: 전 "오, 그게 뭘 하는 거예요?" 라고 물었고, 그는 "음, 연속형 센서Continuous Sensor가 탑재돼 있어요"라고 말했죠. "세상에! 우리 이야기 좀 해요."

톰 짐머만: 전 MIT를 졸업하고 아타리 연구소에 입사하기 전에 데이터글러브Data Glove[†]를 발명했어요.

제론 레니어: 청각 장애가 있는 응용 프로그램이나 다른 것들을 위해 이런 종류의 센서 장갑을 착용한 사례는 많이 있었지만, 제가 아는 한에서는 아무도 연속형 센서가 작동하는 장갑을 실제로 만들지는 못했어요. 그래서 전 번개 같은 속도로 이 분야에 빠삭한 사람 여러 명을 톰에게 소개시켜 줬어요. 영 하빌과 그의 아내 앤 라스코를 포함해서요.

영 하빌: 제론은 댄 코트키와 공동으로 집을 갖고 있었는데, 우리는 제론 맞은편에 있는 집을 빌렸어요.

댄 코트키: 제가 만났을 때 제론은 마르고 단정한 게임 프로그래머였어요.

영 하빌: 그는 코모도어 64Commodore 64[‡]를 위한 〈문더스트Moondust〉라는 게임을 막 개발 완료했어요. 꽤 성공작이었는데, 잘 했죠.

톰 짐머만: 〈문더스트〉가 멋진 건 이게 아마 최초의 비폭력적인 게임이란 거죠. 그 목적은 오직 눈요기와 귀호강을 위한 시각적, 음향적 화려함을 만드는 것이었어요. 나름 멋진 목적이죠. 게임에서 당신은 작은 우주선이 되고 먼지 속을 지나다니면서 한 곳으로 모으면 폭발하는 게임이었어

[†] VR의 상을 조작하기 위해 센서가 부착된 데이터 입력용 장갑.
[‡] 코모도어 인터내셔널이 1982년 8월에 내놓은 8비트 가정용 컴퓨터.

요. 전 그게 제론을 잘 설명한다고 생각해요. 그의 아주 밝은 성향이요.

데이비드 레빗: 짐머만이 제론을 소개시켜 줬던 것 같아요. 우리는 모두 음악에 관심이 있었어요. 서로 같은 아이디어가 많아 합이 잘 맞았어요. 사람들은 우리를 '쌍둥이'라고 불렀죠. 저도 당시에는 레게머리를 하고 있었거든요.

제론 레니어: 음, 제 머리스타일에 대해서요? 언제부터인가 머리 손질을 그만뒀어요. 너무 시간이 많이 들었거든요. 제게는 3가지 선택지가 있었습니다. 머리 관리에 제 모든 인생을 소비하거나, 밀어 버리거나, 그냥 냅두는 거요. 전 그중에 가장 게으른 방법을 택했어요.

영 하빌: 어쨌든 제론은 〈문더스트〉에서 손을 떼고 있었어요.

하워드 라인골드: 집집마다 컴퓨터를 갖을 뿐 아니라 심지어 비디오 게임까지 할 수 있다는 것은 큰 문화 충격이었죠. 그래서 사람들이 "다음은 무엇일까"를 궁금해했어요. 당시에는 모든 게 너무나 빠르게 변화하고 있는 것 같았거든요. 비록 VR에 대한 이야기는 없었던 것 같지만요.

제론 레니어: 댄 코트키는 맥이 출시되기 전에도 오토바이 뒷칸에 수건으로 싸서 가져오곤 했는데 여기서부터 재밌는 사건이 많이 일어났어요. 제가 기억하는 최초의 미디MIDI[†] 프로그램은 댄이 애플에서 몰래 빼낸 출시 전 맥에서 만들어졌어요.

댄 코트키: 제가 그 미디 인터페이스를 만들었답니다. 재밌어 보였거든요.

톰 짐머만: 그리고 나자 제론이 이 프로그래밍 언어 아이디어에 푹 빠져서 관심을 갖기 시작했어요.

제론 레니어: 제가 만든 〈문더스트〉라는 게임이 꽤 성공적이어서 1983년에 돈이 꽤 많았어요.

톰 짐머만: 그리고 아타리가 날아가 버렸죠. 언젠가 "새로운 회사를 만들고 있어요. 함께 하지 않을래요?"라고 제론이 말했어요. 이게 다른 것보다

[†] 전자 악기와 컴퓨터 연결 장치.

훨씬 더 흥미진진했어요. 제가 한동안 개발했던 데이터글러브를 만들 거라고 하지 뭐예요. 그래서 함께하기로 했어요. VPL의 시작이었죠.

제론 레니어: VPL은 1983년도에 설립됐어요.

영 하빌: VPL은 원래 "시각 프로그래밍 언어Visual Programming Language"를 뜻합니다.

톰 짐머만: 제론은 프로그래밍 언어를 개발하고 있었어요. 그는 정말로 그 작업을 하고 싶어 했죠.

제론 레니어: 그 당시 우리는 큰 그림을 그릴 수 있는 자유가 있었어요. 지금은 오직 소수의 사람만이 그럴 수 있지만요. 삶을 바라보는 세계관에서 시작해서, 그것을 컴퓨터 패러다임으로 전환한 후에 하나의 통일된 콘셉트로 소프트웨어 아키텍처와 하드웨어 인터페이스에 대해서 생각하는 거였죠. 그게 정확히 더글러스 엥겔바트가 자신의 증강 시스템으로 했던 일이죠. 앨런 케이가 엥겔바트의 시스템으로 했던 일이기도 하고요. 스몰토크와 익숙한 인터페이스, 그리고 컴퓨터가 모두 하나로 합쳐졌어요. 비슷한 다른 사례들이 많아요. 이게 그 당시 우리 모두가 사용했던 방식이에요.

영 하빌: 제론의 아이디어는 우리가 시각적인 언어를 가질 수 있다는 거였어요. 예를 들어, 사진으로 묘사된 일련의 행동을 선택하거나, 그 사진을 눌러 실행시켜서 어떤 행동을 했는지 볼 수 있다고 해봐요. 그러면 순서에 맞게 그 사진들을 정돈함으로써 새로운 서브루틴SubRoutine[†]을 만들어 낼 수 있는 거죠. 그건 새로운 사진으로 대표될 것이고, 눌러서 결과를 확인할 수 있는 또 다른 아이템이 이렇게 탄생하는 거예요.

톰 짐머만: 제론은 장갑을 프로그래밍 언어의 입력 장치로 보았어요.

영 하빌: 제론이, 그리고 제 생각에는 톰도 함께 추진했던 것은 단지 클릭하고 드래그해서 놓는 것이 아닌 제스처 인터페이스였어요. 마우스와 키

[†] 한 프로그램 내에서 필요할 때마다 되풀이해서 사용할 수 있는 부분적 프로그램.

보드로 얻는 시각적 언어는 제한적이었어요. 시각적 형태의 입력을 원한다면, 다시 말해서 음악을 시작하거나 음을 구부리기 위한 아날로그적인 입력을 원한다면, 제스처 인터페이스는 정말로 중요했어요. 그것이 그가 장갑과 제스처로 하고 싶어 했던 것이었죠.

데이비드 레빗: 그건 직접 조작하는 인터페이스였어요.

영 하빌: 제론은 수화를 하는 것으로 유명한 고릴라 코코와 그의 모든 제스처 작업을 무척 흥미로워 했어요. 우리는 수화를 아름다운 제스처 언어로서 관심을 가졌죠. 제 생각에 제론은 어느 시점에 이게 엥겔바트의 작업을 따르는 길이라고 느꼈던 것 같아요. 순수한 표현이라는 측면에서 말이죠. 그리고 모두가 제록스파크 사람들이 뭘 했고, 어떻게 조합했으며, 시스템을 얼마나 발전시켰는지 알았죠. 시금석이었어요.

제론 레니어: 저는 사용하는 중간에도 얼마든지 변경이 가능한 시스템에 정말 관심이 많았어요.

영 하빌: 그래서 제가 결국 VPL에서 처음 하게 된 일은 톰이 작업하던 광학 장갑의 출력을 더 고도화시키는 것이었어요.

제론 레니어: 우리는 바로 추적기Tracker를 장갑에 달았어요. 그래서 공간상 어디에 위치하는지 알 수 있었죠. 또한 이미 보유하고 있던 소프트웨어를 결합하면서 물건을 집을 수 있게 됐어요. 진짜 예술이었죠. 완전 초기 맥킨토시에서 잘 돌아가는 사진을 갖고 있어요. 장갑은 이미 1984년도에 잘 굴러갔죠. 그 당시 기계 장치들은 매우 느렸기 때문에 장갑 기반의 상호 작용은 매우 어려웠어요. 상황이 이러하니 거의 신적인 프로그래밍이 필요했는데 그 대부분을 앤디 허츠펠드가 암암리에 제공했답니다.

앤디 허츠펠드: 전 VPL이나 제론에 대해 말하고 싶은 생각이 전혀 없어요.

앨런 케이: 제론의 VPL 첫 번째 버전은 제가 본 것 중 분명히 최고의 데모였어요. 모든 방면에서 환상적이었죠. 프로그래밍을 정말 깊이 이해해야만 생각할 수 있는 네다섯 가지의 훌륭한 아이디어가 담겨진 역작 중에

역작이었죠. 특히 젊은 아이들에게 말이죠.

댄 잉걸스: 3차원 가상 세계에서 드래그 앤 드롭을 할 수 있는 그런 선명한 느낌이었어요. 드래그 앤 드롭을 사용할 수만 있다면 많은 것들을 프로그래밍할 수 있었어요. 부품 상자에서 속성Properties을 집어서 객체Object에 넣으면 그 객체들은 해당 속성을 갖게 되었어요.

데이비드 레빗: 이런 방식으로 프로그래밍하는 묘미는 그래픽 객체들을 연결하면서 "이건 이런 강도를 가지고 있고, 이건 이런 무게를 가지고 있어"라고 말할 수 있다는 점이죠. 이러면 중력 충돌을 만들어 낼 수 있어요. 전체 판을 새로 만들어 낼 수 있는 거죠. 아이들 앞에서 그걸 그린다면 애들이라도 모든 단계를 이해할 거예요. 정말 기적적이죠. 비디오 게임을 외부의 문자 언어로 프로그래밍하는 게 아니라, 비디오 게임 안에 들어가서 프로그래밍을 하면서 이해하게 된다는 거예요.

앨런 케이: 정말 대단했어요. 물론 우리가 가지고 있었던 매우 매우 간단한 장갑을 사용했죠. 전 그걸 사랑했어요.

레니어는 이 새로운 프로그래밍 언어를 만들면서 그 부산물로 가상 세계의 포문을 열었다. 그 본질은 제록스파크에서 처음 개척한 그래픽 사용자 인터페이스의 3D 버전이었다. 마우스 대신 장갑이 있었다. 2차원 데스크톱 대신 3차원 작업 공간이 있었다. 그러나 레니어의 가상 세계는 여전히 화면 반대편에 갇혀 있었다. 가상 공간 그 자체로 들어가 버린, 최후의 단계에 다다른 사람은 또 다른 아타리 리서치랩 동문인 스콧 피셔였다.

브렌다 로렐: 아타리에서 프로토-VR 팀의 일원이었던 스콧 피셔는 NASA로 가서 첫 번째 시스템을 만들었어요.

스콧 피셔: 세상에, 아타리에서 해고된 후 NASA는 제 배경 조사만 꼬박 9개월 정도 했다니까요. 1985년 초가 되어서야 NASA에 들어갔어요. 저

는 머리에 착용하는 헤드 마운트 디스플레이Head Mounted Display에 대한 아이디어에 정말 미쳐 있었어요. 입사하고 일주일 만에 이미 훌륭한 헤드 마운트 디스플레이를 개발해 냈다는 걸 알게 되었어요.

톰 짐머만: 그렇게 스콧은 헤드 마운트 디스플레이를 손에 넣었죠.

제론 레니어: 그건 정말 매우 매우 저해상도의 디스플레이였어요. 각 픽셀이 부엌 타일 정도로 컸죠. 하지만 머리 추적기가 있었고 상당히 빨랐어요. 그리고 상당히 자세한 것들을 볼 수 있었죠.

스콧 피셔: 제 생각에 그건 100×100 정도 해상도였던 것 같아요.

브렌다 로렐: 검은 바탕에 녹색 그래픽이었어요.

톰 짐머만: 스콧의 비전은 우주비행사가 우주선 캡슐 안에서 캡슐 밖의 것들을 조종할 수 있는 수준까지 가는 거였어요. 요즘으로 치면 일종의 로봇 팔과 같은 거요.

스콧 피셔: 저는 톰을 수소문 끝에 찾아냈어요. 그 당시에 톰은 제론과 VPL에 온종일 매달려 있었어요. 그 둘은 어떻게 해야 장갑을 시각 프로그래밍 언어로 사용할 수 있을지 알아내려고 노력하고 있었죠. 그 둘을 만나서 "음, NASA용으로 장갑을 만들어 줄 수 있나요?"라고 물어 봤어요. 가상현실에 들어가서 가상의 객체들을 만질 수 있는 방법이 절실했거든요.

톰 짐머만: 제론의 관심사가 가상 세계를 구현하는 것이라면, 스콧 피셔는 원격 로봇 공학이 전문이에요. 스콧이 그의 담대한 비전을 제론과 저에게 보여 주자, 우리는 그 비전을 실현시키기 위한 장갑을 만들어 달라고 계약했죠.

스콧 피셔: 대부분의 소프트웨어를 만들었던 톰 짐머만 그리고 척 블랜차드Chuck Blanchard와 정말 많은 시간을 보냈어요. 척도 VPL 출신이에요. 그는 NASA 시스템이 장갑 시스템과 접속할 수 있도록 도와줬어요. 문제 없이 작동하도록 훌륭한 코드도 몇 개 작성했죠. 우리는 장갑을 하나 더 만들어서 2개의 손을 가질 수 있었습니다. 그리고 톰은 장갑 기술을 계

속 연구했어요. 점점 성능이 개선되었죠.

톰 짐머만: 그건 일종의 산업용 VR이었어요.

브렌다 로렐: 그 셋은 자주 데모를 했는데 크게 웃었던 사건이 기억나요. 데모 중 하나에 풀다운 메뉴Pull-down Menu[†]가 있었는데 이런 거였어요. "뭐 하러 현실 세계를 따라 가상에서도 풀다운 메뉴를 넣으려고 고생하세요?" 그건 마치 음성 인터페이스에서 "화살표를 목소리로 움직이는 것"과 같죠. 바보 같았어요. 하지만 데모를 보자마자 그 기술의 가능성은 바로 알게 됐어요.

제론 레니어: 그 데모들은 어떻게 해야 VR이 잘 작동할 수 있는지 가르쳐줬어요. 엄청나게 큰 영향을 끼쳤죠.

톰 짐머만: 스콧은 장갑을 헤드 마운트 디스플레이와 연동할 수 있는 길을 제시했어요. 대단히 중요한 깨달음이었죠.

제론 레니어: 그리고 우리는 독자적인 헤드 마운트 디스플레이를 개발했습니다.

데이비드 레빗: 우리 VPL의 하드웨어 엔지니어는 당시 흔하지 않던 소니Sony사의 샤퍼 이미지Sharper Image TV를 분해해서 비디오 신호를 찾을 때까지 리버스 엔지니어링reverse-engineering[‡]을 했어요. "이거야. 우리도 실리콘그래픽스Silicon Graphics 같은 기계를 만들 수 있겠어."

짐 클락: 실리콘그래픽스는 오늘날 GPUGraphics Processing Unit라고 불리는 그래픽 성능 향상을 위한 특수 목적 칩을 주로 만드는 기업이였어요. 사람들은 자신이 만든 모델을 시각화할 때 주로 실리콘그래픽스를 썼죠.

데이비드 레빗: 우리는 실리콘그래픽스의 설비를 사용했어요. 눈 한쪽당 하나씩이었죠. 그야말로 세계 최초의 '아이폰EyePhone'이었어요.

제론 레니어: 아이폰 맞아요. E-Y-E.

[†] 윈도우의 전형적인 메뉴 스타일로, 위에서 아래로 여러 메뉴가 정렬되어 있는 형식이다.
[‡] 이미 만들어진 시스템을 역으로 추적하여 처음의 문서나 설계 기법 등의 자료를 얻어 내는 일.

미치 알트만: 해상도는 무척 낮았어요. 480×680이었으니까요.

제론 레니어: '아이폰'은 상용화된 첫 번째 헤드 마운트 디스플레이였어요. 전 세계 연구실에 엄청 팔았죠.

스콧 피셔: 저는 VPL 같은 협력사들에게 분명한 메시지를 전달했어요. NASA가 다음 목표로 밀어붙일 기술은 멀티 유저 시스템이라고요. 공유하는 가상공간에 다수의 사람들이 있을 수 있는 시스템이요.

제론 레니어: 그 공간 안에 각각의 아바타를 가진 여러 사람들이 함께 있을 수 있다는 것 자체가 엄청 중요했어요. 그게 포인트였죠.

톰 짐머만: 제론은 스콧 피셔가 NASA에서 개발한 헤드 마운트 디스플레이를 가지고 사람들끼리 상호 교류가 완벽히 가능한 가상 세계를 만들었어요. 그는 정말로 인공 세계에서 사람들 간의 소통과 교류를 강조했어요.

스콧 피셔: VPL 개발에 성공했다는 보도 자료를 읽고서야 알게 됐어요. 꽤 잘 만들었더군요. 사실 저는 그게 잘 될 거라고 생각하지 않았어요. 제가 이번에도 너무 순진했던 거죠.

톰 짐머만: 솔직히 질투가 나긴 했어요. 95%의 언론이 제론에게만 집중했거든요.

데이비드 레빗: VPL에서 우리의 대표 제품은 '둘을 위한 현실Reality Built For Two'이라고 불렸죠. RB2 그게 VPL의 제품번호였어요.

제론 레니어: 우리끼리 사내에서 쓰던 농담이 하나 있는데, 앨런 케이 때의 이야기에요. 앨런 케이가 한때 컴퓨터를 "정신을 위한 자전거"라고 불렀어요. 그리고 사실 스티브 잡스는 그 슬로건을 초기 애플이 브랜딩할 때 쓰기도 했죠. 그래서 '둘을 위한 현실'은 두 발 자전거를 연상시킨다고 생각했어요.

앨런 케이: 이 제품의 많은 부분은 예전 아이디어를 현대 기술로 구현한 거였어요. 아이번 서덜랜드Ivan Sutherland[†]가 최초죠.

[†] 미국의 컴퓨터 과학자이자 인터넷과 컴퓨터 그래픽의 선구자.

짐 클락: 아이번은 1968년에 헤드 마운트 디스플레이를 최초로 개발했어요. 저는 사람들이 앞으로는 3차원 환경에서 3차원 디자인을 설계할 수 있어야 한다고 생각했어요. 그 모든 것을 작동시키고, 하나의 시스템으로 통합하고, 곡선을 만들어내기 위해 연산을 하고. 그 모든 게 제 박사 논문의 핵심이었죠. 그 논문은 3차원이라는 개념의 시초였어요.

톰 짐머만: 제론은 그 아이디어를 이리저리 많이 고민해 보면서 마케팅도 그럴듯하게 잘 해냈어요. 제론은 우리를 "가상현실의 수호자"라고 말하고 다녔죠.

짐 클락: 저는 제론 레니어가 '가상현실'이라는 용어를 만들어낸 것이 분했지만, 매우 똑똑한 사람이었어요. 기술에 대해 전문가라고 할 수는 없지만요.

제론 레니어: 우리가 최초의 헤드 마운트 디스플레이를 만들지는 않았지만, 최초로 상용화 제품을 내놨어요. 양산이 가능하려면 제품의 요구 수준은 완전히 달라지니까요. 조립 라인에서 만들어 낼 수 있어야 했는데, 우리가 해낸 거예요.

톰 짐머만: 처음에 제론은 이 장갑을 프로그래밍 언어의 입력 장치로 봤어요. 하지만 다들 장갑이 엄청 멋지다고 좋아하면서도 아무도 그걸로 프로그래밍을 하고 싶어 하지 않는다는 사실을 바로 알아차렸죠. 그래서 장갑에 집중했습니다. 우리는 어떤 상황을 모의실험하는 데 꽤 강력한 신기술을 갖고 있었죠. 즉, 우리는 못을 치는 망치였어요. 여러 응용 서비스를 찾는 원천 기술인 셈이죠. 그렇게 찾은 킬러 앱이 엔터테인먼트였어요. 이런 현상은 요즘도 비슷해요.

케빈 켈리: 제론과 어떻게 처음 알게 됐는지 기억나지는 않네요. 아마도 제가 첫 방문자였을지도 모르지만, 1988년에 제론과 함께 VPL에 가게 되었죠. 저는 그의 고글과 장갑을 써 보려고 갔어요. 꽤나 초기여서 이 분야에 관심 있어 하는 사람이 많지 않았습니다. 그날 오후에 막 만든 터라

제론도 아직 들어가 보지 못했던 가상 세계로 들어갔어요. 정말 놀라웠어요. 전 그 세계가 거대한 무언가의 시작임을 바로 알아차렸어요. 너무나 선명했어요.

제이미 자윈스키: 저는 UC 버클리의 인공지능 그룹에서 일을 했는데 VPL에 초대받았어요. 줄을 서서 기다리다 제 순서가 와서 헬멧을 쓰고 놀았죠. SGI 인디고SGI Indigo[†]에서 돌아갔던 것 같아요. 마치 "오, 손을 뻗어서 다이아몬드를 잡을 수 있어, 그리고 그게 장미로 바뀌었어! 와, 이거 완전 대박인데!"라고 생각했어요. 아마 몇 분 정도 써 본 것 같아요. 정말 놀라웠죠. 진짜 대단했어요.

제이미스 맥니븐: 헤드기어와 장갑을 쓰고 가상공간으로 걸어 들어가죠. 그리고는 그냥 방을 떠돌아다녀요. 매우 기하학적이었지만 마치 몸 밖으로 나와서 떠다니는 것 같은 느낌이었어요. 장갑이 지시하는 대로 걸어가는 것 같았습니다. 장갑을 낀 제 손이 아이콘처럼 보였어요.

데이비드 레빗: 가상 세계로 들어가기 위해서 네비게이션이 필요했어요. 표준적인 방법은 그 데이터글러브가 제어 장치가 되어 가고 싶은 방향을 가리키는 거였죠. 엄지를 누르면 앞으로 나가고요.

제이미스 맥니븐: 모퉁이를 돌아 거리를 따라 떠돌아다녔는데 마치 매트릭스에 들어간 것 같은 기분이 들었죠!

데이비드 레빗: 저는 그 가상 세계 안에서 시연하는 사람이었어요. 데모를 하면서 이 세계를 확장하고 개선하는 그룹의 일원이 되었고요. 저는 중력을 실험해서 좌우로 작동하도록 만들었어요. 언제든 제가 손을 움켜쥐면 공이 나타나고 그것을 놓으면 중력에 의해 당겨지도록 만들었어요. 환경을 가로로 만들어서 벽에 부딪혀 제게 돌아오게 했죠.

제론 레니어: 데이비드 레빗은 가상현실 안에서 잠이 든 최초의 사람이었어요. 가상현실에서 잠을 깨는 건 놀라운 일이었죠.

[†] 실리콘그래픽스에서 만든 워크스테이션.

데이비드 레빗: 가상현실에서 깨어나는 경험보다 이질적인 게 세상에 있을까 싶었어요. "세상에, 중력이 좌우만 작동하다니!" 그건 너무 했잖아요.

케빈 켈리: 말도 안 되는 물건과 생물체로 구성된 환상적인 세계를 탐험하는 것은 매우, 아니 놀라울 정도로 재미있었어요. 그 짜릿함은 카트만두에 있는 이상한 사원을 방문하는 것과 아마 가장 비슷할 거예요. 그런 의미에서 보면 좀 이국적인 느낌이었죠. 이상했어요. 그리고 이 모든 것이 자신의 거실 같은 곳에서 일어나는 걸 안다는 게 제일 신이 났어요. 제론은 그의 세계관을 더욱더 반영시켰죠.

제론 레니어: 기호 언어를 넘어서 커뮤니케이션 하는 것 post-symbolic communication 말입니다. 저는 그 작업을 계속했죠.

케빈 켈리: 저는 그가 말하는 게 무슨 뜻인지 전혀 이해해지 못했어요.

톰 짐머만: 영 하빌과 그의 아내 앤이 전신 수트 Bodysuit를 연구하기 시작했어요.

데이비드 레빗: 여느 새로운 기술처럼, 당연히 사람들이 또 궁금해합니다. "어떻게 성적 sexual으로 사용될 수 있을지"를요.

하워드 라인골드: 그중 많은 것이 이런 것이었죠. "좋아, 이제 컴퓨터를 통해 원거리 섹스를 할 수 있을 거야."

데이비드 레빗: 텔레딜도닉스 teledildonics[†]라는 말이 빠르게 보편화되었어요.

하워드 라인골드: 그 한 단어 때문에 괴상한 관심을 많이 받았어요. 전세계 기자들이 텔레딜도닉스에 대해 한 마디라도 이야기하고 싶어 했어요. 그것은 사이버 문화의 일부였을 뿐이에요. 『몬도 2000 Mondo 2000』[‡]의 비전 말이에요.

제론 레니어: 언더그라운드 문화로부터 어마어마한 압력이 있었어요. 예를 들어, "난 완전 멋진 놈이야. 암스테르담에서 언더그라운드 잡지를 출판

[†] 영어 Dildo는 인공 남자 성기를 뜻한다.
[‡] 1990년대 후반 창간된 사이버펑크 cyberpunk 전문 잡지.

하고 있어. 팀 래리를 알고 있고." 혹은 "난 이것도 해 보고 저것도 해 봤는데 내가 가장 멋진 놈이더라고. 넌 그 데모를 나한테 줘야만 해." 이런 식이었어요. 이런 사람들이 정말 많았죠.

스콧 피셔: VR이 대중 문화로 스며들어 미디어가 열광하자, 전 그 시점이 끝물이 아닌가 생각했어요.

제론 레니어: 난리도 아니었죠. 여러 셀렙들이 줄지어 몰려왔어요. 아마 제 비서가 "달라이 라마가 차가 막힌다니까 레너드 번스타인Leonard Bernstein[†] 먼저 보시죠"라고 이야기해도 이상할 게 없었다니까요.

데이비드 레빗: 우리는 스파이널 탭Spinal Tap[‡]을 위해 데모를 했어요.

제론 레니어: 스파이널 탭이 왔을 때가 기억나요. 큰 소동이 있었죠. 전 "왜 우리는 스파이널 탭에게 보여 주고 싶어 하는 거예요?"라고 물어보자, 어떤 엔지니어들이 "제발요! 스파이널 탭이잖아요. 그냥 하죠!"라고 하더군요.

데이비드 레빗: 그들의 영화 〈이것이 스파이널 탭이다This is Spinal Tap〉를 기리기 위해 작은 가상의 스톤 헨지까지 만들었다니까요!

제론 레니어: "가발을 쓰면 그 헤드 마운트 때문에 엉망이 될 거예요"라고 말하자, 그들은 "상관없어요"라고 대답했습니다.

제론 레니어: 그건 마치 VPL에서 일하는 하루 같았어요. 그냥 완전히 미친 짓이었죠.

영 하빌: 지나치게 과열되는 상황을 걱정했던 적이 있어요. 대부분의 신기술은 사람들이 그 기술로 할 수 있는 게 무엇인지 알게 되는 지점까지 오면, 그후엔 여러 독창적인 방식이 적용되면서 알아서 굴러가게 되어 있어요. 그런데 VPL은 이 기술이 이미 그 단계에 진입했다고 믿고 있었어요. 어떤 기술이든 섣부른 믿음은 정말 위험해요.

[†] 미국의 유명 지휘자이자 작곡자.

[‡] 영국의 헤비 메탈 밴드.

스콧 피셔: 사람들이 VR이 죽었다고 말하기 시작했어요. 아무 성과가 없을 것이거나.

케빈 켈리: 왜 잘 안 됐을까요? 전 뜰 거라고 확신했거든요. 단지 그 열기가 식어서만은 아닌 것 같아요.

제론 레니어: VPL에서 제 최악의 실수는 사업 모델에 관한 것이었어요. 문제는 우리 제품을 팔 만한 실험실이 그렇게 많지는 않았던 거죠. 전 세계의 수천 명 고객이 오고 나면 고객이 동나 버리는 상황인 거죠. 이미 우리 제품을 구매한 사람들에게 다음 제품을 구매하라고 돈을 막 쓰게 하는 건 여간 어려운 일이 아니에요. 그래서 그런 경우에 할 수 있는 일은 더 많은 고객에게 팔 수 있도록 가격을 낮추거나 군용 계약을 맺는 거죠.

데이비드 레빗: RB2 시스템은 주 제어 장치로 맥을 쓰고 나머지 한두 개는 실리콘그래픽스를 썼어요. 그 당시에 각 눈마다 별도의 실리콘그래픽스 기계를 사용하지 않고서는 원하는 성능을 얻는 게 어려웠어요. 그래서 저희 제품은 가격이 비쌌어요.

미치 알트만: RB2는 25만 달러짜리 기계였어요. 많은 사람들이 감당할 수 있는 가격은 아니었어요.

제론 레니어: 최고가 제품은 인당 100만 달러 정도 했어요. VR 시스템을 위해 100만 달러를 쓸 고객은 전 세계에 수천 명뿐이었죠.

케빈 켈리: 무어의 법칙 없이 다음 단계로 나아갈 수는 없었어요. 사람들의 기대 수준이 현실보다 너무 높은 게 잘못이라고 말할 수 있어요. 하지만 사실 사람들이 기대하는 그 수준이 맞았다고 생각해요. 단지 현실이 못 쫓아왔을 뿐이죠. 이를 극복하려면 진화가 필요했어요. 달에 착륙은 했는데, 내려서 아무 것도 해 본 게 없는 거죠.

제론 레니어: VPL은 1992년도에 정점에 달하여 그다음 사업을 고민하지 않으면 안 되는 상황이었어요. 회사의 사용 가능한 자원 전부를 환상적인 제품인 마이크로코즘Microcosm을 판매하는 데 쏟고 싶었으나 출고도 안

됐습니다. 이 제품은 추적기, 컴퓨터 등 모든 것이 내장된 아주 아름다운 VR 기계였어요. 정말로 혁신적인 헤드 마운트 디스플레이였습니다. 손잡이가 있어서 쉽게 벗고 쓸 수 있는 오페라 글래스opera glasses[†] 같은 거였죠. 장갑도 낄 수 있었어요. 정말 아름답게 작동했죠. 무어의 법칙을 따라 많은 사람들에게 팔 수 있는 가격대로 충분히 떨어질 수 있을 거라고 생각했어요. 그러면 점점 더 많은 물량을 팔 수 있을 테고 대박을 치는 거죠. 그게 제가 원했던 방향이었어요. 이사진의 과반수는 특허를 최대한 많이 등록해서 군용 제품으로 비싸게 팔기를 원했어요. 사업적으로 합리적인 의견이었습니다. 그 의견에 동의하지 못한 전 회사를 떠났고, VPL은 그 계획에 맞게 준비해 갔습니다.

톰 짐머만: 문제는 우리가 혁신을 만들어내는 것보다 특허를 보호하기 위해 더 많은 돈을 쓰기 시작했다는 것이죠. 그게 우리 자원을 점점 더 갉아먹었어요. 슬픈 일이죠.

데이비드 레빗: 최악의 타이밍이었어요. 왜냐하면 VPL이 문을 닫은 지 1년이 안 되서 플레이스테이션이 나왔거든요. 1994년이었으면 눈 한쪽당 5만 달러짜리 실리콘그래픽스 기기를 300달러짜리로 대체할 수 있었던 거예요. 우린 그 기회를 활용하지 못했어요. 시장의 리더인 우리가 기회를 열어놓은 채 떠났습니다. 하드웨어는 충분히 싸졌는데 말이에요. 누가 기회를 낚아챘을까요? 아무도 안 했어요.

미하엘 나이막: 무슨 일이 있었냐고요? 대중의 관심이 인터넷과 웹으로 옮겨갔어요.

스콧 피셔: NASA의 제 연구실은 망했습니다. 그 연구실 출신들이 나와서 조그만 회사를 많이 차렸어요. 관련 기술을 계속 연구해서 더 키워 보고 싶은 분들이었어요. 그 후 다음 10년간 인터넷 사업이 VR과 비슷하게 미친듯한 널뛰기를 하는 동안에도 우리 중 몇몇은 계속 연구했어요. 전 인

[†] 관극용 작은 쌍안경.

터넷에 매우 감사해요. 관심을 VR로부터 돌린 차세대 트렌드가 되었기 때문에요. 덕분에 우리는 일상으로 돌아갈 수 있었죠.

클리브 톰슨: VR의 아이러니한 점은 수십억 대의 휴대폰이 VR의 차세대 하드웨어가 되었다는 점이죠. 휴대폰 화면이 VR의 화면이 되어 주고, 휴대폰의 작은 센서들이 당신이 구부리는지 아닌지를 측정해 줘요. 페이스북의 오큘러스Oculus, 구글의 카드보드Cardboard, 마이크로소프트의 홀로렌즈HoloLens, HTC의 바이브Vive가 있죠. 이들은 VR에 최적화된 환경이 어떠할지 알기 위해 부단히 노력하고 있어요.

데이비드 레빗: VR 유행은 왔다 갔다 했어요. VPL이 문닫기 전에, 기술적으로 VR은 필연적이라고 생각한 적이 있어요. 멈출 수 없는 일이라고요. VPL이 사라진 후, VR이 현실화되려면 선견지명이 필요하다는 것을 깨달았습니다. 스티브 잡스나 제론 레니어 또는 엥겔바트는 이러한 것들이 간과되고 있지는 않은지를 밝혀냈어요. 진정한 선지자는 현재 내 눈 앞에 있는 것들을 조합해서 미래를 만들어내요. 기술이 언제 개발되나 하고 넋 놓고 기다리지 않죠.

톰 짐머만: 발명을 함에 있어서 필연적으로 3가지가 필요해요. 아이디어를 처음으로 생각해 내는 드리머dreamer, 아이디어를 시제품으로 만드는 엔지니어engineer, 그리고 그 시제품을 수백만 개로 양산하기 위해 마케팅, 자금 조달, 사업 모델을 일궈 내는 기업가Entreprenour. 제론은 기업가였어요.

제론 레니어: 만약 연구소에서 원했던 것이 단지 헤드 마운트 디스플레이였다면 그들에게 바로 팔 수 있었을 거예요. 그들이 원했던 것이 스콧처럼 단지 장갑이었다면, 그것도 바로 팔 수 있었겠죠. 우리는 이 모든 게 있었으니까요. 구형spherica 비디오 시스템, 3차원 음향도 할 수 있었죠. 정말로 필요한 것을 다 갖췄어요. 비록 오늘날에는 다소 조잡하다고 여겨질 초기 버전 같은 것이었지만 모든 제품 패키지를 갖췄단 거죠. 우리는 가상현실이라는 것을 상품으로 시연했어요. 어느 누구도 하지 못한 일

이었죠.

영 하빌: 사람들의 상상 속이나 문학과 영화에서 꽃피웠던 문화적인 환상을 건드렸어요. 그게 우리가 잘한 점이라고 생각해요.

제론 레니어: 아무도 그 모든 것을 조합해서 만들어내지 못했고 아무도 그 전까지 그 기쁨을 보여 주지 못했어요. 우리가 보여 줬죠.

13

미친 완벽함에서 완벽한 미침으로
제너럴 매직, 새로운 세대를 멘토링하다

등장 인물

랄프 구겐하임	스티브 펄먼	크리스 매카스킬
래리 테슬러	알 알콘	크리스티나 울시
마이클 스턴	앤디 허츠펠드	토니 파델
마크 포랏	앨런 케이	프레드 데이비스
메건 스미스	에이미 린드버그	피트 헬메
스티브 워즈니악	존 스컬리	
스티브 자렛	존 지아난드레아	

아마도 당신은 '제너럴 매직' 라는 기업에 대해 들어 본 적이 없을 것이다. 하지만 실리콘밸리에서는 전설로 기억된다. 제너럴 매직은 애플의 첫 매킨토시를 개발했던 팀이 '개인용 커뮤니케이터personal communicator'를 만들겠다는 대담한 목표를 갖고 1990년에 회사를 나와 창업했다. 이 기기는 이메일을 보내고, 전화를 걸고, 이모티콘과 스티커를 포함한 메시지를 보내고, 게임, 음악, 앱 등을 다운로드할 수 있는 앱스토어도 있었고, (부가 악세서리인) 카메라 모듈로 사진을 찍을 수도 있었다. 터치스크린이 달린 프로토타입도 있었는데, 이 시제품은 전화도 걸고, 당시 초기 단계였던 웹을 무선으로 연결할 수 있었다. 한 마디로 제너럴 매직은 아이폰을 만들고 있었다. 애플이 개발 착수하기 10년도 전에. 하지만 제너럴 매직은 곧 사라져 버렸다.

앤디 허츠펠드: 매킨토시의 출시는 정말 대단했어요. 잡스는 첫 100일 동안 5만 대를 파는 목표를 세웠는데, 그걸 넘어섰어요. 하지만 가을부터 매출이 뚝 떨어지기 시작했습니다.

스티브 워즈니악: 출시 초기에는 어떤 소프트웨어도 없었어요.

프레드 데이비스: 맥페인트와 맥라이트MacWrite는 데모 프로그램과 같았어요. 그것들은 뭔가 생산적인 일을 하는 진짜 도구는 아니었어요.

스티브 워즈니악: 매킨토시는 컴퓨터가 아니었어요. 그건은 스티브 잡스 눈앞에서 진짜 컴퓨터처럼 작동하도록 보여 주기 위한 기계였어요. 매킨토시는 리소스를 할당하고 관리하는 운영체제가 없었고, 일반적인 컴퓨터의 요소라고 할 게 없었어요. 그건 그저 잡스가 판매할 수 있는 컴퓨터같이 생긴 기계에 불과했고 실제로 잘 팔리지도 않았어요.

앤디 허츠펠드: 매킨토시가 1984년 연말까지 8만 대 팔릴 것으로 예상했는데, 실제로는 8,000대 정도 팔렸어요. 뭔가 조치를 취해야 했어요. 맥이 팔리지 않는다면, 애플은 미래가 없었어요. 무엇을 해야 할까요?

존 스컬리: 1985년에 스티브는 매킨토시 오피스를 출시했어요. 여기에는

어도비Adobe의 포스트스크립트PostScript[†] 폰트를 내장한 레이저라이터LaserWriter라는 레이저 프린터와 매킨토시를 같이 팔았어요. 하지만 한 가지 문제가 있었어요. 매킨토시 오피스는 제대로 작동하지 않았어요. 컴퓨터 성능이 발전해서 우리가 1985년에 홍보했던 기능들이 실제로 구동되기까지는 적어도 1년이 걸렸어요. 사람들은 이 제품을 사지 않았어요. 잡스는 낙담했고, 등을 돌렸죠.

앤디 허츠펠드: 잡스가 스컬리를 공개적으로 방해하는 지경에 이르렀어요. 어떤 조치가 필요했어요. 스컬리와 이사회는 잡스를 해고하지는 않았지만, 매킨토시 사업을 그의 손에서 떼어 냈어요. 그래서 그는 떠나게 되었습니다.

랄프 구겐하임: 1985년에 떠났어요. 그가 새로운 회사인 넥스트NeXT를 창업한다는 소문이 있었어요. 넥스트는 고성능 CPU와 CD 드라이브를 갖춘 데스크탑을 만들려는 잡스의 노력에서 나온 기업이에요. 애플에서 그가 무엇을 할 수 있었는지 보여 주려 하는 듯했어요.

스티브 펄먼: 넥스트 컴퓨터는 크고, 흑백이었고, 투박했어요.

앤디 허츠펠드: 넥스트는 복수를 위해 만들어진 기업이었습니다. 그게 제가 넥스트에 입사하지 않은 이유예요. 잡스가 부인하길래 그가 화가 머리 끝까지 치밀 때까지 다퉜어요. 하지만 사실인 건 맞아요. 넥스트의 목적은 애플을 능가하는 것이었어요. 저는 맥을 좋아했어요. 맥과 맞서서 일하고 싶지 않았어요. 잡스는 맥이 실패하길 원했고, 그래서 넥스트를 시작했어요.

한편, 애플에서는……

래리 테슬러: 잡스는 떠났어요. 그가 없으니 앞으로 새로운 아이디어는 어

[†] PDF의 전신. 디지털 인쇄 기술의 근간이라고 할 수 있는 프레임워크의 일종이다.

디서 나올까요? 제록스의 아이디어도 바닥날 텐데 어디서 아이디어를 얻을지 막막했어요. 경영진은 새로운 아이디어를 원했어요. 그래서 '선행기술그룹Advanced Technology Group'을 만들었습니다. 진정한 연구개발 조직, 연구소였어요.

스티브 펄먼: 우리는 컬러 매킨토시를 만들고 있었습니다.

스티브 워즈니악: 우리가 1987년에 매킨토시 II를 출시하기 전까지 맥은 많이 팔리지 않았어요. 매킨토시 II는 컬러였어요.

래리 테슬러: 선행기술그룹에서 시작한 것 중 하나는 애플 펠로우 프로그램Apple Fellows Program이었어요. 첫 애플 펠로우는 스티브 워즈니악, 빌 앳킨슨, 리치 페이지 3명이었습니다. 처음에 펠로우의 정의는 산업에 큰 영향을 끼친 사람이었어요. 〈퐁〉 게임을 만들었던 알 알콘도 영입했어요. 앨런 케이도 추가하고 싶어 해서 둘 모두 데리고 왔죠.

앨런 케이: 잡스는 자신의 아이디어가 어디서 나왔는지 결코 잊지 않아요.

앤디 허츠펠드: 앨런 케이는 제 영웅이었어요. 완전 대박! 하지만 전 회사를 그만두려고 했어요.

래리 테슬러: 이 프로그램이 확대되면서, 엔지니어가 아닌 크리스티나 울시도 포함되었어요.

크리스티나 울시: 저는 1985년 하이퍼카드 프로젝트가 시작될 때 들어왔어요. 빌 앳킨슨이 나서서 그 제품을 맡기로 했는데, 빌과 그의 팀은 단숨에 이걸 만들어 냈어요.

알 알콘: 하이퍼카드는 빌과 선행기술그룹 내 두세 명에 의해 개발되었는데, 출시하려고 만든 제품이 아니었습니다. 제품은 선행기술그룹이 아닌 제품개발부서에서 만들어야 하잖아요? 잡스를 이어 매킨토시 개발책임자가 된 장 루이 가세Jean-Louis Gassée는 하이퍼카드를 달가워하지 않았어요. 그래서 빌과 그의 팀은 음모를 꾸미죠. 장 루이 가세가 프랑스식으로 2주간 여름 휴가를 떠난 사이, 빌이 그냥 출시해 버렸어요. 휴가를

마치고 돌아온 가세는 너무 화가 났지만, 하이퍼카드가 너무 좋은 반응을 얻고 있어서 그 프로젝트를 중단시킬 수 없었어요.

앤디 허츠펠드: 제너럴 매직의 시작은 사실 마크 포랏이었습니다. 그는 매우 영리한 비개발자였어요. 스탠퍼드 대학 논문에서 '정보 경제'라는 용어를 처음 사용한 사업가였죠. 마크가 래리 테슬러의 대학 친구인 게 애플과의 연결고리였어요. 그는 1988년 가을에 애플에 채용되서 PC 다음의 제품에 대해 고민하기 위해 선행기술그룹에서 일하게 되었습니다.

메건 스미스: 마크는 니콜라스 네그로폰테와 가까운 사이었고, MIT 미디어랩에 관해 이야기할 때 빠질 수 없는 인물이죠.

앤디 허츠펠드: 마크는 애플의 모든 직원을 인터뷰하면서 공통분모를 찾으려고 했어요. 결과적으로 컴퓨터 이후의 혁신 기기는 2가지를 합친 것이라는 걸 알았어요. 하나는 통신, 다른 하나는 책상 위에 두는 게 아닌 주머니에 들어가는 소형 기기라는 것이었죠.

메건 스미스: 그리고 마크는 개인용 지능형 통신기기Personal Intelligent Communicator라는 현재의 스마트폰 같은 제품 아이디어를 냈어요. 모든 아이디어가 거기서 나왔어요.

마크 포랏: 샤프 위저드Sharp Wizard라는 제품을 기억하세요? 작은 화면과 초기 키보드인 치클릿 키보드가 달린 이상한 일정 관리 기기였는데, 쓸모는 있었어요. 전 그거와 모토롤라 아날로그 휴대폰을 청테이프로 붙였어요. 그게 콘셉트였습니다. "이 화면이 예쁘다고 상상하고, 프로그램들이 멋지다고 상상해 보세요. 언제나 가지고 다닐 수 있고, 항상 다른 사람들과 무선으로 연결되어 있다고 생각해 보세요." 그 아이디어는 이후 정제되어서 더 작고, 더 예쁜 것이라는 콘셉트가 되었어요.

앤디 허츠펠드: 그의 비전을 현실화하기 위해 그가 가장 잘한 일은 그 콘셉트를 석고로 실제 모형을 만든 것이었어요.

스티브 펄먼: 그는 작은 지갑 같은 걸 보여 줬어요. 가죽으로 감싼 플라스틱

블록이었죠.

마크 포랏: 이 제품은 아주 작고, 사용자가 애착을 갖는 보석 같은 존재가 될 거예요. 항상 가지고 다니고, 만약 집에 불이 나면 우선 가족을 챙기고, 그다음에 이 포켓 크리스탈Pocket Crystal을 들고 나올 거예요.

메건 스미스: 포켓 크리스탈. 그 제품의 별명이었어요.

앤디 허츠펠드: 제가 그의 콘셉트 모델들을 보고 처음으로 한 말은 "글쎄, 이 제품은 현실적이지 않아요"였어요. 그런데 그는 말했어요. "알아요. 하지만 이렇게 되게 할 거예요."

마이클 스턴: 마크 포랏은 굉장한 선견지명을 갖고 있었어요. 그의 포켓 크리스탈 프로젝트는 현재 우리가 너무 당연하게 여기는 것들을 다 꿰뚫어 본 것이죠.

마크 포랏: 책을 한 권 썼는데, 이 제품이 앞으로 해야 할 일이 무엇이고, 왜 이 컴퓨터-통신 복합 기기가 세상을 바꿀 것인지에 대한 내용이었어요.

마이클 스턴: 소셜 네트워킹, 소셜 미디어, 가상 커뮤니티의 개념, 언제 어디서나 연결되어 있고, 쇼핑, 연구, 어머니와 전화 통화까지 모든 게 가능한 휴대용 기기. 이 모든 게 포랏의 책에 담겨 있었어요. 그는 이 프로젝트를 시작하고 펀딩을 받기 위해 애플에 있었어요.

알 알콘: 마크는 이 프로젝트를 열심히 설득하고 다녔는데, 특히 빌 앳킨슨과 몇몇 사람에게 이 아이디어를 엄청 주입시켰어요.

앤디 허츠펠드: 마크는 하이퍼카드를 막 끝내고 다음에 무엇을 해야 할지 둘러보고 있던 빌 앳킨슨을 만났어요. 빌을 매우 흥분시켰죠. 곧 이어 제 친구 버렐 스미스도 푹 빠져 버리지 뭐예요. 너무 흥분해 버린 이 친구를 가라앉히던 차에 빌에게 "당신도 애플에서 이거 한 번 보셔야 해요! 이게 혁신의 미래라고요!"라며 전화가 왔어요. 저의 첫 생각은 "세상에, 빌도 미쳐 버린 건가?"였지만 다행히 아니었어요. 빌이 "마크라는 사람을 만나야 해요"라고 말해서 마크와 만나게 되었어요. 제가 "굉장히

흥미롭긴 한데, 다시 애플에서 일하고 싶지 않아요"라고 말하자, 마크는 "여기서 일하고 싶지 않은 것은 이해합니다. 당신을 컨설턴트로 고용해서 프로젝트를 같이 시작해 보는 건 어때요?"라며 제안했어요.

마크 포랏: 빌은 이것을 사랑했어요. 앤디는 빌도 이렇게 된 것을 보자 놀랐어요. 빌은 앤디가 이 프로젝트를 함께 한다는 것에 감명을 받았고요. 그들은 바로 어떻게 포켓 크리스탈을 만들지 아이디어를 내기 시작했고, 팀에 합류하게 되었어요.

앤디 허츠펠드: 빌은 하이퍼카드에서 사용자 인터페이스 프로토타입을 만들었어요. 전 그래픽 전자 메세지를 보낼 수 있는 서버를 개발했고요.

마이클 스턴: 애니메이션과 손글씨 메모, 사운드가 담긴 예쁜 '텔레카드tele-card'들이 내장되어 있었어요.

앤디 허츠펠드: 걸어 다니는 레몬 같이 온갖 웃긴 애니메이션이 있었어요. 이러한 작은 그래픽 장식은 각각 의미도 있었습니다. '말풍선이 달린 입술'처럼 몇몇은 상호 작용이 가능했어요. 입술을 터치하면 마이크 아이콘이 나와서 사용자의 목소리로 녹음을 할 수 있고, 그걸 텔레카드에 포함해 메시지를 보낼 수 있었어요.

마이클 스턴: 주고받을 수 있는 작고 예쁜 것들. 그건 빌의 작품이었어요.

앤디 허츠펠드: 요즘 인스턴트 메시지에서 이모티콘이라고 불리는 것을 우리도 개발했어요. 메시지에 이모티콘을 붙여서 보내는 거? 아이폰이 나오기 20여 년 전에, 요즘 이모티콘보다 더 멋진 걸 갖고 있었습니다.

스티브 자렛: 기억해야 할 것은 이 콘셉트는 디지털 무선 통신이 존재하기도 전의 일이라는 거예요.

마크 포랏: 많은 사람이 벽돌처럼 생긴 아날로그 휴대폰을 가지고 있었는데, 몇몇은 여분 배터리를 작은 007 가방에 담아 '벽돌'과 함께 갖고 다니곤 했어요.

스티브 자렛: 사람들은 대화만을 위해 휴대폰을 사용하고 있었어요. 무선

통신의 아주 초기 시점이었죠.

마크 포랏: 처음부터 저희의 전략은 전 세계 표준을 만드는 것이었어요. 애플과 마이크로소프트는 PC를, IBM과 디지털Digital은 서버를, 그리고 우리는 그것 빼고 나머지 다 하려고 했어요. 전화, TV 셋톱박스, 키오스크, 그리고 운영체제가 있는 다른 모든 것이요.

알 알콘: 하지만 이건 애플 경영진의 지지를 받지 못할 게 분명했습니다. 결코 일이 잘 풀릴 수가 없었죠.

마크 포랏: 무선을 비롯해 많은 통신 기술이 필요했고, 심지어 당시에는 존재하지도 않던 기술도 필요했습니다. 애플에 없던 것들이었죠.

앤디 허츠펠드: 한 기업이 컴퓨터를 만들 수는 있지만, 통신 표준을 정할 수는 없기 때문에 혼자서 통신 기기를 만들 순 없잖아요. 그래서 이건 애플이 만들 수 있는 제품이 아니었어요.

마크 포랏: 그래서 이 아이템을 애플에서 분사spin-out시킬 정치적 명분이 생겼어요.

존 지아난드레아: 내 생각에 애플에서 제너럴 매직을 떼어 낸 큰 이유 중 하나는 이 프로젝트가 애플이라는 한 기업에서 하기에 너무 컸기 때문이었을 거예요. 애플은 이 프로젝트를 진행할 수 없었어요.

마크 포랏: 그래서 2개의 프로젝트가 만들어졌습니다. 밖에서는 제너럴 매직, 안에서는 뉴턴Newton이 시작됐어요.

앤디 허츠펠드: 뉴턴은 소비자 가격 5,000달러인 가로 8인치, 세로 11인치짜리 태블릿을 만들겠다는 프로젝트였어요.

마크 포랏: 뉴턴은 우리가 스컬리에게 설명한 기업 전략의 위험을 헷지하기 위한 것이었어요.

앤디 허츠펠드: 마크는 존 스컬리를 설득해서 우리가 애플에서 분사할 뿐 아니라, 소니와 모토로라를 설득해 애플과 함께 이 새로운 표준을 만들도록 해야 한다고 말했어요. 저희는 그걸 '얼라이언스Alliance'라고 불렀습니다.

마크 포랏: 애플, 모토로라, 소니. 그리하여 각 기업을 대표하는 세 이사진이 설립 파트너의 핵심 멤버가 되었습니다.

마이클 스턴: 이것은 1990년에서 1991년 사이 일로, 월드와이드웹 이전이었어요. 우리는 애플에서 나와서 회사를 설립했어요.

앤디 허츠펠드: 우리는 AT&T를 초대하기로 했어요. AT&T는 소니, 모토로라, 애플과 대등한 네 번째 제너럴 매직 투자자가 되었어요. 이렇게 일이 커질 거라고 생각치도 못했어요. 이제 우리는 프로젝트를 시작할 수 있었고, 앞으로 달리기 시작했습니다.

존 지아난드레아: 엄청나게 야심찬 기업이였어요.

마크 포랏: 팔로알토의 이 미친 팀이 무슨 짓을 하는지 보려고 실력자들이 놀러 왔다가 그대로 합류했어요.

앤디 허츠펠드: 원조 맥 개발자들이 많이 들어왔어요.

스티브 펄먼: 대단한 사람들이 모였어요. 앤디와 빌과 함께 일할 기회가 생긴다면? 세상에! 이들은 진짜배기라고요. 천재들이에요. 전 그 둘이 꼰대더라도 상관없었어요. 앤디 허츠펠드와 빌 앳킨슨과 나란히 일하는 것만으로도 그 이상 무엇을 꿈꿀 수 있을까요? 그렇게 전 제너럴 매직의 13번째 직원이 되었습니다.

마이클 스턴: 앤디와 빌은 이 분야의 신이었고, 이들을 따르는 어린 친구들이 많이 들어오게 되었어요. 특히 앤디는 이 유능한 아이들의 멘토 역할을 하면서 그들을 성장시켰습니다. 이 친구들의 대부분은 토니 파델처럼 제너럴 매직이 첫 직장이었어요. 토니는 채용되기 전까지 빈둥거리며 우리들과 시간을 보내며 많은 이야기를 나눴어요.

토니 파델: 미시간에서 교육용 소프트웨어를 만드는 스타트업을 운영하고 있었는데, 우물 안 개구리가 되기 싫었어요. 그때는 인터넷이 없어서 『맥위크Macweek』와 『맥월드Macworld』 같은 잡지를 거의 성경처럼 읽고 지냈어요. 뒷부분에는 업계 현황, 루머와 카더라 소식이 담겨 있었는데 제

너럴 매직이라는 기업이 자주 눈에 띄는 거예요. 이 기업이 좋든 안 좋든 알아는 봐야겠다고 다짐했어요.

마크 포랏: 제너럴 매직은 언론의 주목을 받고 있었어요. 모든 스포트라이트를요. 덕분에 우리는 멋지고 똑똑한 사람들이 일하고 싶은 기업으로 비춰졌어요.

토니 파델: 저는 제너럴 매직을 찾으려고 온 사방을 헤매고 다녔는데, 드디어 마운틴 뷰에 사무실이 있다는 걸 알아냈어요. 아침 8시 반에 넥타이와 정장 재킷을 입고, 손에 이력서를 들고 사무실에 들어섰죠. 근데 아무도 없었어요. 적어도 제가 생각하기에는 말이죠. 복도로 걸어 나오는 길에 밤을 샌 듯한 직원 몇 명이 보였어요. "저기요, 제가 이력서를 가져왔는데 직원 채용하시나요?"라고 물으니, 충혈된 눈으로 절 올려다보며 말했어요. "어이, 우리를 좀 내버려 둬."

마이클 스턴: 하지만 토니는 자신을 고용할 때까지 계속 귀찮게 했어요.

토니 파델: 저는 그곳에 간 지 10분 만에 작게 느껴졌어요. "세상에, 여긴 미시간 같지 않아. 이들은 세상에서 제일 똑똑한 사람들이고, 나는 이들과 같이 일해야 해!" 애플은 여전히 컴퓨터를 만들고 있었지만, 이 사람들은 매킨토시 다음 것을 만들고 있었어요. 아이폰 출시 14년 전에 이미 아이폰을 만들어 놓은 것 같았습니다. 터치 입력이 가능하고, 액정 화면이 있고, 주머니에 들어가진 않지만 그래도 휴대 가능했어요. 책 정도의 크기였습니다. 이메일을 할 수 있고, 다운로드가 가능한 앱이 있었어요. 인터넷 쇼핑도 하고, 만화도 보고, 그래픽 게임도 할 수 있어요. 전화와 내장 모뎀이 있는 통신 기기이기도 했고요. 이 모든 걸 첫 단계부터 만들고 있는 이들과 함께 일하고 싶었어요. 저도 이 프로젝트의 일원이 되고 싶었습니다.

마크 포랏: 토니는 그냥 뚜벅뚜벅 걸어 들어와서는 빌과 앤디를 사로잡아 버렸어요. 그렇게 첫 직장을 갖게 되었죠. 제너럴 매직은 브로드웨이 무

대였고, 앤디와 빌은 미시간에서 온 어린 친구에게 기회를 주었어요.

토니 파델: 결국 일자리를 얻었고, 조직도 맨 아래에 있는 말단 직원으로 저의 영웅들과 함께 일하게 되었어요.

마이클 스턴: 마운틴 뷰와 팔로알토 경계에 위치한 건물에 있었어요. 그 건물은 10년 동안 공실이어서 지하실에는 야생개 무리가 살고 있었죠. 우리가 첫 세입자였고, 맨 윗층을 사용했어요. 거긴 정글이었어요. 직원들이 장난감 기차 레일을 설치했는데, 기차가 건물 옥상까지 갈 수 있었다니까요.

토니 파델: 그건 장난감 기차 세트가 아니라 원격 조종 자동차 트랙이었는데, 제 사무실에 있던 레고 열차와 다른 장난감들도 거기에 설치했어요.

마이클 스턴: 우리는 '바우저'라고 이름 붙인 애완 토끼를 그곳에서 키웠는데 아무데나 똥을 싸고 다녔어요.

스티브 펄먼: 바우저는 배변 교육이 안 되어서 사무실 여기저기에 '작은 선물'을 남겨 두곤 했습니다. 전 보통 맨발로 돌아다녔는데 발가락 사이에 이 선물들이 끼곤 했어요. 하지만 바우저는 너무 귀엽고 사랑스러워서 모두 그를 좋아했어요.

마이클 스턴: 사람들은 회사에 애완견을 데리고 왔어요. 애완 앵무새는 여기저기를 날아다녔고, 기차는 덜컹거리며 트랙을 달리고 있었어요. 모든 사람이 거기서 24시간 내내 살았어요.

존 지아난드레아: 자르코 드라가닉Zarko Draganic은 몇 달간 집에 들어가지 않고 책상 밑에서 잠을 잔 것으로 유명했어요. 자르코는 앤디 루빈과 같이 사무실을 썼어요.

메건 스미스: "자르코, 우리 3시에 만나자"라고 말하면, 그는 "오전 아니면 오후?"라고 되물었을 정도였으니까요.

마이클 스턴: 개들은 그냥 쉬지 않고 일했어요. 한번 불이 붙으면 몇 시간이고 일했어요.

메건 스미스: 실리콘밸리의 20대가 일하는 방식이었죠. 저희는 미친 듯이 일했고, 멋진 시간을 보냈어요. 다른 사람들은 파티를 하거나 다른 일로 바빴겠지만, 실리콘밸리 젊은이는 같이 새로운 아이디어를 생각해 냈어요. 그게 커뮤니티의 힘이죠.

존 지아난드레아: 즐거운 시간이었습니다. 사무실 분위기가 제정신이 아니긴 했지만요.

마크 포랏: 문화와 환경은 애플보다 더 재미있었어요. 식사가 제공되었고, 즉흥 연주가 여기저기서 들렸어요. 바우저가 돌아다니고 총싸움도 했어요. 토니는 물총 싸움에서 주인공이나 적의 우두머리를 했는데, 보통 그가 싸움을 걸면서 전투가 시작됐어요. 진짜 신나는 나날이었죠.

스티브 펄먼: 정말 재미있었어요! 하지만 조금 과한 부분도 있었죠.

토니 파델: 각Gak이라는 녹색 슬라임 기억하세요? 몰래 물건에 묻혀 놓거나 그걸로 온갖 장난을 치곤 했어요.

에이미 린드버그: 전 토니의 컴퓨터에 핫도그를 숨겼는데, 그는 복수로 제 컴퓨터 안에 피클을 넣었어요. 항상 장난을 쳤습니다. 우리는 매일 사무실에서 살다시피 했어요. 매일매일 날밤을 샜죠.

토니 파델: 우린 늦게까지 일하는 것으로 유명했어요. 11시나 12시, 심지어 새벽 4시까지도. 하루는 밤 10시나 11시 정도가 됐는데 우리 모두 에너지가 끓어올랐어요. "밖에 나가서 각을 새총으로 쏘자."

스티브 자렛: 어느 늦은 밤 누군가가 깔때기에 고무줄을 달아 새총을 만들었어요. 깔때기 부분에 아무거나 올려놓고 쏠 수 있게 되어있는데, 토니와 다른 직원들이 젤을 잔뜩 넣어서 쏘기로 했어요.

스티브 펄먼: 사람들은 윗층 회의실에서 회의를 하고 있었어요. 우리는 회의실 창문에 각을 쏘면 웃기겠다고 생각했죠. 창문에 슬라임이 홍건하게 묻어서 흘러내리는 모습을 상상했어요.

토니 파델: 그래서 누구였지? 펄먼과 앤디가 새총 양쪽 끝을 잡고 있었고,

전 온 힘을 다해서 새총을 잡아당겼어요.

스티브 자렛: 토니는 정말 힘이 셌어요.

토니 파델: 모든 사람들이 응원하고 있었어요. "토니, 더, 더, 더!" 그래서 전 새총을 뒤로 뒤로 더 당겼고, "쏴 버려!"라는 말에 손을 놓았어요. 슬라임은 '휘이익'하고 날아서 '철퍽' 소리를 냈어요.

존 지아난드레아: 초록색 슬라임이 창문을 향해 똑바로 날아가서 유리를 산산조각을 내더니 사방에 유리 조각이 튀었어요. 모두의 입에서 "이런……"이 새어 나왔어요.

토니 파델: 그 순간, 지금까지의 제 인생이 눈앞을 휙 지나갔어요. "제길, 난 이렇게 해고되는 거군. 어떻게 해야 하지?" 다음날 아침, 전 직원 미팅이 있었습니다. 전 회의실 뒤쪽으로 숨어들어 갔는데, 제가 무슨 짓을 했는지 모두가 알고 있었죠. "저기 토니가 왔다!"하고 모두 웃고 박수를 치기 시작했어요. 저는 "어떻게 6,000달러짜리 유리창을 부순 사람에게 저렇게 웃고 환호할 수 있지?"라고 속으로 생각했어요.

마크 포랏: 전 모든 걸 용서한다고 말했습니다. 아무것도 걱정하지 말라고 하면서. 재미를 즐기는 거에는 규칙이 없으니까요.

제너럴 매직은 다른 것들도 부수고 있었다. 기술적인 한계도.

스티브 자렛: 토니와 저는 가장 어린 축에 속했어요. 그 당시 아마 23살, 24살이었을 거예요. 제가 일본 사업개발 담당자여서 일본 출장을 가게 되었는데, 일본 파트너들을 직접 만나서 우리가 만들고 있는 차세대 하드웨어의 전체 레이아웃에 대해 설명할 계획이었어요.

토니 파델: 1990년대 초반 일본은 전자제품 분야의 최강자였습니다. 당시에는 애플도 소형 전자제품은 만들지 못했어요. 미쓰비시 전기는 제너럴 매직의 파트너였고, 우리의 일은 그들과 함께 신제품에 들어갈 칩을

만드는 거였어요. 그래서 차세대 제너럴 매직 하드웨어의 아키텍처를 설명했어요.

스티브 자렛: 미팅에 들어가자 토니가 일어나서 빔프로젝터로 슬라이드를 보여 주며 설명을 하기 시작했어요.

토니 파델: 제가 블록 설계도를 훑으면서 설명을 쭉 하고 있는데, 그들은 연신 "오, 그렇군요. 굉장한 아이디어입니다. 훌륭해요"라며 감탄했어요.

스티브 자렛: 이윽고 모뎀에 대해 설명하는 부분에 도달했고, 토니는 "여기가 전화선을 연결할 수 있는 곳이에요"라고 말했어요.

토니 파델: 그러자 일본 파트너들이 "그런데 토니 상, 모뎀은 어디 있나요?"

마이클 스턴: 블록 설계도에는 모뎀 칩이 없었어요.

토니 파델: 전 "소프트웨어로 구동합니다"라고 말했어요.

스티브 자렛: 그들은 서로를 쳐다보더니, 한 사람에게 "혼또데스까?"라고 묻더군요. 이 말은 "정말입니까?"를 뜻하는 일본어예요. 그 사람은 어깨를 움츠렸어요. 그러고는 곧바로 일본어로 막 이야기하기 시작했어요. 한 사람이 전화기를 들더니 다시 언성이 높아졌어요. 그들은 우리에게 설명을 잠시 멈춰 달라고 했어요.

토니 파델: 그러던 중 사장인 나가사와가 회의실에 들어와서 이 광경을 보게 되었어요. 그리고 바로 이어서 스피커에서 '삐삐삐'하는 소리가 크게 울렸습니다. 우리는 "무슨 일이에요?"라고 묻자, "태풍 경보가 내렸어요. 12시 이전에 모두 나가서 집으로 대피해야 해요"라고 말했어요. 제가 "정말로요?"라고 묻자, 그들은 "우리는 계속 일하긴 할 겁니다"라고 했어요.

스티브 자렛: 5분 후, 다양한 색깔의 유니폼을 입은 사람들이 회의실을 가득 채웠어요. 그리고 "토니, 다시 아키텍처를 설명해 주세요"라고 말했어요. 토니가 그 부분에서 "저희는 소프트웨어로 모뎀을 구현할 거라서 이 설계에는 모뎀 칩이 없어요"라고 다시 이야기했어요. 그러자 한 사람

이 머리를 움켜쥐고 테이블에 고개를 떨궜어요. "무슨 일 있으세요?"라고 제가 물으니, 미팅을 조율한 분이 "지금 막 카토 상의 부서를 없애 버렸네요"라고 대답했어요.

토니 파델: 미쓰비시 전자 직원들이 대피하는 동안, CEO와 그 팀은 우리와 오후 내내 회의실에 있었어요. 한 번 전기가 나갔지만 계속 이야기를 했어요. '어떻게 모뎀을 소프트웨어로 구현하나?', '이 장치를 어떻게 만드나?' 등이요. 그들은 저전압 올인원 설계와 소프트웨어 모뎀에 크게 놀랐고, CEO는 지금까지 이런 걸 본 적이 없다고 했어요.

마이클 스턴: 그들은 모뎀 칩으로 수억 달러를 벌고 있었는데, 우리가 그 칩을 더 이상 필요 없게 만든 거예요. 제너럴 매직은 그런 수준의 혁신을 다루고 있었습니다. 다시 말하지만, 제너럴 매직의 DNA는 애플이었어요. 우리는 뼛속까지 애플이었어요. 소규모 자본으로 시작한 이 작은 스타트업이 기존 칩을 사지 않고 자체 디자인으로 설계한다고? 제정신이 아닌 거죠.

에이미 린드버그: 운영체제, 하드웨어, 소프트웨어 모뎀. 그 모든 성과는 실로 놀라웠어요. 마치 아폴로 프로젝트 같았어요.

스티브 자렛: 사용자 인터페이스도 정말 환상적이었어요. 획기적이었어요. 그건 현실 세계에 기반을 두고 있었습니다.

토니 파델: 모든 것들이 현실 세계를 본 따서 만들어졌고, 사용자들은 현실 세계에서 상호 소통하는 것과 같은 모습으로 여기서 대화하게 돼요.

스티브 자렛: 책상 아이콘에서 시작해서 책상 위의 물건을 움직이고 터치로 열 수 있었어요.

토니 파델: 이른바 스큐오모픽 skeuomorphic 디자인이었죠. 물건을 담는 캐비닛, 글을 쓸 수 있는 책상 등.

스티브 자렛: 책상을 나오면 복도로 나갈 수도 있었어요. 복도에는 여러 개의 문이 있었고요.

마이클 스턴: 게임 룸, 미디어 룸, 서재 등 여러 방으로 향하는 문들이 있었어요. 서재에는 사용자가 갖고 있는 모든 전자책이 모여 있었습니다. 우리는 몇 가지 사용 매뉴얼을 전자책으로 만들어서 서재가 비지 않게 했어요. 게임 룸에는 최초의 네트워크 게임이 있었어요. 사용자는 온라인으로 다른 사용자와 게임을 할 수 있었어요. 아무도 하지 못했던 거예요. 다시 말하지만, 이건 토니가 하루 만에 만든 것이었어요.

토니 파델: 그리고 사용자는 대문 밖으로 나가 길을 따라 내려가면 가게에 갈 수 있었어요.

마이클 스턴: 여긴 서드 파티 개발자 커뮤니티가 연결된 곳이에요. 이건 폐쇄적인 시스템이 아니라 공개 플랫폼이어서 개발자들이 앱을 개발할 수 있었어요. 생산성 앱, 게임, 무엇이든 가능했어요. 사실, 정말 재미있는 게임들이 게임 룸에 있었어요.

메건 스미스: 피에르 오미다이어가 모든 개발자 서비스를 담당하고 있었습니다.

스티브 자렛: 피에르는 우리가 만들고 있는 모바일 기기에서 작동될 만한 아주 흥미로운 온라인 서비스를 구상하고 있었어요. 그는 턴 기반 체스 게임을 만들었는데, 우리 플랫폼에서 가장 인기 있는 게임이었어요.

토니 파델: 되게 괜찮았어요, 그죠?

마이클 스턴: 우리는 이 모든 것을 직접 보여 줬어요. 한편, 마크는 언제 어디서나 연결되는 글로벌 커뮤니티의 비전도 그리고 있었습니다. 1992년까지 우리는 모든 아이디어 공유했고 그 아이디어를 제품화하기 위해 노력했어요. 정말로 어려운 일이었고, 계속 일정이 밀렸어요. 파트너들의 불안은 더욱 커져 갔죠.

앤디 허츠펠드: 그러다 우리의 가장 큰 후원자이자 아버지가 우리를 없애기로 결정한 걸 알게 되었어요.

마크 포랏: 우리의 모든 비밀과 계획을 털어놓았던 이사회를 기억해요. 존

스컬리도 참석했는데 우리가 하는 이야기를 한 글자 한 글자 그대로 옮겨 적으며 엄청난 양의 메모를 했어요. 앤디는 저에게 고개를 돌려 물었어요. "무슨 일이 있나?"

앤디 허츠펠드: 뉴턴 프로젝트는 좌초되고 있었어요. 계획한 대로 작동하지 않았고, 가격도 5,000달러가 아니라 10,000달러가 될 상황이었어요. 디스플레이가 제대로 되지 않았고, 너무 복잡했고, 실패하고 있었어요. 그리고 다이나북 콘셉트의 뉴턴이 가망이 없어 보이자, 마크의 프로토타입을 모방한 형태로 만들기로 결정했어요. 저가이면서 휴대 가능한 기기로요.

마크 포랏: 그건 정말 큰 문제였어요. 애플은 왜 제너럴 매직에 온 힘을 쏟지 않았을까요? 그들은 왜 양쪽에 내기를 걸어야 했을까요? 한마디로 스컬리는 동일한 IP로 같은 시장을 노리는 경쟁 구도를 만들었어요.

앤디 허츠펠드: 뉴턴은 5,000달러가 될 계획이었지만, 500달러짜리로 다시 설계했어요. 공책 크기였던 게 이제는 엽서 크기가 되었어요. 이건 우리에게 실존적인 위협이었어요.

마크 포랏: 뉴턴의 핵심 디자인은 필기 인식이었어요. 우리의 핵심은 커뮤니케이션이었고요. 제가 보기에 이 두 기기의 차이는 컸고, 두 제품이 공존할 수 있다고 생각했어요. 하지만 팀 멤버와 외부인에게 두 기기는 직접적인 경쟁을 하는 제품이었어요. 그게 공통된 인식이었고 약간 씁쓸했어요.

앤디 허츠펠드: 스컬리는 우리 회사 이사회 임원이었어요. 그건 정말 배신이었어요.

뉴턴은 1993년 8월에 출시되었고, 실패했다. 가장 큰 문제는 필기 인식 소프트웨어였다. 인식률이 좋지 않았다. 게리 트뤼도Garry Trudea가 전국 일간지에 실리는 연재 만화 「둔즈베리Doonesbury」에 뉴턴의 인식 오류를 펀치라인으로 쓰면서 뉴턴은 웃음거리가 되었다.

마이크 둔즈베리: "나는 테스트 문장을 쓰고 있다. I am writing a test sentence."

애플 뉴턴: "시암은 외계인 보초병과 싸우고 있다. Siam fighting atomic sentry."

마이크 둔즈베리: "나는 테스트 문장을 쓰고 있다. I am writing a test sentence."

애플 뉴턴: "이안은 환상적인 맛을 느끼고 있다. Ian is riding a taste sensation."

마이크 둔즈베리: "나는 테스트 문장을 쓰고 있다!! I am writing a test sentence!!"

애플 뉴턴: "나는 테스트 문장을 쓰고 있다! I am writing a test sentence!"

마이크 둔즈베리: "이젠 알아 듣니? Catching on?"

애플 뉴턴: "계란 주근깨? Egg freckles?"

애플은 준비되지 않은 채 급하게 시장에 제품을 내놓은 대가를 톡톡히 치렀다. 제너럴 매직은 스컬리의 실수를 따라하지 않았다. 대신 그들은 정반대의 실수를 저질렀다. 완벽을 추구한 매직은 몇 년이나 뒤처졌다.

마크 포랏: AT&T는 느렸어요. 네트워크 설치를 마치지 못했어요. 소니도 느렸어요. 하드웨어 제품을 완성하지 못했어요. 우리는 완벽주의자였기 때문에 느렸어요. 너무 무리를 해서 느렸어요. 일정 지연에 대해 내부적으로 많은 압박이 있었고, 출시는 파트너의 일정과도 맞춰야 했어요. 결국 모두 2년 늦어졌어요.

마이클 스턴: 저희는 1994년 크리스마스 시즌을 놓쳤어요. 우리는 속으로 "그럼 내년을 기약하지"라고 생각했어요.

에이미 린드버그: 우리가 제일 먼저 출시한 것은 소니의 매직 링크 Magic Link 였습니다.

앤디 허츠펠드: 그리고 매직 링크가 나오자마자 저는 스티브 잡스에게 하나를 주었어요.

마크 포랏: 매직 링크는 맥OS에서 많은 영감을 받았어요. 맥을 만들었던 사람들이 개발하고, 같은 그래픽 아티스트가 디자인한 거였습니다.

마이클 스턴: 그리고 출시와 동시에 우리는 상장을 위해 달려 나갔어요.

마크 포랏: 저는 제 에너지의 80%를 파트너들을 관리하는 데 썼어요. IPO 공모 자금이 있으면 파트너들에게 더 이상 신세질 필요가 없다는 걸 열심히 어필했어요. IPO의 성공은 우리가 모든 파트너들과 발맞춰 제품과 서비스를 동시에 성공적으로 출시하는 것에 달려 있었습니다. AT&T도 마지막으로 네트워크를 구축했고, 드디어 달릴 준비를 마쳤어요.

스티브 자렛: 우리는 이미 파트너 기업들에게 상당한 양의 주식을 팔았고, 라이선스 매출이 많이 들어올 예정이었기 때문에 서류상으로는 매우 좋아 보였어요. 그래서 1995년에 IPO가 되었을 때 우리는 최초의 인터넷 IPO 중 하나였어요. 기업공개신청서의 가격S1 Price보다 훨씬 높은 가격에 상장했어요.

마크 포랏: 14달러로 상장한 주식은 상장하자마자 32달러가 되었고, 우린 엄청난 돈을 받았어요. 그래서 IPO 자체는 매우 성공적이었습니다. 하지만 매직 링크의 판매가 좋지 않아서 "이런, 이대로는 문제가 있을 거야"라고 걱정했어요.

앤디 허츠펠드: 우리는 이 소니 디바이스를 10만 대가량 팔고 싶었지만, 실제로는 1만 5,000대 정도밖에 팔지 못했어요.

스티브 자렛: 하드웨어가 너무 컸어요. 배터리 수명은 짧았고요. 거기다 굉장히 비쌌어요. 소니의 첫 제품은 1,000달러였습니다. 더구나 휴대폰이 아니었어요. 통신을 위해서는 전화선을 연결해야 하는 기기였죠.

메건 스미스: 이 제품은 한번에 새로운 것들을 너무 많이 제공해서 아무도 우리가 무슨 말을 하고 있는지 몰랐어요. 사용자들이 이런 걸 원했을까요?

에이미 린드버그: 우리는 조 식스팩Joe Sixpack이라는 사람을 위해 제품을 디자인하고 있었어요. 우린 고객을 말 그대로 조 식스팩이라고 불렀어요. 근데 문제는 당시에 조 식스팩은 전자 메일이 없었다는 거죠! 이 제품이 성공하기에는 너무 이른 시기였던 것입니다.

존 지아난드레아: 실리콘밸리 스타트업이 실패하는 이유 중 하나는 "너무 이른 아이디어"예요.

에이미 린드버그: 제품 출시 이후에야 인터넷이 등장하기 시작했어요.

마크 포랏: 어느 날, 누군가 '모자이크Mosaic'라는 것을 가지고 오더니 이것이 미래라고 소개해 줬어요. 전 "그래요? 이게 뭔데요?"라고 하자, 그가 프로그램을 실행시켰는데 바로 에러가 났어요. "글쎄, 이게 왜 미래죠?"라고 하자, "잠깐만요. 다시 한번 보세요"라며 다시 프로그램을 실행시켰어요.

존 지아난드레아: 다운로드받자마자 사람들이 컴퓨터, 실리콘그래픽스 인디고였던 거 같아요, 주변으로 몰려들어 구경했어요. "오, 이것 좀 봐봐!"

마크 포랏: 우리는 초기 버전의 브라우저를 보고 있던 거죠. 팀 내부에는 이미 우리의 방향은 인터넷이어야 한다는 인식이 있었어요. 다음 우리의 2세대 제품은 인터넷 단말기가 되어야 한다는 것을 알고 있었어요. 문제는 1세대 제품 출시 후 2세대 제품을 만들 수 있는 충분한 시간과 돈, 에너지, 체력이 남아 있을 것인가였어요.

마이클 스턴: 우리는 매출이 없었어요. 일이 잘 안 풀리자 파트너들은 떠나기 시작했어요. 일이 꼬이기 시작했습니다.

스티브 자렛: 1세대 하드웨어를 전시회에 가져가면, "전화기가 들어 있나요?"라는 질문을 계속 받았어요. 다음에 만들 제품은 실제로 휴대폰이어야 한다는 것이 정말 명백해졌습니다. 그래서 앤디와 다른 엔지니어들은 소프트웨어가 작동하는 '스마트폰'을 만들기 시작했어요. 다시 말하지만, 이건 디지털 무선 통신이 존재하기 이전이어서 문자 메시지도 없었고, 무선으로 데이터를 보낼 수 없었어요. 그런데도 우리는 무선 웹 브라우징이 가능한 프로토타입을 만들었어요.

존 지아난드레아: 2개의 기기가 있었어요. 하나는 소니가 만든 제품이었는데 모두 이것은 실패작이라는 걸 알았죠. 저는 더 싸고, 더 빠르고, 사용

시간이 더 긴 두 번째 기기를 만들고 있었어요.

마크 포랏: 앤디와 빌은 아이폰과 같은 형태의 매직 머신Magic Machine을 시연하면서 이렇게 말했어요. "이게 우리가 다음에 출시할 제품이에요. 전화기인데요. 이 화면 위에 매직 링크 아이콘들이 보이죠? 어떻게 작동하는지 보여 줄게요." 전화를 걸고, 이메일을 보내는 걸 보여 줬습니다. 잘 작동했어요. 사실상 아이폰의 폼팩터Form Factor였는데, 이미 iOS의 기능을 1995년에 보여 준 셈이죠. 우리는 모두 흥분했고, 앞으로 우리가 집중해야 할 곳은 여기라는 걸 알았어요. 1997년에 출시할 계획이었죠.

스티브 자렛: 하지만 우리가 정말 할 수 있는 일이었을까요? 그런 초특급 제품을 만드는 데 몇 년은 걸릴 것이 분명했으니까요. 저에겐 그게 신호였어요. 그래서 회사를 그만뒀어요.

존 지아난드레아: 저도 퇴사했어요. 우린 굉장한 제품을 만들고 있는데 결국에 이걸 출시하지 못할 거라는 걸 깨닫게 되어서였어요.

마크 포랏: 출시일이 1년 정도 남았었어요. 하지만 우리는 버틸 돈도, 열정도 바닥나고 있었습니다. 모두 각자의 이유로 지쳐 있었어요. 앤디는 일주일에 80시간을 일했을 거예요. 다른 사람들도 그냥 체력적으로 한계였어요.

마이클 스턴: 빌은 1세대 제품에 그의 모든 창의력을 쏟아부어서 많이 지쳤던 거 같아요. 그는 엔지니어링 부서를 3년간 이끌고 있었는데, 1995년 즈음 에너지가 많이 떨어졌어요.

마크 포랏: 육체적으로 정말 피로했어요. 어떤 놀라운 것을 하겠다고 열정이라는 에너지로만 움직이기에 5년은 너무 긴 시간이었습니다. 다음 단계로 넘어가기 위해서는 중간 중간 우리가 잘 하고 있다는 일종의 자기 검증이 필요했어요.

마이클 스턴: 결국 모두가 떠났어요. 전 마크에게 일종의 충성심을 느껴서 남아 있었어요. 정말 슬프고 추해졌습니다. 모토로라, 소니, AT&T 등 각

기업에서 프로젝트에 참여했던 사람들은 경력에 오점을 남기게 되었어요. 이 파트너 기업들은 "우리는 차세대 제품을 만들고 있습니다! 우리는 미래를 창조하고 있습니다!"라고 공개적으로 말하고 다녔는데 결국 프로젝트가 망했어요. 난장판이 되었죠.

마크 포랏: 개발자들은 자신의 제품이 수백만 명에게 사용되기를 원해서 일을 해요. 그런 경험은 개발자에게 최고 수준의 보상이죠. 하지만 수백만 명이 외면한다면 에너지는 어디서 나올까요? 그러한 열정 없이 어떻게 다음 단계로 나아갈 수 있을까요? 우리는 긍정적인 확신이 필요했어요. 회사도 계속 나아가기 위해서 긍정적인 확신이 필요했어요.

마이클 스턴: 제너럴 매직은 실패했어요. 우리는 사람들이 사고 싶어 하는 제품을 만들지 못했어요. 하지만 훌륭한 아이들을 한데 모아서 놀라운 일을 했고, 현재 우리가 당연하게 여기는 세상을 창조해 냈습니다.

메건 스미스: 애플에는 스티브 잡스, 스티브 워즈니악, 마이크 마쿨라, 그리고 여러 다른 핵심 인재들이 키워 낸 주니어가 많았어요. 이들이 자라나 제너럴 매직에서 마법사가 되어 엄청난 활약을 보여 주었을 뿐 아니라 제자를 또 키웠어요. 필 골드만과 자르코 드라기닉, 토니 파델, 에이미 린드버그. 우리가 바로 그 제자였어요.

에이미 린드버그: 토니는 나중에 아이팟iPod과 아이폰을 만들게 됩니다.

스티브 펄먼: 필 골드만과 브루스 릭은 저와 함께 웹TVWebTV를 설립했어요. 앤디 루빈은 여기에 나중에 합류했어요.

에이미 린드버그: 그 후에 앤디는 안드로이드를 시작했습니다. 자르코는 소프트웨어 모뎀을 분사시켰는데, 이게 소프트웨어로 구동되는 세계 최초의 모뎀이 되었죠.

마이클 스턴: 메건은 제너럴 매직을 떠나 샌프란시스코로 가서 레즈비언들을 위한 최초의 온라인 커뮤니티인 플래닛아웃PlanetOut을 설립했어요. 사업은 매우 성공적이었습니다. 나중에 미국 백악관의 최고 기술책임자

가 되었어요. 이 정도면 나쁘지 않죠!

에이미 린드버그: 몇 년 안에 억만장자가 될 사람들이 제너럴 매직에서는 창문도 없는 사무실에 있었어요.

크리스 매카스킬: 피에르 오미다이어는 그의 사무실 맥 IIci 컴퓨터로 옥션웹AuctionWeb을 운영하고 있었어요.

피트 헬메: 크리스의 아이디어는 중국 식당에서 제너럴 매직 사람들과 밥을 먹다 나왔어요. "인터넷에서 물건을 팔면 좋지 않을까? 경매 방식으로 팔면 어떨까?"

마이클 스턴: 피에르는 제가 제너럴 매직의 사내 변호사로 있던 1994년에 찾아와서 이렇게 말했죠. "인터넷상에서 작은 커뮤니티를 만들었어요. 사람들이 서로 물건을 거래하도록 할 거예요. 전 웹상에서 트래픽을 발생시켜 사람들을 커뮤니티에 끌어들일 겁니다. 그게 우리의 스위트 스폿이잖아요. 그죠?" 가상 커뮤니티의 개념은 제너럴 매직이 제일 잘하던 것이었어요. 다 듣고 저는 "내가 들어 본 것 중 가장 바보 같은 생각이야! 정 하고 싶으면 혼자서 해"라고 쏘아붙였어요. 그게 나중에 이베이eBay가 되었습니다.

에이미 린드버그: 큰 폭발처럼 제너럴 매직에서부터 모든 것이 나왔어요.

마이클 스턴: 아이폰, 소셜 미디어, 이커머스. 이 모든 것이 제너럴 매직으로부터 나왔습니다.

14

출판계에 몰아치는 태풍
『와이어드』, 게릴라 저널리스트들의 혁신

등장 인물

게리 울프	R. U. 시리우스(켄 고프만)	존 페리 발로우
니콜라스 네그로폰테	에릭 데이비스	존 플런켓
댄 코트키	에이미 크리쳇	칼 스테드먼
루이스 로제토	유진 모시어	케빈 켈리
리처드 솔 워먼	잭 볼웨어	코코 존스
마크 폴린	저스틴 홀	크리스틴 스펜스
미셸 바텔	제인 멧칼프	프레드 데이비스
브루스 스털링	존 바텔	

1990년대 초반, 실리콘밸리는 인상 깊은 실패를 연거푸 기록했다. 더웰은 결코 커지지 않았고, VR은 시들해졌으며, 제너럴 매직은 붕괴되고 있었다. 실리콘밸리의 돌파구는 보이지 않았다. 한편, 워싱턴주에서 마이크로소프트는 평범한 운영체제를 PC 산업에 깊이 펼치면서 큰 성공을 거두었다. 돈과 권력이 확실히 북쪽, 즉 워싱턴 쪽으로 이동하고 있었다. 그래도 실리콘밸리에는 여전히 떠오르는 너드들의 문화 중심지였으며, 그 문화에는 강력한 새로운 도구가 있었다. 맥 II에 출판 소프트웨어를 탑재하고 레이저 프린터와 연결하자 새로운 종류의 인쇄기가 되었다. 작지만 최신 기술에 능숙한 팀에게 맥 II를 쥐여 주면, 거대한 출판사가 제작한 것처럼 보이는 잡지를 만들 수 있게 되었다. 이렇게 되자 갑자기 웨스트 코스트 출판사의 보헤미안적인 세계가 '실제의' 출판업을 혼란에 빠뜨리게 되었다. 샌프란시스코의 언더그라운드 문화는 『퓨쳐섹스Future Sex』, 『몬도 2000』, 그리고 가장 중요한 『와이어드』를 포함한 많은 수의 새로운 출판물을 내놓았다.

존 플런켓: '『와이어드』는 어디에서 시작되었는가?'를 알고 싶으면, MIT 미디어랩의 설립을 이끈 니콜라스 네그로폰테와 그의 통찰을 먼저 살펴봐야 합니다.

니콜라스 네그로폰테: 미디어랩의 초창기 아이디어는 매우 간단했죠. 우리는 이전과 완전히 다른 3가지 산업이 함께 올 것이라 예상했어요. 방송-엔터테인먼트 분야에서 풍부한 시청각을 끌어낼 수 있고, 출판 분야에서 깊이 있는 지식과 정보를 끌어낼 수 있어요. 그리고 컴퓨터의 대화형 서비스도 생각해 볼 수 있어요. 이 3가지를 하나로 모으면 우리가 오늘날 멀티미디어라고 부르는 감각적이고 풍부하며 깊이 있는 대화형 시스템이 되죠.

존 플런켓: 스튜어트 브랜드는 『미디어랩: MIT에서 미래를 발명하다The Media Lab: Inventing the Future at MIT』이라는 책을 썼는데, 루이스와 저는 정독했

어요. 이 책은 루이스가 잡지가 미래에 어떻게 발전할 수 있을지 깨달음을 주는 데 큰 영향을 끼쳤어요.

루이스 로제토: 우리는 『와이어드』 이전에 암스테르담에 있었고, 『일렉트릭 워드Electric Word』로 바뀐 『랭귀지 테크놀로지Language Technology』라는 잡지를 제작했어요. 중간에 이름을 바꿨어요.

제인 멧칼프: 우리는 케빈 켈리에게 사본을 보냈어요.

루이스 로제토: 문서 작성이 글쓰기에 어떻게 영향을 미치는지를 다룬 앤서니 버지스Anthony Burges에 관한 글을 실었습니다. 그리고 글쟁이이자 소설가였던 니콜슨 베이커Nicholson Bake의 작품에 관한 글도 실었어요. 이것이야말로 『와이어드』에서 나온 모든 것의 궁극적인 근원이라고 할 수 있습니다.

케빈 켈리: 재밌었어요. 『지구백과』랑 같이 할 게 뭐 없을까 싶어서 쭉 살펴봤습니다. 전 이 잡지를 "존재하는 것 중에 가장 덜 지루한 컴퓨터 잡지"라고 평가했어요.

루이스 로제토: 그는 이렇게나 고맙게 썼죠. 그래서 우리는 "당신을 만나러 가고 싶다"고 했어요. 그의 정신 사나운 사무실로 방문했더니, 사방에 수십억 권의 책이 뒹굴어 다녔어요.

제인 멧칼프: 사무실 곳곳이 책더미에 뒤덮혀 있었어요.

케빈 켈리: 기술 문화에 관심이 있었어요. 저는 그 분야에서 커다란 무언가가 요동치고는 게 느껴져서 『지구백과』도 그 방향에 집중하도록 노력했어요. 『지구백과』에서 제가 한 일 중 하나는 1988년에 「시그널Signal」이라고 불리는 특별호를 일종의 실험으로 냈던 거였어요. 제가 느끼기에 『지구백과』의 히피 느낌이 조금씩 옅어지기 시작했기 때문이죠. 이러한 변화가 『와이어드』와 겹치기는 했지만, 『지구백과』는 대부분 아이디어와 개념에 관한 것을 다뤘어요. 그런 종류의 글이 많지는 않았어요.

루이스 로제토: 우리는 굉장히 높은 수준의 대화를 했어요. 대화한 1시간

30분이 서로에게 즐거운 시간이었습니다.

케빈 켈리: "만약 여러분이 이런 식으로 잡지를 다룰 거면, 암스테르담에서는 할 수 없을 것이에요. 샌프란시스코로 오셔야 합니다"라는 조언만이 제가 줄 수 있는 전부였어요. 그러고 나서는 "더웰에 올라타 보세요"라고 툭 던졌습니다.

루이스 로제토: 우리는 암스테르담으로 돌아왔어요.『일렉트릭 워드』를 계속 하려고 했지만 그럴 수 없었어요. 그 후『와이어드』에 대한 사업 아이디어를 떠올리며 캘리포니아에 왔습니다.

케빈 켈리: 2년 후, 그들은 샌프란시스코로 옮길 거라며, 암스테르담에서 하려고 했지만 할 수 없었던 잡지를 시작하려 한다는 소식을 전했어요. 저는 행운을 빌었습니다. 잡지를 시작하는 것은 몽상가의 숙제죠.

루이스 로제토: 우리가 다루려는 주제와 관련 있는 사람들을 최대한 많이 만나려고 했어요.

브루스 스털링: 그들은 "안녕하세요, 우리는 출판인입니다. 당신은 SF 소설가라고 들었습니다. 우리의 새로운 잡지의 기자가 될 SF 소설가가 필요해서 집으로 찾아 뵙고 싶어요"라며 전화를 걸어왔어요. 그래서 저는 "네, 그럼 한번 놀러 오세요"라고 받았죠. 그들은 잡지를 시작하기 위해 샌프란시스코로 오는 길이었어요. 완전히 암스테르담의 유로테크노 Euro-Techno 식으로 차려 입었더라고요. 제인은 아주 멋진 신발을 신고 있었는데, 기술자 나부랭이에게는 절대 볼 수 없던 종류의 것이었어요. 저는 그들이 완전 괴짜라고 생각했어요. 당시에 제가 어울리고 있던『몬도 2000』의 사이버 히피처럼 보이지 않았습니다.

R. U. 시리우스:『몬도 2000』은 1989년에 창간된 최초의 테크노 잡지였어요. 그 이전의 컴퓨터 잡지는 자동차 잡지와 비슷했어요. 기술적 작동 원리를 다루는 것을 지향했죠. 하지만『몬도 2000』은 기술을 반문화의 한 요소로 취급했습니다.

프레드 데이비스: 저는 지프-데이비스Ziff-Davis에서 『A+』, 『PC매거진PC Magazine』, 『PC위크PC Week』, 『맥유저MacUser』의 편집자로 일했어요. 루이스와 제인은 버클리에 있는 우리 집에 불쑥 나타나서는, 『몬도 2000』의 고급 버전인 『와이어드』를 하겠다는 아이디어를 털어놓았죠. 당시 그들은 말 그대로 빈털터리여서 아이디어 말고는 아무것도 가진 게 없었어요.

마크 폴린: 『몬도 2000』 사람들은 이런 식이었죠. "글쎄, 두고 보겠어!"

댄 코트키: 『몬도 2000』은 이전에는 하이 프론티어스High Frontiers라고 불리다가 다시 리얼리티 해커스Reality Hackers로 바뀌었어요. 『와이어드』의 아이디어는 기술, 문화, 문학, 음악과 영화, 마약 및 의식 연구 등이 모두 혼합된 개념이었습니다.

R. U. 시리우스: 과학, 유사 과학, 양자 물리학, 대중 문화에서 벌어지고 있는 환각적인psychedelic 영향, 기술적 영향, 괴상한 아이디어가 모두 합쳐진 것이었어요.

프레드 데이비스: 『와이어드』는 제가 주류 잡지가 이랬으면 좋겠다고 생각한 것과 가까웠어요.

제인 멧칼프: 『와이어드』를 출판하기 전에, 우리는 더웰에서 잠재적인 기부자 혹은 친구나 아무나 와서 이 아이디어에 대해 의견을 자유롭게 낼 수 있는 비공개 컨퍼런스를 열었어요.

프레드 데이비스: 루이스는 좋은 아이디어를 갖고는 있었지만, 돈을 모으기 위해서는 독자가 되면 좋은 이유에 대한 매력적인 스토리텔링이 필요했죠. 제가 이 부분을 도왔어요.

루이스 로제토: 그러나 잡지를 팔기 위해서는 그럴싸한 무엇이 필요하다는 게 분명해졌어요. 그래서 우리는 실제 잡지처럼 보일 수 있도록 편집과 광고를 보여 주었을 뿐 아니라 잡지라면 이래야 한다는 것들을 보여 주는 실제 견본을 만들어 보려고 했어요. 편집 자료랑 광고를 최선을 다해 모아서 유진에게 줬어요.

유진 모시어: 그다지 잘 운영되지 않던 『맥위크』를 퇴사한 후 다음 커리어를 고민하는 중이었어요. 그러던 중에 프레드 데이비스가 "우리 집에서 하는 파티에 와 보세요. 재미있는 사람들을 만나게 될 거예요"라고 말했죠.

프레드 데이비스: 저는 버클리 힐즈Berkeley Hills에 위치한 환상적인 커다란 집이 있었어요. 훌륭한 파티를 할 수 있는 집이었죠. 토드 런드그렌Todd Rundgren 같은 사람들이 올 예정이었죠. 제론 레니어도요. 프로그래밍과 음악이라는 두 이질적인 것이 한데 모이자, 놀랍게도 둘 사이에 우연의 일치가 여러 개 나타났어요. 그냥 제가 한번 해 보려던 건 테크 지식인과 문학 지식인을 함께 어울리도록 하는 것 정도였어요.

유진 모시어: 제가 만났던 사람 중 가장 흥미로운 사람들은 루이스와 제인이었죠. 그들의 아이디어를 듣고서 "와! 저도 참여하고 싶어요"라고 말했어요. 그 후 그들에게 도움이 필요한지 물었어요.

루이스 로제토: 저는 "저희가 돈이 없어요"라고 말했고, 그는 "상관없어요. 제가 도울게요"라고 했습니다.

유진 모시어: 저는 제가 무엇을 하게 될지 전혀 알지 못했습니다.

제인 멧칼프: 우리는 사우스파크의 두 번째 모퉁이에 바로 있는 빌딩에 있었어요.

잭 볼웨어: 그 건물은 꽤 펑키한 동네 골목길 끝에 있었는데, 풍자적인 잡지 『노즈Nose』도 거기 있었어요. 그 후 『퓨처섹스』가 그곳으로 이사했죠. 커피 숍 잡지인 『컵스Cups』를 운영하던 데이브 에거스Dave Eggers가 나중에 『마이트Might』라는 잡지를 출간했는데, 거기도 모두 같은 건물에 사무실이 있었죠.

코코 존스: 많은 잡지 회사가 공유하는 오픈 스페이스였어요. 당시 저는 몬도에서 일하고 있었는데 왼쪽에는 제인과 루이스가 있었습니다.

루이스 로제토: 정말 무서운 동네였어요. 우리는 그곳에 6월 중순쯤 도착했는데, 2주도 지나지 않아서 누군가가 총알로 앞 창문을 깨뜨렸어요. 큰

판유리였는데 제인의 책상 뒤로 떨어졌어요.

제인 멧칼프: 7월 4일에는 정문 앞에서 총격 사건이 있었습니다.

루이스 로제토: 두 총격 사건. 두 총알.

유진 모시어: 루이스와 제인이 컴퓨터가 없다고 했고 전 괜찮다고 했어요. 그 둘은 제가 사는 곳 근처에 사무실 공간을 빌리고 있었습니다. 제 물건을 들고 그 사무실까지 걸어가는 게 문제긴 했어요. 맥 II와 애플 레이저라이터 II를 카트에 담아 질질 끌고 갔어요.

루이스 로제토: 유진은 자기 컴퓨터를 가져왔어요. 제가 일할 수 있도록 컴퓨터와 모니터도 하나 더 챙겨 줬어요. 제인은 우주에서 최고의 선물인 하드 드라이브를 들고 왔죠. 지난 2주 동안 유진은 직장에는 병가를 쓰고, 우리가 견본을 완성하고 인쇄할 수 있도록 도와줬어요.

제인 멧칼프: 유진은 『맥위크』가 PC를 이용해 출판을 하는 데스크탑 퍼블리싱Desktop Publishing으로 프로세스가 바뀐 후 다녔는데, 잡스 밑에서 일하고 싶지 않았어요.

프레드 데이비스: 데스크탑 퍼블리싱은 매킨토시의 킬러 앱이었어요. 6,000달러나 되는 레이저라이터를 갖기 위해 매킨토시를 구입하려는 수요를 폭발적으로 끌어냈어요. 프린터에 값을 매긴 것은 PC업계에서 최초라고 볼 수 있습니다. 사람들은 가격이 터무니없다고 엄청 욕했어요. 하지만 애플의 레이저라이터는 높은 수준의 인쇄 성능을 보여 줬을 뿐 아니라, 거대한 인쇄기를 운영해야만 뽑을 수 있던 원고를 적은 비용으로도 제작할 수 있게 해 주었어요. 이것은 출판업에서 혁신이었습니다. 완전 언더그라운드 신문화였고, 맥이어서 가능했던 문화였어요.

에릭 데이비스: 1960년대와 1970년대의 반문화는 다양한 하위문화를 만들어 냈습니다. 그 징후 중 하나는 인터넷이나 전자 메일이 탄생하기도 전에 강박 장애자 커뮤니티를 위한 잡지가 폭발적으로 증가했다는 점이었어요. 1980년대는 잡지 문화가 꽃을 피울 때였어요. 그런데 데스크탑 퍼

블리싱이라는 새로운 기술이 도입되면서 사람들은 이제 일정한 환상이 담긴 문화 공간을 창조할 수도 있고, 출판 도구만 있으면 자신만의 대중문화를 만들 수 있게 됐어요. 심지어 거의 즉시 가능하게 되었고요. 이제는 대중 문화로 보이게끔 하면 대중 문화라고 믿게끔 만들 수 있다 보니, 사람들의 관심을 잘 이끌어 내기만 하면 쉽고 빠르게 퍼졌어요. 일종의 하위문화 해킹이었는데, 효과가 끝내줬어요.

잭 불웨어: 당시에 소프트웨어 콘텐츠를 돈 주고 사는 사람은 눈 씻고 찾아 봐도 없었어요. 그런 사람은 오히려 바보 소리를 들을 정도였으니까요. 플로피 디스크만 거래했을 뿐이죠. 당신도 누구를 만나면 "제가 플로피 디스크로 드릴게요!"라고 했을 겁니다.

제인 멧칼프: 유진은 디지털 제작과 관련해서 문제를 파악하는 데 선수였습니다.

유진 모시어: 데스크탑 퍼블리싱 초기에는, 우리 글을 컴퓨터에서 꺼내서 종이에 옮기고, 이걸 누군가에게 보여 주는 것 자체가 어려웠어요. 그러던 중에 최초의 컬러 복사기용 포스트스크립트 인터페이스가 출시되었죠. 우리는 버클리에서 이걸 하나 가지고 있는 복사기집을 찾아갔어요. 제인은 그 기계로 우리 잡지를 출력하면 그 가게에 좋은 홍보 효과가 있을 거라고 설득했어요. 결국 파일을 가져와서 인쇄를 시작했습니다. 우리가 상상했던 것보다 복사하는 데 시간이 오래 걸리는 것을 바로 알았어요. 얼마 하지도 않았는데 오후가 됐고 저녁까지 이어졌어요. 이게 끝나려면 밤을 새야 한다는 게 불 보듯 뻔했죠. 복사집 사장님은 우리에게 열쇠를 주고 집에 가 버렸어요. 우리는 주말 내내 인쇄 버튼을 누르느라 잠잘 겨를도 없었어요. 3일이나 걸려서야 인쇄를 끝낼 수 있었습니다.

제인 멧칼프: 아예 잠을 못 잤어요. 사장님이 다음날 아침에 문을 열면 손님들이 오고 우린 가게 구석으로 가서 남은 것을 했어요. 복사기에서 나오는 가루 때문에 환각 증상까지 보였다니까요.

R. U. 시리우스: 『와이어드』에서 온 사람들은 위층에 있었어요. 루이스가 아래층에 내려와서 자금을 유치하려고 샘플을 보여 주었던 게 기억납니다. 저는 바로 본능적인 반응을 보였는데, 기술 문화에 속한 사람들이나 창업자들이 『몬도 2000』을 보고 "글쎄, 이건 안 될 거야"라고 말하는 것이 아닌가 하는 의심이었어요.

루이스 로제토: 줄곧 우리는 니콜라스 네그로폰테와 연락을 취하려고 했어요. 그의 비서가 "곧 테드TED에서 연설할 예정이에요. 거기서 만나면 될 것 같습니다"라고 했어요.

리처드 솔 워먼: 제가 테드를 처음 시작했을 때, 거의 모든 컨퍼런스는 패널로 앉아 있는 사람들이 정치인이나 CEO 또는 연설문을 줄줄 읽기만 하는 정장 차림의 백인뿐이었어요. 모든 컨퍼런스는 한 가지 주제만 이야기했어요. 자신의 영역만 고수하는 것이었죠. 테드는 자신의 영역만 고수하지 않았어요. 오히려 각 학문과 학문의 융합에 관한 것이었어요. 저는 기술, 엔터테인먼트, 디자인을 융합함으로써 청중을 끌어당겼습니다. 우아한 제인 멧칼프와 신랄하지만 밝은 성격의 루이스 로제토, 이 두 사람은 멋진 짝이었어요. 그들은 "우리가 이제 껏 찾아왔던 청중을 드디어 만났네요."라고 말했어요. 테드가 바로 그 청중이었죠. 둘이 생각하기에 테드가 추구하는 방향은 『와이어드』랑 다를 게 없었어요.

제인 멧칼프: 컨퍼런스는 오전 8시에 시작되었어요. 우리는 7시 30분에 네그로폰테를 만났던 것 같아요. 그는 이렇게 이른 시간에 사업 계획을 검토하는 게 마치 아침 식사에 위스키 한 잔을 하는 것 같다면서 쭉 살펴보았어요.

루이스 로제토: 니콜라스 네그로폰테는 한 페이지씩 쭉 읽어 보더니, "저도 함께 하겠습니다"라고 말했어요.

니콜라스 네그로폰테: "얼마의 금액이 필요할까요?"라고 물었습니다. 그들이 금액을 말하길래, 저는 "좋습니다"라며 서로 악수했죠.

루이스 로제토: 마치 태양이 뜨고 무지개가 나타난 것 같았습니다.

니콜라스 네그로폰테: 제가 투자한 기업이 더 잘되라는 차원에서, 『와이어드』에 칼럼을 쓰고 싶다고 말했어요.

제인 멧칼프: "오! 세상에! 그가 우리를 도와준대! 칼럼도 쓸 거래! 그리고 우리가 더 많은 돈을 투자받을 수 있도록 도와준대!"

루이스 로제토: 따스함이 온몸을 감싸는 느낌이었어요. 그는 "좋은 아이디어네요. 실질적인 도움이 될 수 있도록 노력하겠습니다"라고 말한 첫 번째 사람이었어요. "드디어! 아싸!"

제인 멧칼프: 그 순간부터 그는 우리의 든든한 지원군이었어요. 경이로웠습니다. 하루는 그가 "빌을 만나 보죠"라고 말하는 거예요. 그러더니 바로 그날 밤에 파티에 초대받았는데, 빌 게이츠가 얼룩진 안경을 쓴 채 내내 다리를 떨며 뷔페 테이블에 앉아 있었어요. 우리 잡지를 넘기고 있더라고요.

루이스 로제토: 그는 마치 "나는 이것이 잘될 것 같지 않아"라고 말하는 눈빛으로 저를 이상하게 쳐다보았어요. 어깨를 으쓱하더니 저한테 잡지를 돌려줬어요.

코코 존스: 네그로폰테가 준 수표가 도착한 날 저는 몬도에 있었습니다. 『와이어드』에서 일한다고 몬도를 그만두겠다고 할 때, 좋게 끝나지는 않았어요. 몬도 사람들은 저를 배신자라고 불렀어요.

R. U. 시리우스: 『와이어드』는 테크업계에서 매우 저명한 사람들로부터 투자를 유치했는데, 그중 한 명이 니콜라스 네그로폰테였어요. 『와이어드』의 투자자들은 몬도를 평소에 못마땅해하다가 대체할만한 잡지의 등장에 기뻐하는 사람들이라는 느낌이 확 들었어요. 왜냐하면 『와이어드』는 몬도처럼 무질서하고 마약에 취한 듯 정신 사납고 평판이 나쁜 것 같지 않았기 때문입니다.

코코 존스: 몬도는 『와이어드』를 싫어했어요. 몬도는 『와이어드』가 자기들

의 짝퉁이라고 진심으로 믿었거든요.

게리 울프: 『몬도 2000』은 이 세계에서 마약 같은 존재였고, 『와이어드』는 그 반대쪽이었어요.

제인 멧칼프: 세상은 변하고 있었어요. 모든 사람이 자기만의 세계관으로 세상을 보았죠. 일부는 『와이어드』도 『몬도 2000』처럼 사람들을 약에 홀려 세상을 변화시킨다고 생각했어요. 또 다른 이들은 우리가 디지털 도구로 세상을 변화시킨다고 믿었어요. 이 두 관점 모두 세상을 변화시키는 데 기여한다는 점에서는 비슷했어요. 그 둘 사이에서 파도 타듯 생각이 왔다 갔다 하던 사람들도 있었죠.

루이스 로제토: 그때쯤부터 팀을 구성해야 한다는 생각을 진지하게 했어요. 저는 편집자이자 출판사 CEO였어요. 우리는 이 『와이어드』라는 열차를 정시에 운행해 줄 편집자가 필요하다는 것을 깨달았습니다. 그래서 케빈에게 전화를 걸어 우리 사무실로 내려와 달라고 했어요. 그리고는 이 모든 아이디어를 그에게 털어놓았어요.

케빈 켈리: 놀랐어요. 사실 그들이 이 아이디어를 실제로 사업화하는 걸 제가 잘 막았다고 생각했거든요. 그러나 그들은 포기하지 않았어요. 루이스는 네그로폰테가 자금을 지원해 준 덕분에 제록스 컬러 복사기에서 찍은 견본을 만들어 왔는데, 여러 글을 자기만의 상상력을 발휘해서 재창조한 것이었죠. 기술 자체에 대한 것이 아니라 기술 문화에 관한 잡지였어요. 그런 것을 그전에는 본 적이 없었죠. "오, 세상에, 이건 될 것 같아!"라고 말했어요.

루이스 로제토: 그래서 "우리가 편집장을 뽑아야 하는데 혹시 추천할 분이 있으세요?"라고 물었어요. 저는 이게 그에게 편집장 자리를 제안하는 것으로 들리리라고 생각하지 못했어요. 이미 본인이 한 잡지의 편집장이었기 때문이죠.

케빈 켈리: 루이스에게 "예산은 얼마죠?"라고 물었어요. 사실 루이스는 편

집을 위해 쓸 돈이 거의 없다고 했어요. 이 부분은 『몬도 2000』도 비슷했고요. 저는 "알겠습니다. 그래도 『와이어드』의 콘셉트가 너무 마음에 드니까, 제가 첫 번째 발행호를 출판할 수 있도록 도와드릴게요"라고 말했어요.

루이스 로제토: 그래서 우리는 사업 계획에도 없었고 그를 뽑을 자금도 없었지만, 자리를 만들어 편집국장에 케빈을 앉혔어요. 하지만 여전히 실무를 맡아 줄 편집자는 필요했습니다.

존 바텔: 저는 프리랜서 작가가 되려고 뉴욕으로 이사할 예정이었어요. 디지털 기술이 문화에 미치는 영향에 대한 잡지를 시작하고 싶었죠. 제 캐치프레이즈는 '디지털 시대의 『롤링 스톤』'이었습니다. 마침 공중 전화에서 루이스로부터 온 음성 메시지를 받았어요. 실수로 그 메시지를 지울뻔했는데, 그랬다면 제 경력의 가장 큰 실수가 되었을 거예요. 그에게 전화를 걸자 그는 『와이어드』가 무엇을 하는지 설명해 줬는데, 완전히 매료되었습니다.

루이스 로제토: 존은 월요일에 놀러 왔어요. 우리는 2번가에 있는 사무실에 있었는데, 엄청 황량한 느낌이었죠. 『와이어드』는 아직 제대로 시작한 게 없다 보니, 여닫이 창 아래의 큰 빈 공간에 의자 하나와 소파 하나만 덩그러니 있었습니다. 존과 저는 거기에 앉아 몇 시간 동안 이야기를 나누었고, 『와이어드』야 말로 그가 꼭 해야만 하는 일이라고 설득했어요. 결국 그는 뉴욕으로 이사하는 대신, 〈CBS 뉴스〉의 프로듀서였던 약혼자가 직장을 그만두도록 설득해 샌프란시스코로 이사왔어요. 그는 편집자이자 지독한 악마가 되었고, 그의 약혼자는 우리의 PR 담당자가 되었어요. 이 두 명이 물심양면으로 회사를 위해 많은 일을 이뤄냈습니다.

케빈 켈리: 존 바텔은 중요한 멤버입니다. 그는 풍부한 경험과 엄청난 투지, 매우 체계적인 시스템을 가르쳐 주는 대학원을 마쳤죠. 다만 그가 너무 고지식할까봐 조금 걱정이기는 했어요. 패션이 완전 범생이 스타일이었

거든요. 루이스는 타고난 반항아였어요. 저는 오래된 히피였죠. 실제로 만나 보니 존은 그렇게 보이지 않았지만 그 내면에는 반항아의 기질이 있었습니다.

존 바텔: 우리는 저마다 가지고 있는 다양한 네트워크를 회사에 갖고 왔어요. 저는 5년 동안 애플을 포함해서 전반적인 기술 동향을 다루는 업계의 기자였고, 주위에 비슷한 작가들을 알고 있었어요. 루이스는 미친 예술가, 일본의 해커 같은 전 세계의 멋진 괴짜들을 잘 알고 있었어요. 케빈은 『지구백과』의 스튜어트 브랜드랑 그 주변 사람들과 가까이 지냈죠.

프레드 데이비스: 『와이어드』는 알짜배기 작가들을 영입했어요. 우린 그들을 북돋아 『와이어드』를 제작하도록 했어요. 왜냐하면 『와이어드』가 출판되기를 간절히 바랐거든요! 새로 나온 프린터 같은 거에 대한 리뷰를 쓰는 데 너무 지쳐 버렸습니다.

루이스 로제토: 25만 달러를 모금했지만 월급, 임대료, 전기료랑 그 밖에 사업에 필요한 비용을 지불하는 것만으로도 빠듯했어요. 4개월 안에 돈이 다 떨어질 것 같았어요. 돈이 다 떨어져서 출판되지 않더라도, 큰 출판사에 찾아가서 "우리에게 투자해 주세요"라고 말하면 그게 씨알이 먹힐지 적어도 확인은 하고 싶었어요.

미셸 바텔: 그 당시 『와이어드』에서 일하던 직원은 10~12명에 불과했어요. 에이미 크리쳇, 크리스틴 스펜스, 유진 모시어가 있었죠……

에이미 크리쳇: 제가 『와이어드』의 첫 번째 인턴 중 한 명이었습니다.

제인 멧칼프: 에이미가 인턴으로 일하고 싶어 했는데, 당시 상황이 어땠냐면, 크리스틴도 월급 줄 돈이 없었고, 유진도 무급으로 일하고 있었어요. 저는 "물론이에요. 여기서 인턴으로 일할 수 있어요. 그런데 일주일에 80시간씩 일해야 될 텐데, 무급으로 일해야 한다는 게 유일한 문제점이죠"라고 말했어요. 그러자 그녀는 "좋아요. 괜찮아 보이는데요?"라고 답하더군요.

미셸 바텔: 저는 그들이 변변한 책상도 없이 잡지를 만들고 있다는 게 믿을 수 없었어요. 그들은 말 그대로 가지고 있는 게 없었어요.

에이미 크리쳇: 루이스는 처음부터 사람들에게 여러 가지를 다 퍼 주기 시작하면 시작도 하기 전에 사라질 것이라는 생각이 확고했어요. 그러니 책상이며, 펜이며, 사무기기를 처음부터 사 주려고 했겠어요?

크리스틴 스펜스: 사무실을 꾸미는 데 있어서 그걸 채우고 있던 대부분이 욕설과 테이프였던 것 같아요. 제가 가구 설치를 담당했는데, 가구를 사려고 갔던 사우스 마켓 South of Market 은 황무지였어요. 루이스와 제인은 근처에 이케아 매장이 없다는 사실에 당황했고요! 우리는 고철상에 가서 구멍 뚫린 형편없는 문 여러 개를 얻어 왔어요. 그거를 오래된 중고 캐비닛 위에 올려서 책상으로 사용했습니다. 땜빵도 이런 땜빵이라니!

에이미 크리쳇: 히터도 없고 에어컨도 없었어요. 얼어 버릴 것만 같은 추운 겨울이었어요. 그래서 루이스가 "에이미, 히터 빌리러 가자"라고 하며 저를 끌고 갔어요. 겨우 구해 온 것이 산업용 히터였는데, 말 그대로 제트기 엔진처럼 불길이 솟아났어요. 우편함에 놓고 썼는데, 으르렁대는 소리가 정말 시끄러웠어요. 이게 우리의 난방 시스템이었죠. 모두가 장갑을 끼고 일했어요. 너무 추웠어요. 미친듯이 추운 겨울이었습니다.

제인 멧칼프: 날씨가 춥고 습해서 사람들이 아프기 시작했습니다. 심지어 지붕에서 물도 세고 있었어요. 마치 모두가 "아프면 안돼! 당신은 아플 수 없어! 맥월드에 이 잡지를 출시해야 한다고!"라고 생각하며 버티는 분위기였어요.

미셸 바텔: 『와이어드』는 1월 15일 즈음 출시될 예정이었어요. 맥월드에 출시하는 게 목표이기 때문이죠.

크리스틴 스펜스: 그 목표는 팀 전체 분위기를 더 고조시켰어요. 극한 상황에서의 비밀 작전 같았어요. 우리는 일에 헌신적이고 열정적이었어요. 365일 내내 쉬지 않고 일에 매진했습니다. 할 일이 산더미 같이 쌓여 있어

서 새벽 1시에도 일해야 할 때가 꽤 있었어요. 뭐랄까 우리는 격렬한 하우스 뮤직house music† 같이 일했습니다. 특히 유진이 제일 빡셌죠. 그렇게 우리는 치열하게 혁신을 추구하는 혁명적인 게릴라 저널리스트였습니다!

프레드 데이비스: 우리는 진짜 너드들이었는데, 마치 버닝맨에 참가하는 사람들이나 서바이벌 리서치랩Survival Research Labs‡처럼 괴상하게 보였던 것 같아요.

에이미 크리쳇: 우리는 진심 죽을 만큼 치열하게 일해서 이를 보상한답시고 매일 밤을 파티를 하며 보내는 경우가 많았습니다. 그렇게 지독했던 적이 없기는 했어요. 많이 마시기는 했던 것 같아요. 진짜 많이요. 한 가지 확실히 기억나는 건 코카인에도 손을 댔습니다. 엑스터시도 했고요. 퇴근 후, 우리는 스트레스를 그렇게 풀었습니다.

제인 멧칼프: 모든 직원이 집에도 안 가고 『와이어드』에 쭉 머물렀어요. 루이스와 나는 한방에서 잤어요. 그래픽 디자이너인 바바라와 존, 그리고 미셸도 같이 잤어요. 함께 잘 사람을 못 찾은 몇몇만 밖에서 잤죠.

에이미 크리쳇: 제인과 루이스 사무실에는 커플 소파가 있었어요. 유진은 기본적으로 거기서 살았어요.

미셸 바텔: 저는 이전까지는 다른 세상에 있었습니다. CBS 네트워크 뉴스 출신인데, 거기서는 여전히 치마에 스타킹을 신어야 했어요. 지금보다 훨씬 더 과묵한 편이었습니다. 유진이 사무실 뒷편에서 자다가 나오는 것을 보고 정말 신기했어요. 내 인생에서 입에 피어싱을 한 사람은 처음 봤어요.

크리스틴 스펜스: 새파랗게 젊었던 우리에게는 이런 것들이 다 멋져 보였답니다. 그러나 루이스, 케빈, 그리고 존 플런켓은 더 장기적으로 바라보고 있었어요. 그들은 상황이 얼마나 변하고 있는지 알고 있었죠.

---

† 전자악기로 연주된 빠른 비트의 댄스 음악.

‡ 미국의 행위예술 그룹.

에이미 크리쳇: 루이스는 대단합니다. 그의 존재, 힘, 그리고 열정, 그것이 『와이어드』를 일으켰어요.

존 페리 발로우: 제인은 진짜 기운이 넘쳤어요. 그녀는 사람들을 진심으로 고무시켰어요. 그녀가 아니었으면 그렇게 많은 사람을 만날 수 없었을 겁니다. 그녀의 활기찬 태도는 『와이어드』에 에너지를 불어넣었어요.

루이스 로제토: 바텔은 제가 만난 사람 중 가장 집중력이 높고 노력하는 편집장이었어요. 그는 열정적이면서도 침착했고, 편집 팀의 토대를 세웠어요. 어떤 일이 있더라도 해야 할 일은 해 내는 사람이었어요. 그는 몇 시간 동안 계속 컴퓨터에 앉아 있을 때도 있었는데, 가라테 운동을 하는 것처럼 손가락을 키보드에 푹푹 찌르며 일을 끝마쳤어요.

케빈 켈리: 한번은 루이스가 가미카제 자살특공대 머리띠를 만들어 왔어요. 모두 대동단결하자는, 뭐 그런 의미로 이걸 다 같이 하면 좋겠다는 거예요. 전 솔직히 공감은 못했어요. 우리가 이거 하다가 다 같이 죽자는 건 아니잖아요?

루이스 로제토: 『와이어드』가 출간되는 순간을 보는 것은 제게 큰 보람이었습니다. 커다란 6색 컬러 프레스에서 『와이어드』가 찍혀 나오는 것을 처음 본 것이 저에게는 잊지 못할 순간이에요. 종이 두루마리를 제 어깨에 맸는데, 그 반도 못 들겠더군요. 번지르르한 오렌지색 잉크가 가득찬 커다란 검은색 55갤런 통, 폭스바겐 차만큼 큰 종이 두루마리, 그리고 통이 꽉 차도록 구매한 잉크도 기억납니다.

존 플런켓: 태생적으로 모순이었어요. 우리는 아직 존재하지 않는 새로운 매체를 만들기 위해 구식 매체를 사용하고 있었으니까요. 우리는 그 매체가 일종의 전기 통신망이 되리라는 건 알았지만, 어떻게 생겼을지는 몰랐어요. 어떻게 해야 보여 줄 수 있었을까요?

케빈 켈리: 데스크탑 퍼블리싱에서는 색을 입히는 게 공짜니까 어떤 색이든 제 마음대로 화려하게 쓸 수 있었어요.

유진 모시어: 형광색은 독자를 화면에 집중시키는 방법 중 하나였어요.

프레드 데이비스: 모든 페이지에 색을 쓸 수 있었어요. 공짜니까요. 『와이어드』는 데스크탑 퍼블리싱만 하던 출판사니까 초기 비용을 매우 낮출 수 있었습니다.

루이스 로제토: 그런 다음 인쇄에 들어갔어요. 첫 장이 인쇄되기 시작했죠. 용기에서 꺼낸 뒤, 더 딱 맞는 색을 얻기 위해 제어판에 올려놓았어요. 인쇄 회사 담당자가 뭘 좀 조정한다고 만지더니 이윽고 "다 됐습니다!"라고 말했어요. 존은 몇 장을 보더니 "잉크를 좀 더 써야겠어요"라고 했죠. 그러자 그 사람은 "아니에요, 지금도 완벽합니다"라고 답했어요. 한 번도 전에 작업해 본 적 없는 인쇄기였어요. 모든 부품이 아주 깨끗했어요. 우리가 첫 고객이었으니 기기를 사용한 흔적조차 없었어요. 그런데도 이 사람은 딱 한 번 해 보더니 "완벽한 첫 장입니다"라고 말하더군요.

존 플런켓: 그들에게 인쇄가 '양호'하다는 말은 가장 적은 잉크를 썼다는 뜻입니다.

루이스 로제토: 존은 "더 많은 잉크를 원합니다"라고 말했죠. 그 사람은 존을 머리가 돌았냐는 듯이 쳐다보더니 무시하고 하던 일은 그대로 하더라고요. 존은 "더 많은 잉크요"라고 말했지만, 두세 번 더 똑같이 해버렸어요. 존은 "내가 원하는 것은 색이 선명하게 될 때까지 잉크를 계속 바르는 거예요. 그게 바로 내가 원하는 겁니다"라고 말했죠. 그 사람은 넌더리를 쳤어요. 그제서야 제 말을 듣고 인쇄를 했는데, 드디어 『와이어드』처럼 보였습니다.

유진 모시어: 더 많이! 창간호 제작 과정의 핵심 테마였죠.

존 플런켓: 『와이어드』 창간호를 들고 페이지를 쭉 훑어보는 경험은 혼란스럽기도 하고 파괴적이기도 했어요. 마샬 맥루한 Marshall McLuhan[†]의 조언을

[†] "미디어는 메시지다"라는 말로 유명한 미국 사상가. 미디어에서 궁극적인 요소는 그것이 전달하는 메시지가 아니라 미디어 자체의 형식이라고 주장했다.

받들어 매체를 메시지로 만들려고 했어요.

케빈 켈리: 첫 번째 호에는 브루스 스털링, 스튜어트 브랜드, 반 데 룬Van Der Leun이 정말 수고해 주셨어요. 전 기본적으로 『지구백과』에서 줄곧 이야기하던 주제에 대해 썼고, 『지구백과』에서 함께 일했던 사람들과 있었어요. 거기에 『와이어드』의 색깔을 입혀 나가면서요. 하지만 모든 게 달라졌어요. 갑자기 전 세계가 주목하기 시작했습니다. 갑자기 우리가 세상에서 가장 놀라운 존재 같았어요. 갑자기 온 세상이 저희를 보며 "오, 세상에, 이건 너무나 혁명적이야!"라는 것 같았어요.

저스틴 홀: 지나가던 버스 옆면에서 형형색색으로 된 브루스 스털링의 얼굴이 나를 뚫어지게 쳐다보던 광고가 기억나요.

제인 멧칼프: 그 광고에 지불했던 금액은 믿기 힘들 정도로 적었어요.

저스틴 홀: 나는 컴퓨터 잡지 표지에도 드디어 사람이 나오는 걸 보고 매우 기뻤어요. 저는 "세상에! 그래, 테크는 문화라고. 이런 잡지가 드디어 세상에 나오다니!"라고 생각했어요. 사람들이 이 잡지를 볼 수 있게 되어 무척 즐거웠어요.

루이스 로제토: 우리는 시시콜콜한 콘텐츠를 만드는 잡지가 아니었어요. 디지털 혁명을 일으키는 사람, 기업, 그리고 아이디어에 관한 글을 쓰는 곳이었어요.

칼 스테드먼: 바로 이거였어요. 비즈니스, 기술, 그리고 문화가 한데 어우러져 있는 『와이어드』는 진정 옳았어요. 저는 푹 빠졌어요. 푹 빠진 것을 넘어서 무서웠어요. 『와이어드』가 정치에 관해서 끔찍할 정도로 풍자적일 것이 분명했기 때문이죠. 저는 당시 자유지상주의Libertarianism라는 용어를 몰랐어요. 굉장히 보수적인 느낌이 나는 단어였습니다.

루이스 로제토: 저는 1967~1969년, 그리고 1971년도에 콜롬비아 대학에 다니고 있었어요. 그 4년 중 2년은 봄에 일어난 시위를 하느라 없었다고 봐도 무방해요. 세상이 화난 것 같았어요. 그리고 눈이 있는 사람이라면

사회에 문제가 있고, 옳지 않은 일이 일어난다는 걸 알 수 있었죠. 하지만 좌파의 분석은 틀린 것 같았어요. 마치 또 다른 종류의 마르크스주의 같았고, 식민지로 피해를 봤다고 운운하는 헛소리 같았어요. 그건 진실되지 않았고, 그들이 꼭 이뤄지기를 염원한 해결책은 너무 이상했어요!

그래서 나는 다른 곳에 눈을 돌리기 시작했습니다. 그러다 아인 랜드 Ayn Rand를 읽게 됐어요. 거기에서 객관주의를 뛰어넘는 그 이상의 것이 있다는 것을 깨닫게 되었죠. 자유지상주의에 정말 깊은 철학이 녹아져 있다는 것을 알게 되었어요. 피에르 조제프 프루동 Pierre-Joseph Proud- hon과 그 너머로 거슬러 올라갈 수 있었고, 자유지상주의가 미국 역사 곳곳에 여러 다른 징후로 나타났음을 확인할 수 있었어요. 저는 점점 더 빠져들어 이 사상이야말로 세상을 바라보는 좋은 관점임을 깨달았어요.

칼 스테드먼: 『와이어드』에는 사회 정의에 대한 감각이 없는 이데올로기가 담겨 있었어요. 대신 사회적 다윈주의 Social Darwinism를 택했습니다. 저는 『와이어드』가 적자생존자로서 분명 성공할 것이라고 확신했기에, 내부에서부터 변화시키기로 마음먹었습니다.

저스틴 홀: 저의 즉각적인 반응은 "나도 『와이어드』에 들어가고 싶다"였어요. 『와이어드』의 일원이 되고자 루이스 로제토의 자동 응답기에 음성 메시지를 남겼어요. 저는 말했죠. "안녕하세요. 저는 시카고에 있으며 해커들의 언더그라운드 게시판을 잘 알고 있습니다. 『와이어드』에서 글을 쓰면서 이쪽 사람들과 『와이어드』를 만나게 해 주고 싶어요. 여기 제 전화 번호가 있습니다"라고 말했어요. 그러고 나서 정말 말도 안 되는 일이 일어났어요. 그는 다시 전화하지 않았다는 사실!

존 바텔: 압도적이었어요. 정말로 압도적이었어요. 우린 단숨에 셀렙이 되었어요. 회사와 직원, 작가, 사진 작가, 삽화가를 포함한 모두가 록 스타가 되었어요.

프레드 데이비스: 커피를 마시면서 테이블에 『와이어드』를 펼쳐 놓고 있다

는 것은 사회적 지위를 나타내는 상징과 같았어요. 마치 당신이 미래를 볼 줄 아는 디지털 세대의 예지자라고 말하는 격이었어요. 당신이 사이버 문화의 일부라고요.

케빈 켈리: 매일 사무실에 카메라와 TV 관련자들이 찾아왔어요. 저는 아주 적은 수의 독자들을 위해 없다시피 한 자원을 갖고 『지구백과』에서 몇 년 동안 했던 것과 똑같은 일을 하고 있었을 뿐인데, 갑자기 우주의 중심에서 서서 스포트라이트를 받으며 큰 무대에 서 있는 느낌이었어요. 전에는 아무도 관심을 주지 않았는데, 이제는 모든 사람이 훌륭하다고 입이 마르도록 칭찬해 주었어요. 기분은 오묘했지만 대단했어요. 전혀 기대하지 않았던 놀라운 일이었습니다.

루이스 로제토: 당신이 하고 싶어 하는 일 안에 녹아져 있는 당신의 인간성, 당신의 기이함, 당신의 생동감에 투자해 보는 것은 가치가 있습니다. 그것이 바로 『와이어드』의 창간호가 말하고 싶은 것이었어요. 당신의 광기, 열정, 천재성을 꾸밈없이 전달하려고 했죠. 할 수 있는 한 최선을 다해 훌륭해지라고 말하고 싶었습니다. 진솔해지고 따뜻한 마음을 가지세요. 사람들이 당신의 진실함을 알 수 있도록.

에이미 크리쳇: 죽는 날까지 결코 잊지 않을 첫 출판 이후 갑자기 한 가지 생각이 떠올랐어요. '잠깐, 또 다른 잡지를 만들어야 하나? 그리고 또 계속해서?' 잡지가 매달 나온다는 것은 믿기지 않을 정도로 놀라운 일이였어요. 하지만 우리는 해 냈습니다.

루이스 로제토: 제인과 나는 창간호를 내기 위해서 죽기 살기로 전력 질주를 했어요. 이제 대망의 마라톤이 시작된 셈이었죠.

제인 멧칼프: 첫 호를 내고 나서 우린 모두 지쳤어요. 모두 휴가가 필요했어요. 그런 다음 우리는 서로를 보면서 말했어요, "아, 제길! 이러다 두 번째 호 늦어지겠다!"

15

토이 스토리
컴퓨터 애니메이션, 제록스파크에서 픽사까지

등장 인물

랄프 구겐하임	앨런 케이	존 라세터
버틀러 램슨	앨비 레이 스미스	짐 클락
스티브 잡스	에드 캣멀	클리브 톰슨
알 알콘	조스 웨던	톰 포터
앤디 허츠펠드	조지 루카스	

엄밀히 말하자면, 픽사Pixar는 실리콘밸리에 있지 않아서 '실리콘밸리 기업'은 아니지만, 그 뿌리는 제록스파크에서 출발했다. 1970년대 제록스파크의 비공식 아티스트였던 앨비 레이 스미스는 리처드 슙이 개발한 슈퍼페인트 컴퓨터를 갖고 놀기 위해 늦은 밤 회사로 나오곤 했는데, 그것이 컴퓨터 그래픽의 잠재력에 눈을 뜬 계기가 되었다. 스미스는 컴퓨터가 생산성 도구나 엔터테인먼트 장치보다 훨씬 큰 역할을 할 수 있다고 생각했고, 이것이 새로운 예술 형식의 새로운 도구가 될 것임을 확신했다. 하지만 스튜어트 브랜드가 말한 소위 '컴퓨터 부랑자computer bum' 부류였던 스미스를 제록스는 1975년 해고하면서 이 아이디어에 반대했다.

스미스는 이후로 자신의 비전을 좇는 20년짜리 모험을 시작한다. 그의 목표는 세계 최초의 컴퓨터 그래픽으로 만든 장편 영화를 만드는 일이었다. 스미스의 여정은 롱아일랜드의 리서치랩에서 시작했고, 거기에서 장래 픽사의 파트너가 될 에드 캣멀을 만났다. 1979년, 둘은 서부 베이 지역으로 돌아와 2명의 후원자를 만나게 된다. 첫 번째는 막 〈스타워즈 에피소드 5: 제국의 역습The Empire Strikes Back〉 촬영을 마무리하던 조지 루카스 감독이었다. 스미스와 캣멀은 '초기 픽사'로 회자되는 루카스필름Lucas Film의 컴퓨터 그래픽 부서의 핵심 인력으로 활동했다. 두 번째 후원자는 스티브 잡스였다. 잡스는 1986년 루카스 감독에게서 이 컴퓨터 그래픽 부서를 인수했고, 애플을 떠난 이후부터 이 팀을 컴퓨터 그래픽 단편 영화를 만드는 기술 기업으로 탈바꿈시켰다.

겉으로 보기에 〈룩소 주니어Luxo Jr〉와 다른 픽사의 초기 단편 영화들은 픽사의 기술로 무엇을 할 수 있는지 보여 주는 데모였다. 그러나 실상 기술은 목표를 이루기 위한 수단일 뿐이었다. 캣멀과 스미스는 컴퓨터 하드웨어 발전이 그들의 영화적인 상상력을 충족시킬 수 있을 때까지 거의 10년 동안 하루하루 위태롭게 픽사를 운영했다. 하마터면 빛을 보지 못할 뻔한 영화 〈토이 스토리Toy Story〉는 1970년대 게임 〈퐁〉과 같이 새로운 예술 형식의 등장으로 평가받는다.

앨비 레이 스미스: 데이비드 디프란체스코와 제록스에서 쫓겨났을 때는 국립예술기금National Endowment for the Arts, NEA[†] 보조금은 받을 수 없는 상황이었고, 그래픽 메모리 역할을 하는 프레임 버퍼 같은 기본적인 하드웨어도 없었어요. 세계 최초의 프레임 버퍼인 슙의 슈퍼페인트 장비를 더 이상 쓸 수 없게 되어 다른 장비를 찾아야 했어요. 유타에서 두 번째 프레임 버퍼가 제작되고 있다는 소식을 듣고 우리는 거기로 갔어요. 하지만 그들은 괴상한 히피로 보이는 우리를 보고, "아시다시피 우리는 국방부 예산으로 펀딩되어서…… 하지만 어떤 부자가 여기에 있는 장비들을 슬쩍 보더니 하나씩 주문해 갔어요. 프레임 버퍼를 포함해서 모두." 찾아보니 롱아일랜드의 알렉스 슈어Alex Schure 였습니다.

에드 캣멀: 정부 지원을 받아 베트남에서 귀국하는 참전 용사들을 위한 학교를 운영하는 사람이었어요.

앨비 레이 스미스: 뉴욕 공과 대학New York Institute of Tehnology, 줄여서 뉴욕 테크New York Tech 죠.

에드 캣멀: 당시 슈어가 이 연구소에 자금을 제공한다는 것을 제외하고는 특별히 주목받는 학교는 아니었습니다. 우리는 같은 건물에 있다는 것 외에는 학교와 연관이 없었습니다. 그리고 장비가 도착했고 컴퓨터실을 만들어 프로그래밍을 시작했어요. 그리고 곧 두 사람이 나타났습니다. 앨비 레이 스미스와 데이비드 디프란체스코였어요. 그렇게 해서 앨비는 저희 세 번째 직원이 되었어요.

앨비 레이 스미스: 우리는 뉴욕에 갔는데 그가 우리를 붙잡았어요. 그리고 데이비드가 아니라 저를 선택했습니다. 데이비드는 이번에도 무직자가 되었어요.

---

† 1965년 미의회에 의해 설립된 미국의 문화 예술을 지원하는 연방정부기관.

에드 캣멀: 조금 시간이 지나 데이비드도 고용하게 되었어요. 우리는 장비를 가지고 있었고, 알렉스는 신이 나서 매일매일 컴퓨터실에 들렀어요. 그는 애니메이션 스튜디오도 소유하고 있었죠.

앨비 레이 스미스: 짐 클락이 우리 컴퓨터실에 방문했고, 우리는 머리에 쓸 수 있는 디스플레이를 만들어 달라며 그를 고용했어요. 그게 멋진 아이디어라고 생각하기도 했고, 그가 유타에서 그걸 만들기도 했어서요. 우리도 그 디스플레이를 갖고 싶었어요. 짐은 뉴욕으로 오기로 동의했지만, 오자마자 오랫동안 있지 않을 걸 알았어요.

짐 클락: 전 뉴욕 테크에서 해고당했고 그래서 스탠퍼드로 갔어요.

앨비 레이 스미스: 그는 해고당하는 수모를 당하고, 지오메트리 엔진geometry engine[†]을 만들어 실리콘그래픽스를 시작하게 되었어요.

버틀러 램슨: 짐 클락은 제록스파크에서 인턴으로 일했어요. 그는 분명 실력자였고 컴퓨터 그래픽에 대한 멋진 아이디어를 가지고 있었어요.

짐 클락: 저는 제록스의 알토 컴퓨터를 봤어요. 저는 스티브 잡스가 알토를 본 것과 같은 시기에 비트맵 그래픽을 봤어요. 잡스는 '이걸 PC에 넣을 거야'라고 말했고, 비트맵 그래픽이 나오는 작은 스크린이 달린 별난 상자를 만들었습니다. 저는 알토를 보고 '이건 지루해. 그냥 움직이는 점일 뿐이잖아! 왜 3D 그래픽을 하지 않는 거지?'라고 생각했어요. 그해 여름, 저는 제록스를 나와 시작 단계의 프로젝트에 집중하게 되었고, 그게 나중에 실리콘그래픽스로 이어졌어요. 그 당시 에드는 조지 루카스와 일하기 위해 협상을 진행 중이었습니다.

스티브 잡스: 〈스타워즈Star Wars〉 영화 3부작을 제작한 조지 루카스는 똑똑한 사람이었습니다. 영화로 많은 돈을 벌자, 그는 기술 그룹을 육성해야 한다는 걸 깨달았어요.

[†] 컴퓨터에서 3차원 화상 처리를 할 때, 화면에 그리기 전의 연산 처리를 하는 부분. 주로 물체의 위치나 시점, 광원의 방향 등의 좌표를 계산한다.

랄프 구겐하임: 이게 1979년이라는 점을 염두에 둬야 합니다. 첫 번째 〈스타워즈〉 영화가 개봉한 1977년 여름부터 1년 반 후였어요. 세상 모든 사람은 조지 루카스가 가장 진보되고, 기술이 뛰어나고, 최고의 영화 제작자라고 생각했어요. 〈스타워즈〉의 특수 효과들은 그만큼 놀라웠어요.

존 라세터: 그 영화는 첫 장면부터 완전 빨려 들어가게 되요. 끝났을 때 전 놀라움에 떨고 있었고요.

랄프 구겐하임: 영화 마지막 부분에서 루크가 데스스타를 파괴하는 장면? 정말 엄청났어요!

짐 클락: 우리는 뉴욕 테크를 거의 한꺼번에 떠났어요.

존 라세터: 에드 캣멀은 1979년, 3개의 프로젝트를 진행하기 위해 채용되었고, 네 번째 프로젝트는 에드가 추가했습니다. 디지털 비선형 영화 편집, 디지털 음향 편집, 디지털 필름 인화, 그리고 에드가 추가한 3D 컴퓨터 애니메이션.

에드 캣멀: 첫해에 전 아무도 데려올 수 없었어요. 그들은 단 하나의 영화만 성공한 상태였고, 규모를 키우는 데 소극적이었어요.

랄프 구겐하임: 조지 루카스는 1980년 5월 〈스타워즈 에피소드 6: 제다이의 귀환Return of the Jedi〉이 개봉하기 전까지 에드가 새로운 사람을 채용하지 못하게 했어요. 만약 영화 흥행이 저조하면, 연구개발에 많은 돈을 투자하기 어려울 테니까요.

에드 캣멀: 마침내 사람을 고용할 수 있게 되었고, 앨비 레이 스미스를 채용해 그래픽 그룹을 이끌게 했어요. 앤디 무어를 데려와서 디지털 오디오를 맡기고, 뉴욕 테크의 랄프 구겐하임을 채용해 비디오 편집을 맡게 했습니다. 앤디는 디지털 오디오 프로세서를 제작했고, 랄프와 저는 함께 디지털 편집 시스템을 만들었습니다.

랄프 구겐하임: 1980년 가을, 저는 컴퓨터 리서치 그룹의 사무실로 출근했어요. 사실 거긴 사무실이 아니고, 산 안셀모San Anselmo에 위치한 조지 루

카스 소유의 세탁소를 개조한 곳이었어요. 우리는 이 세탁소에 앉아서 컴퓨터 그래픽 연구를 하고 논문을 써야 했는데, 아이러니하게도 그 건물에는 컴퓨터가 한 대도 없었어요.

앨비 레이 스미스: 그래서 우리는 조지 루카스를 위해 이 기계를 만들기로 결정했어요. 한 마디로 이미지를 위한 슈퍼 컴퓨터였죠.

에드 캣멀: 컴퓨터 리서치 그룹은 기본적으로 연구개발 조직이었습니다. 우리는 루카스필름의 특수효과 팀 인더스트리얼 라이트 앤드 매직Industrial Light and Magic, ILM의 일부가 아니었어요. 그래도 우리는 몇 가지 상용 특수효과를 만들었어요. 〈스타워즈 에피소드 6〉에 특수효과를 조금 적용했고, 〈스타트렉 2Star Trek II〉에서 큰 프로젝트를 맡게 되었죠.

톰 포터: 〈스타트렉 2〉의 특수효과는 굉장히 기술적인 작업이었어요. 엄청 많은 카메라 움직임으로 이루어졌죠. 화면에서 돌아다니는 캐릭터가 없었고 연기가 없었어요. 캐릭터 애니메이션에 대한 개념이 없었어요.

존 라세터: 당시의 컴퓨터 애니메이션은 주로 대학의 연구실에서 이루어졌습니다. 대부분 TV 광고였고 품질이 엄청 조악했어요. 모든 것은 돌과 유리로 만들어져 반짝이는 물체뿐이었고, 대부분 소프트웨어를 만드는 기술자들이 만들었기 때문에 괴상한 이미지에 컴퓨터 음악이 들어갔어요.

앨비 레이 스미스: 우리는 다음 컨퍼런스에서 캐릭터 애니메이션을 보여 주기로 결정했습니다. 로고가 날아다니거나 특수효과만 있는 것이 아닌 캐릭터 애니메이션을요. 그것이 우리가 원했던 것이었어요. 세계 최초 캐릭터 애니메이션을 선보이는 것.

에드 캣멀: 화면을 날아다니는 로고에는 관심이 없었어요. 우리는 인물과 사물이 살아 움직이게 하고 싶었어요. 그리고 그게 존의 전문 영역이었어요.

존 라세터: 세계 최초의 3D 캐릭터 컴퓨터 애니메이션을 만드려고 저를 데려왔어요.

앨비 레이 스미스: 그리고 우리는 무슨 일이 일어날지 예상하고 있었어요. 놀라운 이벤트가 될 거고, 조지 루카스가 그걸 볼 거예요!

존 라세터: 제목은 〈안드레와 윌리비의 모험The Adventures of André and Wally B〉이었어요.

앨비 레이 스미스: 내용은 이랬어요. '안드레'라는 안드로이드가 멋진 풍경에서 눈을 뜹니다. 참고로 우리는 아름다운 풍경을 구현할 수 있다는 것을 알고 있었어요. 그런 후 태양이 뜨고, 안드레가 일어나 캐릭터 애니메이션의 세계로 인도하는 거예요. 스토리 자체는 별로였죠. 정말 진부한.

존 라세터: 전 전통적인 애니메이션 제작 경험이 있는 최초의 컴퓨터 애니메이션 기술자였어요. 제 세상이 온 거죠! 전 제 자신에게 말했어요. "나는 사물의 움직임만으로 캐릭터에 성격과 감정을 부여할 수 있어!" 굉장히 흥분되는 경험이었어요. 매일 사무실에 나와 컴퓨터 모니터에서 새로운 것을 볼 수 있었죠. "와, 멋지다!"

앨비 레이 스미스: 존이 정말로 우리를 구해 줬어요.

존 라세터: 〈안드레와 윌리비의 모험〉은 큰 발전이었어요. 매우 만화 같았고 사람들은 그걸 좋아했어요. 컴퓨터 그래픽 기업에서 일했던 한 남자는 저에게 다가와 유머를 넣기 위해 어떤 소프트웨어를 사용했는지 물어봤어요.

앨비 레이 스미스: 조지 루카스는 그것을 싫어했고, 그가 애니메이션을 하지 않을 거라는 걸 알게 되었어요. 우리는 기술자였어요. 그 무렵 루카스필름에서도 해체 조짐이 보이고 있었습니다. 조지는 아내 린다 론슈타트Linda Ronstadt에게 매달리고 있었어요. 그녀는 이미 마음이 떠난 후였는데 말이죠. 조지가 이혼하게 되자 전 에드에게 가서 말했어요. "알다시피 조지는 우리를 진정으로 이해하지 못했어. 그리고 우리는 40명의 사람을 챙겨야 해. 조지는 이제 돈이 없어. 이혼으로 그의 재산 반을 잃어 버렸고, 이제 우리 조직을 유지하지 못해. 우리를 해고할 거야."

랄프 구겐하임: 루카스필름의 경영자가 계속 들어와서 말했어요. "조지가 연구원들에게 더 많은 돈을 쓸 여유가 없기 때문에 우리는 컴퓨터 리서치 그룹을 폐쇄할 겁니다."

앨비 레이 스미스: 첫 질문은 "음, 그럼 이제 우리는 무엇을 할 것인가?"였습니다. 저는 영화 제작을 할 수 없다는 것을 알고 있었어요. 제가 예산 계획을 세워 봤는데, 아무리 빡빡하게 짜도 계산이 나오지 않았어요.

존 라세터: 지금 다른 프로젝트에 집중하고 있지만, 에드의 꿈은 언제나 컴퓨터 애니메이션 장편 영화였어요.

앨비 레이 스미스: 모든 것이 무어의 법칙에 한 템포 어긋나 있었어요. 무어의 법칙은 컴퓨터의 성능이 5년마다 10배씩 늘어나는 것이었는데, 우리는 지금 하드웨어의 10배의 성능이 필요했어요. 다시 말해 5년의 시간이 필요했어요. "앞으로 5년 동안 장편 영화를 만들지 못한다면, 그동안 우린 무엇을 해야 할까?" 우리는 픽사 이미지 컴퓨터Pixar Image Computer라는 프로토타입이 있었어요. "이걸로 사업을 해 보자!"

에드 캣멀: 저는 이렇게 생각했어요. "그래, 실리콘밸리 느낌의 스타트업을 시작할 건덕지는 있네."

앨비 레이 스미스: 이렇게 두 명의 괴짜 너드들이 사업 계획을 세웠지만, 컴퓨터 하드웨어 제조 기업을 어떻게 운영해야 할지 전혀 몰랐어요. 그래서 짐 클락에게 전화를 걸었고, 그는 "되게 쉬워. 하지만 1년 정도 고민해야 이해할 수 있을 거야."

짐 클락: 어떻게 친한 친구에게 "그건 말도 안 되는 아이디어야!"라고 말해요? 전 그렇게 말하지 못했어요.

앨비 레이 스미스와 에드 캣멀은 픽사 이미지 컴퓨터라는 프로토타입을 갖고 루카스필름에서 나와 독립 기업으로 계속 성장할 계획을 세웠지만 후원자가 필요했다. 그들이 빨리 자금 조달자를 찾지 못하면, 루카스 감독은 더 이상의 손실을 줄이고자 컴퓨터 그래픽 그룹 전체를 해고할 예정이었다. 그들은 간절한 마음으로 앨런 케이에게 연락했다.

앨런 케이: 스미스는 저에게 전화해서 "루카스필름에서 나가고 싶어요. 좋은 아이디어 없을까요?" 그리고 전 대답했죠, "네, 있는 거 같아요. 스티브 잡스에게 이야기해 볼게요." 잡스는 당시 넥스트에 있었다.

앨비 레이 스미스: 앨런 케이는 잡스가 쫓겨나기 전까지 애플의 수석 과학자였어요.

앨런 케이: 그래서 저는 잡스와 이야기를 나누었고 다음 주였나 다다음 주에 저는 잡스와 함께 산 라파엘까지 리무진을 타고 가서 이 사람들이 누구인지 설명하는데 많은 시간을 썼어요.

앨비 레이 스미스: 잡스에게 우리를 소개시켜 주기 위해 앨런 케이가 그를 루카스필름 사무실로 데리고 왔어요.

앨런 케이: 잡스에게 이런 식으로 말했어요. "그들은 당신이 함께 애플에서 일하던 사람들과 달라요. 이들은 엄청난 재능을 갖고 있는 초일류 사람들이에요. 그들이 무엇을 하려는지 잘 살펴보고, 어떤지 판단해 보세요. 그리고 말씀드리는데, 절대로 이 사람들에게 함부로 대하지 마세요."

랄프 구겐하임: 잡스가 우리가 이미지 컴퓨터로 무엇을 하는지 보고 매우 감명받았어요.

스티브 잡스: 애플도 10년 동안 높은 수준의 그래픽 작업을 해 봤지만 모두 2D였어요. 캣멀과 그의 팀이 하는 3D는 다른 누구보다 훨씬 높은 수준이었고, 짜릿했어요.

톰 포터: 잡스가 우리를 높게 평가한 부분은 10년 이상을 계획하고 있다는 점이었어요. 우리는 실사 수준의 컴퓨터 영상 제작이라는 명확한 목표가 있었어요.

랄프 구겐하임: 잡스는 아마 넥스트 컴퓨터에 대한 아이디어를 구상하고 있

었을 거예요. "이들이 갖고 있는 10개의 회로 보드가 있는 10만 달러짜리 컴퓨터는 어렵겠지만, 만약 한 개의 보드로 크기를 줄여서 내가 만들려는 새 컴퓨터에 넣는다면? 엄청난 일이 벌어질 거야! 이거라면 그래픽을 하는 어느 누구보다 뛰어난 컴퓨터를 만들 수 있어." 잡스는 컴퓨터 그래픽 구현의 가치를 이해했어요.

존 라세터: 잡스가 처음에 관심을 보인 건 컴퓨터 그래픽을 구현하기 위한 소프트웨어와 하드웨어뿐이었어요.

랄프 구겐하임: 애니메이션? 풉. 그는 전혀 관심 없었어요.

톰 포터: 애니메이션 쪽은 이야기가 전혀 먹히지 않았어요. 2~3년 후에야 조금씩 설득이 가능했죠.

랄프 구겐하임: 루카스필름의 임원들과 잡스가 컨퍼런스콜을 했다고 들었어요. 스피커폰을 가운데에 두고 회의실에 모여 앉은 임원들은 수화기 너머에서 이야기하는 잡스를 설득하려고 애썼을 거예요. 정확한 표현은 기억나지 않지만, 잡스가 말하기를, "500만 달러에 회사를 사겠습니다. 그리고 그 회사에 500만 달러를 추가로 투자하겠습니다. 여기까지가 제 제안입니다!" 분명히 임원 중 한 명은 "뭐라고! 터무니없이 낮은 가격이야!"라고 펄쩍 뛰었겠죠. 잡스는 "됐어. 모두 없던 일로 해!"라고 대답했다고 들었어요. 그런데 루카스필름은 없던 일로 하지 않고 잡스의 제안을 받아들였어요.

조지 루카스: 우리는 컴퓨터 부문에서 엄청난 돈을 잃었어요.

잡스의 1,000만 달러 투자 덕분에 컴퓨터 리서치 그룹은 살아남았고, 루카스필름으로부터 스핀오프해 픽사라는 독립 기업으로 태어났다.

존 라세터: 픽사는 두 가지 삶을 살았어요. 처음 10년 동안은 기술 기업이었습니다.

톰 포터: 픽사는 70명의 사람들로 시작해 120명으로 늘어났어요.

에드 캣멀: 독립했을 때 회사의 제품은 픽사 이미지 컴퓨터였어요.

톰 포터: 그들은 이 기계를 위성 촬영용, 의료 이미지용으로 팔기 위해 애썼어요.

랄프 구겐하임: 그 그래픽 컴퓨터를 팔기 위해, 회사를 알리기 위해, 그리고 장편 컴퓨터애니메이션 영화를 만드는 우리의 비밀 임무를 위해 단편 애니메이션을 만들고 있었어요.

앨비 레이 스미스: 워싱턴 D.C.에서 잘 알려지지 않은 일을 하는 세 글자 기관들과, 디즈니Disney에 많은 장비를 팔았어요.

랄프 구겐하임: 디즈니는 영화 셀 페인팅을 위해 저희 그래픽 컴퓨터를 구매했어요.

에드 캣멀: 디즈니는 이걸 캡스(CAPS)Computer Animation Production System라고 불렀어요.

앨비 레이 스미스: 이 컴퓨터들을 제대로 활용할 수 있는 프로그램을 만드는 게 첫 번째 과제였어요. 두 번째 과제는 무어의 법칙의 속도가 너무 빨라서, 모든 준비를 끝내고 제품을 시장에 출시할 때면, 썬이나 실리콘 그래픽스 워크스테이션 같은 일반 컴퓨터도 비슷한 성능을 구현한다는 거였어요.

톰 포터: 놀 형제Knoll brothers는 포토샵 프로그램을 만들었어요. 존은 인더스트리얼 라이트 앤드 매직에 있었고, 픽사 이미지 컴퓨터가 무엇을 할 수 있는지 보고 "이건 매킨토시 컴퓨터에서 할 수 있어!"라고 생각했어요.

앨비 레이 스미스: 짧은 기간 동안이나마 지구상에서 가장 빠른 그래픽 컴퓨터였지만, 회사를 운영할 만큼 많이 팔리진 않았어요.

에드 캣멀: 스티브 잡스는 저희 사업을 운영하는 방법에 대해 아무것도 몰랐어요. 저희도 몰랐고요. 저희 중 누구도 이런 사업을 한 적이 없었어요. 벤처캐피털이 참여하지 않았기 때문에 아무도 좋은 인력을 찾는 방

법을 몰랐어요. 좋은 영업 전문가나 마케팅 담당자를 찾는 것이 무엇을 의미하는지 알지 못했어요. 저희는 완전히 무지했어요. 많은 것을 배워야 했고, 수많은 실수를 저질렀어요.

앨비 레이 스미스: 돈이 떨어졌어요. 한 4번이나 5번 정도요. 진작에 망해서 없어졌어야 했어요. 다른 회사였으면 벌써 문을 닫았을 거예요.

에드 캣멀: 많은 것을 배웠어요. 그리고 잡스도 많은 것을 배웠어요. 우린 모두 배우고 있었습니다. 그렇지만 모든 실수가 합쳐지면서 실패에 가까워졌어요.

앨비 레이 스미스: 잡스는 애플에서 나와서 한 첫 프로젝트가 실패하는 것을 견딜 수 없어 했어요. 너무 당황해서 다시 수표를 써 줬고, 결국 5,000만 달러를 투자하게 되었어요.

에드 캣멀: 정말로 어려운 시기가 몇 번 있었고, 거의 포기한 순간들도 있었어요.

앨비 레이 스미스: 잡스는 픽사를 팔려고 계속해서 노력했어요. 전 사업 계획서를 썼어요. 만약 누군가가 5,000만 달러에 회사를 산다고 하면, 그는 당장 미팅을 하러 달려갔을 거예요. 파산해야 할 운명이었어요.

에드 캣멀: "세상에, 이런 일이 일어나는 게 믿기지 않아"하는 순간들도 있었어요.

랄프 구겐하임: 〈룩소 주니어〉가 아카데미상 후보로 선정되었어요.

존 라세터: 1986년에 만들었던 몇 분짜리 단편 영화 〈룩소 주니어〉였어요. 컴퓨터 성능 문제로 캐릭터 이외에는 배경도 넣지 못해서, 카메라 앵글을 고정하고 나무바닥 먼 쪽은 어둡게 페이드아웃 했어요.

톰 포터: 예술 작품인 〈룩소 주니어〉가 스티브 잡스의 마음을 돌렸다고 생각하지 않아요. 거기엔 돈이 없었어요. 거기엔 컴퓨팅이 없었어요. 솔직히 말해 기술적 난이도도 높지 않았어요. 그저 훌륭한 훈장이었습니다. 그 자체로는 획기적이라고 할 수 없었어요.

랄프 구겐하임: 다음 해 〈틴 토이Tin Toy〉가 아카데미상을 수상했어요. 〈룩소 주니어〉와 〈틴 토이〉는 모두에게 사랑을 받았습니다. 우리 컴퓨터 하드웨어 영업 사원들만 빼고요. 우리가 팔아야 하는 그래픽 컴퓨터 하드웨어가 아니라 애니메이션이 모든 스포트라이트를 받았어요. 잡스조차도 좌절하고 있었어요.

에드 캣멀: 우리가 CAPS를 위해 개발한 소프트웨어들을 이용해 디즈니는 1991년에 장편 영화 〈미녀와 야수Beauty and the Beast〉를 개봉했고, 엄청난 성공을 거두었습니다. 1991년은 〈터미네이터 2Terminator 2〉가 나온 해였는데, 그것도 우리 기술을 사용했어요. 그해 최고의 흥행작 두 편이 픽사의 기술을 사용하면서 업계 전체가 주목했어요. "뭔가 변하고 있다!"

클리브 톰슨: 그건 영화 제작에 굉장히 특별한 변화를 가져왔어요. 보통 영화를 만들 땐 카메라로 촬영하고, 렌즈에 비친 영상이 얻을 수 있는 것의 전부입니다. 촬영 후 편집 과정에서 어떤 장면을 수정하고 싶을 때, 실제로 할 수 있는 건 이미 찍어 놓은 영상을 자르고 붙이는 것뿐이었어요. 픽사가 혁신적이었던 이유는 가상 세계를 만든 후 어디든 둘 수 있는 가상 카메라로 영상을 찍는 것이어서, 영화 제작자는 장면을 촬영하고 그것을 보면서 다음을 결정할 수 있는 거예요. "이봐, 다른 곳에 카메라를 놔 보자." 이렇게 되면 카메라 자체가 또 다른 촬영 후 편집 과정의 요소가 됩니다. 말하자면, 장면을 먼저 만들고 그걸 어떻게 바라볼지 나중에 정하는 겁니다. 매우 혁명적인 방식이었고, 할리우드 영화의 제작 순서와 완전히 반대였어요.

앤디 허츠펠드: 그러나 잡스는 1992, 1993년에 파산에 가까워졌어요. 넥스트와 픽사가 같이 실패하고 있었으니까요. 넥스트는 막다른 골목에 다다르고 있었고, 픽사도 기술이 준비되어 있지 않아서 비슷한 길을 걷고 있었어요.

앨비 레이 스미스: 잡스와의 삶은 끔찍했습니다. 넥스트에서 유명한 이사

회 미팅이 있었어요. 잡스는 들어와서 그래픽 컴퓨터의 회로 기판 개발이 늦은 거에 대해 에드와 나를 몰아붙였어요. 늦은 건 사실이었어요. 그리고 전 "하지만 당신은 이사회 참석에 늦었잖아요"라고 말했죠. 그것 또한 사실이었어요. 평상시에는 괜찮을 일이었는데, 그날은 달랐습니다. 그는 제게 욕했고, 제 억양을 놀렸고, 괴롭혔어요. 그건 두 지성인의 대화가 아니었고, 건강한 토론도 아니었어요. 그저 불량배의 괴롭힘이었습니다. 전 뭘 했냐구요? 그에게 맞서서 대들었어요. 지금 생각해 보면 뿌듯하지만, 그 당시엔 미친 짓이었어요. 그의 얼굴에 가까이 대고 넘치는 분노로 소리를 질렀어요. 아직도 전 제가 그렇게 한 게 믿기지 않아요. 그 시점에 전 잡스를 지나쳐 화이트보드에 쓰기 시작했어요. 뭔가 썼는데 그렇게 현명한 말은 아니었어요. 저는 제정신이 아니었어요. 그건 금지된 행동이었고, 잡스는 "그러지 마!"라고 외쳤어요. "뭐? 화이트보드에 쓰는 거?" 그는 씩씩거리며 방에서 나가 버렸어요.

랄프 구겐하임: 둘은 기름과 물이었어요.

앨비 레이 스미스: 많은 사람들이 그때 제가 해고당한 걸로 알고 있는데, 잡스는 저를 해고할 권한이 없었어요. 잡스는 이사회 의장이었기 때문에 에드가 해고해야 했고, 그는 절 해고하려고 하지 않았어요. 저는 그 후로 1년 동안 픽사에 있었지만 잡스를 제 삶에서 빼야 한다는 걸 알았어요. 그는 뼛속까지 불량배였거든요. 그리고 마침내 디즈니가 찾아왔어요. 무어의 법칙이 말한 컴퓨터 성능이 우리가 필요한 수준에 도달하는 시점에 그들이 와서 말했어요. "당신들이 그렇게 만들고 싶어 했던 장편 영화를 만들어 봅시다." 꿈이 이루어지는 순간이었어요.

에드 캣멀: 디즈니는 컴퓨터 애니메이션에 전망이 있을 수 있다고 봤어요. 하지만 어디까지나 소규모 '부티크 영화'였죠. 그들이 쓴 표현이에요. 그래서 디즈니는 아주 적은 수준의 펀딩을 할 계획이었어요.

앨비 레이 스미스: 그렇게 우리는 영화를 만들게 되었고, 저는 그때 픽사를

그만뒀어요. 영화 제작이 들어가게 되어서 저도 짐을 내려놓을 수 있게 되었거든요.

톰 포터: 〈토이 스토리〉는 1993, 1994년에 모습이 갖춰졌어요.

랄프 구겐하임: 장난감은 컴퓨터로 실제 같이 렌더링할 수 있어서, 장난감에 대한 영화를 만드는 건 매우 현실적인 선택이었어요.

조스 웨던: 그들은 제게 각본을 보냈어요. 각본은 완전 엉망이었지만 존이 생각한 장난감들이 살아 있고 서로 대립한다는 스토리는 훌륭했어요. 전 픽사에 4개월 동안 머물면서 괜찮다는 평가를 받을 때까지 각본을 전부 다시 썼어요.

랄프 구겐하임: 하지만 디즈니 임원들은 영화 캐릭터가 더 까칠하길 요구했어요. "우리는 그들이 더 힙하고, 까칠하고, 공격적이었으면 합니다."

존 라세터: '까칠한.' 그들이 계속 사용한 단어였어요. 곧 이것이 우리가 만들고자 했던 영화가 아니라는 것을 깨달았죠. 등장 인물들이 너무 날카로웠어요. 주인공들은 소리를 지르고, 냉소적이었고, 남의 약점을 놀리곤 했어요.

랄프 구겐하임: 그래서 스토리 문제에 부딪쳤어요. 〈토이 스토리〉의 주인공 우디와 버즈가 끔찍했던 게 가장 큰 이슈였어요. 1993년 추수감사절 즈음에 스토리 라인을 보면서 논의를 했어요.

존 라세터: 영화는 엉망이었어요. 특히 우디가 불쾌했어요. 정말로 끔찍하고 혐오감을 줬어요. 이건 우리가 만들고 싶었던 영화가 아니어서 전 너무 부끄러웠어요.

톰 포터: 디즈니는 이 영화가 성공하지 못 할 거라 생각해서 실제로 제작을 멈추려고 했습니다. 존과 앤드루는 2주의 말미를 달라고 했어요. 꽤 유명한 이야기죠.

랄프 구겐하임: 존 라세터, 피트 닥터Pete Doctor, 앤드루 스탠턴Andrew Stanton, 조 랜프트Joe Ranft는 같이 2주간 방에 틀어박혀 각본을 다시 썼습니다. 조

스 웨던도 다시 왔고요.

조스 웨던: 원점으로 돌아가서 우리가 원하는 내용을 넣고, 싫어하는 내용을 뺐어요.

랄프 구겐하임: 그들은 각본을 처음부터 끝까지 싹 다 다시 썼어요. 각본은 승인을 받았고, 제작을 다시 시작했어요. 이게 아니었으면 영화는 끔찍했을 거예요.

존 라세터: 그때부터 우리의 직감을 믿기로 했어요. 디즈니에 있는 사람들보다 영화를 만드는 우리의 판단을 더 믿었기 때문에 각자에게 결정권을 부여하기 시작했어요.

앨비 레이 스미스: 잡스는 넥스트를 운영하느라 바빴고, 디즈니는 뉴욕으로 영화를 가져가 평론가들에게 보여 줬어요. 그들은 극찬을 하며 "이 영화는 크게 성공할 겁니다!"라고 말했어요. 그 소식을 듣자 잡스는 에드를 밀어내며 스포트라이트의 중심에 섭니다.

랄프 구겐하임: 잡스의 머리에서 돈 계산이 돌아가는 게 보였어요. 그는 그다지 상관하지 않았던 일인데…….

앨비 레이 스미스: 그는 〈토이 스토리〉에 기여한 바가 전혀 없었어요. 영화에 대해서 아무것도 몰랐어요. 사실 그는 스토리룸에 들어오지도 못했습니다.

랄프 구겐하임: 1986년부터 〈토이 스토리〉가 개봉한 1995년까지, 과장을 더하지 않고, 그는 아마 9년 동안 9번 회사 건물에 왔을 거예요.

앨비 레이 스미스: 에드와 우리가 회사를 운영한 방법은 잡스가 회사 건물에 들어오지 못하게 하는 거였어요. 그가 사무실에 들어와서 연설을 한 번 쏟아 내고 나면, 다시 제대로 일에 집중하기까지 1~2주가 걸리거든요.

랄프 구겐하임: 잡스는 굉장히 관대한 후원자이긴 했지만, 사실 자리를 비운 영주에 가까웠어요. 몇 달 사이에 잡스는 기업공개에 능한 CFO를 영입했습니다. 그리고 잡스는 CEO와 기타 여러 직함을 달게 되고요.

앨비 레이 스미스: 상장신청서를 읽고 나서야 저는 스티브가 거짓말을 한다는 걸 처음으로 깨달았어요. 그는 픽사가 설립했을 때부터 공동창업자이자 CEO였다고 썼어요. 상장신청서에요! 공동창업자이자 CEO라고요. 둘 다 거짓말이에요. 전 잡스의 소위 '현실왜곡장'을 싫어해요. 그냥 거짓말입니다. 그는 아무것도 없는 회사를 IPO로 가져가는 데 천재적인 능력이 있었어요. 영화는 아직 성공하지 않았고 현금도 없었어요. 하지만 그는 5,000만 달러 투자를 회수할 수 있는 가능성을 봤어요. 그리고 해 냈습니다.

앨런 케이: 잡스는 모든 게 갑자기 상업적으로 말이 되는 스위트 스폿에 들어올 때까지 거기서 계속 기다리고 있었어요.

알 알콘: 잡스는 컴퓨터를 만들 거라고 생각했는데, 결국 세계 최고의 영화사 중 하나를 만들었어요. 누가 생각이나 했겠어요?

스티브 잡스는 〈토이 스토리〉 영화 개봉 일주일 후에 픽사를 상장하기로 했고, 영화의 흥행이 공모에 직접적으로 영향을 끼치게 된다. 엄청난 도박이었지만 결국 대박을 터트렸다. 〈토이 스토리〉는 1995년 가장 흥행한 영화가 되었고, IPO는 대성공을 거두어 그의 명예도 회복되었다.

앨비 레이 스미스: 잡스는 하룻밤 사이에 억만장자가 되었어요. 아마 그가 처음으로 10억 달러를 번 순간일 거예요. 사업적으로 그는 천재였고, 그 방면에서는 충분한 보상을 받았어요.

앨런 케이: 저는 픽사가 성공한 걸 보고 매우 기뻤고, 그런 투자는 보상을 받아야 해요. 10년이라니! 그건 놀라운 일이었어요.

에드 캣멀: 1995년 최대 규모의 IPO였고, 넷스케이프 IPO보다 컸어요. 엄청난 일이었습니다.

16

어이, 일어나봐 인터넷
넷스케이프의 거대한 성공

등장 인물

더글러스 엥겔바트	스티븐 존슨	존 마코프
루 몬툴리	알렉스 토틱	존 지아난드레아
마크 안드레센	앨런 케이	짐 박스데일
밥 테일러	제리 가르시아	짐 클락
브라이언 벨렌도프	제이미 자윈스키	하워드 라인골드
세르게이 브린	존 도어	

인터넷의 역사는 실리콘밸리만큼이나 길지만, 브라우저가 개발되기 전까지는 크게 주목받지 못했다. 더웰과 같은 온라인 실험도 있었으나, 인터넷은 단순히 이메일을 보내는 수단으로 여겨졌다. 1980년대와 1990년대 초반, 일반적으로 생각하는 온라인 세상은 AOL, 컴퓨서브, 프로디지 등의 거대한 벽으로 둘러쌓여 있었다. 이후 월드와이드웹World Wide Web은 기존에 있는 인터넷의 개념에 얽혀 오픈소스 대안을 제시했다. 이때만 해도 실리콘밸리 사람 중 소수만이 웹에 관심이 있을 뿐, 그 존재조차 모르는 사람도 많았다. 웹은 전혀 대중적이지 않았고 학문적인 호기심 정도였다. 이러한 사회적 인식이 바뀐 것은 실리콘밸리 하드웨어 분야의 거물인 짐 클락 덕분이다. 그는 픽사 및 그 외 여러 업체에 컴퓨터 그래픽 장비를 판매하여 어마어마한 부를 축적한 사람이었다. 그는 1994년 넷스케이프를 설립하고 약 1년이라는 짧은 기간 사이에 오늘날 온라인 기술의 기반이 되는 업적을 남겼다.

앨런 케이: 대다수의 사람은 인터넷이 1990년대에 생겼다고 알고 있지만, 사실은 1969년에 시작되었죠.

존 마코프: 지금의 인터넷은 아르파넷ARPANET에서 시작했어요. 아르파넷은 두 개의 교점에서 시작되었는데, 하나는 남부 캘리포니아였고 다른 하나는 멘로파크Menlo Park에 있는 더글러스 엥겔바트의 증강 프로젝트였어요.

더글러스 엥겔바트: 밥 테일러와 래리 로버츠가 그 사무실을 운영했어요. 어느 날 이 두 사람이 무슨 네트워크를 구축한다고 해서 제가 네트워크 정보센터Network Information Center를 만들겠다고 손을 들었죠. 그 덕분에 저도 이 시장에 빠르게 뛰어 들게 되었습니다.

존 마코프: NLS 시스템은 훗날 인터넷이 되는 아르파넷의 첫 번째 킬러 앱이 되어야 했어요.

밥 테일러: 하지만 아르파넷이 인터넷은 아니었어요. 인터넷은 두 개 이상

의 상호적인 네트워크를 의미하는데, 그런 의미에서 최초의 인터넷은 제록스파크에서 구축했죠. 그들이 개발한 이더넷과 아르파넷 그리고 SRI 패킷 라디오 망SRI packet-radio net[†] 총 3개 망을 연결했어요. 그게 아마 1975년인가 1976년일 거예요. 그때는 월드와이드웹이나 브라우저가 없는 인터넷이었어요. 그런 것들이 개발되기 전이었죠.

월드와이드웹의 첫 버전은 한 프랑스 물리학 연구소[‡]에서 근무하던 영국의 과학기술자 팀 버너스 리Tim Berners-Lee가 1990년 발명했다. 초기의 웹은 조금 허술했지만, 수천 명의 물리학자를 소수의 슈퍼 컴퓨터로 연결시키는 데는 매우 효과적이었다. 그 후 미국 국립수퍼컴퓨팅응용연구소National Center for Supercomputing Applications, NCSA에서 근무하던 미국인 학생 마크 안드레센이 처음으로 꽤 괜찮은 브라우저인 NCSA 모자이크를 개발했다.

스티븐 존슨: 1991년이나 1992년 즈음에는 인터넷에 접속하는 게 얼마나 어려운 일이었는지 상상도 못 할 거예요. 전쟁이었죠. 어딘가에 엄청난 무언가가 있는 것은 알고 있는데, 거길 어떻게 가는지가 너무 어렵고 막막했던 거죠. 당시 모든 온라인 공간은 폐쇄적이었어요. 더웰, 컴퓨서브, AOL이 있었지만 모두 제각각 접속하는 세계였고 그 사이에 연결고리는 없었어요. 한 사이트에서 다른 사이트로 넘어가기 위해서는 전화를 끊고 다시 전화를 걸어 미친듯이 울리는 모뎀 소리를 다시 들으며 마냥 기다려야 했어요. 이동이 너무 불편했죠. 그 안에서 유의미한 것을 찾으려면 엄청난 노력이 필요했던 거죠.

짐 클락: 웹은 팀 버너스 리가 물리학자들이 서로 논문을 공유하고 전공 문서를 전달하기 위한 용도로 시작되었습니다. HTML과 HTTP는 이러한 문

[†] 데이터 패킷을 전송하는 데 사용되는 라디오 통신 모드.
[‡] 유럽입자물리연구소Conseil Européenne pour la Recherche Nucléaire, CERN.

서를 다른 사람에게 전자적으로 전달, 운송하는 구성 방식이었던 거죠.

알렉스 토틱: 당시 인터넷에는 학구적인 데이터밖에 없었어요. 모든 것이 .edu로 끝났고 흥미로운 건 없었죠.

스티븐 존슨: 그러다 1993년인가 1994년인가 모자이크라는 새로운 브라우저 이야기가 들리기 시작했어요. 그게 무슨 의미인지는 딱히 몰랐죠.

세르게이 브린: 저는 그때 당시 모자이크를 사용했어요. 그냥 취미 삼아 몇 번 써 봤는데, 재밌긴 했지만 '와! 이건 세상을 바꿀 거야!'라는 느낌은 없었어요.

브라이언 벨렌도프: 초창기의 인터넷은 규모가 매우 작았습니다. 그 안에 속한 모두가 서로를 알았죠. 연구원들, 프로그래머들, 학계에서 근무하는 사람들이었어요.

스티븐 존슨: 그 후 모자이크 브라우저는 넷스케이프가 됐죠. 갑자기 하나로 통일된 인터넷의 최전선이 생긴 거예요.

짐 클락과 마크 안드레센, 이 두 사람에 의해 넷스케이프가 탄생했다. 그 당시 짐 클락은 이미 실리콘밸리의 전설이었다. 클락은 오늘날 VR이라 불리는 이론의 기초 공식을 이미 1970년대 대학원 재학 시절 완성했다. 1980년대에는 그 공식을 하나의 실리콘 칩에 담았고, 그것이 당시 최고의 컴퓨터 기업인 실리콘그래픽스의 기반이 되었다. 1990년대 클락은 갑작스럽게 실리콘그래픽스에서 퇴사한 후 실리콘밸리에서는 알려지지 않았던 마크 안드레센과 팀을 이루어 넷스케이프를 만들기 시작했다. 목표는 하나, NCSA 모자이크 브라우저를 재탄생시키는 것이었다. 웹을 학문의 상아탑에서 끌어내리려는 작전이었다.

하워드 라인골드: 짐 클락은 더글러스 엥겔바트에게 밥 테일러 같은 존재였어요. 아이디어가 있는 청년을 발견했고 그 아이디어를 실현시킨 거죠.

짐 클락: 1993년 말, 제가 스탠퍼드 대학원 제자 몇 명과 실리콘그래픽스를 설립한 지 12년이 막 지났을 때였어요. 실리콘그래픽스는 현재 그래픽 처리 장치라고 불리는 제품을 만드는 기업이었죠. 1년에 40억 달러, 그리고 10만 명 구성원의 규모로 무척 빠르게 성장했어요.

마크 안드레센: 실리콘그래픽스는 지금의 구글과도 같았어요. 실리콘밸리 최고의 테크 기업이였죠. 모두가 거기에서 근무하고 싶어 했습니다. 경이로운 기술자들이 경이로운 제품을 만드는 곳이었어요.

짐 클락: 실리콘그래픽스는 하드웨어 사업으로 시작해서 나중에는 워크스테이션 사업을 했죠. 결국에는 업계 최고의 하이엔드 워크스테이션 기업이 되었어요.

마크 안드레센: 정말 그냥 좋은 회사였어요.

존 지아난드레아: 짐은 마초적인 하드웨어 맨이었어요. 어떨 때는 늦은 밤 연구실에 찾아와서 "제기랄! 이게 뭐야!" "이건 또 왜 안 되는 거야?"라고 하는데, 그게 그의 운영 방식이었어요.

짐 클락: 그런 맥락에서 매우 혼란스러웠어요. 만약 제가 조금만 더 강하게 밀어붙였다면 스티브 잡스처럼 해고됐을지도 몰라요. 제 회사인데도 말이죠! 알고 있는 그래픽에 대한 것 하나하나 제가 직접 다 가르쳤는데 말이죠.

존 지아난드레아: 그는 불만이 가득했어요. 기업의 전략에 대해 자신이 통제할 수 있는 부분이 전혀 없다는 게 너무나 명확했거든요.

짐 클락: 이사회를 소집했고 전화로 사임하겠다고 말했죠. 저는 이 회사와 경쟁하지 않을 것이고, 회사의 인재들에게 적극적인 구인 활동을 하지 않을 것이며, 이사회에도 남지 않겠다고 했어요.

존 지아난드레아: 그렇게 그는 떠났어요. 정말 큰 사건이었습니다.

짐 클락: 출근 마지막 날, 작별 인사를 하러 온 동료에게 이렇게 이야기했어요. "뭘 어떻게 해야 할지 모르겠군. 내가 지금껏 만나 온 가장 실력 있

는 엔지니어들은 전부 이 회사에 고용했고 내가 어디로 가든 이들을 스카우트하지 않겠다고 약속했는데." 그 동료가 이렇게 답하더군요. "마크 안드레센한테 연락해 보세요." "그게 누군데?"라고 되물으니 그는 일리노이 대학University of Illinois 웹 브라우저를 띄우고, 검색창에 '마크 안드레센'이라고 입력했어요. 검색 결과 페이지가 뜨자 "여기 있어요. 이거 한번 읽어 보세요"라는 짧은 멘트를 남기고 사라졌어요.

마크 안드레센: 모자이크는 매우 성공적이었어요. 그 덕분에 저는 엄청 많은 스카우트 제안을 받았죠. 평생을 중서부에서 살았기 때문에 해안 도시로 가고 싶었어요. 동부냐 서부냐의 문제였는데 제가 관심을 가질 만한 일자리는 전부 서부 쪽이더라고요. 그 후 팔로알토로 이사 와서 EIT라는 작은 네트워크 회사에 입사했어요. 스카우트 제의는 꾸준히 들어왔어요. 모자이크 도움말 메뉴 안에 '저자에 대해'라고 되어 있는 부분이 있었는데, 그게 제 이력서거든요. 그걸 보고 끊임없이 제의가 들어왔죠.

짐 클락: 여기저기 둘러보다가 마크의 이메일 주소를 발견했어요. 바로 이메일을 보냈죠. "저는 짐 클락입니다. 누군지 모르시겠지만 저는 실리콘그래픽스의 창업자입니다. 만약 제가 누구인지 아신다면 이미 소식을 들으셨겠지만, 제가 실리콘그래픽스를 떠나게 되었습니다. 새로운 회사를 차리려고 하는데 괜찮으시다면 이와 관련해서 당신과 만나 대화를 좀 나누고 싶습니다." 그리고 10분 뒤 회신이 왔어요.

마크 안드레센: "네! 당신이 누군지 알아요"라고 답했지요.

짐 클락: 우리는 정말 말 그대로 몇 달 동안 이리 뛰고 저리 뛰어다녔어요. 일주일에 몇 번씩 미팅도 하고요. 제 아내가 차려준 저녁과 좋은 와인을 마시며 이야기를 많이 나누었죠. 우리는 꽤 친해졌어요. 그는 나를 존경했고, 나는 그에 대한 존경심을 키워 갔어요.

짐 박스데일: 제 아내 샐리가 그에게 식탁 예절을 가르쳤어요. 옷차림도 행동도 아이 같았죠. 하지만 유머 감각은 굉장했어요. 무척 열정적이고 매

력적이었습니다.

짐 클락: 1994년 3월인가 그즈음에 마크가 그랬어요. "음, 잘 모르겠지만, 제 일리노이 대학 친구들을 스카우트 하려면 뭔가 빨리 움직여야 해요. 요즘 계속 면접 보러 다닌다고들 하더라고요." 그래서 제가 물었죠. "어떻게 했으면 좋겠나? 좋은 아이디어라도 있어?"

마크 안드레센: 1994년 초라는 점을 잊지 말아야 합니다. 당시 산업 세계뿐만 아니라 전 세계의 지배적인 견해가 인터넷은 상업적인 매체가 아니고 앞으로도 절대 그렇게 되지 않을 거라는 것이었어요. 일반인들은 사용하지 않을거라 돈을 벌 수 없다고 생각했습니다.

존 지아난드레아: 그땐 대학교에서나 쓰는 이상한 것으로 인식되던 시기였어요. 그렇게 중요하게 생각하지 않았어요.

짐 클락: 세상이 한 마디로 이렇게 이야기했습니다. "당신은 미쳤어. 인터넷으로 어떻게 돈을 벌어. 인터넷은 공짜인데."

마크 안드레센: 하루는 이런 대화를 나눈 적이 있어요. "음, 이 인터넷이라는 것 말이야. 아무도 중요하게 생각하지 않지만 폭발적으로 성장하고 있어……."

짐 클락: 제가 한 일은 일년 동안 모자이크의 성장을 분석하고 사용자가 100만 명이 넘어 가는 것을 관찰하는 거였죠. 그러면서 사람들이 온라인에 접속하는 것에 네트워크 효과 같은 게 있다는 것을 깨달았어요.

마크 안드레센: 계획은 새로운 버전의 모자이크를 만들되 처음부터 다시 시작하는 것이었어요. 그리고 상용화 제품으로 만드는 거였죠.

짐 클락: 그래서 제가 그랬죠. "좋아. 당장 비행기 타고 가서 네 친구들을 스카우트해 오자."

알렉스 토틱: 마크가 전화해서 말하더라고요. "야, 우리 비행기 타고 간다. 진짜 할 것 같아. 모자이크의 킬러를 만들 거야."

짐 클락: 도착하고 첫 날 밤, 다 같이 모여서 피자를 먹으러 갔고 그 친구들

과 결국 회사를 차리게 되었죠. 루 몬툴리까지 캔자스에서 날아왔어요. 모자이크를 만든 장본인들이 처음 한자리에 모인 거죠.

루 몬툴리: 짐이 우리를 완전 흥분하게 했어요. 에너지와 카리스마 넘치는 분이 우리를 설득하고 있었으니까요. "그냥 계속 웹이나 할게요"였던 우리 사고를 "저희 실리콘밸리로 가서 이 세계의 구조를 다 바꿔 놓고, 지구를 다 지배하겠어요"라고 180도 바꿔 놓았어요. 그렇게 대단한 분이 저희를 믿어 주신 다는 것, 그리고 세상을 바꾸는 일에 우리와 함께하고 싶다는 것, 그것만으로도 너무 신났죠. 우리 모두가 신났어요. 저 개인적으로는 엄청나게 신났어요.

알렉스 토틱: 우리끼리 이런 것도 꿈을 꿨던 적이 있어요. "회사 이름을 'com.com.com'으로 하고 어딘가 배 위에서 사는 거야. 어때 멋지지!" 근데 그게 정말 이루어지는 거예요!

짐 클락: "좋아. 내가 300만 달러를 투자해서 팀 전체를 고용하지"라고 말했습니다. 나 자신을 CEO로 하는 주식 계약서와 제안서에 팀원 각자의 이름을 넣어 출력해서 전원의 사인을 받았어요. 그렇게 경주가 시작되었습니다.

존 지아난드레아: 짐 클락은 매우 영리했어요. 웹을 잘 아는 모든 젊은 인재를 다 데려왔죠. 정말 말 그대로 비행기 타고 날아가서 데려왔어요. "이봐, 캘리포니아에 당신을 위한 일자리가 있어!"라면서요.

알렉스 토틱: 일주일 뒤 우리는 캘리포니아 101번 고속도로를 달리고 있었어요. 오라클, 썬, 실리콘그래픽스를 보면서 제가 그랬죠. "왜 아무도 이런 곳이 있다고 알려 주지 않았지? 여기 진짜 좋다!" 여기가 세상의 중심이었어요.

존 지아난드레아: 그리고 나서 우리를 실리콘그래픽스 출신 사람들과 짝을 지어 줬어요. 처음 20~22명의 임직원은 웹 트렌드를 정확히 파악하고 있는 학교를 갓 졸업한 젊은 사람들과 경력이 있는 엔지니어들로 구성

되었어요. 실리콘그래픽스 DNA가 섞인 거죠. 그게 어떻게 보면 신의 한 수였어요.

짐 클락: 어떠한 자금 계획도 세우지 않았어요. 그런 계획을 작성할 시간조차 없었죠. '네트워크 효과가 이럴 것이다'라는 직감만 믿고 달리고 있었어요. '만약 우리 제품을 빠른 시간 내에 수백만 명이 쓴다면 분명 돈을 벌 수 있을 거야'라고 생각했어요. 대다수의 사람이 한 제품을 사용하면 결국 이익을 창출할 것이라는 믿음이 무슨 특별한 생각은 아니지만, 그때 당시에는 그랬던 것 같아요.

알렉스 토틱: 우리는 어떻게 돈을 벌어야 할지 잘 몰랐어요. 기술에 대한 집념이 강했지 돈을 벌고자 하는 집념이 그만큼 강했던 것은 아니었거든요.

제이미 자윈스키: "그냥 무료로 나눠 줘. 그리고 규모를 키워!" 음, 그게, 처음에 두 개의 소프트웨어 제품이 있었어요. 하나는 웹 브라우저 다른 하나는 웹 서버.

루 몬툴리: 원래 계획은 브라우저를 공짜로 혹은 거의 공짜에 가까운 가격으로 배포하고 수익 창출은 기업 서버 소프트웨어로 내는 거였어요. 면도기를 공짜로 나눠 주고 면도날을 파는 거죠. 면도날은 저희가 구축한 웹 서버와 상업 서버, 그리고 그 외에 우리가 만들 모든 서버고요.

넷스케이프의 '면도기 무료 증정, 그리고 면도날 판매 전략'은 실행 즉시 위험에 빠졌다. 경쟁자인 아파치Apache는 넷스케이프의 모든 서버 소프트웨어의 대체품을 무료로 내놓을 계획을 세웠다. 넷스케이프의 무료 면도기 전략에 맞서는 무료 면도날 정책이었다. 아파치는 심지어 기업도 아니었다. 『와이어드』 웹 마스터인 브라이언 벨렌도프가 모든 정보는 무료로 제공되어야 한다는 해커 윤리 정신에 입각해 만든 파트타임 개발자로 구성된 집단이었다. 벨렌도프의 의도는 고상했지만, 그의 화살은 정확히 넷스케이프의 비즈니스 모델을 조준하고 있었다.

브라이언 벨렌도프: 사용자들에게 보내는 메일이 있었어요. "안타깝지만 안 좋은 소식이 있습니다. NCSA 모자이크 개발 팀 전체가 넷스케이프라는 신생 기업으로 이직했습니다. 좋은 소식도 있습니다. 앞으로는 웹이 상업적으로 제공됩니다. 앞으로 공식 지원도 될 것입니다. 이제 믿고 제품을 살 수 있으며, 지원 또한 비용에 포함됩니다. 어떤 문제가 발생하더라도 문제 해결을 위해 연락 가능한 전화번호가 제공됩니다. 이 모든 것이 아주 저렴한 가격, 서버당 몇천 달러에 제공됩니다." 정확히 이렇게 써 있진 않았지만, 대략 이런 내용이었어요.

짐 클락: 즉각적인 반응은 이거였죠. "뭐라고? 이건 말도 안 돼. 너희 방식을 따를 수 없어. 인터넷을 망치지마."

브라이언 벨렌도프: 우리는 웹이 누군가의 소유물이 되는 것이 싫었어요. 적어도 웹 프로토콜이나 사용자들에게 페이지를 제공하는 것만큼은 그렇게 되지 말아야 한다고 생각했어요. 웹 서버는 인쇄기 같은 느낌이잖아요. 각자의 인쇄소를 운영하며 흥미로운 웹사이트나 재밌는 것들을 찍어 내고 있는데, 원래 공짜로 하던 일들을 하루아침에 돈을 내고 쓰라고 하니 정말 말도 안 되는 거죠. 이상주의 같지만 많은 인터넷 기술이 태어난 곳에서 유산처럼 전해 내려오는 인식이 기술은 공개되고 배포되어야 한다는 것입니다. "모든 소프트웨어는 공짜여야 한다"와는 조금 다른 개념이에요.

짐 클락: 제가 그랬죠. "당신은 전혀 이해하지 못했어요. 인터넷이 살아남기 위해서는 위해서는 기업에서 자금을 지원하고 운영해야 합니다. 정부가 지겹도록 여기에 돈을 쏟아부을 수는 없어요. 상업적인 매체로 전환해야 합니다." 이를 바득바득 가는 소리! 한숨 소리! 정말 상상할 수 없을 만큼의 악의적인 메일을 많이 받았어요.

브라이언 벨렌도프: 일단 대학 졸업생들이 제대로 된 일자리를 구했다는 사실은 기뻤지만 한편으로는 조금 슬프더라고요. "NCSA의 서버 소프트웨

어를 계속 유용하게 쓸 수 있고, 우리가 지속적으로 버그를 수정하고 새로운 기능을 추가할 수 있다면 과연 넷스케이프가 필요할까?" 그래서 이메일 수신 목록을 만들어 메일을 쓰기 시작했어요. "다른 이름을 지어야 할까요? 더 이상 NCSA 웹 서버가 아닌데, 그냥 다르게 부르는 것은 어떨까요?" 그래서 자신을 스스로 아파치라고 부르며 우리의 능력을 어떻게 발휘할지 고민했죠. 10~12명의 핵심 인재로 구성된 팀으로, 시작부터 매우 탄탄했고 단기간에 수백 명의 구성원으로 성장했어요.

그동안 넷스케이프에서는……

짐 클락: 1994년 6월경, 인원이 모이기 시작했어요. 벌써 8~10명 정도가 있었고 전속력으로 달렸죠. 그해 여름, 슬슬 자금이 걱정되기 시작했어요. 구성원이 계속 늘어나고 있었거든요. 제가 개인적으로 가지고 있는 현금 약 1,500만 달러 중 이미 300만 달러는 여기에 투자해서 여유가 없었어요. 최대한 빨리 제품을 출시하는 게 답이었죠.

제이미 자윈스키: 제가 넷스케이프에서 일하기로 했을 때, 정말 열심히 일할 거라고 다짐했는데, 막상 일을 시작해 보니 제가 그동안 '열심히 일한다'가 무엇인지 제대로 모르고 한 말이더라고요. 일이 정말 많았습니다.

알렉스 토틱: 엄청 좋았어요! 항상 사무실에 다들 모여서 시간 가는 줄 모르고 일했어요. 하루에도 몇 번씩 만나서 어떻게 진행되고 있는지 검토하고 앞으로 무엇을 해야 할지 논의했죠. 하루에 콜라를 12캔씩 마셨던 것 같아요. 더 마셨을 수도 있고요. 콜라로 연명했어요. 가끔 체력이 바닥나는 게 느껴질 때마다 "나 오늘 출근 안 할 거야"라고 말하고 하루 종일 잠만 잤어요. 그 생활의 무한 반복이었어요.

존 지아난드레아: 제너럴 매직의 업무 강도가 더 높은 편이기는 했지만, 넷스케이프의 첫 6개월에서 1년은 그야말로 제정신이 아니었어요. 제이미

는 특히 더 힘든 업무를 맡았죠.

제이미 자윈스키: 그 당시 저는 버클리에 살면서 마운틴 뷰까지 출퇴근을 했는데, 집에 하루 걸러 하루 들어가곤 했어요. 만 하루에서 하루 반나절을 꼬박 새우거나 아니면 코드 컴파일을 기다리는 시간 동안 자리에서 쪽잠을 자곤 했습니다.

존 지아난드레아: 그때 제이미가 에어론 의자Aeron chair 특대형을 사용했는데, 그게 얼마나 넓은지 위에서 양반다리를 하고도 남았어요. 신발을 벗고 프로그래밍을 하는 게 습관이었어요. 항상 대형 헤드폰을 끼고 헤드폰 밖으로도 소리가 다 들릴 만큼 시끄러운 노래를 들었습니다. 그러다가 잠깐의 휴식 시간에는 그 상태 그대로 음악까지 틀어 놓은 채 담요만 뒤집어쓰고 잤고요.

루 몬툴리: 제 평생 그렇게 생산적인 일을 하면서 살아 본 적이 없는 것 같아요. 제 모든 에너지를 쏟으면서 일분일초도 헛되게 쓰지 않고 일 외에 다른 생각은 해 보지도 않았어요. 아니, 할 여유가 없었어요. 매우 빠른 속도로 어마어마한 일을 해내고 있었습니다. 제가 3개월 만에 코드만 수천 줄은 쓴 것 같아요. 정말 말도 안 되는 양이고, 별로 추천하고 싶지 않아요. 이건 정말 특수한 경우였기 때문에 가능했어요.

짐 클락: 여름이 끝날 즈음, 재정 지원을 해결했고, 경영 관리를 도와줄 인력을 충원하기 시작했어요. 그러자 일리노이 대학에서 칼을 휘두르기 시작했죠. 우리가 그들의 지적 재산을 침해했고, 불법적이고 사회적 통념에서 어긋난 일을 한다고 주장했어요. 일리노이 대학 사람들은 우리가 그들이 가진 왕관의 보석을 다 뽑아다가 그것으로 돈을 벌려고 한다는 이유로 강한 반감을 가지고 있었어요.

루 몬툴리: 우리는 이미 아주 잘 알고 있는 모자이크에 대한 새로운 도전과 재도전을 하고 있었어요. 목표는 새로운 웹 브라우저를 바닥부터 다시 만드는 거였지만, 이미 그 결과물이 어떤 모습이어야 하는지 어떤 기능을

해야 하는지 이미 코드를 완성해 본 적이 있었기 때문에 알고 있었어요.

짐 클락: 모든 일을 원만하게 정리하는 데 많은 에너지를 소모했던 것 같아요. 저는 그냥 일리노이 대학 사람들에게 얼마의 돈을 쥐어 주고 조용하게 만들고 싶었어요. 그들은 받으려고 하지 않더군요. 아니, 받긴 받는데 장당 50센트를 달라고 하더군요. 우리는 무료로 배포하고 싶었으니, 수지가 안 맞았죠. 반면에 마이크로소프트는 몇백만 달러를 지불하고 유료 버전을 구매했어요.

알렉스 토틱: 마이크로소프트가 라이선스를 획득했고, 옛 모자이크의 코드를 확보했다고 하니 저희는 많이 불안했어요. "만약 우리의 옛 코드를 가지고 있었다면 훨씬 더 앞서 갔을 텐데. 근데 옛날 코드는 별로였으니 반대일 수도 있을 거야. 새로운 넷스케이프 코드가 훨씬 괜찮으니까……." 마치 우리의 옛날 코드와 새로운 코드의 대결처럼 되어 버린 거죠.

제이미 자윈스키: 우리가 하려는 일을 우리만 하려는 게 아니었기 때문에, 모두가 최대한 빠르게 제품을 배포하는 게 매우 중요하다고 믿었어요. 최초의 자리를 선점하고 최고가 되는 것을 목표로 했고, 우선 순위는 최초가 되는 것이었습니다.

루 몬툴리: 출시 직전의 스트레스가 최고였죠. 버그를 찾고 수정하고 찾고 다시 수정하는 작업의 반복인데, 버그가 잘 잡히지도 않고 언제 잡힐지 모르게 시간만 흘러갈 때가 가장 짜증나죠. 머리를 쥐어 뜯어가며 찾다가 '아하!'하는 순간이 와요. 근데 그 순간이 지금으로부터 10분 뒤일지, 며칠 뒤일지는 아무도 모른다는 게 문제죠. 수천 개의 코드 중에 버그를 딱 집어내는 게 정말 어려운 일입니다.

제이미 자윈스키: 정말 스트레스가 심한 작업이에요. 며칠 밤을 새워도 여전히 수정할 버그 리스트가 끝이 없는데, 그럴 때는 출시일을 미룰지 말지를 결정해야 해요. 만약 어떤 버그가 발견됐고 누군가 수정 방안을 찾

있다면, 이 패치를 적용하는 것이 괜찮을지 토론하죠. 패치를 적용했을 때 다른 코드에 영향을 주거나 되려 더 불안정하게 만드는 것은 아닌지 면밀히 검토해야 합니다. 그래서 기다림과 혼란의 연속이에요.

루 몬툴리: 저와 제이미는 무척 친했지만, 일하면서 나쁜 면도 발견했지요. 특히 회의 때 굉장히 거칠게 말을 하는 거요. 그는 이메일로 화내는 것으로 악명 높았어요. "니가 어떻게 나한테 이럴 수 있어. 지금 내 시간을 낭비하고 있는 거야. 넌 정말 나쁜 놈이야. 한 번만 더 이러면 정말 가만두지 않을 거야!" 이런 격한 내용들이었어요. 물론 저는 그가 착한 사람이라는 것을 알지만, 누구도 그의 화를 말릴 수는 없었어요. 저도 이런 메일을 몇 개 받아 봤어요. 아마 제가 화를 제일 많이 받아줬을 겁니다.

제이미 자윈스키: 넷스케이프 초창기에 근무했던 사람들은 서로가 서로에게 너무 못되게 굴었어요. 모두가 너무 거친 사람들이었죠. 무언가 합의점에 이르는 데 고함과 모욕이 필수였어요. 정신적으로 건강한 환경은 아니었지만 그냥 그럴 수밖에 없었습니다.

루 몬툴리: 제가 이틀 연장 근무를 하고 새벽 3시에 사무실에 있는데 그때 제이미도 똑같이 야근을 했어요. 그때도 어김없이 불타는 이메일을 하나 날리고 점심인지 저녁인지를 먹으러 새벽 2시에 나가더군요. 진절머리가 났어요. 그래서 원래 그런 식으로 말하지 않는데, 그 메일에 이렇게 회신을 했어요. "이게 문제고 그 문제는 네 탓이야." 절대 착하지 않게 말했어요. "너와 같이 일하는 모든 사람이 너무 불쌍해"라고도 했던 것 같아요. 잘한 짓은 아니었지만, 받는 사람의 기분이 어떨지 똑같이 느끼게 해 주고 싶었어요. 그때가 출시 막바지여서 모두가 예민할 때였어요.

존 지아난드레아: 몬툴리랑 제이미가 서로를 못살게 굴었죠. 특히 제이미가 스트레스를 더 많이 받고 있을 때였고, 그는 엄청 감정적인 사람인데다가 잠도 턱없이 부족했습니다.

알렉스 토틱: 제이미는 신경질적이었어요. 코드도 잘 짜고, 그냥 우리와 많

이 달랐어요. 화려하고 대범했죠. 우리는 그냥 지극히 평범했지만, 제이미는 뭔가 굉장히 웃긴 이미지의 소유자였고 우리에게는 낯선 스타일의 사람이었어요.

짐 클락: 그의 머리는 반 삭발이었어요. 뭔가 나름 표현하려고 한 것 같은데, 저는 그냥 무시했어요. 저하고는 상관없으니까 전혀 개의치 않았어요. 그는 훌륭한 프로그래머였고 굉장히 똑똑한 친구이고, 아무도 신경쓰지 않았던 것 같아요. 양질의 코드를 얼마나 많이 쓸 수 있는지가 프로그래머가 인정받는 기준이라는 것을 사람들은 깨닫게 되거든요. 좋은 코드를 빠르게 작성할 수만 있다면 어떻게 생기든 어떤 차림이든 아무도 신경쓰지 않아요. 제이미는 여러 사람을 부자로 만들어 주었어요.

제이미 자윈스키: 우리는 회사에서 보내는 시간이 많았고 스트레스가 많았어요. 아까 말했듯이 서로가 서로에게 친근하게 대하진 않았던 것 같습니다.

루 몬툴리: 언제 터질지 모르는 시한폭탄 같은 분위기 속에서 제가 메일 하나를 보내고 곧바로 바로 옆자리의 가렛 블리스Garrett Blyth에게 가서 "읽어봐. 읽어봐"라고 말했어요. 그가 읽더니 키득거리더라고요. 그리고 제이미가 자리로 돌아오는 소리가 들렸어요. 조용히 듣고 있었죠. 자리에 앉아서 컴퓨터에 로그인하는 소리가 들리더니 엄청 크게 그리고 격하게 타자 치는 소리가 들렸어요. 가렛과 저는 정확히 무슨 일이 일어나고 있는지 바로 알았죠.

"와, 이거 대단하겠는데! 엄청난 폭격이 예상되네. 기대되는군." 최대한 긍정적으로 생각하려고 했어요. 분노의 타자 소리가 이어지다가 갑자기 컴퓨터 부팅? 재부팅? 소리가 들리더라고요. 그 말은 작업하던 게 다 날라갔다는 말인데…… 띵! 소리가 나고 정적이 흐른 후 "뭐야, 제기랄! 이거 왜 이래?!"라는 말과 동시에 그의 자리 옆에 20층 정도 쌓아 둔 콜라 캔 피라미드가 순식간에 와장창 무너져 내리는 소리가 들렸어요.

콜라 캔이 책상 옆 파티션 위로 한참 올라올 만큼 쌓여 있었거든요. 곧바로 아주 큰 굉음이 나더니 제이미가 사무실을 박차고 나갔어요.

제이미 자윈스키: 루가 저를 놀렸는데, 그 순간 이성을 놔 버린 거죠. 의자를 발로 차고 걸어 나갔어요.

루 몬툴리: 가렛이랑 둘이 자리에서 일어나 코너를 돌아서 가 보니까 에릭 비나Eric Bina가 있었고 그의 머리 옆쪽 벽에 의자가 튀어나온 것처럼 박혀 있었어요. 그러니까 제이미가 일어나서 의자를 머리 위로 집어던진 거예요. 에릭은 콜라 캔 무너지는 소리를 듣고 코너를 돌아오다가 의자가 머리 옆을 스쳐 지나가며 벽에 박힌 거죠. 영화가 따로 없었어요.

존 지아난드레아: 그는 의자를 던졌고, 우리는 그를 집으로 보냈어요.

짐 박스데일: 엄청 큰 일이었죠. 의자가 벽에 박힌 모습을 티셔츠로 만들기까지 했어요!

제이미 자윈스키: 우리는 티셔츠 가운데 문장紋章을 넣고 그 문장 안에 의자를 그려 넣었어요. 네, 우리는 이런 식으로 유치하게 서로를 놀리기 좋아했어요. 그게 이 이야기의 전부죠.

루 몬툴리: 그 사건 이후 제이미는 무슨 탱크나 비행기를 덮을 법한 커다란 천으로 자기 자리를 덮은 다음 누구 와도 대화하지 않았어요. 그의 사회생활이 막을 내린 것 같았죠. 적어도 저와 제이미 그리고 핵심 멤버들 사이에서는 말이죠. 저는 제이미를 탓하지 않아요. 제가 그를 자극했으니까.

출시 준비 일정 딱 마지막 단계였어요. 첫 베타 버전 출시를 앞두고 있었어요. 일주일에 7일 120시간 근무를 4~6개월 동안 해 온 결과였고, 모두의 핵심적인 동기 부여는 사람들 손에 제품을 쥐어 주는 것이었죠. 어쨌든 사람들이 쓸 수 있는 제품이어야 하는 거죠.

넷스케이프 브라우저가 처음 '베타' 혹은 테스트 버전으로 세상에 공개된 것은 1994년 10월이었다.

루 몬툴리: 모두 잔뜩 신나 있었어요. 제품 출시를 기념하기 위해 모두 회의실에 모여 라이브로 사람들이 다운받는 것을 같이 보기로 했습니다. 그 방법도 찾아냈어요.

제이미 자윈스키: 매 다운로드를 보여 주는 로그파일logfile[†]이 있었는데, 팀원 중 한 명이 급하게 스크립트를 짜서 로그파일이 스크롤 되는 순간 분석할 수 있게 수정했어요.

존 지아난드레아: 제가 왜 그랬는지 모르겠지만 그냥 했어요. 사람들이 멋있다고 생각하는 것 같더라고요.

알렉스 토틱: 각기 다른 다운로드마다 다른 효과음을 부여했어요. 각 브라우저별 고유의 사운드 바이트가 생긴 거죠. 개구리 소리, 대포 소리, 유리 깨지는 소리도 있었어요. 어두운 암실 같은 방에서 모니터 로그를 다 같이 보고 있었는데 첫 다운로드가 호주에서 발생했어요. 시간이 좀 걸렸어요. 절반을 다운받았는데, 다시 시작해야 했거든요. 그러다 다운로드 완료되었을 때 "쿵!" 첫 다운로드 소리가 났어요. 샴페인, 맥주, 그 모든 것으로 건배를 했습니다. 몇 분 뒤에 두 번째 다운로드, 또 몇 분 뒤에 또 다운로드. 그 후에는 점점 간격이 짧아지기 시작했어요.

존 지아난드레아: 처음에는 작은 물줄기로 시작했다가 나중에는 홍수처럼 쏟아지기 시작해서 결국 귀가 먹먹해졌어요.

알렉스 토틱: 6시간 후에도 저희는 자리를 떠날 수가 없었어요. 쿵, 쾅, 쿵, 쾅! 산사태처럼 쏟아져 내리는 다운로드는 그때부터 한시도 멈추지 않았죠.

루 몬툴리: 자신을 칭찬하는 게 좀 그렇긴 하지만, 정말 좋은 소프트웨어였어요. 모두가 매우 자랑스러웠고, 기존에 어떤 브라우저를 사용하고 있었든, 넷스케이프로 전환하는 것은 마치 폴더폰에서 아이폰으로 갈아타

[†] 운영체제나 다른 소프트웨어가 실행 중에 발생하는 이벤트나 각기 다른 사용자의 통신 소프트웨어 간의 메시지를 기록한 파일이다.

는 것과 같은 경험이었을 거예요. "와, 이거 진짜 제대로 되네!" 우리 브라우저가 훨씬 기능이 많았고, 10배는 빨랐고, 더 세련됐죠. 웹 페이지에 이미지를 많이 올릴 수 있게 되었어요. 넷스케이프 이전에는 뭐 하나 실행하려면 몇 분이나 기다려야 했는데, 그것을 완전히 바꿔놨어요. 넷스케이프에서는 모든 콘텐츠가 역동적으로 스트리밍되었기 때문에 이미지가 10배는 빠르게 떴어요.

스티븐 존슨: 기존에는 텍스트 위주였던 페이지들이 이미지를 담기 시작했어요. 이때부터 웹은 그냥 흥미롭고 새로운 느낌을 주는 데이터 포맷에서 완전히 새로운 미디어로 탈바꿈하게 됐죠. 이게 하나의 잡지가 되는 모습, 광고를 게재하거나 개인 사진첩으로 활용하는 모습을 상상할 수 있었어요. 넷스케이프를 처음 보면서 생각했던 것이 "오, 이걸 잘 연구해서 활용하면 비용을 들이지 않고 나만의 잡지를 출간할 수도 있겠는데!"였습니다. 정말 획기적이라고 생각했어요.

루 몬툴리: 다음 단계는 오디오, 비디오 그리고 동적인 웹 콘텐츠들이 브라우저 내에서 플러그인으로 제공될 수 있도록 전체 프로그래밍 언어를 소개하는 것이었어요. 넷스케이프의 시작은 오늘날처럼 역동적인 웹의 기반을 닦는 작업이었습니다. 페이지의 연속보다는 하나의 앱으로 취급하는 거죠.

마크 안드레센: 각 웹사이트가 하나의 앱이라고 생각해 보세요. 사이트 내에서의 모든 클릭과 상호 작용이 그 애플리케이션의 가장 최신 버전을 볼 수 있는 기회가 되는 거죠.

루 몬툴리: 기존에 웹 페이지에서 다른 페이지로 이동한다는 표현 자체가 깨져 버렸어요. HTML로 작성된 앱이 통으로 브라우저의 한 페이지에 있는 거죠. 이게 정말 중요한 개념입니다. 웹 브라우저 내에서 실감나는 몰입형 앱을 제공할 수 있게 되었고 이로 인해 소프트웨어를 제공하는 방식이 완전히 바뀌었어요.

스티븐 존슨: 인터넷이 브라우저로 돌아가는 새로운 플랫폼으로 발전하게 된 것이 변수였어요. 그 덕분에 많은 사람이 우려했던 마이크로소프트의 지배적인 독점을 막았죠.

루 몬툴리: 명확하게 상관관계가 보였던 점은, 마이크로소프트의 권력이 쇠퇴할수록 오픈 웹의 힘은 더욱 강력해진다는 것이었어요. 우리는 당연히 이렇게 될 거라고 예상했고요.

스티븐 존슨: 오픈 웹의 주인은 없기 때문에, 잠재되어 있던 어마어마한 창의력과 혁신을 봉인 해제할 수 있었어요. 테마의 다양성 측면 말고도 완전히 새로운 소프트웨어 범주가 생성되었어요. 사용자가 만드는 백과사전, SNS, 등 그 아이디어만도 수백만 가지가 넘어요. 갑자기 차고에서 두 친구가 무언가를 만들어서 모든 것을 바꿀 수 있는 세상이 오게 된 거죠. 래리와 세르게이가 구글을 만들고, 비즈와 잭이 트위터를 만든 것처럼. 아니면 마크 저커버그가 페이스북을 만든 경우도 있죠.

존 도어: 지구 역사상 가장 합법적이고 위대한 부의 창출이었죠!

스티븐 존슨: 이 모든 것이 비교적 빠른 시간 내에 다 이루어졌어요. 모든 흥미진진한 것들과 엄청난 새로운 부의 경제가 오픈 웹에서 만들어지고 있었습니다.

밥 테일러: 월드와이드웹은 전례없는 방식으로 인터넷을 개방했고, 브라우저는 이 모든 것을 훨씬 쉽게 만들어 주었어요.

넷스케이프의 웹 브라우저는 전무후무한 대성공이었다. 아파치의 웹 서버도 마찬가지였다. 그 둘은 같은 세계에서 공존할 수 없는 물질과 반물질 같은 사이였다. 넷스케이프가 브라우저를 무료로 제공하기 위해 유료로 판매하는 서버 소프트웨어를 아파치는 무료로 배포하고 있었다. 역설적이기는 하지만 모든 것이 잘 해결되었다. 실리콘밸리가 '사회 공학social engineering' 이라고 부르기 좋아하는 것으로부터 약간의 영감을 얻은 덕분이었다.

존 지아난드레아: 약간 꼼수 같은 거죠.

루 몬툴리: 브라우저에 가격표를 달아 놓기는 하는데 깜빡깜빡거리는 거죠. 사실 하고 싶은 말은 "누구든 원하면 다운받으세요"인 셈이에요. 누구나 자유롭게 이용할 수 있었어요.

마크 안드레센: 대신 라이선스 문구에 상업적인 용도로 사용할 경우 요금을 지불해야 한다고 적혀 있었어요.

존 지아난드레아: 세상의 제이미들, 즉 모든 핵심 엔지니어는 약간 오락가락 했어요. 이렇게 말했죠. "이건 옳지 않아. 우리는 우리가 한 말을 번복하고 있어." 왜냐하면 마크가 "언제나 공짜로 제공될 거야" 같은 말을 해 온 사람이니까요. 근데 지금은 그게 살짝 아닌 것도 같고요.

루 몬툴리: 그게 무슨 의미냐면, 우리 영업 사원들이 그냥 무작위로 아무 기업에 전화해서 "저희 소프트웨어를 사용하고 계신 것 같은데, 사용료를 지불하실 의향이 있으세요?"라고 묻는 거예요. 그럼 대부분 "네, 뭐 그러죠"라고 대답해요. 비용이 비싸지 않았거든요. 20달러대였어요. 원래 정가는 더 비싼데, 할인하고 또 할인해서 사용자 인당 1달러 수준의 가격으로 매우 저렴해지는 방식이었습니다. 그렇게 설명하면 사람들은 "당연하죠. 정말 유용한 소프트웨어예요. 너무 좋아요! 여기 돈 드릴게요" 라고 하더군요. 수익은 풍선처럼 금세 부풀어 올랐어요. 정말 말도 안됐죠.

마크 안드레센: 브라우저는 원래 돈 못 버는 대표 주자였어요. 근데 수익이 하늘로 치솟은 비결은 라이선스 쪼개기 작전이 먹혔기 때문이죠! 사실 저희도 브라우저 수익이 이렇게 높을 줄 상상도 못했어요. 늘 공짜일 거라고 생각했거든요.

짐 클락: 매출이 기하급수적으로 증가하기 시작했고 첫 해에 바로 수익이 날 거라는 게 보이기 시작했어요. 그래서 '이거 미쳤다. 그냥 회사를 상장시키자!'라고 생각했어요.

짐 박스데일: 5월에 상장하는 것으로 결정하고 뱅커들을 고용하기 시작했

어요. 필요한 서류 작업을 진행했고 로드쇼도 다녔죠. 각 도시를 옮겨 다닐 때마다 가속도가 붙는 게 느껴졌어요. 소문은 퍼져 나갔고, 『월스트리트 저널Wall Street Journal』을 포함하여 많은 신문사가 기사화하기 시작했어요. 많은 사람이 궁금해했죠. 이 상장이 어떻게 될지.

우리는 설립한 지 1년도 안 된 신생 기업이었고 당시 일반적인 통념은 기업의 탄탄한 재무 구조가 최소한 3년 이상은 유지가 된 후에 상장하는 것이었어요. 우리는 당연히 그 기준에 맞지 않았습니다. 겨우 몇 분기 자료와 앞으로의 전망 정도만 있었을 뿐이고, 그 내용도 제 생각엔 매우 보수적이었어요. 결국 현실로 증명이 됐고요.

갈수록 더 흥미진진했어요. 런던이 마지막 목적지였는데 "박스데일 씨, 만약 마이크로소프트가 자기네 제품에 브라우저를 같이 묶어서 팔기 시작하면 어떻게 되는 거죠?"라는 질문에 이렇게 답했어요. "음, 선생님, 이 세상에서 돈을 버는 방법은 딱 두 가지입니다. 묶어 팔거나 개별로 팔거나. 제가 비행기 시간이 다 돼서 기회가 된다면 다음에 더 자세히 설명해 드리죠." 모두가 웃었어요.

알렉스 토틱: 우리가 뭘 하고 있는지도 잘 모르겠더라고요. 모든 것이 즉흥적이었어요. 긴 근무 시간, 인터넷에 출시하는 것, 비즈니스 모델 없이 시작한 것, 기업 상장까지 이 모든 게 그냥 이게 최선이다 싶어서 했던 일들이었어요.

짐 클락: 우리가 상장하던 날이 기억에 남아요. 첫 날 당시 총 6억 6,300만 663 million 달러로 장을 마감했어요. 그래서 제 전용기에 663MN이라는 항공기등록기호(일련번호)를 붙여 줬어요. 그러고 나서 제 보트 하이페리온을 만들기 시작했죠.

짐 박스데일: 짐은 보트에 관심이 많았어요. 하이페리온이라는 배를 만드는 데 심취했는데, 단일로는 전 세계에서 가장 높은 돛대를 가진 배였어요.

짐 클락: 전 세계에서 가장 큰 돛대를 가지고 있었어요. 애틀랜타에 사는 공

인중개사인 존 윌리엄스가 더 큰 돛대를 만들겠다고 하기 전까지는요. 자신의 돛대를 제 것보다 1미터 더 크게 만들더라고요. 하이페리온은 8명의 선원과 3개의 침실이 있었어요. 저에겐 보석함과 같았죠. 정말 내부가 예술 작품 같거든요. 길이는 150피트로 꽤 큰 것 같지만 보트 치고는 그렇게 큰 편은 아니었어요. 2층 데크가 있는 보트들은 기본 300피트는 넘었으니까요. 제가 지금 소유하고 있는 배가 그렇죠. 300피트 길이에 돛대가 3개인 스쿠너형 중형 범선이고 이름은 아테네랍니다.

루 몬툴리: '사람이 이렇게 큰 돈을 벌 수 있나?' 가끔 믿기 힘들 때가 있었어요. 제가 약 2,000만 달러인가 3,000만 달러를 벌었어요. 대략 그 정도였던 것 같아요. 어떤 때는 너무 실감이 안 나서 말도 안 된다고 생각했어요. "꿈일 거야. 이 돈이 진짜 여기 있을 리가 없어."

제이미 자윈스키: 사실 IPO 관련된 농담 중 제가 제일 좋아하는 게 있는데, 공교롭게도 넷스케이프가 상장하던 날 제리 가르시아가 사망했어요. 상장한 날 출근해서 들었던 첫 농담이 "제리 가르시아의 마지막 유언은?"이었어요.

제리 가르시아: 넷스케이프가 어디에 공개됐다고?!

17

등잔 밑의 불길

인터넷 문화의 원류, 썩닷컴

등장 인물

게리 울프	에이미 크리쳇	조이 아너프(URL의 공작)
루 몬툴리	잭 불웨어	존 바텔
루이스 로제토	저스틴 홀	칼 스테드먼(웹스터)
브라이언 벨렌도프	제이미 자윈스키	케빈 켈리
스티븐 존슨	제인 멧칼프	하워드 라인골드
R. U. 시리우스(켄 고프만)	조너선 스트어	

『와이어드』의 창간호와 함께 발행된 성명서에서 편집장 루이스 로제토는 "벵갈 태풍Bengali Typhoon처럼 우리 삶을 통째로 뒤엎을 만한" 디지털 혁명을 예견했다. 놀랍게도 로제토가 약속한 대로 곧 큰 변혁이 나타났다. 1995년은 장난감이 처음 말을 하기 시작한 해이자, 인터넷이 태동한 해였다. 로제토가 보기에 새로운 매체가 새로운 미디어 거물을 만들어 낼 것이 분명했다. 그리고 그 미래 예측이 정확하다면, 자신도 그러한 거물들과 어깨를 나란히 할 수 있을 것 같았다. 하지만 그런 일은 일어나지 않았다. 두 명의 반항적인 직원인 칼 스테드먼과 조이 아너프가 그 스포트라이트를 가로채 갔다. 온라인 미디어 제국을 시도하는 『와이어드』, 특히 핫와이어드HotWired에 넌더리가 난 두 20대들은 로제토 밑에서 일하면서 비밀리에 '핫와이어드 킬러'를 시작했다. 썩닷컴Suck.com은 익명으로 운영하는 마르크스주의적 매체였는데 냉소적이면서도 유쾌했다. 『와이어드』의 정반대에 서 있는 썩닷컴은 아이러니하게도 『와이어드』의 사무실에서 제작되었고 『와이어드』의 인터넷망으로 서비스되었다. 그리고 썩닷컴의 양식, 배경, 어조는 이후 인터넷 문화의 표준이 되었다.

케빈 켈리: 만약 『와이어드』가 1989년에 시작했다면 성공하지 못했을 거예요. 너무 이르지 않았을까 싶네요. 『와이어드』는 웹이 뜨자마자 나타났는데, 모두가 『와이어드』를 보더니 갑자기 이렇게 말했어요. "이런, 이제야 알겠어! 요즘 세상에 무슨 일이 일어나고 있는지 정확히 알려면 이 잡지를 읽어야 해."

루이스 로제토: 『와이어드』의 창간호에서 월드와이드웹에 대한 언급은 없었어요.

케빈 켈리: 그래서 『와이어드』는 인터넷에 완전히 무지하다는 비난을 받았어요. 하지만 저는 더웰과 인터넷에 대해 말하는 것이 너무 지겨워서 『와이어드』에서는 말하고 싶지 않았을 뿐이었어요. 사람들이 『와이어

드』가 인터넷에 관한 잡지라고 느끼기를 원하지 않았어요. 오히려 더 넓은 문화에 관한 것이라고 느끼기를 바랐습니다. 그래서 일부러 인터넷과 관련된 언급을 피했어요. 누락은 실수처럼 보였을지도 모르지만, 의도된 것이었어요.

R. U. 시리우스: 저는 『와이어드』가 더웰에서 컨퍼런스를 처음 했을 때를 기억해요. 사람들은 인터넷이 세상을 어떻게 변화시키고 있는지에 대해 그다지 많이 말하지는 않았어요. 오히려 가상현실은 바로 코앞에 있는 것처럼 이미 꽤나 상상하고 있었지만요.

브라이언 벨렌도프: 1993년 여름, 전 『와이어드』에서 웹사이트를 만들면서 버그를 고치고 있었어요. 그 외에도 여러 기능을 추가하고, 이메일 목록에 있는 일리노이 대학 애들에게 새로 추가한 기능이 어떨지 보내주었어요. 마치 어린 아이들이 야구 카드를 맞바꾸듯이, 다른 사용자, 더 나아가 이 작업과 관련이 있을 만한 모든 사람과 이 디버깅 작업을 함께 했어요. 이러한 현상은 웹 초창기에 기술 향상이 어떻게 일어났는지를 잘 보여 주는 사례입니다.

루이스 로제토: 두 번째 호에서야 제네바에 있는 팀 버너스 리에 대한 작은 뉴스가 머릿말에 나왔어요. 그것이 우리 잡지가 웹에 대해 언급한 첫 번째 기사였어요. 그리고 나서 곧 웹이란 물건에 엄청 주목했죠.

하워드 라인골드: 그래서 루이스는 생각했죠. '좋아. 돈을 벌 수 있는 웹 기반의 간행물을 우리가 만들어 보자.' 루이스의 훌륭한 특징 중 하나는 정말로 정말로 정말로 크게 크게 생각한다는 점이었어요.

루이스 로제토: 당시에 잡지사 사람들은 호시절을 보내고 있었고, 광고인들은 광고를 마구 팔고 있었어요. 그래서 핫와이어드는 완벽한 광고판이었죠. 한번은 다 같이 회의를 하려고 앉아서 이렇게 말했어요. "우리가 하고 있는 일은 이래요. 핫와이어드는 오리지널 콘텐츠를 제작하는 동시에 『포춘Fortune』 선정 500대 기업이 광고하는 최초의 웹사이트가 될거

예요."

브라이언 벨렌도프: 그들 중 누구도 인터넷을 깊이 경험해 보지 않았고 심지어 경험 자체를 하지 않은 사람이 있다는 것이 좀 충격이었어요.

루이스 로제토: 그렇다면 인터넷이 과연 무엇인지 알아봅시다! 핫와이어드의 첫 번째 질문은 "이 인터넷 매체를 위해 제작되는 오리지널 콘텐츠는 어떠해야 하는가?"였어요. 1994년 가을로 첫 출간일을 정했습니다.

조너선 스트어: 저는 스탠퍼드 대학에서 VR로 박사학위를 받은 괴짜였어요. 핫와이어드에 일하기 위해 『와이어드』를 선택한 이유는 바로 풍부한 데이터였어요. 보통 사람들이 미디어와 새로운 기술을 어떻게 사용하는지에 대한 흥미로운 데이터를 얻으려면 대학교 2학년생들에게 돈을 지불해야 했어요.† 하지만 인터넷에서는 사람들이 뭐든지 로그를 남기잖아요.

브라이언 벨렌도프: 우리가 쿠키cookie라고 부르자고 했던 새로운 기술이 있었어요. 전 이 기술을 사용하려면 이해해야 하는 프로토콜에 대해 충분히 알고 있었습니다.

루 몬툴리: 쿠키 기술은 원래 추적 방지를 위한 방법론으로 설계되었어요. 오늘날 쿠키가 어떤 목적으로 사용되는지를 보면 참 아이러니하죠? 문제는 쿠키를 활용하여 추적이 가능해지도록 여러 기술을 결합하는 과정에서 발생했어요.

하워드 라인골드: 그래서 우리가 핫와이어드에서 한 일 중 하나는 이제 막 개발된 방식으로 이제 막 개발된 쿠키를 활용하여 사람들이 온라인에서도 오프라인 포럼에서 대화를 하는 느낌을 주는 것이었어요.

루이스 로제토: 우리는 웹 미디어를 발명했어요. 처음 6개월 동안은 전 세계 웹 트래픽의 절반이나 우리 웹에 몰렸어요. 요즘 같은 시대에는 말이 안 되는 숫자죠.

---

† 미국에서는 신기술에 대한 소비자 조사 시 주로 대학생을 대상으로 한다.

브라이언 벨렌도프: 우리는 사람들이 각자의 정체성을 갖고 서로 내화하는 온라인 커뮤니티를 육성하고 싶었습니다. 대화의 시작점이요. 신문보다는 게시판에 가까웠어요.

루이스 로제토: 『와이어드』의 콘텐츠를 재활용할 뿐이라는 오해를 피하고 싶었기 때문에 핫와이어드를 『와이어드』와 분리하고 싶었어요. 독자로 하여금 핫와이어드는 뭔가 독특한 일을 한다고 느끼기를 원했어요.

브라이언 벨렌도프: 핫와이어드 사단을 구성하면서 존은 디지털 게시판 세계에 그가 진정으로 존경하는 많은 사람을 끌어모았어요. 하워드 라인골드는 그 중 하나였고 저스틴 홀도 그랬죠. 모두 저 같은 괴짜였어요.

존 바텔: 괴짜 해커들이 진정 인터넷의 경계를 허물고 있었어요.

저스틴 홀: 1993년 12월 당시 인터넷이란 세상에는 고작 600개의 사이트가 있었어요. 모두 "나는 이 대학 출신이고, 고등 수학 모델을 공부를 하고 있고, 이게 내 고양이의 사진이야"라고 말할 뿐이었죠. 전 이런 사이트를 만드는 게 비싸거나 어려울 리가 없다고 생각했죠. 저런 사람도 방금 자기 고양이에 대한 페이지를 올렸는데! 그래서 1994년 1월에 홈페이지를 개설하는 방법을 알아내고는 마치 교수 같은 사람들이 하는 것처럼 제 소개를 했어요. "안녕하세요, 저스틴입니다. 전 곧 대학에 갈 것이고요, 락 음악과 LSD를 좋아한답니다." 전 그저 웹의 하이퍼텍스트 구조를 사용하여 글을 쓰고 제 삶 이야기를 시작했어요.

제인 멧칼프: 저스틴은 진정한 인터넷인이죠.

조이 아너프: 저스틴의 링크스닷넷links.net은 아마도 지금까지 핫와이어드에서 발행한 어떤 것보다 더 큰 성공을 거두었을 겁니다.

하워드 라인골드: 줄리 피터슨은 저스틴을 발굴한 사람이에요. 그녀가 말하길, "이봐요, 당신이 19살짜리 애를 찾는다고 들었어요. 스와스모 어Swarthmore[†]에 사는 남자애의 사이트가 『와이어드』보다 더 많은 트래픽을

---

† 저스틴 홀은 스와스모어 대학에 재학 중이었다.

갖고 있다던데요!"

저스틴 홀: 사우스파크에 있는 『와이어드』 사무실을 방문했는데 정말 멋졌어요. 문신을 하고 긴 머리와 귀마개를 한 사람들이요. 귀를 막으려는 것이 아니라 멋을 부리려고 낀 귀마개 같았어요. 저는 그레이트풀 데드 쇼도 가 봤고 록 콘서트도 많이 다녀 봤고 신기한 곳을 많이 돌아다녔지만, 『와이어드』 사무실에 들어서자마자 이곳은 온갖 신기한 문화들이 한데 섞여 있다는 느낌을 받았습니다.

브라이언 벨렌도프: 제가 관리하던 온라인 커뮤니티 '샌프란시스코 레이브스SF Raves'를 통해 알게된 사람 중에 실제로 우리가 고용한 사람도 몇몇 있었어요. 샌프란시스코 레이브스는 개성 넘치는 많은 젊은이가 꽤 자주 방문하는 일종의 집결지였거든요.

제인 멧칼프: 저는 그들을 행복하고 빛나는 사람들이라고 불렀어요. 더 행복하고 빛나는 사람들을 끌어들였기 때문이죠. 그리고 심지어 잘생기고 재미도 있어서 무슨 일이 생기든 함께 지낼 수 있었어요. 그들은 파티를 맛깔나게 준비하곤 했는데, 초대 명단부터 현관문의 장식, 그 외 모든 사항을 하나하나 놓치지 않았어요.

저스틴 홀: 온라인 팀과 잠시 만나 이야기를 나눴습니다. 사실 무슨 이야기를 나눴는지 잘 기억나지 않는데 딱 하나는 선명히 기억해요. 그들 중 한 명이 와서 제게 이렇게 말하더군요. "여기 인턴이 되고 싶으면 대마초를 피워야 해!" 그때 깨달았죠. '세상에. 엄청 재미있겠는걸. 이 사람들과 잘 어울릴 거 같아. 완전 내 스타일이야. 좋았어!'

하워드 라인골드: 저스틴이 합류했을 때, 우리는 아래층으로 내려갔어요. 『마이트』를 읽는 재미있는 사람이 있었어요. 데이브 에거스요.

잭 불웨어: 사우스파크는 출판의 허브 같은 곳이에요. 점심 먹으러 부리토 가게에 가면 이런 장면을 볼 수 있었어요. 『마이트』 직원들이 뭔가에 대한 랩 세션을 시작하더니 『와이어드』 사람들이 몰려들기 시작하는 거죠.

하워드 라인골드: 데이브 에스스는 잡지 하나를 읽고 있었어요. 건물 아래에 있는 조그만 가게 앞에서요. 그래서 같이 마리화나를 피우고 사무실로 돌아갔는데, 모든 사람의 시선이 우리에게 쏠렸어요. 알고 보니 엘리베이터 통로를 통해서 모든 연기가 사무실로 빨려 들어갔지 뭐예요.

저스틴 홀: 핫와이어드 사람들은 사우스파크의 뒷편에 있는 그로토grotto라 불리는 곳에 있었습니다. 덥고 문까지 거리가 먼데다 안이 꽉 차 있었기 때문에 작은 동굴을 의미하는 그로토라 불렸어요. 물론 전 19살이었기 때문에 그곳이 아주 마음에 들었어요. "인터넷을 사랑하는 사람들과 어깨를 맞대고 있을 수 있다니!"

에이미 크리쳇: 저스틴은 결국 여름 내내 그로토에서 지냈습니다. 저는 친구의 생일 선물로 저스틴을 소개해 주었어요. 훈남이었거든요. 네, 맞아요. 그 둘은 자주 놀러 다니면서 재미있는 시간을 보냈답니다.

존 바텔: 저스틴은 핫와이어드 팀에 있었지만 그와 꽤 깊게 대화할 때마다 두 가지에 충격을 받았어요. 그가 엄청나게 똑똑하다는 것과 10살 먹은 아이 같다는 것에요. 저스틴은 너무 말랐고 가벼웠어요.

루이스 로제토: 저스틴은 쿨했어요. 아이디어와 에너지로 가득 찬 젊은이였고, 그를 곁에 두게 되어 행복했습니다. 자신만의 뚜렷한 주관으로 여러 지혜와 통찰을 회사에 가져다줬어요. 핫와이어드의 출시도 도왔고요. 물론 몇 가지에 대해서는 의견 충돌이 있었지만요.

저스틴 홀: 저는 루이스 로제토와 웹이 어때야 하는지에 대한 생각이 달랐어요. 웹이란 곳이 대중의 놀이터가 되어야 하는지 아니면 브랜드와 큐레이터들이 가장 크게 목소리를 내야 하는 곳인지에 대해서요. 저는 개개인의 목소리가 웹에서 널리 퍼지는 방향이 행복에 더 가까이 가는 길이자 진정 새로운 매체로 나아가는 길이라는 생각에 가슴이 떨렸어요. 루이스는 이미 웹이 너무 낡아서 대중성을 얻기에는 어렵다고 보고, 그곳이 정말로 다양한 의견이 분출되는 공간으로 자리잡기 위해서는 확고

한 통제가 필요하다고 생각했어요.

루이스 로제토: 저스틴은 웹사이트도 돈을 벌어야 한다는 것을 이해하고 싶어하지 않는 것 같았습니다. 일자리를 계속 유지하기 위해서는 자금을 조달해야 했고, 자금 조달을 위해서는 광고주가 필요했어요. 웹사이트 사업이 마주하는 현실과 웹사이트가 어떠했으면 좋겠다는 그의 이상 사이에는 간극이 있었죠.

게리 울프: 하워드와 저스틴은 웹이란 누구나 아무 말이라도 뱉을 수 있는 곳이라는 비전을 가지고 있었어요. 그리고 지역 사회를 온라인에서도 가능케 하는 플랫폼이 새로운 형태의 미디어가 될 것이라고 믿었어요. 루이스도 웹에 대한 비전이 있었습니다. 웹은 가장 대중적인 목소리가 유통 비용의 감소로 인해 훨씬 더 많은 청중에게 전달될 수 있는 메커니즘을 제공한다는 것이 그의 비전이었어요.

저스틴 홀: 루이스는 온라인 팀의 사람들과는 결이 아주 달랐어요. 뭐랄까, 조금 몽환적이고 공산주의적인 온라인 팀과 어울리다가, 사무실 반대편으로 가서는 "우리는 전문성 있는 콘텐츠를 큐레이팅하기 위해 이 로켓에 탔지!"라고 생각하는 루이스와 논쟁할 수 있어서 재미있었어요. 오해하지 마세요! 전 루이스에게 좋은 인상을 남기려고 최선을 다 했어요.

하워드 라인골드: 루이스는 휴 헤프너, 잔 웨너, 헬렌 걸리 브라운Helen Gurley Brown† 처럼 어떤 문화 내에서 독재자가 되기를 간절히 원했어요. 그는 "쓸데없는 콘텐츠를 걸러 주는 웹용 보조 필터bozo filter"가 되겠다고 했지만, 그게 아니었어요. 이러한 경향은 하루하루 의사결정에 두루 영향을 끼쳤어요. 예를 들어, '가입하고 이메일 주소를 주기 전에 사용자는 콘텐츠를 일부라도 볼 수 있는가? 아니면 가입하기 전까지는 배너 광고만 볼 수 있는가?' 같은 문제에 말이죠.

루이스 로제토: 배너 광고를 발명한 게 바로 우리예요. 특허를 내지 않은 게

---

† 미국 여성 잡지『코스모폴리탄Cosmopolitan』편집장

천추의 한입니다. 그렇게 했다면 우린 백만장자가 됐을 거예요.

저스틴 홀: 어쨌든 저스틴과 저는 약간의 철학적 견해 차가 있었습니다.

브라이언 벨렌도프: 그리고 이런 차이는 많은 사람의 감정적인 대립으로 이어졌어요.

게리 울프: 루이스와 직원들 사이에 일종의 전쟁이 일어났으니까요.

하워드 라인골드: 그래서 그만뒀어요. 그리고 조너선 스티어도 나왔어요. 저희 말고도 몇몇 다른 사람들도 그랬어요.

저스틴 홀: 전 이렇게 말했어요. "글쎄요. 저는 반대지만, 뭐 어쩌겠습니까? 저는 학교로 돌아가기 위해 한 달 후에 퇴사할게요."

루이스 로제토: 미디어의 특징 중 하나는 제 시간에 출시되는 소프트웨어라는 것입니다. 그래서 어느 순간 그들한테 완전히 질려 버렸어요. 돈을 꽤 썼지만 남는 게 없었어요. 결국 전부 갈아엎고, 다 쫓아냈어요.

게리 울프: 처음 사무실 안으로 들어가자마자, 히스테리 가득한 트라우마의 역사가 짙게 밴 곳이라는 느낌을 바로 받았습니다. 질문을 하면 돌아오는 대답에 배신당했다는 감정이 녹아 있었어요. 나중에 알게 된 것인데, 그 이유는 『와이어드』의 온라인 전략이 어떠해야 하는지에 대한 비전이 이미 정해져 있었기 때문이었습니다. 그 비전은 아마도 초창기 시절 대중이 접근할 수 있는 웹사이트에 쌓여 있던 이상주의적 언어와 루이스의 과장된 혁명적인 선언문 모두와 관련이 있었을 거예요.

저스틴 홀: '벵갈 태풍' 아세요? 다가오는 디지털 기술의 확산을 설명하기 위해 과장된 말을 뿜어내는 루이스의 능력은 넘사벽이었다니까요!

루이스 로제토: 벵갈 태풍을 언급한 창간호의 제 사설을 읽으면 요즘 일어나는 일들과 딱 맞아떨어져요. 과장한 게 아니에요. 혜성이 지구를 강타하고 있다고는 해야 과장이라고 할 수 있죠.

게리 울프: 그때쯤 사내 파벌 싸움이 슬슬 시작된 것 같아요. 여기서부터 진짜 이야기가 시작됩니다. 최초의 상업용 웹 출판물을 만들려는 시도가

출발점이었어요. '지속 가능한 사업으로 일굴 수 있는가?', '누구를 위한 것인가?', '어떤 서비스여야 하는가?' 등을 고민하던 그 시점에 제가 들어왔어요. 칼은 일종의 웹마스터로 왔고요. 프로덕션, 우리는 그를 그렇게 불렀어요.

칼 스테드먼: 전 결국 핫와이어드에 취직하게 됐어요. 여기에 들어가자마자 루이스 로제토라는 사람과 반대 편에 있는 직원들이 공짜 티셔츠를 두고 벌이는 장렬한 전투를 목격하게 되었답니다. '누가 공짜 티셔츠를 받아야 하는가?'라는 주제를 놓고 말이죠. 모든 직원이 무료 티셔츠를 받을 자격이 있는지를 놓고 싸웠다고요! 조직 구조에 대한 감이 없다는 것이 믿어지지 않았어요. 버릇없는 녀석이 이렇게 많다니!

게리 울프: 이토록 제정신이 아닌 신경질적인 환경 속에서, 웹상에서 고작 6주 정도 경험을 가진 사람들이 마치 웹 미디어 산업의 선장이 된 것처럼 행동하기 시작했어요. "좋아, 내가 웹에서 문단을 줄바꿈 할 수 있어, 그러니 내가 왕이지." 어떤 면에서는 사실이었죠. 왜냐하면 그걸 할 줄 모르면 "아이씨, 어떻게 다음 문단으로 넘어갈 수 있지? 누가 나를 도와줄 수 있어?"라고 주변에 도움을 청해야 하니까요. 잊지 마세요, 그때는 구글이 없었어요.

칼 스테드먼: 여기가 첫 직장인 애들이 있었는데, 그들은 자신이 얼마나 운이 좋은지 전혀 몰랐고, 규율도 전혀 없었으며, 일을 되게 할 줄 몰랐어요. 변화가 필요한 상황이라 굳이 친구가 되려 하지 않았어요. 일이 되게 해야 했으니까요.

조이 아너프: 핫와이어드는 전기前期가 있고 후기後期가 있는데, 전 후기에 속해요. 제가 아는 한, 예전의 핫와이어드는 삥 둘러앉아 담배나 뻑뻑 피우며, 아무 일도 하지 않던 무리였기 때문이에요.

칼 스테드먼: 제가 그곳에 입사하기 전인데요. 핫와이어드를 처음 출시하는데 꼬박 1년이 넘게 걸렸다고 해요. 어떻게 1년 동안 아무 것도 한 게

없는지 도무지 이해가 안 됐어요.

게리 울프: 제가 핫와이어드에 들어간 후 2년간 직원 수가 12명에서 약 200명으로 늘어났어요.

잭 불웨어: 핫와이어드는 거대한 웹사이트였고, 온라인 잡지라는 분야에서는 다른 어떤 것보다 훨씬 더 컸어요. 아주 돈이 많은데다 온라인에만 집중하고 있어서, 온라인에서 전문성을 키워 보고 싶어 하는 역량 있는 잡지사 출신들을 엄청나게 빨아들였어요.

게리 울프: 최대한 빠르게 확장하려는 루이스의 최종 목표는 머지않아 인터넷상에서 중요한 토픽이 될 것 같은 주요 분야를 모두 아우르는 프리미엄 매체가 되는 것이었어요. 그는 영화나 음악 같은 엔터테인먼트나 예술 분야도 원했고, 테크도 원했어요. 심지어 정치까지도요.

루이스 로제토: 그 계획의 일환으로 할 수 있는 최대한으로 다양한 분야에 깃발을 꽂기 시작했어요. 그래서 여행 사이트를 시도해 보았고, 익스트림 스포츠 사이트도 만들어 봤어요. 정치 사이트는 물론이고요. 각 분야의 일종의 입문 사이트는 죄다 만들어 봤죠.

제인 맷커프: 칵테일을 만드는 법까지도!

게리 울프: 예술 섹션, 음악 섹션도 있었던 기억이······.

루이스 로제토: 베타 라운지Beta Lounge는 최초의 스트리밍 음악 사이트였어요.

잭 불웨어: 그들은 책 리뷰도 하고 있었는데, 이건 좀 아이러니한 것 같아요. 제가 꽤 많은 이야기를 써서 줬어요. 그들은 라스베가스에서 열린 포르노 아카데미 시상식에 저를 보내 줬고요.

게리 울프: 직원들은 새로운 임무가 무엇이 될지 전혀 몰랐을 겁니다. 누군가가 열광할 것 같은 아이디어를 아무거나 제시하면, 어느새 그 내용을 발행하고 있었어요. 우리는 규율이 잡힌 조직이 아니었어요.

루이스 로제토: 핫와이어드 사이트는 잡초처럼 무성하게 자라났어요. 고개를 돌려서 둘러볼 때마다 20명 정도가 늘었어요. 새로 충원되는 멤버는

대부분 개발자였습니다. 편집 시스템, 광고 관리 시스템, 청구 시스템 등 말 그대로 필요한 모든 것을 개발하기 위한 사람들이었어요. 밖에서 사올 만한 솔루션은 존재하지 않았고, 도움을 요청할 만한 곳도 없었기 때문에 모두 직접 만들어야 했어요.

브라이언 벨렌도프: 핫와이어드를 출시하기 전에는 루이스와 직접 의사소통을 했어요. 하나하나 직접 개발하는 개발 팀과 루이스 사이에서 다리 역할을 하면서요. 예를 들어 어떤 아이디어가 떠오르면 이를 개발 팀에 가져가 6시간 후에 시제품을 만들어 가는 식이었어요. 매우 빠르고 반복적인 작업이기는 했지만, 이것이 우리가 하는 일이 창의적이라고 느끼게 해 주는 핵심 부분이라는 것을 저는 알았어요.

출시 후 많은 관심과 트래픽을 얻게 되면서 갑자기 광고주 같은 것이 생겼어요. 자연스럽게 서비스가 사업 중심적인 방향으로 기울었습니다. 물론 이해합니다. 하지만 너무나 많은 엔지니어가 의사결정에서 밀려나 경영진의 생각을 단순히 이행하는 사람으로 전락하는 게 너무 빨랐던 것 같아요. 저는 개발 팀의 목소리가 최고 의사결정에까지 더 잘 전달될 수 있도록 남아서 싸우지는 않았어요.

칼 스테드먼: 그래서 제가 핫와이어드에 남았어요. 엔지니어링 팀이 다 떠나자 결국 엔지니어링을 제가 담당하게 되었어요. 전 개발 경험뿐 아니라 편집, 심지어 디자인 쪽도 경험이 있었어요. 제가 편집의 방향을 결정할 수 있는 회의에 참가하지 못했던 것은 사실 납득하기 어려웠어요. 편집 팀은 분명히 저를 필요로 했습니다. 디자인 팀도 분명 저를 원했고요.

게리 울프: 개발부터 디자인에 이르는 칼의 다양한 경험은 그 누구도 갖지 못한 것이었어요. 그는 문화에 매우 능통했고, 독서를 많이 했으며, 웹 서버에 관한 전문성도 갖췄어요. 그래서 그는 웹 출판 팀 그 누구도 시도할 수 없던 실험을 할 수 있었어요.

칼 스테드먼: 핫와이어드에 대한 실망, 그리고 『와이어드』 자체에 대한 실

망이 계속 제 안에 쌓이고 있었어요. 결국 우파 정치인 뉴트 깅리치Newt Gingrich가 표지에까지 실렸어요. 심지어 지피족Zippies[†]까지 표지에 나왔어요.

조이 아너프: 버닝맨은 한때 지피족이라고 불린 사람들에 선망의 대상이었어요.

칼 스테드먼: 『와이어드』가 웹과 관련해서 "이해하고 있다"고 말하는 것은 솔직히 100% 신뢰하기 어려워요.

게리 울프: 예를 들어 『와이어드』는 우리 웹사이트의 트래픽이 어떻게 변하는지 쉽게 볼 수 있는 방법이 없었어요. 이를 보고하는 시스템도 없었죠. 심지어 그 보고서를 위조할 수 있는 방법조차 없었어요. 서버에서 직접 트래픽 데이터를 볼 수 있었지만, 그러려면 서버에 접근할 수 있어야 했으니까요.

칼 스테드먼: 제가 트래픽 숫자들을 분석한 결과, 핫와이어드는 웹상에서 가장 큰 웹사이트였어요. 하지만 우리는 잘못된 길로 가고 있었고, 저는 이 새로운 매체의 발전 과정을 바꾸려는 본래의 야망을 충족하지 못하고 있었어요. 그래서 무언가를 다시 시작해야 한다고 생각했어요. 핫와이어의 대항마를 뭐라도 시작해야 한다고 말이죠.

조이 아너프: 『와이어드』에서는 다른 부서 사람 6명이 나가서 점심을 먹고 아무 주제든 이야기를 나누는 세션이 가끔 있었어요. 하루는 케빈 켈리와 존 플런켓과 함께하게 되었어요. 나는 웹에도 『매드Mad』[‡] 같은 것이 필요하다는 생각을 툭 던졌어요. 그러자 케빈 켈리는 "음, 재미있을 것 같아"라며 생각에 잠긴 표정을 지었죠. 케빈의 동의가 상업적, 예술적 또는 심지어 지적인 성공의 잣대라고 생각한 적은 단 한 번도 없었지만, 적어도 그 순간만큼은 그가 비길 데 없는 취향과 통찰력을 지녔다고 느

[†] IT 혁명과 자유무역의 세례를 받은 15~25세의 Z세대를 일컫는 말이다.

[‡] 1952년부터 EC 코믹스가 발행하고 있는 미국의 풍자 잡지.

겼어요. "작은 디테일도 놓치지 않는 관찰의 천재다!" 그리고 사무실로 돌아가서 칼에게 그 생각을 말했을 때 그도 좋아했어요. 결국 그 아이디어는 썩닷컴 출시의 한줄 요약본이 되었죠. 마치 "좋아, 어떻게든 『매드』에서 영감을 얻은 일을 해 보자"는 것 같았어요. 아니면 적어도 『매드』의 편집진처럼 우리도 최대한 진지해져 보자고 했어요. 얼간이 같은 측면에서요.

게리 울프: 핫와이어드는 전통적인 저널리즘을 표방해요. 하지만 썩닷컴은 건전한 판단력으로 모든 가식을 뿌리칠 수 있는 일종의 무모함과 명백한 사실을 당당히 말할 수 있는 용기가 있었어요. 인터넷에서 참신함, 냉소, 스타성이 중요해질 거라는 사실을 말이죠.

조이 아너프: 썩닷컴의 가장 큰 전제는 "만약 누군가가 매일 새로운 것을 출판한다면?"이었어요. 그전까지 아무도 그렇게 하지 않았거든요.

케빈 켈리: 블로그의 본질은 일상이었어요. 당시에 홈페이지가 있었거든요. "자신의 홈페이지를 구축하라!"라는 문구가 코러스처럼 여기저기서 울려 퍼질 때였어요. 하지만 홈페이지는 한 번 올라가고 나면 그다음에는 변하지 않잖아요. 매우 정적이에요. 그래서 웹을 동적으로 바꾸자는 생각이 엄청 대단하게 느껴졌어요.

조이 아너프: "오, 우리가 할 수 있을 거야. 그리고 아마도 빡세겠지"라고 생각했어요. 그러나 사실상 제가 모든 글을 거의 다 쓰고 있었기 때문에, 매일 쓰는 것도 모자라 다음날 무엇을 쓸지도 고민하지 못한 채 자정에 이르게 될 것이 자명했어요.

칼 스테드먼: 그래서 2층 침대를 사서 사무실에 던져 놨어요. 적어도 잘 곳이 생긴 거죠.

조이 아너프: 그곳에서 잠을 자곤 했어요. 왜냐하면 절박하게 마지막 600개의 단어를 쓰기 일쑤였으니까요.

URL의 공작(썩닷컴에 쓴 글): 똥은 훌륭한 비료를 만들지만, 이를 식사로 바꾸려면 농부가 필요하다. 그런 생각을 염두에 두고 우리는 도발, 신랄한 해체주의, 그리고 위험한 저널리즘 실험인 썩닷컴을 출시한다. 갈팡질팡하는 네티즌들은 얕은 물로 몰려간다. 썩닷컴은 모래 속에 숨겨져 있는 더러운 세척기다.

조이 아너프: 칼은 새벽 4시쯤 그를 깨우러 가면 벌써 잠들어 있었습니다. 이미 서버뿐 아니라 모든 것을 다 설치하고, 발간할 준비를 다 끝마쳐 놓고요. 그리고 한치의 빈틈도 없이 공유할 수 있도록 편집을 하고는 우리가 아침 8시나 9시쯤에 웹상에서 볼 수 있도록 했던 사람이에요.

URL의 공작(썩닷컴에 쓴 글): 썩닷컴은 미디어의 짓궂은 장난 그 이상이다. 한참 이상이다. 썩닷컴은 인간이 돈, 권력, 그리고/또는 자아 성취의 목적으로 이 세상에서 가치 있는 그 어떤 것을 체계적으로 확보할 수 있는 위치로 가려 한다는 원리에 동의한다. 우리는 그런 사람이 되는 것을 목표로 한다.

조이 아너프: 그래서 우리가 밤새 거기 있었던 거죠.

칼 스테드먼: 사무실에서 자다가 아침에 일어나면 다른 직원들은 이미 와 있어서, 저는 파자마를 입고 여기저기 돌아다녀야 하는 작은 단점이 있었어요. 하지만 『와이어드』는 세상에서 가장 좋은 샤워기를 가지고 있었죠. 뜨거운 물을 틀면 영원히 끊기지 않았거든요. 뜨거운 물은 절대 부족하지 않았어요.

케빈 켈리: 매일 한두 명씩은 무언가 할 말이 있었어요. 그런 의미에서 썩닷컴은 블로그의 시작이라고 볼 수 있죠. 흥미로운 글만 쓴다면 그 한두 명도 청중을 가질 수 있다는 것, 이를 위해 일군의 팀이 필요치 않다는 것을 증명했던 겁니다. 이렇게 되면 출판의 경제성이 바뀌는 거예요. 왜냐하면 한두 사람을 지원하는데 그렇게 많은 광고나 다른 게 필요하지는 않기 때문이죠.

게리 울프: 칼은 매우 독특하고, 극도로 어둡고 아이러니한 생각을 가지고

있어요. 그는 자기 생각을 전부 그대로 말할 법을 알았어요. 비꼬는 게 하도 심해서 때로는 그 대상이 아예 가치가 없다고 믿게 될 때도 있어요.

웹스터(썩닷컴에 쓴 글): 웹은 우리에게 많은 걸 바라면서 너무 적은 돈을 주는 최초의 신개념 '인터랙티브 미디어'다. 웹은 일반 대중의 관심을 요구하고 우리가 상호 작용을 하도록 강요한다. 하지만 이때 우리의 '단말기Terminal'들은 형광 빛을 발산하면서 잉여 자기 이미지Residual Self-Image[†]를 만들고 암 숙주로서의 역할을 하는 의식 없는 수많은 로봇들로서 강요할 뿐이다.

게리 울프: 조이는 외향적이고 무지하게 재미있어요. 특히 대중문화와 지저분한 욕설에 있어서만큼은 둘째가라면 서러워했죠. 둘 다 쓸모가 있었어요.

URL의 공작(썩닷컴에 쓴 글): 웹에서 뉴스 속보를 접하는 것에 대해 흥미로운 게 있다. 다른 곳에서 하면 헛소리 같은 이야기도 웹에서는 고급 디퓨저보다 더 달콤한 향기가 나게 할 수 있다는 것이다.

케빈 켈리: 썩닷컴은 주구장창 비판만 하는 스타일이었어요. 지금은 그렇게 하는 사이트가 최소 1,000개는 넘겠지만, 그때는 그렇게 노골적으로 밑도 끝도 없이 뻔뻔한 곳은 여기밖에 없었어요. 기분 나빠도 사실인데요 뭘! 마치 벌거벗은 사람을 보는 것 같았어요. 그런 면에서 이 시도는 꽤 신선했고, 효과적이었어요. 하지만 유머 스타일은 제 스타일이 아니었어요. 썩닷컴은 매우 풍자적이고 내성적이며 미성숙했어요. 그중 어느 것도 제 마음에는 들지 않았어요. 썩닷컴이 만드는 콘텐츠에 솔직히 관심이 전혀 없었습니다.

잭 불웨어: 초기의 디지털 출판물들은 모두 꽤 진지했습니다. 『지구백과』의 미래지향적이고 유토피아적인 분위기의 세례를 받은 사람들이었어요. 더웰은 확실히 그런 분위기가 짙었어요.

[†] 스스로가 생각하는 모습대로 디지털화된 자기 모습. 영화 매트릭스에서 사용해 유명해진 개념이다.

스티븐 존슨: 1995년 5월에 몇몇 친구들과 뉴욕에서 『피드Feed』를 설립했었어요. 최초의 디지털 전용 잡지였죠. 우리는 학문적이고 대중문화 친화적인, 다소 진보좌파적인 문화의 산물이었습니다. 그리고 나서 썩닷컴이 나타났어요.

잭 불웨어: 헐뜯는 게 일상이었어요.

스티븐 존슨: 썩닷컴을 처음 보고 난 "오, 이렇게 하는 방법이 있었네!"라고 생각한 게 기억나요.

존 바텔: 썩닷컴은 정말 최고라고 생각할 만한 글들이 많았어요. 그 어조는 독특했고, 정직했으며, 문화에 빠삭했어요. 그리고 냉소적이고 비판적이었는데, 전 그저 "젠장, 『와이어드』도 이런 게 필요해!"라고 느꼈어요. 하지만 실제로『와이어드』에 이런 분위기가 반영되지는 않았어요. 웹이어야만 이 느낌을 제대로 살릴 수 있었기 때문이었죠.

스티븐 존슨: 썩닷컴은 하이퍼링크를 간단한 유머의 형태로 사용했는데, 독자가 실제로 링크를 클릭해야만 그 농담이 어떤 의미인지 비로소 이해할 수 있었답니다. 예를 들어, 썩닷컴에 "동부 해안의 멍청이들과 다르게unlike those East Coast idiots"라고 쓰면, '멍청이idiots'라는 단어에 내가 쓴 글의 링크가 걸려있는 식이었어요. 하이퍼텍스트를 사용한 유머는 그전까지 아무도 하지 않았다고 생각해요. 논평을 하는 완전히 새로운 방법이었습니다.

썩닷컴이 하던 또 다른 것 중 하나는 너무 진지한 개발자들을 놀리는 거였어요. 『와이어드』는 그렇게 하지 않았어요. 『와이어드』는 테크 분야를 엄청 진지하게 다루었죠. 그리고 핫와이어드는 인쇄 매체의 꽤 그럴싸한 온라인 확장판이었기는 해도, 썩닷컴만큼 흥미롭지는 않았어요. 전에 없던 목소리가 생긴 거죠. "아, 이제 실리콘밸리의 '신성한 존재'들을 놀려 먹을 수 있구나!" 많은 사람이 과거보다 훨씬 자유로워졌어요.

게리 울프: 썩닷컴은 바로 본인들 가까이에 있는 독자층을 겨냥해서 비판

하기로 결정한 거예요. 웹 관련 일을 하던 사람들이죠. 그래서 넷스케이프와 마크 안드레센을 겨누었어요.

웹스터(썩닷컴에 쓴 글): 자신의 15분[+]이 언제 끝날지를 좀처럼 알기 어렵다면, 빠르게 관심이 식어버린 세상의 이목을 다시 끌 수 있을 만한 얄팍한 속임수를 알고 있을 리는 더 만무하다. 그리고 만약 웹에 이 짓만 잘하는 사람이 딱 한 명 있다면, 그는 마크 안드레센이다.

조이 아너프: 넷스케이프가 불쑥 나타나서 인터넷상에서도 백만장자 혹은 우리 언어로는 '모질리어네어Mozillenaire'[‡]가 나타나자, 넷스케이프는 썩닷컴의 큰 표적이 되었습니다.

URL의 공작(썩닷컴에 쓴 글): 넷스케이프를 이해하는 핵심은 '애플리케이션 플랫폼Application Platform'에 대한 그들의 PR 궤변을 읽은 후, 그들의 제품에 넷스케이프의 지향점인 '운영체제'라는 이름을 붙이는 것이다. 윈도우95처럼 말이다. 넷스케이프는 마이크로소프트라는 거대한 기업이 아주 티나게 구사했던 구린 전술을 모방하려고 애쓰는 것만이 어울릴 뿐이다.

제이미 자윈스키: 썩닷컴을 사랑했어요. 정말 멋지고 유쾌한 녀석들이었죠. 한번은 썩닷컴에게 "와, 이건 정말 놀라워요"라고 쓴 이메일을 보냈더니 티셔츠를 보내주더군요. 진짜 웃기죠.

게리 울프: 썩닷컴은 서버 로그를 분석하여 그들이 말한 헛소리가 얼마나 읽히고 있는지 알 수 있었어요. 방문하는 페이지 뷰가 어디를 타고 들어오는지를 알 수 있었으니까요. 그렇게 되자, 엄청나게 중독성이 있는 미친 피드백 루프feedback loop가 생겨났어요. 썩닷컴이 시도하는 실험의 효과를 24시간 이내에 확인할 수 있었죠. 마치 대량으로 장난 전화를 거는

[+] 앤디 워홀의 '미래엔 누구나 15분 내외로 유명해질 수 있다'는 말에서 차용한 표현으로, 디지털 세상에서 받는 주목은 짧다는 것을 의미를 내포한다.

[‡] 모자이크와 질리어네어(억만장자)의 합성어로, 넷스케이프의 웹브라우저인 모자이크로 억만장자가 된 부자를 뜻하는 말이다.

것과 같았습니다.

칼 스테드먼: 저는 썩닷컴이 추구하는 이 장르에 대책없이 빠져들었어요. 썩닷컴은 새롭게 출현하는 인터넷 백만장자들을 축하하는데도 동참했지만, 그 과정에서 그들을 비웃기도 했어요.

게리 울프: 짧게 말하면, 모든 사람이 매일 썩닷컴을 읽었어요. 핫와이어드가 운영하는 다른 여러 사이트의 트래픽을 전부 합친 것보다 썩닷컴의 트래픽이 훨씬 더 많았어요. 그리고 아무도 썩닷컴의 운영자가 누구인지 몰랐어요!

루이스 로제토: 솔직히 칼과 조이가 누군지도 몰랐어요! 그 둘은 꼭 끝내야 할 백엔드back-end 작업에 몰두해 있었으니까요. 사무실에 가 보면 『와이어드』 쪽에는 70~80명이 있었고, 핫와이어드 쪽에는 같은 규모의 공간에 110명의 사람들이 있었어요. 너무 빽빽하게 있다 보니 말 그대로 어깨를 나란히 하고 있었어요. 사방에 물건이 어질러져 있었고 천장에서는 전선이 축 내려와 있었어요. 하지만 "좋아, 여기는 원래 이런 곳이라고. 정신없는 게 당연해"라고 생각했죠. 그러고 나서 얼마 지나지 않아 사람들은 "썩닷컴 읽었어?"라고 말하기 시작했어요.

썩스터즈The Sucksters**(썩닷컴에 쓴 글):** 눈을 비비고 스스로를 꼬집어 자신이 보는 비현실을 확인하는 순간, 이러한 생각이 분명해질 것이다. 모든 달콤한 돈이 손바닥을 스쳐 지나간 후 미끄러지듯 스위스 은행 계좌로 들어간다. 만약 '당신 같은 사람'에게 이런 돈의 놀이터 안에서 새로운 미디어 코끼리가 될 수 있는 기회가 주어진다면 어떨까? 요령은 지금 들고 있는 딱딱한 마리화나 물파이프를 10분 동안 내려놓고 뭐가 되었든 계획을 짜는 것이다. 좋은 소식은 일단 윤곽을 잡으면, 그걸 실제로 팔 수 있을지도 모른다는 것이다. 더 이상의 노력을 들이지 않아도.

칼 스테드먼: 썩닷컴은 항상 '품절'이었는데, 멋진 말장난이었어요.

게리 울프: 만약 썩닷컴을 기준으로 초기 웹 산업의 초상화를 그려 본다면,

그 눈에 비친 것은 극도로 미성숙하고, 바락바락 소리지르며, 스스로가 웹의 거인이라는 듯이 구는 오만한 바보들일 거예요. 그렇죠?

썩스터즈(썩닷컴에 쓴 글): 우선, 기본을 생각해 보자. 얼마나 오래 몸담고 싶은가? 출구 전략은 무엇인가? 동기가 순전히 금전적이라면 얼마나 벌고 싶은가? 당신을 제외하고 당신 사기의 궁극적 희생자는 누구인가? 마이크로소프트? 패스파인더? 썩닷컴?

게리 울프: 저 초상화는 뭐예요? 왜 저렇게 그린 거예요? 주변에는 쉬운 표적이 많이 있어요. 썩닷컴도 그중 하나였어요. 그게 썩닷컴의 진정한 아름다움이었죠.

루이스 로제토: 썩닷컴은 기로 웹이 어떤 곳인지를 발견했어요.

썩스터즈(썩닷컴에 쓴 글): 값싼 콘텐츠를 얻는 마법의 공식? 자기야, 그걸 '관점'이라고 불러.

루이스 로제토: 썩닷컴은 최초의 블로그였어요. 마치 패러다임의 전환 같았어요.

썩스터즈(썩닷컴에 쓴 글): 맞다. 의견은 똥이다. 당신 것이 좀 더 괜찮은 냄새를 풍기도록만 하라.

하워드 라인골드: 인터넷 밈Meme 문화의 시작은 썩닷컴이었어요.

루이스 로제토: 우리는 이 일이 등잔불 밑에서 일어나고 있다는 것에 놀랐어요. 심지어 알지도 못했고요!

18

문화 해킹
사이버 언더그라운드가 주류가 되다

등장 인물

게리 울프	브라이언 벨렌도프	조이 아너프
댄 코트키	R. U. 시리우스(켄 고프만)	캡틴 크런치(존 드레이퍼)
데이비드 레빗	에릭 데이비스	케빈 켈리
루이스 로제토	에이미 크리쳇	크리스 카엔
마이클 마이클	잭 불웨어	티파니 슈라인
마크 폴린	저스틴 홀	포 브론슨
맥스 켈리	제론 레니어	프레드 데이비스
미치 알트만	제이미 자윈스키	하워드 라인골드
미하엘 나이막	제인 멧칼프	

1984년 맥킨토시가 출시된 이후부터 1995년 넷스케이프와 픽사가 상장할 때까지 약 10년은, 지금 실리콘밸리에서 가장 인기 있는 지표라 할 수 있는 '사업적 성공'의 기준으로 본다면 아주 힘든 시간이었다고 볼 수 있다. 하지만 문화적인 관점에서 보면 그 10년의 시간은 대단히 풍성하고 다채로운 시간이었다. 더웰은 실리콘밸리의 기술 중심적 문화와 샌프란시스코의 반문화를 잘 어우러지게 섞으면서 본격적으로 시작되었다. 언더그라운드 잡지인 『몬도 2000』은 그러한 새로운 환경을 '사이버 문화cyberculture'라는 새로운 명칭으로 불러 주었다. 거칠었던 사이버 파티, 사이버 살롱, 그리고 일련의 해프닝은 사이버 문화계를 1990년대 중반까지 하나로 묶어 주었고, 이후 웹과 『와이어드』가 이 문화를 주류로 끌어올렸다. 한때는 실리콘밸리와 샌프란시스코의 하위문화에 불과하던 사이버 문화가 새로운 글로벌 인터넷 문화의 기초가 되었다.

프레드 데이비스: 『몬도 2000』의 발간 부수는 상대적으로 적었습니다. 하지만 자세히 보면, 미국의 위대한 사상가, 작가, 화가, 그리고 디자이너가 많이 참여하고 있었죠.

R. U. 시리우스: 티모시 리어리Timothy Leary[†]는 우리가 시작하던 바로 그 순간부터 열성적으로 지지했고, 우리도 그에게 열광했죠.

프레드 데이비스: 『몬도 2000』의 책임 편집자 엘리슨 케네디Alison Kennedy는 그녀의 신탁 자금을 『몬도 2000』의 설립에 사용했습니다.

R. U. 시리우스: 그때 제론 레니어는 그의 아내가 될 사람과 데이트하고 있었고, 그녀는 엘리슨과 함께 살고 있었어요. 그래서 우리는 제론의 가상현실 프로젝트에 대해서 다른 많은 사람이 알게 되기 훨씬 전에 배울 수 있었죠.

미하엘 나이막: 가상현실이라고 불리는 것이 서커스처럼 우스꽝스럽지 않

[†] 미국의 심리학자이자 작가. 환각성 약물의 긍정적 잠재력을 지지한 대표적 인물이다.

기가 무척 힘든 시절이었어요. 당시에 티모시는 그런 서커스의 일원이 되려는 게 분명해 보였습니다. 아주 자연스럽게 가상현실 세계에 발을 담그더군요.

루이스 로제토: 그는 사이버 예지자의 단계에 들어서고 있었어요.

댄 코트키: 티모시는 신기술과 관련된 것이라면 무엇이든 홍보했습니다. S. M. I2. L. E 기억하시나요? 우주 이민Space Migration, 지능 향상Intelligence Increase, 생명 연장Life Extension 말이에요.

제론 레니어: 더 이상 우리 곁에 없지만, 만약 티모시에게 왜 그랬냐고 묻는다면 그 계획은 윌리엄 버로스William Burroughs가 꽤 오래 전부터 세운 거라고 대답할 거예요. 당시 윌리엄은 컴퓨터업계 사람들이 결국엔 현실 세계를 가상 공간에 재현해 놓을 거고, 그게 진행되기 시작하면 그들과 함께하는 것이 중요하다고 말했다고 하더군요. 그래서 티모시는 그때부터 버로스에게서 사명을 받았다고 생각했어요.

프레드 데이비스: 윌리엄 버로스의 아버지는 버로스 컴퓨터의 주인이었습니다. 당시에 꽤 큰 회사였죠.

R. U. 시리우스: 리어리는 굉장히 미래주의적인 사람이었어요. 윌리엄 버로스도 그랬죠. 그는 비트 세대Beats에서는 거의 유일하게 미래주의적인 사람이었습니다. 아, 스튜어트 브랜드도 그랬죠.

프레드 데이비스: 리어리는 의식의 확장에 관심이 많았습니다. 의식을 확장시키는 방법에는 화학적인 방법도 있었으나, 디지털 방식을 통해서도 가능했어요.

미치 알트만: 가상현실은 최고의 환각제이죠.

R. U. 시리우스: 티모시는 우리에게 제론이 그 당시에는 세상에서 가장 똑똑한 사람 같았다고 이야기했어요. 그리고 제론은 티모시가 세상에서 가장 똑똑한 사람이라고 생각했죠. 물론 제론은 그 사실을 기억하지 못하겠지만.

제론 레니어: 티모시가 저를 부르는 별명은 '통제집단control group'[†]이었어요. 당시에 그 업계에서 LSD를 안 하는 사람은 저뿐이었거든요. 저는 혼자 고고한 척한다고 엄청나게 공격받곤 했어요.

R. U. 시리우스: 당시 이 업계는 매우 환각적인 업계였어요. 물론 매우 지적이고 똑똑한, 환각적인 업계였죠.

제론 레니어: 까먹고 있었어요. 당시에 마약을 하는 문화는 아주 크고, 오히려 기술에 관심을 가지는 문화는 아주 작다는 사실을요.

제이미 자윈스키: 저는 그런 현상이 마약 문화라기보단 예술 문화라고 이야기하고 싶어요. 물론 그 두 문화는 공통점이 90% 가까이 되지만.

프레드 데이비스: 『몬도 2000』은 엘리슨의 집에서 마약 파티를 자주 개최했어요. 그 집에는 마약 버섯, LSD, 엑스터시와 같은 마약과 그 마약에 중독된 사람으로 가득 차 있었어요.

마이클 마이클: 가끔 사람들이 막 제조되어서 아직 불법이 아닌 신종 마약을 갖고 오곤 했습니다.

프레드 데이비스: 체격이 작은 저 같은 사람은 그냥 대마초를 피웠어요.

마이클 마이클: 한마디로 당시엔 이 업계가 좀 거칠었죠.

R. U. 시리우스: 우리는 버클리에 맨션을 가지고 있었고, 거기엔 끔찍할 정도로 많은 사람이 있었어요. 아직 이르다 싶은 시간에도 파티를 한다고 몰려들곤 했죠. 어떤 파티는 작은 락 페스티벌 같았던 것으로 기억합니다. 뒷마당 잔디는 사람으로 빼곡했고, 거의 대부분의 사람이 DMT라는 마약을 피웠어요. 그게 1980년대 중반의 분위기였죠. DMT는 상상할 수 있는 가장 강력한 환각제입니다. 그걸 피우면 100만 개의 우주를 척추에 약 3분 정도 집어넣는 것 같은 기분이 들어요. 엄청 빡센 마약이지만, 동시에 엄청나게 생기가 돌게 하죠.

[†] 실험 설계에서 처치를 받은 집단의 효과를 비교하기 위한 대상으로 설정하는 처치를 받지 않은 집단을 의미한다.

마크 폴린: 그들은 거칠고, 지금은 믿기 힘들 정도의 파티를 열곤 했어요. 파티에 수백 명의 사람이 있었고, 그 사람들은 3D 그래픽, VR, 스마트 마약과 관련된 일을 했어요. 과학자, 괴짜, 예술가들이 한 곳에 같이 있었답니다. 그리고 1980년대에 거부가 된 테크업계 사람들이 그 파티에서 다양한 것을 자랑했죠.

마이클 마이클: 당시 『몬도 2000』의 맨션에서 논의하고, 이야기하던 주제들은 무척 흥미로웠어요. 저는 시간 여행에 깊숙히 빠져 있는 한 남자와 굉장히 친해졌어요. 저흰 매우 깊은 토론을 했고, 가끔은 이 주제에 대한 실험도 진행했어요. 이 모든 것이 버클리에 있는 그 오래된 집에서 이루어졌습니다. 거의 매 주말 사람들이 모여들었어요. 몬도 집에 말이죠.

프레드 데이비스: 미래를 발명하는 사람들이 모여서 이야기를 하길 원했다는 측면에서 그 자체로 매우 흥미로운 파티였어요. 테크업계의 괴짜와 사이버펑크족, 그 누가 되었든 서로가 모이길 원했고, 이야기하길 원했어요. 우린 그 사실에 푹 빠졌고요. 눈 앞에서 삶이 바뀌고 있었어요. 『몬도 2000』에서 파티를 열었고, 저도 파티를 열었어요. 아논 살롱Anon Salon도 있었죠. 서바이벌 리서치랩, 속칭 SRL이란 단체도 그 당시에 활동했어요.

R. U. 시리우스: SRL은 매우 정신 나간 행위 예술을 하는 집단이었습니다.

제이미 자윈스키: SRL은 굉장히 언더그라운드적인 예술 집단이었어요. 로봇을 만들었고, 그 로봇들은 행위 예술을 했죠. 그 행위 예술에서 로봇은 자기 자신을 스스로 찢어 버렸어요.

프레드 데이비스: 태엽을 감으면 책상 주위를 걸어 다니는 그런 작고 소박한 로봇이 아니었어요. 거대한 전투 기계였죠. 싸우는 로봇! 전투를 하는 로봇! 불을 뿜는 로봇! 공상과학적이고, 테크노적이고, 반체제적이고, '기계에 대한 분노Rage Against The Machine'적이었어요.

맥스 켈리: SRL 사람들은 베이뷰Bayview에 작업실이 있었습니다. 베이뷰는

당시에 사람이 있을 만한 곳이 아니었어요. 정기적으로 불에 타고 있는 차가 발견됐고, 차량 강도를 하려고 뛰어다니는 사람을 발견할 수 있었거든요. 한 가지 재밌는 점은 그곳에선 역설적으로 무엇을 하건 아무도 신경쓰지 않았다는 점입니다. 근데 SRL 소속의 미친 백인들이 V2 로켓 엔진을 차고 밖에서 만들어서 작동시키고 있었어요. 아, V1 엔진이었을 수도 있어요. 하지만 확실한 건 그건 나치의 로켓 엔진이었어요.

댄 코트키: 그건 등유로 작동하는 제트기 엔진이었죠. 그들은 그걸 썰매 위에 달고 불을 붙였어요. 매우 매우 시끄럽고, 흥미진진했어요. 저는 SRL 행사에 가곤 했습니다. 그들은 항상 재밌었고, 항상 사람들 입에 오르내렸고, 항상 불법적이었죠.

제이미 자윈스키: 그건 엄청나게 불법적이었어요. 안전한 환경도 아니었고요. 특히 청력 손상이 우려되었습니다.

게리 울프: 그 행사들은 무척 환각적이었고 놀라웠어요. 적절하게 표현할 단어가 모자라네요.

R. U. 시리우스: 세상에나! 그들이 그 기계들을 거리로 들고 나올 줄이야……

마크 폴린: 〈부끄러움 없는 풍요의 환각들 Illusions of Shameless Abundance〉 말하는 거죠? 그거 제가 가장 사랑하는 쇼에요!

게리 울프: 그 쇼는 저를 정말 놀래켰죠. 생각만 해도 땀이 흐르네요.

마크 폴린: 1989년도에 SRL은 평소보다 더 많은 조직원을 거느리고 있었어요. 한 40에서 50명 정도 되는 사람이 있었죠. 게다가 제게는 플리쉬해커 재단 Fleishhacker Foundation[†]으로부터 받은 후원금도 있었어요. 후원을 토대로 마켓 스트리트 남쪽의 주차장을 빌릴 수 있었죠.

제인 멧칼프: 그곳은 술주정뱅이, 마약 중독자, 부랑인들로 가득했어요. 그들은 쓰레기로 가득 찬 기름통을 태우곤 했습니다. 엄청 무서운 동네였죠.

[†] 샌프란시스코 베이 지역의 예술가와 교육가를 지원하는 재단으로, 1947년에 설립되었다.

루이스 로제토: 마켓 스트리트 남쪽이 모두 그랬어요.

마크 폴린: 3가와 4가 사이, 그리고 브라이언트가와 해리슨가 사이의 고속도로 밑에는 굉장히 아름다운 곳이 있었죠. 그 고속도로는 엄청 높았어요. 15미터 정도 높이었죠. 그 밑에 대성당이 있어도 될 정도였어요. 그곳은 그야말로 탁 트인 커다란 개방된 공간이었습니다. 한 블럭 정도의 길이에 반 블럭 정도의 폭을 가지고 있었어요. 매우 평평하고 개방적이어서 쇼를 하기에 최적이었죠.

R. U. 시리우스: 그 쇼는 너무 위험했어요.

제이미 자윈스키: 거기에는 엄청나게 큰 로봇이 불을 뿜고 있었습니다. 근처에 있으면 바로 불에 탔을 거예요. 그럼 모두가 도망쳤을 거고요.

마크 폴린: 저는 테마에 맞다고 생각되는 온갖 기계를 골라냈어요. 제가 그때 했던 일 중에 하나는 다른 도시에서 도시 정비용으로 있던 나무 절단기를 샌프란시스코로 가져와서 무선으로 작동하도록 개조하는 거였어요. 그리고 거기에 거대한 선풍기를 달았죠. 바람이 더 많이 나오도록. 하지만 알다시피 V8 엔진은 큰 판자, 나무, 원하는 무엇이든 16조각 내버릴 수 있는 능력을 갖추고 있었습니다. 그래서 호퍼hopper[†]를 더욱 크게 만들었고 농수산 시장에서 썩은 음식물을 4~5톤 정도 모았어요. 음식물 쓰레기로 가득 찬 엄청나게 큰 풍요의 뿔을 만든거죠. 그리곤 그것들을 고속도로 근처에다가 물건을 버리는 시스템처럼 설치했습니다. 그래서 누군가 고속도로에 쓰레기를 버리면, 그 쓰레기들을 호퍼에 넣었죠. 일반적인 거리보다 물건을 더 멀리 뱉기 위해 긴 활송 장치 또한 설치했어요. 그리고 그 기계는 조각난 썩은 음식을 관객에게 쏴 댔어요.

게리 울프: 그리고 그들은 피아노 타워에 불을 붙였어요.

마크 폴린: 거기에는 피아노도 있었어요. 25개 정도의 피아노를 고속도로 일부분을 향해서 쌓아 올렸죠. 그리고 어떤 지점에서 피아노에 불이 붙

[†] V자형 용기로, 곡물을 담아 아래로 내려 보내는 데 쓰인다.

었고, 고속도로 순찰대가 통행을 막았어요. 왜냐하면 그 불길이 너무 높이 올라가서 15미터 위 고속도로를 덮을 정도였으니까요. 우리는 한 번에 12미터에서 15미터씩 불을 뿜는 엄청난 화염 방사기도 고속도로 밑에 가지고 있었어요. 당시에 이 모든 일이 한번에 일어났죠. 엄청 엄청 큰 불과, 연기 그리고 굉장한 혼란, 무지하게 많은 폭발과 미친 물건들.

저는 그 불이 몇십 미터 밖에 있는 통제실 속 어느 물건을 녹인다는 사실을 발견했습니다. 그건 거기에 천장이 있었기 때문에 일어난 일이었어요. 플레임 포커싱이란 현상이 발생했던 거죠. 플레임 포커싱이란 어떤 장소의 아래 위가 막혀 있는 상황에서, 그 공간에 있는 적외선이 갈 곳이 없어지고, 그렇기에 그 공간의 불이 야외에서의 불보다 더욱 응축된 것처럼 느껴지는 현상입니다. 어쨌건 그 화염은 고속도로에도 꽤 타격을 주었어요. 다행인건 몇 달 있다가 지진이 발생을 했다는 거예요. 캘리포니아 교통국에서는 "걱정하지 마세요. 당신이 했다고 우리는 받아들이지 않을 거예요. 그냥 흘러가게 놔둘 생각입니다"라고 말하면서, 우리가 고속도로를 수리하게 하지 않았어요. 운이 좋았죠.

한 가지 재밌는 점은 아무도 우리에게 멈추라고 이야기하지 않았다는 점입니다. 경찰은 그 이후에 한마디 말도 하지 않았고, 소방서에서도 아무 말이 없었어요. 고속도로 순찰대도 한 번도 고속도로 밑으로 내려와서 "당신이 만든 이 불길 때문에 고속도로를 멈춰야 했다고! 망할!"이라고 하지 않았어요.

프레드 데이비스: 그런 펑크적인 사고방식이 샌프란시스코의 태도였어요.

마크 폴린: 저는 항상 제 자신을 코메디언이라고 생각했어요. 그래서 이런 행위들은 얼굴 없고, 유머도 없는 산업화, 상업화, 하이 테크놀로지, 군사 무기 시스템 등에서 엔터테인먼트적인 가치와 웃음을 찾기 위한 시도였죠.

프레드 데이비스: SRL은 다른 종류의 '기계에 대한 분노'였어요. 그리고 그 분노는 폰 프리커들도 표출하고 있었죠.

마크 폴린: 저는 해킹된 Oki 900[†]을 가지고 있었어요. 저희는 항상 세상 어디에든 전화를 걸곤 했죠. 유럽에 있는 친구들에게도 전화를 걸곤 했어요. 그걸로 수십만 달러 정도의 이익을 얻기도 했죠.

프레드 데이비스: 그리고 데스크탑 출판은 인쇄 기계에 대한 분노였어요.

마크 폴린: 제인과 루이스는 SRL을 도와준 유일한 부자들이었습니다.

R. U. 시리우스: 우리는 모두 연결되어 있다고 느꼈어요. 마크 폴린은 기계공학과 관련된 일을 했지만 VR 파티에 찾아오기도 했어요. 당시에는 엄청나게 다양한 종류의 VR 파티가 있었어요.

케빈 켈리: VR 행사 사이버쏜Cyberthon은 1990년대에 있었어요. 저는 스튜어트 브랜드에게서 행사를 통해서 무얼 할 수 있는가에 대한 영감을 받았죠. 그리고 제론과 한 번 만났을 때, 저는 엄청나게 많은 VR 관련 일들이 벌어지고 있다는 사실을 알게 되었죠. 사이버쏜 행사에는 당시에 유명했던 VR 애플리케이션 개발사인 페이크스페이스Fakespace 사람들도 있었고, NASA와 오토데스크Autodesk에서 온 사람들도 있었어요.

제론 레니어: 그곳엔 그런 것들이 엄청나게 많았어요. 그리고 케빈, 스튜어트, 발로우 그리고 환각 시대를 살고 있는 지식인들이 이상한 이벤트들을 항상 하나로 엮었죠.

케빈 켈리: 그리고 제 아이디어는 VR과 관련된 모든 데모와 프로토타입을 한 곳에 펼친 다음에 그걸 사용해 보고 싶은 사람은 누구나 사용해 볼 수 있게 하는 거였죠. 모든 걸 한 번에요. 상당히 멋있지 않아요?

제론 레니어: 그건 엄청나게 큰 압박이었어요. "모든 사람에게 데모를 전달해 줘야 해!" "얼마나 많은 사람?" "아마 2,000명은 될 거야." 그럼 저는 "그래 뭐, 한 10명한테만 줄게"라고 했죠. 그러면 그들은 "안 돼. 우린 적어도……"라고 말했죠. 끊임없는 논쟁이 벌어졌어요. 저는 그런 논쟁을 벌였던 것이 가장 기억에 남아요.

[†] 초기 무선 전화기 중 하나.

하워드 라인골드: 사이버쏜은 『지구백과』가 VR 이벤트를 가지고자 해서 탄생하게 되었죠. 당시엔 돈이 없었지만, 이 행사가 2, 3일은 이어져야 할 만큼 수많은 일들이 일어나길 원했어요. 그리고 이런 일과 관련해서 천부적인 재능이 있던 케빈은 "24시간 계속 행사를 진행하는 것은 어떨까?"라고 했죠.

케빈 켈리: 토요일 정오부터 일요일 정오까지 행사를 열었어요. 더웰과 함께 행사 잡지를 통해서 티켓을 팔았어요. 최대한 흥미로운 사람들을 모으려고 노력했습니다. 그래서 브루스 스털링, 윌리엄 깁슨, 티모시 리어리, 로빈 윌리엄스, 제론 레니어가 왔죠. 존 페리 발로우뿐 아니라 모든 VR 관련 사람들이 왔어요. 흥미로운 일은 한밤 중에 발생할 거라 생각했어요. 사람들이 지치고, 약간 미치고, 몽롱한 상태가 되거든요. 그런 현상들이 이 행사의 단면 중에 하나였어요.

R. U. 시리우스: 거기에는 이런 테크 기반의 물건들이 들어서 있는 방이 있었어요. 모든 사람이 자기 VR 기계를 거기다가 두었죠. 행사는 무척 활기찼어요. 행사는 밤새 이어졌습니다.

케빈 켈리: 음악은 없었어요. 특별히 익살스러운 행동들도 없었죠. 사람들이 쓰레기도 버리지 않았습니다. 헬스 엔젤스Hells Angels[†]도 없었고요. 마약도 하지 않았지만, 이미 충분히 몽환적이었어요.

R. U. 시리우스: 저는 DMT를 마리화나의 한 종류인 웨이비 그레이비Wavy Gravy 와 함께 밴 바깥에서 피웠어요. 저는 윌리엄 깁슨에게 바소프레신vasopressin을 주었어요. 바소프레신은 코카인과 유사한 효과를 내는 약물입니다. 코에 집어 넣고 짜기만 하면 돼요. 코카인은 바소프레신을 뇌에 주입하는데, 어떤 이유인지 같은 효과를 주진 않아요. 깁슨은 바소프레신을 좋아했어요. 근데 요즘 그는 그 당시에 마약을 하지 않았다고 주장하네요.

[†] 할리 데이비슨을 타는 무리.

프레드 데이비스: 저는 윌리엄 깁슨과 닐 스티븐슨이 VR과 관련해서 함께 할 일이 많다고 생각했어요. 사이버 문화를 즐기는 사람의 상당수가 공상과학을 매우 좋아했고, 『뉴로맨서Neuromancer』, 『스노우 크래쉬Snow Crash』와 같은 책이 그들을 대변하는 문화적 아이콘이었죠. 『스노우 크래쉬』를 읽지 않았다면 반드시 읽어야 합니다. 왜냐하면 진짜 사색을 하는 사람들이 기술의 미래에 대해서 어떻게 생각하는지를 알 수 있기 때문이죠. 미래에는 사람들이 가상현실 세계에 접속하고 거기에 사로잡히게 된다는 것이 『스노우 크래쉬』의 주된 내용이에요. 우린 아직도 그런 미래에 대해서 이야기하곤 하죠. 『스노우 크래쉬』는 사이버 문화에 대한 매우 상징적인 책이에요. 그건 가상현실을 제론이 했던 방식보다 더 우아한 방식으로 묘사하고 있죠.

크리스 카엔: 우리는 『스노우 크래쉬』소설 속의 가상현실을 실제로 구현하지 못했다는 좌절감에 파티를 열곤 했어요. 전 그 어떤 책도 『스노우 크래쉬』만큼 벤처캐피털리스트들의 주머니를 열진 못했다고 농담을 했어요. 당시 우리는 그런 가상현실을 구현하기 위해 9600bps 모뎀과 펜티엄 60 프로세서, 운이 좋으면 펜티엄 90 프로세서를 사용했어요. 당시 우리는 하드웨어 성능이 부족했지만, 정말 노력했어요.

데이비드 레빗: 당시에는 레이브 문화가 일부 자라고 있었어요. 덕분에 저희는 머리에 스크래치 자국을 내곤 했죠.

R. U. 시리우스: 레이브 문화가 샌프란시스코 반체제 문화에 받아들여진 속도는 엄청나게 빨랐어요. 좀 놀랐죠. 데드 케네디Dead Kennedys나 그레이트풀 데드를 들으면서 자랐던 세대가 갑자기 큰 클럽에 달려들어서 목소리도 없는 음악인 레이브에 춤추는 것을 상상하긴 힘들 겁니다.

브라이언 벨렌도프: 레이브는 1992년 3월만 해도 잘 알려진 편이 아니였어요. 그 당시에 저는 샌프란시스코 레이브스라는 단체를 시작했어요. 샌프란시스코 레이브스는 젊고 창의적이고 미래지향적인 사람들이 관심

을 가질 만한 공동체 혹은 콘셉트였어요.

R. U. 시리우스: 1990년대 초기에 영국에서 『i-D』 잡지에 글을 기고하던 마크 힐리Mark Healy라는 남자가 샌프란시스코로 넘어왔고, 미국에서의 사이버 문화에 대한 글을 쓰기 시작했어요. 그는 환각 물질인 실로시빈에 취해 있고, 가상현실에 매우 심취해 있던 테렌스 맥케나Terence McKenna[†]를 인터뷰했죠. 그러고나서 그는 미국으로 이사하기로 결정했어요. 그리고 사이버 문화를 레이브 문화와 함께 합치고 싶어 했습니다. 그래서 그는 툰타운Toon Town이라는 것을 시작했어요.

제인 멧칼프: 당시에 툰타운 사람들은 사우스파크에 있는 집에서 살면서, 가장 좋은 마약을 했고, 가장 좋은 파티들을 열었고, 시각 효과들을 실험하고 있었어요. 그들은 그런 종류의 에너지와 분위기를 우리 사무실로 많이 가져왔어요.

브라이언 벨렌도프: 『와이어드』는 당시 2가와 사우스파크에 있는 빌딩에 있었어요. 나중에는 3가 510번지로 이사했어요. 확장할 때마다, 새로운 공간의 책상과 벽을 페인트로 칠하기 전에 레이브 파티를 열곤 했죠.

저스틴 홀: 우리가 사우스파크 2가에서 이사 나온 날, 비록 이제 3가 510번지로 이사가지만, 여전히 우리가 옛날 공간을 사용할 수 있다는 사실을 기념하고자 할로윈 레이브 파티를 열었어요. 그들은 저에게 음식과 음료와 각종 집기를 사라고 1,500달러의 예산을 줬어요. 저는 문 앞에서 사람들에게 약 500달러 혹은 그 이상에 해당하는 알약 형태의 LSD인 LSD마이크로닷츠를 나눠 주면서, 예산을 초과했다는 걸 알았죠.

브라이언 벨렌도프: 저는 일렉트로닉 음악이 그 당시엔 일종의 필터였다고 생각해요. 그런 음악을 듣는 사람은 프로그래머 경향이 있었고, 새로운 기술을 받아들이는 것에 있어서 굉장히 열정적이었죠. 1990년대에 저희

[†] 미국의 식물학자. 고대 인류가 실로시빈이라는 환각 물질이 포함된 버섯을 섭취하면서 어떤 특이점을 넘어서게 되었다는 '마약 원숭이' 가설을 제시했다.

는 여전히 기술과 미래에 대해서 매우 낙관적이었고, 더 많은 시간을 온라인에서 보냈어요.

R. U. 시리우스: 일렉트로닉 음악이 나오는 파티는 모든 문화적인 것들이 한꺼번에 발생하는 것 같은 느낌이었어요. 기술을 기반으로 하는 환각적인 음악의 축제였죠. 사람들이 한 자리에 모여서 VR을 같이 체험하고, 각종 테크 장난감을 갖고 놀았어요. 물론 VR이 없는 파티도 있었어요.

포 브론슨: 레이브 문화는 테크업계의 영향력 아래에 있다고 보는 게 맞았어요. 모든 테크 관련 사람은 광란의 레이브 파티를 원했거든요.

저스틴 홀: 이런 류의 파티를 개최하고 디제잉을 하는 사람들과 인터넷과 관련된 일련의 사람들 사이에는 매우 강한 유사점이 있었어요. 명백히 그 그룹은 당시엔 작은 규모였지만, 매우 개방적인 사람들이었어요. 왜냐하면 그들은 "세상에! 인터넷 관련된 것이라니!"라고 하는 사람들이었어요.

캡틴 크런치: 저는 샌프란시스코 레이브스 사람들과 엮이게 되었어요. 레이브 관련된 리포트들을 쓰기 시작했습니다. 그런데 세상에. 한 번 춤추는 것과 캔디 플립핑에 빠지고 나니, 레이브에서 벗어날 수 없게 되었죠. 캔디 플립핑은 엑스터시와 LSD를 한 번에 하는 것을 의미해요.

브라이언 벨렌도프: 저는 샌프란시스코 레이브스의 메일링 리스트를 관리하기 위한 간단한 형태의 웹사이트를 만들었어요. 메일링 리스트를 백업하고, 디제이들의 플레이리스트를 올리고, 파티 포스터를 올리는 정도의 용도였죠. 당시는 웹의 초기 시절이었니까요. 샌프란시스코 레이브스 웹사이트는 트래픽을 모으기 시작했어요. 그래서 저는 서버를 사야 했고, 그 서버를 『와이어드』 본사에 가져다 놓았죠. 이유는 간단했어요. 『와이어드』가 가지고 있던 대역폭을 제가 쓸 수 있었으니까요. 아무도 눈치채지 못했어요. 저는 서버에 '초현실Hyperreal'이라는 이름을 붙여 놓았죠.

저스틴 홀: 브라이언이 만든 웹사이트 주소였던 Hyperreal.org은 레이브 문화가 발현되었던 곳이에요. 파티를 연다는 포스터들이 거기에 올라왔고요. 브라이언이 샌프란시스코 레이브스의 메일링 리스트를 관리했다는 것은 그가 샌프란시스코 베이 지역의 레이브 커뮤니티의 허브 역할을 했다는 거예요. 그래서 만약 어떤 파티가 열렸다면, 그는 바로 알았을 거예요. 오늘날에는 그런 메일링 리스트를 관리하는 사람들이 엄청나게 많죠. 하지만 당신이 19살이고, 메일링 리스트라는 것이 지금 새롭게 만들어진 세계로 향하는 차원문과 같은 존재였다면 그 모든 것이 재미있겠죠.

브라이언 벨렌도프: 'Hyperreal.org'는 흥미로운 작은 프로젝트들을 위한 독립적인 인큐베이터가 되었어요. Erowid.org(마약과 관련된 웹사이트), Burningman.com(버닝맨)을 키워냈죠.

R. U. 시리우스: 그리고 그때, 또다시 테크 문화는 버닝맨이라는 새로운 것을 받아들여요. 그리고 버닝맨은 정말 순식간에 엄청나게 커졌고, 모든 사람들이 참여해야 하는 이벤트가 되고 말았죠.

조이 아너프: SRL, 레이브 관련 문화는 버닝맨으로 모두 통합되었어요.

티파니 슈라인: 버닝맨은 매우 잘 만들어진 행사였어요. 우리 모두 몇 년간 참석했죠.

에이미 크리쳇: 버닝맨의 창립자 중 하나인 마이클 마이클은 『와이어드』를 책임지는 사람 중 한 명이었어요. 그러니 당연히 초기 『와이어드』에서도 버닝맨을 다루었죠.

마이클 마이클: 저는 버닝맨의 아주 초기 시절부터 관여했어요. 테크업계 사람들을 그 행사에 많이 데려갔었죠. 제가 했던 주된 일은 아는 사람을 모두 초대해서, 그들을 모두 메일링 리스트에 넣는 일이었어요.

에이미 크리쳇: 제 동료들은 1994년부터 버닝맨에 참석했어요.

저스틴 홀: 1994년의 버닝맨은 그저 엄청나게 많은 사람들이 사막의 한가운데에 아무렇게나 주차한 행사였어요. 사람들이 어디에 오줌을 싸고

용변을 봤는지도 기억이 안 나네요. 확실한 건 간이 화장실은 없었어요. 포장도로도 없었어요. 오토바이가 있었고, 강아지가 있었고, 모닥불이 있었고, 아마 총도 있었을 거예요. 제가 기억하는 건 비비스와 벗헤드의 얼굴이 프린트되어 있는 LSD를 사람들 사이에서 나눴다는 겁니다. 그게 지금은 2,000명씩 참여하는 버닝맨 페스티벌의 핵심이에요.

R. U. 시리우스: 거기에 있으면 어디에도 접속되지 못해요. 전화기나 그 비슷한 것도 가질 수 없어요. 사실은 그건 테크 행사는 아니었어요.

마이클 마이클: 그건 정말 테크 행사는 아니었어요. 하지만, 그 본질을 보면, 버닝맨 행사는 테크 기반의 사이버 펑크 사람들에게 강력하게 어필했어요. 그건 완전히 다른 차원의 세상이었어요.

저스틴 홀: 제가 그해에 가장 좋아했던 것은 트럭에다가 약 16개 정도 되는 오래된 피아노를 쌓아 놓은 것이었고, 사람들은 밤이건 낮이건 그 피아노들을 해머로 내리쳤어요. 피아노를 분해하기도 했다가 피아노 부품으로 피아노를 내려치기도 했어요. 그건 가장 흥미로운 불협화음이었죠.

R. U. 시리우스: 제 생각에 그 행사는 모두가 머리 속으로만 받아들였던 1990년대 테크 문화의 유연성, 창의성, 상상력, 이상함을 실제적으로 보여 주었어요.

조이 아너프: 저는 정말 버닝맨이 싫었어요. 그간 존재했던 모든 것 중에 가장 싫어합니다. 저는 그걸 웨이비 그레이비 이후로 캘리포니아에서 존재했던 것 중에서 가장 있는 척하며 빼기는 것이라 생각해요.

R. U. 시리우스: 제 생각엔 사이버 문화, 반체제 문화의 중심 에너지는 1994년도에 소멸되었던 것 같아요.

조이 아너프: 망조가 들기 시작한 첫 해에 벌어진 일은 넷스케이프의 상장이었어요. 넷스케이프의 상장은 돈과 부라는 측면에서 샌프란시스코의 판을 뒤흔드는 사건이었어요. 결국 그 일로 인해 모두가 돈을 버는 것에 몰두하게 되었죠.

제이미 자윈스키: 1994년 7월이 샌프란시스코로 자본이 흘러 들어오기 시작한 시점이에요. 인터넷 산업이 폭발하게 되었죠. 그러더니 갑자기 약 25만 명의 19, 20살 정도의 아주 젊은 사람들이 이 업계에 들어왔어요. 그들은 오래된 해커들을 못 만나봤고, 컴퓨터와 관련된 경험들도 아주 달랐죠. 왜 이 젊은 사람들이 이 업계에 들어왔을까요? 만약 1982년이었다면, 그들은 아마 증권 트레이더가 되었을 거예요. "응, 이 일은 엄청 힘든 일이야. 그래도 이 일을 하면 큰 돈을 벌 수 있어. 제대로 된 회사에 채용이 된다면 말이지"라고 말하고 다녔을 겁니다. 그런 사람들이 샌프란시스코로 왔다는 것은 프로그래머가 똑똑한 사람을 위한 안전한 직업이 되었다는 것을 의미하죠.

포 브론슨: 케빈 켈리와 스튜어트 브랜드는 초기 기술을 아주 놀랄 정도로 진중하고 우아한 자세로 대했어요. 그들에게 중요했던 궁극적인 것은 의식의 확장이었죠. 닷컴 이전에는 돈과 철저히 무관한 철학적 포부가 있었습니다. 당시에는 모두들 돈과 상관없이 살았어요.

조이 아너프: 하지만 어느 순간 테크업계는 돈과 관련된 이야기만 하게 되었습니다.

제이미 자윈스키: 즉, 우리는 복권에 당첨되었던 거예요. 꽤 많은 돈을 만들어냈고, 바로 그 점으로 인해 컴퓨터 산업에서 모든 창의성이 사라졌어요. 모든 것이 금융업계처럼 되었고 덕분에 끔찍해졌습니다.

R. U. 시리우스: 그때부터 사우스파크에 매우 잘 사는 테크업계 사람들이 모여들기 시작했어요.

제이미 자윈스키: 거대한 유행이 발생하고 갑자기 샌프란시스코로 이전에는 샌프란시스코에 관심도 없던 사람들이 엄청나게 몰려들었어요. 그들은 도심보다는 좀 더 안전한 교외로 나가길 원했어요. 그건 샌프란시스코 도시가 사우스 베이 지역으로 확장되는 것과 같았죠.

잭 볼웨어: 사람들이 스마트 마약과 『몬도 2000』에 있는 다양한 내용들을

읽는 것에 지쳤을지도 몰라요. 보석을 성기에 장식하는 게 꽤 오랜 기간 크게 유행했던 걸 알 거예요. 하지만 컴퓨터 괴짜들은 여기에 일거리와 기회가 있기 때문에 이사를 왔고 도시를 돌아다녔죠. "왜 이 사람들은 이걸 하지? 나는 그거에 아무런 관심도 없는데!" 젊은 세대들은 항상 무언가가 막 도착하면 의심스러워해요. 세대는 계속 바뀌는 것이죠.

R. U. 시리우스: 어떤 면에서 보면 히피에서 펑크족, 펑크족에서 힙스터로 이어지는 게 세대의 흐름이었습니다. 저는 항상 그들을 "황금 코걸이"라고 불렀어요. 그들은 늘 히피족처럼 보이려고 하지만, 어떠한 날카로움도, 어떠한 저항 정신도 볼 수 없었어요. 황금 코걸이 세대는 어떠한 정치적 신념도 없었죠. 그들은 그저 흐르는 대로 살 뿐이었어요. 물 흐름대로 가기, 그리고 많은 돈을 벌기. 그런 생각은 우리에게 없었어요. 『몬도 2000』은 펑크로부터 영향을 엄청나게 받았습니다. 그리고 매우 좌파적이고, 무정부주의적인 사고로부터 영향을 받았죠. 반면 『와이어드』는 좀 더 우파적이고 자유주의적인 사고로부터 영향을 받았어요. 이는 당시에 있던 변화를 설명하는 것일 수도 있겠네요.

에릭 데이비스: 잡지는 당시 시대의 정체성을 잘 담고 있어요. 그렇기에 잡지가 변한다는 것은 문화의 깊은 레벨에서 무엇인가 변화하고 있고, 사람들의 정체성에 무언가 변화가 있다는 것을 의미해요. 『지구백과』를 보면, 거기에는 콜라주 논리가 있어요. 콜라주는 정체성이 어떻게 표현될지 보여 주기도 하지만, 구성주의적 사고를 반영하기도 합니다. 조각과 판을 엮어서 문화로 만들어 나간다는 거죠.

그리고 활자를 제어할 수 있는 데스크톱과 레이저 프린터가 세상에 나왔습니다. 여기서 새로운 문화적 논리가 생겨요. 이 논리는 콜라주와는 달랐어요. 이 새로운 미디어 도구로 인해 사람들은 실제로 새로운 환경을 만들어 낼 수 있었어요. 더 부드럽고, 더 글로벌하고, 어떻게 보면 더 가상적인 세계관과 환경을 말이죠. 그리고 나서 사이버펑크라는 것이 나타났고, 사이버펑크 문화 속에서 살아가는 사람들을 볼 수 있었어요. 그리고 그들을 스스로 발전하고 나아갔어요. 『몬도 2000』이 그렇게 했고 『와이어드』도 그러한 사이버펑크적 요소들을 흡수하면서 좀 더 주류 매체로 거듭났죠. 그래서 두 잡지는 실제로 여러 가지 면에서 문화를 발명했다고 볼 수 있어요. 특히 그 반복 루프와 자체 참조는 테크노 문화에 필수적이었어요. 바로 그 지점에서 기술, 즉 경제도 역사도 새로운 사회 규범도 아닌, 바로 기술이 전체 문화를 주도하기 시작했어요.

3부
네트워크 효과

우리는 도구를 만들고, 도구는 우리를 만든다

- 마샬 맥루한 -

19

벼룩시장의 급습
이베이의 철학, 그리고 역대급 상장

등장 인물

마이클 말론	스티브 웨슬리	짐 그리피스
마크 프레이저	제론 레니어	짐 클락
메리 루 송	제리 카플란	크리스 아가파오
메이너드 웹	제프 스콜	피에르 오미다이어
브래드 핸들러	조이 아너프	피트 헬메

어느샌가 넷스케이프 덕분에 일반인들도 접속할 수 있게 된 웹은 골드러시를 일으켰다. 거의 모든 사람이 비슷비슷하게 거대한 야망을 품었다. 인터넷에서 물건을 팔겠다는 생각이다. 워싱턴주에서는 아마존이 책을 팔았다. 하지만 실리콘밸리에서는 더 이상하고 더 놀라운 것이 팔리고 있었다. 우리가 지금 이베이라고 알고 있는 것은 웹사이트 형태를 띤 유토피아적인 철학적 실험으로 시작되었다.

1995년 제너럴 매직의 직원 피에르 오미다이어는 꽁지머리를 한 젊은 이상주의자였다. 그는 시장이 사람들의 삶을 향상시킬 수 있다고 굳게 믿었다. 노동절 주말 기간 동안 그는 무료 오픈소스와 자율 책임 시스템으로 운영되는 온라인 판매 사이트를 하나 개발했다. 낯선 사람들이 자신이 기대했던 것을 얻을 것이라는 보장도 없이 서로에게 돈과 물건을 우편으로 보냈다. 그 사이트의 근간은 '사람은 기본적으로 선하기 때문에, 만약 선한 사람이 될 기회를 준다면 그것을 증명할 것이다'다. 놀랍게도 인터넷상에서 사람들은 선하게 행동했다. 수표가 우편 봉투 안에 들어 있었다. 더 놀라운 것은 이 거의 기능이 없는 사이트가 경매 사이트 경쟁에서 완승을 거뒀다는 것이다. 이베이의 무언가가 사람들을 충성스럽게 만들었다.

제프 스콜: 1995년 스탠퍼드 경영대학원을 졸업했을 때, 저는 인터넷이 아직 궤도에 오르기 전인데도 거의 인터넷에 미쳐 있는 친구 5명과 함께 살고 있었어요. 그냥 그런 애들 틈에서 놀다가 피에르를 알게 되었고, 당시에 그가 옥션웹AuctionWeb이라고 불렸던 이베이에 대한 아이디어를 이야기했을 때, 저는 그렇게 확신하지는 못했어요. 피에르는 이렇게 말했죠. "우리는 이런 걸 만들 건데, 사람들이 여기에서 서로 물건을 팔게 될 거야." 당시에 다른 업체들도 속속 나타나고 있었어요. 아마존이 바로 근처에 있었고, 뮤직 블러바드Music Boulevard라고 불리는 CD 사이트도 있었죠.

브래드 핸들러: 이베이가 있는 실제 공간에 50개의 다른 사이트가 있었어요.

메리 루 송: 한 사이트가 떠오르네요. 실제로 상품을 물리적으로 소유하고 있었어요. 판매자는 물건을 기업으로 보내고, 기업은 그 물건을 입찰에 내놓는 거죠. 그리고 나서 구매자에게 물건을 전달합니다. 바로 '온세일onsale'이라는 사이트였죠.

제리 카플란: 온세일은 오늘날 오버스탁Overstock.com과 매우 비슷하지만 경매의 요소도 가지고 있었어요. 그게 콘셉트였어요. 테스트를 했는데 운 좋게 유명세를 좀 얻었죠. 기본 문구는 이랬어요. "컴퓨터 앞에 앉아서 아메리카 온라인에 접속하세요. 그럼 경매에 참여할 수 있습니다." 그게 효과가 있을지 몰랐는데, 사람들이 좋아하더군요. 완전 열광적이었죠. 물론 완전 너드들이었지만요.

그때가 1995년 초입니다. 제가 처음 이 아이디어를 벤처캐피털에 가져갔을 때, 아무도 그것이 좋은 아이디어라고 생각하지 않았어요! 당시 컴퓨터 커뮤니티가 일종의 반문화적인 성향이었다는 것을 이해해야 합니다. 그 문화의 영향을 받은 사람들이었어요. 그들이 보기에 인터넷을 상업적인 목적으로 개방하는 것은 공영 방송에서 광고를 파는 것과 다름없었어요.

제프 스콜: 1990년대 초반에는 금기로 여겨졌던 것들이 있었어요. 사람들에게 뉴스 요금을 청구하지 않죠, 그렇죠? 뉴스는 무료예요. 하지만 우리는 공짜가 나쁘다는 철학을 가지고 있었습니다. 아무도 공짜로 얻는 것에 가치를 어떻게 매기는지 몰랐기 때문이에요. 그래서 적은 금액이라도 실제로 요금을 청구해야 합니다. 우리는 처음부터 그것을 기저에 까는 것이 중요하다고 생각했어요.

메리 루 송: 피에르는 항상 경제에 관심이 있었습니다.

브래드 핸들러: 피에르는 완전 자유주의자에요.

메리 루 송: 비록 그것보다 훨씬 더 현명하고 영적인 부분이 있지만요.

제론 레니에: 이베이 사람들은 실리콘밸리의 후기 세대에 속하지만, 전기

시대와 일정 부분 연속성이 있었습니다. 여전히 해커스럽고, 너드스러웠어요.

제리 카플란: 피에르 오미다이어는 당시에 제너럴 매직에서 일하고 있었습니다. 우리는 훌륭한 엔지니어를 고용하고 싶었어요. 그가 인터뷰를 하기 위해 방문했고, 온세일에서 우리가 하고 있는 일을 분명하게 설명해 주었죠. 그가 그것이 정말 멋지다고 하길래 일자리를 제안했지만, 그는 "아뇨, 저는 옮기지 않고 머물면서 이것과 관련된 일을 할 것 같습니다"라며 거절했어요. 그는 우리 개념을 받아들여 일대일 거래에 적용했어요.

피에르 오미다이어: 저는 효율적인 시장을 만들고 싶었어요. 개개인이 효율적인 시장에 참여하여 이익을 얻을 수 있는 그런 시장이요. 모두가 공평하게 경쟁할 수 있는 그런 시장. 그리고 생각했습니다. "이야, 인터넷, 웹. 이걸 구현하기에 완벽하군." 다른 무엇보다도 지적 추구에 가까웠습니다. 제가 가지고 있던 건 아이디어였습니다. 그리고 작은 실험으로 시작했어요. 직업이 있는 상태에서 부차적인 취미로요.

제프 스콜: 시제품은 없었습니다. 피에르 머릿속에 있었어요. 저는 학교를 졸업해 미디어 기업 나이트 리더Knight Ridder에 취직을 하게 되었고, 피에르는 이전처럼 제너럴 매직에서 일하고 있었어요. "피에르, 난 아직 아무것도 보이지가 않아. 주말에 너랑 같이 일하면 무슨 일이 일어나는지 알게 되겠지만, 나는 아직 엄청나게 낙관적이지는 못해. 아이디어만 가진 한 사람이 거대한 공간에서 무수한 적에게 둘러 쌓여서 무얼 할 수 있을지 모르겠어."

스티브 웨슬리: 피에르는 경매 사이트 아이디어를 다른 사람보다 세 단계는 더 깊게 가져갔어요. 그 가능성을 알아본 피에르는 진정한 천재예요.

제프 스콜: 그것이 작동한다는 것을 증명하는 일의 한 부분은 공정하고 개방된 시스템을 설계하고, 사람들이 옳은 일을 할 것이라고 믿는 것이었어요.

피에르 오미다이어: 전체 아이디어는 그냥 인터넷상에서의 거래를 돕자는 거였어요. 사람들은 그것이 불가능하다고 생각했습니다. 그때가 1995년이라는 점을 염두에 두고 생각해 보세요. 인터넷에 있는 사람들이 어떻게 서로를 믿을 수 있을까요? 그들은 어떻게 서로에 대해 알 수 있을까요? 저는 그런 질문이 어리석다고 생각했어요. 사람은 기본적으로 착하고 정직하니까요. 그게 강하게 동기 부여를 해 주었어요. "하, 그냥 할게요. 그냥 보여 드릴게요. 어떻게 되는지 보시죠."

제프 스콜: 사이트는 1995년 노동절에 개시했어요. 하나의 실험이었죠.

메리 루 송: 피에르는 고장난 레이저 포인터를 갖고 있었는데, 그게 그가 처음으로 판 물건이었어요.

마크 프레이저: 누군가가 저에게 완전 새로운 웹사이트를 알려줬는데, 이베이였어요. 저는 고장난 레이저 포인터가 목록에 있는 것을 발견하고 관심을 가졌죠. "이거 내가 고쳐서 쓸 수 있겠는데!"

메리 루 송: 피에르에게 그건 일종의 신호였어요. "내가 고장난 레이저 포인터를 팔 수 있다면, 모두에게 좋은 일이 되겠구나."

제프 스콜: 거의 즉시, 사람들은 서로 거래하기 시작했습니다. 그들은 여기저기 돈을 보내기 시작했어요.

짐 그리피스: 이베이를 사용하기 시작한 날이 1996년 5월 10일이었던 것으로 기억합니다. 그 당시 저는 버몬트에 살고 있었어요. 인터넷에 접속하고 싶어 하는 주변 사람들에게 컴퓨터를 조립해서 파는 일을 했죠. 몇백 달러에요. 컴퓨터 부품이 필요했습니다. 그래서 컴퓨터 칩에 입찰했는데 며칠 후에 손에 넣었죠. 제가 처음으로 구매한 거예요. 이 사이트에 매료되었습니다. 사람들이 모여서 정말로 중개인 없이 서로 직접 사고판다는 개념과 매일 밤 작은 채팅 게시판에 나타나 질문을 하는 피에르라는 남자, 두 가지 모두에 말이죠. "어떻게 지내십니까?" "그래요? 무슨 제안 사항이 있나요? 방금 전 제너럴 매직에서 긴 하루를 마치고 왔어

요." 그 당시 그는 제너럴 매직에서 일하고 있었습니다.

피트 헬메: 1996년쯤에는 제너럴 매직이 잘 운영되지 않았어요.

스티브 웨슬리: 피에르는 아파트 한 켠에 사무실을 차렸어요. 방 두세 개가 있는 아파트인데, 방 하나가 이베이였죠. 물건을 등록하는데 25센트고 아주 약간의 거래 수수료가 붙습니다. 그리고 여기 사서함으로 수표를 보내는 거죠. 6주, 8주, 10주, 12주까지 매일 같이 수표 하나가 날아왔어요. 그 후에 일이 흥미로워졌죠. 두세 개가 아니라 50개 정도가 날아왔거든요.

짐 그리피스: 피에르는 성공적으로 등록된 물건 목록과 판매 상태를 추적할 수 있는 기본적인 청구 시스템을 만들었습니다. 이베이에 지불해야 할 금액, 즉 거래 수수료와 등록 비용에 대한 송장을 보낼 수 있는 시스템이죠. 초기에는 지불이 너무 늦어지면 상점을 폐쇄하기도 했지만, 기본적으로 자율 책임 시스템이었어요.

스티브 웨슬리: 우리가 처음 고용한 사람 중 한 명이 크리스라는 사람이었어요. 그의 일은 웰스 파고Wells Fargo 은행에 가서 모든 수표에 서명을 하고 입금하는 거였어요. 이런 식으로 이베이를 운영했죠.

메리 루 송: 불쌍한 크리스. 당시에는 페이팔이 없었죠? 그래서 우체부는 매일 커다란 쓰레기 봉지에 우편 봉투를 가득 담아 배달했고, 크리스는 매일매일 손으로 그 봉투들을 개봉해야 했습니다.

크리스 아가파오: 음, 첫 봉지는 아주 작게, 한 30개 정도로 시작하고, 그다음에는 60개 정도로 늘어났어요. 근데 계속해서 늘어나더니 결국에는 정말 무거운 봉지와 무지막지한 양의 우편물이 되었어요.

피에르 오미다이어: 엄청난 성장이었죠. 6개월 이내에 제가 들인 비용을 다 상쇄하는 수익을 올렸어요. 9개월이 지나자 수익이 직장 월급보다 더 많아졌어요.

크리스 아가파오: 전부 수표는 아니었어요. 가끔은 카드에 동전을 붙여서

보내기도 했어요. 웃기기도 했지만, 모두 합치면 거액이 되었어요.

스티브 웨슬리: 회사는 창립 후 분기마다 흑자를 냈습니다. 첫날부터 말이죠. 다른 어떤 회사가 그렇게 할 수 있는지 모르겠어요.

피에르 오미다이어: 번뜩이는 순간이 있었죠. "똑, 똑, 똑. 여기 사업 기회가 있는데 뭐라도 좀 해 봐요." 그때부터 본격적으로 시작된 겁니다.

제프 스콜: 저는 피에르에게 말했죠. "오랫동안 고난과 역경이 있을 것이고, 미래에 분명히 많은 도전에 맞닥뜨리게 될 거예요. 그럼에도 불구하고, 어쩌면 우리에게 기회가 있을지도 몰라요."

짐 클락: 넷스케이프가 처음 등장하기 전까지 인터넷은 완전히 대혼란이었어요. 사람들은 어떤 종류건 사적 거래가 일어날까봐 걱정했어요. 그 당시에는 보안이라는 것이 전혀 없었거든요. 가장 저를 힘들게 한 것은 "그래서 신용카드 번호를 인터넷으로 보내겠다구요?"라는 물음이었습니다. 저는 "음, 안전하게 이루어질 겁니다"라고 대답했죠. 스탠퍼드 대학의 보안 전문가인 타허 엘가말Taher Elgamal이라는 박사를 고용해서 그 문제를 작은 팀 하나에 맡겼어요. 이들은 훗날 SSL, 즉 안전 소켓층Secure Sockets Layer이라 불리는 것을 발명했어요. 브라우저를 사용하여 보안 링크를 설정하는 방법인데, 이후 웹에서 가장 널리 사용되는 기술이 됩니다. 우리가 그렇게 한 이유는 안전한 연결을 통해 상업적인 거래가 일어날 수 있도록 하기 위해서였어요.

제프 스콜: 우리는 1996년 중반에 직장을 그만두고 나와서 풀타임으로 함께 일하기 시작했습니다. 피에르의 거실에서 일했죠. 피에르와 저는 뭘 어떻게 해야 할지 고민했고, 옆에는 항상 비디오 게임을 하는 피에르의 15살 사촌이 있었어요.

마이클 말론: 제프가 당시에 이미 20대 중반이었다는 게 중요해요. 스탠퍼드 경영대학원 출신이었어요. 그런 사람이 여전히 집에서 다른 친구들과 함께 소파에서 지내고 있었던 거예요.

크리스 아가파오: 피에르는 사업을 시작하는 방법은 알고 있었지만, 사업을 운영할 수 있는 사람이 필요했습니다. 제프는 사업 전문가였고, 자신의 재능이 무엇인지 잘 알고 있었어요. 그 사람은 사업 그 자체였어요. 피에르는 서두르지 않았습니다.

제프 스콜: 함께 일하기 시작했을 때, 피에르는 고객 서비스로 이메일을 보낼 수 있는 링크를 제게 보여 줬어요. "좋긴 한데, 그걸 누가 읽을까?"라고 묻자 "그냥 사라져 버리는 거지!"라더군요. 좀 멍쪘죠. 우리의 근본적인 논쟁 중 하나는 시스템이 자생할 수 있는지 대한 것이었고, 저는 그럴 수 없다고 생각했습니다. 저는 MBA를 졸업한 전자공학 엔지니어였거든요. 뼈대에 살을 단단히 붙이고 싶었죠. 저는 "우와, 이게 어마어마한 회사가 되거나, 아니면 초장에 망해 버릴 수도 있겠구나" 싶었죠. 저는 사업이 본격화되기 이전에 우리가 충분히 준비가 되었는지 확인하고 싶었어요.

브래드 핸들러: 피에르는 커뮤니티를 구축하고 신뢰를 만드는 데 집중했어요. 그러면 커뮤니티가 자정해 낼 수 있다고 믿었죠. 우리가 커뮤니티에 필요한 기본 도구들을 제공한다면, 커뮤니티가 스스로를 돌볼 수 있을 것이라고요. 제프는 규칙을 보다 중시했고, 상거래가 진행되기 위해서는 그러한 규칙의 시행이 필요하다고 말했습니다. 피에르는 자신이 어떻게 커뮤니티를 건설할 것인지에 대해 이야기했고요. 저는 둘 중 어느 한 쪽만 있었다면 실패했을 것 같아요. 그들은 서로를 발견할 수 있어 매우 운이 좋았어요.

메리 루 송: 1996년에 저는 스탠퍼드를 막 졸업하고 제프와 피에르를 만났습니다. 산호세의 바스콤가에 있는 아주 작은 사무실에 그들 두 사람뿐이었어요. 제가 물었죠. "뭘 하고 계신 거예요? 이게 뭐죠?" 피에르는 "음, 사람들이 서로 사고파는 커뮤니티를 만들고 있어요." 그리고 저는 사업 모델이 무엇인지, 상품이 어떻게 거래되는지, 어떤 종류의 상품인

지 등 사업 전반에 대해 날카로운 질문을 했어요.

제프 스콜: 메리 루는 여섯 번째 직원이 되었어요.

피트 헬메: 8월이나 9월쯤에 피에르로부터 "피트, 도움이 필요해요! 똑똑한 엔지니어가 필요해요. 나 혼자서는 할 수 없어요. 오실 수 있겠어요?"라고 전화가 왔어요. 안 될 거 없다고 생각했죠. 메리 루가 막 근무를 시작한 것 같더라고요.

스티브 웨슬리: 꽤 젊은 그룹이었어요. 반바지를 입고 돌아다녔고, 임원 회의 때 접이식 의자에 둘러 앉아 있더군요.

브래드 핸들러: 메리 루는 모든 것을 하나로 묶어 주는 구심점이었어요. 그녀가 모임의 리더 역할이었죠.

메리 루 송: 피에르와 제프와의 대화에서 좋았던 점은 그 모든 대화가 사람들에게, 그리고 지역 사회에, 그리고 더 커다란 선에 기여했다는 거예요. 그게 너무 신선해서 푹 빠져 버렸습니다.

브래드 핸들러: 다른 모든 유사 경쟁사는 물품 목록을 보려면 이용자가 신용카드로 로그인하도록 했습니다. 이베이만 신용카드를 먼저 등록하지 않고도 물품 목록을 볼 수 있었어요. 우리는 이용자를 공동체의 일원처럼 대했습니다. 다른 업체들은 이용자를 신용카드처럼 대했죠.

짐 그리피스: 피에르가 만든 작은 대화창이 있었는데, 아주 아주 간단했고, 그 안에서 조잡한 수준의 대화들이 오갔어요. 100개의 게시물이 보여지고, 게시물이 추가될 때마다 가장 오래된 게시물이 넘어가는 방식이었죠. 따로 예전 채팅 기록이 보존되지는 않았지만, 아주 흥미로운 사람들과 대화가 계속되었어요.

메리 루 송: 당시는 더웰이 있던 시절이었지만, 우리는 상거래가 일어나는 커뮤니티를 만들어 냈어요. 창업 멤버이자 CTO인 마이크 윌슨 Mike Wilson 은 더웰에서 일했죠.

스티브 웨슬리: 피에르, 제프, 메리 루, 그리고 마이크. 역사에 기록되어야

할 사람들이죠. 소셜 미디어의 기반을 닦고, 온라인에서 평판과 강력한 커뮤니티를 만드는 방법을 찾아냈으니까요. 지금은 그게 왜 대단한지 설명하기가 어렵죠. 좀 당연하게 느껴지거든요. 하지만 당시는 모든 사람이 인터넷은 익명이기 때문에 멋지다고 말하던 상황이었어요. 익명으로 도박을 했고, 익명으로 성인 사이트를 만들었습니다. 모든 것이 익명으로 이루어졌고, 사람들은 그것을 좋아했죠. 그런데 피에르와 제프가 이렇게 말한 거예요. "아니, 아니, 아니, 아니. 점점 익명이 되어 가는 인터넷의 세계에서 모든 것을 공공화해야 합니다. 그리고 우리는 사람들이 평판을 만들 수 있도록 할 것입니다. 그러면 공정하고 안전한 방법으로, 전통적인 방식으로 '알고' 있지 않은 사람들과 거래할 수 있습니다." 이베이의 장점은 익명이 없다는 것입니다.

피에르 오미다이어: 제가 피드백 포럼이라는 걸 창시했는데, 아주 자랑스러워하는 부분이죠. 왜냐하면 수십억 번 복제되었는데, 제가 아이디어를 낸 거거든요. 사람들은 서로에 대한 평가를 내릴 수 있고, 거래가 어떻게 진행되었는지에 대한 피드백을 제공할 수 있습니다. 만약 누군가가 한 일을 좋아하지 않는다면, 그리고 충분한 수의 사람들이 그것을 좋아하지 않는다면, 그 사람은 자동적으로 시스템에서 쫓겨나게 됩니다. 초기에는 아주 잘 작동했어요.

제프 스콜: 특허를 냈더라면 좋았을 텐데. 그 평판 시스템은 어디에나 적용되었고, 유용했으니까요. 초기에는 그것이 핵심이었습니다.

메리 루 송: 피에르는 이용자가 10개의 긍정적인 후기를 받으면, 금색 별을 얻을 수 있도록 제작했어요. 제가 스타 시스템을 설계했죠. 금색 별 다음에는 빨간 별을 얻을 수 있고, 50개를 모으면 녹색 별을 얻을 수 있고, 50개 모으면……. 그 후의 색깔 순서가 어땠는지 기억이 안 나네요. 아무튼 그런 시스템을 만들었어요. 공지사항 게시판에 스타 시스템을 만들었다고 공개했을 때가 기억나네요. "와, 고맙습니다, 정말 좋네요!"라

는 반응 대신에 "색깔이 이게 뭐냐", "숫자는 누가 정했냐", "누가 이런 걸 만들라고 시켰냐" 이런 반응이었죠. 비판이 거세질수록 더 강하게 버티려고 했어요. 누군가가 제 개인 이메일 주소를 포럼에 공유하기 전까지는요.

8시에 출근해서 이메일을 확인하면 스타, 스타, 스타, 스타, 스타에 대한 메일로 가득 차 있었어요. 피에르와 제프는 커뮤니티 구성원으로부터 이메일을 받으면, 개별적으로 답장을 해야 한다는 정책을 가지고 있었습니다. 그냥 넘어갈 수는 없었죠. 그래서 아침 업무의 절반을 별 색깔에 대한 이메일에 답하면서 보냈어요. 약 3일 후, 피에르에게 가서 "별에 대해 논의를 드리고 싶은데요"라고 했죠. 그가 "네, 그러세요"라길래 "음, 자리에 돌아가서 사과문을 올리는 게 좋을 것 같아서요"라고 말을 꺼냈어요. 그는 "네, 괜찮은 시작일 거는 같은데, 그러고 나서 어떻게 할 계획인가요?"라고 묻더군요.

저는 돌아가서 사과문을 올렸고, "다음 주에 별의 색깔과 숫자에 대한 제안을 받겠습니다. 투표에 부쳐서 시행할 생각입니다"라고 썼어요. 스타 시스템은 우리만의 스타 시스템이 아니었습니다. 우리 커뮤니티를 위해 고안되고, 창조되고, 구현된 스타 시스템이었어요. 그 후에 우리가 만든 모든 것은 커뮤니티의 의견을 수렴하게 되었죠.

크리스 아가파오: 제프는 그리피스를 고용해서 커뮤니티와 대화할 수 있게 했어요. 피에르가 이 모든 업무를 담당하고 있던 상황이라, 짐을 덜어 줄 사람이 필요했어요.

짐 그리피스: 저를 뽑은 이유는 이메일을 작성하라는 거였어요. 몇 주 만에 폭발적인 성장이 시작되었죠. 약 2주 후, 하루에 30통에서 50통, 100통, 150통이 넘는 이메일이 쏟아져 들어왔어요. 입소문이 난 거죠. 별 다른 마케팅은 없었습니다.

크리스 아가파오: 메리 루가 마케팅을 담당했어요.

마이클 말론: 메리 루라는 여자한테서 전화가 왔는데 "마이크, 저 기억하시죠?"라고 하더군요. 제가 기억이 난다고 하니, 메리가 "제가 새로운 스타트업을 하고 있는데, 당신이 여기 와서 이 사람들을 만나 보았으면 합니다. 정말 흥미로운 걸 잡은 것 같아요." 그게 바로 이베이라고 불리는 회사였죠. 그때 피에르랑 제프 그리고 메리 루 밖에 없었죠. 그 후로는 메리 루를 자주 보지 못했어요. 저는 주로 피에르와 제프랑 일했어요. 그들이『산호세 머큐리 뉴스』나 다른 곳에서 수년 동안 제 글을 읽었다는 것을 알아요. 그들은 제 조언을 원했습니다.

제프 스콜: 저는 가이드가 될 수 있는 사람을 찾고 있었어요. 마이클은 꽤 미래지향적이었죠.

마이클 말론: 우리는 여러 번 회의를 했고 회사의 장기적인 사업 전략을 논의했습니다. 그러고 나면 보통 5달러씩 모아서 유명한 중국 레스토랑에서 큰 완탕 수프를 나눠 먹곤 했죠. 그리고 다시 돌아가서 조금 더 회의를 했어요. 우리는 많은 것에 대해 이야기했어요. 저는 그들에게 중세의 교역에 대해 말해 주었습니다.

피에르 오미다이어: 생각해 보면 상업과 무역은 모든 인간 활동의 기초에요. 약간 과장이 있더라도 말이죠. 옛날 사람들은 물건을 시장에 가지고 와서 장사를 하고 집으로 돌아갔어요. 이게 충분히 발달하면 사람들을 보호하기 위해 벽을 쌓아야 했어요. 이게 바로 도시의 탄생이었습니다.

마이클 말론: 그것이 이 회사의 메타포가 되었습니다.

피에르 오미다이어: 다시 말하지만, 대체로 일반화와 단순화가 있긴 해요. 그래도 기본적으로 인간의 모든 활동은 무역과 연관이 있습니다. 그리고 저는 인간 내면에 인간을 상업으로 이끄는 어떤 무언가가 존재한다고 생각해요.

마이클 말론: 나중에 이베이에서 페즈Pez[†] 이야기를 회사의 창업 이야기로

[†] 유명 사탕 브랜드로 개성 있는 디스펜서와 함께 수집용으로 모으기도 한다.

알리려고 했습니다. 그 이야기가 너무 좋게 들렸거든요.

피에르 오미다이어: 페즈 이야기 말이죠. 음. 네, 당시 제 약혼자였던 아내는 지금도 그 이야기를 들을 때마다 동공이 흔들려요. "그들에게 제가 경영 컨설턴트이자 분자생물학 석사 학위가 있다고 전해 주세요. 제가 이 작은 페즈 사탕을 모으기만 하는 건 아니라고요."

메리 루 송: 자, 이것이 제가 들은 진짜 페즈의 이야기예요. 피에르가 이 모든 것에 대해 생각하고 있을 때, 그와 팸Pam은 프랑스 시골에서 운전을 하고 있었습니다. 프랑스 시골 상점에 들렀는데 거기에서 그녀는 프랑스산 페즈 사탕을 발견하고는 한 가득 들고 왔죠. 돈을 내고는 차에 탔어요. 그는 다시 운전하기 시작했죠. 그런데 그녀는 방금 사 온 것들을 뒤져 보고는 하나를 깜빡했다는 것을 깨달았어요. 그 놓친 하나를 찾기 위해 차를 돌려야 한다고 주장했죠.

마이클 말론: 피에르가 "문제를 해결할 방법을 찾아보자"고 하면서 중얼거렸어요. 그리고 말하죠. "사고팔면 되겠구나." 완전 허황된 이야기는 아니라고 생각해요. 제 말은 거기에 분명히 페즈 디스펜서 한두 개쯤은 있었을 거라는 거죠.

피에르 오미다이어: 그건 영감의 일부이기도 했지만, 솔직히 저에게는 아주 작은 부분이었어요. 그 아이디어의 탄생은 확실히 미디어가 부풀린 부분도 있죠.

마이클 말론: 그들은 "어떻게 하면 경매를 할 수 있는 장소를 만들 수 있을까?"를 고민하고 있었어요. 물론 그들이 최초는 아니었습니다. 다른 경매 사이트들도 있었죠.

스티브 웨슬리: 온세일이 큰 힘을 갖고 있었죠. 클라이너 퍼킨스Kleiner Perkins[†]로부터 투자를 받았어요. 정말 무서웠죠.

피트 헬메: 이베이는 벼룩시장을 좋아하는 사람들을 위한 도구였어요!

[†] 실리콘밸리의 가장 저명한 벤처캐피털 중 하나다.

피에르 오미다이어: 차고 세일 같은 것도 포함해서요. 벼룩시장에 기반을 두었던 것이 거의 모든 것을 위한 시장으로 진화하고 있었어요.

마이클 말론: 그렇다면 왜 이베이가 이겼을까요?

메리 루 송: 피에르가 생각해 낸 경제학적으로 천재적인 지점은, 우리가 거래의 속도를 방해하지 않는 겁니다. 사람들이 서로를 찾고 연결하는 데 도움을 주고, 구매자들이 판매자를, 판매자가 구매자를 찾을 수 있도록 하는 것이 우리 일이었어요. 가능한 한 거래를 원활히 할 수 있도록 말이죠. 만약 우리가 물건을 소유하려고 했다면, 그 속도를 방해했을 겁니다.

제리 카플란: 우리는 사업 모델이 달랐고, 그래서 피에르는 그 사업 모델을 다른 방식으로 적용했죠. 그게 그다지 즐거운 일은 아니었지만, 그렇다고 그걸 보고 "세상에, 훔친 걸로 우릴 쓰러뜨리려고 하네"라고 생각하지는 않았어요. 인터넷의 반문화적인 면모와 '아이디어는 자유롭다'식의 태도를 기억하세요? 우리는 거기에 더해서 이베이가 온세일과 같은 수준으로 상업적 잠재력을 가지고 있다고 생각하지 않았어요. "벼룩시장이 일반소매점에 비해서 얼마나 더 클 수 있겠어?"라고 생각한 거죠.

스티브 웨슬리: 사람들에게 제가 미래를 봤고 온라인 벼룩시장에서 일한다고 말했을 때, 그들은 아무 말도 하지는 않았지만 눈으로는 "총명함을 잃어버렸네"라고 말하고 있었어요.

피트 헬메: 초기에 어떻게 사람을 고용했는지 모르겠어요. 그들은 이렇게 말했죠. "곰 인형이랑 레이저 포인터를 판다고요? 이해가 안 돼요." 아무도 우리 사업이 흥미롭다고 생각하지 않았어요.

메리 루 송: 맥도날드가 티니비니 Teenie Beanie 행사를 진행했어요. 해피밀 패키지에 딱 맞게 들어가는 비니 베이비 곰 인형이었죠. 완벽했습니다. 갑자기 보도자료를 2개 냈어요. "비니 베이비! 여기에 있어요!" 엄청난 관심이 쏟아졌고, 사람들이 몰려와서 비니 베이비를 사고팔더군요.

크리스 아가파오: 그때가 1996년입니다. 동료들이 모으고 있다고 하길래

저도 따라서 수집했어요. 그들은 이렇게 말했죠. "이봐, 이거 엄청 커질 거야! 태그 떼지 말고 두기만 하면 된다니까." 모든 사람이 그것들을 사서 유리장에 전시했습니다. 피에르도 전체 컬렉션을 가지고 있었죠. 뭐든 이름만 대 봐요. 그는 다 가지고 있었어요.

피트 헬메: 저는 비니 베이비를 이해할 수 없었어요. 아직도 이해하지 못해요. 하지만 그게 사람들이 이베이에 주목하게 된 거대한 움직임 중 하나였습니다. 비니 베이비는 포르노 정도로 거대하게 느껴졌어요. 포르노에 대해서는 크게 이야기하지 않지만요.

스티브 웨슬리: 그리고 포커 카드, 수집용 카드, 야구 카드, 하키 카드, 축구 카드 등이 있었죠. 많은 사람이 폄하했지만요. 비니 베이비는 석유, 자동차, PC 또는 반도체 같은 상품이 아니었거든요. 좀 후지게 보였죠.

피트 헬메: 사람들은 이베이를 큰 기술이라고 생각하지 않았습니다. 그리고 그 당시에는 "그래, 난 여기서 첨단적인 일을 하는 건 아니야"라고 생각했습니다. 나중에 확장성 문제가 생기기 전까지는요. 그 문제가 생기고 우리는 이런 종류의 일을 하기 위해 얼마나 많은 것을 알아야 하는지 알게 되었습니다.

스티브 웨슬리: 저는 숫자에 꽤 능했는데요, 판매율과 성장률을 지켜봤어요. 이베이 바깥의 다른 사람들이 보지 못한 것을 발견했죠. 바로 수만 개의 틈새 분야에 미친 듯이 열성적인 사람들이 있다는 사실을요. 커뮤니티에서 요구가 올라와서 추가한 카테고리들이 있었어요. 이런 카테고리들을 보면서 생각했죠. '농담이죠? 저는 디프레션 글라스depression glassware†가 뭔지도 몰라요. 아무도 이 물건을 사지 않을 거 같은데요!'

조이 아너프: 이베이가 등장했을 때, 부모님이 제게 구할 수 없을 거라고 말씀하신 장난감을 사는 것보다 더 좋은 일은 없었어요. 〈600만 달러의 사나이The Six Million Dollar Man〉에 나오는 바이오닉 빅풋Bionic Bigfoot처럼요. 그

---

† 미국에서 1930년대 생산된 판촉용 그릇. 빈티지 그릇으로 수집하기도 한다.

대로 상자 안에 있다고요! 완전 대박! 기적 같은 일이죠.

스티브 웨슬리: 광풍이었어요. 수백만 명의 사람들이 열광했어요. 모두 커뮤니티에 속해 있었고, 함께 커뮤니티를 이뤘죠. 그들은 친구가 되어 같이 이베이에 깊이 빠져들었어요. 우리는 태풍의 한 가운데에 있었죠.

피에르 오미다이어: 제 생각에, 적어도 처음 2년 동안은 매달 20~30%씩 성장했어요. 다른 비슷한 기업은 본 적이 없는 것 같습니다. 제 말은 스타트업 단계의 모든 기업이 짧은 기간 동안 높은 성장을 하지만, 그렇게나 긴 기간 동안 그런 성장을 지속한 사례가 없었다는 거죠. 계획을 짜면서 "좋아요, 여기까지 현재 실적입니다. 내년이나 다음 분기까지 사업 계획을 짜 봅시다"라고 말한다고 칩시다. 그러면 이러겠죠. "글쎄요, 이건 지속할 수 없습니다. 아시다시피, 이건 지속할 수 없습니다. 이렇게 빠른 성장을 지속할 수 있는 방법은 없어요." 분명히 제가 예상했던 것을 뛰어넘었어요. 심지어 우리가 똑똑한 사람들을 모셔 와서 함께 성장해 가는 동안에도 말이죠. 마침내는 전문 경영인을 고용했습니다.

마이클 말론: 메그 휘트먼Meg Whitman을 데려왔어요.

크리스 아가파오: 피에르는 다음 단계로 넘어가기 위해서 그녀를 영입했고, 그는 자리에서 물러났습니다.

브래드 핸들러: 피에르는 "나는 다음 단계를 수행할 사람이 아니다"라고 말할 수 있었기 때문에 존경을 받았어요. 그것은 창업자가 하기 매우 어려운 일입니다. 제프 또한 새로운 CEO에게 경영권을 이임해야 했죠.

제프 스콜: 피에르도 저도 실리콘밸리에서 새로운 산업의 선장이 되리라고는 꿈에도 생각치 못했습니다. 우리 둘 다 이베이에 대한 믿음이 있었지만, 동시에 경험이 없다는 것을 깨닫기도 했죠. 이베이가 세상을 위해 할 수 있는 최대치를 끌어낼 수 있는 경험이 없었어요.

마이클 말론: 그들은 빠르게 길에서 벗어났죠. 어쩌면 너무 빨리요. 메그가 하는 이야기 중에 이런 게 있어요. "피에르, 내가 여기서 뭘 하고 있는 지

신성 안 써요?"라고 물으면, 피에르는 "아니에요, 난 당신을 믿어요"라고 말하고는 떠나 버린다고요.

크리스 아가파오: 그때가 모든 것이 바뀌던 때였어요. 다음 단계는 더 기업적이고 더 거대했어요.

브래드 핸들러: 저는 변호사였어요. 제 업무는 가장 먼저 어른스럽게 이야기하는 것이었죠. 어떤 일에도 "아니, 그럴 순 없어요"라고 말하는 첫 번째 사람이었습니다. 제가 근무를 시작한 첫 주에 불법적으로 판매되고 있는 상품과 관련해서 지적 재산권을 소유한 사람들과 협력하는 시스템을 만들었어요. 도난당한 상품에 대해서도 사법 기관과 협력했죠.

스티브 웨슬리: 이베이는 놀라운 아이디어를 품고 있죠. 누구에게나 어떤 것이든 팔 수 있게 해 줍니다. 하지만 이런 단점도 있습니다. 어느 토요일, 엔지니어링 부서로부터 전화를 받았습니다. FBI가 전화를 했는데 왜 우리가 로켓 발사기를 팔려고 하는지 알고 싶어 하더군요.

브래드 핸들러: 신장을 팔고, 동정을 팔았죠. 그런 것들이 언론에 다 나왔어요. 제가 알기로, 그것들은 모두 유명세를 얻기 위한 행위였어요.

스티브 웨슬리: 저는 이렇게 말하겠죠. "저, 정말 죄송합니다, 선생님. 우리는 매분마다 10,000개의 아이템을 게시하고 있는데요, 엄격한 기준을 적용해서 어떤 부적절한 것이 있을 때, 즉시 삭제합니다."

브래드 핸들러: 만약 이베이가 규정을 적용하는 것을 철저히 하지 않았다면, 붕괴될 수도 있었을 거예요. 이베이의 사업부와 연구진은 우주의 중심이 실리콘밸리라고 믿었어요. 지도에서 워싱턴 D.C.를 찾을 수 있을지나 모르겠어요! 하지만 우리는 결국 모든 사람이 "인터넷에 있는 것"이 특정 관할 구역의 법을 준수하지 않는 것에 대한 해답이 아니라는 사실을 알게 되었습니다.

제프 스콜: 초기 개인 주도형 자유방임주의 버전의 사이트에서는, 사용자들에게 문제가 되는 것들을 식별하는 것에 많이 의존했어요. "불법을 발

견해서 알려주시면 우리가 게시물을 내리겠습니다. 모조품 따위를 발견해서 알려주시면 우리가 처리하겠습니다." 그러나 1996년 이전의 법률에 따르면 누군가 개입해서 임의로 게시물을 내리면 고소당할 수 있었어요. 만일 그것 때문에 다른 비슷한 물건을 놓쳐 버린다면요. 그래서 우리는 범죄와 연관된 것들과 거리를 두고 있었죠.

브래드 핸들러: 모든 이베이 온라인 커뮤니티의 중추이자 법적 책임 방어의 중심은 디지털 밀레니엄 저작권법Digital Millennium Copyright Act, DMCA에 규정된 통지 및 삭제 절차에 근간을 두고 있어요. DMCA는 온라인상에서 저작권을 어떻게 집행할 것인가에 대한 규범을 정했습니다. 그로부터 우리가 얻은 것은 삭제하기만 하면 책임이 없다는 개념이었어요. 엄청난 사건이었죠. 그게 없었다면 이베이가 번창하기 어려웠을 테니까요.

피트 헬메: 그리고 1998년 어느 시점에 메그 휘트먼이 부임했을 즈음, 초당 거래 건수가 비자Visa와 마스터카드MasterCard를 능가했습니다. 이건 전환점이었어요. 꽤 멋지긴 했지만, 다른 한편으로는 "오, 이걸 처리해 내야 하는군"이라고 생각했죠.

메이너드 웹: 이베이는 엄청난 성공을 거뒀어요. 그해 1분기 또는 2분기까지 새로운 사용자가 가입하는 것을 허용하지 않았습니다. 재정비하는 동안 방대한 양을 처리할 수 없었기 때문이에요.

브래드 핸들러: 그와 동시에 IPO를 하려고 노력하고 있었어요.

짐 그리피스: 1998년이었고 닷컴 버블은 여전히 컸습니다. 하지만 아시아 통화 시장에서 바닥이 붕괴되고 있어서 일시적으로 중단에 들어갔어요. 그해 봄과 여름에 예정되어 있던 IPO가 모두 취소되었습니다.

스티브 웨슬리: 그러자 사람들은 "시장 상황은 어렵고, IPO를 할 수도 없는데, 심지어 사람들은 온라인 경매가 도대체 무슨 사업인지조차 모른다"고 떠들었죠.

짐 그리피스: 골드만삭스는 1998년 10월에 IPO를 계획했습니다.

스티브 웨슬리: 우리는 말 그대로 골드만삭스에서 가장 진지한 사람들과 함께 있었죠. 그들이 이렇게 물었어요. "비니 베이비, 스포츠 카드, 수집용 카드 산업이 얼마나 크다고 생각하십니까? 100억? 200억?" 그때 제가 벌떡 일어나서 말했죠. "글쎄요, 이제 우리는 1,000개의 카테고리를 가지고 있고, 한 카테고리당 평균 1,100개의 아이템이 있고, 판매율은 ○○입니다. 그리고 이런 속도로 카테고리를 추가하고 있습니다. 그리고 더 많은 영역으로 확대해 가고 있습니다. 그래서 우리는 수십억 달러짜리 회사라고 생각합니다." 골드만삭스 사람들에게 우리가 뭔가를 해낼 수 있다고 확신을 심어 줄 수 있었죠.

짐 그리피스: 우리는 아시아 통화 시장의 실패 이후 최초의 기술 IPO가 될 예정이었고, 많은 추측이 있었습니다. 이게 과연 잘 될 것인가, 안 될 것인가?

브래드 핸들러: 첫 거래가 있기까지 오래 기다려야 했어요. 시장이 열린 지 1시간이 넘었는데, 첫 거래가 터졌을 때 한 50대쯤 되어 버린 것 같았어요. 모두들 삶이 모두 돌이킬 수 없이 변했다는 것을 깨달았습니다. 그 순간, 그 방에 있는 모든 사람은 아마도 부모님이 일생 동안 일군 것보다 더 많은 부를 손에 쥐었을 거예요.

크리스 아가파오: 성대한 파티를 열었어요. 건물 전체를 둘러싸고 춤을 췄어요! 그때는 회사 전체 인원이 모여도 건물 한 층이면 충분한 정도였어요.

짐 그리피스: 정말 멋진 IPO였습니다. 흥미로운 여름이었죠.

메이너드 웹: 1999년 6월 중순 즈음에 이베이에서 처음으로 전화를 받았어요. 그리고 잘 알려져 있지 않지만, 이베이 사이트에 문제가 있었던 적이 있습니다.

제프 스콜: 피에르가 초기에 쉐어웨어^{shareware†}를 기반으로 선택한 것으로 거슬러 올라갑니다. 쉐어웨어 소프트웨어, 쉐어웨어 컴파일러, 쉐어웨

---

† 소프트웨어 회사가 마케팅 용도로 보통 무료로 배포하는 평가 버전의 제품.

어 데이터베이스 등이 있었죠. 그가 이런 선택을 한 이유는 부분적으로 비용 때문이기도 하고 또 다룰 줄 아는 사람을 쉽게 찾을 수 있기 때문이기도 했죠. 그러나 확장성에 문제가 있었어요. 동시 사용자가 너무 많으면 문제가 생길 수 있었죠. 전체 시스템이 중단되거나 데이터베이스 간에 충돌이 생길 수도 있었어요. 우리가 커다란 경쟁에 직면하기 전에는 그것이 악몽이긴 해도 회사의 존폐를 결정할 정도는 아니었죠. 회사가 성장해 가면서 악몽을 넘어 회사의 존폐가 걸린 문제가 되었습니다.

메이너드 웹: 한창 잘 나가다가 1999년 6월 10일에 재앙 같은 정전 사태를 겪었습니다.

스티브 웨슬리: 제가 마케팅을 담당했기 때문에 이런 것에 익숙하긴 했어요. 언론에서 언제 사이트가 정상화되는지 물어보기 시작했어요. 엔지니어링 팀과 15분이 걸릴지 45분이 걸릴지 이야기를 나눴죠. 하지만 그날은 엔지니어링 팀에서는 처음으로 "우리도 모르겠어요"라고 말할 정도였어요. "모른다니 무슨 소리에요?" 안 좋은 상황이었죠.

피트 헬메: 사이트 전체가 먹통이 됐어요. 사람들이 허둥지둥하자 모든 엔지니어링 팀을 모아 놓고 메그가 물었죠. "어떻게 문제를 해결할 수 있을까요?"

제프 스콜: 문제의 일부는 시스템이 어떻게 작동하는지 아는 유일한 사람이 마이크 윌슨Mike Wilson뿐이라는 거였어요. 피에르는 이전에 더웰에서 그와 함께 일했습니다. 마이크는 일주일에 7일을 사무실에서 보낼 만큼 열심히 일했어요. 3년 만에 처음으로 휴가를 낼 정도였죠. 카리브해 어딘가로 떠났고 일주일 동안 연락이 끊겼습니다. 그런데 그 주에 시스템이 다운된 거죠. 피에르는 오랫동안 무슨 일이 일어나고 있는지 몰랐어요. 메그는 엔지니어가 아니었기 때문에 감조차 없었죠. 마이크 팀에 있는 다른 엔지니어들도 마찬가지였습니다. 마이크가 모든 걸 꽉 잡고 있었고, 그래서 아무도 무엇이 잘못되었는지 이해하지 못했어요.

메이너드 웹: 주가는 바닥을 쳤고, 메그는 거기서 밤을 샜어요. 정말 어려웠어요. 직원들은 웹사이트를 되살릴 수 있을지 궁금해하고 있었죠.

제프 스콜: 썬과 오라클, IBM과 다른 컨설턴트를 모조리 불렀죠. 그들은 며칠 동안 쉬지 않고 일했습니다.

메리 루 송: 메그가 간이 침대와 칫솔을 가져왔어요. 직원들은 집에도 못 가고 말라가고 있었죠. 우리는 무슨 일이 일어나고 있는지 알 수가 없었습니다. 모두 두려움에 빠져 있었어요. "도대체 뭐가 문제인 거지?" 주차장에는 방송국 직원들이 진을 치고 있었어요. 마치 갑판 위에 서서 살아남기 위해 문제를 알아내야 하는 기분이었어요.

피에르 오미다이어: 1면 뉴스였습니다. 주차장에 CNN 위성방송 차량이 와 있었어요. 엄청 크더라구요. "세상이 지켜보고 있습니다. 이베이는 사라졌습니다. 없어지고 있어요!"라고 외치고 있었죠.

메리 루 송: 전화를 돌리기 시작했어요. 엔지니어가 아닌 사람들은 모두 고객에게 전화를 걸어서 별 문제가 없는지 확인했죠.

스티브 웨슬리: 사람들에게 그냥 진실 그대로 이야기했어요. 사이트가 너무 빨리 성장했기 때문에 언제 백업을 하는 것이 적당한지 미처 알지 못했다고요. 그러나 문제를 해결하기 위해 인간적으로 할 수 있는 가장 최선을 다하고 있다고요.

제프 스콜: 4~5일이 지났을 때였어요. 엔지니어링 팀이 "우리 판단에 이 문제를 해결하기 어렵겠습니다"라고 말하더군요. 우리 모두 20분 정도 침묵 속에 앉아 있었습니다. 아무리 좋은 뉴스가 가득하더라도 블랙 스완에 대한 걱정이 생기면, 늘 그것을 두려워하게 되요. 음, 그 사건이 바로 우리의 블랙 스완이었어요. 이베이에 대한 사형선고나 다름이 없었고 우리 모두는 충격에 빠져 있었죠. 그때 새로운 생명의 숨결이 불어왔습니다. 바로 그 무렵, 한 앳된 오라클 프로그래머가 말했습니다. "지금 막 뭔가를 찾았는데, 이게 맞을까요?" 완전히 잘못되어 있는 한 줄의 코드

었어요. 그 코드가 문제였고, 패치를 만들고 나니 시스템이 점차 돌아오기 시작했어요.

피트 헬메: 모든 것들을 다시 부팅시키고 제대로 백업을 할 수 있는지 알아내는 데 하루인가 이틀인가가 더 걸렸어요.

제프 스콜: 마이크는 아직 자리를 비운 상태였고, 그는 문제가 있다는 말을 듣고 돌아오는 중이었어요. 그러나 그가 돌아올 때쯤에 메그는 메이너드에게 전화를 했고, 바로 마이크의 임기는 끝이 났습니다.

메이너드 웹: 데이터가 손상된 것은 끔찍한 일이에요. 다행히 모든 데이터 항목을 샅샅이 조사해서 손상이 일어났는지 파악할 필요까지는 없었습니다. 하지만 분명한 것은 새로운 방식을 모색해야 한다는 것이었어요. 저도 메그가 도움을 요청한 사람 중 한 명이었죠.

메리 루 송: 한 달쯤 뒤에 똑같은 일이 벌어진 걸로 기억해요.

메이너드 웹: 수습할 수 있다고 말했어요. 메그가 저를 끌어들였습니다.

피에르 오미다이어: 메그는 인프라와 기술이 매우 중요하다는 사실을 깨달았습니다. 그래서 바로 관련 조직을 구축했죠.

제프 스콜: 우리는 예전 시스템을 두고 좀 더 끙끙거렸죠. 반면에 메이너드는 대체할 수 있는 새로운 시스템을 구축했어요. 그걸로 끝이었어요.

크리스 아가파오: 메이너드는 정말 멋졌어요. 그는 그 당시 모든 기술을 다룰 줄 아는 과학자처럼 보였고, 어떻게 운영하는지 알고 있었어요.

메이너드 웹: 이베이에서의 시간은 정말 정신없었습니다. 한 시도 긴장을 놓을 수 없었죠. 모든 사람이 이 모든 것이 그냥 사라질 것이라고 생각했기 때문입니다. 그 엄청난 꿈이 실현되지 않을 것이라고 말이죠.

피트 헬메: 인터넷의 초기 시절에 아무도 무엇을 해야 할지 몰랐어요. 우리는 가장 빠르게 성장하던 회사 중 하나였음에도, 메이너드는 우리가 무엇을 해야 할지 정확하게 알고 있었어요. 최소한 확실히 우리보다 더 나은 아이디어를 가지고 있었죠.

메이너드 웹: 메그는 6월 정전 사태로 인한 무료 거래일을 진행하겠다고 약속했었어요. 그 말인 즉슨, 우리가 수수료를 포기하는 24시간 동안 사람들이 열광해서 트래픽이 2배에서 3배는 늘어날 것이라는 말이었죠. 확장성 문제가 있었던 상황에서 좋은 일이라고 보기는 힘들죠.

피트 헬메: 우리는 결국 더 많은 장비와 인프라를 갖추고, 더 많은 네트워크를 구축하는 데 엄청난 돈을 쓰게 되었습니다. 모든 시스템을 감시할 수 있는 공간이 있었어요. 마치 온 벽이 모니터로 가득 차 있는 항공 교통 관제실 같았습니다.

메이너드 웹: 제가 공식적으로 부임한 지 9일 지났을 때, 우리는 〈스타트렉 Star Trek〉의 스카티[†] 같았습니다. "커크 대위님! 선장님! 메그가 해 낼 거예요!" 분명히 효과가 있었고, 마케팅 담당자들은 비로소 안심하면서 우리에게 감사를 표하기 시작했어요.

제프 스콜: 만약 감춰진 영웅이 있다면, 그건 바로 메이너드입니다. 그가 이베이를 구했어요.

마이클 말론: 그리고 이베이는 계속해서 성장을 거듭했습니다.

스티브 웨슬리: IPO를 했을 때보다 주가가 24분의 1로 떨어졌어요. 하지만 결국에는 초기 벤처캐피털에게 1,000배의 수익을 안겨 주었죠. 여전히 역사상 가장 높은 수익률 중 하나입니다.

마이클 말론: 그 이후에 이 정도로 빠르게 성장한 기업을 본 건 구글 정도겠네요.

[†] 〈스타트렉〉에서 항해 중에 발생하는 고장을 수리하거나 기술적인 문제를 해결한다. 기적의 기술자라고도 불리운다.

20

인터넷의 생김새
구글, 검색 엔진으로 세계를 정복하다

등장 인물

더글러스 에드워즈	브래드 템플턴	제이미스 맥니븐
데이비드 체리톤	세르게이 브린	존 마코프
래리 페이지	스콧 하산	찰리 에이어스
레이 시드니	앤디 벡톨샤임	케빈 켈리
마리사 메이어	에릭 슈미트	테리 위노그라드
버틀러 램슨	에반 윌리엄스	헤더 케언즈

스탠퍼드 대학원생이었던 래리 페이지와 세르게이 브린은 막 싹이 튼 웹이 점점 무르익어가는 것을 옆에서 지켜봤다. 하지만 그들은 물건을 사고파는 것이나 이야기를 읽고 출판하는 것, 심지어 그레이트풀 데드의 공연 티켓을 얻는 것 등을 모두 인터넷으로 할 수 있다는 가능성에는 도통 관심이 없었다. 둘은 더 고상한 생각을 했다. 박사 학위를 받기 위해 사용하겠다는 것이었다. 페이지와 브린은 컴퓨터공학 박사 학위를 얼른 받고 싶었고, 월드와이드웹은 그 분야의 미개척지였다. 당연하게도 웹을 공부하는 일은 말처럼 쉽지 않았다.

먼저 웹을 이해하기 위해서 박사 학위 과정이 시작되기도 전에 웹 전체를 다운로드해야 했다. 1996년의 웹은 그다지 크지 않아서 기숙사 방에 있는 하드 드라이브에 전부를 다운로드할 수 있었다. 물론 간신히 가능했지만, 용량 부족으로 인해 웹 주소를 수집하고 웹 페이지의 내용을 확인하는 데 제한을 걸 수밖에 없었다. 그러나 페이지와 브린은 웹의 내용에는 관심이 없고 그 체계에만 관심이 있었기 때문에 그러한 제한은 별로 문제가 되지 않았다. 그리고 컴퓨터공학 박사 학위를 열망하는 두 명의 컴퓨터과학자에게 웹은 방정식처럼 보였다. 대략 4억 개의 변수와 30억 개의 조건을 가진 방정식 말이다. 그 방정식은 해결 가능한 것으로 판명되긴 했으나, 아주 간신히 해결되었다. 모든 웹 페이지는 자신을 뜻하는 숫자를 뱉어 냈는데, 페이지와 브린은 그것들을 수많은 카드를 정렬하듯 분류했다. 둘은 자신들의 방정식이 웹에 부여한 질서를 보면서 컴퓨터과학에서 가장 어려운 문제를 무심코 해결했다는 것을 알고 깜짝 놀랐다. 인터넷을 논리적이고 유용하게, 즉 검색이 가능하도록 만든 것이다.

헤더 케언즈: 래리와 세르게이는 스탠퍼드의 박사 과정 학생이었죠. 저는 거기서 그들을 만났어요. 둘 다 박사 과정 치고는 어린 편이었죠. 그 둘이 고등학교를 몇 년이나 조기 졸업했다고 생각했어요.

스콧 하산: 보통 박사 과정 1년 차는 입학하고 한 달 후에 자격시험이라고 부르는 시험들을 보죠. 그 당시에는 10번 정도 시험을 치러야 했어요. 대부분은 10번 중 3~4번은 불합격해요. 그러고 나면 불합격한 시험을 다시 통과하기 위한 지식을 쌓기 위해서 여러 과목을 수강해야 합니다. 이 과정이 2년 정도 걸려요. 그런 다음 2, 3년 차가 되어서야 본격적으로 박사 과정을 시작해요. 아마도 세르게이는 모든 시험을 한 번에 통과한 첫 학생이었을 겁니다. 그것도 완벽하게! 학과에서도 그에게 그다음 과정으로 무엇을 지도해야 할지 몰랐어요. 그래서 그는 그냥 놀기 시작했죠.

데이비드 체리톤: 1994년 혹은 1995년에 세르게이가 컴퓨터공학과 건물 4층에서 롤러블레이드를 탔던 것이 기억납니다. 제 대학원생 몇 명과 함께 말이죠.

스콧 하산: 세르게이와 친했죠. 우리는 자물쇠 따러 다니곤 했는데, 사실 학교에 있는 어떤 문도 열 수 있었어요.

헤더 케언즈: 세르게이는 형편없는 그림을 가지고 제 사무실로 들어오곤 했어요. 제가 미술에 조예가 깊다는 것을 알고 그 그림에 대해 어떻게 생각했는지 물어보려고요. 그가 가져온 그림들은 추상적이고 갈색 바탕에 검정색 얼룩이 있었어요. 확실하지는 않지만, 아마 로스코 같은 걸 흉내 내려고 했던 것 같습니다. 제가 본업에 충실하라고 몇 번이나 이야기하긴 했지만, 그 열정에는 감탄했어요. 세르게이는 허세가 어느 정도 있었고, 외향적인 아이라는 건 확실했어요.

스콧 하산: 다음 해에 래리가 박사 1년 차로 들어왔는데, 너무 달랐죠.

헤더 케언즈: 래리는 내성적이었습니다.

스콧 하산: 세르게이처럼 모든 시험에 합격한 것은 아니었지만, 매우 의욕적이었어요. 맞죠?

래리 페이지: 저는 1995년 박사 과정 때 무인 자동차에 관심이 많았어요. 연구하고 싶은 주제가 10가지나 됐죠.

헤더 케인즈: 사람들을 우주로 보내기 위해 우주 끈을 만드는 것도 그중 하나였어요.

테리 위노그라드: 우주 끈의 기본 개념은 우주에 돌덩이를 놓아두고 지구 궤도를 돌게 한 다음, 끈으로 지구에 연결하면 일종의 우주 엘리베이터가 된다는 것이었습니다. '잭과 콩나무' 같은 이야기예요.

헤더 케인즈: 맞아요. 우주 끈 기억나네요. 그 당시에 둘은 꽤 자주 이야기했어요. 전 그들이 이 아이디어에 대해 진지할 것이라고는 꿈에도 생각지 못했는데, 실제로 꽤 진지했죠.

테리 위노그라드: 그들은 기이하고 싶은 욕망이 강했어요. 소위 '똘끼'가 충만한 부류예요. 또한 한번 시작하면 끝까지 파고들었죠. "아, 우주 끈을 만들 수 있을까? 우주 끈을 만들려면 무엇이 필요할까?" 등등.

세르게이 브린: 래리와 다양한 이야기를 나눴어요. 우리는 꽤 잘 지냈죠.

테리 위노그라드: 세르게이와 래리는 하고 싶은 프로젝트를 찾고 있었어요. 그들은 디지털 도서관 프로젝트에 관심이 있어서, 거기에 참여하게 되었습니다.

스콧 하산: 저는 스탠퍼드에서 연구 조수로 일했지만, 사실 프로그래머에 불과했어요. 작디 작은 방구석에서 디지털 도서관 프로젝트의 첫 부분을 작업하고 있었습니다.

테리 위노그라드: 그 당시에는 온라인 정보라고 하는 것들은 렉시스/넥시스Lexis/Nexis[†]나 과학 저널, 의학 저널과 같은 것이었어요. 다시 말하면, 큰 기관들이 중요한 정보를 모두 독점하던 시대였죠. 만약 당신이 그 정보 중에 무언가를 찾고 싶다면, 그들에게 먼저 돈을 내야 프로그램을 설치할 수 있었어요. 그렇게 해야만 필요한 정보를 검색할 수 있었죠. 하지만 웹이 점점 더 널리 퍼지면서 사람들이 이 많은 정보를 빠르게 다룰 수 있는 무언가를 원하고 있다는 것이 분명했어요. 그렇게 되면 예전처럼

[†] 미국의 법률 정보 유료 검색 서비스다.

특정 기관에 얽매일 필요도 없어지고요.

세르게이 브린: 저는 대량의 데이터를 분석하여 패턴과 추세를 발견하는 것을 의미하는 데이터마이닝data mining에 관심이 많았습니다. 동시에 래리는 웹을 다운로드하기 시작했는데, 이것이야 말로 데이터마이닝을 하기에는 가장 흥미로운 데이터였어요.

래리 페이지: 23살 때 꿈을 꿨는데, 갑자기 깨어나서는 이렇게 생각했죠. "전체 웹을 다운로드해서 이들을 다 연결시킬 수 있으면 어떨까?"

스콧 하산: "웹을 거꾸로 서핑하라!" 꽤 재미있어 보이지 않나요? 마치 "아, 내가 지금 있는 이 페이지는 어떤 페이지에서 넘어온 거지?"라고 말할 수 있게 되는 거죠. 그래서 래리는 누가 누구와 연결되는지 보기 위해 뒤로 가는 방법을 원했어요. 그는 인터넷 서핑이 모두 거꾸로도 가능해지기를 원했어요.

세르게이 브린: 그것은 기본적으로 데이터를 수집하고 우리가 무엇을 할 수 있는지를 보는 것이었습니다.

래리 페이지: 곧 제 지도교수인 테리 위노그라드에게 웹을 다운로드하는 데 2주 정도 걸릴 것이라고 말했어요. 그는 그보다 훨씬 더 오래 걸리리라는 것을 분명 알고 있었지만 현명하게도 굳이 말하지 않고 고개를 끄덕여 주었죠.

스콧 하산: 그래서 래리는 웹 크롤러web crawler를 쓰기 시작했어요. 웹 크롤러는 첫 번째 페이지를 주면 그 페이지를 다운로드한 뒤, 페이지를 훑어 보고 모든 하이퍼링크를 찾아 다시 그 링크들을 모조리 다운로드하는 것을 계속 반복합니다. 그게 웹 크롤러가 작동하는 방식이에요.

테리 위노그라드: 웹 전체를 다운로드하는 것이 그들의 목표였어요. 물론 그 당시 '웹 전체'는 지금과는 매우 다른 의미였죠. 또한 이를 실행하기 위해서 얼마나 많은 저장 공간이 필요한가에 대한 기술적인 문제도 있죠. '기계는 몇 대 필요한가?' '대역폭은 얼마나 되어야 하는가?' 등등 말입니다.

제 말은, 우리가 꼭 해결해야 하는 문제 중 하나는 전체 웹을 크롤링을 하는 데 스탠퍼드의 대역폭만으로도 충분한가에 관한 것이었어요.

스콧 하산: 매우 간단한 형태로 크롤러를 작성한다면 엄청 느릴 수밖에 없었어요. 페이지를 가져오고 해당 항목이 다시 올 때까지 기다려야 하기 때문이죠. 이미 수백만 개의 웹 페이지가 있었고 한 페이지를 다운로드 하는 데 1분이 걸린다고 하면, 분당 다운로드하는 것보다 분당 더 많은 페이지가 만들어지므로 그 작업은 영원히 끝낼 수 없었습니다.

테리 위노그라드: 수십만 페이지를 찾고 다운받는 것은 큰 일이었죠.

스콧 하산: 1995년 가을 무렵이었을 거예요. 래리와 그의 사무실에서 어울리기 시작했어요. 위노그라드 사무실 근처에 있었는데, 정말 큰 사무실이었습니다. 래리는 거기서 이 프로젝트를 쭉 하고 있었죠. 그 당시에는 주변 사람들의 프로젝트를 도와주는 것에 정말 조심스러웠어요. 한 번이라도 도와주면, 계속해서 저를 프로그래머로 이용해 먹으려고 했기 때문이죠. 그래서 저는 래리도 도와주고 싶지 않았어요. 특히 그 프로젝트는 더욱 그랬어요. 그는 자바Java라는 언어로 크롤러를 작성했는데 문제점이 한두 개가 아니었어요. 자바는 썬이 개발했는데, 리눅스 환경에서 개발할 때 특히나 버그가 엄청나게 많이 발생했어요. 그래서 저는 직접 자바 코드를 고쳐 주는 대신에 자바의 실행 환경과 리눅스 운영체제를 고치는 것을 도왔습니다.

테리 위노그라드: 대학원에도 서열이란 게 있습니다. 박사 과정 학생에게는 소위 '독창적인 연구'를 할 것으로 기대하나 석사생은 그렇지 않죠. 석사생에게 기대하는 바는 수업을 잘 이해하고, 무엇을 연구하고 싶은지 탐색하고, 누군가 프로그래밍 지원이 필요하면 제때 도와주는 것 등이었어요. 스콧은 석사 과정 학생이었고요.

스콧 하산: 그 당시 래리는 100페이지를 동시에 다운로드하려고 했어요. 그리고 저는 자바와 연관된 버그를 몇몇 고치고 있었는데, 몇 달은 아니더

라도 몇 주 동안은 했던 것 같아요. 저는 생각했죠. '와, 이건 미친 짓이야!' 이 기초적인 작업을 고치는 것에만도 엄청난 시간을 쓰고 있었거든요. 그래서 어느 주말, 그의 코드를 모두 버려 버리고 그가 몇 달 동안 작업해 온 것을 주말 동안 빠르게 다시 써 내려갔어요. 정말 질려 버렸거든요. 제가 잘하는 파이썬Python이라는 언어를 사용한다면 아무 버그 없이 돌아갈 줄 알았어요. 결과적으로 3만 2,000페이지를 동시에 다운받을 수 있도록 썼어요. 그렇게 래리는 100페이지를 다운로드하지 않고 한 대의 기계로 3만 2,000페이지를 동시에 다운받을 수 있게 되었죠.

테리 위노그라드: 스콧은 천부적인 프로그래머예요. 저는 그 회의에 참석하지 않았기 때문에 정확히는 모르지만, 보통 이렇게 흘러갔다고 합니다. 래리가 "좋아, 우리는 X, Y, Z를 할 수 있는 코드 조각이 필요해"라고 하면 스콧이 바로 가서 그것을 만드는 식이었어요.

스콧 하산: 월요일에 그에게 제 결과물을 보여 주게 되어 정말 기뻤지만, 래리는 그것을 쓱 보더니, "좋아, 여기 이 문제가 있는 것 같구나, 이것도 문제가 있는 것 같아"라며 바로 3가지 다른 문제를 지적했어요. 결과적으로, 무엇이 문제인지 알려 주면 제가 고치는 식으로 일하는 방식이 빠르게 바뀌었죠. 물론 저는 애초에 버그가 발생하지 않도록 엄청 노력했어요.

1996년 3월, 스콧이 개선한 새로운 크롤러는 인터넷 전부는 아니더라도 상당한 규모인 1,500만 개의 웹 페이지를 돌아다녔다. 즉, 웹을 거꾸로 서핑하는 것이 가능해진 것이다. 이어지는 질문은 '왜 거꾸로 서핑하는 것이 필요한가?' '백 링크back link가 당신에게 알려주는 것은 무엇인가?' '이 정보는 무엇에 도움이 되었는가?' 등이다.

래리 페이지: 애초부터 검색 엔진을 만들려던 것은 아니었어요. 그 아이디

어는 심지어 제 레이더망에 있지도 않았어요.

스콧 하산: 이 사업을 시작했을 때, 이미 시장에는 몇 개의 검색 엔진 서비스가 있었죠.

존 마코프: 야후는 실제로 인터넷상의 정보를 일일이 손으로 분류하여 이를 구조화하려고 했어요. 그런 다음 임의의 문자열을 입력하고 결과 목록을 가져올 수 있는 검색 인터페이스를 만들었어요.

브래드 템플턴: 그 후 1995년 12월에 알타비스타Alta Vista가 출시되자마자 많은 인기를 누리기 시작했어요. 알타비스타의 빠른 검색 속도 때문에 원래 사용하던 검색 서비스에서 갈아탔답니다.

스콧 하산: 상황이 이렇다 보니 아무도 검색 엔진 시장에 뛰어들고 싶어 하지 않았어요. 그것이 '연구'의 수준을 넘어섰기 때문이죠. 스탠퍼드 대학에서는 근본적으로 새로운 것을 추구하는 것을 미덕으로 삼았기 때문에 이미 충분히 연구된 분야는 할 수 없었죠. 쿨하지 않잖아요.

존 마코프: 당시에 검색 엔진이 너무 많았습니다. 사방에 널려 있었어요. 크롤러를 만들고 웹을 다운로드하는 것은 구글의 돌파구가 아니었어요. 혁신은 페이지랭크PageRank[†]에 있어요.

테리 위그노그라드: 저는 래리가 웹상에서 무작위로 돌아다니는 것에 대해 이야기한 것이 기억납니다. 이를 "랜덤 서핑"이라고 불렀죠. 여러분이 웹상 어느 페이지를 들어가든 무수한 링크를 발견할 수 있어요. 그중에 하나를 무작위로 골라서 가는 겁니다. 그리고 나서 이 작업을 자동 프로그램으로 무한에 가깝게 반복해요. 만약 모든 사람이 이런 일을 하고 있다면 당신은 대부분의 시간을 어디에서 보낼까요? 만약 대부분의 사람이 저를 향하고 있다면, 당신 또한 결국 저를 통할 가능성이 높지 않겠어요? 즉, 저는 매우 중요하기 때문에 무수한 트래픽을 얻게 되는 겁니다. 더 나아가서, 제가 당신을 가리키고 있는데 저로부터 뻗어 나가는 링크

---

† 사람들이 많이 인용할수록 영향력이 높아져 웹의 순위가 올라가는 알고리즘.

가 오직 당신밖에 없다면 당신 또한 많은 트래픽을 받을 수 있을 거예요. 제가 트래픽을 많이 얻으면 당신도 많아질 수밖에 없기 때문이죠. 이 네트워크를 통해 이동하는 트래픽을 통계적으로 생각해 보세요. 누가 교통량을 가장 많이 확보할 수 있을까요?

스콧 하산: 래리가 랜덤워크random walk를 하자는 아이디어를 제시하기는 했지만, 그걸 실제로 구현하는 법은 몰랐습니다. 오히려 세르게이가 그것을 보고는 "아, 저건 매트릭스의 고유 벡터를 계산하는 것 같아!"라고 하더군요.

세르게이 브린: 기본적으로 우리는 전체 웹페이지를 수억 개의 변수를 가진 큰 방정식으로 변환했어요. 그리고 그것을 링크라고 부르는 모든 웹 페이지의 페이지 순위와 수십억 개의 논리 집합으로 분류했습니다. 그렇게 우리는 그 방정식을 풀 수 있었답니다.

테리 위그노그라드: 어렵게 생각하면 페이지랭크에 대해 환상을 가질 수 있겠지만, 쉽게 말해서 래리의 직관을 구현한 것이었어요.

스콧 하산: 세르게이는 페이지랭크를 보자마자 "좋아, 그런데 이걸 계산하려면 4기가바이트의 메인 메모리가 있는 컴퓨터가 필요해"라고 말했어요. 그 당시에는 4기가바이트의 메인 메모리가 있는 컴퓨터를 갖고 있다는 것은 말도 안 됐어요. 알고 보니 컴퓨터공학과에 한 대 있었는데, 그래픽 연구실이었습니다. 그 기계는 무지막지하게 컸는데, 메모리가 잔뜩 들어있었고 그래픽에 사용하고 있었어요. 그래서 래리는 그 큰 컴퓨터에 접속해서 몇 시간 동안 알고리즘을 실행했고, 일단 계산되면 다시 빠져나왔죠.

세르게이 브린: 모든 웹 페이지는 고유의 숫자가 있어요.

래리 페이지: 그 컴퓨터가 계산한 산출물을 보고는 "우와, 진짜 대박이네. 우리가 예상한 대로 웹 페이지들의 순위가 나왔어!"라고 외쳤습니다.

존 마코프: 아주 간단한 생각이었어요. 제일 인기 있는 거를 먼저 보여 주는

방식이죠. 페이지랭크는 다른 사람들이 중요하다고 생각하는 것을 알려 주는 알고리즘이었습니다. 그리고 그걸 검색 결과의 순서를 결정하는 메커니즘으로 사용했어요.

세르게이 브린: 그리고 우리는 백러브BackRub라는 검색 엔진을 개발했어요. 상당히 원시적이었고 실제로 웹 페이지의 제목만 살펴봤을 뿐이었습니다. 하지만 관련성 높은 검색 결과를 보여 준다는 측면에서 이미 당시 여러 검색 엔진보다 훨씬 잘 작동하고 있었습니다. 예를 들어, 스탠포드를 검색하는 경우, 스탠퍼드의 홈페이지를 바로 찾을 수 있었어요.

스콧 하산: 그래서 모두를 앉히고 "이봐, 우리 완벽한 검색 엔진을 새로 만들어 보자!"고 했어요. 그러자 래리와 세르게이 둘 다 이 프로젝트는 방대한 작업이 될 거라 했죠. 저는 "아니, 아니, 아니, 사실은 그렇게 복잡한 작업은 아닐 거야. 나는 그걸 어떻게 해야 하는지 정확히 알고 있다고!"라고 했어요.

버틀러 램슨: 검색 엔진은 크게 2가지 요소가 필요합니다. 하나는 웹을 크롤링해서 모든 페이지를 수집하는 것이고 다른 하나는 그것들을 색인하는 작업이에요.

스콧 하산: 책의 뒷부분을 보면 종종 색인이 있죠? 검색 엔진을 개발하는 것은 바로 그러한 작업을 하는 거예요. 다만 모든 단어를 작업해야 하지만요.

버틀러 램슨: 그리고 물론 오늘날에는 관련성을 부여하는 게 세 번째 요소가 되었습니다. 질문에 어떻게 대답할지를 알아내야 한다는 거죠.

스콧 하산: 6주에서 8주만에 우리는 구글의 전체 구조를 아주 빠르게 구축할 수 있었습니다. 세르게이와 저 둘뿐이서 새벽 2시부터 6시까지 하던 게 다였죠. 보통 새벽에만 작업했는데, 낮에 하면 제 선임에게 야단맞을 것 같았거든요. 당시에는 검색 엔진을 만드는 것은 연구 과제로 여겨지지 않았어요.

세르게이 브린: 1997년까지 우리는 이미 여러 가지 다른 기술을 개발하고

있었습니다. 예를 들어, 다음과 같은 질문을 하는 하이퍼텍스트 분석이 있었어요. '페이지에 있는 용어는 모두 어디에서 왔는가?' '그것들의 글꼴 크기는?' '어떤 것들이 헤더header[†]인가?' 그리고 심지어는 '이 페이지와 밀접하게 연결된 페이지의 텍스트는 무엇인가?' '그 텍스트는 무엇에 관한 것인가?' 페이지랭크는 중요한 요소였지만, 우리는 그걸 이 하이퍼텍스트 분석을 기반으로 한 관련성 측정과 결합해 봤어요. 그 두 기술이 연동되자 검색 엔진은 더욱 잘 작동하더군요.

스콧 하산: 검색 엔진이 어느 정도 돌아가기 시작하자, 래리는 소소하게 인터페이스를 구축했죠. 그 페이지에 들어가면 페이지 상단에 박스 한 개가 있었는데, 현재 구글의 검색창과 매우 흡사해요. 검색창만 달랑 하나가 있었죠. 그 검색창 옆에는 "어떤 검색 엔진을 사용하고 싶습니까?"라고 쓰여진 선택창도 있었어요.

브래드 템플턴: 선택창에는 익사이트Excite, 라이코스Lycos, 알타비스타, 인포식Infoseek, 잉크토미Inktomi가 있었어요. 잉크토미는 버클리 캘리포니아 주립대학에서 개발된 거였죠.

스콧 하산: 다른 검색 엔진 중 하나를 선택해서, 아무거나 검색어를 입력하여 검색 결과를 출력하면, 스크린이 반으로 쪼개졌어요. 왼쪽에는 선택한 검색 엔진의 검색 결과를 표시하고, 오른쪽에는 우리의 검색 결과를 보여 줘서 나란히 비교할 수 있도록 했어요. 그래서 래리는 페이지랭크 라이선스를 팔려고 모든 검색 엔진 기업에게 연락했죠.

데이비드 체리톤: 래리와 세르게이가 검색 기술을 라이선스로 팔려는 아이디어를 가지고 찾아온 게 대략 1997년쯤인 것 같은데, 저는 이러한 접근이 별로 성공할 것 같지는 않다고 말했어요. 막상 현실에서는 "와, 이건 정말 중요한데, 우리가 이것을 직접 개발할 역량이 모자라니 라이선스 계약을 체결합시다!"라고 말할 검색 엔진 기업을 찾기가 무진장 어려울

[†] 저장되거나 전송되는 데이터 블록의 맨 앞에 위치한 보충 데이터.

테니까요.

스콧 하산: 래리는 박사 학위를 마치고 싶었던 터라 기술을 원하는 기업이 있으면 바로 팔고 싶어 했어요.

데이비드 체리톤: 어쨌든 그들은 라이선스를 매각하려고 이리저리 시도했죠. 구글의 흥미로운 초기 창업 스토리는 그때부터가 시작인 것 같아요. 만약 그때 그냥 팔기로 했다면 200만 달러 정도 벌었을 거예요.

스콧 하산: 익사이트Excite의 CEO 조지 벨George Bell과 미팅을 하러 가는 길이었어요. 그가 우리가 만든 선택창에서 익사이트를 선택하고는 '인터넷'이라고 입력하자 검색 결과가 한 쪽에 쭉 떴는데, 대부분이 중국어로 되어 있었죠. 구글 쪽에서는 모자이크나 관련성 높은 내용이 검색되었습니다. 그걸 보더니 그가 굉장히 화가 났죠. 그런데 꽤나 우스꽝스러웠던 것은 그가 매우 방어적으로 돌변했다는 점이었어요. 그는 "우리는 당신의 검색 엔진이 필요 없습니다. 우리는 사람들이 우리 사이트에 더 머물기를 원하기 때문에 검색을 쉽게 만들고 싶지 않습니다"라고 하더군요. 미친 거죠. 물론 '사람들을 당신 사이트에 머물게 하고, 그들이 떠나게 하지 않도록 하라'는 생각이 당시에 확실히 대세이긴 했어요. 차를 몰고 돌아오는 길에 래리와 했던 말이 기억나는군요. "사용자들은 당신의 웹사이트에 검색을 하러 오는데 최고의 검색 엔진이 되고 싶지 않다고? 말도 안 돼! 그런 회사는 죽은 회사야!"

세르게이 브린: 아이러니하게도, 1990년대 말에 대부분의 포털은 검색 엔진으로 시작했습니다. 야후는 예외였지만, 익사이트, 인포섹, 핫봇Hot-Bot, 라이코스는 검색 엔진으로 시작했죠.

데이비드 체리톤: 검색 서비스는 사업가들이 개입하자 다른 길을 걷기 시작했습니다. 그들은 검색 사이트의 사업 모델이 신문과 다를 게 없다고 단정지었죠. 신문에서 검색은 아주 작은 부분이라 사업이라 말할 수도 없었어요. 스포츠 코너가 어디에 있는지 알려 주는 색인 정도에 불과했으

니까요.

세르게이 브린: 검색은 수백 가지의 서비스 중 하나 정도로 여겨질 뿐이었습니다. 그들은 그 수백의 서비스 모두에서 성공할 수 있다고 생각한 것 같습니다.

데이비드 체리톤: 1년쯤 지난 후에 그들이 와서 검색 라이선스를 어디에도 팔지 못했다고 투덜거렸어요. "그거 봐, 내가 그럴 거라고 했잖아"라고 말하지는 않았지만, 속으로 약간의 우쭐함을 느끼긴 했어요.

테리 위노그라드: 그 무렵, 래리와 세르게이가 현실 세계에서 실제로 영향력을 미치고 있다는 것이 분명해졌어요. 그러자 그들은 논문 위원회를 만족시킬 실험을 하는 것이 아니라, 그 검색 기술을 성장시키기 위해 에너지를 쏟고 싶어진 것 같았어요.

세르게이 브린: 1998년 여름이었어요. 그 당시에 우리는 컴퓨팅 자원을 찾기 위해 여기저기 뒤지고 다녔어요. 학교 여러 부서의 컴퓨터들을 훔쳤습니다. 우리는 썬, IBM, 일반 컴퓨터 등 온갖 종류의 컴퓨터를 합쳤어요.

헤더 케언즈: 그들은 선반에서 서버를 떼어 내고 있었어요. 유저들 사이에서 입소문을 타고 트래픽이 엄청 몰리고 있었습니다.

래리 페이지: 우리가 스탠퍼드 네트워크 전체를 다운시켰어요. 상당 기간 동안 아무도 스탠퍼드의 컴퓨터에 로그인할 수 없었습니다.

헤더 케언즈: 그리고 당연하게도 스탠퍼드로부터 떠나라는 정중한 통보를 받았죠.

래리 페이지: 스탠퍼드는 "성공하지 못하면 다시 돌아와서 박사 학위를 마쳐도 된다"고 했어요.

데이비드 체리톤: 둘은 투자자를 모으는 게 쉽지 않을 것이라고 생각했지만, 저는 돈이 큰 문제가 아닐 것 같았죠. 내 말이 틀리지 않았음을 직접 증명해야 할 처지가 되자, 앤디 벡톨샤임에게 연락했어요.

세르게이 브린: 썬 마이크로시스템즈의 설립자 중 한 명이자 스탠퍼드 선배

였죠.

데이비드 체리톤: 앤디가 관심이 있다고 하여 우리 집에서 만나기로 했어요. 앤디는 포르쉐를 몰고 왔고요. 둘은 구글의 검색 엔진에 대한 시범을 보여 주기도 했고 여러 가지 논의도 꽤 했어요.

래리 페이지: 그들은 우리가 정말로 회사를 차리기를 원하는 것 같았어요.

앤디 벡톨샤임: 물론 문제는 '어떻게 돈을 버느냐'였죠. 아이디어는 '음, 스폰서드 링크sponsored link†를 만들고, 그걸 클릭하면 5센트를 과금한다' 정도였어요. 그래서 재빨리 계산을 해 보고는 '좋아, 하루에 5센트로 100만 번의 클릭을 하면, 하루에 5만 달러야. 적어도 파산하지는 않겠군!'이라고 생각했죠.

데이비드 체리톤: 앤디는 갑자기 일어나서 그의 포르쉐로 다시 걸어가더니 수표를 가지고 왔어요. 그러고는 래리와 세르게이에게 그 자리에서 투자해 주었죠.

세르게이 브린: 그는 10만 달러짜리 수표를 주었는데, 엄청 인상적이었어요. 이 수표는 당시 존재하지 않았던 '주식회사 구글Google INC'에게 발행되었는데, 이것도 큰 문제였습니다.

래리 페이지: 예금 계좌도 없었고, 회사도 없었고, 아무것도 없었어요.

데이비드 체리톤: 앤디가 돈을 건네면서 말했어요. "세부 사항은 나중에 챙기고 바로 사업을 시작해 봅시다."

세르게이 브린: 우리는 실제로 회사의 가치 평가나 그런 것들에 대해 논의하지 않았죠. 데이비드는 그런 논의가 좋은 방향으로 마무리될 것이라고 믿었고, 실제로 그가 옳았어요. 다음 미팅에서 투자의 모든 세부 사항을 확정했어요. 우리가 만약 투자 조건에 동의하지 않는다면, 투자가 아니라 대출로 처리해도 되는 상황이었어요. 그는 우리를 좋아했고 우리가 앞으로 나아가도록 밀어주고 싶었던 것 같아요.

---

† 상단에 광고주의 웹 페이지를 노출시키는 광고 기법.

래리 페이지: 그 과정은 꽤 비현실적이었습니다.

세르게이 브린: "투자받기 무지 쉬운데!"라는 느낌이었죠.

브래드 템플턴: 그리고 그들은 버닝맨에 참가하러 가 버렸어요.

레이 시드니: 세르게이는 웹사이트에 버닝맨 로고를 붙였고, 그것이 최초의 구글 낙서Google Doodle[†]였어요.

마리사 메이어: 다른 어떤 것보다도 강력한 부재 중 메시지였어요. "우리는 모두 버닝맨에 갔음"이라고 쓰여 있었으니까요.

브래드 템플턴: 버닝맨에 함께 간 구글 파견대가 있었어요. 마리사에게 결코 하지 말았어야 할 무례한 말을 했죠. 발가벗은 그녀를 보고 싶다는 말을 했어요. 이제는 그녀가 기억하지 못하길 바랍니다.

마리사 메이어: 기억합시다. 그땐 다들 어렸어요. 좋은 동료이자 친구였고요.

스콧 하산: 저는 숙소를 책임졌고 세르게이는 음식을 담당했어요. 그는 육해군 보급품 가게에 가서 전투 식량을 싹쓸이해 왔습니다. 엄청 신기한 게, 작은 봉지에 물을 부으면 그 안에서 화학 작용이 일어나면서 정말 정말 뜨거워졌어요. 그 열로 요리할 수 있다 보니 난로가 필요 없었어요. 아니 아무것도 따로 가져갈 필요가 없었죠. 우리는 세르게이의 차를 타고 버닝맨을 참가해 마냥 돌아다녔습니다.

제이미스 맥니븐: 1998년에는 버닝맨에 참가하는 사람들이 약 15,000명뿐이어서 진짜 여유롭고 재미있었어요. 많은 공간이 매우 넓게 펼쳐져 있었습니다.

스콧 하산: 우리는 사실 거창하게 캠프라고 할 것까지는 아니고 작은 텐트를 준비했습니다. 그리고 이곳저곳을 구석구석 돌아다녔습니다.

브래드 템플턴: 세르게이는 초기 몇 년간은 실제로 새벽 늦게까지 일하고 나서는 회사 어디에서든 누울 만한 곳이면 그냥 자버렸어요.

[†] 구글은 특정한 날이나 행사를 기리는 차원에서 홈페이지에 해당 이미지를 붙이는 경우가 있다.

구글은 버닝맨에서 돌아온 식후 법인화되었다.

헤더 케인즈: 그들은 제게 앤디 벡톨샤임, 제프 베조스, 데이비드 체리톤으로부터 받은 10만, 20만 달러의 수표로 가득 찬 폴더를 건네주었습니다. 당시에 저는 은행 계좌도 개설하지 못할 정도로 정신없이 바빴다 보니, 그 수표들은 몇 주 동안 줄곧 제 차 뒷좌석에 박혀 있었어요.

레이 시드니: 저는 그전까지 초기 단계의 스타트업에서 일해 본 적이 없었어요. 막상 해 보니 너무 강렬했어요. 첫 주에 두 번이나 밤을 샜을 정도니까요. 우리는 엄청난 기회를 만들어 가고 있었지만, 동시에 아직 해결하지 못한 불확실성도 엄청 컸어요. 그러다 보니 사업이 잘 되도록 하기 위해 할 수 있는 모든 것을 하고 싶었고, 그래서 죽기 살기로 했어요. 위대한 비전을 가졌으니까요.

케빈 켈리: 래리 페이지를 만날 기회가 있었어요. 그의 동생 칼이 『와이어드』와 같은 건물에서 일했거든요. 래리와 함께 파티에 있었는데, 당시는 아직 구글이 상장하기 전이었고 사업 모델이랄 게 없었어요. 광고도 팔지 않았을 때니까요.

헤더 케인즈: 사업 계획이 없었어요. 세르게이와 브린은 자기들의 진짜 사명使命은 "지구를 지배하는 것"이라고 진심으로 말하곤 했습니다. 속으로는 "당신이 원하는 게 뭐든 간에, 제때 월급만 잘 챙겨 주시죠. 그리고 몇 년 후에 회사가 망하면 난 내 길을 갈 겁니다"라고 생각했죠.

케빈 켈리: "래리, 이해가 안 돼요. 무료 검색의 미래가 뭡니까? 당신이 어디로 가려고 하는지 모르겠어요"라고 묻자 래리가 "검색에 별로 관심이 없어요. 우리는 인공지능을 만들고 있으니까요"라고 했어요. 구글의 사명은 설립부터 검색을 더 좋게 하기 위해 인공지능을 사용하는 것이 아니라, 인공지능을 개발하기 위해 검색을 사용하는 것이었습니다.

헤더 케인즈: 지구를 지배하자!? 현실은 7명이 모여서, 그중 한 명 집에 다 같이 머무르며 일을 하는 거였죠. 그때 외치던 게 저 문구예요.

레이 시드니: 구글의 첫 번째 도약은 차고를 포함한 수잔 워치츠키 집의 절반에서 이루어졌어요.

헤더 케언즈: 우리는 차고에 있던 수잔의 세탁기와 건조기를 사용할 수 있었어요. 물론 침대 방에서 일했지, 차고에 있지는 않았습니다. 모든 스타트업이 차고에서 시작하는 게 미덕이지만요.

데이비드 체리톤: 제가 가 본 적이 있는지 가물가물하긴 한데, 거기는 마치 남학생 전용 기숙사 같았어요. 전문적인 기업과는 거리가 멀었죠. 솔직히 말해서, 제가 투자한 후에는 이 사람들이 정말 회사를 진지하게 생각하는지 아닌지가 한동안 감이 오지 않아서, "글쎄, 나는 티셔츠 하나에 20만 달러를 썼어"라고 말하곤 했어요.

헤더 케언즈: 파티가 진짜 장난 아니었어요. 오피스 파티의 기준은 말할 것도 없고, 누가 봐도 미친 것 같았어요. 가끔은 100명이나 되는 사람들이 와서는 우리가 영화사에서 받아온 영화 소품을 가지고 놀면서 파티를 하기도 했으니까요. 뜨거운 물이 나오는 욕조도 있었다니까요? 심지어 파티 후에 그냥 가져가도 되고요.

데이비드 체리톤: 유니버시티가University Avenue에 있던 사무실은 옳은 방향으로 한 걸음씩 내딛고 있었어요.

브래드 템플턴: 팔로알토 시내에 있는 이 사무실 공간은 그들의 모티브가 된 거대한 풍선 의자와 여러 물건으로 가득 찼죠.

마리사 메이어: 장식용 전기 램프가 특히 기억에 남는데, 나중에 그 전구들의 색깔을 본 따서 구글의 로고 색깔로 정했기 때문이에요. 탱탱볼도 장식용으로 있었는데, 그것도 꽤 웃겼어요.

찰리 에이어스: 래리와 세르게이를 처음 만났을 때, 구글은 여전히 유니버시티가에 있는 자전거 가게 위에 본사를 두고 있었어요. 전혀 사업처럼 보이지 않았습니다. 뭐랄까, 20대 중반의 아이들이 그냥 빈둥거리고 있는 것 같았어요.

마리사 메이어: 찰리는 구글이 쇼라인 캠퍼스Shoreline campus[†]로 옮겨간 다음에 들어왔어요.

찰리 에이어스: 면접을 보러 갔던 때가 기억나는데, 래리는 어렸을 때 토이저러스Toys"R"Us[‡]에서 산 것 같은 커다란 공 하나를 튕기며 놀고 있었어요. 전혀 전문가답지 않았고, 어린애 같은 태도였습니다. 일을 즉흥적으로 그때그때 다르게 처리하는 그들과 일하는 데는 문제가 없었지만, 제 관점에서 보면 정말 이상한 면접이었죠. 한 번도 그런 면접은 본 적이 없었으니까요. 그냥 스스로 미쳤다고 생각하게 내버려 두었어요. 요리사가 필요치 않은 사람들이었어요!

헤더 케언즈: 저는 전前 그레이트풀 데드 요리사를 고용했다는 사실에 매우 놀랐어요. 왜냐하면 구글의 즉흥성이 찰리가 오면서 빠르게 확산되었기 때문이죠. 구글의 반체제적인 문화 이야기를 좀 더 해 볼까요!

찰리 에이어스: 래리의 아버지는 엄청난 히피였어요. 그는 일요일 밤마다 라디오에서 그레이트풀 데드의 토크쇼를 틀곤 했죠. 래리는 그레이트풀 데드 환경에서 자랐다고 볼 수 있어요.

래리 페이지: 우리는 평범함과는 거리가 다소 먼 사람을 모집하기 위해 애썼습니다.

찰리 에이어스: 구글에는 복장을, 향수를, 행동을 규제하는 꼰대스러움이 없었습니다. 암묵적인 규칙은 다음과 같죠. "양복을 입고 나타난다고? 넌 불합격이야!" 정장을 입고 나타나기를 원했던 지원자들에게 "너답게 행동해 줘. 집에 가서 편한 옷으로 갈아입고 내일 다시 와"라고 했던 적도 있었죠. 많은 기업이 그렇게 하지 않겠지만, 구글은 실리콘밸리를 대표하는 새로운 기업이 되는 것에 열중하고 있었어요. 구글 이전에는 애플이 그 자리를 차지했어요. 애플은 지붕 위에 해골과 십자가 깃발까지

[†] 구글은 사내 건물을 캠퍼스라고 명명한다.
[‡] 미국의 대표적인 장난감 백화점.

단 회사였으니까요. 그 당시 구글도 '꼰대는 꺼져' 정신이 있었어요. 다시 한번 말하지만, 구글은 실리콘밸리에서 이전에 아무도 하지 않았던 일들을 하고 있었습니다. 그들은 자신이 옳다고 믿는 것을 하고 있었어요. 저는 항상 그들이 정말 쿨하다고 생각했어요.

래리 페이지: 우리 회사는 정말 재미있는 문화가 많았습니다. 넷스케이프에서 차용한 애완견 정책도 있어요. 두 페이지짜리 문서인데, 직장에서 강아지와 할 수 있는 것과 할 수 없는 것을 설명하고 있어요.

헤더 케언즈: 일주일에 하루는 애완동물을 직장에 데려와도 괜찮다고 말했어요. 그러자 직원들은 도마뱀, 고양이, 강아지를 데리고 오기 시작했는데, 와 세상에, 온갖 것이 문을 통해 들어오고 있었어요! 살짝 당황했어요. 저는 직장에 강아지를 데리고 오면, 일을 제대로 하지 못할 거라 생각했거든요.

래리 페이지: 우리는 회사 전체를 데리고 매년 타호Tahoe에 스키 여행을 갑니다.

더글러스 에드워즈: 스쿼Squaw 계곡 등산을 했는데, 뭐랄까, 의무적으로 참석해야 했어요. 일종의 업무의 연장선이었으니까요.

레이 시드니: 첫 번째 스키 여행은 1999년이었어요. 이 여행은 확실히 수년간 인기 있는 행사가 되었죠.

찰리 에이어스: 저는 그레이트풀 데드의 세계에서 왔기 때문에 파티를 할 줄 알죠. 그러다 보니 스쿼 계곡으로 스키 여행을 갈 때 고삐 풀린 파티를 기획하는 역할을 맡았어요. 결국 회사도 제가 원하는 것을 모두 해 주기로 했죠. 저는 '찰리의 소굴'을 만들었어요. 우리는 라이브 밴드와 디제이도 초대하고 트럭에 실을 수 있는 만큼의 술과 냄비 한 다발을 사서 간자구볼ganja goo ball[†]도 만들었어요.

사람들이 제게 다가와 "나 지금 환각을 보고 있어요. 저것들은 도대체

[†] 대마초가 들어간 간자버터로 만든 과자.

뭐예요?"라고 하지 뭡니까. 마치 영화 〈행오버 The Hangover〉[†]에서 튀어나온 것 같았어요. 여자들은 온몸에 침을 질질 흘리고 있고, 남자들은 의자에 기절해 있었으니까요.

래리 페이지: 우스꽝스러운 옛 추억이죠.

헤더 케언즈: 찰리는 래리의 사생활을 늘 신뢰했지만, 우리는 항상 세르게이가 회사에서 직원이랑 데이트를 할까봐 걱정했어요.

찰리 에이어스: 세르게이는 구글의 플레이보이였어요. 그는 마사지실에서 회사 직원과 놀아나다 걸리는 걸로 유명했다니까요. 어찌어찌 넘어가긴 했지만.

헤더 케언즈: 그리고 우리는 자물쇠가 없었어요. 그러니 뭔 짓을 하든 막을 방도가 없었어요. 기억하세요, 우리 대부분은 저를 제외하고는 20대 중반의 청춘이었어요. 저만 35살의 늙은이였죠. 그래서 다들 피가 끓었어요.

찰리 에이어스: 인사 팀에게 세르게이의 대답을 전해 들었는데, "왜 하면 안 되죠? 그들은 내 직원인데?"라나요. 참나, 직원은 떡치라고 뽑은 게 아니라고요! 그런 행동은 하면 안 되는 거였어요.

헤더 케언즈: "아 젠장. 언제 성희롱으로 소송당해도 이상하지 않아." 그게 제 가장 큰 걱정거리였어요.

찰리 에이어스: 셰릴 샌드버그 Sheryl Sandberg가 입사하고 나서야 회사 내의 모든 것에 엄청난 변화가 일어나기 시작했어요. 양복을 입고 면접에 온 사람들이 실제로 채용되었으니까요.

헤더 케언즈: 에릭 슈미트가 합류했을 때, 저는 생각했어요. "이제 기회가 왔어. 이 사람은 진지해. 이 사람은 진짜야. 이 사람은 세간의 이목도 높아." 물론 그도 엔지니어여야 했어요. 그렇지 않으면 래리와 세르게이가 만족하지 않을 테니까요.

세르게이 브린: 래리와 저는 1년 넘게 찾아다녔고, 실리콘밸리의 최고위 임

[†] 미국의 코메디 영화로, 주인공들이 과음 후 벌이는 사건사고를 그린다. 행오버는 숙취를 뜻한다.

원을 50명이나 떨어뜨려 버렸어요. 하지만 에릭은 경험이 많고 유일하게 버닝맨에 간 사람이었어요.

에릭 슈미트: 모두 함께 버닝맨에 갔었죠.

세르게이 브린: 우리는 버닝맨이 중요한 기준이라고 생각했어요. 그는 문화적으로도 아주 적합했고요. 우리는 함께 어울리면서 의논하고 중요한 의사결정을 해요. 더 많은 회사가 문화적으로 적합한 사람인지를 따져 보고 채용해야 합니다.

찰리 에이어스: 많은 사람이 슈미트가 오는 것을 보고 정말 기뻐했어요. 구글의 공식적인 큰 어른이었거든요. 당시에는 어른을 찾으려면 건물 한 바퀴를 돌아다녀야 했을 정도로 없었어요.

헤더 케언즈: 그가 처음 출근하고 나서 했던 공개 연설 중 하나가 기억나네요. "저는 여러분이 우리의 진정한 경쟁자가 누구인지 알았으면 좋겠습니다"라고 말한 뒤, "바로 마이크로소프트입니다"라고 못 박았죠. 그러자 모두가 "뭐라고?"라는 반응을 보였어요.

레이 시드니: 에릭은 구글 이전에 다녔던 회사인 썬 마이크로시스템즈에서 최고기술책임자CTO였어요. 그 회사도 마이크로소프트가 다 해 먹기 전까지는 완전 잘 나갔죠. 몇 년에 걸쳐 PC의 성능이 훨씬 좋아지면서 사람들이 미친 듯이 비싼 워크스테이션을 살 이유가 점점 없어졌어요. 실리콘그래픽스에서도 똑같은 일이 일어났죠? 실리콘그래픽스는 썬보다 더 우수한 시스템을 보유했음에도 PC에게 따라 잡혔죠. 그러다 보니 에릭은 이러한 위험을 미리 예견할 만한 경험이 쌓여 있었어요.

헤더 케언즈: 에릭 슈미트는 "마이크로소프트는 독과점이고, 우리가 그들의 레이더에 잡히지 않는 한 기회가 있어요. 그래서 저는 그들이 우리를 쳐다보는 것조차 원치 않아요. 그들이 우리에 대해 알기를 원하지 않습니다"라고 말했어요. 하지만 "마이크로소프트는 검색 엔진이 아니잖아요!"라고 응수하자, 그는 "그건 중요하지 않아요. 우리가 그들의 레이더

에 잡히자마자, 그들은 우리를 격파하려고 할 것이기 때문이에요"라고 답했습니다.

테리 위노그라드: 제가 참여했던 경영진 회의가 기억나네요. 그 회의는 구글이 마이크로소프트의 감시하에서 할 수 있는 것이 무엇인가에 관한 것이었어요. '캐나다'는 마이크로소프트의 코드명이었습니다. 마이크로소프트는 크고 북쪽에 있었기 때문이죠. 기본적으로 마이크로소프트가 구글을 위협으로 판단하면 구글을 격파할 수 있다는 느낌이 들었고, 그런 반응을 일으키지 않도록 구글이 알아서 확실하게 교통 정리를 해 주기를 바랐습니다.

에반 윌리엄스: 다음 버전의 윈도우 운영체제에 자체 검색 엔진이 탑재될 것이라는 말이 돌았어요. 매우 불안했고 실로 걱정이었어요. 어떻게 그들과 경쟁할지.

헤더 케언즈: 에릭 슈미트의 연설을 듣고 "와. 우리가 마이크로소프트에 위협이 된다고 생각하네. 누구 놀리나?"라고 생각했던 게 기억납니다. 그 연설 이후로, 저는 구글이 제가 이해하는 것보다 더 많은 영향을 끼치고 있다는 것을 깨닫게 됐어요.

마리사 메이어: 슈미트의 연설은 우리가 전에 구체적으로 이야기했던 것보다 더 큰 비전이었어요. 우리의 시야를 밝혀 준 중요한 순간이었습니다.

21

공유의 아이러니
냅스터, 산업의 판도를 바꾸다

등장 인물

데이비드 보이스	숀 패닝	하워드 킹
라스 울리히	애론 시틱	행크 베리
마크 핀커스	에일린 리처드슨	힐러리 로슨
모비(리처드 멜빌 홀)	알리 에이다	
숀 파커	조던 리터	

1990년대 후반 닷컴 버블과 그에 따른 사회적 흥분은 실리콘밸리와 미국 사회를 집어삼켰다. 모니카 르윈스키Monica Lewinsky†가 아니었더라면 기자들은 온통 인터넷 세상에 대한 기사만 썼을 것이다. 전통적인 미디어는 새로운 미디어에 주목하기 시작했다. 수백만 명이 모뎀을 사고, 넷스케이프를 설치하고, ISP와 계약을 체결해 인터넷을 쓰기 시작했다. 이러한 과정을 거쳐 많은 사람이 이 사이버 세상을 직접 보기 위해 로그인했으나, 그중 일부는 실망감에 로그아웃하곤 했다. 누군가는 이베이 혹은 버섯처럼 빠르게 증식하던 다른 여러 이커머스 사이트를 통해서 물건을 샀다. 또 다른 누군가는 콘텐츠의 질이 말도 안 되게 들쑥날쑥한 인터넷이라는 도서관에서 구글을 이용해 다양한 주제를 검색했다. 또 썩닷컴과 같은 초기 웹진을 보면서 웃고 즐기는 사람도 있었다. 1999년 냅스터Napster가 나타나기 전까지는 그것이 인터넷을 통해 즐길 수 있는 전부에 가까웠다.

냅스터는 음악 파일을 검색하는 데 최적화된 음악 파일계의 구글과 같은 검색 엔진이었다. 그리고 그것이 판도라의 상자를 열었다. 이제 전 세계의 모든 음악은 언제든 누구나 따 갈 수 있는 탐스러운 과일이 되었다. 냅스터는 음악을 훔치기 위한 도구였을까? 아니면 공유하기 위한 도구였을까? 스튜어트 브랜드의 격언 "정보는 자유로워지길 원한다"의 의미에 대한 논쟁이 뜨거워지다 못해 이를 지지하는 측과 반대하는 측 간의 총격전 수준으로 격해졌다. 냅스터가 신세대와 구세대, 미래와 과거, 그리고 실리콘밸리와 그 외의 세계를 나눠 버렸다.

숀 패닝: 냅스터가 성공적으로 런칭했던 시점이 어땠었는지 설명하기 무척 힘드네요.

조던 리터: 아주 오래 전 이야기입니다. 당시엔 마이스페이스MySpace‡가 쿨

---

† 전 미국 대통령 빌 클린턴의 섹스 스캔들 상대.

‡ 2000년대 초반 인기 있었던 소셜 미디어.

했고, 구글은 아직 잘 되기 전이었어요. 페이스북도 없었어요. 그런 것들이 아직 대세가 되기 전의 이야기죠.

숀 패닝: 저는 당시에 18살이었어요. 세상에 대해서 잘 모르던 시절이었죠.

알리 에이다: 저는 숀이 15살이던 시절부터 그를 알았어요. 그가 봤을 때 저는 조언을 구할 수 있는 연장자였죠. 저도 당시 23살에 불과했지만요.

마크 핀커스: 숀 파커가 1996년 여름에 프리로더Freeloader[†]에 와서 일했어요. 그는 당시에 14살이었죠. 프리로더는 그때 워싱턴에 있는 유일한 인터넷 회사였어요. 잠깐이긴 했으나 인터넷에서 바이럴을 통해 유명세를 떨친 최초의 회사였죠. 프리로더가 인수됨에 따라 샌프란시스코로 이사를 하게 되었습니다. 샌프란시스코는 인터넷 사업을 위한 허브 같았어요. 인터넷 사업을 한다면, 반드시 샌프란시스코에 있어야 했죠.

에일린 리처드슨: 저는 시카고에 있던 어느 벤처캐피털의 파트너로 근무하고 있었어요. 당시에 저는 인터넷이 세상을 바꿀 것이라고 믿었죠. 다른 파트너들은 인터넷은 그냥 기술의 또 다른 흐름 정도이며 곧 없어질 것이라고 했지만, 저는 "동의 못 해요. 안녕히 계세요. 저는 실리콘밸리로 갑니다"라고 이야기했어요. 그때가 1998년도였습니다.

알리 에이다: 닷컴 붐이 일던 시기였고, 저는 시카고의 어느 은행에서 시들어 가고 있었습니다. 카네기멜론 대학 컴퓨터공학 학사 학위를 가지고 있었는데, '내가 왜 시카고의 은행에 있는 거지? 나는 실리콘밸리에 있어야 해. 닷컴 붐과 함께하면서 어떻게든 재미를 봐야겠어'라고 생각했어요. 그래서 1999년 8월에 실리콘밸리로 왔어요.

조던 리터: 저는 돈 받고 일하는 해커였어요. 그 당시만 해도 해킹의 중심지라고 불리던 보스턴 시내에 살고 있었죠. 뉴욕도 아니고, LA도 아니고, 심지어 실리콘밸리도 아닌, 보스턴이 그 당시엔 해킹의 중심지였어요.

[†] 마크 핀커스가 1995년에 창업한 회사로, 서비스 출시 7개월 만에 인디비주얼Inidividual, Inc.,에 3,800만 달러의 기업 가치로 인수되었다.

21. 공유의 아이러니 | 427

그리고 저는 그 중심에 있었죠.

숀 파커: 숀 패닝과 저는 음지에서 활동하는 해커 모임인 컴퓨터 언더그라운드computer underground에서 만났어요. 우린 교외에 살았고, 컴퓨터과학에 관심이 있었고, 우리와 관심사를 공유하는 많은 온라인상의 사람들과 어울렸죠.

조던 리터: 패닝의 온라인 닉네임이 바로 '냅스터'였고, w00w00이라는 해커 채널에 속해 있었어요. 어느 날 그가 "야, 여기에 exe 파일 하나가 있는데 한번 실행해 봐"라고 해서 채널에 있던 우리 중 몇 명이 파일을 다운받아 실행했습니다. 우리 10명 정도의 해커를 제외하고는 그 파일을 사용하는 사람은 아무도 없었죠.

숀 패닝의 프로그램은 바로 주목을 받았다. 냅스터에 합류한 최초의 사람은 숀 패닝의 친구였던 숀 파커와 조던 리터였다. 파커가 사업 계획을 수립하는 동안 리터는 냅스터 프로그램을 많은 사람이 쓸 수 있도록 기존 코드를 수정했다. 당연히 사용자가 몰려들기 시작했고, 바로 이어서 돈이 몰려왔다. 실리콘밸리의 투자자들은 제2의 넷스케이프, 제2의 이베이 등, 또 다른 대박 아이템을 찾는 데 혈안이 되어 있었다.

조던 리터: 저는 냅스터에 집중하고 있었어요. 우리는 냅스터 일을 시작하자마자 모두 빠져들어 정신이 없었고, 5월쯤부터 냅스터가 정식 서비스되기 시작했어요. 아마 한 100명 정도의 사용자가 있었을 때인데 기분이 너무 좋았어요. 그렇지 않겠어요? 저는 어렸고, 또 약에 반쯤 취한 상태로 있었거든요. 제가 했던 최고의 일 중 몇 개를 약에 취한 상태로 했고, 취해서 일하는 게 좋았어요. 실제로 제가 작성한 냅스터 코드의 대부분은 약에 취한 상태로 썼습니다. 그냥 이런 건 솔직하게 말하고 싶어요. 저는 냅스터라는 회사가 생기기 전부터, 지분도 없고 임금도 없을 때부

터, 코드를 짰어요.

어쨌건 저는 기술 분야에서의 공동창업자였습니다. 당시엔 그런 용어 혹은 인식조차 없었죠. 아무도 엔지니어가 중요하다고 생각하지 않았으니까. 숀 파커와 저는 거의 교류가 없었어요. 파커는 명백하게 해커의 열성 팬이었어요. 그는 매우 지적이었는데, 마이너한 부류였던 해커 무리에 끼고 싶어 했죠. 하지만 그 목표를 이룰 수가 없었어요. 어려웠습니다. 왜냐하면 우리 해커들은 왕따거든요. 우린 사회적 왕따였어요. 어떻게 왕따들에게 거부를 당하죠?

마크 핀커스: 숀 파커는 유닉스Unix 프로그래머였어요. 정확히는 그가 그렇다고 주장했어요. 그때도, 또 지금도 그의 특기는 무엇이 다음에 사람들 입에 오르락내리락 할 아이템인지를 알아차리는 예리한 감각이에요.

숀 패닝: 우리가 계속 서비스를 만들고 확장해 나가는 동안, 숀 패닝은 비즈니스와 법적인 부분을 다뤘습니다. 차근차근 일을 해 나가고 있었죠.

조던 리터: 그러던 어느 날이었어요. 아마 6월쯤이었을 거예요. 숀 패닝으로부터 꽤 중요한 메시지를 받았어요. "이런 젠장! 존이 회사를 차렸는데, 나를 회사 소유권에서 제외시켜 버렸어." 그 메시지를 받자마자 새파랗게 질렸습니다. 숀 패닝은 자라는 동안 아버지가 없었고, 존은 그의 삼촌이었어요. 그는 자동차 영업 사원 같은 부류의 사람이었어요. 누군가를 떠밀어서 뭐든 하게 만들었죠. 존은 숀에게 알리지도 않고 회사를 차렸고, 자신에게 70%의 지분을 부여했습니다. 우리를 침몰시킨 실수를 딱 하나만 고르라고 하면, 제일 엿 같은 실수를 하나만 고르라고 하면, 바로 존을 막지 못한 거예요. 왜냐하면 투자를 받아야 하는 시점이 되었을 때, 아무도 자기가 왕이라는 듯이 구는 무례한 존과 이야기하려 하지 않았기 때문이죠. 어쩔 수 없이 우린 최선의 선택이 아닌, 차선의 차선의 차선의 선택에 만족해야 했어요. 처음 회사가 설립될 때부터 냅스터는 실패할 수밖에 없는 구조였던 거죠.

마크 핀커스: 숀 파커가 저에게 냅스터의 사업 계획을 이메일로 보내 주면서 숀 패닝과 함께 일하고 있다고 했어요. 숀 파커는 이 음악 다운로드 서비스가 폭발적으로 성장하고 있고, 새로운 서버를 추가할 때마다 계속 성장하니, 더 많은 서버를 구축하기 위해 자금이 필요하다고 했어요. 보통 이런 상황은 투자하기 좋은 신호죠. 개발 중인 제품을 모두가 이용하고 있고, 그래서 돈이 더 필요하다는 상황이니까요. 그래서 저는 수십만 달러를 투자했고, 그게 그들이 받은 최초의 투자였어요.

숀 패닝: 우리는 존 패닝의 친구인 요시 암람Yosi Amram에게서도 돈을 받았어요.

에일린 리처드슨: 요시는 제가 보스턴에서부터 몇 년간 알고 지내던 사람이었어요. 저보다 조금 일찍 실리콘밸리로 왔죠. 그리고 그때쯤 그가 제게 "이거 한번 보세요. 제 생각엔 당신이 관심을 가질 만한 것 같아요"라고 이야기했습니다. 저는 집에 가서 냅스터를 다운받았어요. 그리곤 "세상에. 이거야! 이게 바로 내가 찾던 거야!"라고 외쳤어요. 그래서 요시가 수십만 달러를, 저도 수십만 달러를 투자했어요.

그 돈이 투자될 당시에 투자 조건은 3가지였다. 첫째, 존 패닝은 냅스터에서 손을 뗀다. 둘째, 회사는 실리콘밸리로 옮긴다. 셋째, 회사는 경영과 관련된 전문적인 도움, 이를테면 '어른의 관리 감독'을 받아야 한다.

숀 패닝: 숀 파커와 저는 노스 캘리포니아로 이사왔어요. 우리는 몇 명을 채용했고, 회사가 차려졌죠.

알리 에이다: 제가 실리콘밸리로 온 지 한 3주 정도 지났을 때, 존 패닝으로부터 전화를 한 통 받았어요. 그는 "내 말을 절대 믿지 못할 거야. 숀 패닝이 진행하는 프로젝트가 엔젤 투자를 받았고, 샌프란시스코로 이사를 했어. 너는 꼭, 꼭 그들을 만나 봐야 해"라고 이야기했어요. 그래서 팔로

알토 시내의 레스토랑에서 그들을 만났죠. 사실 숀이 아직 학교에 다니던 약 10개월 전, 그가 냅스터의 전체 콘셉트를 말해 준 적이 있어요. 그리고 그때 저는 그에게 말했죠. "그건 잘 안 될 거야. 사람들은 바이러스 때문에라도 너희가 만든 프로그램을 설치하려고 하지 않을 거거든." 사람들이 인터넷에서 다운받은 프로그램을 자기 하드 드라이브에서 열 것이라는 생각 자체가 받아들이기 무척 힘들었는데, 냅스터가 성공하기 위해선 모든 사람이 반드시 그렇게 행동해야만 했어요.

우리가 팔로알토의 레스토랑에서 다시 만났을 때, 저는 여전히 같은 생각을 가지고 있었습니다. 숀은 좀 더 기술적인 부분에 대해서 설명해 줬어요. 그는 자기 삼촌의 케이블 모뎀을 통해서 최초의 서버를 만들었던 당시의 이야기와 너무 트래픽이 많아서 모뎀이 고장난 이야기를 해 주었어요. 그리고 숀 패닝과 숀 파커 둘 다 저에게 왜 냅스터가 엄청나게 크게 성장할 것인지를 알기 쉽게 설명해 줬어요. 젊은 세대만 음악에 빠져 있는 것이 아니라, 젊은 세대의 부모는 물론 조부모에 이르기까지 연령대와 상관없이 누구든 특정 음악은 반드시 좋아한다고 말이죠. 그 이야기는 냅스터가 접근 가능한 시장의 규모가 매우 크다는 것을 의미했어요. 즉, 이 지구에 존재하는 모든 인간이 잠재 고객이었죠. 저는 차츰 왜 냅스터가 크게 될 것인지를 이해하기 시작했습니다.

숀 파커: 보세요. 당신이 온라인 활동을 하면서 성장해 왔다면, 시간의 문제일 뿐 결국 모든 사람이 MP3를 공유하리라는 점을 알게 됐을 거예요.

조던 리터: 우리는 합법적인 MP3 라이브러리를 보유하고 있었고, 그걸 모두와 공유했습니다. 우리는 '와우! 이건 완전 쿨해! 완전 멋있어!'라고 생각했죠. 모두가 냅스터에 흥분했어요.

숀 파커: 이게 성공하지 않을 거라고 생각한 순간은 한 번도 없었어요. 오만함이 아니었어요. 그냥 우린 '이미 존재하는 그 어떤 것보다 더 나은 프론트 엔드 인터페이스를 만들어야지'라고 생각할 뿐이었죠.

에일린 리처드슨: 냅스터는 흥미로운 무언가를 발견하면, 그걸 10배는 더 낫게 만들었어요.

마크 핀커스: 〈매트릭스The Matrix〉 같았습니다. 모두의 컴퓨터가 모두와 바로 직접 연결되어 있었어요. 하나의 거대한 하드 드라이브와 같았죠. 당신이 'Madonna, Like a Virgin'을 검색하면, 450만 대의 컴퓨터가 현재 접속해 있고 12,125개 버전의 'Like a Virgin' 파일이 있어서 그중 하나를 골라서 다운로드받으면 됐죠.

행크 베리: 그건 지하실에서 워프 드라이브warp drive[†]를 발명한 것과 같은 수준으로 기적적이었어요.

알리 에이다: 자, 이제 숀 패닝이 어떻게 냅스터의 콘셉트를 잡게 되었는지 말씀드릴게요. 그가 1998년 노스이스턴 대학 기숙사 방에 있을 때였어요. 그땐 웹이 세상에 나온 지 몇 년 안 된 시점이었죠. 당시의 웹 페이지는 지금과 비교할 때 좀 비밀스럽게 설계되어 있었어요. 모든 것은 HTML에 기초해 있었고, 당시엔 플래시도 인터랙티브한 콘텐츠도 없었죠.

숀 패닝: 음악을 다운로드할 수 있는 웹사이트는 대부분 전통적인 검색 엔진과 매우 유사하게 설계되어 있었어요.

알리 에이다: 그리고 검색 엔진에서 가수의 이름과 노래 제목을 검색하면, 꽤 높은 확률로 MP3 파일을 다운로드받을 수 있는 웹 페이지를 발견할 수 있었죠.

에일린 리처드슨: MP3는 그냥 하나의 포맷입니다. 냅스터가 나오기도 전에 이미 존재했던 포맷이었고, 우리는 음악을 그런 포맷 안에 보관하고 있었어요.

행크 베리: MP3는 CD에서 트랙 하나의 음원을 압축한 것으로, 40메가바이트에 달하는 음원을 3에서 4메가바이트의 파일로 압축시킬 수 있었죠.

알리 에이다: 만약 우리가 아직도 모뎀을 썼다면, 이 방식은 작동하지 않았

[†] 〈스타 트렉Star Trek〉에 등장하는 빛보다 빠른 우주선에 사용되는 가상의 엔진.

을 거예요. 너무 느렸거든요.

숀 패닝: 당시에 저는 기숙사 구석 방에 있었어요. 방 옆에는 공용 공간이 있는 인접한 두 개의 방이 더 있었고요. 거기에 총 5명의 학생이 있었습니다. 그중 하나가 엄청난 음악광이었어요. 그리고 그는 음악을 다운받기 위해서 꽤 규칙적으로 수업을 빼먹었죠. 음악을 다운받을 수 있는, 실제로 작동하는 웹사이트 발견하면 그냥 수업을 땡땡이 쳤어요.

알리 에이다: 숀은 그의 룸메이트가 음악을 찾아다니는 모습을 관찰했고, 자신도 거기에 가담하기 시작했어요. 그들이 아티스트 이름과 노래 제목의 조합으로 검색을 했더니 100개 정도의 결과값이 나왔는데, 그중 99개의 링크는 죽은 링크였어요.

숀 패닝: 그 이유는 전통적인 검색 엔진이 정해진 서버에서 콘텐츠에 색인 작업을 했기 때문입니다. 이 경우는 PC에 있는 음악 콜렉션이 되겠죠. 문제는 사람들은 컴퓨터가 색인 작업을 끝내면, 그냥 컴퓨터를 꺼 버린다는 거예요.

알리 에이다: 그래서 그 링크를 클릭하고 '파일을 찾을 수 없습니다'라고 뜨면, 아무것도 다운받을 수가 없었어요. 거기에 파일이 있질 않으니까. 그럴 때마다 숀은 룸메이트가 엄청나게 짜증내는 것을 목격했어요. 자기도 짜증이 났죠. 그래서 정리하면, 대학생들이 있었고, 그들은 음악에 빠져 있었고, 음악을 들었어요. 그리고 결정적으로 인터넷이 연결되어 있었어요. 최적의 조합이었죠.

조던 리터: 독창성은 3가지 조합으로 만들어져요. 역경, 희소성, 필요성. 이 3가지만 있으면 새로운 것을 발명할 수 있습니다.

에이린 리처드슨: 당시 사람이 이해하지 못한 것은 냅스터가 기술이 아니라는 점이었어요. 발명이었죠.

알리 에이다: 그래서 숀은 생각했어요. "왜 그 사람이 접속해 있는지 아닌지 추적할 수 있는 중앙 서버가 없을까?" 만약 서버가 존재한다면, 어떤

사람이 즉시 제공 가능한 콘텐츠가 있는지 검색할 수 있을 것이고, 그 사람이 접속해 있다면 그 파일을 검색 결과에 보여 주고, 그 사람이 접속해 있지 않다면 그 파일을 검색 결과에 보여 주지 않을 수 있죠.

숀 파커: 저는 숀이 이렇게 말하면서 대화한 것을 기억해요. "봐, 우리는 중앙집중화된 색인을 만들 필요가 있어. 그래서 내가 로그인할 때마다 그 색인이 내가 가진 모든 파일에 대해서 알려 주고, 그 파일들을 검색 가능하게 만들어 주지. 그리고 내가 다운을 받기 위해선, 그 색인을 공유해야 하지. 일종의 상호 교환 같은 거야. 그리고 이 모든 것은 내 할머니가 할 수 있을 정도로 쉬워야 해."

행크 베리: 그는 내려가서 『비주얼 베이직 기초Introduction to Visual BASIC』 책을 샀어요. 냅스터는 그가 최초로 작성한 소프트웨어예요.

숀 패닝: 그게 처음 짠 소프트웨어는 아니에요. 그전에도 많은 소프트웨어를 작성했죠. 다만 제가 작성한 최초의 윈도우 소프트웨어는 맞습니다.

행크 베리: 그는 거기에 앉아서, 포기하지 않고, 완강하게 모든 것을 하나로 만들었어요. 기술로 이 모든 것을 만들었죠.

알리 에이다: 그래요. 모든 것은 잘 정제되었고 깔끔했죠. 그런데 엄청나게 똑똑하다고 할 만한 건 따로 있습니다. 숀은 기발한 기술적 해법을 찾았어요. 제가 파일을 당신한테서 다운받는다고 가정해 봐요. 다운로드가 중간에 어떤 이유로든 중단되면, 냅스터 서버는 바로 당신이 가지고 있는 파일과 동일한 파일을 찾아내서 끊김 없이 다운로드가 다시 진행돼요. 다운로드를 받는 입장에서는 그 차이를 느낄 수 없어요. 그러한 일이 벌어졌다는 것을 알아차리지도 못하죠. 이 모든 일은 자동으로 이루어지고 완전무결한 파일을 매번 다운받을 수가 있어요. 냅스터가 성공했던 가장 큰 이유는 완전한 파일을 언제나 다운받을 수 있기 때문이었어요. 냅스터의 콘셉트를 생각해 낸다? 그것도 기숙사 방안에서? 정말이지 우화에 가까운 이야기예요. 정말 믿기 힘들죠. 하지만 당시에 어떤

일들이 있었는지 이해하고, 그 기술적인 결들 안으로 들어간다면? 대단하게 느껴지기 시작할 거예요. 유레카를 외칠 만하죠.

조던 리터: 시간을 두 달 정도 앞으로 당겨 보죠. 회사는 이제 외형을 완성했고, 투자가 되었고, 경영진도 고용했죠. 이 모든 것이 반대편에서 일어나고 있어서, 저는 뭐가 어떻게 되고 있는지 몰랐어요. 저는 비행기를 타고 실리콘밸리에 도착했어요. 실리콘밸리에 와 본 적 없는 소년은 "와 젠장, 여기는 환상적이야"라고 외칠 수밖에 없었죠. 밤의 실리콘밸리는 엄청나게 환각적이고 정신 나가게 하는 그런 경험을 선사했어요. 산이 있고, 빛이 그 산 위에 흩뿌려져 있고, 바다는 건너 편에 있었죠. 말 그대로 대단했어요. 저는 패닝, 파커, 알리에 의해 고용되었고 바로 냅스터 사무실로 갔죠.

알리 에이다: 산마테오 시내의 4층짜리 건물이었어요. 우린 가장 꼭대기 층에 있었죠.

조던 리터: 방으로 들어갔고, 아주 심각하게 뭔가가 잘못되고 있다는 기분이 들었어요. 제 목 뒤의 털이 곤두서는 것을 느낄 정도였죠. "냄새가 뭔가 이상해. 이게 옳다는 생각이 안 들어." 패닝은 이미 이성을 잃었죠. 저는 18살짜리가 이 전체 상황을 컨트롤할 거라곤 예상하지 못했어요. 18살이었다고요! 그리고 숀 파커가 있었죠. 약에 취해 있었고, 뭔가 초조해 보였어요. 아마 코카인을 했겠죠. 그리고 에일린이 있었어요. 정말 환한 미소와 패기만만한 에너지로 가득 찬 사람이었어요. 경영진 모두가 듣거나 만나 보지 못한 사람들이었어요. 저는 이 사람들을 믿지 못했어요. 그래서 머뭇거렸죠. 그런데 알리, 제가 좋아했던 알리 에이다는 정말 친화력이 좋았고, 친척 같은, 커뮤니티 그 자체와 같은 존재였어요. 그래서 알리와 저는 저녁과 아침을 모두 함께 보내며 이곳의 환경과 사람들과 역사와 어떻게 앞으로 나아갈지에 대해서 이야기했어요.

알리 에이다: 우린 그 빌딩에서 1년을 보냈어요. 냅스터의 근간을 만든 시

간을 그 빌딩에서 보냈죠.

모비: 1999년 초에 친구가 제게 냅스터를 보여 줬어요. 넷스케이프 브라우저와 다이얼업 모뎀을 쓰면서 굉장히 하이테크 소프트웨어를 쓰고 있다고 느꼈어요. 흥미로웠죠. 하지만 그게 미래에 어떤 일로 이어질지 이해할 만한 통찰력이 없었어요.

에일린 리처드슨: 100만 사용자를 기록했을 때 엄청 흥분했던 게 기억나요. 사무실에서 작게나마 기념 이벤트도 했죠. 우린 냅스터가 새로운 단계로 진입했음을 알았어요.

숀 파커: 미적인 감각에서 냅스터는 최악이었어요. 추하고 조악했으며, 마이스페이스만큼이나 엉망으로 보이는 윈도우 프로그램이었죠.

힐러리 로슨: 냅스터를 처음 본 것은 1999년 여름이었어요. 불법 소프트웨어 관련 부서의 장이 제 사무실로 들어오더니, 냅스터를 키고는 "아무 노래나 골라 봐요"라고 했어요. 제 기억으론 그 주에 출시된 노래를 골랐던 거 같네요. 그런데 냅스터에 올라와 있었죠. 모두 놀랐어요. 그건 매우 아름다웠고 간단했죠. 그리고 우린 생각했어요. '이건 말할 수 없을 정도로 훌륭하지만, 너무나 명백하게 불법이다'라고요.

행크 베리: 그 이후의 사람들이 이렇게 말하는 게 세련되어 보일 수도 있어요. "오, 맞아요. 멋진 일이었고, 엄청난 잠재성을 봤어요. 하지만 불법인 것 같아서 곤란했죠." 하지만 그렇게 말하는 건 기만이에요. 거짓말이고, 조작이죠.

힐러리 로슨: 당시에 냅스터는 제 관심을 끌었어요. 이미 작은 규모의 사업으로 전환되고 있었거든요. 그래서 에일린 리처드슨과 처음으로 이야기를 했어요.

에일린 리처드슨: 저는 "그래요. 저희가 어떤 것을 위반하고 있는지 말해 주세요. 그러고 나서 다시 이야기하죠. 그리고 우리가 뭘 할 수 있는지도 보고요." 그러자 꽤 속물 같은 느낌으로 그녀가 말했어요. "당장 나가

서 『빌보드Billboard』 잡지를 사서 열어 보세요. 거기엔 200위 권까지 순위가 있죠. 당신들은 그 모든 노래에 대해 불법 행위를 하고 있는 겁니다"라고 말했죠. 저는 할 말이 없었어요. 그녀는 "서비스를 닫으세요!"라고 했어요. 저는 "닫으라고요?"라고 되물었죠. 우린 아무 것도 가진 게 없었고, 파일을 직접 제공하고 있지도 않았어요.

숀 패닝: 저는 냅스터의 불법 여부가 그렇게나 논란이 될 거라곤 예상하지 못했어요. 왜냐하면 그 당시에는 이미 많은 검색 엔진이 콘텐츠의 링크를 제공하고 있었고, 냅스터도 그렇게 링크를 제공하는 엔진 중 하나로 생각했기 때문이죠.

알리 에이다: 창업자와, 투자자 그리고 저는 냅스터가 합법이라고 생각했어요. 냅스터의 서버에는 아무런 저작권 관련 콘텐츠가 저장되어 있지 않았거든요. 서버에 콘텐츠가 하나도 없었어요! 게다가 콘텐츠가 우리 서버를 거쳐서 이동하는 것도 아니었어요. 하나의 컴퓨터에서 다른 컴퓨터로 이동할 뿐이었죠.

행크 베리: 냅스터는 네트워크 밖에서 데이터가 교류되는 최초의 소프트웨어였어요.

숀 파커: 냅스터 출시 이전에 웹은 단방향이었어요. 클라이언트-서버 모델이었고, 서버에 저장된 데이터에 접속해야만 정보를 알 수 있었죠. 그건 개인이 출시되는 정보를 수동적으로 소비하는 방송 시스템과 같았죠. 양방향 도로가 아니었어요. 하지만 냅스터가 런칭된 순간, 인터넷의 가능성을 완전히 사용할 수 있게 되었죠. 모두가 정보를 나누고 있었어요. 모두가 컨텐츠를 다운로드 하고 있었구요. 모든 것이 인터랙티브했고, 그게 인터넷 본연의 가능성이었어요. 냅스터는 시대에 앞선 것이죠.

행크 베리: 지금은 그게 일반적이죠. 그게 페이스북이고, 그게 인터넷 애플리케이션이라고 불리는 것들의 기본이죠. 하지만 숀이 그렇게 하기 전에는 양방향성이 기본이 아니었어요. 그전까지 모든 것은 전통적인 미

디어와 같았어요. 마치 "우리가 지금부터 프로그램을 틀건데, 너는 그냥 보기만 하면 돼"라고 하는 것 같았죠.

알리 에이다: 냅스터가 중앙 서버에 가지고 있던 것은 사람들이 가지고 있는 파일 이름에 대한 정보뿐이었어요. 그게 다였죠. 심지어 그 파일에 무엇이 들어 있는지 알 수도 없었어요. 정말로 그냥 파일 이름뿐이었죠. 기본적으로 구글이 하고 있는 것이랑 같은 거죠. 구글과 다른 점은 구글은 각 페이지의 단어들까지 색인 작업을 한다는 거죠. 당시에는 '이건 정말 또 다른 종류의 검색 엔진일 뿐이야'라고 생각했어요. 냅스터에서 우리가 만든 건 그게 다였어요. 콘텐츠를 복사할지 말지 여부는 개인이 선택하는 것이었죠.

에일린 리처드슨: 변호사가 참여했고, 변호사 검토 보고서에는 이렇게 쓰여 있었어요. "이 물건을 개인적인 용도로 사용할 수 있어요. VCR, 카세트 테이프와 같이 공유가 가능해요. 친구를 위해서 믹스 테입을 만들어 줄 수 있어요." 그게 우리가 받은 법률 검토였죠.

힐러리 로슨: 저작권 관련하여 법률 검토를 받고 난 후에, 그들은 저작권 침해 보조 혐의와 관련하여 책임이 있다는 사실을 깨달았죠. 직접적인 저작권 위반은 아니었어요. 냅스터가 스스로 음악을 업로딩하고 있는 것은 아니었으니까요. 대신 사용자가 직접적인 위반을 하는 데 도움을 주고 있었어요.

행크 베리: 저작권 침해 보조와 관련해서 가장 큰 사건 중 하나가 '베타맥스 Betamax' 사건이었어요. 1970년대와 1980년대 초반에 영화 스튜디오들이 소니를 상대로 소송했던 건인데, 소니가 만든 비디오 레코더와 관련있었어요. 스튜디오들은 만약 사람들이 집에서 TV을 보다가 녹화한다면 어떻게 될지를 생각하기 시작했어요. 그러고는 "세상에나. 만약 그렇게 되면 우리는 끝나는 거야"라고 결론 내렸죠. 그래서 소니를 고소했어요. 7년이나 걸려서 대법원에 갔죠. 그리고 판결은 이랬습니다. "그래요. 이

특정 기술은 저작권 침해에 사용될 수 있어요. 거기엔 의심의 여지가 없죠. 그런데 동시에 굉장히 좋은 사용 방안 또한 많아요. 우리는 이렇게 양방향으로 사용될 수 있는 테크놀로지를 마주칠 때, 그 신기술을 조심스럽게 보호할 것입니다." 베타맥스 사건에서는 녹화 버튼이 달려 있는 VCR을 만들었다고 소니가 저작권 침해 보조의 책임을 질 일은 아니라고 판결했어요. 그게 냅스터가 저작권 침해 보조를 저질렀다고 생각하지 않은 근간이었어요.

조던 리터: 그건 대단한 논리였어요. 그렇지 않나요? 그건 틀리지 않았어요. 불확실하지도 않고요. 하지만 완전한 진실은 아니었어요. 당신이 한 손을 내민다면, 다른 손으로 무언가를 취하고 있는 거죠.

알리 에이다: 그래서 그때쯤 도덕적인 질문들을 던지기 시작했어요. 이를테면 "잠깐만, 우리가 뭔가를 훔치고 있나? 원래 대로라면 내가 돈 내고 사야 하는 건데, 이걸 공짜로 다운받다니' 같은 질문 말이죠.

조던 리터: 아시다시피, 우린 뭔가 음악 산업을 박살내겠다는 그런 비즈니스 모델을 들고 나타난 것은 아니었어요. 우린 그냥 엄청 쿨한 뭔가를 해야겠다는 생각으로 거기에 있었죠. 그냥 엄청난 문제아일 뿐이었어요.

알리 에이다: 그들이 저를 설득했던 논리는 이랬어요. "생각해 봐. 만약 우리가 이걸 하지 않는다면, 다른 사람이 할거야. 알잖아. 우리는 아무 것도 훔치려 하지 않아. 무언가를 만들기 위해 노력할 뿐이야. 그리고 우리는 이게 맞는 방향이라고 믿어. 결국엔 음반 회사도 우리 시스템을 허락할 거라고 믿어. 우리가 하지 않으면 다른 사람이 이 시스템을 구축할 것이고, 그렇게 되면 더더욱 컨트롤하기 힘들어지기 때문이지. 우리 시스템은 음반 회사도 참여할 수 있고, 그들이 직접 컨트롤할 수 있는 시스템이야. 왜 음반 회사가 냅스터를 사랑하지 않겠어?" 물론 그건 굉장히 순진한 생각이었죠.

숀 파커: 숀 패닝은 근본적으로 회사가 성공할 것이라고 믿었어요. 그리고

우리가 음반 회사들과 계약할 수 있을 것이라 믿었고, 음악 산업을 발전시키고 음반 산업의 붕괴를 방지해 줄 것이라고 믿었죠.

모비: 하지만 음반 회사들은 가능한 모든 것을 동원해서 냅스터가 그리는 미래가 발생하지 않도록 했죠.

힐러리 로슨: 그래미 시상식 바로 전날, 모든 음반 회사 대표가 협회 이사회 미팅에 참석했어요. 저는 방에 스크린을 세워 놓고, PC 한 대를 가지고 들어갔죠. 그리고 각 음반 회사 대표와 함께 '아무 노래나 말해 보세요' 게임을 했어요. 그리고 그들이 말하는 모든 노래는 냅스터에서 즉시 검색 가능했어요. 냅스터는 음반 회사들이 몇 년째 만들고 싶어 했던 하늘에 떠 있는 주크박스와 같았어요. 숀 패닝은 음반 회사가 기술 기반 회사와 손잡고 약 2년 전부터 만들고자 했던, 음악을 온라인에서 유통시키는 가장 쉽고 빠른 방법을 만든 것이었어요.

숀 파커: 동 시간대에 음반 회사들은 당신이 상상할 수 있는 가장 복잡한 디지털 저작권 매니지먼트 시스템을 만들고 있었어요. 기술 기반 회사와 끊임없이 대화를 하며, 어떻게 해야 저작권 침해 행위가 일어나지 않는 완벽한 시스템을 만들 수 있을지를 논의하고 있었죠. 하지만 이미 야만인들은 문 앞에 와 있었어요. 로마는 불탔고, 게임은 끝났죠.

힐러리 로슨: 그날 밤 그래미에 왔던 그 방 안의 사람들은 말 그대로 정신이 나가 버렸어요. 그중 일부는 최초로 그들이 그간 만들어 놓은 유통망이 붕괴되는 것을 본 거죠.

숀 패닝: 우리는 문제를 해결하기 위해 할 수 있는 모든 일을 다 했어요. 하지만 결국 그들의 목표는 냅스터를 죽이는 것이 분명했죠.

행크 베리: 그들은 처음부터 냅스터를 중단시키기 위해 조직적으로 노력했어요.

알리 에이다: 음반 회사들은 꽤 일찍부터 소송을 시작했어요. 1999년 12월에 최초로 소송이 진행되었죠.

행크 베리: 당시에 선의란 없었어요. "세상에. 이 사람들 너무 귀엽지 않나요? 이게 실리콘밸리의 혁신이래요. 실리콘밸리가 얼마나 위대한지 잘 봤어요. 그리고 우리도 냅스터가 하는 일을 재밌게 생각하고 좋아해요. 하지만 아시죠? 우리도 우리 아티스트를 보호해야 할 의무가 있다는 거. 우리가 정말 하고 싶어서 하는 건 아니에요" 같은 느낌이 전혀 없었죠.

힐러리 로슨: 미국음반산업협회The Recording Industry Association of Amercia, RIAA는 그간 음악 산업을 위해 막후에서 활동하는 단체였어요. 그러다가 갑자기 공공의 적이 되어 버렸죠. 사람들은 음악을 무료로 다운받을 걸 매우 매우 중요하게 생각했어요.

알리 에이다: 냅스터는 절대로 '음악은 공짜다'라고 이야기한 적이 없어요. 한 번도 "엿 먹어라!"라고 말하지 않았어요. 절대로 그 근처에 가 본 적도 없어요. 최종 목적은 음악 산업을 냅스터 안으로 끌어들이는 것이었어요. 하지만 음반 회사들은 소송을 건 이후에, 냅스터를 그들의 색깔로 칠하려고 했죠. 우리는 그런 적이 없었는데 말이에요.

행크 베리: RIAA는 모든 매체의 편집국으로 가서 "봐요, 냅스터는 우리의 적이에요. 냅스터는 절대 좋은 기삿거리가 못 돼요. 아시겠어요? 신문사 양반, 냅스터를 호의적으로 보지 말아요. 왜냐하면 이 다음에는 신문 버전의 냅스터가 나올 테니까요. 그러니 당신들도 우리와 함께 이들에 맞서야 해요"라고 했죠. 그들은 모든 곳을 돌아다녔어요. 전국의 저작권법과 반복제법의 수혜자를 찾아다니면서 냅스터에 반대하는 시각을 가지고 이야기를 나눴어요. 사실, 냅스터라기보단 저를 반대하는 입장을 가지고 이야기를 하곤 했죠. 그러고는 검사들에게 가서 "행크 베리를 반드시 잡아 넣어야 합니다"라고 했죠.

모비: 2000년과 2001년에 RIAA는 음악을 다운받는 사람을 대량 학살자에 빗대곤 했어요.

에일린 리처드슨: 그러다 어느 날, 제가 신뢰하고 잘 알고 똑똑하다고 생각

하던 친구가 전화해서는 "너한테 할 말이 있어. CIA가 너희 노트북을 다 수거해 갈거야"라고 했죠. 저는 "뭐? CIA라고?" 라며 황당해했죠. 하지만 그 말을 믿었어요. 게다가 같은 날 아침에 하워드 스턴Howard Stern[+]이 전화하더니 "라디오 쇼에 냅스터 사람들이 출연했으면 해요"라고 요청했죠. 그러니 정리하면, 같은 날에 하워드 스턴이 전화를 했고, CIA가 제 물건을 가지러 온다는 이야기를 들었어요. 완전 미쳤죠. 미디어가 완전 난리 났어요.

힐러리 로슨: 저는 주기적으로 살해 협박을 받았어요. FBI가 제 집을 보호해 줬어요. 정말 정신이 나간 거였죠. 법정에 올라간 건도 아니었어요. 그냥 문화 혁명에 따른 것이었죠.

숀 파커: 냅스터는 회사라기보단 혁명 단체에 가깝다는 말이 전 어느 정도 진실에 가깝다고 봐요. 냅스터에 있던 많은 사람은 아무것도 잃을 게 없었죠. 회사의 절반은 일을 하는 사람이라기보다는 급진주의자였어요. 냅스터를 사회 혁명이자 문화 혁명으로 이해하고 있었죠.

조던 리터: 우리가 최초로 지구를 넘어 운하로, 별들 사이로 진출했다고 볼 수 있죠.

숀 파커: 대부분의 아티스트는 냅스터에 관대했어요. 하지만 몇몇은 문제 제기를 하지 않는 소속 음반 회사에 무척 화가 나 있었죠. 그리고 몇몇은, 이를테면 빌리 코건Billy Corgan이나 코트니 러브Courtney Love 같은 사람은 열렬히 냅스터를 지지했어요.

모비: 저는 주류 음반 회사가 크고, 거대하고, 억누르기만 하는 대기업이라고 봤어요. 그들은 시장 구조를 이용해 약탈을 했죠. 주류 음반 회사를 통해 음반을 만들면, 회사는 음반을 만들기 위한 몇십만 달러를 계약금 형태로 먼저 줄 거예요. 하지만 나중에 음반이 출시되고 그 계약금보다 훨씬 많은 돈을 벌더라도, 음반 회사는 음반과 완성된 음원에 대한 소유

[+] 미국의 유명 라디오 쇼인 〈하워드 스턴 쇼The Howard Stern Show〉 진행자.

권을 가지게 되죠. 생각해 보세요. 집을 짓기 위해서 은행에서 돈을 빌렸고, 나중에 그 돈을 갚았는데도, 그 집이 은행의 소유가 되는 상황을요. 음반 회사는 소속 뮤지션에게 절대로 잘해 주지 않아요. 뮤지션이 수억 달러를 벌지 않는 다음에야 말이죠. 그래서 저는 냅스터가 굉장히 멋있고, 진취적이고, 거의 펑크록스러운 패러다임의 변화라고 봤어요. 그래서 냅스터를 엄청나게 지지했죠.

숀 파커: 다른 아티스트들은 본능적으로 부정적인 목소리를 냈지만, 사실 냅스터를 잘 이해하지 못했기 때문이었어요. 그들은 냅스터가 엄청나게 큰 서버 농장을 팔로알토, 산마테오 등 캘리포니아 곳곳에 두고, 그걸 통해 뮤지션들의 음원을 전 세계로 뿌리고 있다고 생각했죠. 하지만 그건 사실이 아니었죠.

에일린 리처드슨: 우리에겐 든든한 아군이 되어 주는 팬들이 있었어요. 그래서 '저희랑 이야기 한번 해 보시겠어요?'라고 음반 회사에게 말할 수 있었죠. 그게 그들의 귀를 열 수 있는 유일한 길이었어요.

모비: 음반 회사는 소속 뮤지션과 음반 소비자를 제대로 대접하지 않았어요. 아주 오랜 기간 말이죠. 누가 그들이 힘들어졌다고 눈물을 흘릴까요?

에일린 리처드슨: 음반 회사들이 엄청 무서워했어요. 아주 아주 무서워했어요.

숀 파커: 처음엔 1만 명 정도만 냅스터를 사용하다가 1년 만에 수백만 명으로 불어났어요.

에일린 리처드슨: 나중엔 2,000만 사용자를 확보했죠. 정말 미쳤던 시절이었어요.

숀 파커: 그냥 평범한 삶을 살고 있었다고 생각해 보세요. 모든 것이 상대적으로 평범하게 진행되고 있었죠. 그런데 어느 날 갑자기 어디서 온 지 알 수 없는 토네이도에 의해서 어딘가로 날아 가서 고향이 아닌 곳에 떨어진 거예요. 완전히 새롭고 이상한 현실이 눈 앞에 펼쳐진 거죠. 게다가

문을 열고 들어가서 뒤돌아보았더니 문은 사라진 상황이에요. 되돌아갈 수 없는 거죠.

힐러리 로슨: 손 패닝도 미칠 지경이었어요. 『타임Time』지의 커버를 장식했죠. 그리고 그가 법원에 갈 때마다 수십 대의 카메라가 쫓아다녔고, CBS의 60분짜리 기획 코너에 출연하기도 했고, 국회 청문회에도 불려 갔죠. 제 기억엔 냅스터 사람 네다섯 명이 불려 갔어요.

조던 리터: 회사 초기에 누가 우리의 목소리를 바깥 세상에 대변할 것인가를 정해 놨었어요. 왜냐하면 저, 패닝, 그리고 파커가 있었기 때문이죠. 세상이 실리콘밸리의 19살짜리 2명과 조금은 나이를 더 먹은 21살짜리의 생각을 좋아할까요? 그냥 간단하게 두 명의 애들이 회사를 차렸다는 식으로 회사를 알리는 것이 좋을까요? 에일린과 그녀의 팀은 우리에게 필요한 건 1명 혹은 2명의 얼굴이라는 결정을 내렸어요. 다만 그게 패닝이 될 수는 없었죠. 패닝은 공공 연설을 잘 못했거든요. 그래서 나머지 2명 중에 결정하기로 결론을 내렸고, 결국 파커가 되었어요. 그는 말을 참 잘 했어요. 하지만 파커는 코드를 한 줄도 못 쓰는 사람이에요. 사실 엔지니어는 밖으로 나다니는 걸 안 좋아해요. 몸을 움직여야 하는 일을 좋아하지 않죠. 그래서 우리는 밖에서 어떤 일이 벌어지는지 대충은 알았지만, 라스 울리치가 문 앞에 도착할 때까지 정확히 무슨 일이 벌어지고 있는지는 몰랐어요.

라스 울리치: 우리는 냅스터를 고소했는데, 이유는 딱 하나였어요. 냅스터가 음악을 훔치기 때문이죠. 그 이상 그 이하도 아니에요.

에일린 리처드슨: 메탈리카는 믹스 테이프를 공유하면서 유명해진 밴드였어요. 그래서 처음에 메탈리카가 우릴 고소한다고 했을 때, 저는 농담인줄 알았어요. 근데 농담이 아니었죠.

라스 울리치: 이상적인 결론은 깔끔하고 간단했어요. 냅스터를 없애 버리는 거죠.

알리 에이다: 메탈리카는 당시에 새로운 음반을 작업하는 중이었는데, 새 음반의 수록곡 중 하나가 냅스터를 통해서 유출되었어요. 그러자 메탈리카의 대변인 같은 존재였던 드러머 라스 울리치가 열 받은 거죠.

하워드 킹: 그 노래는 미완성곡이었어요. 그리고 예술적인 측면에서 좀 실망스러웠어요. 근데 외부로 유출된 거죠. 그러자 그런 생각이 들었어요. '잠깐만, 우리는 음악을 파는데, 어떻게 사람들은 그걸 공짜로 가질 수 있는 거지?'

알리 에이다: 그래서 그들은 냅스터를 실행시키고 다른 메탈리카 노래를 찾아봤죠. 아직 미발표된 노래, 이미 출시된 노래, 그 모든 것을 냅스터에서 찾을 수 있었죠. 그리고 이게 메탈리카를 엄청나게 화나게 했죠. 그래서 메탈리카 음악을 냅스터에서 없애고 싶어 했어요.

라스 울리치: 이건 궁극적으로 돈 문제가 아니었어요. 이 인터넷과 관련된 모든 것이 미쳐 날뛰기 전에 제대로 잡기 위함이었죠.

하워드 킹: 어려서 몰랐을 거라 생각되는 그런 정책을 냅스터는 가지고 있었어요. 그들은 자기들 정책이 DMCA에 부합한다고 생각했죠. '우리에게 누가 당신의 저작권을 해치는지 알려 주면, 그 사용자 혹은 거래를 중지시키겠다'는 정책이었어요. 그래서 '우린 완전무결해. 그 누구도 우리한테 뭐라고 할 수 없을 거야'라고 생각했죠.

라스 울리치: 그들은 메탈리카의 음원을 누가 거래하는지 증명해 보라며 우리에게 덤볐어요.

알리 에이다: 저작권법이 허용하는 것 중 하나는 만약 저작권 소유자가 자신의 저작물이 허락없이 유통되는 것을 보면, 그 검색 엔진, 플랫폼, ISP에 알려 줄 수 있고, 통지를 받은 사업자는 반드시 그 콘텐츠를 내렸어야 했어요. 냅스터는 그런 법적 조건을 준수하며 운영되고 있었죠.

하워드 킹: 우린 주말 동안 냅스터 서비스를 모니터링했어요. 메탈리카 음반이 얼마나 불법적으로 거래되고 있는지 확인하기 위해서요. 불법적으

로 메탈리카 음반을 올린 322,000명의 명단을 확인할 수 있었죠. 우리는 그냥 그 명단을 냅스터에 간단히 넘기지 않고, 메탈리카의 드러머인 라스 울리치가 직접 명단을 들고 냅스터 본사를 찾아가서 전달할 거라고 언론에 알렸어요.

라스 울리치: 그들은 메탈리카를 냅스터 내부 리스트에서 삭제하는 것을 거부했습니다. 그래서 명단을 뽑아서 줘야 했죠.

하워드 킹: 우린 그 명단을 장갑차에 실어서 가져갈 생각이었어요. 그 정도로 냅스터에 대해서 빈정거리고 싶었거든요. 아무도 우리에게서 322,000개의 이름을 훔치지 못한다는 것을 보여 주고 싶었어요. 그런데 장갑차를 빌릴 수가 없더라고요. 보안 문제 때문이었을 거예요. 그래서 쉐보레 서브얼반을 타고 갔어요.

숀 파커: 산마테오 경찰서의 오토바이 경호대가 회사 건물 앞에 와 있었어요. 헬리콥터도 떠다녔고, 뉴스 중계진으로 북적였죠. MTV에서 라스 울리치의 방문을 다뤘어요. 그 외에도 많은 미디어가 생중계했죠.

조던 리터: 우린 거지 같은 빌딩의 꼭대기에 있는 보잘것없는 회사였어요. 그런데 엄청난 미디어의 집중포화를 받았죠. 회사 안에 있는 사람은 모두 "밖에 나가지 마. 리포터들이랑 말하지 말고, 사람들이랑 이야기하지 마. 리포터인데 그냥 일반 사람인 척하는 것일 수도 있으니까!"라고 말하는 것 같았어요. 그런데 저는 나갔죠. 밖은 팔꿈치로 사람을 치면서 다녀야 할 정도로 인파가 많았어요.

숀 파커: 숀 패닝과 저는 몰래 밖으로 빠져나왔어요. 그리고 길 건너편에서 그 장관을 지켜봤죠.

애론 시틱: 라스 울리치가 나타나길 기다리는 무리로 인해 거대한 서커스가 형성된 거 같았어요. 그들은 무슨 일이 일어날까 궁금해하고 있었죠. 대부분은 메탈리카 팬이었고, 일부는 메탈리카 안티팬이었어요.

조던 리터: 그중에 남자로만 구성된 그룹이 하나 있었어요. 다른 스타트업을

운영하는 진짜 쿨한 사람들이었는데, 엄청나게 큰 포스터를 다 같이 들고 있었어요. 그 포스터엔 'RIAA=꼭두각시의 주인[†]'이라고 적혀 있었죠.

하워드 킹: 우린 도로를 따라서 냅스터 본사로 갔어요. 코너를 돌았을 때, 거기엔 오백 명 정도 되는 언론사 관계자가 있었고, 10여 명의 기자가 있었어요. 그래서 우린 코너 근처에다가 차를 대곤, 위성 중계 시설과 그 많은 취재진을 바라봤어요. 영화에서나 볼 법한 장면이었죠. 믿을 수가 없었습니다. 그때까지 우린 이게 이렇게 큰일인 줄 몰랐어요.

라스 울리치: 그런 난장판에 휩싸일 것이라곤 예상하지 못했어요.

에일린 리처드슨: 그들은 차를 세우고는 종이 박스를 막 꺼내기 시작했어요.

조던 리터: 제 기억엔 박스가 4개였어요. 거기에 종이가 가득했는데, 사용자 이름이 가로로 출력되 있어서 그래서 한 페이지에 그렇게 많이 들어가 있지 않았어요. 한 줄 당 한 명의 사용자 이름만 출력되어 있었거든요. 그건 좀 야비하고 신경질적인 행동이었어요. 왜냐하면 '진짜 문제'를 해결하고 싶으면, 우리한테 메일을 보내면 됐어요. 그럼 우리가 알아서 조치를 취했을텐데 말이죠.

하워드 킹: 322,000건의 불법 행위를 디스크에 담아서 보내는 일은 변호사가 할 일이죠. 우리가 한 일은 냅스터가 아티스트에게 정말로 재앙과 같은 존재라는 걸 알리는 일이었어요. 그게 핵심이었죠.

알리 에이다: 거기 앉아서 IP 주소 하나하나를 직접 입력하고 하나씩 적발하면 몇 달이 걸려요. 하지만 우리한테 CD로 데이터를 전달했다면, 바로 그 자리에서 고칠 수 있었죠. 그게 그들이 한 짓이에요. 그러니 출력물을 가져온 것은 그냥 쇼였어요. 그들은 우리 빌딩 정문 앞에서 기자 회견도 열었어요.

애런 시틱: 라스는 사태를 잠시 구경하는 듯하더니, 이 모든 것이 얼마나 끔찍한지에 대해서 소리치기 시작했어요. 자기들의 음악을 다운로드한 이

[†] 메탈리카의 유명 곡 중 하나인 '마스터 오브 퍼피츠Master of Puppets'를 직역하면 '꼭두각시의 주인'이다.

많은 사람의 배신을 믿을 수 없다면서 말이죠.

조던 리터: 그들은 옆에 작은 강아지를 데리고 있었는데, 누군가가 냅스터 스티커를 그 강아지한테 붙였어요. 정말 완전 미친 짓이었죠. 이해할 수 없었어요. 반면 어떤 면에선 흥분되기도 했어요. 무슨 일이 일어날지 예측할 수 없었죠. 이다음엔 무슨 일이 발생할까요? 누군가가 이성을 잃고는 주먹다짐이라도 할까요?

라스 울리치: 결국 길거리 싸움이 되었죠. 한 달 정도 지난 뒤에 누군가가 "와, 이것 좀 봐"라며 사진을 보여 줬는데, 거기서 우린 전조등에 발각된 사슴처럼 서 있었어요.

숀 파커: 그건 정말 완벽하게 이상한 장면이었어요. 갑자기 어느 순간 미디어의 집중포화를 받는 중심부에 있었어요. 이 모든 것이 전혀 말이 되지 않았어요.

하워드 킹: 그러다가 라스 울리치, 라스 울리치의 매니저인 피트, 그리고 제가 박스들을 옮기기 시작했어요.

애런 시틱: 그래서 당연히 우리도 다시 건물 안으로 들어갔어요. 그다음에 벌어질 일들을 대비하고 있었죠.

알리 에이다: 그가 라스 울리치라는 건 별로 신경 쓰지 않았어요. 그냥 드러머일 뿐이잖아요. 근데 중요한 건 우리 엉덩이를 걷어 차려는 사람들의 대표자가 우리 목구멍까지 다가왔다는 거죠.

숀 파커: 라스 울리치는 검은색 선글라스를 낀 채 사무실로 들어왔고, 우리를 그냥 지나쳐 버리면서 박스를 전달했어요.

알리 에이다: 그 순간 우린 그들을 지켜보기만 했어요. 정말 희한하고 흥미로운 순간이었죠.

애런 시틱: 그 순간, 라스 울리치의 태도가 완전히 바뀌었어요. 아래에서는 화가 많이 난 사람이었는데, 올라와서는 정말 다정다감한 남자가 되어 있었죠. 정말 나이스한 사람이었어요. 모두와 악수를 했죠.

하워드 킹: 그러다 숀 파커와 숀 패닝을 만났어요. 악수를 했죠. 그들은 라스를 경외했어요. 엄청난 존경심을 표했죠.

숀 파커: 그가 락의 신이라고 생각했고, 다른 별에서 왔다고 생각했어요.

애런 시틱: 우린 번개에 맞은 것 같았고, 그를 만난 게 너무나 행복했어요. 우린 모두 음악 팬이었으니까요. 그래서 무척 좋은 대화를 나눴고 분위기도 좋았어요. 그리고 그는 서류를 몇 개 남겨 두고는 떠났어요.

하워드 킹: 그 대화가 얼마나 길었는지는 기억이 안 나요. 라스가 그때 "이봐요. 아티스트들한테 이럴 수는 없는 거예요. 이건 그들 생계라고"라고 했던 게 기억나요. 그는 이런 말도 했어요. "우린 어차피 풀장을 가득 채울 만큼 돈이 있는 사람이고 고급 SUV에 기름을 빵빵하게 넣고 다닐 수 있는 사람이에요. 그런데도 우리가 이렇게 행동하는 건 다른 아티스트, 미래에 음반을 팔아야 하는 다른 아티스트를 위한 것이에요."

조던 리터: 라스는 굉장히 감사한 말도 했어요. "당신들은 내 물건을 훔치려 하거나 세상을 멸망시키려고 하는, 그런 악당은 아니네요. 그냥 뭐랄까, 굉장히 영리하고 쿨한 젊은이들이네요." 정확히 이렇게 말한 건 아니지만, 대충 이런 내용이었어요.

하워드 킹: 그 젊은이들은 그냥 취미로 그걸 했던 거 같았어요. 그러다가 자기들이 만든 것이 잘 되기 시작하자, 일종의 애정을 가지기 시작했던 거죠. "오, 이것 봐. 이건 그냥 파일을 공유하는 거야. 그냥 앨범을 옆집 사람한테 빌려주는 것과 같아. 그들은 절대 우릴 이해 못할 거야." 그러다가 어느 순간, 냅스터에 어른들이 유입된 거죠.

에일린 리처드슨: 메탈리카가 방문한 날은 냅스터의 CEO가 저에서 행크 베리로 바뀐 날이었어요.

숀 파커: 행크 베리는 실리콘밸리의 저작권 관련 전문 변호사였어요.

행크 베리: 메탈리카의 의견에 동의하지 않을 수도 있고, 동의할 수도 있어요. 하지만 제가 이 모든 일을 겪으며 가장 실망했던 지점은, 결국엔 돈

이야기로 귀결되었다는 점이에요. 얼핏 보면 그들이 이 세상 아티스트 모두를 대변해서 일으킨 싸움이었어요. 하지만 결국 '세상 아티스트 모두'가 돈을 받진 못했죠. 반면 메탈리카는 돈을 챙겼고요. 결국엔 우리와 합의를 봤거든요.

숀 파커: 라스와 저는 아주 좋은 친구가 되었어요. 어느 날 라스에게 "당신이 냅스터로부터 돈을 번 유일한 아티스트다"라고 농담도 했죠.

알리 에이다: 당시에 두 건의 소송이 있었어요. 하나는 메탈리카와 닥터 드레Dr. Dre[†]가 제기한 소송, 나머지 하나는 5개 메이저 음반 회사가 제기한 소송. 둘 다 우릴 악의적으로 저작권법을 침해한 혐의로 고소했죠. 그들이 저작권을 가지고 있는 창작물에 대한 권리를 대량으로 침해하고 있다는 것이었습니다. 음반 회사들은 약식 판결을 신청했어요. 약식 판결이란, "판사님, 지금 당장 냅스터가 유죄라고 판결해 주세요. 모든 증거와 증인을 볼 필요도 없고, 정식 재판으로 갈 필요도 없어요. 유죄가 너무 명백하니까요"라고 하는 것과 같아요. 그 경우 판사는 여러 옵션을 가지게 됩니다. 거절할 수도 있고, 바로 정식 재판으로 갈 수도 있어요. 다양한 이견을 들어볼 수도 있고, 바로 "냅스터는 유죄"라고 결정할 수도 있죠. 판사는 여러 이견을 청취하기로 결정했어요.

행크 베리: 냅스터의 운명은 예비적 금지명령preliminary injunction[‡] 여부에 달려 있었어요. 그때까지 어떠한 심리도 없었어요. 사건과 관련해서 제출된 증거도 전혀 없었죠. 딱 하나, 숀 파커의 이메일이 출력된 거대한 포스터를 제외하곤요.

힐러리 로슨: 그건 숀 파커의 이메일이었는데, 냅스터의 초기 법정 공방을 아주 불리하게 만들었죠.

[†] 미국의 유명 힙합 아티스트로, 에미넴, 스눕 독, 투팍, 50센트 등 미국의 대표 래퍼들의 앨범을 프로듀싱해 힙합계의 마이더스의 손으로 통한다.

[‡] 가장 보편적인 형태의 금지명령 구제 요청이다. 일방적 금지명령Ex Parte Injunction과 달리 피요청자에게 공개 법정에서 양측이 증거를 제시할 수 있는 기회가 주어진다.

숀 파커(이메일의 내용): 사용자는 자신의 취향과 관련한 정보, 이름이나 주소, 다른 민감 정보와 연결되지 않은 일반 정보를 제공함으로써 자신의 사용자 경험을 향상시킬 수 있다는 점을 이해할 거야. 특히나 해적질한 음악을 공유하고 있기에 더더욱.

숀 파커: 상대편은 이메일과 관련해서 "봐라. 너네는 결국 사용자가 음악을 해적질하고, 불법 다운로드할 것이란 걸 알았잖아"라는 지점에 집중했어요. 하지만 문제의 핵심은 그게 아니었죠. 사용자가 스스로 파일을 공유하는 서비스는 운영해도 된다는 것이 중요했어요! 파일 링크를 제공하는 구글과 다를 바 없으니까요.

데이비드 보이스: 제 생각엔 이 해적질이란 단어가 판사로 하여금 이 기술이 어떻게 작동하는지가 아닌 다른 것에 집중하게 만든 것 같아요.

조던 리터: 누군가가 발견해서 공개한 파커의 이메일……. 아오, 병신 새끼!

행크 베리: 상황이 안 좋았어요. 보기도 안 좋고, 느낌도 안 좋고, 냄새도 안 좋았죠.

데이비드 보이스: 저는 판사에게 법원이 판단해야 할 문제는 냅스터의 행위가 적법인지 아닌지라는 점을 주지시키려고 했어요. 10대들이 얼마나 난장판을 만들고 있는지, 그들이 소프트웨어를 디자인하는 일에 얼마나 재능이 있는지 등으로 판단해서는 안 되는 문제였어요. 근데 그 점을 충분히 설득하는 데 실패했죠.

알리 에이다: 음반 회사들은 우릴 연기하고 있는 나쁜 사람으로 만들려고 했어요. 우리가 하는 일의 의도가 좋지 않다는 거였죠. 그런데 데이비드 보이스는 거기에 "우린 저작권법의 이러한 내용 아래에서 합법적으로 운영되고 있고, 이게 합법적인 이유는 이러이러합니다!"라고 대응하는 대신, "이봐요, 우린 뭐가 사람들 사이에서 오고 갔는지 잘 몰라요"라는 주장을 폈어요. 그러자 음반 회사들은 "판사님. 이 사람들은 분명 다 알고 있었다니까요. 사람들이 공짜로 돌리고 있는 게 우리 창작물이라는

걸 알고 있었어요. 이 대량의 저작권법 위반을 부추기고 있는 거예요"라고 말했어요.

행크 베리: 보이스는 훌륭한 변호사예요. 하지만 불행히도 그는 냅스터의 기술을 잘 알지는 못했죠. 그런 상황에서 기술적인 내용이 담긴 논변을 펴야 하는 위치에 서게 된 거죠. 그날이 다 끝나도록 데이비드는 냅스터의 기술을 이해하지 못했어요.

알리 에이다: 결국 벤치에 있던 판사는 뒤로 돌아가 망설임 없이 "냅스터는 유죄입니다"라고 했어요.

힐러리 로슨: 판사 말의 핵심은 이랬어요. "냅스터에게 그들이 침해한 것이 무엇인지 알려 주는 것은 음반 회사의 의무가 아니다. 냅스터에게는 그들 사이트에 있는 콘텐츠의 사용 허가를 받아야 할 의무가 있다." 이건 냅스터 입장에서 두 가지 문제를 발생시켰습니다. 첫 번째는 콘텐츠 사용 허가를 받았어야 했고, 두 번째는 냅스터에 있는 디지털 파일들을 읽을 수 있는 기술을 개발해야 했어요. 그래야만 저작권을 침해하는 파일이 유통되지 못하게 막을 수 있으니까요.

숀 패닝: 정말 충격이었어요. 왜냐하면 그 판결은 우리가 웹상에 있는 다른 검색 엔진과 다르게 작동해야 한다는 의미였으니까요.

행크 베리: 우리는 금지명령에 맞추려고 노력했으나, 외부 리포터들은 "아시다시피, 여러 노력에도 불구하고 당신은 제대로 금지명령을 준수하고 있지 않다"고 이야기했죠.

데이비드 보이스: 판사는 냅스터라는 시스템을 문 닫게 하려는 것은 아니라고 했어요. 그러나 금지명령의 범위에 따르면 냅스터 서비스의 종료가 불가피했죠.

알리 에이다: 언론은 당연히 그렇게 될 수밖에 없다는 것을 알아차렸고, 냅스터 종료 일자가 사방팔방에 알려졌어요. 그래서 모두가 냅스터가 언제 문을 닫는지 알고 있었고, 종료일 직전에 트래픽 최고치를 갱신했어요.

힐러리 로슨: 우린 법원에서 벌어진 첫 번째 싸움에서 이겼어요. 그러자 냅스터가 우리에게 와서 "우리는 라이선스를 받아서 운영하고 싶다"고 했어요. 그들은 저작권 사용료를 각 음원 건 별로 지불하는 것이 아니라, 전체 음원에 대해서 정해진 일정 금액을 지불하고 싶어 했어요. 그런 식의 비용 지불 방식이 당시에는 존재하지 않아서, 냅스터 팀이 그 방식을 만들기 위해서 노력했죠. 하지만 그들이 테이블 위에 올려놓은 금액이 믿을 수 없을 정도로 적었기에 우린 그 제안을 거부했어요. 그들은 이 문제를 해결하려고 노력했으나, 결국엔 시간이 많이 흐르게 되었고, 돈도 다 떨어지게 되었죠.

숀 파커: 지금은 제가 스포티파이Spotify를 런칭했으니, 음반 회사랑 딜을 하는 게 어떤 의미인지 설명할 수 있어요. 라이선스를 얻고 런칭하는 데 3주 남은 상황이라고 해 봅시다. 그럼 사실은 2년 남은 상황인 거예요.

행크 베리: 그래서 우린 파일 공유를 멈췄어요.

조던 리터: 알리와 저는 건물 1층의 휴게실에서 있었어요. 우울한 상태로 거기에 앉아 있었죠. 저는 "알리, 우리 이제 어쩌지?"라고 물었어요.

알리 에이다: 결국 냅스터를 종료한 건 저였던 것 같아요. 그런데 기억이 안 나요. 그날의 기억이 없어요. 아마도 그 기억을 제 무의식 깊숙이 그냥 밀어 넣은 것인지도 몰라요. 정말 기억이 안 나요.

조단 리터: 냅스터는 끝날 운명이었어요. 모든 혁명의 끝은 항상 그랬으니까요. 사람들은 혁명의 리더를 모아서 벽에 세우고는 총으로 쏴 버리죠.

숀 파커: 전 냅스터라는 회사는 신경 쓰지 않았어요. 다만 그 사상이 살아남길 바랐죠. 이 세상에 존재하는 모든 음악에 대한 무제한적인 접속을 원했어요. 그게 공공의 이익이죠.

조던 리터: 사실 냅스터의 사상은 계속 살아 있어요. 그 사상을 만든 조상만 죽었을 뿐이지.

행크 베리: 그 이후에 우린 오픈냅OpenNap† 서버가 아직 있다는 사실을 알게 되었고, 그 네트워크가 아직 활동하고 있다는 사실을 알게 되었죠. 우리가 사무실에서 모든 것을 끝냈는데도 말이죠. 그건 미친 결과였어요.

알리 에이다: 냅스터의 자식들이 있어요. 라임와이어LimeWire, 모피어스Morpheus, 그록스터Grokster. 모든 사람이 이런 각기 다른 채널에서 콘텐츠를 다운받아요. 냅스터는 더 이상 존재하지 않지만, 수백만 명의 사람이 아직도 이런 다른 서비스를 쓰고 있어요.

하워드 킹: 냅스터가 문 닫고 나서도 6~8년 사이에 50여 개의 유사한 사이트, 메탈리카의 음악을 찾을 수 있는 불법 사이트가 나타났어요. 우리는 음원이 불법 복제되는 것을 끝장내지 못했어요. 전쟁에서 진 거죠. 라스 울리치가 참전했던 건 하나의 전투일 뿐이었어요.

숀 파커: 냅스터는 수백만 개의 작은 조각이 되어 흩어졌어요. 그 모든 사용자가 세상에 뿌려졌고, 각기 다른 분산 처리 시스템으로 옮겨졌죠. 그런 시스템은 법적 소송도 불가능했어요. 법인격 형태이거나 어떤 단체나 국가에 속해 있는 것도 아니었기 때문이죠.

조던 리터: 우리가 길을 텄어요. 그리고 우리 피가 스며든 모래로 사람들은 도시를 세웠죠. 모든 게 우리 적이었지만, 한 가지 얻은 게 있었어요. 이제야 볼 수 있게 된 것인데, 사회적 공감대가 형성된 네트워크를 가지고 있었던 거예요. 페이스북이 이 영역으로 들어가고 있고, 유튜브도 이 영역으로 들어가고 있죠.

숀 파커: 인덱싱이 하나도 되지 않은 하이퍼 텍스트로 가득찬 세상을 정보의 원천으로 바꾸고 어떤 사람이든 찾아올 수 있게 만드는 이야기, 그게 구글이에요. 그리고 동시대에 사회적인 연결을 위한 이야기도 있어요. 바로 사람들이 기숙사에서 음악을 공유하기 위해서 사용하는 도구이자, 사람과 사람을 연결하기 위해서 나왔던 도구에 대한 이야기죠. 냅스터

---

† 냅스터의 P2P 피어 서비스 서버. 오픈소스로 배포된 서버 시스템이다.

는 세상에 너무 일찍 나온 감이 있지만, 결국엔 조금은 이상한 방식으로 두 가지 이야기 모두를 충족시켰죠.

알리 에이다: 냅스터 전까지는 "누가 여기서 어른이야?"가 중요했죠. 창업가가 젊다면, 나이 든 CEO가 있는 식이에요. 냅스터는 창업가들이 젊어서 벤처캐피털이 투자하면서 '어른의 관리 감독'을 들이 밀었는데 재앙이 되어 버린 최초의 사례예요.

조던 리터: 저는 우리가 왜 실패했는지 알아요. 기술과 상관없어요. 정말 아무 상관이 없어요. 제 생각엔 완전히 정치적인 이유였어요. 우린 정치적으로 현명하게 행동하지 못했죠. 경기를 어떻게 하는 것인지도 모른 채 스포츠 경기를 치른 셈이에요. 행크 베리도 몰랐고요.

알리 에이다: 지금은 젊은 창업가가 창업 이후에도 CEO로 계속 남아 있는 문화죠. 그런데 그게 왜 중요한지 아시나요? 누구도 그 회사, 그 서비스, 그 제품을 창업가만큼 더 본능적이고 직관적으로 이해하지 못하거든요. 누구도 창업가보다 회사를 신경 쓰지는 못할 거고요. 이런 방식을 지금은 벤처캐피털들도 이해해요. 그리고 지금은 모두 '우리는 그저 창업가 주변에 사람을 충원하는 방식으로 창업가를 도울 거야. 그 사람들은 창업가가 가지지 못한 특정 능력을 갖춘 어른일 뿐이야. 그들은 창업가를 도우며 원하는 리소스를 제공해 줘. 하지만 어디까지나 돕는 역할일 뿐이고, 창업가가 CEO로 남아'라고 생각하죠. 하지만 1999년도에 누가 그런 태도를 취했다면, 완전 새롭고 신선한 접근 방식이었을 거예요. 그 방에 있던 우리 중 누구 1명이 CEO가 되었다면 엄청 우스꽝스러웠을 겁니다. 하지만 그렇게 하는 게 아마도 제대로 된 결정이었겠죠.

숀 파커: 그 당시 저는 19살이었어요.

조던 리터: 결국 아이팟이 출시되었고, 우리가 버티기만 했다면 애플과 계약도 했을 거예요. 그랬으면 아이튠즈에서 마돈나 대신 지역 밴드 아무개가 주목받았을 거예요. 왜냐하면 우리는 사용자가 어떤 음악을 다운

받고, 어떤 음악을 좋아하는지 알고 있었으니까요.

숀 패닝: 우리 입장에서 무언가를 기다리는 것은 정말 힘든 일이었어요. 원하는 것은 즉시 얻을 수 있는 세대였기에 더 그랬겠죠. 변화를 원하고 고칠 방법을 아는데도 그걸 실행하지 못하면 정말 열불이 나요. 그래서 가끔 너무 강하게 나가 버리죠.

숀 파커: 결국 한 단계씩 차근차근 해 나가는 법을 배워야만 해요. 결과물이 눈앞에 훤히 보이더라도, 다른 사람을 이해해야만 하고, 그 결과물을 도출해 내기 위한 각 단계를 모두 거쳐야 해요. 냅스터에서 저는 처음엔 프로그래밍을 했다가, 그다음엔 회사 경영을 했다가, 어느 순간 음반 회사와 협상을 했다가, 마지막엔 법률 대응을 했죠. 그렇게 이런저런 일을 했던 것이 실수였던 거 같아요. 제가 냅스터에 기여했던 것이 어떤 측면에선 실패의 원인이었어요. 그래서 나중에 스포티파이의 저작권 문제와 관련한 협상을 도와주기 전까지는 제가 벌인 일을 제대로 마무리지었다는 생각이 들지 않았어요. 세상을 결국 돌고 돌아요. 우린 지금 냅스터가 만들고자 했던 것과 기본적으로 동일한 서비스를 사용하고 있죠.

힐러리 로슨: 냅스터는 선견지명이 있었어요. 하지만 모두가 욕심이 많았어요.

숀 파커: 냅스터에서 일하던 사람들은 욕심이 별로 없었어요. 우린 음반 회사에 회사를 넘길 수도 있었어요. "자, 가지세요!"라며 던져 주는 것처럼요. 우린 그저 냅스터의 사상이 살아남기만을 바랄 뿐이었어요. 우리는 음반 산업을 미래로 이끌 변화가 바로 냅스터라는 사실을 알고 있었어요. 그 미래는 모든 아티스트와 음반 회사와 유통 회사가 돈을 버는 미래였죠. 냅스터에는 모든 사용자가 있었으니까요. 그래서 저는 이런 생각을 음반 회사를 찾아 다니면서 말하고 싶었어요. 하지만 아무도 저희 이야기를 들어주지 않았어요.

22

닷-컴 폭탄

진정성 있는 바퀴벌레들만 남다

등장 인물

레이 시드니	애론 시틱	존 바텔
마이크 슬레이드	앤디 그리뇬	존 코치
마크 안드레센	에반 윌리엄스	짐 클락
마크 핀커스	이브 베하	칼 스테드먼
맥스 켈리	잭 볼웨어	크리스 카엔
브래드 스톤	제이미 자윈스키	티파니 슈라인
브래드 핸들러	제이미스 맥니븐	패티 베론
비즈 스톤	제프 로스차일드	포 브론슨
숀 파커	제프 스콜	프레드 데이비스
스콧 하산	조이 아너프	피터 틸
스티브 펄먼	존 마코프	

『와이어드』의 창간호는 디지털 혁명을 예측했고, 그 디지털 혁명은 새 시대의 시작과 함께 『와이어드』에서 이야기한 대로 베이 지역을 집어삼키며 사람들 앞에 나타났다. 골드러시 시기 실리콘밸리에 사람의 파도가 한바탕 몰려온 이후, 새로운 디지털 파도가 웹의 비공식 본부라고 할 수 있는 샌프란시스코로 향했다. MBA 출신과 코더. 그들은 어린 아이와 카펫배거carpet-bagger[†] 같았다. 그들은 서로가 서로를 만나고 싶어 했다. 그들은 소위 '닷-커머'였고, '인터넷 회사'에서 근무했다. 당시엔 웹 자체가 매우 새로운 개념이어서, 인터넷 그 자체가 석탄 채굴과 같이 경제적 활동의 하나로 인식될 정도였다. 웹은 사실상 새로운 골드러시였고, 샌프란시스코는 한 세기가 끝날 때쯤에 투기성 활황에 사로잡혀 있었다. 엄청나게 많은 돈이 파티에 투입될 정도로 말이다. 실리콘밸리에 실리콘을 직접 공급하던 하드웨어 엔지니어는 이러한 현상의 혜택을 누리지 못했지만, 새롭게 실리콘밸리에 등장한 사람들은 재미를 봤다. 몇십억 달러의 돈이 그들에게 투자되었다. 하지만 2001년 3월의 어느 날, 그 끝날 줄 모르던 파티의 음악이 멈췄다.

손 파커: 실리콘밸리의 역사를 생각해 보면, 첫 번째는 PC고, 그리고 두 번째는 그 PC를 상호 호환 플랫폼으로 만들어 준 웹의 부상이라고 할 수 있어요.

제이미스 맥니븐: 1991년에 우드사이드에서 저는 벅스Buck's라는 꽤 잘 알려진 레스토랑을 개업했어요. 1992년 『인포월드InfoWorld』[‡]에 밥 멧칼프가 벅스에서 아주 만족스러운 아침을 먹었다고 기록되어 있고, 1993년 『이코노미스트Economist』에는 유명 벤처캐피털리스트 존 도어가 벅스에서 아침 식사를 한다고 기록되어 있지요. 넷스케이프는 사업 초기에 진행된 미팅 중 상당수를 벅스에서 했어요. 그건 벅스에서 발생했던 가장 중

[†] 미국 남부 전쟁 이후 재건의 시대에 패배한 남부로 가서 착취 및 약취를 하고 있는 백인 공화당원을 일컫는 말이다. 일반적으로 경멸적인 의미가 있다.

[‡] 미국 IT 관련 잡지.

요한 일 중 하나였어요. 넷스케이프로 인해서 우리 모두가 온라인에 끊김 없이 연결될 수 있었기 때문이죠.

피터 틸: 넷스케이프는 1993년에 우리 앞에 나타났고, 그때부터 모든 것이 시작되었죠.

제이미스 맥니븐: 1994년에는 3개의 TV 촬영 팀이 레스토랑을 찾아왔어요. 그런데 1년도 지나지 않은 1995년에는 무려 150여 개의 TV 관련 팀이 찾아왔죠.

피터 틸: 넷스케이프의 상장은 1995년 8월이었어요. 단 5년 만에 인터넷 산업은 엄청나게 높은 대중적 인지도를 가지게 되었습니다. 넷스케이프의 상장은 일반적이지 않았습니다. 이익을 내고 있지 않았기 때문이죠. 넷스케이프가 상장을 진행할 때 산정된 최초 기업 가치는 주당 14달러였어요. 그리고 곧 그 가격은 2배가 되었죠. 그리고 상장 첫날 주가는 다시 2배가 되었습니다. 상장 이후 5개월 만에 주가는 주당 160달러에 거래가 되었어요. 이익을 내지 않는 기업에서는 도저히 기대할 수 없었던 주가 성장률이었죠.

제이미스 맥니븐: 갑자기 모든 것이 오즈의 마법사에서 나온 것처럼 바뀌었어요. 흑과 백의 세계에 살고 있었는데, 갑자기 모든 것이 칼라가 된 거죠. 1995년의 일입니다.

제이미 자윈스키: 넷스케이프는 입양아 같은 존재였어요. 인터넷 산업에서 최초의 대규모 상장을 진행했어요. 한 산업이 다른 단계로 넘어가는 시점, 바로 거기에 넷스케이프가 있었죠.

존 코치: 돈은 너무나 빠르게, 그리고 저돌적으로 유입되었죠. 인터뷰해 보면 많은 사람이 "저는 어떤 회사에서 2년간 근무할 거예요. 왜냐하면 곧 상장하기 때문이죠"라고들 했어요. 빌 휴렛, 페어차일드, 그로브스 같은 회사가 25살짜리들이 만든 회사들에 밀려나고 있었죠. 하지만 그들은 오래 갈 만한 유산을 만드는 데 집중하지 않았습니다.

포 브론슨: 당시 실리콘밸리에는 산타클라라의 오래된 NASA 기지로부터 파생된 옛날 방식의 라이프 스타일을 유지하는 사람들이 있었어요. 그들은 닷컴 현상에 매우 혼란스러워했죠. 위성을 만들던 사람들이었고, 그들은 실리콘밸리에서 일어나는 일들이 전혀 이해되지 않았죠. "그래서 그들의 테크놀로지가 뭐야?", "HTML? 그런 걸로는 회사를 만들 수가 없잖아"라고 했죠. 그리고 마지막에는 "그렇게 하드코어하게 기술중심적이진 않군"이라고 했어요.

존 마코프: 샌프란시스코는 웹과 함께 수면 위로 급부상했어요.

티파니 슈라인: 오직 1,600만 명만 웹을 사용하던 시절. 당시 그들 대부분은 샌프란시스코에서 초기 매체들을 만들고 있었죠. 너무나 흥미진진하던 시절이었어요.

프레드 데이비스: 그래서 왜 인터넷이 샌프란시스코에서 시작되었을까요? 왜 샌프란시스코가 인터넷과 관련된 것의 중심지가 되었을까요? 바로 샌프란시스코에 멀티미디어 산업과 관련된 다양한 인재가 존재했기 때문입니다. 멀티미디어 산업은 많은 아티스트와 창의력 있는 사람 그리고 인터랙티브한 사람을 샌프란시스코로 끌어당겼죠. 덕분에 당시에도 이미 다양한 멀티미디어 애플리케이션이 만들어지고 있었어요. 하지만 그것들을 CD-ROM 위에 구현했어야 했어요. 즉, 다양한 멀티미디어 앱을 너무나 작은 600메가바이트 세계 위에 만들어야 한다는 한계가 있었습니다. 하지만 하이퍼카드의 작동법을 알고, 인터넷에 연결될 수만 있다면, "와 이거 엄청난데, 모든 것들이 바뀔 거야"라고 외칠 수 있었죠.

티파니 슈라인: 그건 정말 흥분되는 일이었어요.

짐 클락: 우리가 상장한 1995년부터 2000년까지, 그 5년간 역사적 사건들이 발생했어요.

프레드 데이비스: 월스트리트는 그것을 '새로운 경제 new economy'라고 불렀고, 실제로 그랬죠. 그 정도로 매우 거대했어요.

제프 로스차일드: 사람들은 '새로운 경제'에 대해서 종종 이야기했죠. 그리고 '새로운 규칙'에 대해서도요. 즉, '회사의 가치를 마진과 이익으로 평가하는 것은 오래된 규칙이다. 그건 더 이상 적용되지 않는다'는 새로운 규칙. 저는 그 당시에 그렇게 말하던 사람들은 진심으로 그 새로운 규칙을 믿었다고 생각해요.

존 마코프: 실리콘밸리는 북쪽으로 움직이기 시작했어요. 하드웨어가 아닌 소프트웨어 중심으로 변하기 시작했고, 일상적인 비즈니스를 혁신시키고 상용화하기 시작했어요.

조이 아너프: 그것은 부만을 쫓는 기회주의 그다음의 흐름이었어요. 그리고 그 흐름은 다양한 형태로 나타났어요. 웹 기반이긴 했지만 정말로 세계를 바꿀 만한 것들이 나타났고, 그중에 아마존도 있었죠. 당시에 그 모든 것은 매우 기본적인 아이디어에 불과했고, 그렇기에 어떤 아이디어는 중간에 중단되었어요. 하지만 아마존과 같은 아이디어는 세상을 새롭게 만들어 나가게 되었죠.

존 마코프: 그동안 실리콘밸리는 엔지니어에 의해 점령된, 일종의 단절되고 폐쇄적인 세상이었으나, 이제는 주류가 되었죠.

티파니 슈라인: 최초의 웨비어워드Webby Awards는 1996년 3월에 개최되었어요. 저는 그 전부터 웨비어워드를 준비했죠. 그저 뭔가 엄청 엣지 있고 미친 무언가를 만들고 싶었거든요.

존 마코프: 웨비어워드는 실리콘밸리에서 할리우드를 모방해서 만든 시상식이었어요.

티파니 슈라인: 제가 신트라 윌슨Cintra Wilson[†]을 사회자로 초빙한 첫 해에 그녀는 "수락 연설을 5개 단어로 제한하시죠!"라고 제안했고, 저는 "그거 참 멋진 아이디어네요"라고 했죠. 그녀는 사나워 보이는 이상한 가죽 옷을 입고 나와선 누구든 5개 단어를 넘게 말하면 채찍을 휘둘렀어요.

---

† 사이버 시대의 도로시 파커로 불리는 유명 기자.

존 마코프: 그건 좀 이상하고 이해가 안 되더군요. 심지어 제가 심사 위원이었는데도 말입니다.

조이 아너프: 1997년부터 1998년까지 엄청나게 많은 기업이 상장을 진행했어요. "그렇게 똑똑하고 잘 알면서 왜 당신은 부자가 아닌가요?"라는 어찌 보면 바보 같고 수사적인 질문이 그 당시엔 힘이 있었어요.

제이미스 맥니븐: 당시 많은 사람이 벅스에 와서는 어슬렁거리면서 벤처캐피털리스트를 만나고자 했어요. 한번은 난 아모Nan Omo라는 이름의 사람이 왔는데, 에스키모고 키가 크지 않았는데도 몸무게가 대략 136킬로그램 정도 나가는 거구였어요. 구식 정장을 입고 『인더스트리 스탠다드Industry standard』 잡지를 한 손에 쥐고는 벅스를 돌아다녔죠.

존 바텔: 『인더스트리 스탠다드』는 제가 『와이어드』에서 근무할 당시 가졌던 아이디어였어요. 저는 『와이어드』에서 비즈니스 관련 기사를 다루는 편집자 중 하나였죠. 1997년이 되었을 때, 실리콘밸리가 매우 흥미로워지고 있다고 생각했는데, 『와이어드』가 그 모든 것을 다 담지는 못하고 있던 상황이었죠. 그래서 격주 단위로 출간되는 잡지를 만들고자 했어요. 『이코노미스트』의 특성과 『버라이어티Variety』의 특성을 모두 가진 잡지 말이죠.

제이미스 맥니븐: 난 아모는 벤처캐피털리스트의 사진을 보고 있었어요. 방을 염탐하고, 사람들을 쳐다보고, 오래된 맨하탄 전화번호부 크기의 무언가를 뒤적거리면서 "이건 또 다른 아마존이 될 겁니다! 이걸 꼭 검토해야 해요!"라고 외치곤 했죠.

크리스 카엔: 그 당시엔 모든 사람이 어떤 분야의 아마존이 되고자 했어요. 이를테면 "우린 애완동물계의 아마존이 될 거야!"라고요. 그게 바로 펫츠닷컴Pets.com이었죠.

제이미스 맥니븐: 난 아모는 스티브 주벳슨Steve Jurvetson[†]을 주차장에서 뒤쫓

---

† 유명 벤처캐피털인 DFJ의 파트너.

고 있었어요. 그래서 저는 난 아모를 붙잡고는 멈추지 않으면 밀어 버리겠다고 협박했어요. 그러자 그는 "하지만 이건 제 꿈인걸요!"라고 외쳤죠. 사람들은 각자 자기만의 큰 꿈을 가지고 이곳에 와요. 하지만 그건 책임감 없는 행동이었죠.

크리스 카엔: 신보다 돈이 많다고 한번 상상해 봅시다. 그리고 그 많은 돈이 갈 곳 없이 떠돌고 있다고 상상해 보죠. 만약 냅킨에 무언가가 막 휘갈겨져 있고, 그것들이 스타트업 아이디어라고 가정해 봐요. 1997년부터 2000년까지 실리콘밸리의 황금기 시절에 사람들 입에 오르내리던 농담 중 하나는 "골목 코너에 아이디어가 담긴 냅킨을 들고 서 있으면, 지나가던 차에 타고 있던 벤처캐피털리스트가 돈을 던진다"는 것이었어요.

닷컴 산업은 샌프란시스코 마켓 디스트릭트Market district 남부 산업 지역 내에 위치한 작은 공원인 사우스파크 근처에서 주로 만들어졌다. 『와이어드』는 그 공원 근처가 본거지였고, 매우 잘 알려진 많은 닷컴 기업도 그 근처에 둥지를 틀었다.

스티브 펄먼: 사우스파크는 매우 작은 타원 모양의 공원이었어요. 몇 개의 그네와 소풍 테이블을 제외하면 대부분 녹지로 구성되어 있었죠.

이브 베하: 저는 1993년부터 사우스파크에서 일하고 살고 그랬어요. 사우스파크 주변엔 아티스트나 제작자가 살곤 했죠. 테크 관련 인력은 그 시기에는 대부분 실리콘밸리에 살았어요.

포 브론슨: 당시 사우스파크는 길가에 가득 차 있는 녹슨 공장 느낌의 창고, 그리고 금속으로 된 셔터로 대변되는 곳이었죠.

이브 베하: 그러다가 닷컴 붐을 거치면서 사우스파크는 헤로인 파크라는 악명에서, 일본인 단체 관광객 버스가 들러서 사진을 찍고 가는 명소로 변했죠.

스티브 펄먼: 그 당시엔 앉아서 점심 먹을 정도인 1제곱 피트 크기의 작은 풀숲도 공원에는 없었어요. 그 정도로 사람들이 가득 찼죠.

이브 베하: 그곳은 닷컴 붐의 완전한 중심지였어요. 이그룹스eGroups, 당시엔 벤처캐피털 회사였던 21세기인터넷21th Century Internet, 빅워즈BigWars 등이 사우스파크에 자리잡고 있었어요. 한 블럭 뒤에는 펫츠닷컴이 있었죠.

스콧 하산: 저는 당시에 이그룹스를 운영하고 있었습니다. 그리고 야후가 그 회사를 4억 5,000만달러에 인수했죠. 2, 3년 일한 것의 결과로는 나쁘지 않았어요.

이브 베하: 모든 인터넷 관련 기업이 그곳에 있었어요. 사람들은 인터넷이 어디에 있는지를 항상 궁금해했어요. 잠시 동안은 인터넷이 사우스파크에 존재했다고 볼 수 있죠.

포 브론슨: 엄청나게 많은 젊은이, 자기가 왜 여기로 오는지도 모르는 젊은 사람이 사우스파크로 몰려들었죠. 예고도 없이 한 세대 전체가 여기에 그냥 나타나는 느낌이었어요. 저는 그 젊은 사람들과 그들에 대한 이야기를 하고 싶었어요. 그래서 공항에 머물곤 했죠. 한밤중에 혹은 새벽 2시에 머물다 보면, 각지에서 비행기가 날아들었고, 밖에 서있다가 자기가 여기 왜 온지 모르는 것 같은 느낌의 사람이 보이면 다가가서 "『와이어드』에 대해서 들어 보셨죠? 저는 『와이어드』 잡지사 기자입니다"라고 말하곤 했어요. 그런 식으로 이곳에 온 각지의 사람들을 만났고, 그들과 연락했어요.

패티 베론: 당시에는 엄청 많은 사람이 "아, 저는 테크 산업에서 일하고 있어요" 혹은 "곧 그 산업에서 일하게 될 거예요"라는 식으로 이야기했어요. 말하자면, 일종의 유행 같은 것이었어요. 처음에 사람들은 지루한 것을 참아가면서 네트워킹 파티에 참가했어요. 하지만 시간이 지나면서 자발적으로 그런 파티에 가길 원했는데, 그 이유는 "오 저기 봐, 저기에

크레익스리스트의 크레이그 뉴마크가 있다!"라는 이야기를 하기 위해서 였죠. 얼마나 놀랍냐는 듯이 말이죠.

포 브론슨: 저는 이 아직은 작고 보잘 것 없는 사람들의 이야기를 전하고 있다고 생각했어요. 그들은 힘겨운 시간을 보내고 있었어요. 각자의 소파에서 살고 있었고, 어떤 재미도 누리지 못했어요. 모든 인간 관계가 단절된 상태였고, 부모님은 그들과 대화하지 못했고, 직업도 가지지 못했어요. 그리고 그들 중에는 벤 치우Ben Chiu라는 사람도 있었어요. 당시에 알게 된 대만에서 온 순진한 아이였는데, 진정으로 기회라고 할 만한 것을 만나기 힘든 사람이었죠. 그와 그의 6인 스타트업에게 가능성이 없었어요. 그러다 어느 날 벤 치우의 스타트업이 3,500만 달러에 인수되었다는 소식을 들었습니다. 그 사실을 믿을 수가 없었어요. '정말 모든 것이 미쳐 돌아가고 있구나'라고 생각했어요.

에반 윌리엄스: 당시엔 누가 투자를 받았고 누가 어떤 기업과 비즈니스 협업을 했다는 식의 이야기를 정말 많이 했죠. 아, 물론 어디에서 파티가 열리고 어떤 이벤트가 개최되는지도 당연히 많이 이야기했구요. 한 가지 재미있는 건 그런 정보가 다 어떻게 나왔을까 하는 점이에요. 왜냐하면 당시엔 소셜미디어라고 부를 만한 게 없었거든요. 블로그라고 불리기 이전의 아주 초기 형태의 블로깅 툴이 있었고, 아주 소수의 웹 로그만이 존재했죠.

비즈 스톤: 저는 이브헤드닷컴EvHead.com†을 읽었어요. 이브헤드에 큰 감명을 받았죠. 그의 생각에 철학적으로 완전히 동조했어요. 블로깅만이 참된 정보 민주화라는 주장에 설득되었습니다.

피터 틸: 런칭 파티는 엄청 중요하게 여겨져서 어떤 사람이 그날 가야 할 다양한 파티의 순위를 매긴 목록을 만들었어요.

---

† 후에 트위터, 미디엄, 블로거 등의 SNS 및 블로그 서비스를 런칭한 전설적인 인물인 에반 윌리엄스가 자신의 생각을 기록한 최초의 블로그.

패티 베론: 저는 SFgirl.com이라는 웹사이트를 운영하고 있었고, 당시엔 거의 대부분의 테크 커뮤니티에 있는 사람이 그 웹사이트를 알고 있었어요. 그 사이트에 모든 닷컴 사이트를 정리했고, 사이트 내에는 커뮤니티 포럼도 있었어요. 그 커뮤니티 포럼에서는 스타트업 사람들이 와서 현재 논의되고 있는 중요한 이슈에 대해서 함께 토의할 수 있었죠. 저는 누가 이런 런칭 파티들을 하기로 했는지 몰라요. 하지만 닷컴 파티에 가는 건 점점 더 사람들 사이에서 중요한 이벤트가 되었죠. 새로운 닷컴 사이트들은 파티를 통해서 명성을 얻을 수 있었고, 파티가 호화스러울수록 명성은 더 높아졌죠.

에반 윌리엄스: 매일 밤마다 참석해야 할 파티가 있었어요. 그 파티에 가면 공짜 술과 공짜 밥을 먹을 수 있었고, 대부분은 젊은 사람이 파티에 참석했죠. 그리고 그중 절반은 이 동네에 처음 온 사람이었어요.

파티 베론: 가장 호화스러운 파티는 더 많은 명성을 얻게 되고, 더 많이 사람이 글을 쓸수록 더 많은 사람이 그들에 대해서 "내가 어제 들었는데 어쩌구 저쩌구. 그들이 개최한 파티에서 돼지 경주가 있었다지 뭐야?" 혹은 "이런 저런 파티에는 10피트짜리 얼음 조각상과 보드카 박스들이 있었대"와 같은 이야기를 했어요. 직전에 열렸던 다른 파티보다 더 호화스럽게 하고 그걸로 주목을 받는 게 하나의 추세였죠.

에반 윌리엄스: 제가 어떤 파티에서 샴페인 한 병을 들고 파티를 떠났던 게 기억나요. 당시는 "파티를 떠나세요? 샴페인 한 병 들고 가세요!" 같은 이야기를 할 수 있던 시대였죠. 당시엔 파티에서 샴페인을 준다는 게 그렇게 말도 안 되는 선물은 아니었어요.

제이미스 맥니븐: 픽셀론Pixelon이란 기업을 운영하는 남자가 있었어요. 그는 제 기억이 맞다면 아마 1,500만 혹은 1,800만 달러 정도의 투자를 받았어요. 제품도 없이요. 그러고는 라스베이거스로 가서는 락밴드 더 후 The Who와 키스Kiss를 고용했어요. 말 그대로 가진 모든 돈을 흥청망청 썼

죠. 그리고 친구들을 모두 호텔로 불러 모아서 놀았어요. 경찰이 찾아와 구속할 때까지죠. 당시엔 그런 일이 엄청 이상한 일이 아니었어요.

패티 베론: 당시 어떤 곳에선 헐벗은 여인이 연주하는 파티가 있었고, 다른 한 곳에선 뉴웨이브 밴드 B-52's가 연주하는 파티가 있었죠.

맥스 켈리: 아이스박스 스튜디오Icebox Studios라는 회사가 있었습니다. 주업은 온라인 애니메이션 시리즈를 만드는 거였죠. 그들은 〈미스터 웡Mr. Wong〉이란 시리즈를 딱 한 번 런칭했는데, 그 온라인 애니메이션은 놀라울 정도로 공격적이었죠. 그런데 투자를 받았어요. 매출도 없고 오직 엄청나게 생산 비용만 높을 뿐인 회사인데 말이죠. 그러고는 엄청 요란하고 호화로운 파티를 계속 개최했어요. 힙합 그룹 런-DMCRun-DMC도 나오는 그런 파티를요. 그들은 모든 셀럽을 초청해서는 파티 입구에 영화 시사회에서나 볼 법한 장소를 연출해 놓고 사진 작가를 불러 모아놓았죠. 그 모든 이벤트는 12시간 동안 진행되었어요.

크리스 카엔: 세상에, 그 당시 파티들은 정말 대단했죠. 특별한 파티가 아니라 매일 밤마다 있던 그냥 일반적인 파티가 말이에요.

제이미스 맥니븐: 한 번은 DFJDraper Fisher Jurvetson가 세상에서 가장 큰 빌딩 중 하나인 모펫필드Moffet Field의 행거 원Hangar One을 빌려서, 그 안을 놀이 기구로 가득 채웠어요. 거기엔 1만 1,000파운드에 달하는 새우도 있었어요. 거의 미친 거죠. 래리의 전 부인이었던 바바라 엘리슨은 종종 얼룩말과 코끼리, 기린이 나오는 파티를 열곤 했죠. 그리고 한번은 군용 탱크가 파티장 주변을 도는데 그 탱크 안에 나체의 여성이 있던 파티도 있었어요. 어떤 파티는 4명의 파티걸을 고용하여 그들이 파티장 내에서 나체인 채 돌아다니기도 했어요. 우드사이드에서 일요일 오후에 말이죠!

포 브론슨: 당시엔 엄청 높으면서 낮은 긴장감이 있었죠. 그건 자신이 완전 작살나지 않았다는 것을 깨닫게 할 그런 정도의 긴장감이었죠. 마치 파티를 통해서 흥을 더하고, 대신 죄의식은 좀 더는 듯했어요. 모든 사람이

턱시도를 입으면서도 운동화를 신었고, 고베 소고기를 매우 값싸고 오래된 냅킨에 담아서 서빙했죠. 그건 일종의 사과이자 돈에 종속되지 않고자 하는 절망적인 몸부림이었어요.

제이미스 맥니븐: 그 파티들은 모두 매우 흥미로웠어요. 그리고 우린 당시에 매우 젊었죠. 그래서 이 모든 것이 계속될 거라고 생각했어요.

존 배틀: 당시 인터넷 바닥 전체에는 일종의 현실 왜곡장이 존재했어요. "모든 것이 변하고 있어. 나는 변화로 가는 티켓을 원해. 그 티켓은 어디서 살 수 있는 거야?" 유통 산업의 변화로 향하는 티켓을 원한다면 웹벤Web-ban의 주식을 살 수 있었고, 여행 산업의 변화로 향하는 티켓을 원한다면 익스피디아Expedia나 프라이스라인Priceline의 주식을 살 수 있었죠.

조이 아너프: 이트레이드 주식 거래를 통해서 인터넷 산업에 투자하는 것은 그냥 클릭만으로 가능했죠. 그래서 투자와 관련하여 이트레이드는 새로운 요소였어요. 투자 시장에 대해서 아무것도 모르는 무지한 상태의 사람에겐 비디오 게임 디그더그DigDug를 플레이하는 것과 같았죠.

칼 스테드먼: 사람들이 아이디어에 투자하던 시절이었어요. 어떤 아이디어는 좋고, 어떤 아이디어는 안 좋고. 왜냐하면 이런 스타트업들이 계속 상장되는 열광적인 경제 상황에서 일반적으로 생각하게 되는 것이 펫츠닷컴과 같은 아이디어인 거죠. 40파운드의 강아지 사료를 배송료 없이 엄청난 할인율을 적용해서 판매하는 겁니다. 말이 안 되요. 기저에 깔려 있는 비즈니스 플랜도 전혀 없었습니다. 과거의 튤립 투자와 같은 것이었어요. 그건 풍요지만, 전혀 이성적이지 않은 풍요였죠.

에반 윌리엄스: 이 회사가 상장할지도 몰라, 저 회사가 상장할지도 몰라. 모두 그런 이슈에 휩쓸려 다녔어요.

티파니 슈라인: 당시엔 IPO에 대한 이야기가 너무 많았어요. 그래서 우리는 할로윈에 IPO를 했습니다. 최초 호박 공개Initial Pumpkin Offering을 말이죠. 모든 사람이 사우스파크로 왔어요. 저는 당시에 나눠 줬던 공짜 선물들을

아직 가지고 있어요. 너무 재밌었거든요. 말도 안 되는 시간이었어요.

칼 스테드먼: 오랫동안 저의 판단 기준은 1968년 파리였어요. 1968년 파리에서는 학생과 노동자, 특히 농부, 그리고 일부 도시 사람이 총파업에 참여했죠. 그들은 무엇이든 가능하다고 느꼈겠죠. 그리고 그 기적이 1990년대 중후반에 다시 일어나고 있었어요. 하지만 역사를 아는 사람이라면 이것이 지속될 수 없다는 것을 알았죠.

에반 윌리엄스: 그 당시는 정말 특별한 순간이었어요.

조이 아너프: 주식을 사면, 다음날 주가가 4배가 뛰어 있는 일도 있었죠.

짐 클락: 실리콘그래픽스는 PER 10배 이상의 기업 가치로 거래된 적이 없었어요. 하지만 2000년에는 PER 100배로 거래되던 회사도 있었지요.

제프 로스차일드: 그때 성장주라고 분류되는 주식에만 투자하는 사람들이 있었죠. 그들은 회사 주식을 PER 100배에 사고는, 200배가 되길 기다렸어요. 또 PER 300배의 주식을 사고는 500배가 되길 기다렸죠.

맥스 켈리: 사람들은 완전히 미쳐 가고 있었어요. 자신의 주식을 어떻게 레버리징할 수 있을지를 고민했어요. 물론 결국 모두 망했죠.

칼 스테드먼: 썩닷컴에 있을 무렵, 그러한 광기를 자축했어요. 왜냐하면 다신 존재하지 않을 시기를 살고 있었기 때문이죠. 그게 당시의 제 입장이었어요. 사람들이 현상의 이유를 들으려고 하지 않거든요.

맥스 켈리: 제가 기억하기론 그런 부류의 사람들은 대부분 망해 버렸어요.

패티 베론: 계속해서 "닷컴 버블은 곧 꺼질 거예요"라는 이야기를 들었어요. 하지만 우리는 '그게 무슨 의미인데?'라고 생각했죠. 그게 모두가 실직자가 되어서 길거리에서 동냥을 하게 될 걸 의미하는지 어떤 건지 우린 정말 아무런 생각이 없었죠.

스콧 하산: 그때는 실리콘밸리가 매우 뜨겁게 달아오르던 시절이었죠.

제이미스 맥니븐: 닷컴 버블이 꺼지기 직전, 10억 달러 펀드를 보유한 크로스포인트 벤처스Crosspoint Ventures의 존 멈포드John Mumford는 "저는 더 이

상 책임감 있게 투자하지 못하겠습니다. 그래서 더 이상 제 펀드를 운영하지 않겠습니다. 투자자에게 다시 투자금을 돌려주겠습니다"라고 했어요. 그러자 다른 모든 벤처캐피털이 들고 일어나서 "안 돼! 돈을 돌려줘선 안 돼! 그 행위는 시장을 교란할 거야!"라고 했죠. 그때 이미 돈은 말라붙고 아이디어도 멈추고, 모든 것이 정지하고 있었어요.

크리스 카엔: 사람들은 슬슬 깨닫기 시작했죠. 이 모든 것이 순환 경제라는 것을. 즉, 벤처캐피털이 투자한 기업이 다른 기업에 투자하고 그 기업은 다른 기업에 인수되는 형국이었어요.

제프 로스차일드: 저는 그런 기업들의 기업 가치에 대해서 매우 비관적이었어요. "음. 그들이 저 가치를 인정받을 수 있는 유일한 길은 누군가가 저 가격에 그 기업을 사는 것인데, 이건 계속될 수 없어. 결국엔 그보다 더 큰 물고기가 나타나지 않을 테니까." 당시에 많은 기업이 그 누구도 인수할 수 없을 정도의 높은 기업 가치를 가지고 있었어요.

크리스 카엔: 그건 폭탄 돌리기였어요. 실리콘밸리에 있는 모든 회사가 각자 모두에게 돈을 주고, 한 방에서 그 돈을 서로에게 돌리고 있었죠. 만약 어떤 기업이 쓰러지면, 그 생태계 전체에 영향이 확산될 수밖에 없었어요. 재앙은 이미 예정되어 있었습니다.

제프 스콜: 2000년 1월에 AOL과 타임 워너의 합병이 진행되었습니다. 제가 기억하기론 피에르와 저는 작은 컨퍼런스 룸에 앉아서 그 뉴스를 보고 있었어요. 그리고 엄청나게 똑똑한 피에르가 "아마 곧 인터넷 산업이 붕괴할 거야"라고 했어요. 저는 "왜?"라고 물었고, 그는 이렇게 답했어요. "글쎄, 이번이 처음으로 미국 북부 돈으로 남부의 자산을 사는 거지? 지금까지 남부 자산의 가격은 그들 방식대로 매겨져 왔어. 왜냐하면 거기엔 남부인의 꿈이자 기도가 포함되어 있기 때문이지. 그런데 이번에 처음으로 그 가격이 주가에 반영되는 거잖아. 주식시장은 폭락할 거야." 그리고 그의 말이 맞았죠.

에반 윌리엄스: 주식시장은 3월에 붕괴되었어요. 하지만 당시엔 모든 게 끝났다는 것이 즉각적으로 느껴지진 않았어요. 모든 것이 끝났다는 걸 믿지 않는 사람들에 의해 어느 정도 완충되었죠. 그건 마치 코요테가 절벽을 뛰어다니는 것과 같았어요. 당분간 좀 더 뛰어다닐 뿐이었죠. 실제로 블로거blogger도 2000년 4월에 최초 투자를 받았어요.

비즈 스톤: "망할! 나는 왜 그렇게 못했지?"하고 외치고 있었어요. 저는 블로거 때문에 완전히 정신이 나가 버렸어요. "블로깅은 엄청나게 성장할 거야"라고 생각했어요. 저는 코더가 아닌 일반인도 인터넷에 자신의 목소리를 낼 수 있다는 사실에 떨렸어요.

에반 윌리엄스: 우린 50만 달러를 투자 유치했고, 7명을 채용했어요. 그리고 1년 안에 추가 투자를 받을 것이라고 생각했죠. 돈을 빠르게 쓰고 나서 연말쯤 되었을 때 깨달았죠. '아, 더 이상 시중에 돈이 없구나!'

브래드 핸들러: 그리고 2001년 3월, 모든 것이 무너졌고 회사들이 도산하기 시작했어요.

브래드 핸들러: 웹벤WebVan이 망했고, 펫츠닷컴이 망했어요. 더글로브The Globe는 엄청나게 기업 가치가 빠르게 올라갔던 회사인데, 1년 후에 망했어요.

존 마코프: 펫츠닷컴과 웹벤. 아무도 그 회사를 믿지 않았어요. 처음부터 과열된 분위기였죠.

앤디 그릭뇬: 우리는 펫츠닷컴, 웹벤 그리고 익사이트앳홈Excite@Home같은 바보 같은 짓을 했어요. 그건 인터넷 기반 서비스 기업의 초기 모델이었죠.

잭 볼웨어: 정말 미친 거였죠. 엄청나게 많은 돈이 베이 근처의, 우스꽝스러운 계획을 가진, 이를테면 빈즈닷컴Beenz.com, 웹벤, 코즈모Kozmo 같은 곳에 들어갔고, 많은 사람이 이득을 봤죠. 그 시기엔 리무진 운전사가 10대, 20대의 리무진을 사들이고, 스트리퍼가 집을 사 모을 정도였어요. 그러다 어느 날 이 모든 것이 물거품이 되었죠. 사람들은 남겨진 채로 서

로를 바라보며 "우리가 놀아난 건가? 무슨 일이지?"라고 했죠.

포 브론슨: 저는 이 바닥에서 벌어지는 일을 씁쓸하고 냉소적으로 바라보며 재미를 느꼈었죠. 그러다 벤 치우를 만나게 되었어요. 그가 그때 무엇을 하고 있었는지조차 기억이 안 나네요. 그럼에도 불구하고 돈이 그에게까지 흘러 들어가는 걸 보곤 '설마 그가 한다는 사업이 진짜 의미 있는 사업인가?'라고 생각하게 되었고, 결국엔 저도 비판적인 사고를 못하게 되었죠.

브래드 스톤: 당시 도산한 기업에 대한 전형적인 생각이 닷컴 사태 이후에 형성되었어요. 이 기업이 나쁘다거나, 우스꽝스럽거나, 지나치다는 거였죠. 저는 그러한 생각이 불공평하다고 봤어요. 왜냐하면 우리 모두 그 기업들, 즉 망한 기업들이 대체로 끝까지 노력했던 것을 봤으니까요. 펫츠닷컴이 꿈꾸던 이상향은 그 기업이 도산했을 때만 해도 우스꽝스러워 보였지만, 지금은 아니죠. 츄이닷컴Chewy.com이 펫스마트Petsmart에 최근에 팔렸어요. 그건 이커머스 역사상 가장 큰 규모의 매각 중 하나였죠.

존 마코프: 그래서 웹벤이 앞서 나간 모델이었냐구요? 글쎄요, 지금은 인스타카트Instacart라는 실험이 진행 중이고, 아직까지는 잘 작동하는 모델인 것 같네요.

브래드 스톤: 망한 아이디어들이 그 자체로 나쁜 아이디어는 아니었습니다. 괜찮은 아이디어들이었어요. 결과적으로 시장은 그 아이디어들을 좋아했어요. 단지 때가 맞지 않았던 거죠. 그 아이디어들은 너무 빨랐어요.

앤디 그리뇬: 그 아이디어들은 나중에 성공했어요. 아마존이 결국 현실화시켰죠. 하지만 당시엔 멍청한 짓을 많이 했어요. 엄청나게 많은 돈을 결코 수익이 나지 않는 것을 만드는 데 쏟아부었죠.

프레드 데이비스: 당시엔 파산이 필요한 엄청나게 나쁜 기업이 많았어요. 제가 항상 농담처럼 말하는 가상의 기업은 에그바이메일닷컴eggsbymail.com이었어요. 그 가상의 기업이 하는 일은 처음부터 그렇게 훌륭한 아이

디어를 기반으로 하는 일이 아니죠. 이름에서 유추할 수 있듯, 메일을 통해서 계란을 판매하는 회사예요. 그래서 그런 나쁜 기업, 나쁜 아이디어를 시장에서 털어 내는 것은 좋은 일이었어요. 만약 그런 시장 털어 내기가 시장 정화 수준으로만 끝났다면 말이죠. 하지만 그렇지 않았어요. 엄청 많은 기업이 망하면서 결국은 돈이 나오는 수도꼭지가 완전히 잠기게 되었죠.

마크 안드레센: 닷컴 붕괴 사태 때, 모든 닷컴 기업의 비즈니스가 망가졌어요. 그러자 기존의 큰 기업들이 갑자기 "아, 그 인터넷 어쩌구 하는 것들이요? 저흰 걱정하지 않아요. 만약 닷컴 기업들이 없어진다면, 결국 우리가 맞았던 거예요. 그 인터넷 관련 사업들은 크게 될 수 없는 거였어요. 그리고 우리가 그 인터넷 기업들의 프로젝트를 중단시키거나 사업을 더디게 만들 수 있겠죠." 시장은 그렇게 붕괴되었어요.

크리스 카엔: 닷컴 붕괴의 속도는 정말 놀라웠죠. 그 속도는 아타리 사건 때와 같았어요. 그런 속도가 실리콘밸리를 나타내는 것 중 하나였습니다. 빌어먹을. 실리콘밸리에선 어떤 폭탄이 터지면 그 폭발 속도가 엄청나게 빨랐어요. 모든 사람이 실리콘밸리가 얼마큼 빠르게 성장했는지, 그리고 소위 '파도로 인해서 모든 보트가 빠르게 올라가는 상황'에 대해서만 이야기합니다. 그런데 그 반대 상황, 즉 파도가 빠르게 내려가는 상황에 대해서 이야기하는 건 까먹은 것 같아요. 파도가 밑으로 내려가면, 모든 사람이 같이 내려간다는 사실을 말이죠.

브래드 핸들러: 엑소더스Exodus 같은 기업의 가치가 0으로 내려가는 걸 지켜보고 있었는데, 좀 심각했어요.

레이 시드니: 엑소더스는 구글이 처음으로 자체 서버 팜을 가졌던 데이터 센터였어요. 또 다른 초기 검색 기업이였던 잉크토미의 호스팅 기계를 가지고 있었어요. 야후와 같은 모든 큰 인터넷 기업의 데이터 센터 역할을 했던 곳이기도 했죠.

크리스 카엔: 모두가 "세상에! 닷컴 버블이 터지다니. 실리콘밸리는 이제 끝났어"라고 했어요. 하지만 모두가 2000년은 폭탄이 실리콘밸리에 떨어진 두 번째 해라는 걸 몰랐던 거죠. 처음은 1983년과 1984년이었어요.

마크 앤드리슨: 9.11 사태는 분명 비극이었죠. 그런데 단순히 비극적인 것을 넘어서서 인터넷 산업에서 겨우겨우 버티고 있던 기업을 모두 문닫게 만들었죠. 기본적으로 9.11은 그랬어요. 기업이 문을 닫았죠.

마이크 슬레이드: 9.11은 화요일 아침에 일어났어요. 그리고 세상이 불길로 가득 찼죠. 저는 애플을 다니고 있었는데 사람들이 둘러앉아 있었어요. 스티브 잡스가 저를 보면서 말했어요. "전쟁이 일어날 거야." 사람들은 "필요 없는 이 회의를 해야 할까요?"라고 말했어요. 확신이 없었죠.

프레드 데이비스: 9.11 다음날 주식시장은 열렸고, 남녀노소 가릴 것 없이 테크 관련 주식을 매도했어요. 덤핑 처리하듯 팔아 버렸죠. 저는 다음날 사무실로 가서 30명을 해고해야 했어요. 모든 것이 끝났으니까요.

이브 베하: 닷컴 버블이 터지기 전의 삶은 쉬웠고, 아름다웠고, 무언가 재밌는 일들이 계속 발생했어요. 그리고 미국 중서부나 동부의 대졸자가 높은 연봉에 계속 채용이 되었죠. 그러다 갑자기 샌프란시스코에서 일자리가 싹 사라졌어요. 모두의 꿈이 산산조각 났죠.

패티 베론: 쌍둥이 빌딩이 무너졌을 때, 지금은 남편이 된 당시의 남자친구와 저는 유럽에 한 달간 머물면서 여행하고 있었어요. 저는 "여행을 떠나자. 다시 돌아오면 새로운 직장을 구할 수 있을 거야. 돈도 계속 벌 수 있을 거야"라고 했어요. 하지만 우리가 돌아왔을 때, 그는 직업을 구할 수 없었어요.

존 마코프: 마치 원자 폭탄이 휩쓸고 간 것 같았어요. 모든 것이 엄청나게 빠른 속도로 일어났어요. 어느 날은 가능성이 무궁무진하다가 다음날이 되니 그렇지 않았습니다. 모든 것이 빠르게 붕괴되었죠.

제이미 자윈스키: 모두 말도 안 되는 일이었습니다.

프레드 데이비스: 2000년에 닷컴 버블이 터지면서 저는 제 회사에 빌려줄 몇백만 달러의 돈이 더 필요했어요. 당시에 에스크지브스AskJeevs 주식을 엄청 많이 가지고 있었는데, 제 담당 주식 브로커에게 가서 상담을 해 보니 "에스크지브스 주식을 팔지 마세요. 대신 주식담보대출을 통해서 대출을 받고, 그 돈을 회사에 빌려주세요"라고 했죠. 그는 "그건 완전히 안전한 방법이에요. 왜냐하면 에스크지브스 주식은 14달러 정도에 거래되고 있고, 14달러 중에서 절반에 해당하는 7달러 정도는 회사가 현금으로 가지고 있어요. 그러니 절대 7달러 이하로는 주가가 내려갈 일이 없어요"라고 했죠. 그래서 주식담보대출을 받아야겠다고 결정했어요. 하지만 9.11 사태 이후, 에스크지브스 주식은 80센트가 되었어요. 시장은 패닉에 빠졌죠. 2년 후에 에스크지브스는 베리 딜러Barry Diller에게 주당 35달러에 매각되었으나, 저는 그 매각 때까지 버틸 수가 없었죠.

제프 로스차일드: 아시다시피 정말 많은 사람이 탐욕적이 되었어요. 그들은 자기 주식 브로커를 욕할 수도 있겠지만, 사실 스스로 바보 같은 짓을 많이 했어요. 자기 스톡옵션을 행사할 수도 있었죠. 그러나 주식을 팔기보단 보유하고 있었어요. 그 주식 가치가 더 올라가리라 생각했기 때문에 그랬던 거죠. 주당 100달러의 가격에 스톡옵션을 행사했다고 가정해 봅시다. 그러면 그 시점에 주당 50달러 정도를 세금으로 내야 했어요. 하지만 주가가 10달러로 떨어지면, 주당 50달러에 대한 세금 청구를 받게 되죠. 그러면 집을 팔아야 하고, 가진 그 어떤 것이든 팔아야 합니다. 앞으로 10년간 미 연방세무국을 위해서 일해야 하죠. 제가 아는 많은 사람에게 이런 일이 발생했어요.

프레드 데이비스: 저는 1,000만 달러가 하루아침에 사라지는 것도 봤어요.

제이미 자윈스키: 바보 같은 투자 의사결정이 당시에 많았어요. 하지만 저는 그게 '붕괴'라고 생각하진 않아요. 단지 거기엔 현실화되지 않은, 부풀려진 약속만이 존재했죠. 샌프란시스코의 주택 가격은 한 번도 떨어

진 적이 없습니다. 뭐, 어쩌면 가장 마지막 지진 직후에 몇 분간은 떨어졌을 수도 있겠네요.

이브 베하: 어쩌면 바보 같은 꿈이었을 수 있어요. 몇백만 달러 값어치처럼 보이는 스톡옵션. 대학을 갓 졸업한 학생들은 자신이 매우 쉽게 그걸 만들었다고 생각했어요.

패티 베론: 우린 샌프란시스코를 떠나기로 결정했어요. 남편이 유타에 직장을 구했기 때문이죠. "세상에. 유타로 가기 싫어. 그건 너무 끔찍해"라고 했어요. 하지만 직업이 있는 곳으로 갈 수밖에 없었죠. 그리고 그게 샌프란시스코를 탈출하는 우리의 방법이었어요.

이브 베하: 사람들은 집에 돌아가야 했죠. 10만 명의 사람이 베이 지역을 떠났어요.

존 마코프: 말 그대로 도시가 청소되는 느낌이었죠.

패티 베론: 세상은 그전과 달라졌어요. 분위기가 완전히 달랐죠. 매우 어두컴컴했고, 매우 조용했했어요. 이메일도 없었고 사람들은 전화도 안 했습니다. 저는 샌프란시스코를 떠나기 전까지 SFgirl.com을 유지했어요. 그 사이트는 오직 파티에 대한 사이트였습니다. 하지만 당시는 파티를 할 분위기가 전혀 아니었죠. 그렇게 그 사이트는 수명을 다했어요.

존 마코프: 닷컴 붕괴의 좋은 점 중 하나는 어느 순간부터 101번 고속도로와 280번 고속도로를 달릴 수 있게 되었다는 점이에요.

이브 베하: 교통이 정말 꽉 막혀 있었다가 어느 정도 달릴 수 있는 수준으로 변했어요. 그래서 샌프란시스코와 실리콘밸리 사이를 고속도로로 달리는 것이 어느 순간부터 즐거웠습니다.

애런 시틱: 당시에 레스토랑에 가면 엄청난 서비스를 받곤 했어요. 서빙하는 사람과 이야기해 보면, 스탠퍼드에서 물리학 박사 학위를 받은 구직자인 경우도 있었어요. 모두 정말 힘들게 살았어요. 모두가 근근히 먹고 살았죠.

숀 파커: 실리콘밸리에는 야망 있고 긍정적인 사람이 전국에서 몰려들었고, 그들은 실리콘밸리에 찾아 들어온 젊은 사람이 어떻게 부를 얻었는지를 다루는 『와이어드』 기사를 읽고 있었죠. 그렇게 실리콘밸리는 세상의 중심이 되었어요. 그러다 갑자기 핵전쟁으로 인해 겨울이 찾아왔죠. 오직 바퀴벌레만 살아남을 수 있었어요.

마크 핀커스: 샌프란시스코는 껍데기에 불과했습니다. 모든 사람이 들이닥쳤다가 모두가 떠났죠. 그리고 모든 기업이 붕괴했어요. 매우 급진적이었어요.

포 브론슨: 모든 돈이 사라졌고, 그 직후엔 투자자가 제기한 소송이 난무했어요. 나중에는 그 소송을 진행할 만한 돈도 부족했죠. 정말 모든 것이 메말랐어요.

숀 파커: 그리고 닷컴 붕괴가 일어난 후, 모든 사람이 "인터넷이 해결할 수 있는 일은 이미 다 해결되었다", "더 이상 새로운 아이디어는 없다", "더 새로운 것이 인터넷 소비자 시장에 나오지 않을 것이다"라는 생각을 가지게 되었어요.

마크 핀커스: 제 기억이 맞다면, 아마 제가 아는 사람 중에 인터넷 소비자 분야에서 무엇인가를 해 보고자 했던 사람이 6명 정도밖에 안 남아 있었어요. 우리는 미션 거리에 있는 2개의 카페에 드나들곤 했죠.

숀 파커: 다른 바퀴벌레들과 함께 고난의 시기를 버티는 것은 매우 끔찍한 일이었어요. 거기엔 아무런 열정이 없었거든요. 다른 바퀴벌레와 버틴다는 건 가장 화려하지 않고, 가장 섹시하지 않고, 가장 비참한 일이었죠. 아무도 왜 버티는지 이해하지 못했어요. 투자자는 확실하게 이해하지 못했고, 제 나이 또래의 그 누구도 이해하지 못했죠.

마크 핀커스: 샌프란시스코의 그 누구도 우리가 하는 말을 이해하려 하거나 관심을 가지지 않았어요. 그게 어떤 것이든. 오히려 짜증을 냈죠.

에반 윌리엄스: 사람들이 놓치고 있던 사실은 재무적인 관점에서 버블이 붕

괴된 것이지, 인터넷 그 자체가 붕괴된 것이 아니라는 점이죠. 인터넷 사용 시간은 아주 드라마틱하게 성장하고 있었어요.

애런 시틱: 일확천금을 노리고 실리콘밸리에 왔던 사람들은 모두 떠났어요. 남은 사람은 인터넷이 제공하고자 했던 지향점을 진정으로 믿었던 사람, 기술이 사람을 위해 쓰일 수 있다고 믿는 사람이었어요. 닷컴 붕괴 때 만연했던 냉소주의를 지나고 나자, 사람들의 태도가 바뀌었어요. 서로가 서로를 엄청 응원하고 지지했습니다. 그리고 진정으로 어떤 누군가가 엄청난 혁신을 이루고 크게 성공하길 바랬어요.

숀 파커: 믿음이 강한 아주 소수의 사람들만 남았어요. 그 힘든 시기를 거친 사람은 둘 중 하나였어요. 아주 신념이 강했든지 아니면 놀라울 정도로 능력이 좋았든지.

앤디 그리뇬: 개척자들은 화살을 가지고 있었어요. 그리고 집단 군집 형태로 모였어요. 그들은 교훈을 얻었고, 그 교훈으로부터 회사를 수익성 있게 만들어 나갔어요.

에반 윌리엄스: 당시에 저는 코더였어요. '뭐, 나중에 쓰레기나 만들지'라고 생각했어요. 한 번도 제 근거지를 떠난 적이 없습니다.

숀 파커: 나머지 사람은 소멸되고 없어졌죠.

23

왕의 귀환

스티브 잡스의 복귀와 애플의 부활

등장 인물

가이 바넘	스티브 워즈니악	조던 리터
놀란 부쉬넬	스티븐 레비	존 루빈스타인
래리 엘리슨	앤디 그리뇬	존 마코프
론 존슨	앤디 허츠펠드	토니 파델
마이크 슬레이드	앨런 케이	톰 수터
마이클 듀이	알리 에이다	트립 호킨스
산지브 쿠마르	웨인 굿리치	
숀 파커	이브 베하	

인터넷 비즈니스를 주업으로 하는 벤처기업의 호황은 실리콘밸리의 하드웨어 기업에게 마냥 달갑지는 않았다. 나스닥의 주가가 가파르게 고공행진하는 동안, 애플은 부도나기 일보 직전이었다. 1997년에는 맥킨토시의 시장 점유율이 급기야 2%까지 추락했다(나머지 98%는 마이크로소프트가 차지했다). 이 지경이 되어서야 스티브 잡스는 회사 정상화를 위해 복귀할 수 있었다. 설립자임에도 본인 뜻대로 회사를 운영하지 못했던 20년 전과는 다르게, 이번에는 잡스가 전권을 쥐고 경영할 수 있었다.

훨씬 성숙하고 노련해진 그의 첫 시도는 '다르게 생각하라Think Different'라는 광고 캠페인이었다. 이 광고는 애플이 알베르트 아인슈타인, 버크민스터 풀러Buckminster Fuller[†], 파블로 피카소와 같은 세기의 거장들과 같은 반열에 있음을 알리려는 목적이었다. 그런 다음 인터넷이라는 거대 흐름에 딱 맞는 신규 모델인 아이맥iMac을 출시했다. 세 번째로 출시한 것은 냅스터 세대[‡]를 겨냥한 꽤 신박한 제품인 아이팟이었다. 아이팟은 쉽게 이야기하자면 MP3 음악 파일을 주머니에 넣고 다니듯 언제 어디서든 들을 수 있도록 해 주겠다는 제품이다. 소니의 엄청난 성공작이었던 워크맨의 최신 버전인 아이팟은 완전히 시장의 판도를 바꿔 버린 혁신이었고, 애플에 새로운 방향을 제시해 준 사건이었다. 잡스는 전반적으로 전자제품업계가 매우 취약하다는 것을 깨달은 최초의 인물이다. 애플은 정상 궤도로 돌아왔다. 스티브 잡스는 20년 전의 실패를 곱씹으며 이번엔 매우 다를 것이라며 때를 기다리고 있었다.

래리 엘리슨: 1995년 중반쯤은 잡스가 픽사에서 〈토이 스토리〉를 마무리하면서 넥스트도 병행하던 시기였어요. 애플은 심각한 상황이었죠. 잡스의 사퇴 이후 내리 10년간 내리막만 달렸으니까요. 여러 가지 악재로 회사

[†] 미국의 건축가, 작가, 디자이너, 발명가, 시인이자 멘사의 두 번째 회장.
[‡] 디지털 세대를 뜻한다.

가 너무 굶아서 망하지 않을까 고민할 정도였어요. 아무 것도 도와주지 못하면서 그 광경만 물끄러미 지켜보던 저로서는 많이 괴로웠습니다.

트립 호킨스: 1990년대의 애플은 정말로 궁지에 몰려 있었어요.

마이클 듀이: 그나마 애플을 먹여 살리던 제품은 애플 Ⅱ였어요. 다행히도 교육 시장에서만큼은 매년 매출을 유지할 수 있었죠. 그 덕분에 잡스가 돌아올 때까지 버틸 수 있었어요.

래리 엘리슨: 저와 잡스는 해변가를 따라 캐슬락 주립공원을 종종 산책했어요. 당시에는 길 아멜리오Gil Amelio가 애플을 경영했는데, 애플을 인수하려면 약 50억 달러의 자금이 필요했습니다. 저는 인수 자금을 모았었는데, 애플을 상장 폐지 시켜서 잡스에게 25%의 지분을 주고 운영하게끔 할 계획이었어요. 그러자 잡스는 "있잖아, 래리. 네가 회사를 사지 않고도 내가 애플을 다시 가져올 수 있는 비책을 찾은 것 같아"라고 말했죠. 저는 이 대화를 평생 기억할 것 같아요. 전 어떻게 자금도 없이 가능할까 싶어서 시큰둥하게 "음. 그래?"라고 대답하자, "응. 애플이 넥스트를 인수하게 하고 난 이사회로 들어갈 거야. 그럼 결국 이사회 멤버들은 내가 길 아멜리오보다 더 훌륭한 CEO임을 알고 날 다시 CEO에 앉힐 거야"라고 대답했었어요.

스티브 워즈니악: 애플은 당시에 컴퓨터 운영체제를 엄청 간절히 찾고 있었는데, 마침 넥스트가 개발한 운영체제의 완성도가 매우 높았어요. 그 운영체제를 애플에 도입하기 위해 넥스트를 인수했죠. 잡스가 맥을 만들기 시작했을 때는 사실 운영체제의 개념도 잘 몰랐고 그 중요성도 인지하지 못했어요.

존 루빈스타인: 저는 1997년도 초에 애플에 입사했는데 잡스가 아직 복귀하기 전이었어요. 전 CEO인 길 아멜리오가 추진한 구조조정을 위해 애플에 들어왔습니다. 그 업무의 일환으로 넥스트를 인수했기 때문에 어찌 보면 인수를 통해 애플에 온 셈이죠.

래리 엘리슨: 그리고 저는 이사회로 들어갔죠.

존 루빈스타인: 약 7개월 후에 이사회는 길 아밀리오를 해임했어요. 프레드 앤더슨Fred Anderson이 몇 달간 임시적으로 대표를 맡았고, 곧 이어 잡스가 임시 대표로 복귀했어요.

톰 수터: 곧바로 『와이어드』는 애플 로고와 함께 한 단어로 표지를 장식했죠. 그 단어는 다름 아닌 "기도합시다Pray"였어요. 심각한 곤경에 처한 애플을 비꼬는 말이었죠. 모든 사람이 "하하, 애플은 90일 정도밖에 버티지 못할 거야. 아마 곧 망하겠지"라고 비웃었죠.

앤디 허츠펠드: 다소 이해하기 어렵고 미묘한 문제이긴 한데, 잡스는 픽사에서의 성공이 없었다면 애플로 돌아오지 못했을 거예요. 픽사의 업무도 병행해야 하다 보니 그의 시간과 에너지를 전적으로 애플에 쏟을 수는 없었어요. 기억하세요. 돌아왔을 때, 그는 정식 CEO가 아니었어요.

웨인 굿리치: 잡스는 'iCEO', 즉 임시interim CEO였어요.

트립 호킨스: 잡스가 돌아왔을 때, 그는 예전과 많이 달랐어요. 성숙해졌다고 할까요? 하지만 여전히 회사에 창조성을 불어넣는 데에는 탁월한 감각을 보여 주었죠.

마이크 슬레이드: 처음 그가 한 시도는 매우 클래식했죠. '다르게 생각하라' 광고 캠페인은 매우 성공적이었어요. 그 슬로건은 사람들에게 애플은 특별한 회사라는 이미지를 심어 주었을 뿐 아니라, 그해 봄 2% 밖에 안 되던 초라한 시장 점유율조차 너그러이 받아 주게 만들었습니다.

마이클 듀이: 잡스는 어떤 프로젝트들이 진행 중인지 확인하는 데 한 달가량을 보냈어요. 그러고 나서 제품 라인업을 축소하기로 결정했죠. 그 당시 애플은 말도 안 되게 많은 제품을 생산하고 있었거든요. 맥킨토시만 해도 20개가 넘는 버전이 있었으니 말 다한 거죠.

존 루빈스타인: 다른 경영진은 잡스에게 애플은 이제 네트워크 컴퓨터를 만들어야 한다고 설득했어요.

마이클 듀이: 그 제품의 콘셉트는 이래요. 컴퓨터 본체를 인터넷에 연결하기만 하면 바로 인터넷 접속이 되는 거죠. 컴퓨터나 인터넷이 어떻게 작동하는지 몰라도 되고 그냥 쓰기만 하면 되는 겁니다. 매우 신박한 아이디어였어요. 왜냐하면 그 당시에 인터넷은 정말 큰 화두였거든요.

존 루빈스타인: 네트워크 컴퓨터는 훗날 아이맥으로 진화하게 됩니다.

톰 수터: 잡스가 우릴 붙잡더니 "내가 보여 주고 싶은 게 하나 있어"라며 따라오라고 한 그날을 절대 잊지 못해요. 우린 다 같이 마리아니 빌딩을 나와서 길을 건너 조니 아이브Jony Ive의 스튜디오로 갔어요. 거기에는 장막으로 덮인 물건들이 있었는데, 그가 커버를 벗기자 해난구조대처럼 5가지 형광색 버전의 아이맥이 놓여있어요.

앤디 그리뇬: 아이맥은 대중의 관심을 다시 단숨에 사로잡았어요. 그 당시 컴퓨터는 사실 매우 어렵고 따분한 것이었거든요. 1990년대 중반에는 애플조차 그런 재미없는 제품을 만들고 있었으니까요.

래리 엘리슨: 잡스는 아이맥의 형형색색 색깔을 고른 뒤 "미안. 우린 흔한 베이지색은 안 만들 거야!"라고 했죠.

톰 수터: 아이맥의 디자인은 날렵했고 반투명해서 마치 우주에서 온 물건 같았어요. 제가 "너무 예뻐서 핥고 싶어!"라는 말까지 했죠.

마이클 듀이: 그건 마치 영화 〈백투더퓨처Back-to-the-Future〉를 생각나게 했어요. 그리고 아이맥은 주력 제품인 애플 II를 대체했어요.

존 루빈스타인: 그때부터 애플이 다시 살아나기 시작했어요.

마이크 슬레이드: 1998년도 말부터 1999년초까지 애플은 약 40억 달러의 현금을 들고 있었어요. 그런데 아이맥 때문은 아니었습니다. 아이맥은 아예 돈을 못 벌고 있었으니까요. 가격이 엄청 비싼 데스크탑 모델 덕분이었어요. '다르게 생각하라' 다음 캠페인은 인텔을 조롱하는 내용이었는데, 잡스는 포토샵 헤비 유저용으로 개발한 데스크탑 모델인 G3랑 G4를 매우 값비싸게 팔고 싶어 했죠. 탑 모델인 G3랑 G4를 구매하게끔

하고 싶어 했죠. 물론 노트북도 팔고 싶어 했지만, 데스크탑을 더 밀었습니다. 맞아요, 간단하죠? 그저 고수익 제품을 팔고 싶어 했어요. 옷가게처럼요.

애플이 안정을 찾기까지는 1년 반 정도가 걸렸다. 그사이, 제너럴 매직에서 경험을 쌓은 토니 파델은 본인의 회사를 차리려고 했다. 그의 사업 아이디어는 MP3 플레이어를 만드는 것이었다.

가이 바넘: 토니가 자기 주머니에 엄청난 비밀이라도 품고 다니는 것처럼 어슬렁거리던 모습이 기억나요. 그의 머릿속에는 오로지 두 가지 밖에 없어요. MP3와 저장 장치. 전 세계에서 이 개념을 이해하는 사람은 토니 혼자인 때도 있었죠. 그는 실리콘밸리를 돌아다니면서 자신을 지지해 줄 사람을 찾고 있었어요. 토니가 앉아서 일할 공간도 빌려줄 수 있는 그런 사람을요.

이브 베하: 토니는 무작정 제너럴 매직을 뛰쳐나왔어요. 우린 사우스파크에서 만나곤 했죠. 그는 정말 정말 활기차고, 열정이 넘치며, 무엇보다 디지털 음악에 지대한 관심이 있었어요. 결국 디지털 매체에 최적화된 하드웨어와 소프트웨어는 어떠해야 하는지를 더 파고들기 위해 회사를 설립했죠.

토니 파델: 하드웨어와 소프트웨어가 통합되는 것뿐만 아니라 서비스까지 결합되어야 해요. 제너럴 매직은 전 세계에서 그런 시도를 한 첫 기업이에요. 그곳에서의 경험은 이후 내 커리어 전반에 영향을 끼쳤어요.

이브 베하: 토니는 삼성한테 투자를 받았어요. 그 투자금으로 우리는 브로드웨이가와 콜럼버스가 사이에 사무실을 차리고 여러 제품을 그려 봤던 것 같습니다. 가정용 음향 시스템이나 휴대용 음악 장치부터 디지털 영상 장치까지 고민하기 시작했어요. 모든 제품의 근간에는 두 가지 기준

이 있었습니다. 가능한 한 연결 장치는 최대한 없어야 했고 사용성은 매우 간단해야 한다는 것이죠. 토니는 "가정용 음향 시스템과 영상 장치를 모두 뒤엎을 만한 제품 생태계를 만들어 보자!"고 자주 이야기했어요. 그중 한 제품이 바로 휴대용 MP3 음악 플레이어였던 거죠.

가이 바넘: 토니는 마치 주머니 깊이 비밀을 숨겨 놓고는 걸어가면서 "이것 보세요! 이것 보세요! 내가 아이팟을 만들었다고!"라고 말할 사람이에요. 당시에 그는 그 물건을 아이팟이라고 부르지도 않았고, 여전히 많은 기능이 제대로 작동하지도 않았어요. 하지만 아이팟의 기본적인 콘셉트를 그가 제일 먼저 만든 건 틀림없죠.

이브 베하: 우린 사용자들이 전체적으로 편하게 살펴볼 수 있도록 회전형 인터페이스가 담긴 정사각형 제품의 시스템을 디자인했어요. 간단히 말하면 정사각형 안에 원이 있다고 보면 돼요. 그 디자인은 작게는 소형 휴대용 플레이어에서 크게는 근사한 음향 솔루션까지 모두 적용 가능했어요.

토니 파델: 저는 단 한 번도 소프트웨어 산업에 뛰어들어 본 적이 없었어요. 다른 사람들이 모두 인터넷에 답이 있다고 말할 때, 저는 줄곧 하드웨어 제품에만 몰두했죠.

이브 베하: 그래도 우리는 꽤 많은 성과를 이뤄 냈어요. 앞으로 개발할 제품군을 꽤 멋지게 구상했고, 몇몇 제품은 디자인은 물론 실물 모형까지 만들었어요. 기반 기술까지도 준비했고요.

토니 파델: 그러다 갑자기 닷컴 버블이 터지기 시작했습니다.

이브 베하: 당시 새로운 투자자를 유치하는 게 거의 불가능했어요.

토니 파델: 아무도 우리에게 투자하고 싶어 하지 않았습니다. 그들은 마치 "너흰 미쳤어. 요즘 같은 시기에 소프트웨어를 안하고 하드웨어를 하다니. 하드웨어는 이제 죽었다고!"라고 말하는 것 같았어요.

이브 베하: 시장에서는 심지어 하드웨어는 곧 사라질 것이라는 믿음까지 있었던 것 같아요. 하드웨어가 인터넷과 전자 상거래 사이트에 의해 완

전히 산산조각 날 것이라고 했으니까요.

실리콘밸리는 인터넷에 열광했다. 하지만 애플은 뼛속까지 하드웨어가 코어인 기업이었다. 그리고 파델처럼 잡스도 냅스터가 발견한 그 기회에 눈을 뜨기 시작했다.

숀 파커: 당시에는 400만 명에 달하는 사람이 MP3 파일을 활발히 주고받으며 음악을 컴퓨터로 접했습니다. 즉, 아이팟이라는 물건이 공략할 시장은 이미 존재했어요.

존 루빈스타인: 디스플레이뿐 아니라 배터리 기술도 더 이상 혁신이 일어나지 않고 있었어요. 그렇다 보니 저는 자주 잡스를 찾아가서 "스티브, 진짜 이 사업은 아직 못하겠어요"라고 징징거렸죠. 이유는 이랬습니다. 많은 음악을 담을 수 있는 저장 장치를 달자니 너무 크고 무거워서 자주 고장 났어요. 그렇다고 조그마한 저장 공간만으로는 고작 5곡에서 10곡 정도만 들을 수 있었죠. 그 어느 것도 사업성이 없었습니다. 그러다 2001년 2월, 맥월드 도쿄 행사 참석 겸 일본을 방문했는데 관련 부품 공급 협력사들을 쭉 만나 보았죠. 우리는 노트북에 필요한 배터리를 살펴보기 위해 배터리 제조사들, 다양한 애플 제품에 탑재될 디스플레이를 개발하는 기업들, 하드 드라이브를 개발하는 제조사들을 모두 방문했습니다. 그 과정에서 도시바를 찾았죠! 공급받을 하드 드라이브를 같이 쭉 검토하다 미팅 막바지에 도시바 사람들이 문득 "그런데 말이죠, 우리가 요새 새로 개발하는 프로젝트가 하나 있는데 당최 어디에 쓸 수 있을지 모르겠네요. 한번 보시겠어요?"라며 보여 준 것이 바로 소형 하드 드라이브였습니다.

가이 바넘: 지금도 생각해 보면 그때 왜 도시바가 5기가 용량의 1.8인치 소형 하드 드라이브를 만들었는지 신기할 따름이에요. 진짜 일본인만이

개발할 수 있는 엄청난 물건이었죠. 하느님. 감사합니다! 그들은 아직 시장성이 검증되지 않은 기술을 개발하는 경우가 더러 있었는데, 이 제품이 바로 그러했죠. 당시에 이 기술을 적용할 수 있는 데는 아무 곳도 없었으니까요. 이 제품도 사실 휴대용이 아니라 노트북용으로 개발되었다고 해요.

존 루빈스타인: 출장에서 돌아와 잡스에게 당장 찾아갔죠. "스티브, 우리 드디어 MP3 사업을 할 수 있을 것 같아요! 원래 2001년 말까지도 하드 드라이브를 준비할 수 없을 것 같았는데, 이제는 정말 근사한 제품을 뽑아낼 수 있겠어요! 손바닥 크기도 안 되는 작은 사이즈 정도가 될 테니까요. 팀도 구성하고 제품도 개발하는 데 1,000만 달러 정도면 바로 시작할 수 있을 것 같아요"라고 했죠. 그랬더니 잡스는 "좋아, 바로 돈 쏴 줄게. 한 번 해 보자"라고 받아쳐 줬어요. 곧 이어 전 프레드 앤더슨을 불렀어요. 그는 우리 회사의 CTO였는데, 혹시나 자금이 예상보다 훨씬 많이 필요할지를 다시 한번 검토하도록 부탁했어요. 그가 "이 정도 자금이면 충분할 것 같군요"라고 하자마자 우리는 바로 팀을 꾸리기 시작했습니다.

토니 파델: 베일에서 스키 곤돌라를 타고 있던 중에, 전화가 와서 받았더니 "안녕하세요, 저는 애플의 존 루빈스타인이라고 합니다. 귀하의 제품에 관심이 있는데요. 어쩌고 저쩌고……"하더군요. 바로 그다음 주에 존 루비스타인과 바로 미팅을 가졌어요.

존 루빈스타인: "도움이 필요한 프로젝트가 있는데요"라고 운을 띄웠는데, 정확히 무엇에 관한 것인지는 말하지 않았어요. 그래도 "이 프로젝트는 소형 가전제품이에요"라고 말했죠.

토니 파델: 존과 애플 사람들은 제가 뉴턴 같은 것을 다시 시작하길 바라는 것 같았어요. 하지만 저는 애플 내부에서 어떤 논의가 오고 가는지 알지 못했고 그들도 말해 주지 않았죠. 비밀유지계약서를 체결하고 나서야 말하기를, "애플은 아이튠즈iTunes를 가지고 있는데, 이제는 우리 고객이

길거리에서도 아이튠즈를 들을 수 있게끔 하고 싶습니다. 요즘 나오는 MP3 플레이어는 정말 별것 아닌 것 같은데, 우리가 훨씬 좋은 제품을 만들 수 있다고 믿어요. 당신이 이 분야 전문가니, 우리와 함께 당신이 만들고 싶어 했던 것을 같이 만들어 보면 어떨까요?"라고 하더군요.

이브 베하: 하루는 토니가 "있잖아, 내가 곧 어떤 계약을 체결할 것 같은데, 그게 스티브 잡스랑 같이 하는 프로젝트야. 내가 6주 후에 이 기획안을 스티브 잡스에게 보여 주면, 무슨 일이 벌어질지 한번 지켜 보자"라고 말하더군요.

존 루빈스타인: 저는 토니를 컨설턴트로 고용했어요. 그러고는 "우리가 상상하는 모습은 이렇습니다. 이것이 가능하려면 도대체 어떻게 해야 할지 알고 싶어요. 뭐라도 좋으니 꼭 그 방법을 찾아와 주세요"라고 요청했습니다.

토니 파델: "알겠습니다"라고 말한 뒤 밤이고 낮이고 하루 종일 그 작업에 몰두했죠. 제 회사는 사고만 안 나도록 방치해 두고, 아이팟의 디자인만 생각하느라 시간 가는 줄 몰랐죠. 최고의 디자인을 뽑기 위해서 심지어 칩 설계뿐 아니라 여러 가지 잡다한 것도 모두 알아야만 했어요.

토니 파델: 제가 제너럴 매직에서 배운 것을 하나 뽑자면 이왕 시작할 거면 그전에 최대한 꼼꼼히 살펴보라는 것이었습니다. 왜냐하면 당신이 이게 정답이라고 정해 버린다면, 다른 사람들은 그게 유일한 답이라고 믿으니까요. 그래서 정말 많은 조사를 했습니다. 그 시간에 할 수 있는 최대한까지 했던 것 같아요. 그리고 6주 후, 잡스에게 발표했죠.

존 루빈스타인: 핵심 경영진만 참석한 미팅이었습니다. 저, 필 쉴러, 그리고 조니 정도. 하지만 미팅은 토니가 이끌었어요.

토니 파델: 잡스가 방에 들어왔는데 한마디도 하지 않고 체크리스트만 쭉 살펴보았습니다. 그리고는 그 리스트를 책상에 툭 던지더니 아이팟의 비전에 대해 이야기하기 시작했어요.

론 존슨: 그 비전이라 하면, "전 음악 기기를 만들고 싶습니다. 그런데 그 기기가 당신이 가진 모든 음악을 다 담을 수 있을 뿐 아니라, 위대한 소프트웨어가 탑재된 디지털 기기였으면 좋겠습니다. 토니, 쉽게 말해 아이팟만 있으면 어디서든 음악을 들을 수 있었으면 좋겠어요"라는 것이었어요. 잡스가 당시에 "수천 곡을 주머니 안에"라는 개념을 생각하고 콕 찍어 말한 것은 아니지만, 그가 상상했던 미래는 아마 그런 느낌이지 않았나 싶어요.

래리 엘리슨: 그는 MP3 플레이어가 사용하기 쉽고, 저렴하고, 그리고 무엇보다도 아름답기를 광적으로 바랐어요. 예전에는 소니가 그랬었죠.

토니 파델: 그리고 체크리스트의 다음 장으로 넘어가자, 소니에 관한 것들이 나왔어요. 그러자 잡스는 "그래, 지금은 소니가 1등이지만, 우리가 곧 이겨 버릴 거야!"라더군요.

래리 엘리슨: 잡스는 "왜 애플은 마이크로소프트랑 경쟁해서 박 터지게 싸워야 하지? 대신 소니랑 경쟁하면 되잖아. 안 그래?"라며 노련하게 결정했어요. 우리는 꽤 길게 산책을 했는데, 갑자기 "넌 누구랑 싸우고 싶어? 마이크로소프트? 소니? 난 누가 뭐라 해도 소니랑 싸우겠어. 우린 소프트웨어 기업인데 소니는 그렇지 않아"라고 했죠.

존 루빈스타인: 누군가가 워크맨을 대체하리라는 것은 자명했죠. 문제는 '우리가 하느냐, 남이 하느냐'였습니다.

토니 파델: 그는 기분이 좋아서 이리저리 왔다 갔다 하며 펄쩍 뛸 지경이었죠. 그는 성공이라는 큰 파도에 이제 막 몸을 맡기기 시작한 느낌이었어요.

래리 엘리슨: 애플은 소프트웨어 기업입니다. 마이크로소프트도 마찬가지죠. 하지만 소니는 하드웨어 기업이에요. 하드웨어 기업은 소프트웨어 기업에게 잠식당하기 십상이죠. 아이팟을 포함해서 보통 하드웨어 제품의 95%는 소프트웨어가 완성하기 때문이죠.

토니 파델: 얼마 안 있어 전 자그마한 모형을 만들어 갔어요. 당시 최신식

계산기와 시중에 나와 있는 모든 MP3 플레이어를 분해해서 모두 상자에 담아 갔죠. "이 상자 안에는 우리가 고려할 만한 배터리가 있어요. 저장 장치도 있고, 디스플레이도 있죠. 그거 말고도 사용자 인터페이스, 회로 보드, 커넥터가 있어요"라고 잡스 앞에서 설명하면서 다양한 조합을 보여 주었어요. "이렇게 하면 이런 기기가 만들어질 것이고, 그땐 비용이 얼마인지"와 같은 이야기를 세 가지 제시했어요.

존 루빈스타인: 토니는 잡스에게 발표하기 전에, 어떤 조합을 어떤 순서로 잡스에게 보여 주어야 하는지, 어떻게 해야 발표가 끝났을 때 최적의 답을 도출할 수 있을지에 대해 조언을 좀 받았어요.

토니 파델: 실무진 모두가 최고라고 생각한 선택지는 특별히 스티로폼 모형까지 만들어 갔어요. 실제 사이즈와 무게도 느낄 수 있고 어떠한 인터페이스인지 단박에 느낄 수 있도록 말이죠. 전 이게 정말로 구현 가능하다는 것을 보여 주고 싶어서 잡스에게 들고 갔어요. 그는 몇 번 만지더니 "음, 좋아요" 그러더니 "그런데 이 모형이 적합한 사용자 인터페이스인지를 잘 모르겠네요"라고 말했어요. 그러자 필이 "그것을 보여 줄까요?"라고 물었고 잡스는 저를 잠시 쳐다보더니 "그렇게 해. 토니는 믿을 만한 것 같아"라고 했어요. 거기에는 외부 컨설턴트인 저 말고는 모두 애플 직원이었어요. 필이 잡스 사무실로 뛰어가서 어떤 기계 하나를 집더니 한 손에 들고는 이렇게 말했습니다. "이거 보여요? 휠을 한 번 보세요. 우리는 이런 느낌의 기기를 만들고 싶어요. 해볼 수 있겠어요?"

마이크 슬레이드: 필은 뱅앤올룹슨Bang&Olufsen 리모콘을 쥐고 있었어요. 필은 사실 집의 모든 제품을 뱅앤올룹슨 제품으로 채워 놓는 사람이에요. 아무튼 그 리모콘을 들고 와서 다행스럽게도 특허로 등록되지 않은 휠 스크롤을 보여 줬어요. 저는 "필, 당신이 뭘 원하는지 알겠어요. 이 스타일 너무 좋은데요? 이거라면 근사한 인터페이스가 될 수 있을 것 같아요"라고 말했어요.

토니 파델: 그 휠을 본 후, 모든 뇌를 가동시켜 이게 어떻게 작동하는지 생각했습니다. "물론이에요. 할 수 있습니다"라고 말하자 잡스는 "좋습니다. 그러면 우리도 이 프로젝트를 본격적으로 진행하도록 하죠. 단, 당신이 우리 회사로 들어와야 합니다"라고 제안했어요. 그러자 존이 "제가 그 부분은 잘 처리하도록 하죠"라고 말했어요. 제가 "저는 제 회사가 있는데 어떻게 애플 직원이 됩니까?"라고 하자 잡스는 "그 부분은 걱정하지 마세요. 우리가 최대한 신경 써서 진행할 겁니다"라고 했습니다. "음. 알겠습니다"라고 답은 했는데, 당시에는 그게 무슨 말인지 몰랐어요.

존 루빈스타인: 바로 전체 팀 앞에서 토니에게 "좋습니다. 토니, 이 프로젝트를 하려면 우리 회사에 들어와야 해요. 저흰 당신이 외부 컨설턴트인 상태로는 같이 일 할 수 없으니까요"라고 말했어요. 그가 이 일을 맡도록 한 번 더 압박했죠.

가이 바넘: 루빈스타인은 욕설이 좀 심한 편이었어요. 그는 스마트했지만, 인정사정 안 봐주는 넌더리 나는 스타일이었어요. 전설처럼 내려오는 이야기에 따르면, 존 루빈스타인이 전체 직원 회의에서 토니에게 이렇게 소리 질렀다고 해요. "똥을 쌀 거면 지금 싸고 아니면 꺼져!" 20명 아니 25명 정도가 있는 자리에서 말이죠. 루빈스타인은 그렇게 공개적으로 토니를 곤혹스럽게 만드는 것을 즐겼어요. "이봐, 난 미팅을 더 하고 싶지 않아. 이제 충분하다고. 당신, 바로 하던지, 아니면 그만둬"라고 했죠

존 루빈스타인: 그렇게 심하지는 않았는데요.

가이 바넘: 토니는 정말 곤혹스러워 했어요. 그럴 때마다 우물쭈물하며 어떻게 대응해야 할지 몰랐죠.

토니 파델: 전 "잠깐만 기다려 주세요! 전 제 회사도 있고 직원들도 있다니까요! 어떻게 바로 합류할 수 있겠어요?"라고 했죠. "어휴!!!!"라는 탄식과 함께 차에 타고서는 사라토가 Saratoga와 로스 가토스 Los Gatos 언덕을 차로 달리기 시작했죠. 드라이브 코스를 타고 언덕 끝까지 올라갔습니다.

언덕에 앉아서 스스로에게 "내가 지금 무슨 짓을 하고 있지? 애플은 고작 10%도 안 되는 시장 점유율이라고"라고 물었어요. 실제로 미국에서는 1~1.5%의 점유율에 불과했어요. 15%가 아니라 1.5%! 심지어 주식은 더 떨어지고 있었어요. "그런데 내가 왜 애플에 가려고 하는 거지? 느낌은 좋은데 진짜 왜 그래야 하지?"라고 끊임없이 되뇌었죠.

가이 바넘: 왜 그가 애플에 굳이 들어와야 했을까요? 단순히 두려움 때문이었을까요? "어쩌면 나 혼자 할 수는 없어. 아이팟을 완성하기 위해서는 버팀대가 되어 줄 튼튼한 회사가 필요해"라는 심정이었을 수도 있죠. 잡스와 다시 애플을 살리자고 의기투합을 했을지도 모르죠.

토니 파델: 요점만 정리해서 스티브와 한 번 더 이야기를 나눴습니다. "다시 말씀드릴게요. 전 제너럴 매직에 있을 때 위대한 제품을 만들어 놓고도 제대로 시장에서 팔지 못하는 광경을 봤던 사람입니다. 제 인생을 이 제품에 걸 수 있습니다. 팀도 다시 세팅할 것이고요. 그럼 스티브 당신에게 묻고 싶어요. 제품을 완성시키고 나면 당신은 어떻게 시장에 새로 진출해서 잘 팔 수 있죠?" 그러자 잡스는 "당신이 해 내면 저도 맥북 전체 광고비를 이 제품이 쏟겠습니다"라더군요. "진짜요?"라고 다시 물으니 "진짜로요"라고 못 박기까지 했어요.

존 루빈스타인: 스타트업이 그 정도 규모의 일을 할 수 있을까요? 맥북은 이미 많은 수의 사용자층이 있었어요. 그들은 아주 열렬한 팬이자 애플의 충성 고객이었죠.

론 존슨: 애플스토어가 런칭한 것도 이즈음이었어요. 2001년 5월이요. 애플스토어는 시작이 좋았어요. 맥북 제품의 충성도를 높이는 관점에서는요.

존 루빈스타인: 사실 애플이라는 브랜드 덕분에 먹고 들어가는 게 있긴 합니다. 애플이 아이팟을 출시하면 원래 사용자의 10~20%는 아이팟을 사줄 수 있다고 믿었어요. 그 정도만 되어도 대단한 성공이니까요.

론 존슨: 애플스토어를 새로 시작하면서 꼭 풀고 싶었던 문제는 열혈 고객

층이 아니었어요. 오히려 새로운 고객을 어떻게 공략할지가 더 중요했습니다. 아이팟은 그런 목적을 실험해 보기에 딱 맞는 제품이었죠.

존 루빈스타인: 우리 고객층은 정말 끔찍할 정도로 좁았어요.[†] 우린 아이팟을 통해 보다 젊은 고객을 끌어올 수 있기를 바랐어요.

토니 파델: 잡스는 말로는 모든 걸 다 지원해 줄 것 같이 이야기했지만, 끝까지 그 말을 지킬지는 반신반의했죠. 우리가 미친 듯이 달리지 않으면 이 프로젝트는 물거품이 될 수도 있다는 생각이 머리 한 켠에 들더군요. 크리스마스 전까지 제품이 출시되지 않으면 파리 목숨마냥 언제 목이 날아갈지도 모르죠. 그 후로 거의 6~8개월간 밤낮 없이 달렸습니다.

마이클 듀이: 토니는 거의 잠을 못 잤어요. 새벽 2시, 3시에도 시도 때도 없이 메일을 보냈으니까요. 뱀파이어가 아닌가 하는 소문이 돌기도 했죠.

존 루빈스타인: 소니나 다른 거대 가전업체가 우리를 따라서 압도해 버리는 것이야말로 가장 피하고 싶은 상황이었어요. 그래서 다른 경쟁사가 우리를 앞지를 수 없도록 지속적으로 혁신적인 기능들을 개발했습니다.

가이 바넘: 기본적으로 20~30명 정도를 채용했어요. 그중 몇 명은 내부에서 충원했습니다. 모두 기존 부서에 진절머리가 난 사람들이었죠. 상사와 크게 싸웠거나 새로운 도전적인 업무에 목말라했습니다.

마이클 듀이: 아이팟 팀은 별도 건물로 배정받고 보안 명찰까지 받았어요. 우리 팀 말고는 그 누구도 문을 열고 들어갈 수 없었죠. 보안이 엄청 빡셌습니다. 그것뿐만 아니라 제가 무슨 일을 하는지 아무한테도 말도 못 꺼냈어요.

존 루빈스타인: 왜 경쟁사가 알 만한 단서를 줘야 하죠? 왜 소니가 아이팟과 관련된 내용을 알도록 해야 하죠?

가이 바넘: 개발 과정은 대략 이랬어요. 출근하면 일을 시작할 컴퓨터가 놓여 있어요. 네트워크는 보안 유지 때문에 쓸 수도 없었어요. 누구랑 일하

[†] 아이팟이 출시되기 전까지는 애플의 주요 고객층은 전문가 집단이거나 40대 이상의 중년층이었다.

는지도 알 수 없었어요. 그저 제 일만 할 뿐이었죠. 한마디로 장님 코끼리 만지는 격이라고 할까요? 그렇게 우리의 작품이 탄생했어요. 정말로요.

마이클 듀이: 웃긴 건 아이팟의 기술 중에 애플이 개발한 것은 거의 없었다는 거예요. 찬찬히 살펴보면, 이미 산업에서 널리 쓰이는 것들을 조합해서 만들었습니다.

가이 바넘: 운이 좋게도, 토니는 MP3 플레이어용 플랫폼을 이미 개발한 회사를 찾았어요. 솔직히 그때는 시장도 없었는데 왜 개발했는지 잘 모르겠어요. 워싱턴주 커클랜드에 소재한 포털플레이어Portall Player라는 회사였습니다.

산지브 쿠마르: 애플은 PC 산업에서 출발한 회사였습니다. 그렇다 보니 소형 가전제품은 해 본 적이 없었어요. 솔직히 당시에 MP3에 대해 아는 게 별로 없었습니다. 한 가지 아는 게 있었다면 냅스터가 엄청 유행이었고 많은 사람이 디지털 음악을 다운로드받기 시작했다는 것 정도?

가이 바넘: 그래서 생각해 낸 것은 소프트웨어와 하드웨어의 결합이었어요. 그 말인즉슨, MP3 플레이어를 생산하기 위한 모든 것을 다 하겠다는 뜻입니다.

산지브 쿠마르: 우린 저장 장치, 디스플레이, 입력 장치를 비롯하여 메인 프로세서와 하드웨어 기술을 모두 갖고 있었어요. 그것 말고도 하드웨어를 작동시키는 소프트웨어 기술도 모두 보유했죠. 이렇게 되기까지 꼬박 2년이 걸렸습니다.

가이 바넘: 하나 더 언급하고 싶은 부분은 픽소라는 회사입니다. 픽소는 애플에서 떠난 휴대폰 전용 소프트웨어 체제를 개발하고 있던 팀이었어요. 우린 이 기술을 아이팟에 탑재하고 싶었어요.

앤디 그리뇬: 애플에서 친하던 사람들이 찾아왔어요. "우리가 새로운 것을 만들고 있는데 당신들의 기술을 쓰고 싶습니다. 그 기술을 적용해서 샘플 서비스 좀 만들어 줄 수 있을까요?"라고 했죠. 우리가 "그러죠. 어떤

제품을 원하죠?"라고 묻자 애플은 "MP3 플레이어 샘플이면 됩니다"라고 답했어요. "아주 좋습니다!"라며 우린 MP3 플레이어 앱 샘플을 잽싸게 만들었어요. 재미있는 점은 우리도 당시에 어떤 걸 만드는지 잘 몰랐다는 것이죠! 아이팟이 어떤 모양인지 본 적이 없었거든요. 사실 우린 본 게 아무것도 없었죠. 마치 "일단 너희들이 할 수 있는 걸 만들어 와 봐" 모드였고 진짜 그랬어요. 돌이켜 보면 아이팟이 확실하지만요. 아무튼 우린 샘플 앱을 만들어 갔어요. 모든 아이팟을 키면 처음 실행되는 'TMP3SampleApp'이라는 앱이 그것이었죠.

가이 바넘: 우린 애플의 모든 코드를 몽땅 가져와서 썼어요. 그리고 어떻게든 작동은 되게끔 우겨 넣었죠. 제한된 시간과 자원으로 기간 안에 일을 끝내려면 기준을 정말로 낮추지 않으면 안 돼요. 그렇지 않나요?

산지브 쿠마르: 애플은 매우 실용적인 편이에요. 애플은 출시일을 못 박아두고, 그 출시일 전까지 개발이 가능한 기능 말고는 뒤도 안 돌아보고 모두 잘랐어요. 작동되지 않는 제품을 출시하는 것은 말도 안 되죠. 아이팟이 처음에 계획한 스펙과 출시 제품은 매우 달랐습니다.

가이 바넘: 첫 소프트웨어는 작동이 되긴 했는데 조금이라도 험하게 쓰면 에러가 나기 십상이었죠. 우린 알파 버전으로 일단 첫 출시를 했습니다.

산지브 쿠마르: 첫 아이팟은 아주 어렵고 복잡한 작업이었어요.

존 루빈스타인: 무조건 되게끔 해야 했습니다.

웨인 굿리치: 출시 전날 밤, 잡스는 아이팟을 쓱 보더니 이리저리 만져 봤어요. 존 루빈스타인이 복도를 따라 잡스한테 걸어오자 안경을 머리에 얹어 쓰며 스크린을 보더니 "있잖아. 난 아이팟이 칼라 스크린으로 작동되면 좋겠어"라고 하더군요. 존은 등을 쓰다듬으며 "다음 버전으로 하죠, 스티브. 제발, 다음 버전에요."

마이크 슬레이드: 제품 발표는 작은 타운 홀의 전략 회의실에서 진행했어요. 그리 붐비지도 않았어요.

스티븐 레비: 저는 당시 『뉴스위크』의 뉴욕지사에서 일하고 있었어요. 우리는 9.11 테러로 인해 너무 지친 상태였죠. 그러다 보니 주요한 제품 발표가 아닌 것 같은 것 같아서 굳이 그 멀리 캘리포니아까지는 가지 않으려고 했어요.

마이크 슬레이드: 9.11 테러는 아이팟이 출시되기 한 달 전에 벌어졌죠.

스티븐 레비: 애플은 제가 아이팟을 사용하고 싶은지 물었고, 당연히 그렇다고 했죠. 그러자 발매되던 날 아이팟이 바로 배송되었어요. 애플은 우리가 음악을 무단으로 듣는 것을 원치 않아서 음악 CD도 같이 넣어 놨어요. CD를 가지고 있지 않을 경우를 대비해서 스티브 잡스가 좋아하는 음악인 '밥 딜런 라이브 1966'와 '글렌 굴드의 골드버그 변주곡'을 같이 보내 주더군요. 출시 당일 밤이었던가 아니면 그다음 날 밤에 뉴욕에 있는 마이크로소프트 행사에 가기로 되어 있었어요. 윈도우 최신판이 나올 예정이었기 때문이죠. 아이팟을 가져갔는데 마침 저녁 식사 때 빌 게이츠 옆에 앉게 되었습니다. 주머니에서 꺼내 "이거 본 적 있으신가요?"라고 묻자 그는 본 적 없다고 하길래 그에게 건네주었습니다. 그리고 다이얼을 만지작거리며 이게 어떤 물건인지 이해하려고 애를 썼어요. 마치 그가 기술 하나하나를 빨아들이는 힘을 가진 외계인 같았습니다. 아이팟의 모든 비밀을 풀어내자, 그는 돌려주면서 "이것은 매킨토시에서만 작동하나요?"라고 물었어요.

마이크 슬레이드: 사람들은 아이팟이 맥 전용의 틈새 제품으로 처음에 개발되었다는 사실을 잘 기억하지 못합니다. 전원 코드도 없고 파이어와이어FireWire[†]를 써야 해요. 콧대 높은 MBA 출신이라면 그 누구도 시장 규모가 작아서 이 제품에 찬성하지 않았을 거예요. 물론 잡스는 전혀 아랑곳하지 않고 밀어붙였죠. 단지 아이팟이 끝내주게 좋기만을 바랐어요.

론 존슨: 그렇다 보니 아이팟은 윈도우 사용자들이 쓸 수 없었어요. 아이팟

[†] 애플 전용 연결 단자.

을 쓰고 싶으면 맥북을 사야 했죠.

존 루빈스타인: 당시 아이팟의 목표는 애플을 변화시키는 것이 아니라 더 많은 맥북을 파는 거였죠. 아이팟을 샀다는 것은 더 많은 돈을 투자했다는 말인데, 이것은 애플의 생태계에 더 가두어 두었다는 뜻이에요.

스티븐 레비: 처음부터 아이팟을 참 좋아했어요. 저에게 가장 흥미진진한 부분은 셔플이었어요. 제가 가진 모든 음악을 아이팟에 넣고 셔플로 틀면, 이미 익숙한 음악도 새롭게 들리는 것 같았죠. 뭐랄까, 마치 좋아하는 노래만 계속 틀어 주는 라디오 방송국이라고 할까요? 제게 그것은 디지털 시대의 상징, 아니 디지털 시대의 약속이었어요.

존 루빈스타인: 우리는 첫 제품을 고작 몇십만 개밖에 못 팔았어요.

론 존슨: 그래서 아이팟은 성공적이지 못했다고 생각했습니다. 좋은 제품이었지만 2001년부터 2004년까지 우선순위가 낮은 제품이었어요.

스티븐 레비: 2004년에서야 저는 아이팟이 문화적인 현상으로까지 번지고 있음을 감지했어요. 소위 대박을 친 거죠. 거리를 걸어 다니면, 이 하얀 이어폰을 낀 사람들을 쉽게 볼 수 있는데, 그들을 보면 마치 비밀 조직의 일원 같은 느낌도 들고, 심지어 종교적 유대감까지도 있었어요. 아이팟은 페티쉬의 대상이자 욕망의 대상이었습니다. 그 이전의 어떤 제품보다 음악을 잘 전달했어요. 디자인까지 아름다웠기에 그 열망을 더욱 증폭시켰죠.

산지브 쿠마르: 초반 몇 년간의 판매량과 매출은 얼마되지 않았음에도, 아이팟은 후광 효과를 만들어 냈어요. 애플 제품이 다시 쿨해졌으니까요.

론 존슨: 하지만 아이팟은 아이튠즈 뮤직스토어가 없었다면 음악 산업의 판도를 그 정도로 바꾸지는 못했을 거예요.

마이크 슬레이드: 아이튠즈 뮤직스토어는 2003년 말에 출시됐습니다.

존 루빈스타인: 아이튠즈 뮤직스토어에서는 곡당 99센트에 구입하면 아이튠즈에 직접 음악을 저장할 수 있었습니다. 그래서 더 이상 CD나 음반

같은 것을 살 필요가 없었어요. 아이튠즈에서는 신곡까지 전부 들을 수 있었기에 정말 멋지고 흥미로웠어요.

마이크 슬레이드: 스티브 잡스만이 이 모든 것을 가능케 할 수 있었어요. 왜냐하면 처음에는 음반사들이 어떤 방식으로든 협력하기를 매우 꺼려했기 때문이죠. 그들은 그저 "그래, 우린 우리끼리 알아서 할테니, 제발 좀 꺼져"라고 몇 번이고 되풀이했어요. 그들은 제가 겪었던 사람들 중 우주 최악이었지만, 스티브 잡스는 결국 아이튠즈 플랫폼에 들어오도록 설득해 냈어요.

존 루빈스타인: 우리는 음반사들에게 발표할 자료도 만들었어요. 발표의 대략적인 문맥은 이랬습니다. "애플의 맥북은 2%의 시장 점유율밖에 안돼. 우리는 아직 대단치도 않으니 당신들이 우리에게 음악을 제공해도 크게 손해 볼 게 없다고! 당신들은 처음 시도해 보는 프로젝트에 아무런 비용이 들지도 않으니 하지 않을 이유가 없잖아?" 같은 느낌이요. 만약 우리가 이미 엄청나게 시장을 장악하고 있었다면, 음반사들은 절대로 우리랑 같이 일하려고 하지 않았을 거예요. 우리가 시장에 끼치는 영향력이 너무 미미해서 애플이 뭘 하는지 아무도 신경 쓰지 않으니까 오히려 우리에게 손을 내밀 수 있었던 것 같아요. "실험을 해서 무엇을 잃을 게 있죠? 당신들이 하지 않으면 어차피 누군가가 이 시장에 들어와서 빼앗아 갈 겁니다"라고 주장하면서 우리는 하나하나 일을 진행했습니다. 어차피 대세에 지장이 없었으니까요. 지금 와서는 음반사들이 당시 진행한 계약을 꽤나 후회할 텐데, 그때는 그렇게 시작했습니다.

놀란 부쉬넬: 저는 1992년인가 1993년에 디지털 쥬크박스 사업을 하려고 했는데, 음반사들로부터 그 권리를 얻는 것이 불가능했어요! 불과 10년 만에 스티브 잡스는 곡당 99센트에 팔 수 있도록 주요 음반사 4곳과의 협상을 성공적으로 이끌어 냈죠. 10년 전을 생각하면 가히 놀라지 않을 수 없는 협상이었어요! 그렇게 할 수 있었다는 것에 대해 잡스에게 정말

고마워요. 왜냐하면 저도 똑같은 길을 가 보았지만 결국 실패했기 때문이에요. "장하다. 스티브!"라고 말하고 싶군요.

숀 파커: 음반사들의 사업이 망조가 들고서야 협력하는 게 훨씬 용이해졌죠. 음반 산업은 세계적으로 약 450억 달러 규모에서 120억 달러로 곤두박질쳤으니까요. 그제서야 모든 협상이 술술 풀리더군요. 향후에 닥칠지 모르는 문제가 아니었어요. 이미 그들은 음반 산업에 닥친 이 재앙을 뼈저리게 느끼고 있었습니다.

알리 에이다: 아이팟은 냅스터를 정말 잘 이용했습니다. "1,000곡의 음악을 주머니 안에!"라는 강력한 메시지는 1,000곡의 음악을 컴퓨터로 쉽게 구하지 못했으면 불가능했으니까요.

존 루빈스타인: 맞습니다. 당시에 사람들은 음악을 훔치듯 무단으로 사용했어요. 의심의 여지가 없어요.

스티브 워즈니악: 그때 스티브 잡스는 괴상한 일을 했어요.

론 존슨: 필 쉴러를 중심으로 존 루빈스타인도 포함해서 경영진 몇 명은 윈도우에도 아이팟이 연동되도록 하자고 부단히 설득했습니다. 그것은 스티브 잡스에게는 마치 이단 같았지만요.

스티브 워즈니악: 하지만 결국 공개했습니다.

론 존슨: 맥은 폐쇄된 생태계였지만, 잡스는 윈도우에도 개방하기로 결정했어요.

스티브 워즈니악: 그는 이렇게 허락했습니다. "아이팟을 사용하기 위해 매킨토시를 가질 필요는 없습니다. 애플은 윈도우용 아이튠즈도 개발하겠습니다."

마이크 슬레이드: 사실 사람들은 아이팟이 윈도우에 실용적인 제품이 될 것이라고 생각하지 않았어요. 왜냐하면 아이팟을 파이어와이어에 연결하는 것은 정말 성가신 일이었거든요. USB 2.0 아이팟이 나오기 전까지 윈도우 사용자에게는 일종의 해킹을 하는 정도로 불편했는데, 오죽했으면

음반사들이 윈도우 옵션을 기꺼이 제공하려고 했었을까요.

존 루빈스타인: 그때는 이미 "자네는 이미 코가 꿰여서 발을 빼기엔 너무 늦었어" 같은 상황이었어요.

론 존슨: 아이팟은 음악 산업에 경제적으로 엄청난 영향을 끼쳤는데, 예전에는 훌륭한 곡을 만들면 앨범 단위로 파니까 15달러를 벌 수 있었는데, 이제는 고작 99센트를 벌 뿐이니까요. 음악 앨범을 곡 단위로 해체시켰다고 볼 수 있죠.

가이 바넘: 아이팟은 기본적으로 애플을 PC 전쟁으로부터 해방시켰습니다. 애플은 그전까지 패배만 하는 이 전쟁에 휘말렸었어요. 마치 제1차 세계대전과 같았어요. 아이팟이 나와서 음악이라는 거대한 우주의 파란 하늘을 열기 전까지 많은 피를 흘리고 영토를 잃고 문화까지 파괴당하는 그런 전쟁이요. 요즘에는 아이팟 시장이 작게 보일 수 있지만, 그 당시에는 끝이 없을 정도로 커 보였어요. 음악은 문화, 운영체제, 그리고 애플의 성장을 제한하고 있던 모든 것을 넘나들었으니까요. 엄청난 물건이었어요.

스티브 워즈니악: 애플은 아이팟이 출시되기까지 애플 II 시절의 규모만큼 성장한 적이 없었어요. 잡스가 아이맥을 출시했을 때도 넘어서지 못했죠. 아이팟 이후에야 앞지르기 시작했어요. 핵심은 개방성이었어요.

산지브 쿠마르: 아이팟은 애플을 벼랑 끝에서 다시 살려냈어요.

앤디 허츠펠드: 그들은 말 그대로 휴대용 음악 플레이어로 매주 수십억 달러를 쓸어 담고 있었어요.

론 존슨: 아이팟은 잡스에게 큰 확신을 주었죠. 애플이 시장을 독점하는 기업과 경쟁하지 않을 때는 쉽게 이길 수 있다는 확신이요. 왜냐하면 우리가 음악 플레이어 산업에서 90%에 육박하는 시장 점유율을 단숨에 차지했기 때문입니다.

스티브 워즈니악: 개방성으로 인해 우리의 수입도 2배, 수익도 2배, 주식 가

치도 2배로 상승했고, 이사회는 잡스에게 수십억 달러의 주식과 8대의 제트기를 주었죠.

론 존슨: 그 당시 느낌은 "와우, 우리도 잘하는 게 있군!"이었어요.

이브 베하: 아이팟 이전에는 어떤 미팅에 가서도 "여보세요, 디자인은 매우 중요해요. 성공의 핵심 요소일 정도로요"라고 말할 수 없었답니다. 디자이너로서 우리는 그렇게 할 수 없었어요. 왜냐하면 마이크로소프트, 컴팩, HP, 그리고 이 산업의 어떤 누구도 이런 말을 하는 순간, 당신을 비웃기 때문이죠. 그것 말고도 기본적으로 애플 출신이라는 꼬리표가 붙는 한 패배자라는 낙인을 벗어날 수 없었죠. 그래서 더더욱 아이팟은 디자인을 가장 중시해서 만들었어요. 그것은 정말로 하드웨어를 개발하는 사람들에게 자랑스러운 승리를 안겨 주었어요.

조던 리터: 물론 저도 애플이 냅스터처럼 되기를 원했던 적도 있었지만, 별로 신경 쓰지 않았어요. 매번 안 된다고, 불가능하다고만 이야기하던 어리석은 사람, 회사, 산업을 모두 바꿔 놓을 사람이 언젠가는 나타날 것이라고 생각하고 있었으니까요. 실제로 그랬고요. 결국에는요!

철학적으로 다른 생각을 가진 사람일수록 아주 다른 반응을 보였다. 그들 모두가 잡스의 성과는 인정했다. 맞다. 그가 애플을 살렸다. 하지만 큰 승리에는 큰 비용이 따르기 마련이었다. 잡스는 초기의 애플, 그리고 PC의 부상을 활성화시킨 '민중의 힘'이라고 일컬어지는 이상을 배신했다는 것이다.

존 마코프: 매우 실망했어요. 제게는 아이튠스가 그리고 PC가 오락 기기가 되었다는 것을 의미했어요. 제게는 여전히 자전거로 돌아가는 세상이었는데 말이죠.† 제게 컴퓨터는 "어떤 기능을 또 추가할 수 있는가"에 관한

---

† 1980년대 스티브 잡스는 컴퓨터를 인간의 뇌와 기능을 증폭시키는 도구로 자전거와 같다고 묘사함. 즉, 자전거로 돌아가는 세상은 컴퓨터를 오락 기기로써 활용하는 것이 아니라 인간의 기능적인 도구로 활용하는 세상을 뜻한다.

것이었어요. "스티브, 작가와 사상가를 위한 더 좋은 도구는 어디 있나요?"라는 대화를 사실 우리는 나눴음에도 말이죠.

앨런 케이: 잡스가 애플로 돌아왔을 때 그는 예전의 스티브가 아니었어요. 그는 매우 효과적이었지만, 컴퓨터가 교육과 같이 사회적으로 정말 좋은 일에 활용될 수 있도록 하려는 열정은 잃어버렸죠. 완전히 잃어버렸어요. 그래서 저는 그가 자전거로 돌아가는 세상에 다시 관심을 갖도록 "그거 기억하죠, 스티브?"라는 질문을 계속했어요. 하향평준화된 사용자 인터페이스 대신에 말이죠.

존 마코프: 잡스는 별로 뒤를 돌아보지 않았어요. 넥스트와 맥은 엥겔바트가 수년 전에 생각해 낸 증강 개념의 산물이었어요. 컴퓨터는 인간의 능력을 획기적으로 향상시켜 지적 활동을 할 수 있는 도구였습니다. 잡스는 처음에는 오디오로, 나중에는 비디오로 컴퓨터를 새로운 엔터테인먼트 기기로 변화시키고 있었어요.

존 루빈스타인: 초기의 잡스는 자전거로 돌아가는 세상의 사람이었어요. "컴퓨터를 사용함으로써 인간의 창조성과 능력을 어떻게 향상시키느냐?"라는 질문을 고민했죠. 그러다가 아이팟이 출시된 후에는 "어떻게 하면 사람들의 삶을 더 좋게 만들 수 있을까?"로 확대되었어요. 물론 사람들이 곧이곧대로 듣지 않았던 게 부작용이었지만요.

스티브 워즈니악: 그러한 부정적인 의견들을 접하면, 저는 "세상에. 온 사방에 차가 있는데도 걷기만 고집하다니!"라고 말하고 싶었어요. 잡스와 다른 방식으로 성장했다면 비판적인 생각이 막 떠오를 수도 있을 겁니다. 그래도 제가 볼 때는 이러한 변화를 마냥 나쁘게만 보기 보다는 단지 달라졌을 뿐이라고 보는 게 맞다고 봐요. 그들도 그들의 방식이 있듯, 우리도 과거로부터 이어져 온 우리의 방식이 있어요. 우리 방식이 아주 완전히 다를 수는 있겠지만, 그렇다고 다른 방식에 비해 우리를 형편없다고 여기지는 않죠.

앨런 케이: 저는 스티브 잡스를 줄곧 손가락질했지만 그는 거들떠도 안 봤어요. 잡스는 그저 지속적으로 하향평준화되는 제품을 그것에 만족하는 사람에게 팔고 있었기 때문이에요. 좋지 않아요. 정말로요. 대부분의 사람은 그것을 알아챌 수도 없고, 컴퓨터가 무엇인지도 전혀 몰라요. 단지 영화를 보기 위해 사용할 뿐이죠. 컴퓨터를 기본적인 욕구 충족을 위해 사용하기보다 단순히 편리함을 위해 쓰기 시작하게 된 현상은 가전제품의 변질이라고 봅니다. 생각해 보면 이건 완전히 엉망이잖아요.

24

될 놈은 된다
구글이 바꾼 인터넷의 풍경

등장 인물

더글러스 에드워즈　　브래드 템플턴　　영 하빌
데이비드 체리톤　　비즈 스톤　　존 바텔
라이언 바르톨로뮤　　세르게이 브린　　짐 클락
래리 페이지　　숀 파커　　찰리 에이어스
레이 시드니　　수잔 보이치키　　폴 부케이트
마리사 메이어　　스콧 하산　　헤더 케언즈
마크 핀커스　　에반 윌리엄스

구글은 닷컴의 전형이었지만, 남들과는 다르게 닷컴 버블의 제물이 되는 것은 가까스로 모면했다. 세르게이 브린과 래리 페이지는 버블이 꺼지기 직전인 1999년에 2,500만 달러의 벤처 자금을 확보하는 행운을 누렸다. 게다가 그 수백만 달러를 대부분 지켜 낼 수 있는 좋은 사업 감각 또한 갖추고 있었다. 검색으로 수익을 창출하는 방법을 알아내기까지는 몇 년이 걸렸지만, 행운은 다시 그들 편에 섰다. 이 자금을 바탕으로 2001년 애드워즈를 출시할 수 있었다. 그로부터 2년 후 구글은 광고 시스템을 애드센스로 완성시켰고, 이것은 인터넷 전체를 구글의 광고판으로 만들었다. 그 타이밍은 또다시 완벽했다. 구글은 실리콘밸리의 대부분이 가장 절박했던 바로 그 순간에 엄청난 이익을 얻게 되었다. 구글은 저렴한 비용으로 확장할 수 있었다. 광고비가 쏟아져 들어오면서 세르게이 브린과 래리 페이지는 동분서주 뛰어다녔다. 끊임없이 확장되는 구글플렉스 본사에 수많은 박사 학위자를 빨아들인 것이다. 기대를 한 몸에 받은 2004년의 구글 상장은 실리콘밸리가 웹 2.0이라고 칭하는 것, 즉 새로운 단계로의 도약의 서막을 의미한다. 구글 이후, 실리콘밸리는 인터넷이라는 개념을 '서핑'할 수 있는 자유로운 '사이버 스페이스'로 여기는 대신에, 지시하고, 프로그래밍하고, 심지어 소유할 수 있는 원천적인 지능을 가진 거대한 기계로 간주하기 시작했다.

더글러스 에드워즈: 래리 페이지와 세르게이 브린이 스탠퍼드에서 검색 엔진을 만드는 것에 대해 이야기했던 원래 논문을 읽어보면, 그들이 광고는 잘못되었고 나쁘기 때문에 광고를 판매하면 검색 엔진은 본질적으로 손상되는 것이라고 아주 구체적으로 말했다는 것을 알 수 있을 거예요. 즉, 그들은 구글이 광고를 한다는 생각에 매우 강하게 반대했던 거죠.

레이 시드니: 1999년에 처음 래리 페이지와 세르게이 브린을 만났을 때, 원래의 계획은 광고가 아니라 라이선스 판매였습니다. 최고의 검색 엔진을 만들고 그것을 포털과 기업 등에 라이선스로 공급할 예정이었죠.

마리사 메이어: 첫 번째 매출은 1999년 6월 24일이었고, 그것은 라이선스 형태였죠. 넷스케이프는 기본적으로 검색을 강화하기 위해 구글에 돈을 지불했어요.

래리 페이지: 소위 검색 엔진을 OEM 하는 것은 어느 정도 매출을 얻을 수는 있겠지만 제한적입니다. 사람들은 거기에 엄청난 돈을 지불하는 것에 익숙하지 않았어요.

레이 시드니: 그리고 나서 다른 여러 기업이 검색 광고를 통해 얼마나 많은 돈을 벌고 있는지에 대해 알기 시작했고, 마치 우리가 기회를 그냥 내버려 두기로 결정한 것처럼 보였죠.

더글러스 에드워즈: 수익을 창출해야 한다는 압박감이 컸습니다. 그래서 래리 페이지와 세르게이 브린은 광고가 실제로 유용하고 적절할 경우에 한해서, 더 이상 광고는 악마가 아니라고 결정했죠.

레이 시드니: 우리는 엄청난 인기를 끌고 있는 훌륭한 웹사이트를 가지고 있었거든요. 그래서 이런 생각이 들었죠. '광고를 게재하는 것에 대해 생각해 봐야 할 것 같아. 해 보자!' 이렇게 해서 최초의 구글 광고 서버가 탄생했습니다. 그리고 수작업으로 일일이 전화해서 이렇게 말했죠. "여보세요, 구글에 광고해 보시겠어요?" 첫 번째 광고는 1999년 7월이나 8월쯤이었던 것 같아요.

데이비드 체리톤: 웹의 초창기 시절에 대해 많은 사람이 기억하지 못하고 있는 것이 있습니다. 많은 검색 기업이 광고를 도입하고 나서, 광고 때문에 검색 결과를 조정했기 때문에 아무도 그 검색 결과를 신뢰하지 않았다는 것이었습니다.

폴 부케이트: 많은 회사가 유저들이 보통의 검색 결과라고 여기도록, 광고를 검색 결과와 섞어서 보여 줬죠. 일종의 가짜 뉴스 같은 겁니다.

브래드 템플턴: 대부분의 출판업에서는 편집 내용과 광고를 철저히 구분했던 역사가 있습니다. 구글은 진심으로 그걸 마음에 새기고 있었죠. 그들

은 광고와 실제 편집 내용 사이에 벽을 두려고 꽤 엄격하게 노력했어요. 그러나 다른 모든 웹사이트는 기본적으로 벽을 허물고 있었죠. 구글은 "그렇게 하지 말자"고 했습니다.

더글러스 에드워즈: 그런 움직임은 래리 페이지와 세르게이 브린이 강하게 반대해 온 것이었죠. 그들은 벽을 허무는 것이 부패하고 솔직하지 못한 것이라고 느꼈어요. 마치 신앙과 같이 아무도 구글 광고를 검색 결과로 착각하지 않도록 하고 싶어 했어요.

폴 부케이트: 2000년대 초반쯤에 회사의 가치를 결정하기 위한 회의가 있었어요. 구글에 머물렀던 일군의 사람들이 초대되었고 저도 그 자리에 있었죠. 일상적인 '최고를 향한 경주' 같은 문구가 아니라 정말로 다른 어떤 것을 생각하려고 애썼어요. 한 번 마음에 새기면 지우기 힘든 무언가를 원했죠.

브래드 템플턴: '사악해지지 말자Don't be evil'가 바로 그 문구였죠.

폴 부케이트: 그냥 그 문구가 떠올랐어요.

세르게이 브린: 우리는 선을 위한 힘이 되는 것이 무엇을 의미하는지 정확히 정의하려고 노력해 왔어요. 언제나 옳고 윤리적인 일을 하라. 궁극적으로 '사악해지지 말자'는 그러한 것을 한 마디로 요약하는 가장 쉬운 형태인 것 같아요.

폴 부케이트: 경쟁 기업에게 일종의 잽을 날린 셈이었죠. 그 당시 우리 생각에는 검색 결과를 판매하는 것은 사용자들을 기만하고 속이는 것이라고 생각했어요. 사용자는 그것이 광고라는 것을 깨닫지 못했기 때문에 우리가 보기에는 의심쩍은 일이었죠.

세르게이 브린: 마치 알게 모르게 아래로 내려가는 미끄러운 비탈길 같은 거예요.

브래드 템플턴: 사실 '악이 되는 것'은 그런 식일 거예요.

스콧 하산: 그때 래리가 훌륭한 아이디어를 생각해 냈는데, 바로 셀프 서비

스 광고를 하는 거였죠. 웹사이트에 가서 몇 가지 클릭을 하면, 구글 웹사이트에 광고가 나와 판매원과 전혀 대화하지 않아도 되죠.

마리사 메이어: 애드워즈는 이런 것이었어요. "신용카드로 결제하세요. 우리는 당신의 광고를 운영해 드릴게요."

레이 시드니: 그건 확실히 중요한 부분이었어요. 대형 광고주는 전화해서 "여보세요, 우리랑 광고를 시작해 보지 않으시겠습니까?"라고 물어볼 수 있어요. 그러나 소위 롱테일로 불리는 수많은 소상공인에게 직접 전화할 수는 없었죠. 분명 그 롱테일이 핵심이었어요.

더글러스 에드워즈: 중요한 혁신 중 하나는 이 광고주들이 스스로 광고를 만들어 낼 것이고 어떤 식으로든 구글이 관여하지 않을 것이라는 점이었습니다. 저는 완전히 미친 짓이라고 생각했어요. 심지어 자살골이라고 확신했죠. 래리에게 그만큼 경고했어요. 어쨌든 우리는 그렇게 밀고 나갔고 홈페이지에 링크를 달았죠. 그리고 약 2시간 후에 로드 아일랜드 킹스턴에 사는 라이블리 랍스터Lively Lobsters라는 이름의 첫 애드워즈의 고객을 확보했어요. 라이언 바르톨로뮤는 홀로 가게를 운영하고 있었죠.

라이언 바르톨로뮤: 저는 제가 무엇을 하고 있는지도 몰랐어요. 단지 어선에서 5달러에 랍스터를 사서 구매자에게 보내는 것이 멋지다고 생각했죠. 그리고 종일 광고하기 위한 방법을 찾으려고 애쓰고 있었어요. 그때는 야후와 알타비스타 시절이었고, 다른 것들은 기억나지도 않네요. 구글은 매우 새로웠고, 저는 새벽 2시에 구글에서 뭔가를 찾으면서 놀고 있었어요.

데이비드 체리톤: 웹은 야후를 통해 적은 콘텐츠 사이에서 무언가를 찾을 수 있었던 초기 단계에서 엄청나게 빠르게 성장했죠. 모든 중개자와 참여자를 끌어들였고 점점 더 무언가를 찾기가 어려운 상황에 도달했어요. 그것이 구글이 마주한 환경이었습니다.

라이언 바르톨로뮤: 웹사이트 한편에 구글의 광고주를 찾는 작은 버튼이 있

었어요. 처음 보는 것이었는데 결국 그것을 클릭해서 '라이블리 랍스터' 광고를 내보냈죠. 나중에 제가 구글의 첫 광고주였다는 것을 알게 되었어요. 그것은 텍스트로만 이루어진 셀프 서비스 광고였죠. 키워드에 입찰을 하고 광고를 내고 일정 금액을 지불하는 겁니다.

레이 시드니: 그러니까 구글에서 검색을 할 때마다, 말 그대로 뒤에서는 검색어에 포함된 주요 단어에 관심이 있는 다양한 광고주 사이에서 경매가 벌어지게 되는 겁니다.

라이언 바르톨로뮤: 광고주는 어떤 키워드를 놓고 다른 사람들과 경쟁하고 있는 셈이에요. 그것은 CPM으로 가격이 매겨졌죠.

브래드 템플턴: 그건 바로 1,000번 조회가 될 때마다의 비용이죠. 10달러는 시장에서 매우 일반적인 CPM이고요. 만약 한 번 조회당 비용으로 생각하고 싶다면, 1회당 1페니로 생각할 수도 있죠. 그러나 사람들은 보통 1,000명당 비용을 사용합니다. M은 '1,000'을 뜻하는 라틴어죠.

라이언 바르톨로뮤: 83달러를 썼는데, 주문을 한 건도 받지 못했어요! 꽤 화가 났죠. 결국 구글에 전화를 해서 "이건 너무 형편없어!"라고 말했어요.

브래드 템플턴: 수년간 아무도 광고주에게 많은 돈을 지불하게 할 수 없었습니다. 기본적으로 당시 웹사이트의 철학은 "네, 무엇을 도와드릴까요?"였습니다. 그래서 웹 페이지에 접속하면 수많은 팝업 광고, 배너 광고, 춤추는 곰 따위가 존재했죠. 광고주가 얼마를 지불하던 아마 대부분 그렇게 했을 거예요.

라이언 바르톨로뮤: 저는 구글에게 물었습니다. "왜 클릭당 결제pay-for-click를 하지 않는 거죠? 왜 단순한 조회 수가 아닌 한 번의 클릭에 대해서 요금을 청구하지 않습니까? 광고로 얻은 게 하나도 없어요!" 결국 그들은 제 피드백을 받아들여서 그렇게 했죠.

브래드 템플턴: "네. 클릭당 결제를 하겠습니다."

라이언 바르톨로뮤: 얼마 후 구글 광고는 클릭당 결제로 바뀌었습니다.

마리사 메이어: 이렇게요. "클릭당 결제를 해 드리도록 하겠습니다."

브래드 템플턴: 그리고 다른 사이트들 역시 그렇게 하고 있죠.

라이언 바르톨로뮤: GoTo.com은 최초의 클릭당 결제 엔진이었습니다. 구글 이전에 FindWhat.com이라는 클릭당 결제 전용 광고 모델 회사가 있었고, 저는 이미 거기에서 꽤 광고를 잘 하고 있었습니다.

마리사 메이어: 하지만 우리는 더 나아가서 광고에 순위를 매기고자 했죠. 품질 점수와 광고주가 지불하는 비용에 따라서요.

브래드 템플턴: 구글이 해낸 가장 뛰어난 일은 이겁니다. "좋아요. 클릭당 결제를 하게 해 드릴게요. 하지만 사람들이 당신의 광고를 클릭하지 않는다면, 우리는 당신의 광고를 받지 않을 거예요." 구글은 누군가가 광고를 클릭할 때 요금을 부과합니다. 하지만 만약 광고가 제대로 동작하지 않으면, 방식을 바꾸어서 1,000번의 노출CPM에 대한 최소한의 비용만 받게 됩니다. 따라서 그들이 원하는 수준의 CPM 비용을 지불하지 않으면 광고를 싣지 않는 겁니다. 천재적이었어요! 구글은 광고주에게는 그들이 좋아하는 클릭당 결제 방식으로 여기도록 하면서, 동시에 웹사이트 운영자에게는 그들이 선호하는 1,000회 노출당 수입을 얻을 수 있는 방법을 찾아낸 겁니다. 구글은 원하는 것을 얻으면서 광고주에게는 광고주가 원하는 방식대로 한다는 환상을 심어 주는 결합을 찾아냈습니다. 그렇다면 누가 이길까요? 물론 구글이 이겼죠.

라이언 바르톨로뮤: 그것을 애드워즈 셀렉트AdWords Select라고 불렀습니다.

브래드 템플턴: 그리고 이것은, 그 당시의 기준으로 볼 때, 엄청난 충격이었어요. "내 돈을 안 받겠다는 게 무슨 말이에요?" 웹 광고업계에서 아주 생소한 아이디어였죠. 결과적으로 모든 광고주가 사람들이 실제로 클릭할 만한 적절한 광고를 하도록 이끌었습니다.

더글러스 에드워즈: 그리고 그것은 단지 랍스터를 위한 광고가 아니었습니다. 라이언은 차익 거래 기회를 재빨리 포착했습니다. 아마존에는 제휴

프로그램이 있었는데, 만약 당신이 누군가를 아마존으로 보내고 그가 책을 산다면, 아마존은 당신에게 돈을 지불하는 프로그램입니다. 그래서 라이언은 구글에 광고를 내기 시작했습니다. 랍스터뿐만 아니라, 아마존의 제휴 페이지와 연결된 책들을 위해서요. 거기서 수수료를 챙겼습니다. 그리고 그는 아마존을 이용해서 수익을 창출했던 것과 같은 방법으로, 트래픽에 따라 지불하는 성인 사이트를 연결하기 시작했습니다.

라이언 바르톨로뮤: 랍스터만 팔아서는 큰 돈을 벌 수 없었어요. 2001년에 결국 그 회사를 팔았고 포르노에 집중하게 되었습니다. 구글은 성인 키워드에 입찰해서 포르노 사이트의 트래픽 연계 제휴 프로그램과 연동할 수 있도록 열려 있었어요. 그 제휴 프로그램이란 신용카드로 회원 가입을 하면 무료 체험을 하게 해 주는 따위의 것이었죠. 제가 한 것은 매우 단순한 비즈니스 모델이었어요. 구글에서 포르노와 관련된 키워드에 입찰을 합니다. 잘 알려져 있지 않은 키워드는 가격이 매우 쌌거든요. 그러고 그 키워드와 단순한 링크 페이지를 연동시킵니다. 키워드를 클릭한 사람을 그 관심사가 목표인 포르노 사이트로 데려가는 거죠. 한때는 세상 모든 것과 연동된 40~50개의 제휴 프로그램이 있었을 거예요.

브래드 템플턴: 그들이 팔로알토로 이사한 후 처음 열렸던 파티가 기억납니다. 유니버시티가의 보도에서 검색 쿼리Query[†]를 실제로 보여 주는 프로젝터를 설치했어요.

데이비드 체리톤: 그중 하나는 그의 노트북이나 디스플레이를 보여 주었는데, 거기서 필터링되고 있는 검색 쿼리를 볼 수 있었습니다. 물론 모두 포르노와 관련된 검색이었죠. 필터가 없었다면 우리 모두 체포되었을 거예요. 저는 조금 놀랐습니다. 포르노 검색 시장이 얼마나 큰 지 생각해 본 적이 없거든요.

라이언 바르톨로뮤: 애드워즈의 장점은 랍스터든, 포르노든, 에어로스미스

[†] 데이터베이스에 정보를 요청하는 것을 의미한다.

의 CD든, 뭐든 상관이 없다는 거죠! 단지 트래픽의 가치를 교환하는 거래일 뿐입니다. 이게 바로 구글이 만든 거예요. 이것이 궁극적인 구글의 형태입니다. 일반적인 검색을 통해 사람들이 관심이 높은 순으로 필터링할 수 있어요. 사람들이 무엇을 찾고 있는지 더 정확하게 알 수 있을수록, 그들은 그 제품이나 서비스를 구입할 가능성이 더 높아집니다. 아마존도 그런 일을 하고 있습니다. 같은 아이디어를 구현한 아주 정교한 기계죠. 고객이 원하는 것으로 정확히 범위를 좁혀 줍니다.

영 하빌: 여전히 실리콘밸리에서 널리 언급되지는 않지만, 많은 기술의 첫 킬러 앱은 포르노입니다.

라이언 바르톨로뮤: 포르노와 관련된 모든 트래픽에 하루 13,000달러를 썼던 기억이 납니다. 그 트래픽을 통해 제가 얻은 수입은 3배 정도 되었습니다. 하루에 3만 달러나 4만 달러를 벌어들였죠. 완전 정점에 있었습니다.

브래드 템플턴: 이것이 구글의 위대한 광고 사업을 성공으로 이끌었습니다.

라이언 바르톨로뮤: 다음 명절에 구글이 수백만 달러의 사업을 만들어 준 것에 대한 감사 선물로 장식용 램프를 보내더군요.

스콧 하산: 하지만 애드워즈는 구글 검색 엔진에 광고를 싣는 것에 불과했습니다. 진정한 진전은 2003년의 애드센스 AdSense입니다.

마리사 메이어: 애드센스는 "당신이 클릭당 또는 유입당 비용을 지불하고 계시기 때문에, 당신의 광고를 우리가 다른 여러 웹사이트에 게시해 드릴게요"라는 의미였죠.

폴 부케이트: 콘텐츠 맞춤형 광고였던 애드센스는, 제가 기억하기로 어느 금요일 밤에 제가 뚝딱 만들어낸 거예요. 사실 콘텐츠 맞춤형 광고에 대해서는 오랫동안 논의를 해 왔어요. 그럼에도 잘 동작하지 않을 것 같은 느낌이 있었죠. 하지만 분명히 흥미로운 문제처럼 보였어요. 그래서 어느날 저녁에 콘텐츠 맞춤형 시스템을 적용했습니다. 일종의 사이드 프로젝트였죠. 제가 담당이었던 것은 아니에요. 그런데 결국 실제로 작동

하더군요.

수잔 보이치키: 동적으로 타겟이 바뀌는 형태로 광고를 서비스한다는 것은 그 당시에 정말로 신기한 아이디어였어요. 그전에는 사람들이 "여기는 스포츠 사이트입니다. 그러니까 스포츠 광고를 내겠습니다"라고 말했다면, 이제는 "우리가 실제로 페이지를 실시간으로 보고 이 페이지가 무엇에 관한 것인지 알아낼 수 있습니다"라고 말하는 거죠.

폴 부케이트: 제가 만든 것은 나중에 없어진 프로토타입에 불과했지만, 그 아이디어가 실제로 가능하다는 것을 하루도 안 되어 어렵지 않게 증명해냈기 때문에 사람들의 생각이 바뀌었죠. 그 후, 다른 사람들이 인계받아서 그것을 진짜 제품으로 만드는 어려운 일을 했습니다.

라이언 바르톨로뮤: 애드센스는 애드워즈의 반대 형태였어요. 광고가 클릭될 때 돈을 지불하는 애드워즈를 통하면, 트래픽을 모을 수 있고 그 트래픽으로 돈을 버는 것은 광고주에게 달려 있습니다. 애드센스는 웹 페이지 운영자에게 애드워즈의 구매자가 지출하는 비용의 일부를 가져갈 수 있게 만들어 주는 프로그램이에요. 마치 옥외 광고판을 소유하는 것과 같죠. 당신이 광고판을 소유하고 있는데 애드센스를 운영한다면, 거기에 광고를 내는 광고주는 애드워즈의 고객인 셈인 거죠. 구글은 중개인 역할을 하는 겁니다.

더글러스 에드워즈: 구글은 시스템을 관리합니다. 광고주와 웹사이트 운영자 모두를 모으는 거죠. 그러면 임계치를 넘어가는 순간 바이럴 효과가 생겨납니다. "광고를 낼 만한 곳은 다 어디에 있습니까?" "음, 구글에 있죠." "광고주가 가장 많이 있는 곳은 어디입니까?" "오, 구글에 있죠." 지배적인 사업자가 될 때까지 선순환하는 거죠.

에반 윌리엄스: 그때 구글이 다가왔어요. 구글이 아직 비상장 상태였고, 미래가 불확실했기 때문에, 구글에 블로거를 파는 것은 정말 어려운 결정이었어요. 그 당시는 지메일Gmail도 출시되기 이전이고, 검색과 광고 이

외에는 아무것도 없었죠. 그래서 혼란스러웠습니다. "구글이 왜 블로거를 사려고 하는 걸까? 우리는 검색 엔진도 아닌데."

더글러스 에드워즈: 정말 간단한 이유였어요. 애드센스를 운영하면서 광고를 게시할 수 있는 더 많은 공간을 찾고 있었죠. 우리 생각에 블로거는 광고를 넣을 수 있는 수백만 개 이상의 콘텐츠를 생산할 수 있을 것처럼 보였어요.

스콧 하산: 블로거에게는 광고 네트워크의 범위를 확장할 수 있게 해 주고, 구글에게는 싼 값에 많은 광고 인벤토리를 가질 수 있게 해 줬어요. 모두에게 윈윈이었어요.

비즈 스톤: 구글이 블로거를 인수한 후, 저는 에반에게 이메일을 썼습니다. "제가 당신 팀에 필요한 멤버인 것 같아요. 블로거 팀에 더 많은 사람이 필요하다면, 제가 블로거를 위해 일하겠습니다." 저는 사실 2003년에 애드센스 팀으로 뽑혔어요. 하지만 저는 에반의 블로거 팀에서 열심히 일했습니다.

에반 윌리엄스: 우리는 마운틴 뷰로 옮겨 가야 했습니다. 그곳이 진짜 실리콘밸리였으니까요.

비즈 스톤: 우리는 '파이 빌딩Building Pi'에 있었습니다. 너드 집합소 같은 곳, 맞죠?

브래드 템플턴: 그쯤 되자, 구글은 꽤 큰 회사가 되었습니다.

래리 페이지: 마침내 우리는 지금 구글이 위치한 마운틴 뷰의 커다란 사무실 지역으로 이사했습니다.

헤더 케인즈: 우리는 오래된 실리콘그래픽스 캠퍼스로 이사했습니다. 그곳엔 여전히 나이든 실리콘그래픽스 사람들이 일하고 있었습니다. 그들은 우리를 별로 달갑게 여기지 않더군요.

마리사 메이어: 그 당시 실리콘그래픽스는 형편없었습니다. 캠퍼스 전체에 한 50명 정도밖에 없었어요.

짐 클락: 침몰하는 배였어요.

헤더 케언즈: 우리는 이런 식이었죠. "이야! 여기 수영장 테이블도 있고 캔디도 있어요. 야호! 우린 구글이에요!" 그들은 창밖으로 배구하는 걸 보면서 "젠장!"하는 식인 거죠.

짐 클락: 그들은 넷스케이프의 일원이 될 기회를 놓친 것에 대해 화가 나 있었어요.

마리사 메이어: 우리가 좀 무례하고 성가시게 굴었어요.

헤더 케언즈: 무례하게 굴려고 한 것은 아닙니다. 그냥 잘 몰랐어요. 우리는 그 사람들이 아마도 몇 달 안에 직업을 잃을 수도 있다는 사실에 민감하지 못했어요. 그들은 그냥 새로운 피가 들어오는 걸 지켜볼 뿐인 거죠. 행복하고, 열정적이고, 엄청 흥분해 있는 상태의 사람들을요.

비즈 스톤: 구글은 확실히 좀 특이한 곳이었어요. 이상한 놀이터 같기도 했어요. 분명히 어른들이 일하고 있었지만, 크고 화려한 통통볼들이 돌아다니는 거죠. 에릭 슈미트는 사무실에서 나올 수 있는 구불구불한 미끄럼틀을 가지고 있었는데, 그건 거의 변태처럼 보여요.

헤더 케언즈: 저는 직원 매뉴얼을 만들었고 스탠퍼드를 본떠서 우리 문화를 설계했어요. 왜냐하면 우리 사람들 대부분이 스탠퍼드 출신이었거든요.

숀 파커: 구글은 훌륭한 엔지니어를 얻기 위해 환경을 가능하면 대학원과 비슷하게 만들려고 노력했어요. 구글은 이런 말을 할 수 있었죠. "아, 걱정하지 마세요. 여러분이 대학원 연구생이었을 때와 같은 느낌을 줄테니까요. 기업으로 팔려 가는 것이 아니라, 여전히 학자입니다. 단지 구글에서 일할 뿐입니다." 결국 그것 덕분에 정말 똑똑한 사람을 많이 얻었습니다.

에반 윌리엄스: 그리고 우리가 나타난 거죠. 우리는 이방인이었어요. 도시에서 온 블로거 팀이었죠. 저는 항상 외부인처럼 느껴졌지만, 여전히 구글에게 감명을 받았습니다.

더글러스 에드워즈: 통합하는 건 어려웠어요. 왜냐하면 우리는 서로 다른 문화를 가지고 있었기 때문입니다. 기술적으로 통합하는 것에 문제가 있을 때 마찰이 생겼죠. 구글 엔지니어들의 기대 수준은 터무니없이 높았고, 블로거는 좀 더 느긋한 편이었거든요.

마크 핀커스: 에반 윌리엄스와 블로거의 사람들은 멋진 일을 하고 싶어 했던 톡톡 튀는 창조적인 사람들이었지만, 그들은 구글에 묻혀 버렸습니다.

비즈 스톤: 구글은 전혀 평범한 곳이 아니었습니다. 온갖 이상한 일이 벌어지고 있었어요. 저는 윌리 웡카의 초콜릿 공장에 간 아이처럼 돌아다니면서 물건을 확인하곤 했습니다.

헤더 케언즈: 래리와 세르게이는 레고를 엉망으로 만들고, 다시 레고를 가지고 뭔가를 만들었어요.

래리 페이지: 레고 마인드스톰인데요, 컴퓨터가 내장된 작은 레고 키트입니다. 센서를 장착한 로봇 같은 거죠.

헤더 케언즈: 그들이 고무 바퀴를 만들어서 종이에 옮겨 놓은 것이 기억납니다. 전 "뭐 하는 거예요?"라고 물었죠. "글쎄요, 우리는 모든 책과 출판물을 스캔해서 인터넷에 올리고 싶어요." 제가 "미쳤어요?"라고 했어요. "유일한 장애물은 페이지를 넘기는 거예요. 지금은 스캐너를 24시간 사용할 수 있는 사람에게 비용을 지불해야 하기 때문에, 돈이 엄청나게 들고 있어요. 이 휠 자동화하는 방법을 시도해 보고 있어요."

비즈 스톤: 언젠가 제가 방에 들어갔을 때, 많은 사람이 어안이 벙벙해 있더군요. 라이트와 페달이 달린 기묘한 자동화 기계가 있었어요. 제가 "뭐 하고 있는 거죠?"라고 물으니, "세상에 출판된 모든 책을 스캔하고 있어요"라고 하더군요. 저는 이렇게 말했죠. "좋아요. 계속하세요."

헤더 케언즈: 저는 마음 한편에 이런 생각까지 있었어요. '그들이 검색 엔진에 흥미를 잃은 건가?' 때로는 그렇게 보이기도 했지만, 그렇지는 않았죠. 그들은 항상 한 번에 약 7가지의 일을 진행했습니다. 왜냐하면 그것

이 그들의 관심사였기 때문입니다.

비즈 스톤: 옷장인 줄 알고 살펴보러 갔던 게 기억나요. 신발도 신지 않은 인도인 친구가 바닥에 앉아 있더라고요. 스크루드라이버로 비디오 재생기를 분해하고 있더군요. 밤을 꼴딱 샌 것처럼 보였어요. 제가 말했죠. "여기서 무슨 일을 하고 있죠?" 그가 "방송 TV를 다 녹화하고 있어요"라고 했어요. 저는 이렇게 말했죠. "좋아요. 계속하세요."

마리사 메이어: 우리가 첫 번째 스트리트 뷰Street View 테스트를 했던 날 저는 그곳에 있었습니다. 토요일이었고, 그냥 에너지를 좀 발산하고 싶었어요. 8,000달러짜리 카메라를 대여 가게에 가서 싸게 빌렸어요. 조수석에 있는 삼각대 위에 카메라를 얹은 채 작은 파란색 폭스바겐 차를 몰고 돌아다녔죠. 팔로알토 주변을 돌아다니면서 15초마다 사진을 찍기 시작했습니다. 그날 마지막에 사진 편집 소프트웨어로 사진을 이어 붙일 수 있는지 알아봤죠.

헤더 케인즈: 래리와 세르게이는 최초이자 가장 중요한 발명가들입니다. 그리고 아마도 여전히 그럴 것입니다. 그것이 그들이 진정 사랑한 일이었어요.

더글러스 에드워즈: 때로는 상상의 영역과 진짜 제안을 구분하는 것이 어려울 때도 있었어요. 완전 초창기 때부터 세르게이와 래리, 특히 래리가 우주 끈 이야기를 했어요. 우리가 정말로 해야만 하는 사업이라고요. 그것을 진지하게 받아들여야 할지 말아야 할지 전혀 몰랐죠.

마리사 메이어: 저는 매주 브레인스토밍 세션을 진행했어요. 왜냐하면 우리는 사람들이 크게 생각하기를 원했거든요. 우주 끈에 관한 세션을 진행한 주간이 있었죠. 그것을 탄소 나노 튜브로 만드는 것에 대해 브레인스토밍을 시작했습니다. 그것을 이용해서 달에 피자 배달을 할 수 있을까요?

더글러스 에드워즈: 세르게이는 이런 마케팅 아이디어를 그냥 던지곤 했습

니다. 달에 우리의 로고를 투사하고 싶어 했어요. 마케팅 예산을 체첸 난민을 돕기 위해 사용하길 원했어요. 또한 고등학교에 나눠줄 구글 브랜드 콘돔도 만들고 싶어 했죠. 많은 아이디어가 떠올랐고, 그중 대부분은 본격적으로 진행되지는 않았어요. 하지만 래리와 세르게이가 무언가를 제안하면 한동안 그것을 액면 그대로 진지하게 받아들여야만 했어요.

마리사 메이어: 우리가 실제로 했던 몇 가지 일은 무인 자동차처럼 실제로 구현되었어요. 우리는 그렇게 브레인스토밍했습니다.

비즈 스톤: 그저 독특했어요. 정말 이상했어요. 하지만 역시 완전 멋있기도 했죠.

에반 윌리엄스: 저는 구글에서 행복하지 않았습니다. 지금은 전적으로 제 잘못이라고 생각하지만요. 제가 그곳에 도착했을 때는 800명이 있었어요. 큰 회사라고 생각했지만 그렇지는 않았어요. 정말 빠르게 성장하고 있었고, 모든 것이 혼란스럽고 미숙해 보였죠. 저는 그것이 잘못되었다고 생각했어요. 사실은 당연히 그럴 수 밖에 없는 거였죠.

찰리 에이어스: 회사의 분위기는 성장, 성장, 성장에 모든 초점이 맞춰졌습니다.

에반 윌리엄스: 그들의 시각은 이런 식이었어요. "검색과 광고가 완전 활황이기 때문에, 우리는 내년에 상장을 갈 것이다. 그리고 사람들이 고양이 사진 따위를 올리는 블로거라는 서비스도 존재하고는 있다."

헤더 케언즈: 2003년은 우리가 사업을 시작했을 당시와는 아주 다른 곳이었다고 말하고 싶어요. 우리는 2,000명 정도나 되었고, 기업 공개에 대해 이야기를 하고 있었죠.

에반 윌리엄스: 우리는 많은 돈을 벌고 있었지만, 기업 공개가 되기 전까지는 구글이 얼마나 많은 돈을 벌고 있는지 아무도 몰랐죠. 하지만 경영진은 알고 있었고, 이에 대해 매우 흥분했어요.

헤더 케언즈: 기업 공개를 하는 것은요, 부자가 되는 것이죠. 정말 많은 사

람의 마음을 사로잡았습니다.

찰리 에이어스: 그 당시에 그곳에서 한참을 기다리던 많은 사람이 있었습니다. 그들은 그냥 놀러 오곤 했죠. 더 이상 일조차 하지 않고 기다리고 있었어요. 많은 사람과 함께 그런 일이 일어나는 것을 보고 있었어요.

레이 시드니: 전 완전히 녹초가 되었어요. 생산성이 별로 없는 것 같았어요. 떠나야 할 필요가 있다고 생각했죠.

찰리 에이어스: 많은 초창기 직원이 여기저기 살피고 다녔어요. "이 섬은 얼마죠?" 엄청 주의가 산만했죠.

레이 시드니: 원래는 이렇게 생각했죠. 한두 달 쉬고 나면 다시 불을 붙일 거야. 그러나 그런 일은 일어나지 않았습니다. 저는 2003년 3월에 떠났습니다.

찰리 에이어스: 완전히 새로운 물결에 올라타는 것은 현명한 일이었죠. 왜냐하면 그들은 사업을 성사시키는 데 집중하고 있었거든요.

비즈 스톤: 저는 2003년에 그곳에 도착했고, 2004년에 1년간 일했습니다. 완벽한 타이밍이었어요.

찰리 에이어스: 상장 시점이 가까워질수록, 산만함의 수준은 점점 더 높아졌습니다. 사람들의 눈꺼풀은 달러 표시로 너무 무거웠죠.

존 바텔: 이미 검증된 기업이었기 때문에, 구글의 2004년 기업 상장은 1995년 넷스케이프 상장만큼 중요했어요. 1990년대 후반에 모든 사람이 인터넷에 흥분했어요. 하지만 사실은 전 세계에서 인터넷을 사용한 비율은 매우 적었죠. 구글은 닷컴이 붕괴된 후 기업 공개를 했고, 웹을 주요한 수단으로 다시 설정했습니다. 웹 1.0은 낮은 대역폭의 후진 장난감입니다. 웹 2.0은 사업에서 친구 및 가족과 통신하는 데 이르기까지 30억 명의 사람이 여러 용도로 사용할 수 있는 강력한 광대역 매체입니다.

비즈 스톤: 이전과 이후가 어땠는지 감을 잡기에 적절한 시기에 들어간 셈이죠.

더글러스 에드워즈: 기업 공개 이후에, 회사는 수치에 기반하여 체계적으로 운영되었어요. 회사에는 도움이 되는 일이었을 거예요. 하지만 제가 그곳에 있을 때 익숙하고 즐거웠던 문화는 아니었습니다.

찰리 에이어스: 그들은 "우리 회사는 지금 공개적으로 거래되고 있습니다"라고 말합니다. 그래서 2004년은 구글에서 최고의 시기가 아니었습니다. 사기 측면에서는 말이죠. 회사에서는 더 많은 직원을 데일 카네기Dale Carnegie[†] 수업에 보내기 시작했어요.

헤더 케언즈: 래리와 세르게이는 포크와 칼을 같이 쥐고 한 번에 음식을 입에 퍼 넣곤 했어요. 겨우 접시에서 몇 인치 정도만 떨어져서요. 저는 이런 걸 지켜보는 것조차 힘들었어요. 그렇게 하지 않는 법을 배워야만 했어요.

찰리 에이어스: 연설 수업, 언론 훈련 수업, 리더십 수업에 가는 사람들은 아주 소수였죠.

헤더 케언즈: 이제 괴팍하고 요상한 행동을 하는 사람은 없었어요. 실망스러웠어요. 개성이 뽑혀 나간 듯 했어요. 모두가요.

---

† 미국의 유명 자기 계발 커리큘럼.

25

내가 CEO다. 이놈들아!
페이스북의 실리콘밸리 입성

등장 인물

더스틴 모스코비츠	스콧 말렛	에반 윌리엄스
데이비드 최	스튜어트 브랜드	에즈라 캘러한
루치 상비	스티브 잡스	제프 로스차일드
마크 저커버그	스티브 펄먼	케이트 루스
마크 핀커스	스티븐 존슨	케이티 제민더
맥스 켈리	애덤 디안젤로	테리 위노그라드
숀 파커	애론 시틱	

2000년대 중반 실리콘밸리에서는 인터넷 열풍은 이제 끝물이라는 것이 통설이었다. 땅은 이미 정복되었고, 경계는 정해졌다. 웹이 승리한 것이다. 그때만 해도 아직 아무도 마크 저커버그에게 메모를 보내는 것을 주저하지 않을 때였다. 당시 저커버그는 보잘것없는 사람이었기 때문이다. 그는 그저 컴퓨터에 푹 빠진 야망 넘치는 10대 소년일 뿐이었다. 컴퓨터를 잘 다뤘지만, 그것 말고는 할 줄 아는 것이 없었다. 어느 정도였냐면, 냅스터가 특정 기업이 운영하는 일종의 사업이라는 사실도 설명해 줘야 할 정도였다. 하지만 저커버그는 해킹을 할 줄 알았고, 자신이 무엇을 만들고 싶은지 정확히 알고 있었다. 바로 더페이스북닷컴TheFacebook.com. 더페이스북닷컴은 실리콘밸리에서 먼저 성공한 소셜 네트워크 서비스인 프렌드스터Friend-ster의 대학교 버전이었다. 허접했던 더페이스북닷컴은 하버드생 사이에서 큰 인기를 끌었고, 저커버그는 이를 전국에 있는 대학교에 전파시키기 위해 실리콘밸리에서 2004년 여름을 보내기로 결정했다. 그의 사업은 마치 장난처럼 시작되었다. 사실 저커버그의 첫 번째 명함에는 이렇게 적혀있었다. "내가 CEO다. 이놈들아!" 이런 마초적인 표현은 단지 농담이었을까, 아니면 진심이었을까?

손 파커: 닷컴 시대는 냅스터로 끝났고, 그다음에는 닷컴 버블이 일어났고, 이는 소셜 네트워크 시대로 이어졌죠.

스티븐 존슨: 그 당시 웹은 근본적으로 페이지와 그 페이지들을 서로 연결시킨 하이퍼텍스트 링크로 구성된 개념이었어요. 여기에 사용자 개념은 아직 없었죠.

마크 핀커스: 저는 냅스터를 페이지가 아니라 사람이 중심인 최초의 소셜 웹으로 봐요. 제게 그건 정말 혁명적인 순간이었어요. 인터넷이 이토록 완전히 분산화된 개인 간 네트워크가 될 수 있다는 것을 보았기 때문이죠. 우리는 거대한 미디어 기업들을 탈중개화시키면서도, 서로가 서로

에게 연결될 수 있었죠.

스티븐 존슨: 제게는 그 순간이 2000년대 초반 블로깅과 함께 찾아왔어요. 개개인이 각자 자신의 관점을 표현할 수 있는 웹사이트를 가지기 시작했죠. 어느 순간, 이런 상상을 할 수 있게 되었어요. "어쩌면 이게 웹을 구성하는 또 다른 구성 요소가 있을 수도 있겠는데? 내가 신뢰하는 주변 사람들이 어떤 생각을 공유하는지 볼 수 있잖아?" 초기 블로깅은 그런 방식이었어요.

에반 윌리엄스: 그 당시 블로그는 링크로 가득 차 있었고, 대부분 인터넷에 관한 이야기로 가득했어요. 우리는 인터넷 위에서 인터넷에 대해 글을 쓰고 있었고, 더 나아가 인터넷으로 더 많이 연결되게 링크를 제공하고 있었어요. 웃기지 않나요?

스티븐 존슨: 각종 링크를 추천하는 수많은 다양한 블로그를 한데 모아서 볼 수 있었어요. 그러다 보니 개인용 필터가 존재했죠.

마크 핀커스: 2002년에 리드 호프만과 저는 브레인스토밍을 시작했어요. "만약 웹이 거대한 칵테일 파티처럼 된다면 어떨까? 놀라운 주제들을 쉽게 접할 수 있는 그런 곳이 된다면 어떨까? 그런데 좋은 주제가 어떤 거지? 좋은 주제란 직업, 인터뷰, 데이트, 집, 소파……" 그래서 리드와 저는 이렇게 말했죠. "이런 사람과 사람 사이의 연결망은 구글보다 더 대단한 가치를 만들어 낼 수도 있겠어. 왜냐하면 구성원이 서로에게 호감을 갖고 있는, 매우 높은 수준으로 검증된 커뮤니티 안에 어떤 사람이 있고, 그 안의 모두는 각자 어떤 이유를 가지고 머무르고 있다면, 그 사람은 그 커뮤니티에 신뢰를 가지게 되겠죠." 우리는 이 아이디어를 웹 2.0이라고 불렀어요. 하지만 아무도 이 이야기에 대해 듣고 싶어 하지 않았어요. 왜냐하면 그 당시는 소비자 인터넷의 빙하기였기 때문이죠.

숀 파커: 2000년에서 2004년 사이, 페이스북에 이르는 그 기간, 인터넷과 관련된 모든 것이 이미 끝났다는 느낌이 들었어요. 2002년 즈음이 완전

한 바닥이었던 걸로 기억해요. 페이팔이 2002년에 기업 공개를 했는데 그게 그 당시에 소비자 인터넷 기업이 IPO를 한 유일한 케이스였어요. 그 기간동안 단지 6개 회사만 지분투자 또는 그와 유사한 형태의 자금 유치를 할 수 있었어요. 플락소Plaxo도 그 기업들 중 하나였는데, 소셜 네트워크 서비스의 초기 버전 정도 되었죠. 마치 다리가 달린 물고기 같은 느낌의 과도기적인 것이었죠.

애론 시틱: 플락소는 바로 잃어버린 연결고리였어요. 플락소는 최초의 의도적인 바이럴 성장을 통해 성공한 기업이었죠. 당시에 우리는 바이럴 성장이 무엇인지 처음 알게 되었습니다.

숀 파커: 제가 이때까지 했던 모든 일들 중에 가장 중요한 일은 플락소에서 바이럴 성장 최적화를 위한 알고리즘을 개발하는 일이었어요.

애론 시틱: 바이럴 성장은 제품을 이용하는 사람들이 다른 사람들에게 전파하는 것을 의미해요. 사람들이 그 제품이 좋아서 이걸 다른 사람에게 전파해야겠다고 결심을 하는 것은 아니고요. 단지 원하는 것을 하기 위해 소프트웨어를 사용하는 과정 속에서 자연스럽게 다른 사람들에게 퍼뜨리게 되는 거죠.

숀 파커: 초기부터 소셜 네트워크 서비스는 계속 진화의 과정을 거쳤어요. 소셜 네트워크 서비스의 프로토타입이라고 할 수 있는 냅스터에서 시작해서 소셜 네트워크로서의 일부 특성을 지니고 있던 플락소, 그다음에 링크드인, 마이스페이스MySpace, 프렌드스터를 거쳐 현대적인 서비스인 페이스북까지죠.

에즈라 캘러한: 2000년대 초반 당시 모든 얼리 어답터들이 프렌드스터에 가입했기 때문에, 정말 촘촘한 네트워크가 프렌드스터에 만들어졌고, 그 안에서 많은 활동들이 벌어졌죠. 그러다가 어느 순간 임계치에 도달했어요.

애론 시틱: 거대한 레이스가 벌어지고 있었고, 프렌드스터는 정말로 떠오

르고 있었죠. 프렌드스터는 소위 '소셜 네트워킹'이라고 불리는 새로운 현상을 만들어낸 것처럼 보였어요. 누가 보더라도 그들이 레이스의 승자였죠. 그런데 무슨 일이 일어났는지 분명하진 않지만, 그 사이트는 점점 느려지기 시작했고 어느 순간에는 작동을 멈춰 버렸어요.

에즈라 캘러한: 덕분에 마이스페이스에게 기회가 생겼죠.

에반 윌리엄스: 마이스페이스는 엄청난 인기였어요.

숀 파커: 그 시기는 꽤 복잡한 시간이었어요. 마이스페이스는 프렌드스터의 세계를 매우 빠르게 점령해서 기틀을 단단히 다졌죠. 프렌드스터는 쇠퇴했고, 마이스페이스는 날아올랐죠.

스콧 말렛: 정말 큰 인기를 얻었지만, 이후에 마이스페이스 역시 규모를 늘리는 데에는 어려움을 겪었어요.

애론 시틱: 그 후 마이스페이스는 점차 시들해졌습니다. 그리고 페이스북이 2004년 2월에 출시했죠.

더스틴 모스코비츠: 지금은 사소하게 보일 수도 있지만, 그 당시에는 정말 흔한 문제가 있었어요. 어떤 사람의 이름을 떠올리고는, 그 사람의 사진을 확인하는 것이 기본적으로 불가능했어요. 하버드의 모든 기숙사에는 『페이스-북face-book』이라고 불리는 개별 안내 책자가 있었어요. 일부는 인쇄되었고, 일부는 온라인 상태였죠. 대부분은 특정 기숙사의 학생들만 이용할 수 있었어요. 그래서 우리는 그 안내 책자의 통일된 버전을 온라인에서 구현하기로 하고, 개별 버전과 차별화하기 위해 '더페이스북The Facebook'이라고 이름을 붙였어요.

마크 저커버그: 그 후 몇 주 안에, 수천 명의 사람이 더페이스북에 등록했어요. 그리고 다른 대학 학생들로부터 자기 학교에서도 되게끔 해달라고 요구하는 이메일을 받기 시작했습니다.

에즈라 캘러한: 페이스북은 원래 아이비리그에서 시작되었는데요. 그건 그들이 아이비리그 출신인 것을 잘난 체하고 싶었기 때문은 아니고, 아이

비리그에 다니는 학생은 아무래도 다른 아이비리그 학교의 학생과 더 친해질 가능성이 높다는 직관을 가지고 있었기 때문이죠.

애론 시틱: 페이스북이 버클리 대학에 출시되었을 때, 사람들끼리 교류하는 방식이 완전히 바뀌어 버렸어요. 제가 버클리 대학에 입학했을 당시에 어디에서 어떤 파티가 열리는지 알아내기 위해선 일주일 내내 사람들과 시간을 보내면서 이야기를 해야 했고, 그리고 나서도 계속해서 연락을 유지해야 했어요. 하지만 페이스북이 등장하고 나서, 주말에 무슨 일이 벌어졌는지 아는 것은 매우 쉬운 일이 되었죠. 페이스북에 가면 다 나와 있거든요.

페이스북은 서비스 초기인 2004년 3월에 실리콘밸리의 심장인 스탠퍼드 대학에 출시되었다.

숀 파커: 포톨라 밸리Portola Valley에 있는 제 룸메이트들은 모두 스탠퍼드를 다녔어요.

에즈라 캘러한: 그때 저는 스탠퍼드를 졸업한 지 1년이 지났어요. 2003년에 졸업했거든요. 저와 4명의 대학 친구들은 바로 그해에 캠퍼스 바로 근처의 집을 빌렸습니다. 그 집에는 여분의 침실이 있었어요. 그래서 우리는 스탠퍼드 이메일 리스트 몇 개에 광고를 올려서 우리와 함께 그 집에서 살 룸메이트를 찾았어요. 숀 파커라는 사람으로부터 답장이 왔죠. 그는 결국 꽤 우연하게 우리와 살게 된 셈이에요. 냅스터가 하나의 문화적인 현상이었음에도 불구하고, 우리는 그가 전혀 돈을 벌지 못했다는 것도 알게 되었죠.

숀 파커: 제 룸메이트 중 한 명의 여자친구가 페이스북을 사용하고 있었어요. 제가 "프렌드스터나 마이스페이스와 많이 닮은 거 같은데?"라고 하니, 그녀는 "그래? 그런데 대학교에서는 아무도 마이스페이스 안 쓰던

데?"라고 했어요. 마이스페이스는 약간 다듬어 지지 않고, 거친 느낌이 있었죠.

마크 저커버그: 그래서인지 마이스페이스는 직원의 3분의 1에게 포르노 사진이 올라와 있는지를 감시하게 했어요. 우리는 어떠한 포르노도 거의 올라온 적이 없어요. 왜냐하면 페이스북에서는 사람들이 실명을 사용하기 때문이죠.

애덤 디안젤로: 실명을 쓰는 것은 정말 중요해요.

애론 시틱: 더웰이 공동체 원칙으로 확립한 '당신의 말은 당신이 책임진다' 덕분에 우리는 일찍부터 실명의 중요성을 정확히 알고 있었어요. 우리는 그 원칙을 더웰 이상으로 적용했죠. 우리는 항상 모든 것들이 실제 인물 하나하나에 추적이 가능하게끔 플랫폼을 설계했어요.

스튜어트 브랜드: 더웰도 그 길로 갈 수 있었지만 그러지 못했죠. 우리가 저지른 실수 중 하나예요.

마크 저커버그: 저는 그것이 복잡한 문제에 대한 아주 간단한 사회적인 해결책이라고 생각해요.

에즈라 캘러한: 초창기 페이스북은 아주 단순한 웹사이트였고, 꽤 해킹도 당했어요. 입력창 몇 개 있는 게 전부였거든요.

루치 상비: 작은 프로필 사진이 있었고, 거기엔 이런 것들이 적혀 있었죠. '이건 제 프로필입니다 This is my profile', '친구찾기 See my friends'. 그 아래에는 서너 개의 링크와 한두 개의 다른 입력창이 있었어요.

애론 시틱: 하지만 저는 그들이 만든 서비스가 얼마나 명확하고 집중되어 있는지에 정말 감명받았어요. 프로필에 갔을 때, 분명하게 "이것이 당신이다"라고 쓰여 있는 것과 같은 사소한 디테일에 강점이 있었죠. 그 당시에 소셜 네트워킹은 정말 이해하기 힘든 개념이었거든요. 페이스북에는 일반적인 제품 몇 년 동안 밖에 나와 정제되기 전에는 도달하기 힘든 일종의 완숙함이 깃들어 있었어요.

숀 파커: 그래서 저는 페이스북에 대해서 알게 된 후에 페이스북의 몇몇 사람에게 이메일을 보냈어요. 메일 내용은 이랬어요. "저는 프렌드스터에서 몇 년간 일하고 있습니다. 혹시 뵙고 말씀을 나눌 수 있을지 궁금합니다." 그 후 뉴욕에서 미팅을 하게 됐죠. 저는 왜 페이스북이 뉴욕에 있는지 전혀 이해할 수 없었어요. 마크와 저는 바로 페이스북의 제품 설계와 제가 생각하기에 필요한 기능에 대해 이야기하기 시작했어요.

애론 시틱: 숀 파커에게서 전화가 왔어요. 그는 "야, 나 뉴욕인데, 여기서 아주 똑똑한 마크 저커버그라는 친구를 만났어. 이 사람이 페이스북을 만든 사람이래. 그들은 모든 것을 바꿀 만한 '비밀 기능'을 가지고 있다던데? 근데 그게 뭔지 나한테 알려주지는 않을 것 같아. 그래서 미치겠어. 난 그게 뭔지 도무지 알 수가 없어. 혹시 너가 아는 게 있을까? 알아봐 줄 수 있을까? 그게 어떤 것이라고 생각하니?" 우리는 그것에 대해 이야기하는 데 시간을 꽤 썼지만, 모든 것을 바꿀 그들의 '비밀 기능'이 무엇인지는 정말로 알아낼 수가 없었어요. 우리는 결국 그 기능에 대해 일종의 집착 같은 게 생겨 버렸죠.

숀 파커를 만난 후 2달 만에 마크 저커버그는 기숙사 프로젝트를 실제 사업으로 만들어야겠다는 생각으로 실리콘밸리로 이사를 왔다. 그와 동행한 사람은 공동창업자이자 2인자인 더스틴 모스코비츠와 인턴 몇 명이었다.

마크 저커버그: 팔로알토는 모든 기술이 유래한 신화 같은 장소였어요. 그것을 직접 확인해 보고 싶었죠.

루치 상비: 페이스북이 베이 지역으로 이사했다는 소식을 듣고 꽤 놀랐어요. 그들이 아직도 하버드 기숙사에서 일하고 있다고 생각했거든요.

에즈라 캘러한: 2004년 여름에 일련의 운명적인 사건들이 일어났어요. 숀이 길거리에서 페이스북 공동 설립자들과 우연히 마주쳤다는 전설적인

이야기. 숀은 그들을 몇 달 전에 동부에서 만났죠. 그 우연한 만남은 우리 모두가 함께 살고 있던 집을 떠난 지 일주일 후에 일어났어요. 숀은 여자친구의 부모님과 싸우고 있었죠.

숀 파커: 제가 집 밖으로 나와서 걷고 있었는데, 어떤 한 무리의 어린애들이 저를 향해 걸어오더군요. 모두 후드티 차림이었고, 마리화나를 피우는 고등학생들이 말썽을 부리러 나온 것처럼 보였어요. 그런데 그때 제 이름이 들렸어요. '나랑 이름이 같나 보네. 신기하다'라고 생각했는데, 제 이름이 또 들리는 거예요. 그제서야 뒤돌아 보니 "숀, 여기서 뭐하고 있어?"라는 거예요. 한 30초 멍하니 있다가 그제서야 그 무리가 마크와 더스틴, 그리고 다른 몇몇 사람이란 걸 깨달았죠. 제가 "아니, 너희 여기서 뭐하는 거야?"라고 했더니, 그들이 "우리 이제 여기 살아"라더군요. 제가 "거참 이상하다. 나도 바로 여기에 살고 있거든!" 엄청 신기한 일이었죠.

애론 시틱: 숀에게서 전화가 와서는 "야, 방금 무슨 일이 일어났는지 알아? 전혀 믿지 못할 걸!"이라고 하더군요. 그러고서는 "이 사람들을 당장 만나야 해. 지금 바로 나와. 그냥 여기 와서 그들을 만나!"라는 거예요.

숀 파커: 그때부터 무슨 일이 벌어졌는지 잘 모르겠어요. 그냥 그 집을 엄청 편하게 들락날락했어요. 정말 편한 사이였죠.

애론 시틱: 결국 저도 그들을 만나러 갔고요. 그들이 하나의 그룹으로서 얼마나 몰입하고 있는지를 보고 정말 감명받았어요. 가끔 휴식을 취하고 각자의 일을 보기도 했지만, 대부분의 시간을 노트북을 열어 놓고 부엌 식탁에 앉아서 보냈어요. 저는 일주일에 두 번 그들의 집을 방문하곤 했어요. 그리고 갈때마다 그들은 부엌 식탁에 둘러앉아 제품을 계속 성장시키기 위해 일하고 있었죠. 마크가 원했던 것은 제품을 더 좋게 만들거나, 휴식을 취하면서 에너지를 얻어서 제품 작업을 더 많이 할 수 있도록 하는 것뿐이었어요. 그게 다죠. 그들은 영화를 보러 가는 것 외에는 그 집을 떠나질 않았어요.

에즈라 캘러한: 초기의 회사 문화는 엄청 엄청 느슨했습니다. 어마어마한 사업적인 잠재력이 있지만, 통제되지 않는 느낌의 프로젝트 같이 느껴졌어요. 새파란 신입생이 기숙사에서 사업을 막 시작했다고 상상해 보세요. 어떤 느낌인지 감이 오실 거에요.

마크 저커버그: 대부분의 사업이 이렇진 않겠죠. 학생 한 무리가 한 집에 살면서, 내키는 대로 일하고, 정해진 시간에 일어나지도 않고, 사무실에 출근하지도 않고, 새로운 직원을 뽑을 때 집에 데려와서 같이 파티를 하고, 담배를 피우진 않겠죠.

에즈라 캘러한: 거실이 곧 사무실이었어요. 여러 대의 모니터와 작업용 컴퓨터로 가득 채워져 있고, 그 외에 눈에 띄는 거라고는 화이트보드뿐이었죠.

그 당시 마크 저커버그는 파일 공유에 집착하고 있었다. 그가 실리콘밸리에서 여름을 보내면서 가장 크게 집중하기로 한 것은 냅스터를 부활시키는 것이었다. 다만, 이번에는 페이스북의 내부 기능 중의 하나로 추진되었다. 저커버그가 아끼던 그 프로젝트의 이름은 바로 와이어호그Wirehog였다.

애론 시틱: 와이어호그가 바로 마크가 모든 것을 바꿔 버린다고 장담하던 바로 그 비밀 기능이었어요. 마크는 페이스북을 정말 유명하게 만들고 학교 내에서 페이스북의 지위를 확고히 하는 방법은 주변 사람에게 파일을 보낼 수 있도록 하는 것이라고 확신에 차 있었어요. 주로 음악을 교환하기 위한 목적의 파일 공유 말이죠.

마크 핀커스: 냅스터처럼 보이는 작은 기능을 페이스북 안에 넣어 두었어요. 누가 어떤 음악 파일을 컴퓨터에 갖고 있는지 볼 수 있었죠.

에즈라 캘러한: 그 당시는 법원에 의해 냅스터가 완전히 끝장나고, 엔터테인먼트 산업이 무작위의 개인에게 파일 공유라는 죄목으로 고소를 남발

하는 걸 지켜보던 시절이었어요. 서부 개척 시대는 끝나 가고 있었죠.

애론 시틱: 페이스북 페이지에서 사진조차 공유할 수 없었던 시기에 와이어호그가 만들어졌다는 사실이 중요해요. 와이어호그는 다른 사람과 사진을 공유하는 해결책이 될 예정이었어요. 사용자 프로필 페이지에 박스가 생기고, 거기를 누르면 사용자가 공유한 파일이나 사진을 다른 사람들이 볼 수 있었죠. 오디오 파일일 수도 있고, 비디오 파일일 수도 있고, 휴가 사진일 수도 있었죠.

에즈라 캘러한: 결국 그건 파일 공유 서비스였어요. 제가 페이스북에 들어갔을 때, 이미 대부분의 사람은 와이어호그에 우리가 생각치 못한 새로운 용도가 생기지 않는 한 그건 골칫거리에 불과하다고 생각하고 있었어요. '언젠가 소송당할 텐데. 이걸 도대체 왜 하는 거죠?'와 같은 생각이 당시 팽배했죠.

마크 핀커스: 숀이 왜 다시 음악 관련된 일을 하려고 하는지 궁금했어요.

애론 시틱: 페이스북을 담당하던 몇몇 변호사가 조언하기를 와이어호그를 계속하는 건 그리 좋은 생각이 아니라고 하더군요. 페이스북의 이용자 수가 급증하기 시작하면서 와이어호그와 관련된 작업은 중단되었어요.

에즈라 캘러한: 가입 요청이 정말 미친듯이 늘었어요. 아직 100군데 정도의 학교에서만 운영되고 있었지만, 전국의 모든 학생이 페이스북에 대해 익히 알고 있었죠. 사용자 수는 이미 폭발적이었어요. 화이트보드에 적힌 모든 것은 다음에 출시할 학교와 관련된 것들이었어요. 문제는 매우 단순했어요. 단순히 '어떻게 하면 우리 플랫폼이 확장할 수 있을까?'였으니까요.

애론 시틱: 페이스북이 새로운 학교에 열리면, 하루 안에 그 학교 학생의 70%가 가입했어요. 그 당시에 페이스북만큼 빠르게 성장하는 곳은 없었어요.

에즈라 캘러한: 우리가 무조건 성공할 것이라고 느껴진 않았지만, 성공 근

처에 가까워지고 있는 것은 분명했습니다. 더스틴은 이미 페이스북이 10억 달러 가치의 회사라고 말하고 다녔어요. 그들은 처음부터 그런 야망을 가지고 있었습니다. 자신감에 차 있는 19살의 건방진 두 아이였죠.

마크 저커버그: 어느 날인가 우리끼리 그냥 앉아서 이렇게 말한 적이 있어요. "우리는 학교로 돌아가지 않을 거야. 그렇지?" "당연하지."

에즈라 캘러한: 오만함이 대단했어요.

데이비드 최: 숀은 당시에 말랐고, 범생이 같은 스타일이었어요. 그리고 그는 이렇게 말하고 다녔죠. "나는 나가서 페이스북의 투자를 유치할 거야. 보란듯이 성공하겠어." 저는 이렇게 물었죠. "도대체 어떻게 할 작정이야?" 그는 자신을 알파 남성으로 변신시켜 버렸어요. 헤어스타일에 엄청나게 신경 쓰고, 매일 운동하고, 태닝을 하고, 멋진 옷을 입었어요. 그러고 나서 여러 미팅에 참가하더니, 돈을 가져왔죠!

마크 핀커스: 아마 2004년 9월이나 10월쯤일 거예요. 저는 포트레로 힐Potrero Hill의 먼지투성이 벽돌 건물 속에 위치한 트라이브Tribe의 사무실에 있었죠. 트라이브의 아이디어는 프렌드스터와 크레이그리스트Craig-slist를 합쳐 놓은 것 같은 거였어요. 우리는 회의실에 앉아 있었는데, 숀이 말하길 페이스북의 바로 그 사람을 데려왔다고 하더군요. 마크 저커버그를 데려왔는데, 당시 마크는 트레이닝 바지를 입고 아디다스 슬리퍼를 신고 있었어요. 너무 어려 보였는데, 발을 테이블 위에 올리고 앉았어요. 숀은 페이스북이 할 일과 앞으로 어떻게 성장할지, 그리고 그 외 다른 모든 것에 대해 빠르게 이야기했습니다.

저는 완전히 매료되었습니다. 저는 트라이브닷넷을 운영하고 있었지만, 그 서비스가 성공하지는 못했기 때문에 어떻게 성장해야 할지를 궁리하고 있던 참이었거든요. 반면에 여기 이 간단한 아이디어를 가진 꼬마는 막 대박을 내고 있었죠. 저는 그들이 성취한 것에 이미 경외감을 느꼈고, 어쩌면 그것 때문에 약간 짜증이 났을지도 몰라요. 왜냐하면 그들은 같은 일을 훨씬 더 적은 노동으로 간단하고 빠르게 해냈거든요. 숀이 제 사무실에 있는 컴퓨터로 페이스북에 접속해서 설명해 주기 시작했어요. 대학생만 썼기 때문에 저는 한 번도 본 적이 없었죠. 그런데 정말 놀라웠어요. 사람들은 전화번호와 집 주소, 그리고 자신에 대한 모든 것을 올려 두고 있더라고요. 세상에. 정말 믿을 수가 없었죠. 이 모든 것은 페이스북이 사용자의 신뢰를 얻었기 때문에 가능한 일이었어요. 숀은 재빨리 여기저기서 돈을 모아 투자 라운드를 마무리했어요. 제 기억에 피터 틸에게서 50만 달러를, 그리고 저와 리드 호프만Reid Hoffman[†]에게서 각각 3만 8,000달러를 받으라고 숀이 마크에게 권했던 것 같아요. 왜냐하면 우리는 기본적으로 소셜 네트워킹 분야에서 무언가를 하는 거의 유일한 사람들이었기 때문이죠. 그 당시에는 아주 아주 작은 무리였어요.

에즈라 캘러핸: 12월이 되면서, 아직 프로페셔널한 단계라고 보기엔 어려웠지만, 마크와 더스틴이 함께 어울리던 어린 친구들은 모두 동부에 있는 학교 혹은 스탠퍼드 대학으로 돌아갔어요. 반면에 마크와 더스틴은 좀 더 이 일을 심각하게 여기고 있었죠. 그들은 지난 첫 여름보다 더 많은 업무를 처리하고 있었어요. 다만, 2005년 2월까지 사무실을 마련하지는 않았어요. 우리가 사무실 임대 계약을 하던 순간에 갑자기 숀이 말했어요. "야, 내가 어떤 예술가 친구를 아는데, 그를 불러서 사무실을 제대로 한번 꾸며 볼게."

데이비드 최: 저는 이렇게 말했어요. "만약 제가 건물 전체를 칠한다면 6만 달러 정도를 주셔야 해요." 그러자 숀이 말하더라고요. "현금이 좋아, 아니면 주식이 좋아?"

에즈라 캘러핸: 숀은 데이비드 최에게 페이스북 주식을 줬어요.

데이비드 최: 저는 당시에 페이스북이 뭔지도 몰랐어요. 가입하려면 대학교 이메일이 있어야만 했거든요. 근데 저는 도박을 좋아하는 사람이에

[†] 페이팔 공동창업자. 훗날 링크드인을 설립한다.

요. 그리고 숀에 대한 믿음이 있었죠. 그래서 당시 제 생각은 이랬어요. '이 친구는 뭔가를 아는 친구이니, 이 친구에게 베팅해야겠다.'

에즈라 캘러한: 이사하고 나서 그래피티를 처음 봤을 때, 저는 "세상에. 사무실에다가 도대체 무슨 짓을 해 놓은 거야?"라고 말했습니다. 사무실이 2층에 있었기에 방문하는 분들은 바로 계단을 따라 올라와야 했는데, 계단을 오르면 바로 정면에 보이는 벽면에 거대한 가슴을 가진 여성이 매드맥스Mad Max 스타일로 차려 입고는 불독을 타고 있는 그림이 있었어요. 그림 자체가 무시무시할 뿐만 아니라, 완벽하게 부적절해 보였죠. 우리가 본 것은 단순히 그림이 아니었어요. 일종의 문화에 가까웠죠. 숀이 그 친구를 고용해서 인테리어로 그림을 그렸다기보다는, 우리에게 어떤 특별한 사무실 분위기를 만들어 줬어요. 거대한 가슴을 지닌 여전사가 불독을 타고 있는 모습이 우리가 출근하면서 가장 처음 보는 것이니까, 모두 그런 기분으로 일했죠.

루치 상비: 네, 그 그래피티는 약간 격하긴 했지만, 평범하지 않았고, 활기가 넘쳤고, 살아있는 느낌이었죠. 에너지가 느껴졌어요.

케이티 제민더: 마음에 들었어요. 하지만 너무 강렬했죠. 그 안에는 성적인 충동을 일으키는 어떤 이미지가 있었습니다. 저는 별로 신경 쓰지 않았지만, 누군가는 약간 적대적으로 느낄 수도 있었어요. 저는 우리가 좀 자극적인 이미지들을 다루었다고 생각해요.

에즈라 캘러한: 저는 그 그림을 그린 게 데이비드 최라고 생각하지 않아요. 숀의 여자친구가 여자 화장실에 있는 완전히 벌거벗은 2명의 여자가 뒤엉켜 있는 그 노골적이고 외설적인 레즈비언 그림을 그린 사람이라고 생각해요. 그건 분명히 보통의 여성 화장실에서 흔히 볼 수 있는 것보다 훨씬 더 선정적이죠. 그건 사실 몇 주 안 돼서 없어졌어요.

맥스 켈리: 누군가가 섹스를 하고 있는 가로 4인치, 세로 4인치의 그림이 있었어요. 고객 서비스 담당자 중 한 명은 그 사진이 선정적이라고 불평했

는데, 매일 보는 것이면서 왜 이런 종류의 그림에 대해 불평을 하는지 이해가 잘 안 됐죠. 하지만 결국엔 근처 가게에서 금색 페인트 펜을 사서 그 그림을 덧칠해 버렸어요. 그냥 아무렇게나 칠한 거죠. 덕분에 누군가가 섹스하는 그림은 안 보이게 되었죠.

제프 로스차일드: 당시의 페이스북은 거칠었어요. 하지만 당시에 저는 그런 페이스북이 꽤 멋지다고 생각했어요. 회사라기보단 대학 기숙사나 동호회처럼 보였어요.

케이티 제민더: 사무실 구석에 담요가 굴러다니고, 비디오 게임이 사방에 널려 있고, 여기저기 장난감과 레고가 있었는데, 좀 엉망이었어요.

제프 로스차일드: 플레이스테이션도 있었어요. 오래된 소파 몇 개가 있었고요. 사람들이 거기서 자는 게 분명했어요.

카렐 발룬: 아마 일주일에 2, 3일 밤은 거기서 샜을 겁니다. 저는 회사 행사에서 '책상 밑에서 발견될 가능성이 가장 높은 직원상'을 받았어요.

제프 로스차일드: 거기에는 술이 가득한 바도 있었어요. 긴 하루를 보내고 사람들은 거기서 술을 마셨죠.

에즈라 캘러한: 사무실에 술병이 엄청 많았어요. 아침마다 사무실에 가서 문을 열면, 맥주 캔이 문을 따라 뒹구는 소리가 났죠. 사무실이 퀴퀴한 맥주 냄새가 진동을 하는 쓰레기통 같았어요.

루치 상비: 큰 맥주통도 있었어요. 그리고 맥주통 위에 몇 가지 카메라 기술을 적용시켜서 그 맥주통이 누가 왔는지를 탐지했고, 자동으로 사진을 올렸죠. 사람들이 맥주통에 왔을 때, 사진을 찍어서 '누가 맥주 마시러 왔어요' 같은 글을 올리는 거죠. 그 맥주통으로 특허도 냈어요.

에즈라 캘러한: 처음 이사 왔을 때, 사무실 문에는 우리가 조작할 수 없는 자동 자물쇠가 달려 있었는데, 매일 아침 9시에 자동으로 자물쇠가 열리면서 문이 열렸어요. 그래서 제가 항상 아침 9시까지 사무실에 도착해서 아무나 들어와서 물건을 훔쳐 가지 않도록 지켜야 했죠. 왜냐하면 페이

스북 사람들은 12시 전에는 아무도 사무실에 오지 않았거든요. 기본적으로 그들은 야행성이었어요.

케이티 제민더: 출근을 하긴 하는데요, 11시나 12시가 되어서야 슬슬 사무실에 나타나죠.

루치 상비: 저는 가끔 잠옷을 입고 출근하기도 했는데 전혀 이상하지 않았어요. 마치 대학교의 연장선처럼 느껴졌어요. 우리 모두는 같은 시간대에 같은 인생 경험을 하고 있었어요. 일은 환상적이었어요. 너무 재미있었죠. 일이 아닌 것 같았어요. 우리는 항상 즐거운 시간을 보내고 있었던 것 같아요.

에즈라 캘러한: 사무실에서 친구들이랑 노는 거죠. 동료들과 술을 마시기도 하고요. 사무실에서 데이트를 하는 사람들도 생기더군요.

루치 상비: 페이스북에서 일하던 시기 동안 다들 인생의 반쪽을 찾았습니다. 우리 모두는 결국 결혼했죠. 지금은 하나둘 아이를 갖는 시기죠.

케이티 제민더: 페이스북이 시작되고 초기 몇 년 동안 일했던 성인, 더 명확히 이야기하면 30세 이상의 기혼자를 보면, 대략 그중 75% 정도가 이혼한 것 같아요.

맥스 켈리: 점심 식사를 하면서 다양한 일이 벌어졌어요. 당시 페이스북의 점심을 케이터링 해 주던 요리사는 정신적으로 좀 불안한 사람이었어요. 그래서 음식에서 뭐가 나올지 전혀 몰랐죠. 한번은 생선 요리에서 벌레가 나오기도 했어요. 완전 끔찍했죠. 저는 보통 오후 3시까지는 일을 하고, 사무실을 순회하면서 그날 밤에 무슨 일이 일어날지 살펴보곤 했어요. 누가 무엇을 출시하는지, 누가 누구랑 같이 있는지, 어떤 소문이 사내에 나돌고 있는지, 무슨 일이 벌어지고 있는 건지 말이죠.

스티브 펄먼: 우리는 페이스북과 휴게실을 함께 썼어요. 얼굴 인식 기술을 기반으로 한 하드웨어를 만들고 있었고, 페이스북 사람들이 HTML 기반의 무언가를 개발하고 있었죠. 그들은 보통 아침 늦게 출근했고, 케이터

링된 점심을 먹고 보통 오후 중반에 떠났죠. 와, 저런 인생이라니 정말 부러웠죠! 저런 스타트업을 만들고 싶었어요. 정말로요. 우리 모두가 페이스북에 대해 생각할 수 있는 유일한 것은, 정말 좋은 사람들이고 아무도 어딘가로 떠나지 않는다는 점이었어요.

맥스 켈리: 4시쯤이 되면, 저는 우리 팀과 미팅을 하면서 이렇게 말했어요. "이렇게 하면 오늘 밤에 우리가 완전 재미 볼 수 있을 거야." 그리고 그 길로 술집으로 향했죠. 5명에서 8명 정도가 대학가 술집을 기웃거리면서 저녁을 먹었어요.

루치 상비: 우리는 모두 함께 앉아서 여러 가지 지적인 대화를 나누기도 했어요. 이를테면, "가정을 해 보자. 네트워크가 이런 그래프와 같이 생겼다면, 두 사람 관계의 비중을 어떻게 알아낼 수 있을까? 사람과 사진의 관계를 어떻게 알아낼 수 있을까? 이 네트워크는 결국 어떻게 보이게 될까? 실제로 이 네트워크가 형성된다면 우리가 할 수 있는 건 어떤 걸까?" 같은 대화요.

숀 파커: 그 '사회적 그래프social graph'는 그래프 이론에서 나온 수학 개념입니다. 그 개념은 우리가 만들고 있는 것이 그저 단순한 제품이 아니라, 많은 정보가 흐르고 있는 수많은 노드로 이루어진 네트워크라는 것을 학문적이고 수학적인 성향을 가진 사람들에게 설명하기 위한 방법이었습니다. 결국 그게 그래프 이론이었고, 우리는 일종의 사회적 그래프를 만들고 있던 것이었죠. 그것을 결코 공개적으로 이야기할 의도는 없었고, 단지 우리가 만들고 있는 것을 수학 배경을 가진 누군가에게 표현하는 방식이었어요.

루치 상비: 돌이켜 보면, 우리가 그때 그런 대화를 나누었다는 것이 믿기지 않아요. 정말 성숙했던 거 같네요. 우리는 앉아서 그런 여러 대화를 나눴어요. 특정 팀원에게만 국한되지 않았고, 어떤 구체적인 결과에 얽매이지도 않았어요. 순전히 지적인 대화였고, 모두에게 열려 있었죠.

맥스 켈리: 사람들은 밤새도록 술을 마셨어요. 한 오후 9시쯤부터 본격적으로 시작하게 되었죠. "오늘 밤에 뭘 출시할까? 누가 할 거야? 아직 준비 안 된 친구는 누구야?" 11시쯤 되면 그날 밤에 우리가 무엇을 할 것인지 알 수 있게 되죠.

케이티 제민더: 어마어마한 절차 같은 것은 없었어요. 엔지니어들은 열정을 가지고 있던 무언가를 은밀하게 작업할 뿐이었죠. 그리고 한밤중에 만든 것을 배포하곤 했어요. 테스트 없이 바로 배포해 버렸어요.

에즈라 캘러헌: 대부분의 웹사이트에는 변화를 테스트할 수 있도록 하는 굉장히 탄탄한 테스팅 플랫폼이 있는데요, 그건 우리 방식은 아니었어요.

루치 상비: 버튼만 누르면 바로 동작 중인 사이트에 코드를 적용시킬 수 있었죠. 왜냐하면 우리는 진정으로 '빠르게 움직이고, 부숴 버린다'라는 철학을 믿었기 때문입니다. 따라서 일주일에 한 번 릴리즈하기 위해서 기다릴 필요가 없었고, 하루에 한 번 릴리즈하기 위해서 기다릴 필요도 없었어요. 코드가 준비되면 사용자에게 실시간으로 전달하는 거죠. 그리고 그건 분명히 악몽 같았어요.

케이티 제민더: 우리 서버들이 견딜 수 있을까요? 보안은 어떻고요. 보안 취약점에 대한 테스트는 어땠을까요? 당시엔 그냥 밖으로 밀어내고 무슨 일이 일어나는지 보는 것뿐이었어요.

제프 로스차일드: 그게 바로 해커의 사고방식이죠. "그냥 되게 하라." 회사 내에 사람이 10명일 때엔 효과가 굉장히 좋았어요. 하지만 사람이 20명, 30명, 40명이 되었을 때, 사이트를 계속 유지하기 위해서 많은 시간을 보내야만 했어요. 우리는 어느 정도 규율을 만들어야만 했습니다.

루치 상비: 그 후에 우리는 한밤중에만 코드를 릴리즈했어요. 왜냐하면 만약 해당 코드의 어떤 부분이 고장나더라도, 새벽 시간대에는 많은 사람에게 영향을 미치지 않기 때문이죠. 하지만 끔찍했습니다. 매일 밤 서너 시까지 깨어 있었거든요. 어떤 일이 생길지 모르기 때문에 코드를 작

성했던 모든 사람이 참석하도록 했기 때문이었죠.

맥스 켈리: 새벽 1시쯤이면 우리가 망했거나 잘 해냈다는 걸 알 수 있었어요. 잘 해낸다면 모두가 환호성을 지를 거고, 잠시 동안 잘 수 있겠죠. 만약 망했다면 "좋아요. 이제부터 다시 되돌린 후에 고쳐야 해요"라고 하는 수밖에 없었죠.

케이티 제민더: 새벽 2시. 그때부턴 전쟁이죠.

루치 상비: 또 한 번 코드를 밀어내고 나면, 새벽 3시나 4시 혹은 5시까지 계속 가는 거죠.

맥스 켈리: 새벽 4시까지 뒹굴었는데, 우리가 고칠 수 없다면 저는 이렇게 말해요. "이제부터 되돌리려고 노력해 봅시다." 그 말인즉슨 우리 팀은 새벽 6시까지 깨어 있어야 한단 뜻이죠. 그러니까 새벽 4시부터 6시 사이에 잠에 드는 걸 9개월 동안 매일 반복해 봐요. 완전 미친 짓이었어요.

제프 로스차일드: 일주일에 7일 동안 일했어요. 항상 작업 중이었죠. 저는 잠들기 전에 물 한 잔을 마시곤 했는데, 2시간 후에 일어나서 모든 것을 확인하기 위해서였죠. 그동안 고장이 났는지 아닌지 말이죠. 밤낮이 없었어요.

케이티 제민더: 그것은 부부 생활을 유지하려는 이들에게는 무척 힘든 일이었어요. 나이도 많고, 결혼도 했고, 업무 외의 책임도 컸기 때문에 페이스북의 업무 환경이 그들에게 힘들 것이라는 느낌은 분명히 있었습니다.

마크 저커버그: 왜 대부분의 체스 고수는 30세 미만일까요? 젊은이는 삶이 단순해요. 자동차가 없을 가능성이 높아요. 가족이 없을지도 모르죠. 제가 가진 거라곤 매트리스 하나예요.

케이티 제민더: 서른도 안 되었는데, 당신 상사에게 그런 말을 듣는다고 상상해 보세요!

마크 저커버그: 젊은이가 그저 더 똑똑할 뿐이에요.

루치 상비: 당시에 우리는 너무 어렸어요. 분명히 엄청난 에너지를 가지고

있었고, 무엇이든 할 수 있었죠. 하지만 가장 효율적인 팀은 아니었어요. 경영진은 분명 좌절감을 느꼈을 거예요. 왜냐하면 많은 대화가 한밤중에 그들이 없을 때 이뤄졌고, 다음날 아침이 되어서야 밤에 일어난 모든 변화에 대해 알게 되었기 때문이죠. 하지만 우리가 일할 때는 재미있었어요.

에즈라 캘러한: 처음 몇백 명의 직원까지는 페이스북 내 엔지니어링 관련 직원 혹은 사용자 서포트 관련 직원과 입사 전부터 잘 아는 사이였습니다. 대부분 최근에 막 졸업한 학생이었죠. 우리가 사무실로 이사했을 때에는 기숙사 문화가 정말 눈에 띄는 시기이기도 했지만, 동시에 그 문화가 조금씩 부서지기 시작한 시기이기도 했죠. 기숙사 느낌은 있지만, 완전히 대학생이 장악하고 있는 것은 아니었어요. 어른이 들어오기 시작했죠.

제프 로스차일드: 저는 2005년 5월에 입사했어요. 사무실 밖의 인도에는 피자 가게에서나 쓸법한 메뉴판 모양의 입간판이 있었어요. 그 입간판에는 구인 광고가 적혀 있었죠. 칠판 밑에는 요리사의 캐리커처가 있었고요. 직원을 뽑기 위한 노력이었어요.

숀 파커: 그 당시에는 우주 전체를 빨아들이는 거대한 회사가 있었어요. 구글이었죠. 훌륭한 엔지니어는 모두 구글로 가고 있었습니다.

케이트 루스: 저는 구글에서 일하는 걸 견딜 수 없을 것 같았어요. 제게 페이스북은 구글보다 훨씬 멋있었습니다. 페이스북이 가장 쿨해 보였기 때문은 아니지만, 그 시점의 구글은 이미 재미없는 범생이처럼 보였어요. 반면에 페이스북에는 실제로 범생이로 전락하고 싶지 않은 많은 사람이 있었죠. 페이스북은 소셜 네트워크였기 때문에 보통의 미국인이라면 할 만한 사회적인 활동과 사회적인 구성 요소를 가지고 있어야만 했죠. 이를테면 비어퐁Beer Pong[†]과 같은 것들요.

[†] 테이블 양쪽에 놓인 맥주컵에 탁구공을 던지는 술자리 게임.

케이티 제민더: 그 사무실 길 아래쪽에 대여섯 명의 엔지니어가 함께 살고 있는 집이 있었는데, 그 집에선 비어퐁 파티가 계속되었어요. 남자애들만 있는 건 아니었지만, 남성 클럽 같았어요.

테리 위노그라드: 페이스북은 학부 문화에 가깝고, 구글은 대학원생 문화에 가깝다고 생각해요.

제프 로스차일드: 페이스북에 들어가기 전에, 저는 이 사람들이 데이트 사이트를 만들었다고 생각했어요. 페이스북이 무엇에 관한 것인지 진짜로 이해하기까지는 대략 1에서 2주 정도 걸렸어요. 마크는 우리에게 페이스북은 소셜 네트워크가 아니라고 말하곤 했어요. 그는 이렇게 주장했죠. "이것은 소셜 네트워크가 아닙니다. 당신이 실제로 알고 있는 사람들을 위한 사회적 기반 시설입니다." 마이스페이스는 비슷한 관심사를 가진 사람들 사이에 온라인 커뮤니티를 구축했었죠. 페이스북 또한 어떤 측면에서는 같은 형태를 가지고 있기 때문에 마이스페이스와 똑같이 보일 수 있지만, 개인에게는 서로 다른 문제를 해결해 줬습니다. 우리는 친구 사이의 의사소통 효율성을 향상시키기 위해 노력했어요.

맥스 켈리: 마크는 제 옆에 앉아서 페이스북이 어떤 존재인지를 설명해 줬어요. "우리가 하는 일은 각자 자신의 삶에 어떤 가치가 있는 모든 사람들을 서로 연결시키는 시스템을 구축하는 것입니다. 각 개인이 그것을 보존하길 원하는 한 말이죠. 그리고 각 개인이 어디에 있건, 누구와 함께 있건, 인생이 어떻게 변하건 상관없습니다. 왜냐하면 당신은 항상 당신에게 가장 중요한 사람들과 연결되어 있고, 그들과 함께 항상 일상을 공유할 수 있기 때문이죠." 저는 그 말을 듣고, 이 일에 참여하고 싶다고 생각했어요. 이 일을 성공시키고 싶었어요.

 1990년대에 우리 모두는 인터넷에 대해 유토피아적 환상을 가지고 있었어요. 페이스북이 하고자 하는 일은 모든 사람이 연결되어 있고, 모든 사람이 서로를 공유할 수 있는 그런 아름다운 유토피아적 인터넷으로 돌아간다는 것과 같았고, 그건 제게 큰 울림을 줬습니다. 그리고 그렇게 하는 것에 전혀 저항감이 없었습니다. 마크는 1990년대 당시를 알기엔 너무 어렸지만, 제 생각에 그는 1980년대와 1990년대에 인터넷이 어때야 했는지를 이해하는 것 같았어요. 그리고 저는 그 당시에 했던 이야기와 같은 이야기를 마크를 통해서 다시 듣고 있었습니다. 정말 매력적이었어요.

애론 시틱: 2005년 여름에 마크는 우리 모두를 앉히고는 이렇게 말했어요. "우리는 이번 여름에 다섯 가지 일을 할 거예요." 그러고는 "사이트를 다시 디자인하고 있습니다. 또한, 뉴스피드라고 불리는 것을 만들고 있습니다. 이것은 여러분의 친구들이 사이트에서 하고 있는 모든 것을 알려줄 것입니다. 그리고 사진첩 기능을 만들고, 파티 기능을 이벤트 기능으로 변경해서 다시 출시하고, 마지막으로 지역 비즈니스를 할 수 있도록 기능을 만들 겁니다"라고 말했죠. 우리는 사이트를 다시 디자인하는 것을 완료했고, 사진첩이 바로 다음 프로젝트였어요.

에즈라 캘러한: 당시 페이스북의 제품은 아주 간단했어요. 프로필 밖에 없었죠. 뉴스피드도 없고 메시징 시스템도 취약했습니다. 파티를 열 때 사용할 수 있는 아주 기초적인 이벤트 기능이 있었죠. 그리고 다른 기능은 거의 없었어요. 프로필 사진 외에 웹사이트에는 사진이 없었어요. 사이트의 내용이 변경되었을 때 알려 주는 기능도 없었죠. 누군가가 프로필 사진을 바꿨다는 걸 알기 위해서는 강박적으로 그 사람의 프로필 페이지로 가야지만 사진이 바뀐 걸 알 수 있었죠.

애론 시틱: 한 시간에 한 번씩 프로필 사진을 바꾸는 사람들이 있었습니다. 자기 사진 여러 개를 다른 사람들과 공유하는 유일한 방법이었죠.

스콧 말렛: 사진첩이 그 당시 가장 많이 요청된 기능 중에서 1등을 차지했습니다. 그래서 애런과 저는 방에 들어가서 몇 페이지 분량의 초안을 화이트보드에 그려 놓고는, 보관해야 하는 데이터가 무엇인지 결정했어

요. 그로부터 한 달 만에 우리는 내부적으로 거의 완벽하게 작동하는 프로토타입을 얻었어요. 프로토타입은 무척 간단했어요. 사진을 올리면, 그 사진은 앨범에 들어가고, 사용자는 여러 개의 앨범 목록을 가질 수 있었어요. 또한 사진 속의 사람들에게 태그를 달 수 있습니다.

제프 로스차일드: 애런은 태그 기능에 대한 통찰력이 있었어요. 그것은 엄청나게 가치 있는 통찰이었죠. 정말 판도가 바뀌었어요.

애런 시틱: 우리는 사진첩의 가장 중요한 기능이 이 사람이 누구인지를 말해 주는 것이라고 생각했습니다. 이것이 정말로 성공적일지 확신할 수는 없었어요. 단지 좋은 느낌이 있을 뿐이었죠.

페이스북 사진첩은 2005년 10월에 적용되었다. 당시 이용자는 약 500만 명이었는데, 사실상 모두 대학생이었다.

스콧 말렛: 우리는 하버드와 스탠퍼드에 먼저 사진첩 기능을 적용했습니다. 왜냐하면 그곳에 우리 친구들이 있었거든요.

애런 시틱: TV 모니터에 페이스북 사진첩 서비스로 업로드되는 모든 사진을 띄워 주는 프로그램을 만들었어요. 그리고 프로그램을 켜 놓고 사진들이 올라오기를 기다렸어요. 첫 번째 사진은 윈도우 배경 화면이었어요. 어떤 사람이 윈도우 배경 화면을 몽땅 업로드했는데, 정말 실망스러웠죠. '어쩌면 사람들이 이해하지 못하는 걸까? 설마 사진첩 기능이 안 먹히는 건가?'라고도 생각했어요. 하지만 다음 사진은 한 남자가 친구들과 어울려 노는 사진이었고, 그다음은 여러 장의 여자 아이들 사진이 올라왔어요. 파티에서 노는 사진이었죠. 그리고 나서는 미친듯이 사진들이 올라왔어요.

맥스 켈리: 모든 결혼식을 보고, 모든 근사한 장소를 봤어요. 이 엄청난 멋진 것들을 목격하는 와중에 남자 성기도 봐 버렸죠. 환상적이면서 동시

에 거지 같기도 했어요.

애론 시틱: 첫 날에 누군가가 700장의 사진을 업로드하고 태그를 달았더군요. 그런 식으로 사진첩 기능이 흥행하기 시작했어요.

제프 로스차일드: 3개월만에 우리는 인터넷상의 다른 어떤 웹사이트보다 더 많은 사진을 가지게 되었어요. 왜 그렇게 되었을까 한번 이유를 찾아보세요. 왜일까요? 답은 바로 태그 기능이었어요. "누군가가 당신의 사진을 인터넷에 올렸네요"라는 이메일 메시지를 받고서 확인하지 않을 사람은 아무도 없을 겁니다. 그건 인간의 본성이거든요.

에즈라 캘러한: 여지껏 모든 페이스북 성장 메커니즘 중에서 가장 강력한 것은 태그 기능이었어요. 태그 기능이 나머지 모든 기능에 영향을 미쳤죠. 사람들이 페이스북을 이용하는 방식에 근본적인 변화가 있었던 적은 태그 기능이 처음이었어요. 페이스북의 사고방식이 바뀌고, 뉴스피드 아이디어가 싹트기 시작하는 중요한 순간이었죠. 그리고 페이스북이 어떻게 대학가를 넘어서 대중으로 확장될 수 있을지에 대한 중요한 원동력이 되었죠.

제프 로스차일드: 뉴스피드 프로젝트는 2005년 가을에 시작되었고, 2006년 가을에 적용되었습니다.

더스틴 모스코비츠: 뉴스피드는 바이럴 성장이 구현된 개념이었죠.

에즈라 캘러한: 뉴스피드는 오늘날 페이스북의 근간입니다.

숀 파커: 원래는 '왓츠뉴What's New'라고 불렸어요. 단지 한 사용자의 네트워크 안에서 일어나고 있는 모든 것을 보여 주는 리스트일 뿐이었죠. 단순한 상태 업데이트와 프로필 변경의 집합체일 뿐이죠.

케이티 제민더: 벌어지고 있는 모든 일을 사용자에게 보일 수는 없기 때문에, 어떤 로직을 기반으로 스토리들을 묶어서 보여 주는 종합 페이지였어요. 거기에는 크게 두 가지 흐름이 있었습니다. 사용자의 네트워크 안에서 벌어지는 일과 네트워크의 밖에서 벌어지고 있는 일이었죠.

에즈라 캘러한: 뉴스피드는 지루하고 쓸모없는 페이지가 아니라 끊임없이 업데이트되는 신문 같은 곳이자 홈페이지 같은 곳입니다. 말하자면 사용자가 관심을 가질 만한 주변 일들이 올라오는 그런 신문 같은 거요.

루치 상비: 뉴스피드는 아주 멋진 아이디어였어요. 왜냐하면 보통 신문이라고 하면, 신문사가 전달하고 싶은 내용을 편집했다고 생각하기 마련이죠. 신문사가 말하고 싶은 것을 결정하고, 전날 밤에 신문을 인쇄해서 수천 명에게 보내죠. 하지만 페이스북의 경우, 1,000만 개의 다른 신문을 만들고 있었습니다. 각각의 사용자마다 개인화된 신문을 가지고 있었기 때문이죠.

에즈라 캘러한: 이건 정말 최초의 기념비적인 제품 엔지니어링 업적이에요. 뉴스피드를 제대로 운영하기 위해 처리되어야 하는 데이터의 양이 어마어마했거든요. 모든 변경 사항을 사용자 개인 단위로 보내 줘야 했으니까요.

루치 상비: 우리는 1년 반 동안 계속해서 연구했어요.

에즈라 캘러한: 그리고 지능적인 부분도 고려해야 했어요. '사용자가 가장 관심을 가질 만한 것을 어떻게 먼저 드러낼 수 있을까?' 그건 공학적으로 매우 어려운 문제였어요.

루치 상비: 그렇게 될 줄은 몰랐지만, 결국에는 그 당시에 소프트웨어 분야에서 가장 큰 분산 시스템을 구축하게 되었어요. 정말 최첨단 기술이었죠.

에즈라 캘러한: 우린 그걸 회사 내부에서 구축했어요. 몇 주에 걸쳐 쉬지 않고 계속 테스트했죠. 정말 드문 일이죠.

케이티 제민더: 그리고 나서 "이제 우리는 어느 정도의 사용자 조사를 해야 합니다"라고 말한 것을 기억해요. 저는 마크를 설득했습니다. 사용자를 테스트 공간으로 데려가서 유리 뒤에서 제품을 사용하는 사용자를 관찰해야 한다고 말이죠. 마크와 그 밖의 여러 사람을 데리고 가서 사용자가 실제 페이스북을 사용하는 모습을 살펴보는 데 많은 노력을 기울였습니다

다. 그들은 그걸 시간 낭비라고 생각했어요. "아니, 우리 사용자는 멍청하다니깐?"이라고 한 적도 있어요. 실제로 누군가의 입 밖으로 나온 말이에요.

에즈라 캘러한: 우리가 실제로 외부 사람을 불러와서 무언가를 테스트하는 것은 그게 처음이었고, 그들의 반응, 특히 초기 반응은 아주 분명했어요. 딱 이랬거든요. "대박. 내가 이걸 보고 있으면 왠지 안 될 것 같은데. 왠지 부적절한 일인 거 같아." 왜냐하면 어떤 사람이 프로필 사진을 바꾸자마자 다른 사용자가 그걸 즉시 볼 수 있었거든요. 이 사람은 이렇게 바꾸고, 저 사람은 저렇게 바꾸고 한 걸 말이에요. 그럴 때 본능적으로 "세상에나! 모든 사람들이 나에 대해서도 이런 걸 모두 볼 수 있단 말이야? 내가 페이스북에서 하고 있는 일을 다른 사람들이 모두 알 수 있단 말이야?"라는 생각이 드는 거죠.

맥스 켈리: 하지만 뉴스피드는 내부적으로는 우리 모두에게 완벽한 공감대가 있었어요. 우리 모두는 그것을 좋아했죠.

에즈라 캘러한: 내부적으로 뉴스피드가 별로 잘 될 것 같지 않다는 생각도 존재했죠. 그래서 좀 더 천천히 적용되어야 하고, 사용자에게 적응할 시간을 줘야 한다는 의견도 있었어요. 그런데 마크는 아주 확고하게 결정을 내렸어요. "우리는 그대로 진행할 겁니다. 바로 적용할 겁니다. 마치 반창고를 뜯어내는 것처럼 재빠르게."

루치 상비: 우리는 한밤중에 서비스를 업데이트했어요. 우리는 정말 흥분했고, 축하를 하고 있었죠. 하지만 다음날 아침 우리가 눈을 떴을 때, 엄청난 반발에 직면했죠. "페이스북이 얼굴을 뜯어 고쳤습니다"라는 제목의 블로그 글을 썼습니다.

케이티 제민더: 우리는 작은 편지를 썼고, 그 밑에 버튼을 넣었어요. 그 버튼에는 '멋져요!Awesome!'라고 적혀 있었죠. '괜찮아요OK'가 아니고 '멋져요!'밖에 없었어요. 그건 무례한 행동이었어요. 그때의 스크린샷이 있었

으면 좋겠네요. 아무튼 세상에. 그게 다였어요. 사용자가 페이스북에 접속하면, 바로 뉴스피드 기능을 접하게 되었죠. 선택의 여지가 없었고 상세한 설명도 하지 않았어요. 그건 사람들을 겁먹게 했죠.

제프 로스차일드: 사람들은 동요했습니다. 왜냐하면 그것은 마치 전에는 볼 수 없었던 세세한 정보를 노출시키는 것 같았기 때문입니다. 사실은 그렇지 않았습니다. 뉴스피드에 보이는 모든 것은 프로필을 방문했다면 누구나 볼 수 있는 정보였습니다.

루치 상비: 사용자들은 뉴스피드에 혐오감을 느꼈습니다. 페이스북을 보이콧하겠다고 위협하고 있었죠. 그들은 사생활이 침해당했다고 느꼈죠. 탄원서를 조직적으로 모으는 학생도 있었어요. 사람들이 사무실 밖에 줄을 서 있었어요. 우리는 경비원을 고용할 수밖에 없었습니다.

케이티 제민더: 사무실 밖에 카메라 촬영팀이 있곤 했어요. "옛날의 페이스북으로 되돌려라!"라고 항의하기도 했구요. 모두가 뉴스피드를 싫어했어요.

제프 로스차일드: 매우 격렬한 반응이 있었습니다. 사무실까지 사람들이 행진했어요. 뉴스피드에 항의하는 페이스북 그룹이 조직되었고, 이틀 만에 백만 명의 사람이 가입했습니다.

루치 상비: "루치는 악마다"라는 그룹도 있었어요. 제가 블로그 포스트를 썼기 때문이죠.

맥스 켈리: 사용자 그룹은 매번 공격해 왔어요. 우리를 겨냥하고, 고객 서비스를 겨냥하여 이렇게 외쳤죠. "완전 엉망진창! 끔찍한 서비스다!"

에즈라 캘러한: 친척들과 친구들로부터도 이메일이 엄청 왔어요. "야, 너도 대체 뭘 한 거니? 이거 정말 끔찍해! 다시 바꿔 놔."

케이티 제민더: 우리는 사무실에 앉아 있었고, 시위는 밖에서 계속되었습니다. 진짜 "야, 우리 이거 되돌려야 하나? 되돌려야 해?"하는 이야기가 나왔죠.

루치 상비: 보통 일반적인 상황에서는 사용자층의 약 10%가 특정 서비스를 보이콧한다면, 해당 서비스를 접어야 할 거예요. 하지만 우리는 매우 특이한 패턴이 나타나는 것을 목격했습니다.

맥스 켈리: 뉴스피드가 끔찍하다고 말하던 바로 그 사람들조차도, 그들이 보여 주는 사용 패턴을 보면 이렇게 묻고 싶어지더군요. "완전 꾸준히 쓰시는군요! 도대체 무슨 말씀을 하시는 거예요?"

루치 상비: 각종 시위와 탄원서, 사무실 밖에 줄을 서서 시위를 하는 시위대가 있음에도 불구하고 사람들은 페이스북에 빠져들고 있었어요. 실제로 많은 사용자가 뉴스피드를 잘 사용하고 있었고, 사용자의 페이스북 사용량은 뉴스피드 이전에 비해 두 배나 더 증가했습니다.

에즈라 캘러한: 며칠 동안은 모든 직원이 감정적으로 매우 힘들었어요. 특히 뉴스피드를 출시하면 안 된다고 뜯어말렸던 직원에게 더 힘든 시기였죠. 왜냐하면 그들은 자기 자신이 우려하던 일이 정확하게 벌어졌다고 생각했거든요.

루치 상비: 마크는 동부 지역에서 있을 첫 번째 언론 투어를 떠났고, 나머지 사람들은 팔로알토 사무실에서 이 일을 처리했죠. 사용자 기록을 살펴보고, 사용자 데이터, 특히 참여율과 같은 지표들을 살펴보면서 "뉴스피드 기능이 잘 작동하고 있어요!"라고 사람들에게 알리려고 노력했죠. 우리는 뉴스피드 기능을 종료시키기로 결정하기 전에 몇 가지를 시도해 보려고 했어요.

케이티 제민더: 폭풍우를 진정시키기 위해 몇 가지 개인 정보 보호 기능을 즉시 적용해야만 했죠.

루치 상비: 우리는 모두에게 24시간만 달라고 부탁했습니다.

케이티 제민더: 우리는 프라이버시와 관련한 일종의 '오디오 믹서'를 만들었어요. 작은 슬라이드바가 있고, 켜고 끌 수 있었죠. 완전 아름답게 디자인되었지만, 사실 별 기능은 없었어요.

제프 로스차일드: 제 생각엔 그 기능을 아무도 안 썼을 것 같아요.

에즈라 캘러한: 하지만 그 기능이 추가된 후에 뜨거웠던 반응이 즉각 가라앉았고, 사람들은 뉴스피드라는 것이 정확히 본인이 원하던 기능이라는 것을 깨닫게 되었어요. 그 기능은 페이스북을 1,000배는 더 유용하게 만들었어요.

케이티 제민더: 사진첩 기능처럼, 뉴스피드는 엄청나게 큰 서비스의 변화를 가져왔죠. 엄청나게 흥행하기도 했구요. 중간중간 삐걱대기는 했지만 결국 자리를 잡았죠.

제프 로스차일드: 뉴스피드가 출시되자마자 사용량이 급증했습니다. 또한 비슷한 시기에 .edu로 끝나는 대학교 이메일 주소를 가지고 있지 않은 사람들에게도 페이스북을 개방했습니다.

에즈라 캘러한: 페이스북이 대중화되면서, 페이스북이 세계 모든 사람들의 인명 사전처럼 되어 가고 있다는 점은 분명했어요.

제프 로스차일드: 사진첩과 뉴스피드, 이 두 가지가 합쳐지면서 페이스북은 대중에게 이용되는 제품으로 거듭나게 되었어요. 그전에는 고등학생과 대학생을 위한 틈새 상품이었죠.

마크 저커버그: 압도! Domination!

루치 상비: '압도'는 그 당시 페이스북 내에서 항상 외치던 주문이었어요.

맥스 켈리: 내부 미팅에서 우리끼리 "압도!"를 외치던 게 기억나요.

에즈라 캘러한: 우리는 항상 회사 파티를 열었고, 2005년에 열린 회사 파티에서 마크의 모든 축사는 "압도!"로 끝났어요.

마크 저커버그: 압도!!

맥스 켈리: 저는 특히 야후의 인수 제안을 거절했던 회의가 기억나요.

마크 핀커스: 2006년 야후는 페이스북을 12억 달러의 기업 가치로 인수하겠다는 제안을 건넸습니다. 당시에 그 제안은 정말 대단히 놀라운 제안처럼 보였죠. 그리고 페이스북이 그 제안을 받아들이지 않는 것은 정말

상상하기 어려웠습니다. 모든 사람은 냅스터의 불꽃이 꺼지고, 프렌드스터가 무너지고, 마이스페이스가 사라지는 상황에서, 유명한 회사가 매출도 없는 스타트업을 사려고 12억 달러를 내놓는 것을 보았습니다. 거기에 아니라고 말하다니요? 이런 제안을 거절할 수 있는 창업자는 존경받아야 마땅합니다.

더스틴 모스코비츠: 야후가 우리를 산다면 페이스북의 제품이 큰 타격을 입을 것이라고 확신했습니다. 숀은 제게 모든 합병의 90%가 실패로 끝난다고 말했습니다.

마크 핀커스: 다행히도 마크 저커버그와 인터넷의 역사를 위해, 야후의 주가가 하락했습니다. 야후는 애초에 했던 제안을 바꾸지 않았습니다. 최초의 제안은 고정된 수량의 주식을 지급하는 조건이었는데, 그러다 보니 인수가액이 8억 달러 수준으로 떨어졌어요. 제 생각에 마크는 감정적으로 그 제안을 받아들이고 싶어 하지 않았던 것 같은데, 인수가액이 떨어졌다는 사실이 그에게 확실한 명분을 제공했다고 생각해요. 만약 야후가 "문제 없습니다. 12억 달러를 현금이나 주식으로 지급하겠습니다"라고 말했다면, 마크가 거절하는 것이 훨씬 더 어려웠을 거예요. 그리고 페이스북은 오늘날 야후의 작은 사업부가 되었겠죠.

맥스 켈리: 우리는 말 그대로 야후의 제안을 찢어 버렸죠! 우리는 "저놈들 다 엿먹이자! 우리가 야후를 사버릴 거야!"라고 외쳤어요. 무언가 악에 받쳐서 소리를 질렀죠.

마크 저커버그: 압도!!!

케이트 루스: 마크가 압도를 외칠 때마다 어딘가 아이러니한 구석이 있었어요. 완전히 모두를 밟아 버리는 그런 무시무시한 압도가 아니었어요. 어딘가 재밌는 구석이 있었죠. 압도라는 것은 자신보다 훨씬 더 큰 어떤 걸 생각할 때만 가능한 거잖아요. 과연 사람들은 그들이 상호 작용하는 게 몇몇 사람에 의해 설계되어 있다는 사실을 알고 있을까요? 세상이 어떻

게 돌아가는지, 어떤 게 올바른지에 대해 특정한 의견을 가진 소수의 사람에 의해서 돌아간다는 사실 말이에요.

에즈라 캘러한: "19, 20, 21살의 꽤 잘 사는 백인 소년들의 시각에 의해서 인터넷의 방향이 얼마나 크게 영향을 받았습니까?" 이게 바로 사회학자들이 영원히 연구해야 할 진짜 주제인거죠.

케이트 루스: 저는 소수의 사람이 지닌 가치관이 모든 사람에게 미치는 영향에 대해 대부분의 사람이 심각하게 생각하지 않는다고 생각해요.

스티븐 존슨: 이 문제에 대해 진지한 논쟁이 있어 왔어요. 페이스북은 확실히 몇몇 확증 편향에 관한 문제와 정치적 양극화 문제에 기여한 부분이 있어요. 하지만 저는 오랜 기간 동안 일반 사람이 생각하는 것보다 인터넷의 책임이 크지 않다고 주장해 왔습니다.

마크 핀커스: 제가 너무 가까이 붙어 있는 건지 모르겠지만, 카메라를 한발 뒤로 물러 놓고 보면, 우리 중 누구도 그 문제에 대해서 그렇게 심각하게 생각하지 않아요. 인터넷은 인터넷이 가고 싶은 곳으로 가고 있다고 생각합니다. 우리는 모두 소비자가 무엇을 원하는지 알아내려고 노력하고 있고요. 그리고 만약 소비자가 원하는 것이 이 거대한 확증 편향의 세계와 허영이 가득한 세상이라면, 누군가는 그들이 원하는 것을 제공할 것이고, 그 누군가가 결국 승리자가 되겠죠. 그렇지 않은 사람은 이기지 못할 거고요.

스티브 잡스: 저는 페이스북 말고는 아무것도 보이지 않아요. 그들이 세상을 지배하고 있어요.

마크 핀커스: 그래서 저는 한 무리의 대학생이 인터넷을 설계했다고 생각하지 않습니다. 그저 그들이 먼저 그곳에 도착했다고 저는 생각합니다.

마크 저커버그: 압도!!!!

에즈라 캘러한: 정기 이사회를 열어서 "마크, 신의 가호 아래 이제 더 이상 압도라는 단어는 쓸 수 없습니다"라고 할 때까지 마크는 계속 압도를 외

쳤어요.

숀 파커: 일단 당신이 압도 혹은 독점하기 시작하면, 그 단어는 어느 순간 경쟁을 반대하는 용어가 됩니다.

스티븐 존슨: 인터넷이 10억 명의 사용자를 얻는데 30년이 걸렸습니다. 페이스북은 10억 명의 사용자를 얻는데 10년이 걸렸습니다. 중요한 것은 페이스북이 그저 서비스나 앱이 아니라는 것이죠. 인터넷과 같은 규모의 근본적인 플랫폼입니다.

스티브 잡스: 저는 마크 저커버그를 존경합니다. 저는 그를 조금밖에 모르지만, 회사를 팔지 않겠다는 결정을 한 그를 존중해요. 기업을 일구고 싶었기 때문이죠. 저는 그 부분을 매우 존경합니다.

26

프로젝트 퍼플
아이폰 탄생에 얽힌 비화

등장 인물

가이 바넘	스티브 워즈니악	존 루빈스타인
니틴 가나트라	스티브 잡스	크리스토퍼 스트링거
론 존슨	앤디 그리뇬	토니 파델
맷 로저스	앤디 허츠펠드	필 쉴러
스콧 포스톨	에디 큐	

아이팟의 인기에 힘입어 애플을 부활시킨 지 불과 3년 만에 스티브 잡스는 아이팟을 구식으로 만들기로 결심한다. 아타리 출신이었던 잡스는 잘 나가는 제품 하나에만 집중하는 것이 위험하다는 것을 잘 알고 있었다. 그는 언젠가 누군가가 반드시 전화를 걸 수 있는 MP3 플레이어로 아이팟의 독점적인 지위를 빼앗을 것임을 알고 있었다. 그래서 애플이 먼저 행동해야 한다고 결론 내렸다. 그는 비밀 프로젝트를 만들었다. 바로 프로젝트 퍼플 project purple. 잡스는 '미래의 전화' 프로젝트가 적당한 긴장감을 갖도록 하기 위해 프로젝트 퍼플을 두 개의 그룹으로 나누고, 이들이 서로 경쟁하게 한다. P1은 아이팟으로 애플의 운명을 바꾼 하드웨어 영웅, 토니 파델이 지휘했고, P2는 애플 매킨토시 팀의 소프트웨어 귀재, 스콧 포스톨이 주도했다. 애플의 새로운 휴대폰은 소형 매킨토시가 될 것인가, 대형 아이팟이 될 것인가? 결국 잡스는 포스톨 버전인 작은 매킨토시를 선택하고 아이폰의 데뷔를 이용해 파델에게 메시지를 보냈다. 잡스는 수백만 명의 관중 앞에서 파델을 무너뜨렸다. 애플에서 파델의 시대는 얼마 남지 않았다.

필 쉴러: 애플은 수년간 맥 컴퓨터의 창시자로 알려져 있었어요. 물론 맥은 훌륭했지만, 시장 점유율이 적었어요. 그리고 나서 우리는 아이팟으로 큰 성공을 거두었죠. 이건 정말로 회사 내부, 외부 모두의 시각을 바꿔 놓았어요. 사람들은 물어보기 시작했습니다. "아이팟으로 큰 성공을 거둔 이후에 무엇을 또 할 수 있을까?" 그래서 우리는 아이팟 이후에 무엇을 하는 게 좋을지 찾고 있었어요.

스콧 포스톨: 한 가지 아이디어는 태블릿이었어요.

필 쉴러: 사람들은 온갖 아이디어를 제안했어요. 카메라를 만들자. 차를 만들자. 말도 안 되는 것들이었죠.

스콧 포스톨: 우리는 키보드도 없고 힌지도 없는 아름다운 태블릿 아이디어에 정착했어요.

존 루빈스타인: 하지만 아직 기술 수준이 충분하지 않았어요. 배터리 사용 시간, 디스플레이 기술 등에서 완전히 새로운 조합이 필요했죠. 이중 어느 것도 태블릿에 사용될 만한 것이 없었죠. 하지만 우리는 멀티터치Multi-Touch 관련 기반 기술을 인수했고, 그 기술을 고도화시킬 수 있었습니다. 멀티터치는 스크린과 직접 상호 작용할 수 있는 방법이었어요. 스크린을 집고, 확대하고, 끌어서 이동하고, 이런 모든 것을 할 수 있었죠.

스티브 잡스: 전 키보드를 없애고 멀티터치 디스플레이에 직접 타자를 치는 아이디어를 가지고 있었어요. 그래서 직원들에게 화면에 손을 올려놓고 타자를 칠 수 있는 멀티터치 디스플레이가 가능한지 물었죠.

필 쉴러: 정말로 빠르게 타자를 치면 하나 이상의 손가락으로 화면을 만지게 될 것이라고 생각했죠. 당시엔 어느 누구도 멀티터치 기술로 무언가를 한 적이 없었고, 우리는 그게 정말 중요하다는 것을 알았어요.

스콧 포스톨: 그래서 태블릿을 만들 수 있을지 알아보기 위해 프로토타입과 데모를 만들기 시작했어요. 그게 2003년이었어요.

스티브 잡스: 그리고 6개월쯤 후에 그들이 저를 불러서 이 프로토타입 디스플레이를 보여 줬어요. 그건 정말 놀라웠습니다.

니틴 가나트라: 맥 하드웨어 팀이 그 일부를 제작한 거대한 장치가 있었어요. 정확하게는 크고 두꺼운 케이블이 달려있는 태블릿처럼 생긴 그 장치가 맥킨토시에 연결되어 있었죠.

스콧 포스톨: 스스로에게 물었어요. "이 태블릿 시제품을 만들기 위해 사용한 기술들로 전화기를 만들 수 있을까?"하고요.

토니 파델: 휴대폰에 대한 생각이 점점 강해졌어요.

니틴 가나트라: 하지만 전화기와 관련된 모든 기술적 발전은 실리콘밸리가 아닌 곳에서 일어나고 있었어요. 모든 흥미로운 연구는 핀란드나 일본, 캐나다에서 일어났죠. 미국에는 아무것도 없었어요. 실리콘밸리는 특히 그랬죠.

스콧 포스톨: 당시 우리 모두가 가진 전화기를 싫어했어요. 우리는 접이식 휴대폰을 가지고 있었습니다.

니틴 가나트라: 휴대폰과 관련된 모든 것이 개소리였어요. 우리는 서로에게 가장 최신이자 최고의 폰을 보여 줬죠. "이게 가장 최신이자 최고의 폰이야. 왜냐하면 256 컬러가 지원되거든?" 당시는 2000년 초반이었어요. 저는 "이게 최첨단이라고? 컴퓨터에서는 20년 전에 해결이 된 문제인데? 도대체 휴대폰은 얼마나 낙후된 거야?"라고 말했죠. 저는 스콧과 함께 "우린 언제쯤 전화기를 만들 수 있을까?"라고 툴툴대곤 했어요.

스콧 포스톨: 그러고는 절대 잊지 못할 프로토타입을 만들었어요. 우리는 그 태블릿을 가져다가 작은 스크롤링 리스트를 만들었어요. 그 태블릿에서 우리는 집고, 확대하고, 스크롤하고, 이런 모든 것을 할 수 있었어요. 우리는 그 태블릿이 주머니에 들어가길 원했어요. 그래서 모서리에 연락처 리스트를 만들었죠.

니틴 가나트라: 전화기의 폼 팩터 form factor[†]가 정확하게 어떻게 보일지 알아보기 위해, 태블릿의 모든 픽셀과 그 외 모든 것을 구석으로 밀어 넣었어요.

스콧 포스톨: 연락처 리스트를 스크롤하고 그 연락처를 누를 수 있었어요. 연락처를 누르면 연락처 정보가 나오고 전화 번호를 다시 누를 수 있었죠. 그러면 화면에는 이렇게 나왔어요. '전화 거는 중.' 실제 전화를 걸고 있지는 않지만 그렇게 표시될 거였죠. 굉장히 놀라웠습니다.

스티브 잡스: 고무줄처럼 탄성이 있는 스크롤링과 그 외 다른 몇 가지를 보고 생각했죠. '세상에. 이것으로 휴대폰을 만들 수 있겠어.'

존 루빈스타인: 전화기의 핵심은 "연락처를 빠르게 찾아볼 수 있는가?"였어요. 아이팟의 가장 큰 이슈는 "듣고 싶은 노래를 어떻게 찾을 수 있는가?"였죠. 아이폰에 스크롤 휠을 적용하지 않는다면, 원하는 사람에게 전화를 걸 수 있는 새로운 사용자 인터페이스가 필요했어요.

[†] 제품의 구조화된 형태.

니틴 가나트라: 비록 그것이 크고, 덜컹거리는 장치였고, 제대로 작동하지도 않았지만, 주머니에 가지고 있던 쓰레기 같은 휴대폰보다는 훨씬 더 낫다는 것을 알게 되었죠.

스콧 포스톨: 우리는 주머니에 들어갈 만한 터치스크린이 휴대폰으로 완벽하게 작동하리라는 것을 깨달았죠.

필 쉴러: "아이팟 다음은 무엇이 될까?"라는 질문과 멀티터치 글래스 기술의 조합이 비슷한 시기에 만나게 되면서 우리에게 새로운 비전을 제시해 줬어요.

스콧 포스톨: 우리가 만들려고 하는 그 모든 환상은 말 그대로 손가락이 스크린을 통해서 그 뒤에 있는 콘텐츠에 닿게 만드는 것이었어요.

니틴 가나트라: 하지만 사용자 인터페이스가 원했던 것과 하늘과 땅 차이였어요. 그게 정확히 우리 팀 모두가 느낀 것이었죠.

스콧 포스톨: 그래서 태블릿 아이디어를 몇 년간 그대로 놔뒀어요. 2004년이 되어서야 계획을 바꿔서 훗날 아이폰이 되는 것을 만들기 시작했죠.

론 존슨: 휴대폰은 모두가 사용하는 제품입니다. 마치 음악처럼. 그렇지 않나요? 잡스는 항상 전방 시장이 매우 큰 제품을 만들고 싶어 했어요.

니틴 가나트라: 퍼플은 아이폰이 된 그 소프트웨어 스택의 암호명이었어요. 우리가 바라던 궁극적인 사용자 인터페이스를 얻기 위해선 어마어마한 프로젝트가 될 것이 분명했어요. 그리고 결과물을 손에 넣기까지 오랜 기간이 걸리리라는 것도 모두가 알았죠.

스콧 포스톨: 잡스는 이 프로젝트를 위해서 여러 그룹과 그에 맞춘 정말 많은 사람이 필요하단 사실을 알았어요. 그래서 각 그룹을 이끌 서로 다른 사람들을 불러 모았죠. 저는 모든 소프트웨어를 담당했어요. 팀을 구성하고, 일을 시작했죠.

앤디 그리뇬: 아이폰의 하드웨어 관련은 파델의 영역이었죠.

니틴 가나트라: 아이팟 팀은 아이팟 다음의 새로운 임베디드 하드웨어 제품

을 만드는 것이 그들의 역할이라고 느꼈습니다. 그들은 아이팟으로 이미 경이로운 성공을 거뒀죠. 매우 짧은 시간에 해냈어요. 그래서 사람들은 아이폰 개발이 시작될 당시에 이미 아이팟 팀을 애플의 미래라고 여겼습니다. 그래서 당연하게도 주머니에 들어갈 그다음 세대의 것을 개발할 팀은 아이팟 팀이라고 생각했죠.

토니 파델: 처음에는 아이팟이었어요. 그다음에는 음악 동기화가 되는 아이팟이 나왔어요. 그러고 나서는 음악과 사진이 동기화되는 아이팟이 출시되었죠. 그리고 아이튠 뮤직 스토어가 되는 아이팟이 나왔고, 그다음에는 비디오도 작동했죠. 게임과 비디오 그리고 그 외 모든 것이 되는 아이팟으로 발전했어요. 정말 대단했죠. 이제 아이팟은 게임과 다운로드 가능한 앱 혹은 다운로드 가능한 게임이 담긴 아이팟이 되었고, 남은 건 그걸 휴대폰으로 만드는 거였죠.

니틴 가나트라: 2005년 초에 중요한 회의가 있었어요. 그 회의에서는 스티브 잡스 혼자서 거의 대부분 이야기를 했어요. 필 쉴러와 토니 파델, 그리고 퍼플의 많은 리더가 그 미팅에 참석했죠. 존 루빈스타인도 있었어요. 우리는 모두 그 방으로 들어갔고, 잡스는 어떻게 우리가 이 환상적인 계획을 시작하게 되었는지, 어떻게 이렇게 훌륭한 사용자 인터페이스를 갖게 됐는지를 이야기하기 시작했어요. 그리고 더 이상 기다릴 시간이 없다는 것도 강조했습니다.

앤디 허츠펠드: 아이팟이 5년 내에 사라질 것은 확실했어요. 왜냐하면 스마트폰이 그것을 잡아먹게 될 것이었거든요.

가이 바넘: 노키아와 모토로라가 아이팟을 죽일 거라는 것에 스티브 잡스는 패닉했어요.

필 쉴러: 영화, 사진, 그리고 음악과 같은 엔터테인먼트가 한꺼번에 주머니 안에 들어간다는 아이디어가 실현된다면, 그것은 반드시 휴대폰의 형태가 될 것이라는 점을 우리가 알았기 때문이에요.

니틴 가나트라: 그 시점에서 마침 때맞춰 토니가 긴 테이블의 가운데 앉아서 퍼플 프로젝트를 실제로 출시할 시점까지의 비상 계획을 이야기하기 시작했어요. P1과 P2에 대한 지정이 시작된 때였죠.

토니 파델: P1은 아이팟에 휴대폰을 더한 것이었어요. 아이팟-폰이었죠. 작은 스크린에 휠이 있고, 휴대폰 기능을 그 안에 넣었죠.

니틴 가나트라: P1은 궁극적으로 토니가 비현실적인 계획이라고 생각했던, 아이폰 하드웨어에 운영체제인 OSX 기반 소프트웨어 스택을 집어넣는 계획을 끌어내릴 수 있는 방법이었죠. P1은 토니가 사실상 아이폰을 접수하기 위한 시도였어요.

앤디 그리논: P2는 순전히 실험적인 콘셉트였어요. "OSX를 휴대폰에 넣을 수 있을까? 그게 가능할까?"와 같은 그런 실험적인 생각을 구현하는 것이었어요. P2는 훨씬 더 급진적인 설계였죠.

니틴 가나트라: 토니는 P2 팀이 초기 아이폰 소프트웨어를 출시할 역량이 절대 없을 거라고 생각했어요. 그리고 P1이 매우 빠르게 출시된다면 사람들이 P2를 학술 프로젝트로 받아들일 것이라고 생각했어요.

앤디 그리논: P2는 비대하고 거대했으며 잘 작동하지도 않았어요. 맥OS는 데스크탑을 위해 만들어졌어요. P2는 맥OS 때문에 완전히 새로운 칩이 필요했죠.

니틴 가나트라: 그 당시 제 모든 목표는 어떤 기능이든 P1보다 먼저 P2에서 데모가 되도록 만드는 것이었어요. 왜냐하면 전 우리가 하는 일이 학술 프로젝트이며, 결코 출시되지 않을 것이라는 사람들의 인식을 부수고 싶었어요. 분명 우리는 이길 가능성이 없는 약팀처럼 느껴졌어요. 팀을 내부적으로 결집시킬 때 사용했던 구호 중 하나는 "이 기능을 P1 팀이 하기 전에 우리가 먼저 선보여야 한다"였어요. 만약 그게 효과가 없다면, 망하는 것이었죠.

스콧 포스톨: 그들은 밤마다 일했어요. 주말에도 일했죠.

니틴 가나트라: 우리는 크리스마스 연휴뿐 아니라, 추수감사절 연휴, 주말, 새벽 이 모든 시간대에 일을 했어요. 첫 번째 비약적인 발전은 매킨토시가 아닌 다른 하드웨어 위에서 운영체제 풀스택이 구현되는 것을 실제로 목격하는 거였어요. 첫 번째 버전의 아이폰 하드웨어는 사실 3개의 모두 분리된, 그렇지만 케이블로 연결된 서로 다른 로직 보드로 구성되어 있었죠. 그리고 한쪽 끝에는 작은 휴대폰 디스플레이가 달려 있었어요. 그 하드웨어는 크기가 커서, 회의실 탁자의 3분의 2를 차지하고 있을 정도였죠. 하지만 그 디스플레이 위에서 돌아가고 있는 건 진짜 아이폰 소프트웨어였어요. 실제로 문자 메시지를 주고받을 수 있었죠. 진짜 SMS 메시지가 이 프로토타입 하드웨어를 지나, 소프트웨어 스택을 지나 다른 휴대폰에 저장될 수 있었어요. 제게 그건 처음으로 크게 "이야, 우리가 아직 완전히 길을 잃지는 않았구나"하고 안도한 순간이었죠. 실제로 이 프로젝트를 완성시킬 수 있을 것이라는 자신감이 생겼어요.

맷 로저스: 우리는 뭔가 다른 것을 하고 있었어요. 바로 '클릭 휠 기반 솔루션'이었죠. 기본적으로 휴대폰을 아이팟과 혼합하는 프로젝트였어요. 저는 연구실에서 그 목표를 구현하기 위해 미친듯이 일했어요. 그리고 토니는 우리가 성취한 것들을 잡스에게 계속 보여 주고 있었죠. 2주마다 보여 줬어요. 잡스는 이렇게 말하곤 했죠. "이건 쓰레기야. 이것도 쓰레기야. 이것도 쓰레기네. 이건 좋네. 이건 고쳐 봐."

토니 파델: 4~5개월간의 연구였어요. 하지만 중간쯤 되었을 때, 모든 사람이 이 프로젝트는 성공하지 못할 것이라는 사실을 알았어요. 하지만 잡스는 우리가 포기하도록 두지 않았어요. 그래서 우리는 계속 프로젝트를 진행했고, 점점 더 낙담했죠.

앤디 그리논: 우리는 작동되는 '아이팟-폰'을 실제로 만들었어요. 약간 넓긴 했지만, 여전히 그 당시 아이팟보단 두께가 약간 얇았어요. 플레이어 모드에서 휴대폰 모드로 변경하면 인터페이스가 회전형 다이얼 인터페이

스로 변경되었죠.

론 존슨: 그건 그간 사람들의 사랑을 받았던 익숙한 인터페이스였어요. 스크롤 휠의 사용법은 모두가 알고 있었죠. 그리고 우리는 그걸 400달러 정도에 판매할 수 있었을 거예요. 반면, 터치폰은 600에서 700달러 수준은 될 거고요. 그래서 오랜 기간 내부에서 토론했어요. 선택을 해야 했습니다. 한 가지를 선택해야 했고, 전 분명 모두가 아이팟-폰 쪽으로 기울었다고 확신해요. 하지만 잡스는 항상 미래를 향해 기울어져 있었죠. 언제나 가장 혁신적인 아이디어에 끌렸어요. 그가 이렇게 말했던 게 기억나요. "우리가 이 전면 디스플레이 휴대폰을 만들지 않는다면 누군가 다른 곳에서 처음으로 하겠지. 전면 디스플레이 휴대폰은 정말 대단한 아이디어야."

가이 바넘: 제가 지금 이야기하는 게 진짜 기억인지 아닌지 확실하지는 않아요. 하지만 제가 기억하기로 저는 잡스와 미팅을 했었고, 그는 이렇게 말했어요. "우리가 만들고 있는 이게 뭐지?" 잡스는 사람들을 바라보며 수사적인 질문을 했어요. 그리고 스스로 대답했죠. "우리는 소프트웨어를 만들고 있는 거야. 우리가 만들고 있는 이건 소프트웨어야. 소프트웨어는 픽셀로 표현되고, 그렇기에 반드시 전면 디스플레이여야만 해."

맷 로저스: 토니가 잡스에게 발표했던 초기 프로토타입으로 우리 팀은 세네 달 정도를 잘 보냈지만, 그 제품이 충분히 좋지 않았기 때문에 결국 접기로 했어요. 왜 잡스가 그런 결정을 했는지 이해할 수 있을 거예요. 아이팟-폰은 앱을 가지고 있지 않았기 때문이죠. 그건 단순히 MP3 플레이어에다가 휴대폰을 더한 것이었어요. 반면 OSX는 완전히 다른 경험을 사용자에게 제공했죠.

가이 바넘: 당시는 완전히 혼돈의 땅이었어요. 원죄를 가지고 태어난 온갖 종류의 생물체가 존재했고, 그중에는 우리 모두가 잊고 싶은 것도 있었죠. 그런 것들은 더 깊이 진행할 가치가 없었어요. 별의 별 이상한 것들

이 우리를 민망하게 했어요. 최종적인 의사결정이 있기 전에 존재했던 각종 이상한 조합, 아이팟으로부터 탄생한 점진적인 디자인들 말이에요. 그건 말 그대로 휠이 달린 전화기였어요. 절반의 터치 표면과 절반의 스크린이 있는 휴대폰이었어요. 그건 스티브 잡스의 큰 통찰 또는 폭탄 선언이 있기 전의 시도들이었어요. 잡스가 사람들에게 던진 폭탄 선언은 "전체가 스크린이어야 한다"는 것이었죠. 전체가 스크린이어야 한다면 그 형태는 매우 명확했습니다.

필 쉴러: 둥근 모서리, 직사각형 모양, 전체 유리 표면에 검은색 스크린 그리고 스크린 주변의 검은 영역까지 하나로 보여야 했죠.

크리스토퍼 스트링거: 물체가 가질 수 있는 가장 단순하고 순수한 형태를 만들어 내길 원했어요.

앤디 그리뇬: 그래서 토니는 아이팟으로 어마어마한 성공을 끌어냈음에도 불구하고 통제권을 잃었어요. 토니는 여전히 실제 하드웨어를 만들어야 했지만, 포스톨이 소프트웨어 경쟁에서 승리했기에 토니가 만드는 하드웨어는 사실 포스톨의 하드웨어를 만드는 것이었죠. 토니는 막다른 길에 몰렸어요.

토니 파델: 비밀 유지는 팀들 사이를 갈라놓기 시작했어요. 그리곤 도구로 사용되었죠…….

맷 로저스: 전 그 제품을 위한 하드웨어 팀에 속해 있었어요. 그리고 스콧 포스톨이 이끄는 소프트웨어 팀은 따로 있었죠. 우리는 중립 지대 같은 곳에서 만나서 일이 같이 진행될 수 있도록 했어요.

앤디 그리뇬: 스콧은 자기가 정복하려는 세계로 가는 열쇠가 그 사용자 인터페이스에 달려있다는 걸 알았어요.

스콧 포스톨: 퍼플 기숙사의 정문에 파이트클럽Fight Club이라고 써진 팻말이 달려 있었어요. 영화 〈파이트클럽〉의 첫 번째 규칙이 '파이트클럽에 대해 이야기하지 않는다'였기 때문이죠. 퍼플 프로젝트의 첫 번째 규칙은

'저 문 밖을 나가는 순간, 프로젝트에 대해 이야기하지 않는다'였어요.

앤디 그리뇬: 스티브 잡스의 리더십 및 경영 스타일이 회사에 스며들기 시작하던 때였어요. 토니와 포스톨은 잡스의 버릇과 성격을 따라하기 시작했어요. 긴장감이 커져가는 상황이었죠. 우리는 효과가 있는 방식을 모방하곤 하죠. 그렇죠? 그래서 결국 모두가 서로를 향해 소리를 지르기 시작했어요. 그건 꼭 해야만 하는 일처럼 되어버렸죠. 모두가 자제력을 잃었습니다.

토니 파델: "너희 팀은 앱을 볼 수 없어. 너희 팀은 이것들 중 어떤 것에도 손댈 수 없어." 이렇게 되어 버렸어요. 그러다 보니 진단과 제작을 위한 완전히 새로운 운영 시스템을 만들어야 했어요.

앤디 그리뇬: 우리 팀에서 스캥크폰Skankphone이라는 앱을 만들었는데, 이건 프로젝트에 참여한 거의 모든 인원이 실제로 사용할 수 있는 앱이었어요. 붉은색 배경에 푸른 버튼을 가진, 그저 보기만 해도 끔찍한 앱이었습니다. 일부러 그렇게 만들었습니다. 그 앱은 흉측해야만 했어요.

토니 파델: 그리고 나서 잡스와 스콧이 말했어요. "심지어 너네 팀 사람들에게조차도 그 기기들을 보여 주면 안 돼." 그러자 엔지니어들이 말했죠. "우리는 이 기기들을 사용해야 됩니다. 시험해 봐야죠. 실제 환경에서 전화를 걸어 봐야 하고, 네트워크도 테스트해 봐야 해요. 온갖 것을 모두 테스트해야 한다고요!" 사이가 틀어지고 있었어요.

맷 로저스: 지금까지 한 번도 만들어 본 적이 없는 제품을 기록적인 시간 내에 완성해야 한다고 상상해 보세요. 게다가 전까지 같이 일했던 상대방 동료들과 이제는 함께 일하지 않는다고 상상해 봐요. 결국 현재 우리 모두가 알고 있는 그 제품에 도달했고 결국 그 제품을 출시했죠. 그렇게 하는 데 2년이 걸렸어요. 엄청난 노력의 결과였습니다. 정말 미친 짓이었어요.

앤디 그리뇬: 아이폰은 여러모로 보았을 때 절대 성공해서는 안 되는 제품

이었어요. 전체 스택 중에 어느 것 하나 안정적으로 증명된 부분이 없었죠. 우리는 휴대폰을 만들어 본 적이 없었어요! 하지만 다행히도 우리를 제외한 밖에 있는 많은 사람은 휴대폰을 만들어 왔죠. 그렇다면 당신이라면 어떻게 하겠어요? 가장 처음으로 해야 할 일은 이걸 어떻게 하는지 아는 외부의 사람을 찾아서 데려오는 것이에요. 하지만 또라이면서 천재였던 그 스티브 잡스는 휴대폰 전문가를 채용하는 것을 허락하지 않았어요! 그가 일부러 재수 없이 굴어서 그런 건 아니었어요. 물론 사실 그에게 약간 그런 면이 없는 것은 아니지만, 스스로 뭔가 알아내길 바랐어요.

스콧 포스톨: 여러 가지 어려움이 있었어요. 그중 하나는 우리가 과거에 다뤘던 모든 것이 마우스와 키보드에 기반한다는 사실이었죠. 그래서 모든 것을 처음부터 다시 생각해야 했어요. 기기의 작은 부분까지도 터치 관점에서 다시 생각해야 했죠. 기존에 있던 것이 아닌 완전히 새로운 사용자 인터페이스를 만들어야 했어요.

앤디 그리논: 조니 아이브의 제품 디자인 팀이 모델을 들고 와서는 말했죠. "이렇게 생긴 제품을 만들 겁니다." "여기 버튼이 하나도 없네요? 그러면 키보드를 발명해야겠군요. 좋아요. 그럼 키보드를 작업 리스트에 넣어 놓을게요."

니틴 가나트라: 저를 두렵게 했던 건 '도대체 어떻게 물리적 키보드와 유사하게 동작하는 가상의 키보드를 만들 수 있을까?'였어요.

스콧 포스톨: 엔지니어링 팀이 이걸 시작했던 2005년을 돌아보면, 스마트폰은 모두 물리적 키보드가 있었어요. 가장 인기 있었던 당시의 모델은 아마 블랙베리Blackberry였을 거예요. 블랙베리는 물리적 키보드가 있었죠. 많은 사람이 당시에 물리적 키보드가 없는 형태의 제품 제작을 미친 짓이라고 생각했어요. 키보드가 슬라이드나 전면 화면에 붙어 있는 것이 아니라, 아예 키보드가 없는 그런 형태 말이에요. 정말 잘 작동하는

화면상의 가상 터치 키보드를 구현하고, 그 키보드를 사용하지 않을 때는 없어지게 만드는 것은 우리에겐 과학 프로젝트 같았어요.

니틴 가나트라: 우리는 실제로 일종의 해킹 콘테스트를 했어요. 아이폰 소프트웨어 개발 팀 엔지니어면 누구든 와서 자신만의 가상 키보드와 그게 어떻게 작동하는지를 만들어서 보여 줄 수 있었죠.

앤디 허츠펠드: 스티브 잡스는 제게 아이폰을 만들면서 제너럴 매직에 대해 많이 생각했다고 말했어요. 행간을 읽어 보면, 그는 제너럴 매직사의 투사되는 키보드에 대해 이야기했던 것 같아요. 그만큼 물리적 키보드가 없는 것이 아이폰의 주요 혁신이었어요. 잡스는 제너럴 매직의 기기들을 직접 사용해 봤기에 투사되는 키보드를 효과적으로 사용할 수 있다는 사실을 알았어요. 특히, 최초 아이폰의 스크린 해상도는 제너럴 매직의 해상도와 동일한 것으로 밝혀졌죠.

앤디 그리뇬: 다시, 왜 이것이 성공해선 안 되는지 그 이유로 돌아가서 하나씩 말해 보죠. 우리는 전에 테스트해 본 적이 없던 칩을 사용했어요. 물론 삼성은 이전에 많은 칩을 만들어 봤어요. 하지만 그들은 우리가 원한 구성과 무작위적인 요구 사항을 담은 칩을 만들어 본 적이 없었죠. 그래서 칩이 안정적이지 않았어요. 또한, 휴대폰 외관디자인을 위해 참고할 디자인이 없어서 직접 만들어야 했죠. 결국 잘 동작할 것 같은 하드웨어 조각을 얻었지만, 문제는 손가락만으로 제품을 조작해야 했어요. 그런 건 한 번도 해 본 적이 없었죠. 어떻게 할까요? 적어도 다섯 개의 손가락으로 휴대폰을 조작해야 했고, 그래도 문제가 없어야 했어요. 제품의 복잡도가 갑자기 올라가고 점점 더 미쳐 갔죠. 소프트웨어 영역으로 들어가 보죠. 지금까지 인텔 프로세서에서만 작동되던 운영 시스템을 전혀 다른 수준의 프로세서에 맞춰 넣어야 했고, ARM을 위한 소프트웨어를 다시 만들어야 했죠. 이 모든 것은 기존과는 완전히 다른 일이었어요. 완전 미친 짓이었어요.

니틴 가나트라: 최초의 아이폰인 M68 하드웨어에서 우리가 만든 소프트웨어를 보는 경험. 그게 바로 두 번째 혁신적인 경험이었습니다.

앤디 그리뇬: 모든 것에 암호명을 붙였어요. P2는 프로그램명이었고, M68은 실제 하드웨어 코드명이었죠.

토니 파델: 오리지널 아이팟은 코드명이 P68이었어요. 우리는 이제 M-프로젝트를 하고 있었으니, M68이라고 코드명을 짓자고 제가 말했어요. P68만큼 성공적이면 좋겠다는 생각으로 말이죠.

앤디 그리뇬: 우리는 사람들을 빈 가방과 함께 중국으로 보내곤 했어요. 그들은 폭스콘의 공장 라인에서 물건을 받아서 돌아오곤 했습니다. 그곳으로 날아가서, 물건을 주워 담고 깔끔하게 돌아왔죠. 그런 방식을 통해서 배송 중에 물건을 잃어버리는 일이 없었죠. 우린 국경 경비대에 돈을 주거나, 그 외 다른 방식을 통할 수도 있었지만, 저런 방식만이 복잡한 절차 없이 제품을 안전하고 빠르게 가지고 올 수 있는 가장 확실한 방법이었어요. 가장 첫 번째 제품을 가져왔고, 우린 그걸 마치 우리가 직접 낳은 아기처럼 바라봤어요. 이게 우리가 그렇게 미친듯이 일했던 이유였죠. 빛이 나는 그 물건을 바라보면서 "진짜 끝내준다"라고 말했어요.

니틴 가나트라: 그건 또 다른 "세상에, 우리가 실제로 해냈어"라고 말할 수 있는 그런 순간이었어요. 그 물건은 실제로 작동을 했어요. 우리가 기대했던 것보다 어떤 면에서는 더 잘 동작했어요. 정말 대단했죠.

앤디 그리뇬: 우리는 복도에 둘러앉아있었어요. 제대로 완성된 것을 실제로 처음으로 사용하는 순간이었죠. 침묵이 흘렀어요. 모두 둘러앉아서 그것을 사용해 봤어요. 그걸 손에 들어 본 최초의 순간이었어요. 보자마자 "와, 진짜 엄청나게 멋진데!"라고 외쳤어요. 물론 손가락으로 줌도 해보고, 모든 멀티터치 기능도 사용해 봤어요.

가이 바넘: 제 팀은 걱정했어요. 제게 와서 이렇게 말했죠. "전화가 잘 안 걸려요. 제가 사용했던 전화기 중 가장 최악인데요." 전 그들에게 이렇게

말했어요. "봐, 넌 완전히 잘못 이해하고 있어. 우리는 전화기를 만드는 게 아니야. 우린 노트북을 잡을 만한 걸 만들고 있어. 그게 우리가 여기서 만들고 있는 것이었어." 그리고 이어서 말했어요. "노키아는 사람들을 연결시킨다고 주장했지. 우리는 뭘 하는 거지? 우린 사람들을 분리시킬 거야. 우린 미국인이잖아. 다들 혼자 있고 싶어 하지, 다른 사람들과 연결되고 싶어 하지 않는다고!" 이런 관점에서 아이폰에게 있어 전화 기능은 킬링 앱이 아니었어요.

앤디 그리논: 우린 둘러앉아서, 사파리로 놀고 있었어요. 그리고 전 "사람들이 사파리로 가장 처음 하는 것이 무엇일까? 맞아, 포르노를 찾아볼 거야!"라고 생각했어요. 그래서 푸비스닷컴foobies.com이라는 포르노 사이트에 접속했어요. 대단한 건 없었죠. 하지만 '내가 아이폰으로 포르노를 찾아본 최초의 사람이야. 그렇지!'라고 생각했어요.

가이 바넘: 전 그들에게 말했어요. "아이폰의 킬러 앱은 웹 서핑과 이메일 확인이야. 누군가 나에게 전화하려고 해도 난 관심도 안 줄 거야." 그들은 긴장을 풀고 이렇게 이야기했어요. "네, 네. 알겠어요."

앤디 그리논: 여전히 결점이 많았어요. 아직 많은 사람이 우리 아기인 아이폰을 비판적으로 봤어요. "이게 안 되잖아. 망했네. 이 쓰레기 완전히 고장났네." 이런 식으로요. 하지만 우리는 모두 애플의 다음 메가 히트작이 아이폰이 될 것이라는 것을 알고 있었어요.

니틴 가나트라: 2007년 1월 맥월드Mac World에서의 발표가 데드라인이었어요. 매우 길고 광범위한 발표를 잡스가 할 예정이었어요. 그리고 그것에 대해 2006년 10월에 처음으로 들었어요. "이런 젠장! 이 제품을 내년 1월에 사람들한테 보여 줘야 한다고!"

맷 로저스: 애플은 독특한 곳이에요. 수만 명의 사람들이 다섯 개의 제품을 위해 일을 하죠. 그 제품들은 다 끝내줘요. 그리고 모든 엔지니어와 디자이너, 프로덕트 매니저가 애플의 모든 것이 끝내줘야 한다는 점을 알

고 있죠. 스케줄을 잡으면 절대 놓치지 않아요. 수만 명의 사람들이 맞춰서 해내죠.

앤디 그리뇬: 우리는 불가능한 데드라인을 받았죠. 그 발표 일정을 맞춰야 했어요.

니틴 가나트라: 아이폰의 깊이 있는 기능들에 대한 발표가 있을 예정이었어요. 발표의 가장 마지막 시점에 스티브 잡스가 들어와서 아이폰에서 가능한 다양한 일과 다양한 애플리케이션을 시연할 계획이었죠. 그 시연은 두 가지 점을 보여 줘야 했어요. 우선 "이봐! 이거 실제로 가치 있는 제품이야!"라는 점과 아이폰이 단지 교묘한 속임수가 아니라 진짜라는 점을 말이죠.

크리스토퍼 스트링거: 아이폰은 새로운 지평을 열었어요. 그건 휴대폰 이상의 것이었죠. 스마트폰들이 존재하긴 했지만, 그것들은 아주 작고 보잘 것 없는 컴퓨터에 가까웠죠.

니틴 가나트라: 잡스가 일반 사용자가 사용하는 것처럼 청중 앞에서 시연할 것이고 그걸 1월에 하려고 한다는 사실을 들었어요. 전 세계가 보는 무대 위에서요. 우리는 그저 겁이 났어요. 하드웨어와 분리된 상태에서 작동하는 소프트웨어를 만드는 것과 실제로 다른 많은 요소가 결합된 상태에서 소프트웨어가 작동하는 것은 완전히 달랐어요. 완전히 다른 차원의 버그들이 발생하죠. 세상에! 아무도 휴가를 쓰거나, 집에 가지 않았어요. 추수감사절을 지내러 집에 가지도 않았죠.

맷 로저스: 마지막 4주는 정말 미친 것 같았어요. 묘사할 수조차 없어요. 저를 포함한 25명 정도의 팀이 중국에서 사실상 하나부터 열까지 수작업으로 만들었죠. 우리는 말 그대로 365일 일했어요. 아이폰의 초도 제품 200에서 300개는 반드시 완벽해야 했죠.

앤디 그리뇬: 그것들은 전시용이었어요. 조니와 잡스는 말 그대로 보석상이 할 법한 돋보기와 하얀 장갑을 끼고 모든 아이폰의 등급을 매겼습니

다. 그들은 가장 미세한 수준의 결함까지도 찾아내서 등급 매겼어요. 최고 등급은 AA였죠. "만약 오늘 우리가 끝낼 수 있다면, 그게 우리가 원하는 것입니다." 이 아이폰들이 모스콘 센터Moscone Center[†]로 가기 직전 이 모든 수정 사항이 반영된 소프트웨어를 그 아이폰들에 넣어야 했어요. 신의 가호를 빌었어요.

　모든 것이 좋았죠. 누군가가 우리의 시연용 아이폰들에 소프트웨어를 설치하려고 왔어요. 그는 프로그래머 패거리를 데리고 왔죠. 한 번에 8개의 아이폰에 소프트웨어를 입력할 수 있었어요. 그는 AA등급의 아이폰을 가지고 입력을 시작했습니다. 우리가 새 소프트웨어를 입력할 때, 아이폰은 우리가 뭔가 뒤집어 엎는다고 판단했던 것 같아요. 아이폰은 스스로 보안상의 문제가 있다고 판단했고, 도화선에 스스로 불을 붙였어요. 그 칩은 베이스밴드 프로세서 깊숙이 있는 금속 조각에 불을 붙이는 보안 기능을 가지고 있었어요. 그렇게 되면 폰은 먹통이 되죠. 결국 우리는 그 폰들을 벽돌로 만들어 버리고 말았어요. 발표를 위해 준비했던 최고의 아이폰들을 태워 버렸다고요! 리허설을 시작하기 직전 주말에 말이죠! 전 그 자리에서 해고되었어야 했어요. 하지만 결국 우리는 그 문제를 해결했습니다.

에디 큐: 그건 제가 아내와 아이들을 데려간 유일한 이벤트였어요. 왜냐하면 제가 "당신 인생에 이건 가장 큰 일이 될 거야"라고 말했기 때문이죠. 그것을 느낄 수 있었어요. 이게 어마어마한 일이라는 사실을 그냥 알았어요. 아이폰은 잡스의 모든 업적 중에서도 정점이었죠.

앤디 허츠펠드: 맥월드 발표에 가는 건 특권이었어요. 잡스는 특권을 적절히 배분하는 데 공을 들였죠. 누구를 초대하고 초대하지 않을지에 정말로 신경을 많이 썼어요. 저는 그곳에 갈 수 있어서 정말 흥분했죠.

필 쉴러: 사람들은 정말 오래 기다렸고, 다가오는 맥월드 발표에 흥분했어

[†] 샌프란시스코 시내의 컨퍼런스 공간.

요. 그 에너지는 놀라웠죠. 다들 열광했어요.

앤디 그리뇬: 아이폰과 관련된 어떤 것도 완성되었다고 말할 수 없었기 때문에, 몇 가지 예상치 못한 상황이 벌어질 수 있었죠. 우선 폰이 멈출 수 있었어요. 그러면 애플 로고를 보게 되겠죠. 그리고 처음부터 재부팅할 겁니다. 그런 일이 일어나면 매우 나쁜 상황이죠. 하지만 발생 가능성이 가장 높은 일은 아이폰의 모든 메모리를 다 써 버리는 상황이었어요. 그렇게 되면 미리 짜인대로 OS가 앱을 죽이고 메모리를 살리겠죠. 그렇기에 메일은 작동이 잘 안 됐어요. 웹 페이지도 비슷했죠. OS는 마치 "저 앱들이 너무 많은 메모리를 사용한다는 거 알지?" 이렇게 말하고는 그냥 앱을 사라지게 만드는 것 같았어요. 그런 상황 말고도 실제로 전화를 거는 칩인 베이스밴드에 문제가 생겨서 전파 세기가 왔다 갔다 할 수 있었죠. 그런 오류는 특히 전면의 대형 스크린을 보는 관객에게는 매우 분명하게 전달될 수 있었어요. 그래서 우리는 안절부절했어요. "어떤 것에서 오류가 생길까?"하고 걱정했죠.

니틴 가나트라: 가장 무서운 순간은 실제로 작업했던 다양한 일의 결과물들이 전면 스크린에 크게 띄워지고 잡스가 그것들을 조작하고 있을 때죠. '제발 하느님. 어떤 오류도 발생하지 않게 해 주세요'라고 빌었어요.

앤디 그리뇬: 무대 위에서 발표하는 동안 잡스는 토니에게 분명한 메시지를 전달했어요. 그는 토니를 지웠어요. 그건 토니가 이제 끝났음을 의미하는 것이었어요.

니틴 가나트라: 맥월드 발표를 진행하는 동안 전 세계 앞에서 스티브 잡스는 토니 파델의 이름을 전화기 앱 내의 자주 연락하는 리스트에서 지워 버렸어요.

앤디 그리뇬: 잡스는 무대 위에서 농담을 했죠. "이 연락처 중에서 제가 더 이상 이야기를 하고 싶지 않은 누군가가 있다고 해 보죠." 그리고 그는 스크롤을 해서 토니의 이름으로 갔어요. "한 번의 스와이프와 삭제 버튼

을 누르는 것만으로 그는 사라졌어요." 사람들은 웃었죠. 하지만 모두가 알았어요. 잡스는 그런 일을 재미로 하지 않아요. 잡스는 복잡한 인간이에요. 잡스는 여러 면에서 끔찍했고, 토니와 잡스의 관계는 점점 더 험악해졌죠. 잡스는 예측할 수 없는 일로 버럭 화를 냈고, 토니는 그걸 받아들여야 했어요. 그 시점까지 포스톨과 토니는 서로 전면전을 이어 갔죠.

토니 파델: 맥월드 시연회의 대본은 스콧 포스톨이 만들었어요.

니틴 가나트라: 순진하게 보면 정말 잡스가 "이것 봐. 내 즐겨찾기에 쉽게 추가를 할 수도 있고, 더 이상 그렇지 않은 경우 쉽게 지울 수도 있어"라고 대중에게 정보를 전달한 것으로 볼 수도 있겠죠. 하지만 그가 이런 일을 우연히 했다고 생각하진 않아요. 이 대본을 혼자서 수십 번도 더 연습했을 거예요. 무대 위에서 매우 자연스럽고 유연해 보일 수 있게요. 잡스는 믿기 어려울 정도의 노력을 발표에 들여요.

앤디 그리뇬: 우리는 "황금 동선"이라고 불리는 것을 만들었어요. 그건 잡스가 아이폰 내에서 실행해야 하는 앱의 순서였어요. 그가 그 동선대로 실행하지 않았다면 그 폰은 멈췄을 거예요. 메모리가 없거나 그 외 다양한 이유 때문에요. 저 이메일을 열어 보기 전에 이 이메일을 열면 무언가가 손상될 수 있었지만, 우리는 그 이유를 알 수 없었어요. 하지만 잡스가 정확한 순서대로 시연을 한다면 그건 괜찮았죠. 시연을 지켜보면서 제대로 숨을 쉴 수 없었어요.

니틴 가나트라: 우리는 관중석 셋째 줄에 앉아 있었어요. 앤디가 플라스크를 꺼냈고 우리는 발표 내내 술 게임을 했어요. 누군가의 작업이 스크린에 보이는 순간, 그 사람은 술이 든 플라스크를 들고 있다가 잡스가 다음 작업으로 넘어가면, 그 작업의 가장 메인 담당자에게 그 플라스크를 넘기는 그런 게임이었죠.

앤디 그리뇬: 각 부분이 끝나면 마치 "우리가 쓰러뜨렸어"라고 하는 것만 같았어요. 저는 8~9잔을 마셨고, 발표 마지막에는 완전히 취해 버렸어

요. 그냥 한 병을 전부 비우는 게 좋겠다는 생각이 들었어요. 그만큼 결점이 없는 시연이었어요. 정말 '그래 이거야!'하는 기분이 들었거든요. 그래서 우리는 병에 남아있는 술을 마시고 나가서 마리화나를 피웠어요. 그리곤 하루 종일 완전히 뻗었어요.

니틴 가나트라: 아이폰 초기에는 블랙베리와 노키아가 갖은 소문을 냈어요. 그들은 이미 휴대폰을 만들고 있었죠. "아이폰은 정말로 멋져 보여. 하지만 그건 업무적으로 사용하기에 적합한 제품은 아니야." 하지만 우리는 아이폰이 비즈니스가 돌아가기에 적합한 폰임을 이해했죠.

가이 바넘: 제 팀에게 이야기했어요. "모두들, 노키아를 봐 봐. 우리를 비웃고 있어. 이렇게 말하고 있지. '그건 휴대폰도 아니야. 쓰레기지.' 그런데 그들은 자신에게 무슨 일이 일어났는지 모르고 있어."

니틴 가나트라: 우리는 즉시 1980년대에 맥킨토시에 어떤 일이 있었는지를 돌아봤어요. 블랙베리, 노키아의 반응은 딱 맥킨토시가 출시됐을 때 맥킨토시에 대해 나왔던 경쟁사들의 이야기와 정확히 일치했죠.

가이 바넘: 첫 번째 아이폰은 정말 맥과 같았어요. 완전히 독립적이고 폐쇄적인 시스템을 가졌죠. 잡스는 이런 식이었어요. "우리의 완벽한 제품에 서드파티 앱은 필요 없어."

앤디 그리뇬: 잡스는 아이폰에 서드파티 앱이 들어오지 않는 걸 원칙으로 했어요. 어떤 멍청이 앱 개발자가 어떤 앱을 만들었는데, 그 앱이 아이폰 내에서 충돌을 일으킬 수 있었죠. 그러한 리스크를 지기 싫다는 게 서드파티 앱을 허락하지 않은 이유였습니다. 결국 마지막에는 어떤 빌어먹을 개발자가 마약에 취하거나 술을 진탕 마시고 뭘 꾸밀지 모른다는 것이 이유였어요.

가이 바넘: 그리고 나서 구글이 나와서 말했죠. "우리는 안드로이드를 하고 있습니다." 차이는 뭐죠? 바로 안드로이드는 사람들에게 서드파티 앱을 다운받을 수 있도록 했다는 점이죠.

스티브 워즈니악: 첫 번째 아이폰에는 앱스토어가 없었죠.

가이 바넘: 안드로이드가 나왔을 때, 잡스는 패닉 상태가 되었고 말 그대로 갑자기 모든 일이 그의 머리 속을 스쳐 지나가면서 구글에 뒤떨어져 있다는 것을 깨닫게 되었죠.

스티브 워즈니악: 개방성은 정말 중요했고 앱스토어는 개방성의 한 종류였습니다. 잡스는 그걸 확신했어야만 했어요.

가이 바넘: 그래서 잡스는 포스톨에게 가서 "이봐 포스톨. 우리는 생태계를 열어야 해"라고 말했죠. 그리고 그때가 포스톨이 아이폰 사용자 인터페이스를 만들었던 날 이후로 다시 한 번 빛을 내던 때였어요. 그는 잡스에게 "그간 그걸 위해 모든 시간을 쏟고 있었어요"라고 말했죠. 포스톨은 그간 있었던 잡스의 지시를 사실상 무시하고 지하실에서 혼자 앱스토어와 관련된 작업을 해 왔던 거예요. 그리고 마침내 그걸 만들어낸 거죠. 그런 일을 하려면 그 정도 배포는 있어야 하는 거 같아요.

가이 바넘: 그리고 구글 때문에 애플은 앱 생태계를 아이폰에 넣을 수밖에 없게 되었어요. 그리고 앱은 사람들이 웹에 접속하는 방식이 되었죠.

스티브 워즈니악: 사람들이 물어보죠. 어떤 애플 제품이 너의 삶을 가장 크게 바꿔 놓았냐고. 한때는 아이폰이라고 말했어요. 하지만 아니에요. 서드파티 앱스토어가 가장 크게 바꿔 놓았어요. 앱스토어 때문에 사람들은 앱을 만들어 냈고 우리가 하는 모든 일이 앱이 되었죠.

앤디 그리뇬: 그리고 갑자기 페이스북과 트위터가 앱스토어로 나왔고, 스마트폰은 지속적인 자극을 원하는 우리 뇌의 일부분을 자극하기 시작했어요. 사람들이 편의점에서 줄 서 있는 와중에도 전 세계 사람에게 트윗을 날릴 수 있게 되었죠. 언제 어디서나 지속적으로 다른 사람과 연결될 수 있게 되었어요.

가이 바넘: 놀라운 일이 일어났어요. 소셜 모바일 웹, 대화가 중심이 되는 웹 생태계가 만들어졌어요. 완벽하게 세상을 바꿔 놓은 겁니다.

앤디 그리뇬: 서비스와의 완벽한 결합이었어요. 이중 어떤 것도 예측할 수 없었죠. 어떤 사람도 하지 못했을 거예요.

가이 바넘: 애플은 실리콘밸리에서 가장 웹과 거리가 먼 회사일 겁니다. 제품 중심적인 DNA를 가지고 있죠. 그렇기에 아이폰은 거의 실수에 가까웠어요.

앤디 그리뇬: 우리는 농담으로 잡스가 아이폰의 첫 번째 사용자고, 아이폰은 잡스를 위해 만들어진 제품이라고 했어요. 그는 아이폰이 생산성을 높일 수 있는 방안이자, 불필요한 일을 줄일 수 있는 방법이라고 생각했어요.

론 존슨: 잡스는 기본적으로 모든 하드웨어와 소프트웨어 디자인을 가이드 했어요. 모든 곳에 손을 대고 있었죠. 모든 것은 그가 만든 제품이었고, 우리는 그의 도구였어요.

스티브 워즈니악: 그는 자신이 사용했던 폰의 모든 작은 디테일이 맞게 돌아가는지 확인했어요. 그는 우아함과 동시에 단순함을 정말 잘 이해하고 있는 사람이었어요. 그는 엔지니어가 떠올릴 수 있는 허접한 아이디어를 가지고 있지 않았죠. 잡스는 그런 허접한 아이디어를 지워 버리는 일을 정말 잘했어요.

앤디 그리뇬: 하지만 역설적이게도 잡스는 자신이 먼저 전화를 건 적이 없어요.

27

내 손 안의 우연성
트위터, 아이폰을 만나 날아오르다

등장 인물

노아 글래스	마크 저커버그	에반 윌리엄스
닉 빌턴	블레인 쿡	잭 도시
돔 사골라	비즈 스톤	토니 스터블바인
래블(에반 헨쇼플랫)	스티븐 존슨	
레이 매클루어	애덤 루겔	

실리콘밸리에서 운이 좋은 사람은 소수다. 놀란 두 명의 스티브(스티브 잡스, 스티브 워즈니악), 제프와 피에르, 래리와 세르게이, 마크. 이 정도만이 한 번에 성공이란 궤도에 올라섰다. 현실은 대부분 달을 향해 한 방 쏴 보고 마는 정도였다. 예를 들어 연쇄 발명가인 에반 윌리엄스를 보자. 닷컴붐이 일어나는 동안, 윌리엄스는 웹 퍼블리싱을 쉽게 해 주는 블로거Blogger를 개발했다. '블로거'는 살아남았지만 독립된 회사로서는 아니었고, 구글에 인수되었다. 윌리엄스의 다음 창업은 팟캐스트를 도와 주는 서비스인 오데오 Odeo였다. 오데오는 성공하지 못했다. 문제의 절반은 타이밍이었다. 오데오는 최소 몇 년 정도 빨랐다. 나머지 절반은 사람이었다. 오데오는 제어가 불가능한 것처럼 보이는 무정부주의적인 수염이 덥수룩한 캐릭터들이 대표했다. 하지만 2006년 여름, 이 수염이 덥수룩한 무정부주의자들은 새로운 아이디어인 트위터를 내놓았다. 어떤 면에서 트위터는 윌리엄스가 그간 내놓았던 아이디어 중 가장 별로였다. 하지만 그 당시 맥락에는 딱 들어맞았다. 트위터는 아이폰과 함께 웹이 PC에서 모바일로 이동하면서 인기를 끌기 시작했다. 트위터는 실리콘밸리의 또 다른 '하룻밤만의 성공 스토리'처럼 보이지만, 윌리엄스가 성층권에 도달하기까지는 사실상 10년이 넘는, 실리콘밸리 관점에서 영겁에 가까운 시간이 걸렸다.

래블: 에반과 비즈가 구글로 출퇴근하고 있었던 덕분에 오데오가 탄생했어요. 그들은 샌프란시스코에 살고 있었고 출퇴근은 매우 지루했죠. 그래서 매일 팟캐스트를 들었어요.

비즈 스톤: 에반과 저는 집으로 가는 차를 타고 있었고, 에반은 그의 노란색 SUV를 운전하고 있었어요. 저는 "에반, 나, 아이디어가 있어. 정말 좋은 아이디어인 것 같아"라고 운을 뗐습니다. 그는 "그게 뭔데?"라고 물었고, 저는 "우리 목소리를 플래쉬로 녹음해서 웹을 통해서 트는 게 어때? 오디오블로거Audioblogger처럼"이라고 답했죠.

에반 윌리엄스: 노아 글래스는 '오디오블로거'라고 불리는 것을 만들었어요. 그는 제 이웃이었죠.

노아 글래스: 그건 특정 번호로 전화를 해서 메시지를 녹음한 후 블로그에 올리는 거였죠.

에반 윌리엄스: 우리는 노아랑 파트너십을 맺었어요. 사용자가 전화기로 전화를 걸고 메시지를 녹음한 후에, 그들의 블로그에 올릴 수 있도록 말이죠.

비즈 스톤: 제 말을 듣고, 에반은 "뭐?"라고 반응했고, 저는 "사람들이 녹음한 내용을 이 새로운 아이팟 같은 거에 연동시킬 수 있는 소프트웨어를 만들 수 없을까? 요새 점점 많이 쓰는 것 같던데. 우리가 라디오를 민주화시키는 거야. 모두가 각자 자신의 라디오 채널을 가질 수 있도록 말이지." 에반은 어떤 아이디어가 정말 좋은 아이디어라고 생각이 들 때 짓는 특유의 표정을 지었어요. 눈을 정말 크게 뜨고 말했어요. "좋네. 우리 그거 해 보자." 그게 오데오였죠.

에반 윌리엄스: 우리는 다른 사람들도 우리와 똑같은 아이디어를 이야기하고 있는지 몰랐어요. 나중에 알게 되었는데, 아이팟을 통해 뿌려지는 오디오가 팟캐스트라고 불리게 되었고 그게 인기를 끌게 되었죠. 다른 많은 발명이 그랬듯이 인접한 가능성들이 스스로를 드러냈고, 많은 사람들이 동시에 새로운 가능성, 새로운 사업의 기회에 대해서 생각했죠. 그리고 우리는 노아에게 이야기했어요. "노아, 이거 반드시 해야 돼." 그러자 그는 "재밌을 것 같네"라고 말했죠.

애덤 루겔: 오데오는 흥미롭긴 했어요. 그 아이디어는 사람들이 팟캐스트를 소비할 수 있는 일종의 네트워크와 같은 것이었죠.

돔 사골라: 2005년으로 돌아가서 생각해 보면, 그때 당시에 사람들이 팟캐스트를 그렇게 많이 사용하고 있지는 않았어요. 심지어 애플이 팟캐스트를 시작하기 전이었죠.

에반 윌리엄스: 이것과 무관하게, 저는 쉬기 위한 시간을 좀 가지기 위해 구글을 그만뒀어요. 그래서 그땐 매일 집에 있었죠. 노아는 이 팟캐스트 아이디어를 파고 있었고, 매일 제 집에 들렸어요. 제가 시드 머니를 투자하기로 했고, 자문도 해 주기로 했거든요. 하지만 이건 저의 스타트업은 아니었어요. 그의 스타트업이었죠.

애덤 루겔: 노아가 오데오의 진짜 창업자였어요. 래블은 그가 최초로 채용한 엔지니어였구요. 그 두 사람은 우리가 만날 수 있던 가장 흥미롭고 괴짜 같은 사람들이었죠.

비즈 스톤: 모두가 노아를 사랑했어요. 그는 정말로 위대하고 넓은 마음을 지닌, 인생에서 쉽게 볼 수 없는 성향을 가지고 있는 인물이었죠. 그는 곰 같이 포옹하고 죽일만큼 꽉 껴안아 줄 수 있는 사람이었어요. 물에 뛰어들어서 알카트라즈Alcatraz†까지 헤엄쳐 갈 수 있는 그런 사람이었죠. 그는 정말 강인했고, 그냥 미친 놈이었어요. 문자 그대로 가끔은 정말 미친 놈이었죠.

래블: 2005년 여름 테드TED에서 일하던 친구가 에반을 붙잡고 물었어요. "요새 뭐 하고 있어?" 에반은 테드에 다시 한 번 초대를 받고 싶었고, "요새 팟캐스트 스타트업을 하고 있어"라고 말했죠.

에반 윌리엄스: 래블의 친구는 "테드에서 소개해 줄래?"라고 제안했습니다. 저는 "와, 이거 완전 좋은 기회네"라고 생각했어요. 그걸 안 할 수가 없었어요. 그리고 그는 우리에 대한 『뉴욕타임스』 기사를 내기 위해 마코프와 연락을 했어요. 우리는 아직 출시할 준비가 되어 있지 않았지만 발표를 했고, 데모를 했어요. 테드에서 3분 동안 발표를 했고 관중이 감탄사를 연발하던 것이 기억나요. 대단했죠.

레이 매클루어: 우리는 여전히 에반의 아파트에서 일하고 있었고, 우리가 하는 일은 『뉴욕타임스』에 소개되었어요. 에반은 어떤 일을 할 때마다

---

† 샌프란시스코 베이 지역에 있는 섬. 과거에 악명 높은 감옥이 운영되던 곳이다.

정말로 끝내주게 해서 엄청난 반응을 만들어냈죠.

에반 윌리엄스: 그건 정말로 큰 건이었어요. 저는 고양감에 사로잡혔고, 팟캐스팅은 사람들의 관심을 집중적으로 받고 있었습니다. 그리고 이렇게 생각했죠. 여기에 완전히 빠져 있고 이 회사에서 이제 일하게 될 것이라고. 그리고 이게 내 다음 회사가 될 것이라고. 그다음부터는 제어를 하지 못하는 눈덩이처럼 일이 흘러가기 시작했어요. 우리는 100만 달러 정도만 투자받을 계획이었어요. 이 시장은 하나도 증명되지 않은 시장이었고, 제품도 없고 팀도 거의 만들어지지 않은 상태였으니까요. 그런데 500만 달러 투자까지 제안받았습니다.

비즈 스톤: 실리콘밸리는 미친 도시예요. 구글 IPO 이후엔 구글에서 일하던 사람이 나와서 새로운 사업을 시작하려 하면, 누구든 투자를 받을 수 있었죠.

돔 사골라: 에반 윌리엄스는 구글 IPO 이후 구글에서 나왔어요.

비즈 스톤: 그건 마치 "너 구글에 있었어? 완전 천재구나?"라는 것 같았어요. 심지어 구글에서 바닥 청소를 했더라도 말이죠. "2002년에 이베이에 취직하지는 못했지만 구글에는 취직했다고? 너 정말 끝내주는구나. 구글은 정말 좋은 회사니까 너도 분명 엄청 똑똑한 천재 맞을 거야."

에반 윌리엄스: 그때 우리가 해야 할 일이라고는 3명이서 차고에 앉아 땜질이나 하는 거였겠지만, 일단 돈을 받았으면 그 돈으로 뭐라도 해야 했죠.

래블: 그래서 우리는 이 프로젝트를 파고들기 시작했고, 천천히 사회부적응자로 구성된 팀을 만들기 시작했어요. 노아는 그런 이상하고 기이한 사람들을 정말 좋아했거든요.

에반 윌리엄스: 크게 보면 실리콘밸리에는 두 가지 엔지니어링 문화가 있어요. 해커와 엔지니어죠. 구글은 분명 엔지니어 쪽이에요. 엔지니어는 컴퓨터공학 학위 또는 그 이상을 가지고 있죠. 그들은 근본적인 것을 연구해요. 해커는 단지 뭔가 작동하는 것을 만들길 원했지만, 그것이 올바른

것을 만든다는 의미는 아니었어요. 페이스북은 해커가 만든 것으로 유명했지만 페이스북 해커들은 히피 해커가 아니었어요. 히피 해커는 해커의 특별한 변종이에요. 그래서 그들을 고용했죠. 제 말은 노아가 정말로 이런 사람들을 고용했다는 의미에요. 노아는 그들과 잘 어울렸어요.

그렇게 블로거에 이어 윌리엄스의 두 번째 스타트업이었던 오데오가 시작되었다. 하지만 시작부터 핵심 구성원들 사이에 분열이 있었다. 에반 윌리엄스와 그에게 충성적인 해커, 그리고 노아와 노아의 히피 해커, 이렇게 두 그룹 사이의 갈등이 있었다.

비즈 스톤: 에반이 CEO가 되었죠. 하지만 오데오의 사내 문화는 노아의 광기에 근거한 문화였어요.

애덤 루겔: 정말로 끈끈한 그룹이었어요. 에반은 거기서 빠져나와 따로 놀았죠. 에반은 다른 사람들이 결혼하기도 전에 결혼했던 그런 사람이었어요. 비즈도 에반이 결혼할 때쯤 결혼을 했고요.

비즈 스톤: 잭과 노아는 말 그대로 파티를 좋아했어요. 클럽에 가서 파티를 했고, 거기서 무슨 짓을 했는지는 아무도 몰라요. 그들이 버닝맨 페스티벌에 갔을 때, 잭은 저에게 "절반쯤 갔을 때 우린 돌아와야 했어. 노아가 마약을 다 놓고 와서 말야"라고 나중에 말해 줬을 정도였어요.

돔 사골라: 그들은 코걸이를 하고, 문신을 하고, 목까지 수염을 기르고, 긴 머리를 한 펑크 히피 부적응자들이었어요.

애덤 루겔: 샌프란시스코의 전체적인 분위기가 팀 안에 깊이 심어져 있었어요.

래블: 오데오는 공동체와 진성 괴짜의 동아리 사이에 위치해 있었어요. 회사 저녁은 모두 비건 식단으로 나오곤 했죠. 하지만 동시에 비즈니스에 엄청나게 집중했어요.

블레인 쿡: 샌프란시스코의 스타트업 바닥에 있던 많은 사람이 그런 종류였어요. 반군, 운동가, 예술가, 그런 사람들 있잖아요.

레이 매클루어: 어떤 순간에 래블이 저글링을 할 수 있다는 걸 깨달았던 기억이 나요. 그리고 그가 블레인에게 공을 던졌고 블레인이 저글링을 하기 시작했죠. 그리고 곧 노아가 저글링을 하기 시작했어요. 그리고 전 이 모든 사람이 각자 저글링을 배우기 위해 노력해 왔다는 걸 깨달았죠! 그런 종류의 무리였어요. 광대는 아니었고, 아마도 여행가 같은 부류였다고 생각해요. 흥미로운 경험을 가진 사람들이요. 맨 위의 경영진까지 극단적으로 진보 집단이었어요.

래블: 2005년에 오데오 팟캐스트 제작 툴을 만들었어요. 데모를 발표하고 사람들이 쓸 수 있는 베타 프로그램을 셋업하고 제품을 계속 만들어 나갔어요. 일부는 정말 잘 작동했고, 일부는 그렇지 못했어요. 하지만 우리는 작은 팀으로 회사를 운영하면서 조금씩 문제를 개선했습니다.

에반 윌리엄스: 몇 개월간 이걸 계속 했는데, 어느 순간 작업에 진척이 없었어요. 그때 에디 큐가 우리를 애플로 초대했죠. 우리는 생각했어요. "우리를 인수하거나, 파트너십을 맺거나 뭐 그런 거 아닐까?" 우리는 에디 큐에게 하고 있던 모든 것을 보여 줬고, 그는 "흥미로운데요?"라고 했어요. 그리고 2주 후에 애플은 아이튠즈에 통합된 팟캐스트를 출시했죠.

래블: 그들의 디렉토리는 형편없었지만, 빠르게 완성시켰고 작동했죠.

에반 윌리엄스: 그건 저희를 정말 충격에 빠뜨렸어요. 애플의 팟캐스트는 너무 새로운 것이었고, 애플은 너무 큰 회사였죠. 그리고 이 일은 주류 대기업이 하기에는 좀 요상했어요. '팟캐스트'라는 단어조차 괴짜스럽죠.

비즈 스톤: 우리는 팟캐스팅이 깜찍한 너드를 위한 것이라 생각했어요. 애플이 아이튠즈에 너드스러움을 넣으려는 걸까요?

애덤 루겔: 그런 일이 일어났을 때, 주변에서 많은 자기 합리화가 일어났어요. "우리는 여전히 할 수 있어. 이걸로 인해서 우리가 하는 일이 사람들

에게 더 크게 보이게 될 거야." 같은 거였죠.

에반 윌리엄스: 처음에는 닷컴 버블이 붕괴할 때 보였던 반응과 같은 반응이 나타났어요. 지금 벌어지고 있는 일을 믿고 싶지 않은 심리가 작동했죠. "글쎄, 애플이 그런다고 해도 우리한테 큰 영향은 없을 거야"와 같은 심리 말이죠.

래블: 우리는 계속 일을 진행했지만, 2006년 1~2월까지 사무실 내에 이런 불안감이 있었던 것은 분명해요.

에반 윌리엄스: 우리는 그것을 그다지 느끼지 못했고, 저는 비즈와 노아에게 이렇게 이야기했던 게 기억나요. "난 이걸 사랑하고 있지 않아."

래블: 그래서 2006년 봄 어느 시점에 에반은 오데오의 이사회에 가서 "이제 그만두려고 합니다"라고 말했어요.

에반 윌리엄스: 저는 말했어요. "보세요, 전 이게 정말로 통할 것 같지가 않아요. 그리고 어쩌면 멈춰야 할지도 몰라요." 은행에 맡긴 500만 달러 중 약 300만 달러를 남겨 두고 있었어요. 그러자 이사회는 "여기서 멈추고 남은 돈을 돌려줘도 돼요. 아니면 다른 것을 시도해도 되고요"라고 말하면서, 비즈니스 피버팅pivoting[†]이라는 새로운 아이디어를 제공해 줬어요. 전 "와, 피버팅이라면 시도해 볼 수 있을 것 같아요"라고 했죠.

애덤 루겔: "우리에겐 약간의 돈이 남아 있고, 머리 위에 지붕도 있어. 연결된 네트워크도 있고, 컴퓨터도 있어. 똑똑한 팀까지 있으니, 우리가 뭘 할 수 있는지 한 번 보자!" 이렇게 말했던 것 같아요. 에반은 그런 자신감을 가졌다는 점에서 정말 큰 공로를 인정받아야 해요. 에반, 노아, 래블, 레이, 그리고 나중에 합류한 잭과 블레인까지. 모두 천재거나 천재에 정말 가까운 사람들이었죠.

래블: 우리는 브레인스토밍 시간을 가졌고 많은 아이디어가 전화 통신 방법과 커뮤니케이션 관련된 것들이었어요. 그래서 그런 아이디어를 기반

[†] 기존 사업 아이템을 바탕으로 사업의 방향을 다른 쪽으로 전환하는 것을 의미한다.

으로 해커톤을 할 생각이었어요.

레이 매클루어: 해커톤을 다른 기업들도 하고 있다고 알고 있었어요. "우린 앞으로 며칠 동안을 아이디어를 떠올리는 데 쓸 거야."

에반 윌리엄스: 저는 항상 제가 무수히 많은 아이디어를 갖고 있다는 사실을 자랑스러워 했어요.

돔 사골라: 우리는 모두 3팀으로 나누었고, 저는 잭과 같은 팀에 있었어요. 잭이 무슨 일을 꾸미고 있는지 정말로 듣고 싶었어요.

비즈 스톤: 잭은 정말 말이 적고 조용한 사람이었지만, 전 그를 웃게 할 수 있었죠. 전 그를 좋아했어요. 우리는 서로를 골랐고, 그 후 브레인스토밍을 시작했어요.

돔 사골라: 샌프란시스코 사우스파크의 어린이 미끄럼틀에서 모였어요. 제 생각엔 그곳은 창의적이 되기에 매우 훌륭한 장소였죠. 우리는 멕시코 음식을 집어 와서 그곳에 앉았어요. 우리가 그걸 먹었는지도 기억이 안 나네요. 그저 어디로 갈지, 어떤 일을 하고 싶은지를 이야기했죠.

비즈 스톤: 제가 "이건 어때? 그림을 블로깅하는 거야. 그냥 그림을 올리고 그게 다인 거지."라고 말하니, 잭은 "정말 멋진데"라고 반응했어요. 그래서 이렇게 덧붙였죠. "팟캐스팅 같이 복잡한 헛짓을 한번 해 보고 나니, 이런 간단한 것을 해 보고 싶어졌어."

잭 도시: 우리는 놀이터에 있었고, 전 말했어요. "그냥 SMS를 보내면 실시간으로 모든 사람에게 공유되는 그런 간단한 것을 만들어 보면 어떨까? 그냥 해 보자."

비즈 스톤: 그는 "우리가 거기서부터 모든 걸 만들 수 있지 않을까? 소셜 네트워크 같은 것을 말이야"라고 했고, 저는 "단순하고 좋네. 해 보자"라고 했어요.

돔 사골라: 잭의 원래 아이디어는 쿨한 일이 일어나는 장소를 확인해서 그 정보를 보내는 것이었어요. 예를 들면 어디에서 멋진 일이 일어나는지,

전화를 할 수 없을 정도로 시끄러운 클럽이나 파티는 언제 있는지 등 대한 정보 말이죠. 저는 "난 클럽에 가는 걸 좋아하지 않는데, 그러면 나한텐 이게 어떤 필요가 있지?"라고 했죠. 그는 어떤 상황에서 이 SMS 방송 아이디어가 사용될지 계속해서 설명했어요. 그리고 잭은 저에게 "글쎄, 천재지변이 있을 때? 아니면 뭔가 위험이나 문제에 처했을 때? 그런 상황이 있을 거야!"라고 이야기했죠. 하지만 여전히 그걸 설명하고 이해하기는 어려웠어요. 우리 스스로조차도 말이죠. 그래서 이야기를 주고받으며 많은 시간을 보냈어요.

애덤 루겔: 이 시점부터는 개발자의 영역이에요. 제품 도안 형태로 아이디어를 논의할 수 있거나, 프로토타입을 하루 이틀 만에 만들어 낼 수 있는 엔지니어 또는 프론트엔드 디자이너 말이죠.

비즈 스톤: 우리는 그게 어떻게 작동할지 상상을 했고, 전 진짜 웹사이트처럼 보이는 가짜 웹사이트를 만들었어요. 아이폰이 나오기도 전이었죠. 우리는 데모를 했어요. 제가 데모를 책임지고 있었고, 전 "그래서 잭과 내가 가져온 게 이거야. 이렇게 동작하지. 뭘 하는지를 이야기하고, 그러면 너를 팔로우하고 싶은 사람은 팔로우 버튼을 누르면 돼"라고 했죠. 데모를 마치자, 모두가 이런 반응이었어요. "그리고?" 우리는 "그게 다야"라고 이야기했어요. 그러자 그들은 "사람들이 뭘 하는지 모으기만 하는 게 전부라고? 그게 정말 전부라고? 내가 뭘 하고 있는지 이야기할 수 있고, 사람들이 뭘 하는지 모을 수 있다고?"라고 했어요. 우리는 "맞아. 엄청 단순하지. 대단하지 않아?"라고 했고, 그들은 "아니, 이건 정말 구린데? 뭐라고 이야기하기도 어려워. 이건 아무것도 아니잖아. 이게 뭐야? 아무것도 한 게 없잖아!"라고 했어요.

블레인 쿡: 우리는 팀 간에 많은 논의를 나눴고, 과거에 이와 비슷한 다양한 서비스 사례가 있다는 것을 알게 되었어요.

래블: 2004년으로 돌아가서, 저는 MIT 미디어랩에서 나온 몇몇 사회 운동

가 친구와 티엑스티몹TXTMob이라는 소프트웨어를 출시했었죠.

블레인 쿡: 티엑스티몹은 문자 업데이트를 받기로 한 특정 그룹의 사람들에게 문자 메시지를 보내는 툴이었어요. 정말 단순한 시스템이었죠. 하지만 그건 휴대폰을 그런 방식으로 사용했던 첫 번째 사례였을 거예요.

래블: 티엑스티몹은 정부를 무너뜨리고, 시위를 조직하고, 국가 간 협약을 멈추게 하고, 거리를 봉쇄하기 위한 목적으로 태어났죠.

블레인 쿡: 분명히 티엑스티몹은 영감의 원천이었어요. 하지만 그것 말고도 트위터와 비슷하게 생긴 다른 그룹 문자 서비스도 있었어요. 그래서 우리는 이 모든 과거 프로젝트에 대해 공부하고 이야기했어요. 왜 실패했는지 그리고 왜 아직 사라지지 않고 여전히 존재하는 서비스는 크게 성공하지 못했는지.

에반 윌리엄스: 모바일 메시지가 중요해질 것이란 점은 분명했어요. 그리고 우리는 그간 휴대폰을 가지고 열심히 사업을 해 보려고 했죠. 휴대폰은 래블과 블레인, 그리고 오디오블로거 사업을 했던 노아가 가장 잘 알고 있던 거였어요.

비즈 스톤: 에반은 우리가 정말로 무엇에 빠져 있는지 알고 있었어요. 그래서 그는 우리를 살짝 옆으로 데려가서 이야기했어요. "너희, 이거 계속 만들어 봐. 웹과 SMS를 섞는 것에는 분명히 뭔가가 있어. 그리고 아무도 그걸 하고 있지 않잖아."

에반 윌리엄스: 저는 우리가 이 서비스를 언제부터 트위터라고 부르기 시작했는지 기억이 안 나요. 그전에는 좀 더 평범한 이름이었어요. 그리고 항상 농담처럼 이야기했던 '친구 스토커Friend Stalker'라는 이름도 있었죠.

토니 스터블바인: 제가 기억나지 않는 것은 왜 모두가 트위터가 정말 좋은 아이디어라고 생각했는지예요. 제 기억에 우리는 정말 초기부터 이 작업에 뛰어들었어요. 심지어 프로토타입을 만들기도 전이었죠. 제 생각에 그 이유 중 하나는 우리 대부분이 페이스북을 하고 있지 않았고, 그렇

기에 친구들과 연락을 하고 지낼 방법이 없었기 때문이에요.

에반 윌리엄스: 이 아이디어를 진행해 보기로 결정했어요. 투자할 만한 가치가 있어 보였죠. 하지만 자원을 엄청나게 투자하진 않았어요. 초기 아이디어에 수많은 사람을 투입하기를 원하지는 않잖아요. 앞으로 나가기 위한 불쏘시개 같은 것이었죠.

돔 사골라: 사람 4명이 트위터를 위해 메인 팟캐스팅 그룹으로부터 분리되어 나갔어요. 잭 도시와 플로리안 웨버Florian Weber가 실제로 코드를 만든 사람들이었죠. 그들은 버그를 고치고 코드가 실제로 동작하도록 업무를 반복했어요. 그리고 나선 비즈가 언디자인Un-design이라고 불렀던 작업을 가미해 주죠. 불필요한 기능을 빼고, 여분을 만들고, 은유적으로 이해하기 쉽게 만드는 작업이요. 그리고 노아의 축 처지는 에너지를 불어넣어 주면 흘러가기 시작하죠.

래블: 나머지 인원은 팟캐스팅 아이디어를 끌고 나갔어요. 그리고 몇 주를 더 보낸 후 2006년 3월 21일, 동작하기에 충분한 코드가 만들어졌어요. 트윗을 보내고 받을 수 있는 컴퓨터에 USB로 연결된 작은 휴대폰을 만들었죠.

돔 사골라: "이제 막 내 트위터를 만들었어Just setting up my twttr"라는 자동 메시지를 담은 일련의 초기 트윗으로 트위터가 시작되었어요. 그런 방식으로 작동했죠. 자동으로 첫 번째 메시지를 보냈습니다. 그래서 트위터의 완전 초기 시점을 되돌아가 보면, 모두가 같은 메시지를 보내고 있었어요.

애덤 루겔: 그 당시 트위터 명칭에는 i와 e가 없었어요. T-W-T-T-R였죠. 당시엔 많은 스타트업이 모음 없는 이름을 만들어냈어요.

돔 사골라: 플리커Flickr 때문이었죠.

애덤 루겔: 단지 트렌디했기 때문이에요. 그 시대의 상징 같은 것이었죠.

2006년 3월 잭 도시는 자동화되지 않은 첫 번째 트윗을 보낸다. "동료들을 초대함Inviting coworkers."

애덤 루겔: 방 안의 모든 동료에게 보내는 메시지였어요.

돔 사골라: 방 안에 있는 동료들은 이 웹 페이지에 쓸 수 있는 아무거나 입력했어요. 우리는 모두 164 사우스파크에 위치한 사무실에 있었고, 잭과 저는 등을 맞대고 앉아 있었어요. 그리고 저는 "오오오오오오!" 같은 걸 입력했어요. 그러자 잭은 "돔이 추가로 업데이트하길 기다리고 있음"이라고 썼죠. 제 반응은 "오, 이거 중독될 것 같아"였어요.

래블: 트위터는 마치 새로고침 버튼을 눌렀을 때, 어떤 대단한 것을 얻을 지 알 수 없는 작은 블랙박스 같았어요. "새로운 게 있나? 새로운 게 있나? 새로운 게 있나? 새로운 게 있나? 오, 이것 좀 봐!" 그래서 믿을 수 없을 만큼 중독적이었어요.

돔 사골라: 너무나 쉬웠기 때문이에요. 생각할 필요가 없어요. 그냥 쓰기만 하면 됐죠.

레이 매클루어: 그래서 우리는 우리가 뭘 먹는지, 언제 나가는지 등을 트윗했어요. 정말 개인적이지만 그다지 흥미롭지 않은 그런 내용을요. 아마 그날 밤까지 100명 정도의 사람이 트위터에 있었고, 우리는 "이게 대박 날까? 이게 어떤 용도로 쓰일 수 있을까?" 궁금해했어요.

애덤 루겔: 모두가 어떻게 쓰일지 조금씩 다른 생각을 가지고 있었어요.

토니 스터블바인: '가족과 친구들만' 버전도 있었는데, 그 버전을 쓰면 친구들과 연결되어 있는 것 같은 마법을 경험할 수 있었죠.

비즈 스톤: 트위터를 작동하게 만든 후에 저는 버클리 대학에 가기 위해 샌프란시스코 고속통근철도인 바트BART에 탔어요. 막 바트에 탔을 때 사람들이 "지진, 지진……"이라고 이야기하는 것을 들었죠. 그때 바트는 베이 지역 아래 해저 튜브에 들어가고 있었습니다. 저는 내려야 한다고

생각했어요. 그런데 그 순간, 제 폰이 진동하기 시작했고, 한꺼번에 수많은 메시지가 쏟아져 들어왔어요. 메시지들을 보니, "헤이워드Hayward 단층에서 지진: 리히터 규모 2.3. 별일 아님."이라고 와 있더군요. 그래서 전 바트에 그대로 남아 있었어요. 전 '와, 이거 쓸모 있네'라고 생각했죠.

래블: 우리는 매우 빠르게 트위터를 시위에 사용하기 시작했어요. 시작되자마자 많은 사람이 트위터가 사회 운동가에게 매우 좋은 도구임을 어느 정도 깨우친 것 같았어요.

블레인 쿡: 래블은 오데오에서 일하는 것을 지루해했고, 여러 가지 것에 정신이 팔려 있었어요.

래블: 전 무정부주의자에요. 전 우리가 혁명을 일으켜야 하고, 사회를 재구조화해야 하며, 민주적인 방식의 통제와 탈중앙화된 노동 협동조합 등을 가져야 한다고 생각해요.

에반 윌리엄스: 무정부주의자를 관리하는 것은 정말 어려운 일이죠.

비즈 스톤: 그들은 무정부ANARCHY라고 쓰인 셔츠를 입었어요. 그리고 오데오의 모든 사람에게 "투자하기 좋은 헤지펀드가 어디지?"와 같은 질문을 해댔어요.

래블: 저는 제 스톡옵션을 행사할 수 있길 기다리고 있었고, 옮길 준비가 되어 있었어요. 전 닷컴과 관련된 일을 그간 충분히 많이 했지만, 세상을 충분히 바꾸고 있지 못하다고 느꼈어요.

비즈 스톤: 그 친구들은 골칫덩어리였어요. 스탠드업 미팅 중에 일부러 앉아 있기도 했죠. 고의로요! 한번은 그들이 앉아 있던 스탠드업 미팅에서 에반이 "부탁하건데 전 모두가 회사에 10시까지는 와 줬으면 좋겠어요"라고 말했어요. 모든 직원이 정오나 정오 즈음에 나타났기 때문이죠. 그러자 그중 한 명이 손을 들고 말했어요. "질문이 있어요." 에반이 대답했습니다. "말해 보세요." 그는 "그렇게 출근하면 저희에게 좋은 건 뭔가요? 무슨 동기 부여가 되나요?"라고 물었어요. 에반은 그 순간 이성을 잃

었어요. 그리곤 소리쳤죠. "젠장, 이건 니 직업이고 니 할 일이라고!"

돔 사골라: 그때의 회사는 "난 정말로 상관없어"를 외치는 부류와 "난 정말로 중요하게 생각해"를 외치는 부류가 묘하게 교차하고 있었습니다. "얼마나 신경을 안 써?" "난 정말로 신경 쓰지 않아. 코걸이를 할 거고 머리도 자르지 않을 거야. 샤워도 안 할 거고! 하지만 '이게 어떻게 만들어지는 거지?'와 같은 주제로 토론을 한다면, 여기 앉아서 눈에서 피가 나올 때까지 코드에 대해서 논쟁을 벌일 수 있어."

블레인 쿡: 2006년 여름 동안 그곳은 정말로 일하기 끔찍한 곳이었어요. 우리는 오데오가 제대로 작동하지 않아서 낙담했고, 이 거지 같은 트위터가 어떤 일을 하게 될지, 심지어 그게 무엇인지에 대해서도 확신하지 못했어요. 트위터에 어느 정도 잠재력이 있다고 생각은 했지만 아직 사용자가 전혀 없었죠.

래블: 그래서 다음 일은 누가 여기에 정말로 있길 원하는지 확인하는 거였어요. 많은 사람이 해고되었어요.

돔 사골라: 래블, 저, 애덤, 그리고 토니는 모두 같은 날 해고되었습니다.

래블: 그게 좀 모호했어요. 이를테면, 애덤은 해고가 된 이후에도 회사에 계속 출근했어요. 그건 마치 "넌 해고야!" "알겠어요, 내일 사무실에서 봐요"라고 답변하는 것 같았죠.

에반 윌리엄스: 2006년 9월 혹은 10월 정도였어요. 제가 이사회 미팅에 들어가서 말했어요. "상황이 이렇습니다. 우리는 250만 달러가 남았고, 오데오는 여전히 성장이 없어요. 그리고 트위터라는 것을 진행하고 있어요. 이게 물건이 될 수 있긴 한데, 그렇다는 확실한 근거는 사실 없어요." 그러자 그들은 이렇게 말했죠. "당신은 그간 새로운 것들을 시도해 봤죠. 하지만 여전히 잘 될 거라는 근거는 없고요. 아무도 이 회사를 사고 싶어 하지 않을 거예요. 은행에는 아직 몇백만 달러가 남아 있잖아요. 그냥 그 돈을 돌려주시는 게 좋을 것 같아요." 이사회가 정말 명확하게

방향 제시를 해 주었어요. 반박을 할 수가 없었죠. 그때, 제가 이렇게 말했어요. "그러면 제가 그냥 이 회사를 사는 건 어떨까요?" 그래서 오데오를 샀어요. 투자자들에게 돈을 돌려주고 오비어스Obvious라는 새로운 회사로 만들었죠. 그리고 오데오와 트위터를 운영했어요.

비즈 스톤: 사실 에반은 이렇게 말했어요. "잘 안 됐을 경우에 너랑 나랑 회사를 다시 샀다고 말하자." 저는 알았다고 했죠. 그리고 나서 일이 잘 풀리자 그는 "그래, 내가 회사를 사 왔지"라고 했어요. 왜냐하면 그의 돈으로 샀기 때문이죠. 그가 모든 것을 소유했고, 지분을 그가 공정하다고 생각하는 근거에 따라 사람들에게 나눠 줬어요. 제가 생각하기엔 전혀 공정하지 않았지만 뭐 어쨌든요.

블레인 쿡: 오비어스는 에반의 아이디어였어요. 제록스파크나 아타리 리서치처럼 다양한 프로젝트를 진행하는 연구실 혹은 시제품 연구소 같은 것이었죠. 그리고 그때쯤 미팅이 있었어요. '트위터를 접어야 하나? 오데오를 접어야 하나? 이것들로 뭘 할 수 있을까?' 같은 주제로 미팅을 했죠. 그 당시 우리는 즉각적인 성공은 어려울지라도 트위터는 계속 해야 한다고 결정했었던 것 같아요.

애덤 루겔: 그때 노아가 쫓겨났죠.

비즈 스톤: 노아는 정말로 미친 것 같이 행동했어요. 회사에서 거대한 뭉게구름 같은 머리를 하고선 밤새 유튜브 비디오를 만들었죠. "잘 모르겠어. 나는 우리가 성공하지 못할 것 같아." 그런 종류의 콘텐츠였어요. 그리고 그는 전혀 말이 되지 않는 이상한 작은 디테일로 모두를 미치게 만들었어요. 그래서 잭은 제게 말했어요. "저 이제 더 이상은 못하겠어요. 패션 학교로 가서 어떻게 청바지를 만드는지나 배울래요." 그리고 플로리안은 "전 독일로 돌아갈래요"라고 했죠. 그래서 에반은 "내가 노아를 해고해야 할까?"라고 물었어요. 저는 "글쎄, 아마도. 엔지니어가 없으면 우리가 뭘 하겠어? 우리 혼자서는 할 수 없어"라고 했고 에반은 "알겠어.

지금 당장 해야 겠어"라고 말했어요. 그는 노아를 해고해야 한다는 사실에 긴장한듯 보였지만 결국엔 했어요.

레이 매클루어: 노아가 자초한 거예요. 당시에 노아는 아내와 이혼한 상태였는데, 그게 노아를 불안하게 만들었던 것 같아요. 실망스러웠죠.

애덤 루겔: 그는 우리가 아는 억만장자 중에 최고의 억만장자가 될 수도 있었어요. 하워드 휴즈 같은 그런 억만장자가 될 수 있었죠. 그가 그렇게 되는 걸 보지 못한 것이 아쉽긴 하지만, 저는 운명이라고 생각해요.

비즈 스톤: 우리 모두 노아가 미쳤다는 걸 알았어요. 그는 파티에서 정말 재밌는 남자 중 하나였지만 그와 일하는 것은 악몽과 같았죠.

돔 사골라: 일련의 해고와 오비어스 회사로 피버팅이 일어났고, 구글이나 애플 같은 IT 대기업 출신을 제외한 가족과 친구들을 대상으로 한 소규모 공개가 이루어졌어요. 그리고 인플루언서나 얼리 어답터를 대상으로 한 여름 시즌의 서비스 런칭이 이어졌죠. 이후에 모음을 몇 개 더 붙여서, Twttr는 Twitter가 되었죠. 그렇게 2007년 2월이 되었고, 우리는 아이폰의 데모를 보았어요. 눈과 귀에 불이 들어오는 것 같았죠. 모두가 모바일 웹의 잠재성에 주의를 기울였어요. 그리고 우리는 사우스 바이 사우스웨스트South by Southwest에서 시연회를 했어요.

블레인 쿡: 사우스 바이 사우스웨스트는 음악, 영화, 그리고 그들이 웹과 온라인 분야에서 '인터랙티브'하다고 생각하는 것, 이렇게 총 세 가지 파트로 구성된 큰 규모의 컨퍼런스예요. 이미 몇 년 동안 계속되고 있었죠. 아마 그해에 우리가 수상 후보로 지명되었을 거예요. 아직 우리가 작았을 때였지만 말이에요.

에반 윌리엄스: 트위터는 조금씩 인기를 모으고 있었습니다. 특히 샌프란시스코에 있는 웹 매니아들이 트위터를 사용하고 있었어요. 저는 그래서 우리가 사우스 바이 사우스웨스트에 나가야 한다고 생각했어요. 그 사람들이 거기 있을 테니까요. 어쩌면 그 외 많은 사람에게도 트위터를

알릴 수 있는 좋은 기회라고 생각했어요.

비즈 스톤: 에반은 사우스 바이 사우스웨스트에서 일종의 마케팅을 해야 한다는 생각을 가지고 있었어요. 그는 "우리는 뭔가 남과 다른 걸 해야 해. 그간 아무도 하지 않은 것을 말이야"라고 했고 제가 말했죠. "모두가 부스 사이의 복도에서 어슬렁거리잖아. 트위터를 시각화한 후에 플라즈마 스크린들에 띄우면 어떨까?"

에반 윌리엄스: 레이는 아름다운 풀 스크린 트윗 시각화 시스템을 코딩했고, 잭과 비즈는 이 시각화 시스템을 설치하기 위해 일찍 갔어요. 시각화 시스템은 새와 구름으로 이루어져서 만화 같은 느낌이었어요.

비즈 스톤: 우리는 그것들이 작동하도록 만드느라 밤을 꼴딱 샜어요. 하지만 사람들이 들어오기 시작하자 시스템이 멈췄고, 우리는 바보처럼 앉아 있었죠. 10시 혹은 11시쯤이었어요. 모든 스크린이 검은색이었고 우리는 "제발, 좀!"이라고 외치고 있었죠. 블레인은 자고 있었고, 휴대폰을 안 가지고 있었어요. 그래서 우리는 다른 친구를 그의 집에 보내서 깨웠죠. 그리고 나서야 마침내 시스템이 작동했어요.

에반 윌리엄스: 컨퍼런스 사람들의 트윗이 스크린 위로 떠돌아다녔어요.

애덤 루겔: 그들은 파티를 열었고, 페스티벌의 모든 사람을 트위터로 모았어요. 사람들은 트위터를 컨퍼런스의 소통 채널로 사용하고 있었죠.

블레인 쿡: 트위터는 사람들에게 직접 문자를 보내지 않으면서도, 의사소통을 하거나 무언가를 조직하는 것이 가능하게 했어요.

애덤 루겔: 그곳에 있던 모두가 트위터의 잠재력을 봤다고 생각해요.

에반 윌리엄스: 충분한 모멘텀이 생겨났어요. 사람들은 블로그에서 트위터에 대해 떠들기 시작했고, 같은 무리의 사람들이 한꺼번에 트위터로 유입되었어요. 그래서 다른 많은 사람의 트윗을 볼 수 있었습니다.

레이 매클루어: 트위터가 그해 사우스 바이 사우스웨스트를 완전히 집어삼켰죠.

비즈 스톤: 몇 가지 일이 생겼는데요, 그중 하나는 어떤 친구가 술집에서 이렇게 트윗을 했을 때였습니다. "이 술집은 너무 시끄러워. 프로젝트에 대해 이야기하고 싶은 사람 있으면 이 옆에 있는 조용한 술집으로 가자." 그리고 8분 후에 800명의 사람이 그 술집에 나타났어요! 저는 '맙소사. 우리가 드디어 새로운 것을 만들어 냈어. 세상 누구도 보지 못한 걸 만들어 냈어'라고 생각했습니다.

에반 윌리엄스: 그리고 테크 관련 언론사와 블로거가 모두 사우스 바이 사우스웨스트에 왔기 때문에, 그들은 트위터에 대해서 각자 위치에서 이야기하기 시작했어요.

비즈 스톤: 그때 우리는 사우스 바이 사우스웨스트의 시상식을 보기 위해 세레모니들을 들락날락했어요. 저는 에반과 잭을 보고 말했어요. "잠깐만. 혹시 우리가 뭔가를 수상하면 어떻게 하지? 만약 정말로 수상하면? 아니야, 우리가 수상할 것 같아!" 그 친구들은 "세상에"라고 말했고, 전 "만약 우리가 수상한다면 소감을 발표해야 돼"라고 했죠. 에반이 말했어요. "맞아, 준비해야 돼. 네가 수상 소감 대본을 쓰고, 잭이 수상 소감을 발표하면 되겠다." 전 "좋은 생각이야"라고 했고 잭을 위해 소감문을 작성했어요. 그리고 결국 우리는 수상을 했죠.

잭 도시: 연단에서 저는 "모두에게 감사하다는 말을 전하고 싶어요. 140자 내로 말이죠"라고 말했어요. 그리고 진짜로 그렇게 말했어요.

비즈 스톤: 우리는 '최고 블로그'상을 받았어요. 말도 안 됐지만 뭔가를 수상했죠.

돔 사골라: 그들은 어떤 형태로든 인정받았어야 했어요. 반드시 무언가를 수상해야 했죠.

애덤 루겔: 그리고 트위터는 뭔갈 아는 사람들 사이에서 사용되는 서비스가 되었죠. 테크 커뮤니티와 테크 저널리스트들이 합류했어요. 그들은 에반이 특별한 사람이고, 그가 과거에 특별한 역사가 있다는 사실을 알

았어요. 그런 상황에서 제품이 어떻게 작동하고 기능하는지 목격했고, 무언가 새롭고 대단한 일의 일부가 되길 원했어요. 그것이 트위터를 성장하게 만든 에너지였습니다.

에반 윌리엄스: 한 순간이었어요. 그전에는 불가능해 보였던 일이 가능해진 건 정말 한 순간이었어요.

비즈 스톤: 컨퍼런스에서 돌아온 지 이틀 만에 우리는 트위터를 별도 회사로 법인화시켰습니다.

래블: 트위터는 아이폰이 세상에 나오기 직전에 출시되었죠. 그리고 아이폰은 문자를 멋지게 주고받을 수 있는 경험을 제공해 줬어요. 그러나 처음 1, 2년 동안은 애플만이 아이폰 앱을 만들 수 있게 되어 있었죠.

블레인 쿡: 하지만 아이폰엔 웹이 있었어요. 사람들은 아이폰으로 트위터닷컴Twitter.com에 들어가서 매우 쉽게 메시지들을 볼 수 있었죠.

에반 윌리엄스: 우리는 SMS 중심의 제품에서 좀 더 웹 서비스 형태로 수정했어요. 그게 핵심이었죠.

래블: 그건 아이폰 1세대에서 정말 작동이 잘 되었던 몇 안 되는 서비스 중 하나였습니다.

돔 사골라: 우리는 아이폰을 보자마자, 아이폰과 트위터가 찰떡궁합이란 사실을 알았어요. 이게 바로 트위터를 경험하는 방식이어야 했죠. 웹이나 SMS, 데스크탑이 아니라 어디에 있든지 바로 호주머니에서 지금 어떤 일이 일어나고 있는지를 상대방이 어디에 있는지에 관계없이 이야기할 수 있어야 했어요. 아이폰의 출시는 트위터 성공의 분수령이었어요. 트위터의 도입률은 사실상 아이폰의 설치 대수를 따라갔죠. 아이폰의 성장과 트위터의 성장 간에는 매우 분명한 상관관계가 있었어요.

래블: 참 역설적이지 않나요? 애플은 아이팟을 위해 오데오를 죽였지만, 트위터는 아이폰 덕분에 살아남아서 성공할 수 있었죠.

애덤 루겔: 2007년부터는 완전 대박이었죠.

래블: 트위터는 정말로 운이 좋았어요.

마크 저커버그: 마치 광대차를 몰고 금광으로 들어갔다가 그 안에 빠진 것과 같았어요.

에반 윌리엄스: 트위터가 운이 좋아서 성공했다는 건 근거 없는 말이에요. 제 말은 분명 운이 좋았지만 단지 운만 좋았다고 생각하는 건 정말 순진하다는 거죠.

래블: 또 다른 행운은 에반이 디지털 지식층과 정말 잘 연결되어 있었다는 점이에요. 그게 어떤 사람들인지 알 거예요. 파티에 나타나서는 서로의 물건을 사용해 보는 것을 좋아하는 잘난 사람들이요.

에반 윌리엄스: 우리 사용자는 웹 매니아, 블로거예요. 그때부터 마이크로블로깅Microblogging이란 단어가 사용되기 시작했어요.

닉 빌턴: 최초의 콘셉트는 "내가 지금 뭘 하고 있을까?"를 알려 주는 것이었지만, 그건 단 한 번도 실현되지 않았어요.

에반 윌리엄스: 트위터는 즉각적으로 시장성을 입증하지는 못했어요. 그런데 왜 성장했을까요? 그건 우리가 트위터를 변화시켰기 때문이에요! 거의 안 알려진 사실인데, 그 운명적인 사우스 바이 사우스웨스트 컨퍼런스 이후에 트위터의 성장은 다시 정체되었어요. 그러고 나서 트위터를 더 많이 변경했죠.

닉 빌턴: 저는 누군가가 페이스북에 쓰듯이 "내 친구 밥과 점심을 먹으러 가자"라는 트윗을 언제 마지막으로 남겼는지 기억이 안 나요.

에반 윌리엄스: 이 정도 규모의 성공은 이루기 엄청 힘들어요. 아이디어가 얼마나 대단하건 말이죠. 단순히 하나의 아이디어로 만들어진 게 아니기 때문입니다. 이런 성공은 수십 가지의 아이디어와 수백 가지의 의사결정 끝에 만들어져요. 아이디어가 완성된 이후에 만들어지기만 하면 된다는 것은 미신인데, 현실에선 아이디어가 계속 발전하고 수정돼요.

닉 빌턴: 그리고 결국 트위터는 더 유명해지고 싶은 사람들을 위한 공간이

되었어요. 더 이상 일상적인 대화를 할 수 있는 공간이 아니죠.

@진짜도널드트럼프: 내 딸 이방카는 내가 대통령 선거에 나가야 한다고 생각해. 아마도 그 이야기에 귀 기울여야 할 것 같아.

닉 빌턴: 오늘날 트위터는 한 사람이 다수의 사람에게 이야기를 전달하죠. 대화가 아니라요. 전 우리 인간이 3억 2,000만 사람과 함께 대화를 하도록 설계되어 있다고 생각하진 않아요.

스티븐 존슨: 사실이에요. 트위터는 대화를 위한 매체가 아니죠. 하지만 그건 괜찮아요. 모든 것이 대화형 매체가 될 필요는 없죠. 만약 그런 기준으로 성공 여부를 판단한다면, 맞아요. 그건 실패에요. 하지만 전 트위터가 개인적으로 제 인생의 멋진 부가 서비스 중 하나라고 생각해요.

@진짜도널드트럼프: 난 트위터를 사랑해……. 그건 마치 내가 신문사를 소유하는 것과 같거든. 손실 없이 말이야.

스티븐 존슨: 제가 트위터가 아름답다고 느끼는 건, 우연히 신문 1면을 발견하는 것과 같기 때문이죠. 어떤 사람들이 "우리는 우연한 발견이 주는 재미를 더 이상 느낄 수 없어. 구글이 모든 걸 망가뜨렸기 때문이야. 이제 웹에 가서 내가 원하는 걸 찾으면 바로 그걸 얻을 수 있고, 그걸로 끝이야"라고 말할 때 저는 생각해요. '트위터 사용해 본 적 없으세요?' 말 그대로 새로고침 버튼을 누를 때마다 뭔가에 대한 흥미로운 이야기가 있어요. 그리고 종종 연결된 외부 링크는 어떤 식으로든 제 마음을 열죠. 트위터는 우연함을 발견할 수 있게 해 주는 엔진이에요.

닉 빌턴: 우리는 10년, 20년, 30년 후에 트위터를 다시 되돌아보겠죠. 지금 우리가 더웰을 되돌아보는 것처럼 말이죠. "그거 결국 잘 안됐지? 그지?"라고 말하면서요.

@ 진짜도널드트럼프: 지금 트위터 내에서 트렌드 1위는 #트럼프당선#TrumpWon이네요. 감사해요!

28

◆

무한한 공간, 저 너머로!
스티브 잡스를 기리며

등장 인물

댄 코트키	빌 게이츠	웨인 굿리치
래리 브릴리언트	스티브 워즈니악	이브 잡스
래리 엘리슨	스티브 잡스	존 루빈스타인
론 존슨	스티븐 레비	존 마코프
마이크 슬레이드	앤디 허츠펠드	존 카우치
마크 베니오프	앨런 케이	톰 수터
모나 심슨	앨비 레이 스미스	
보노	에릭 데이비스	

실리콘밸리는 그 자체로 하나의 문화이자 집단이자 세상을 바라보는 방식이다. 하지만 만약 단 한 사람이 실리콘밸리를 대표해야 한다면 그건 스티브 잡스여야만 한다. 그는 두 번이나 야생으로 떠났던 실리콘밸리 토박이였다. 첫 번째 여행은 1974년에 인도로 향했다. 19살의 잡스는 제자들에게 마하라지Maharaj-ji라고 불렸던 인도의 살아있는 성자 님 카롤리 바바를 찾고자 했다. 결국 그를 찾지는 못했지만 여행은 스티브 잡스 안의 무언가를 흔들어 놓았다. 실리콘밸리로 돌아온 후 잡스는 PC 산업을 시작했다. 애플 II와 맥킨토시는 획기적인 제품이었지만, 맥의 경우엔 적어도 초기에는 잘 팔리지 않았다. 그가 공동으로 설립한 회사에서 쫓겨났을 때 서른 살에 불과했고 가진 것은 없었다. 10여 년이 지난 후 그는 그 회사로부터 다시 돌아와 주길 요청받았고, 사람들의 머리 속에서 잊힐 뻔한 그 회사를 구했다. 놀랍게도 그가 스스로 30년 전에 애플 II와 함께 만들어 냈던 패러다임인 '모든 사람의 책상마다 하나의 컴퓨터'를 무너뜨리면서 회사를 구했다. 아이폰은 '언제 어디서나' 사용 가능한 모바일 컴퓨터 시대를 열었다. 그렇게 개인용 컴퓨터의 시대를 열었던 사람이 자기 손으로 그 시대를 끝냈다. 3년 후 잡스의 이른 죽음은 그를 실리콘밸리의 창공에 영구적으로 새겼다. 그의 인생은, 그가 종종 그렇게 인식되길 원했듯이, 일종의 미신으로 가득 차 있었다. 그러나 그에게는 마법의 힘도 미래를 볼 수 있는 초인적 능력도 없었다. 실상 그는 평범하면서도 동시에 특별했다. 잡스는 순전히 결단력과 영리함만으로 그가 젊은 시절 그토록 되길 바랬던 바로 그런 사람이 되었다. 구루이자, 선지자이자, 마법사. 2011년 10월 5일 팔로알토의 자택에서 눈을 감았다.

마이크 슬레이드: 2003년 10월, 잡스가 임원 회의 후 월요일 오후에 느닷없이 내 사무실로 들어와서 "할 이야기가 있어"라고 말했어요.

스티브 잡스: 아침 7시 30분에 검사를 받았는데, 췌장에 종양이 선명하게

보였어요. 그때까지만 해도 전 췌장이 뭔지도 몰랐죠. 의사들은 이것이 치료가 불가능한 종류의 암이고 앞으로 길어 봤자 3개월에서 6개월, 그 이상 살 수 없을 것이라고 말했어요. 내 주치의는 내게 집에 돌아가서 주변을 정리하라고 말했죠. 그건 '죽음을 맞이할 준비를 하라'는 신호였어요. 아이들에게 10년에 걸쳐서 해 주고 싶었던 모든 이야기를 단지 몇 개월 만에 다 말해 줘야 한다는 이야기였죠. 그건 가족을 위해 모든 것을 확실하게 마무리 지어서, 그들이 제 죽음을 편안히 받아들일 수 있도록 해 줘야 한다는 뜻이었어요. 작별 인사를 해야 한다는 뜻이었죠.

마이크 슬레이드: 그는 "췌장암에 걸렸어. 난 이제 곧 죽을 거야"라고 말하고는 울기 시작했어요. 전 "그게 도대체 무슨 소리야?"라고 말하면서 기겁을 했고, 그는 "100% 확실하진 않다네"라고 했어요. 그렇지만 청천벽력이었고 그래서 저는 그날 하루 종일 그와 이야기를 나눴어요.

래리 브릴리언트: 전화가 울렸어요. 잡스에게서 전화가 오면, 그게 그인지 아닌지 항상 알 수 있었어요. 왜냐하면 발신인 정보에 애플이라고 나오거든요. 전화를 받자 그가 말했어요. "너 아직도 님 카롤리 바바를 믿어? 너 아직도 마하라지를 믿지? 너 아직도 신을 믿지? 너 아직도 정말 믿지?" 전 말했어요. "안녕, 스티브. 잘 지내는 거지?" 그리고 우리는 이야기를 했어요. "난 니가 아직도 마하라지를 믿고 있는지 알고 싶어." "그럼. 당연히 믿지. 그건 왜?" "췌장암이라네."

스티브 잡스: 어느 날 저녁 늦게 생체 검사를 받았어요. 내시경이 목구멍과 위를 지나 내장에 들어갔고, 바늘을 췌장에 넣어 암세포 일부를 떼어 냈어요. 전 마취 상태였고, 그곳에 있던 아내는 현미경으로 세포를 보았을 때 의사들이 울먹이기 시작했다고 말해 줬어요. 수술로 치료가 가능한 희귀한 형태의 췌장암으로 판명되었기 때문이죠.

마이크 슬레이드: 그리고 다음날 아침 잡스는 나를 한 쪽으로 데려가 말했어요. "췌장암이 아니라 섬세포종양이었어. 내가 생각했던 것만큼 심각

한 건 아니라네. 여전히 심각하긴 하지만 괜찮아질거야." 저는 "다행이다!"라고 했죠.

론 존슨: 잡스의 일생을 관통하는 가장 큰 강점은 남과 다르게 생각하고, 직관을 믿고, 신념을 따르는 능력이었어요. 직장에서도 그랬고, 개인 삶에서도 그랬어요. 그리고 그게 그가 자신의 병을 이겨 내는 방법이었죠.

마이크 슬레이드: 그는 곧바로 수술을 받지 않고, 침술을 받기로 했는데, 결과적으로 그건 정말 치명적인 결정이었어요. 물론 7~8년간 생존하긴 했지만 말이죠.

존 카우치: 잡스는 사람들이 극복 못할 것이라고 생각했던 수많은 장애물을 넘었기에 아마 자신의 질병도 스스로 이겨 낼 수 있을 것이라고 생각했던 것 같아요.

마이크 슬레이드: 잡스는 히피였습니다. 부정적인 의미로 말하는 게 아니에요. 그는 비건이었고 대체 의학을 믿었어요. 그렇기에 바로 섬세포종양 제거 수술을 받지 않았죠.

톰 수터: 2005년에 전 다른 모든 사람이 그랬듯이 스티브 잡스의 스탠퍼드 졸업식 연설을 보고서 짐작했어요. "잘 됐다! 총알을 피했어. 감사합니다, 히느님."

존 루빈스타인: 그는 모든 사람에게 자신이 회복되었다고 말했어요. 그래서 모두 "좋아. 회복됐대. 이제 일하러 가자"라고 했죠. 처음 그의 투병 소식이 공개되었을 때는 스트레스를 받기도 했지만, 그가 스탠퍼드에서의 연설을 통해 괜찮아졌다고 말하면서, 모든 사람이 다시 평상시로 돌아갔어요.

앤디 허츠펠드: 암 진단이 내려진 때는 아이팟이 하키 스틱 곡선에 막 올라탔고, 아이폰은 아직 출시되기 전이었어요. 당시에 그가 이룬 모든 것을 돌이켜 보면 정말 놀라워요. 그 많은 것을 그토록 짧은 시간 안에 이뤄 냈으니까요.

웨인 굿리치: 2007년 아이폰이 처음 공개되었을 때, 그의 체력과 외모는 여전히 전과 같았어요. 평소와 같이 굉장히 강했습니다.

론 존슨: 그가 직면했던 암의 도전, 그에 따른 어려움에 대한 어떠한 비통함도 찾아볼 수 없었어요. 그는 불평하지 않았어요. 저는 그가 정말 품위 있게 싸웠다고 생각해요.

마이크 슬레이드: 그가 2009년에 간 이식을 받은 후, 그리고 그 후로도 몇 번 그를 만나러 갔는데 항상 괜찮다고 했어요. 지금 돌이켜 보면, 그는 한 번도 모든 진실을 말한 적이 없었어요. 우리는 정말 친한 친구였는데도 말이죠.

모나 심슨: 제 동생이 의자를 이용해서 다시 걷는 법을 배울 때를 기억해요. 간 이식 후, 하루에 한 번씩 너무 얇아서 도저히 견딜 수 없을 것 같은 다리로 일어서 팔로 의자를 밀었어요. 의자를 밀면서 멤피스 병원 복도를 따라 요양소 쪽으로 가서는 잠시 의자에 앉아서 쉬었다가 다시 걸어서 돌아왔어요. 그는 매일 자신이 얼마나 걸었는지를 셌고, 매일 조금씩 걸음 수를 늘렸어요.

존 마코프: 전 안식년을 마치고 돌아온 그를 스탠퍼드 애플 스토어에서 본 기억이 나요. 훨씬 더 말랐지만, 꽤 건강해 보였어요.

론 존슨: 그냥 훨씬 더 날씬해졌을 뿐이었어요. 몸은 지쳐 있었지만 정신은 제가 봤던 그 어느 때보다 선명했어요. 영혼은 여느 때만큼 강렬했고 더 강인해 보이기도 했어요. 보통 생의 마지막 순간에 그렇지 못한데 말이죠. 그런 그의 모습은 사람들이 진정으로 그가 어떤 생각을 가지고 살았고, 삶에서 무엇을 소중하게 여기는지를 더 잘 이해하게 만들었던 것 같아요.

앤디 허츠펠드: 암이 그의 삶에 대한 접근을 완전히 바꿔 놓았어요. 그는 전보다 좀 더 친절해졌고, 좀 더 솔직해졌어요. 그리고 자신이 왜 이렇게 생각하고 행동하는지 설명하려는 욕구가 훨씬 더 강해졌어요. 그전에는

항상 고압적이었습니다. "아냐! 우린 그렇게 하지 않을 거야!"라고 외치곤 끝이었죠. 하지만 아프고 난 후 그는 이면에 있던 자신의 생각을 명확히 말하기 시작했습니다.

존 마코프: 그는 2011년 봄에 마지막으로 애플로 돌아왔고, 우리는 그의 상태가 좋지 않다는 사실을 알았어요. 저는 그에게 쪽지를 보냈습니다. "스티븐 레비랑 같이 만나러 가고 싶어." 그리고 2011년 5월에 2시간 동안 그와 정말 좋은 시간을 보냈어요. 같이 있는 시간 동안 계속 진저에일을 마시는 걸 보고 항암제나 그와 비슷한 약물을 복용하고 있다는 것을 알았지만, 자신의 건강에 대해서는 말하지 않았어요. 우리도 물어보지 않았고요. 그저 자신에게 조금 더 에너지가 있었으면 좋겠다고 이야기했고, 만약 그런 에너지가 있다면 자동차 산업에 뛰어들고 싶다고 말했어요. 그는 정말로 차를 디자인하고 싶어 했어요! 정말로 좋은 대화였어요. 그리고 그게 우리가 본 그의 마지막 모습이었습니다. 두세 달 후, 그는 애플에서의 마지막 병가를 떠났어요.

마이크 슬레이드: 빌 게이츠로부터 연락이 왔습니다. "좀 도와줄 수 있어? 난 스티브를 보고 싶어. 그가 정말 많이 아프다는 것을 알아. 가서 만나보고 싶어." 전 말했죠. "그냥 이메일을 보내 봐." 그가 말했어요. "사실 이미 보냈어." 나중에 알게 된 사실인데, 빌은 마이크로소프트를 떠나면서 자기 이메일 주소를 바꿨고, 그런 사실이 잡스에게 반영이 되지 않아 이메일이 전달되지 못했어요. 빌은 잡스가 자신을 무시하고 있다고 생각했어요. 그래서 빌이 말했죠. "만나게 도와줄래?" 전 속으로 생각했죠. '내가 왜 이걸 해야 하지? 너희가 날 서로에게 소개시켜 줬잖아!' 이건 마치 부모가 자식에게 서로를 만날 수 있도록 저녁 자리를 마련해 달라고 부탁하는 것 같았어요. 어쨌든 저는 2011년 5월에 서로를 위한 자리를 만들어 줬죠.

빌 게이츠: 잡스가 죽어 가고 있을 때, 저는 그에게 편지를 썼어요. 잡스는

그 편지를 침대 옆에 두었죠.

마이크 슬레이드: 전화가 왔는데, 잡스였어요. 제가 말했죠. "안녕, 스티브." 그는 꽤 상태가 안 좋았습니다. 스티브가 말했어요. "한 시간 정도 후에 빌이랑 만나기로 했어." 전 "알고 있어. 내가 주선했잖아. 기억나지?"라고 했어요. 그러자 그가 물었어요. "뭘 원하는 거지?" 왜냐하면 잡스는 빌이 자신에게 큰 선물을 주고 싶어 한다고 생각했고, 잡스는 그런 게 싫었던 거죠. 전 "아니야. 그냥 너랑 같이 어울리고 싶어 하는 거야. 정말로!"라고 했고, 그는 "빌 게이츠가 나와 같이 놀고 싶어 한다고?"라고 의아해했어요. 빌은 누구와 어울려 노는 부류은 사람이 아니었거든요. 제가 말했죠. "맞아. 정말로 그러고 싶어해!" 그가 말했어요. "90분 정도 만나기로 했어. 어울리기에 충분하지 않은 시간일 거야." 전 "그냥 만나. 최악의 상황이 뭘까? 빌에게 그가 좋아하는 다이어트 콜라를 줘 버려. 그럼 알아서 하겠지. 그냥 만나는 거야. 알았지?" 그는 이렇게 답하고 끊었어요. "알았어. 나중에 이야기하자. 끊어." 빌은 서너 시간을 머물렀던 것 같아요. 정말 긴 시간이었고 잡스는 빌을 만난 걸 정말 행복해했어요. 그들은 자신의 아이들과 다른 모든 것에 대해서 이야기했습니다. 그건 마치 테드 윌리엄스와 조 디마지오가 서로 이야기하는 것과 같았어요. 서로 짜증내지 않았어요. 분위기가 좋았습니다.

빌 게이츠: 그는 로렌을 만난 것이 얼마나 행운이었는지 웃으며 이야기하면서, 그녀가 그를 그나마 절반은 정상인으로 만들었다고 말했어요. 저는 멜린다를 만나서 그녀가 저를 절반이나마 정상으로 만들었다고 이야기했죠. 우리는 우리의 자식 중 한 명으로 살아간다는 것이 얼마나 힘든 일인지 이야기했고, 어떻게 도울 수 있을지 토론했어요. 매우 사적인 이야기들이었죠.

8월에 스티브 잡스는 공식적으로 애플의 경영권을 내려놓고, 팔로알토의 자택으로 돌아갔다.

래리 브릴리언트: 스티브와 40년간 친구로 지내면서 가장 즐거웠던 일은 종종 그의 집에서 요거트 음식점이나 스무디 음식점까지 함께 산책을 가는 것이었어요.

래리 엘리슨: 우리는 항상 산책을 했어요. 산책의 거리는 점점 짧아졌고 마지막에는 한 블록 정도를 걸었어요. 그가 점점 약해지는 것을 알 수 있었습니다.

앨런 케이: 잡스가 죽기 전에 그에게 말했어요. "스티브, 네가 한 일 중에서 최고는 픽사에 10년 동안 매달려 있었다는 거야." 전 그가 그 이유만으로도 천국에 가길 희망해요.

론 존슨: 잡스가 사망하기 전 일요일에 그를 만났어요. 문은 항상 열려 있었죠. 그래서 그냥 안으로 들어가서 인사할 수 있었어요. 그는 침대에 누워 있었습니다. 전 그 침대 옆에 한동안 앉아 있었어요. 잡스와 2시간 동안 이야기했죠. 전 그의 가장 친한 무리 안에 들어가지는 못했지만, 그 주변에 있었고 우리는 서로 좋은 관계를 유지했어요. 2시간 동안 이야기하면서 영적인 주제에 대해 서로 싶은 대화를 나누었죠.

스티브 워즈니악: 잡스는 삶의 마지막 즈음에 완전 다른 사람처럼 보였어요. 마음 속에서 그의 초기 시절, 심지어 애플 이전 시기로 돌아가서 그 당시를 회상하곤 했어요.

존 마코프: 잡스는 감성적이 되었죠. 어쩌다 보니 그는 LSD를 했던 경험이 얼마나 중요한 경험이었는지 이야기하게 되었어요. 그는 그것이 자기 인생에서 가장 중요했던 두세 가지의 일 중 하나였다고 말했어요.

래리 브릴리언트: 마하라지가 LSD를 어떻게 생각하는지는 흥미로웠죠. 그는 "LSD는 요가 치료제야"라고 말했어요. 그건 깨달음을 얻기 위해 요가를 하는 사람을 위한 약이었어요.

댄 코트키: 1972년 겨울에 저와 잡스는 『지금 여기에 있으라』, 『요기의 자서전Autobiography of Yogi』을 읽었고, 『라마크리슈나와 그의 제자들Ramakrishna and His Disciples』을 읽었어요. 모두 깨달음에 관한 것이었죠.

래리 브릴리언트: 하지만 LSD는 신의 존재, 그리고 하느님의 존재에 아주 짧은 시간 동안만 다가가게 해 주죠. 고개를 숙이고 인사를 할 수 있지만 약효가 사라지면 빠져나오게 되죠. 그래서 LSD를 하고 그 존재를 잠깐 맞이하고 난 뒤에는 한밤 중의 도둑처럼 그곳을 빠져나와야 합니다. 들어가는 방법을 스스로 쟁취하면 나면 그곳에 영영 머무를 수 있겠죠.

존 마코프: 제가 가장 놀랐던 점은 그가 자신의 아내와 그걸 공유하지 않았다는 사실을 말했다는 점과 LSD를 했다는 사실이 그를 산업 내에서 차별화시킨 부분이라고 말했다는 점이에요. 그가 관계를 맺은 대부분의 CEO는 LSD를 하지 않기 때문이죠. LSD를 해 보기 전에는 그게 무슨 의미인지 이해할 수 없어요. 매우 심각하게 지성, 정신을 흔들어 놔요. 한 번 LSD를 하고 나면 세상은 그전과 같아 보일 수가 없죠.

래리 브릴리언트: 힌두교도가 수행하며 거주하는 곳인 아쉬람에서는 환각제를 복용하는 일이 매우 드뭅니다. 그곳은 이미 감정이 고조된 곳이기 때문이죠. 하지만 제가 환각제를 복용하지 않았다면, 인도에 가거나 마하라지를 찾는 일도 없었을 거예요. 잡스도 마찬가지였을 것이라고 확신해요. 저는 잡스를 그 누구보다 오랫동안 알아 왔어요. 1974년에 그를 만났고 아쉬람에서의 경험을 공유했죠. 대화 주제는 영적인 진보와 질병, 인생의 의미, 죽음, 이런 것들이었어요.

론 존슨: 그날의 분위기는 사색적이었고 여유가 있었어요. 우리가 함께했던 많은 것을 추억했죠. 마지막에 "고마워"라고 말했던 것이 기억나요. 그도 같은 말을 했어요. 그리고 마지막으로 크게 안아 줬어요. 그러기 위해서 제가 그의 침대 위로 올라가야 했죠.

래리 엘리슨: 그는 제가 만난 사람 중 가장 굳세고 의지가 강한 사람이었지

만, 7년 동안의 투병 생활 끝에 암은 그를 완전히 지쳐 버리게 했죠. 그는 고통에 지쳤고, 싸우는 데 지쳐 있었어요. 그리고 치료를 그만두기로 결심했습니다. 로렌과 그 외 모두를 충격에 빠뜨리긴 했지만, 토요일인가 일요일인가에 치료를 끊어 버렸어요.

모나 심슨: 화요일 아침, 그는 저를 불러서 팔로알토로 빨리 가자고 재촉했어요. 그의 말투는 애정 어리고 다정하고 사랑스러웠지만, 이미 짐을 차에 싣고 여행을 시작해 버린 사람 같았어요. 먼저 떠나는 것을 정말로 미안해하는, 아주 깊이 미안해하면서 말이죠. 우리가 늘 계획했던 것처럼 같이 함께 늙지 못하고, 그가 더 좋은 곳으로 먼저 간 것이 너무나 유감이었어요.

댄 코트키: 우리가 정말로 좋아했던 책 중 하나는 티벳 환생에 관한 책인 『하얀 구름의 길Way of the White Clouds』이었어요. 그걸 정말 환상적이라고 생각했어요.

래리 브릴리언트: 스티브 잡스는 님 카롤리 바바의 신자였고, 죽는 날까지 마하라지의 사진을 모든 곳에 두었어요.

마이크 슬레이드: 그는 2011년 10월 5일 수요일에 세상을 떠났어요. 그가 눈을 감았을 때, 저는 정말 놀랐어요. 전혀 예상하지 못했죠. 그가 죽었다는 사실에 충격을 받았어요. 그는 제게 아직 1년 정도 더 살 수 있다고 말했었어요. 그러고는 세상을 떠났죠.

모나 심슨: 죽기 1시간 전에 했던 잡스의 마지막 말은 단음절들이었어요. 세 번 반복해서 말했죠. "오, 와우! 오, 와우! 오, 와우!"

댄 코트키: 그건 그가 죽음의 순간을 경쾌하게 걸어 갔으리라는 생각이 들게 해요. 잘 알려진 사실이지만 알두스 헉슬리Aldous Huxley는 죽음에 다다랐을 때 LSD를 스스로 주사했고, 잡스도 그 사실을 알고 있었을 거예요. 하지만 저는 그가 그렇게 하지는 않았을 것이라 생각합니다. 그는 정신이 맑기를 원했을 거예요. 하지만 DMT는 내생적이고 신체에서 직접 만

들어지죠.

에릭 데이비스: DMT는 영혼 분자로 알려져 있죠. 그건 자연에서 널리 발견되는 환각제 성분이에요.

댄 코트키: 뇌 속 내분비기관인 솔방울샘이 죽음의 순간에 DMT를 분비한다는 이론이 있어요. 신경약물학적 관점에서 보면 흥미롭죠. 아무튼 제 생각은 그래요.

론 존슨: 빌 캠벨Bill Cambell은 여러모로 잡스의 가장 친한 친구였어요. 매일 찾아왔고, 산책을 나갔고, 함께 시간을 보냈죠. 잡스가 세상을 떠나던 날, 빌은 세크리드 하트 학교Sacred Heart School에서 8학년 풋볼 팀을 가르치고 있었어요. 그는 연습 시간에 나타나서는 아이들을 한자리에 모아놓고 말했어요. "얘들아, 방금 내 가장 친한 친구가 세상을 떠났다는 사실을 알아줬으면 한다." 그리고 그 순간, 이중 무지개가 경기장 바로 위로 떠올랐어요. 어떤 사람들은 이런 일이 우연히 발생한다고 생각하죠. 다른 사람들은 인간이 이해할 수 없는 무언가가 있다고 생각하고요. 정말 놀라운 순간이었어요.

마이크 슬레이드: 다음날 저는 로렌의 사무실에서 "50명의 사람과 작은 기념식을 갖고자 하는데 참석하시겠습니까?"라는 이메일을 받았어요. 참석했어요. 그날은 정말로 덥고 이상한 실리콘밸리의 하루였어요. 그가 죽은 날로부터 얼마되지 않았기에, 모든 사람이 아직 정신이 없었죠. 그 기념식은 모두가 같이 서로의 생각을 배설하는 그런 종류의 기념식이 아니었어요. 정말 작고 다양한 그룹이 모인 자리였습니다. 밥 아이거Bob Iger가 거기에 있었고, 이야기를 했죠. 리 클로Lee Clow는 『더 크레이지 원즈The Crazy Ones』를 읽었어요. 잡스의 친누나인 모나 심슨도 거기 있었어요. 그의 자녀들도 모두 있었어요. 로렌도 거기 있었고요. 제가 기억하는 애플 측 사람은 조니 아이브, 에디 큐, 팀 쿡Tim Cook뿐이었어요. 조지 라일리George Riley는 사회를 보는 것 같았어요. 래리 브릴리언트도 있었죠.

래리 브릴리언트: 우린 『바가바드 기타Bhagavad Gita』에서 따온 무언가를 읽었지만, 그것에 대해서 이야기하지는 않겠습니다.

마이크 슬레이드: 기념식은 묘지에서 진행되었고, 그의 관은 바로 그 묘지에 있었어요. 우리는 모두 관을 중심으로 반원을 그리며 서 있었고 누구든지 뭔가 말하고 싶은 사람은 말할 수 있었어요. 아름다웠고 매우 감정적이었어요. 종교적인 장례식이 아니었고, 뭘 해야 하는지 말해 주는 목사님도 없었죠. 모든 것이 쿨했어요. 기념식이 끝나고 우리는 모두 우드사이드에 있는 존 도어의 집으로 가서 와인을 마셨어요. 전 로렌의 형제들과 많은 이야기를 했죠. 정말 유쾌한 그들과 잡스에게 치곤 했던 장난들에 대해서 이야기했어요. 정말 즐거웠지만, 한편으로는 힘들었어요. 제가 갔던 기념식은 그로부터 일주일 후에 있었던 스탠퍼드에서의 추모식과는 달랐어요.

웨인 굿리치: 저에게 스탠퍼드에서의 추모식은 모든 것이 정말로 현실이 되는 순간이었어요.

론 존슨: 스탠퍼드는 잡스에게 정말로 최적의 장소였어요. 수년 동안 스티브는 스탠퍼드의 디자인을 열망했어요. 전체적인 레이아웃과 석조 양식을 사랑했어요. 그는 1800년대 후반에 지어진 스탠퍼드의 안뜰이 캘리포니아 최고의 건축물이라고 말했어요.

앤디 허츠펠드: 걸어갈 만한 거리였어요. 조금 길지만요.

존 마코프: 제가 스티븐 레비와 걸어갔어요. 기억나는 건 경비가 너무 삼엄해서 대통령 행사 같다는 점이었어요. 그건 일반적인 개인 경비가 아니었어요. 마치 정부 측에서 나온 것만 같은 삼엄한 경비였어요. 우린 오바마가 온다고 확신했어요. 하지만 오지 않았죠. 람 엠마뉴엘Rahm Emanuel은 왔지만 오바마는 오지 않았어요.

존 루빈스타인: 클린턴은 왔어요. 많은 억만장자와 유명한 인사가 왔죠.

존 마코프: 조안 바에즈, 조지 루카스, 래리 엘리슨, 빌 게이츠, 그리고 존 워

녹 등등.

존 카우치: 모두가 그 자리에 있었어요. 그곳엔 경쟁자들도 있었죠. 잡스와 대립각을 세웠던 사람들, 그 사람들도 왔어요.

댄 코트키: 전 초대받지 않았어요.

앨비 레이 스미스: 저도 초대받지 않았어요.

스티브 워즈니악: 전 안 갔죠.

존 마코프: 그날 참석한 사람의 면면은 정말 놀라웠어요. 마치 일종의 국가적 이벤트 같았죠. 실리콘밸리라는 국가의 이벤트 말이에요.

웨인 굿리치: 분위기는 정말 고조되었어요. 모든 것이 자신을 돌아보게 만들었어요. 이야기와 추억거리가 흘러 넘쳤어요.

론 존슨: 장엄했어요. 안뜰에 다가가면 거대하고 완벽하게 균형이 잡힌 계란형의 잔디밭이 있었죠. 중앙에는 꽃밭이 있고요. 길을 따라가면 스탠퍼드의 초기 캠퍼스인 안뜰이 나와요. 계단을 걸어 올라가서 안뜰에 들어가면 중앙에 어디서도 본 적 없는 아름다운 교회를 볼 수 있어요.

마이크 슬레이드: 마치 르네상스 시대로 온 것 같죠.

톰 수터: 기가 막히죠. 정말 멋져요. 마치 로마 시대에서 뚝 떨어진 것 같은 느낌이에요.

론 존슨: 그 안으로 들어가면 석양이 바로 교회 뒤로 펼쳐졌어요. 정말 아름다운 저녁이었어요.

웨인 굿리치: 마지막 아치를 지나 실제 안뜰에 들어서면서 스탠퍼드 메모리얼 교회를 바라볼 수 있었고, 그간 제가 알아 왔던 정말 많은 사람의 얼굴을 볼 수 있었어요.

론 존슨: 애플에서 온 잡스의 친구들, 실리콘밸리에서 온 잡스의 친구들, 너무나 유명하기에 그냥 보자마자 알 수 있는 사람들.

존 카우치: 황홀했어요. 스탠퍼드 메모리얼 교회를 향해 모두가 조용히 걸어갔죠.

론 존슨: 사람들은 모두 생각에 잠겼어요.

톰 수터: 침울했어요. 우리 모두 이 일의 일부인 것 같은 느낌이 들었죠. 별로였어요. 기분이 안 좋았죠.

존 카우치: 우리 모두에게 놀라우면서도 고요한 존경심과 죽음에 대한 인식이 있었어요.

마이크 슬레이드: 어쨌든 우리는 교회 안까지 호위를 받았어요. 한 500명, 700명 정도였죠?

존 마코프: 그들은 메모리얼 교회를 다 채우진 않았어요.

존 루빈스타인: 아름다운 행사였어요. 분명 무덤 안의 잡스가 무덤 밖으로 나와 무대까지 관리했을 거예요.

존 마코프: 요요 마Yo-Yo Ma가 가장 먼저 연주했어요. 아름다웠습니다.

앤디 허츠펠드: 그건 정말로 깊고, 가슴이 찢어질 듯이 아름다웠어요. 제가 들었던 것 중 가장 감성적인 음악이었어요.

존 마코프: 연주를 마친 후에 그는 간단하게 행사를 소개했어요. 그리고 잡스가 자신의 장례식에서 어떻게 연주해 주길 원했는지 그리고 자신은 그의 장례식에서는 잡스가 어떻게 연설해 주길 원했는지에 대한 짧고 웃긴 일화를 이야기했어요. 그리고 그는 잡스의 뜻대로 연주했다고 말했어요.

마이크 슬레이드: 그리고 로렌이 이야기를 했습니다. 잡스에 관한 놀라울 정도로 분석적이고 아름다운 연설을 써 왔죠.

론 존슨: 그녀는 매우 프로페셔널하고, 침착하고, 지적이고, 논리적인 사람이었고, 이걸 위해 오랫동안 준비해 왔어요. 전달하려는 메시지가 있었고 무척 우아하게 전달했죠.

마이크 슬레이드: 그녀는 "보세요. 만약 당신이 그가 재수 없는 사람이었다고 생각한다면, 그건 그가 아름다움을 추구했기 때문입니다. 그에겐 그게 사실상 다른 모든 것보다 중요했어요. 대부분의 사람은 그를 제대로

이해하지 못했어요"라고 했죠. 그리고 그런 거지 같은, 물론 그녀가 실제로 이런 말을 쓰지는 않았지만, 대부분의 일은 그가 아름다움을 추구했기 때문이었다고 했어요. 저는 미망인이 그저 슬퍼하기만 하는 장례식장에 많이 갔지만, 그녀는 그러지 않았어요. 정말 훌륭했습니다. 정말로 뛰어났죠. 솔직히 많이 배웠어요.

존 마코프: 리드 잡스는 로렌을 따라 아버지에 대해 이야기했어요. 그는 자신이 어린 아이였을 때, 집 한구석에 있는 아기 침대에서 잠을 잤는데, 자기가 무서워할 때, 잡스가 아기 침대로 기어와서는 자기가 잠이 들 때까지 옆에 머물러 있었다는 이야기와 그가 아기 침대에서 나오려고 할 때마다 힘들어 했다는 아름다운 이야기를 해 줬어요.

웨인 굿리치: 그 순간 제가 느꼈던 건, 그들이 자식이기 이전에 성인으로서 잡스에 대해 전혀 몰랐거나 소통하지 않았다는 점이었어요. 저는 기분이 매우 매우 안 좋았고 동정심이 생겼어요.

존 마코프: 이브 잡스는 청아한 목소리로 『더 크레이지 원즈』를 읽었어요.

이브 잡스(무대 위에서): 여기에 미친 자들이 있다. 사회 부적응자들, 반항아들, 문제아들. 네모난 구멍의 둥근 못 같은 존재들. 세상을 남과 다르게 보는 사람들. 그들은 규칙을 좋아하지 않는다. 또 지금 현재를 존중하지도 않는다. 당신은 그들의 말을 인용할 수도 있고, 그들에게 동의하지 않을 수도 있으며, 그들을 찬양하거나 비난할 수도 있다. 하지만 당신이 할 수 없는 유일한 일은 그들을 무시하는 것이다. 왜냐하면 그들이 세상을 바꾸기 때문이다. 그들은 인류를 전진시킨다. 어떤 이는 그들을 미친 사람으로 보겠지만 우리는 그들을 천재로 본다. 왜냐하면 자신들이 세상을 바꿀 수 있다고 생각하는 그 미친 사람들이 바로 세상을 바꾸는 자들이기 때문이다.

존 마코프: 전 울었어요.

웨인 굿리치: 교회 안에서의 감정의 파도가 몰아쳤어요. 마치 눈물의 샘으

로 무너져 내리지 않기 위해 내 자의식을 지키려는 그런 감정의 파도가 몰아쳤어요.

존 마코프: 모나 심슨은 어떻게 그녀의 생물학적 오빠를 만났는지, 그리고 그들의 관계에 대해 이야기했어요. 제가 알고 있던 것보다 훨씬 가까운 관계였죠. 그녀 또한 잡스의 아름다움에 대한 추구에 대해 이야기했어요.

모나 심슨: 그가 로렌을 만난 날, 저에게 전화를 했던 것이 기억나요. "이런 아름다운 여자가 있어. 정말로 똑똑하고, 이런 강아지를 기르고 있고, 난 그녀와 결혼할 거야"라고 했죠.

존 마코프: 조안 바에즈가 일어서서 기타를 꺼내 들고는 '스윙 로우, 스윗 채리엇Swing Low, Sweet Chariot'을 불렀어요.

마이크 슬레이드: 그녀는 기타를 들고 앉아서 연주했어요. 높은 음들을 연주했고 전율이 흘렀어요. 전 넋이 나갔죠.

존 마코프: 그녀의 목소리는 여전히 거기 있는 것 같아요.

마이크 슬레이드: 그녀는 일흔 살이었고 모두의 마음의 문을 열어 버렸죠.

존 마코프: 보노와 슬래시가 노래를 했어요. 처음엔 밥 딜런의 '에브리 그레인 오브 샌드Every Grain of Sand'를 두 번째로는 U2의 '원One'을 불렀죠.

마이크 슬레이드: 딜런은 첫 곡을 연주하기로 되어 있었는데, 안 왔어요. 그에게 연주해 달라고 했지만 그는 거절했죠.

존 마코프: 딜런의 곡을 부르기 위해 보노는 스탠드에 아이패드를 올려놓고 가사를 참고했죠.

보노(밥 딜런의 노래를 부르며): "전 바다의 움직임 같은 오래된 발자국 소리를 들어요. 가끔 나는 돌아서요. 그러면 거기에 누군가 서 있거나, 어쩔 때는 혼자죠. 전 인간의 실체라는 저울에 매달려 있어요. 마치 추락하는 모든 참새처럼, 마치 모든 모래알 하나하나처럼."

마이크 슬레이드: 그리고 물론 래리 엘리슨이 그 긴 추도 연설을 했죠. 알다시피 즐겁고 매력적인 래리의 모든 것이 담겼어요.

래리 엘리슨: 전 잡스와 저의 우정에 대해 이야기하고 싶었어요. 그가 정말로 어떤 사람인지 조금이나마 이야기하고 싶었죠.

마이크 슬레이드: 래리가 연설을 할 때, 빌과 저는 서로를 쳐다보며 당황해했어요. 왜냐하면 추도 연설치고는 '나'라는 대명사가 너무 많이 들어 있었거든요. 그렇지만 뭐, 잘 끝냈어요.

존 마코프: 추모식이 끝난 후, 모든 사람이 모여서 타원 정원을 지나 로댕 조각 공원으로 걸어갔어요.

론 존슨: 우리가 교회를 나왔을 때 해가 막 지려 하고 있습니다. 꽤 오래 걸었죠. 0.5마일 정도? 하나의 행렬 같았어요. 모두가 같은 길을 따라 걸었거든요.

웨인 굿리치: 전 제가 누구와 그 길을 걸어갔는지 기억나지는 않아요. 그렇지만 매우 조용했고 많은 회상과 멍한 순간이 있었어요. 정말 이게 일어나고 있는 건가? 방금 일어난 건가? 왜 지금이지? 왜 여기서? 왜지? 이런 의문들이 스며 들어왔어요.

존 카우치: 그건 떠들썩한 술자리 같은 것이 아니었어요. 정신은 매우 멀쩡했지만, 단지 인간으로서 우리가 언젠가 맞이할 죽음이라는 주제를 다루고 있었을 뿐이죠.

웨인 굿리치: 모두가 약간이라도 잡스와 함께했던 순간들이 있었고, 어떤 사람은 그것에 대해 이야기하기도 했습니다. 거기 있던 모든 사람이 가지고 있던 잡스와 관련된 이야기 모두가 놀라운 것들이었겠죠. 그런 생각을 했더니, 제 팔에 털이 다 곤두서더라고요.

래리 브릴리언트: 인도로 지도자를 만나러 갔던 우리 히피들은 매우 가난했고, 말랐고, 음식을 살 돈도 전혀 없었어요. 그렇기에 전 스티브 잡스를 만날 수 있었습니다. 우리 중 누군가가 임시직을 구하면 모두가 그 친구를 찾으러 가서 "이봐, 우리 전에 아쉬람에서 봤던 사이잖아. 나 배가 좀 고파"와 같은 말을 했죠. 저도 일을 얻었어요. UN에서 하는 일이었고,

델리의 국제보건기구 사무실에서 일을 했어요. 그리고 잡스가 1974년에 델리로 왔을 때, 그 사무실의 카페테리아는 괜찮고 안전한 양상추를 구할 수 있는 곳으로 유명했어요. 그래서 잡스도 양상추를 찾으러 왔죠. 전 그를 점심 먹으러 데려갔어요. 그는 양상추를 거의 들이마시다시피 했고, 샐러드도 들이마셨어요. 그는 날 것만 먹으려고 정말 애를 썼는데, 인도에서는 어려운 일이었죠. 인도에서 가장 건강하고 안전하게 음식을 먹을 수 있는 최선의 방법은 그게 죽었는지 그리고 삶아졌는지 확실히 하는 것뿐이었어요. 그는 계속 아팠고 점점 더 말라 갔어요. 막 기억이 났는데, 우리의 첫 번째 만남에서 논쟁이 있었어요. 그때 제가 간을 먹고 있었거든요. 전 거의 10년 동안 채식주의자였는데, 그것 때문에 제가 충분한 에너지가 없다고 느꼈어요. 아쉬람에 있을 때는 그 사실이 상관없었지만, 천연두로 아이들이 죽을지도 몰라서 야근을 해야할 때는 그렇지 않았어요. 전 말랐고 채식주의자였어요. 제 상사가 말했죠. "요새 좀 따라잡기 힘들지? 간을 먹어 봐." 당연히 소 간은 없었죠. 그래서 물소 간을 먹었어요. 인도니까요. 잡스와 저의 첫 만남에서 우리 둘은 아이들이 천연두로 죽는 것을 멈추게 하기 위해선 일을 더 오래 해야 하는데, 그러기 위한 충분한 칼로리를 얻어야 하고, 그러기 위해서 물소 간을 먹는 것이 과연 옳은 것인가, 아니면 계속 날 것만 먹으면 지구가 더 좋아질 것이기 때문에 계속 날 것을 먹어야 하느냐에 대해서 토론했죠. 훌륭한 대화였어요.

스티브 워즈니악: 우리가 애플을 시작하기 전, 스티브 잡스는 아주 다른 사람이었어요. 그의 성격은 20살 즈음에 정착된 것 같아요. 인도에 갔던 것은 그전이죠. 우리가 애플을 시작하고 그가 회사의 창업가로서 돈이 생기면서 많이 변했어요. "나는 양복을 입을 거야. 난 잡지 표지를 장식할 거야. 난 그것으로 명예를 쌓을 거야."

존 카우치: 제가 말할 이야기 중 하나는 리사 출시 초기, 우리가 서로 매우

가까웠을 때 일이었어요. 아시다시피 잡스는 미니멀리스트였어요. 그는 아름다운 영국 튜더 양식의 집을 가지고 있었습니다. 맥스필드 패리쉬Maxfield Parrish의 그림도 가지고 있었고, 티파니Tiffany 램프도 가지고 있었어요. 그리고 스웨덴에서 만들어진 음향 시스템도 갖추고 있었죠. 바닥에 매트리스와 서랍을 놓았어요. 어느 날 전 그 집으로 걸어갔어요. 그 집은 항상 흠잡을 데가 없었지만 앞마당에 종이가 한 장 떨어져 있었어요. 전 생각했죠. '이상하네.' 그리고 그걸 집어 들었어요. 애플의 주식 증서더군요. 750만 주였죠. 전 문을 두드리며 말했어요. "스티브, 이거 당신 것인가요?" 그러자 그는 "아, 어, 맞아"라고 하며 옷장 서랍을 열고 그것을 받아 넣고 닫으며 "창문 밖으로 날아갔나 봐"라고 말했어요. 전 그때 스티브에게 돈이 중요한 게 아니라는 걸 알았죠.

스티브 워즈니악: 그는 세상을 바꾸는 정말 중요한 사람 중 하나이고 싶어 했어요. 마치 아인 랜드의 책에 나오는 사람들처럼 되고 싶어 했죠. 그러한 욕망은 다른 전부를 배제하게 만들었습니다. 그는 그의 방식대로 하길 원했고, 저와 늘 싸웠어요.

마이크 슬레이드: 스티브 잡스에 대한 제 마지막 이야기를 할게요. 자, 전 마케팅을 사랑해요. 그렇죠? 제가 마케팅을 사랑하는 이유 중 하나는 정말 말도 안 되는 소리 투성이기 때문이에요. 전 마이크로소프트에 있었고 잡스는 제가 넥스트로 입사하길 원했죠. 우리는 같이 앉아서 이야기를 나눴고 그는 제게 말했어요. "넌 시애틀에서 썩어갈 거야. 항상 비가 오잖아. 실리콘밸리에서 사는 건 아름다워." 그리고 다시 말했죠. "알잖아 마이크. 팔로알토는 특별한 곳이야." 계속해서 이야기했어요. "팔로알토는 르네상스 시대의 피렌체 같은 곳이야. 길을 걸어 내려가면 우주비행사와 학자를 만나지." 전 "그거 정말 멋진데요!"라고 했죠. 그래서 넥스트에 입사했어요. 그리고 우리 부부는 당시에 아이가 아직 없어서, 유니버시티가의 일 포르나이오Il Fornaio에서 자주 식사했어요. 1991년 초

에 전 거기에 앉아서 메뉴를 읽고 있었어요. 그리고 일 포르나이오 메뉴판의 뒷면에 이렇게 쓰인 것을 발견했어요. "팔로알토는 르네상스의 피렌체 같은 곳입니다……." 그때의 감언이설이 그대로 쓰여 있었어요! 그자식이 메뉴판 뒤에 적혀 있는 한 줄을 저에게 팔아 먹은 거에요! 그것도 체인 레스토랑에서 말이에요! 일 포르나이오의 저질 광고 카피! 일 포르나이오는 잡스가 제일 좋아했던 레스토랑 맞죠? 정말 염치없는 거짓말쟁이에요!

존 루빈스타인: 스티브는 매우 복잡한 인간이었어요. 매우 복잡했죠. 그는 정말 여러가지 면을 가지고 있었어요. 그는 제품에 대해 매우 열정적이었고, 그건 우리 제품에만 한정된 이야기가 아니었어요. 일반적인 제품 전반에 대해 그랬죠. 또한 선택을 정말 잘했어요. 장기적인 방향성 같은 것을 말하는 게 아니에요. 비전 같은 것도 아니죠. 그건 "갈림길을 만났을 때 어느 길을 택할 것인가?" 같은 거예요. 그는 주변에 좋은 사람들로 둘러 쌓여 있었고, 그는 그들을 좋은 시절이나 나쁜 시절이나 계속 동기 부여를 시켰죠. 그는 훌륭한 마케터에요. 에스키모에게도 얼음을 팔 수 있는 사람이죠. 그가 관중 앞에 있을 때, 그게 10명이든 10,000명이든 관계 없었어요. 모두 잡스가 자신에게 직접 이야기힌다고 느끼게 믿들었죠. 그건 믿을 수 없는 재능이에요.

앨비 레이 스미스: 역겨운 비교처럼 들릴지 모르지만, 히틀러도 이런 관중을 움직일 수 있는 연설 능력을 가지고 있었어요. 잡스는 경탄할 만한 카리스마를 가지고 있었죠. 하지만 그런 능력을 잘못 사용한다면 그건 악evil일 거예요. 그리고 제 생각에 그는 악한 사람이었어요.

래리 브릴리언트: 저는 사람들이 변덕스럽고 선제적이고 가혹하다고 평가하는 그의 행동들을 봤어요. 그러나 17,000명의 사람이 그를 위해 일을 했고 그들은 그를 위해 일하기 위해서 어떤 일도 할 수 있었을 거예요. 그가 그들을 더 훌륭하게 만들었기 때문이죠.

스티브 워즈니악: 그렇지만 잡스와 친했던 사람들은 그 잘못된 행동 방식에 적응해야 했어요.

존 루빈스타인: 그는 온갖 종류의 문제를 가지고 있었어요. 그렇지만 갖고 싶은 걸 가질 수 있는 몇 가지의 정말로 중요한 재능을 가지고 있었죠.

론 존슨: 제 생각에 잡스는 삶을 측정하는 척도가 시간이 아니라 임팩트라고 생각했던 것 같아요. 잡스의 임팩트는 이 행성의 어느 누구보다도 깊고, 단단했죠.

스티브 워즈니악: 보세요. 전 애플을 탄생시킨 그 제품을 만들어냈어요! 만약 잡스가 저 없이 시작했다면 그는 어떻게 되었을까요? 그는 평생 4번 컴퓨터를 만들려고 했어요. 수십억 원을 들여서요. 그리고 모두 실패했죠. 애플 III는 마케팅 때문에, 리사는 비용을 고려하지 않았기 때문에. 매킨토시는 사실 그렇게 좋은 컴퓨터도 아니었고, 컴퓨터처럼 보이는 프로그램에 가까웠죠. 그게 발전되어서 나중엔 더 큰 문제를 불러왔어요. 그게 넥스트죠.

존 마코프: 그럼에도 불구하고 잡스는 실리콘밸리의 상징이었고, 실리콘밸리가 대중 문화에 어떻게 영향을 주었는지를 대표하는 인물이었죠. 그는 앨런 케이의 통찰력을 대변하는 매개자였어요. 케이는 컴퓨터를 산술 도구가 아닌 범용적인 매체로 인식했던 사람이었죠. 그것이 닿는 순간 어떤 다른 매체도 변화시켜버리는 매체라고요. 컴퓨터 전에는 종이가 있었어요. 음악이 있었고, 비디오도 있었죠. 그리고 컴퓨터는 가차없이 그 모든 것을 바꿔버렸어요. 스티브가 매개체였죠. 그는 앨런의 비전을 실행시켜준 메신저였어요. 스티브는 사람들이 쓸 수 있게 그 제품들을 형상화시켰고 우리는 그로 인해서 최초의 PC, 그 너머로 도달할 수 있었죠. 현대 사회는 그렇게 달라졌어요.

스티브 워즈니악: 전 그가 만들어낸 그 모든 훌륭한 기술들을 창조해내기 위해서, 사실 그가 그토록 나쁜 사람이 될 필요는 없었다고 생각해요. 심

지어 다른 사람을 조종하는 사람이 되거나, 그렇게 폐쇄적인 사람이 될 필요도 없었다고 믿어요. 그렇기에 그는 훌륭한 사람이기도 했지만, 나쁜 사람이기도 했어요.

웨인 굿리치: 꽤 시간이 늦었고, 어두워졌어요.

스티븐 레비: 아름다운 달이 떠 있고, 하늘은 완벽하게 맑았어요. 전 로렌에게 말했어요. "스티브는 분명 이런 완벽한 날씨를 완성시키기 위해서, 이전 버전의 날씨 몇 개를 퇴짜 놓았을 거야." 정말 아름다운 행사였어요.

론 존슨: 로댕 조각 공원은 정말 평화로운 장소에요. 제가 스탠퍼드에서 가장 앉아있기 좋아하는 장소였는데, 그들은 그것을 거의 나이트클럽처럼 바꿔 놓았어요. 그곳은 정말로 머물기 좋은 곳이었어요. 온도는 점차 내려가고 있었지만, 분위기는 온기와 신선함을 머금고 있었어요. 모두가 떠나기 싫어했죠.

웨인 굿리치: 그러다가 점차 사람들이 떠나기 시작했죠. 곧 모두가 사라졌어요.

마크 베니오프: 우리는 모두 떠나고 있었고, 돌아가는 길에 조그만 갈색 박스를 건네받았어요. 박스를 받고나서 전 말했죠. "이건 정말 좋은 것일 것만 같아." 왜냐하면 전 잡스가 이미 추모식에 참석하는 모든 사람에게 이것을 주기로 결정했다는 사실을 알았고, 이것이 뭐든 간에 우리가 그에 대해서 생각해 줬으면 하는 마지막 물건이었기 때문이었죠. 그래서 전 차에 도착할 때까지 기다렸다가, 차에 타자마자 박스를 열었어요. 그 갈색 박스에 뭐가 있었을까요? 그건 요가난다Yogananda의 책이었어요.

앤디 허츠펠드: 그들은 요가 수도자의 자서전을 모든 참석자들에게 주었어요. 정말 흥미로운 일이었죠.

마크 베니오프: 요가난다는 자아 실현에 관한 이 책을 집필한 힌두 지도자였어요. 그리고 이 책의 메시지는 "스스로를 실현하라Actualize Yourself"였어요.

댄 코트키: 전 사실 놀랐어요. 잡스는 『젠 마인드Zen Mind』, 『비기너스 마인드 Beginner's Mind』의 팬이었거든요. 그는 그 두 책을 더 좋아했어요.

마크 베니오프: "스스로를 실현하라" 그게 요가난다의 메시지였어요. 잡스의 과거를 돌이켜 본다면, 그가 인도에 있는 스승의 아쉬람으로 들어갔었던 그 어린 시절의 여행이 바로 그것이었어요. 그는 직관이 그의 가장 큰 재능이고 세상을 자신의 시점으로 바라봐야 한다는 엄청난 깨달음을 얻었죠.

래리 브릴리언트: 당신은 스티브 잡스 외에는 그 어느 누구와도 스티브 잡스처럼 소통할 수 없을 거예요. 그는 정치에 대해 이야기를 할 수 있었고, 우주 여행에 대해서도 이야기를 할 수 있었고, 영화와 음악, 기술, 영적인 삶에 대해서도 이야기를 나눌 수 있었어요. 정말 똑똑했고 마음은 민첩했어요. 컴퓨터를 다루면서 겪은 경험과 신비로운 탐험에서 얻은 경험을 바탕으로 오늘날의 뉴스와 정치적인 이벤트, 지정학적인 이벤트 그리고 그 이상을 분석할 수 있었어요. 전 그와의 대화에서 늘 무언가를 배웠어요.

마크 베니오프: 우리에게 주는 그의 마지막 메시지는 이랬어요. "자신의 내면을 보고, 자신을 깨닫고, 자아 실현의 이야기인 이 요가 지도자의 자서전을 보라." 전 그게 매우 효과적이었다고 생각해요. 그건 그가 어떤 사람이었는지, 왜 그가 성공했었는지에 대한 대단한 통찰을 주었어요. 그는 그 중요한 여정을 떠나길 두려워하지 않았어요.

론 존슨: 잡스는 분명 영적인 존재였어요.

마크 베니오프: 그는 선지자였어요.

에필로그

미래는 이곳에 있다. 그것은 공평하게 나뉘어져 있지 않을 뿐이다.

- 윌리엄 깁슨 -

끝없는 개척

실리콘밸리 미래의 역사

등장 인물

놀란 부쉬넬	스티브 워즈니악	짐 클락
래리 페이지	스티브 잡스	찰리 에이어스
리 펠센스타인	아델 골드버그	캐롤 바츠
마리사 메이어	앤디 허츠펠드	케빈 켈리
마크 포랏	앨비 레이 스미스	크리스티나 울시
메건 스미스	에반 윌리엄스	토니 파델
브렌다 로렐	제론 레니어	티파니 슈라인
스콧 하산	존 마코프	

그들은 부와 명예를 따라 서부로 왔다. 그들은 자신의 주장을 관철시켰다. 어떤 이는 하루아침에 엄청난 부를 얻었다. 곡괭이를 코딩 기술과 교환했고, 권총을 서서 일하는 책상과 맞바꿨다. 갑자기 실리콘밸리는 훨씬 더 익숙한 장소가 되었다. 그곳에는 언제나 항상 동일한 개척지가 있다. 그곳은 현재와 미래 사이의 국경이다. 이곳은 바로 미래가 상상되고, 프로토타입이 만들어지고, 포장되어 판매되는 곳이다. 하지만 미래를 만드는 이곳의 미래는 어떤 모습일까? 실리콘밸리는 어디로 향하고 있는가? 기술은 우리를 어디로 데려가고 있는가? 우리는 어떤 존재가 될까? 이 질문들에 대한 최고의 답변은 앞서 미래를 만들었던 이들에게서 얻을 수 있다.

케빈 켈리: 실리콘밸리에서 만들어낸 가장 큰 발명품은 트랜지스터가 아니라 스타트업 모델, 창업문화라고 할 수 있죠.

마크 포랏: 그것은 사업가처럼 행동한다고 일컬어지는 일종의 생각하고 행동하는 방식입니다.

메건 스미스: 저는 그 문화 안에서 자라왔어요. 그 문화는 정말 놀랍죠. "우리가 어떻게 이 문제를 해결할 수 있을까?"와 같은 사고로 이루어진 창업 문화이며, 또한 서로가 서로를 돕는 문화이기도 합니다.

캐롤 바츠: 뒤에 나올 위대한 것이 최대한 빨리 나올 수 있게끔 하기 위한 변화에 대한 요구이기도합니다. 우리는 아직 다음 위대한 것을 상상하지 않아도 돼요. 우리는 무언가를 하기 위한 도구들을 가지기만 하면 되고, 다음 위대한 것을 얻을 때까지 계속해서 시행착오를 겪어가면 되는 거죠.

짐 클락: 이 과정에서 벤처캐피털이 큰 역할을 했죠. 벤처캐피털리스트들은 창업가에게 베팅하는 역할을 했어요. 그리고 베팅을 잘 한 경우, 돈을 벌었죠. 여기까지 다 합쳐지면 자기충족적인 하나의 유기체가 되는 거죠.

토니 파델: 그게 실리콘밸리의 유산이 되었어요. 실리콘밸리는 위험을 감

수하고, 새로운 아이디어를 추진하고, 자원을 대고, 이 일을 가능하게 틀을 만들고, 주사위를 던져왔어요.

마크 포랏: 베니스를 만든 요소가 팔로알토를 만든 요소이며, 실리콘밸리를 만든 요소입니다. 이것은 계속 성장하고, 성장합니다.

에반 윌리엄스: 한번 시작되면 눈덩이처럼 불어나는 거죠.

스콧 하산: 저는 미래를 예측하지 않으려 합니다. 그러나 미래에 대해 제가 확언할 수 있는 것은, 컴퓨터는 계속 존재할 것이고, 더 빨라질 것이며, 더 많은 일을 할 수 있을 것이라는 사실입니다.

토니 파델: 모든 산업은 결국엔 기술을 채택하고, 기술 중심으로 돌아가게 될 거예요. 그 산업이 얼마나 뒤처져 있건 간에 말입니다. 아주 높은 수준의 기술을 채택하게 될 것입니다.

스콧 하산: 결국엔 컴퓨터가 모든 업무를 하게 될 거예요. 저는 안전한 것은 그 어떤 것도 없다고 생각해요. 그 어떤 것도요.

토니 파델: 변화는 가속화될 것입니다. 바로 오늘이 우리 사회가 가장 느린 속도로 움직이는 날이에요.

크리스티나 울시: 기술은 근본적인 것들을 변화시키죠. 당신이 사는 곳, 일하는 곳을 바꾸고, 당신이 아는 사람도 바꾸죠. 기술은 당신이 누구와 일하는지도 바꿔요. 상거래 행위는 그간 완전한 변화를 겪어왔어요. 그리하여 사회의 본질을 변화시킵니다.

스콧 하산: 무언가를 하려 할 때, 컴퓨터와 경쟁하려 하지 마세요. 컴퓨터와 경쟁했는데, 만약 오늘 당신이 패배하지 않았다면, 내일의 당신은 무조건 패배하게 될 겁니다.

토니 파델: 변화의 속도는 내일 더 빨라질 것이며, 변화의 양 측면에서 매년 더 빨라질 거예요. 이 말은 즉, 기술이 사람들의 직장을 위협하는 요소이기 때문에, 100년이나 200년 동안 존재해 왔던 대기업 재직자들도 기술로 인해서 자리를 뺏길 수 있다는 겁니다. 기술이 모든 것을 평평하게 만

들 겁니다.

캐롤 바츠: 우리는 너무 오만해서 기술 없이는 아무것도 변화되지 않으며, 기술은 기업을 붕괴점까지 몰고갈 것이라고 생각해요.

마크 포랏: 기술, 그것이 바로 우리가 실리콘밸리에서 하는 일입니다. 우리는 누군가가 그 기술로 무엇을 할 수 있을지를 발견할 때까지 계속해서 기술을 발전시킵니다.

앤디 허츠펠드: 지금 실리콘밸리는 두 가지 요소에 대해 대단히 흥분해 있어요. 첫 번째는 머신러닝이죠. 지난 3, 4년간 머신러닝과 관련하여 상당한 진전이 있었어요. 일반적으로는 그걸 인공지능이라고 부릅니다.

케빈 켈리: 다가오는 시대의 중심에 있는 본질적인 혁신은 인공지능이 될 겁니다. 인공지능은 우리가 하는 모든 일을 뒷받침하고 증강시킬 거예요. 널리 퍼지게 될 것이고, 가격 또한 저렴해지고, 어디에나 있게 될 겁니다.

마리사 메이어: 저는 인공지능이 할 수 있는 일들에 대해 굉장히 낙관적입니다. 인공지능은 아직 시작 단계 정도이며, 인공지능에 대한 두려움이 많이 부풀려져 있는 상태라고 생각해요. 과학기술자들은 원래 끔찍한 마케터죠. 인공 지능에서 인공이라는 단어가 주는 분위기, 심지어 머리 글자만 따놓은 A.I. 또한 자체로 두려움을 가져다주죠.

티파니 슈라인: 인공지능이 세계를 장악하는 것에 대한 두려움이 많습니다. 그러나 중요한 것은, 인간이 가지고 있는 능력, 지금 세계에서 가장 많이 필요로 하는 역량인 공감력, 창의력, 새로운 것을 시작하는 역량, 교차적인 사고 등은 기계가 절대 가질 수 없는 능력입니다. 미래에는 이런 능력들이 가장 중요해질 겁니다.

마리사 메이어: 우리가 마케팅을 더 잘 했더라면 이렇게 말했겠죠. "우리 향상된 지능, 혹은 컴퓨터 증강 지능에 대해서 한 번 이야기해 볼까요? 아, 참고로 그건 인간과 절대로 맞교환이 되지 않는 답니다"라고 말이에요.

인공지능을 개발하는 사람들은 어떻게 하면 컴퓨터가 반복 업무를 더 빠르게 할 수 있을지를 고민합니다. 저에게 그것은 인위적으로 지적인 존재를 창조하는 것보다 훨씬 덜 위협적인 것으로 들립니다.

앤디 허츠펠드: 과거에는 알고리즘의 비약적인 발전이 많지 않았어요. 다만 알고리즘의 일부 향상 정도는 있었죠. 인공지능은 엄밀히 이야기하면, 알고리즘을 수십억 개의 데이터 입력값에 적용시키는 능력이었습니다. 그것은 단지 규모의 차이일 뿐이었어요. 그리고 그 규모의 차이는 무어의 법칙에서 자연스럽게 나왔습니다.

앨비 레이 스미스: 무어의 법칙은 놀라워요. 그건 단순한 믿음을 넘어서, 현대 사회의 발전기 같습니다.

앤디 허츠펠드: 20년 전에는 알고리즘이 훌륭하더라도 오늘날과 같은 결과를 얻기는 어려웠어요. 수십억 개의 데이터에 접근할 수 있는 방법이 없었기 때문이죠. 하지만 한 가지 발견은 데이터 입력값의 규모를 엄청나게 늘리는 것만으로, 모든 것이 갑자기 굉장히 잘 작동하기 시작한다는 거죠. 이것은 컴퓨터과학계에 커다란 충격을 가져다주었습니다. 인공지능이 굉장히 효과적으로 작동하기 시작했고요.

케빈 켈리: 우리가 인공지능의 진보를 만들어낸 방식 그대로, 우리는 자연에서는 만들어지지 않을 새로운 생각의 방식을 만들어 갈 겁니다. 인공지능은 인간과 유사한 것이 아니죠. 인간과는 다른 지능이며, 그런 점이 인공지능의 가장 주요한 장점이 됩니다. AI로 차를 운전하게 하는 이유는 인간처럼 운전하지 않기 때문입니다.

짐 클락: 자율주행차는 현실이 될 겁니다. 로봇이 운전하는 차량.

놀란 부쉬넬: 자율주행차는 모든 것을 바꾸게 될 거예요. 도시는 말 그대로 정원이 될 겁니다. 어떤 의미에서 도로가 사라지는 겁니다.

제론 레니어: 교통이 자율주행화가 되는 순간, 집에 대한 관점이 완전히 바뀌게 될 것입니다. 사람들은 자율주행하는 차량 안에 계속 살게 될 것이

고, 전 세계를 이곳 저곳 다니며 사는 이동형 라이프스타일을 영위하는 사람들이 늘어날 거예요. 왜 안 그렇겠어요? 사실 이렇게 사는 건 굉장히 매력적입니다. 비슷한 나이대의 아이들을 기르는 가족들이 함께 여행하며, 먼 거리를 출근하고 아이들은 등교시킬 수 있게 되죠. 그건 실제로 정말 멋진 일일 겁니다. 지금 아이들은 이 학교를 가야하고, 저 수업을 가야하고, 그게 끝나면 저 축구 훈련장으로 가야하죠. 그리고 그 이동을 모두 차를 운전해서 해야 한다는 사실은 굉장히 버겁습니다. 그리고 그렇게 하는 것은 누구에게도 도움이 되지 않아요. 그래서 저는 교통의 자율주행화가 굉장히 멋진 일이 될 것이라 상상합니다. 저는 그러한 비전을 굉장히 좋아해요.

스콧 하산: 저는 자율주행차라는 개념을 좋아합니다. 그러나 현재 법 시스템이 자율주행차에 대응할 준비가 되어 있지 않아서 걱정스러워요. 문제 중 하나는 바로 차를 운전하는 주체가 제조사라는 사실입니다.

케빈 켈리: 인간이 운전하도록 허가되어서는 안 되요! 우리 인간은 운전을 정말 못하거든요. 지난 12개월 동안 인간은 운전 중에 다른 사람 100만 명을 죽였습니다.

스콧 하산: 운전 사고 사망자를 하루에 3명 정도로 줄일 수 있다면 정말 놀라운 일이 될 겁니다. 그건 기존 대비 1,000배 가까이 적은 것입니다. 그러나 문제는 그 3명의 사상자가 자율주행차에 의해 발생한다는 것이죠. 그게 자율주행차를 만드는 회사를 파산시킬 수 있어요. 왜냐하면 하루 3번의 사고는 어마어마한 숫자의 소송을 의미하기 때문이죠. 그래서 법적 책임의 관점에서 볼 때, 자율주행차를 운영하지 않고 바로 하늘을 나는 자동차로 건너가는 것이 더 나을 수 있어요. 이것이 법적 책임을 더 가볍게 만들기 때문에, 추진하기에 더욱 쉬울 거예요. 그래서 향후 5~10년 이내에 하늘을 나는 자동차를 볼 수 있게 되고, 30년 내로 이것이 여러 국가로 확산될 것이라 예상합니다. 왜냐하면 하늘을 나는 차는

한 곳만 설득시키면 되기 때문이죠. 바로 연방항공청. 연방항공청이 괜찮다고 한다면, 모든 것이 괜찮아질 겁니다.

앤디 허츠펠드: 실리콘밸리가 매우 흥분해 있는 두 번째 분야는 바로 증강현실입니다. 혼합현실이라 불러도 되고, 그냥 부르고 싶은대로 불러도 돼요.

케빈 켈리: 가상의 세계를 다루는 VR의 비전은 그대로입니다. 하지만 '증강' 혹은 '혼합' 현실이라고 불리는 새로운 것이 나왔어요. 그건 가상의 물건을 우리 현실 세계에 접목시키는 것을 의미합니다. 그게 사물이건 가상의 인물이건, 실제 사람이건 말이죠.

스콧 하산: VR은 시각의 영역을 차단하죠. 그리고 그 모든 것을 디지털로 다시 재건합니다. 혼합 현실 Mixed Reality, MR도 마찬가지로, 당신의 시각 일부를 선별해서 사용하죠. 물론 MR은 필요하다면, 당신의 시각 모두를 사용할 수도 있습니다. 그래서 저는 MR이 미래에 우리가 컴퓨터, 정보, 사람과 어떻게 연결되는지를 보여준다고 생각해요. 그래서 VR은 MR의 특수한 케이스라고 할 수 있죠.

놀란 부쉬넬: 이 모든 것은 연속선상에 있어요. 그리고 현재의 증강현실은 기술적으로 가상현실보다 조금 더 어려워요.

스티브 워즈니악: 무어의 법칙 때문에, 우리는 항상 더 많은 비트를 보유하고 있으며, 화면상에 있는 비트를 더 많이 그리고 더 빨리 처리할 수 있었죠. 우리는 기술의 발달에 힘입어 드디어 스크린을 손바닥 위에 올려놓을 정도의 충분한 컴퓨팅 파워를 가지게 되었어요. 그리고 이는 다른 세상에서 사는 것과 같죠. 이는 우리의 뇌를 속이기에 충분해요.

놀란 부쉬넬: 저는 기술이 어떻게 과거의 간단한 비디오 게임인 〈퐁〉에서 오늘 우리가 있는 곳까지 발전해 왔는지를 지켜봐왔어요. 그리고 동일한 방식으로 VR도 발전할 거라 기대해요. 지금으로부터 20년 후에는 VR이 할 수 있는 것들을 보며 큰 충격을 받을 겁니다. 저는 현재의 VR이

과거 〈퐁〉이 있었던 위치에 처해 있다고 말하고 싶어요. 20년 후에 VR은 오래된 기술이 될 것이며, 그때쯤이면 모두가 VR에 익숙해져 있을 거예요. 그리고 아마도 영원히 익숙한 채로 살겠죠.

브렌다 로렐: 저는 그런 일이 일어날 수 있는 유일한 가능성은 이 지구를 완전히 엉망진창으로 만드는 방법 밖에 없다고 생각해요.

짐 클락: 놀란은 좋은 친구죠. 저는 그를 잘 압니다. 그는 과장된 표현을 잘 하죠. 저는 사람들이 VR 속에서 살아갈 것이라고 생각하지 않아요. 100년 뒤에는 가능할지도 모르겠으나, 적어도 20년 뒤에는 그렇지 않을 것이라 생각합니다.

놀란 부쉬넬: 그러면 언제쯤이면 VR이 현실로부터 구분이 불가능해질까요? 그것과 관련하여 생각해 보면, 제 생각에 VR은 시각적으로 현실 세계의 70% 정도를 달성했다고 봐요. 소리와 관련해서는 100% 달성했고, 냄새와 관련해서도 100%를 달성했다고 봅니다. 그러나 가속이나 촉감에 대해서는 아직 수박 겉핥기 수준 밖에 달성하지 못했어요. 특히 음식과 관련해서는 환상이 깨지죠. 음식은 VR로 실현하기에 가장 어려운 것일 것 같습니다. 영화『매트릭스』에서 보면 가상현실 속에서 와인과 스테이크를 먹곤 하잖아요. 실제론 그것을 VR화 하는 것은 무척 어려울 거예요.

제론 레니어: 영적인 관점에서 "우리가 현실에 대해 충분히 알고 있으니, 가상현실에서의 삶은 현실에서의 삶 만큼이나 좋을 것이다"라고 이야기하는 것은 굉장한 실수입니다. 실제 현실 세계에서의 신비로움을 포기하는 것은 일종의 자살과도 같습니다.

짐 클락: 저는 가상의 섹스를 하는 것보단 실제 섹스를 하는 것이 더 낫다고 생각해요.

놀란 부쉬넬: 그건 촉감의 문제죠. 몸 전체를 감싸는 형태로 인위적인 촉감이 가능한 의상을 통해서 피부에 작용하는 온도와 압력을 임의로 조정

할 수 있을 거예요.

브렌다 로렐: 남자 아이들이 소프트웨어를 물건 취급하는 것이 사람을 물건 취급하는 것보단 낫지 않겠어요? 그럼 그건 모두에게 좋은 거죠. 남자 아이들만 제외하구요.

스콧 하산: 동일한 종류의 기술이 원격 제어 로봇에 사용되고 있어요. 사람들은 그것을 왈도Waldos라고 부르죠. 이 기계는 2개의 팔이 달려 있어서, 그걸 마구 돌릴 수도 있고, 그 팔을 통해 멀리 떨어진 곳에서 여러 가지를 할 수 있어요. 왈도를 주방에 놓을 수 있다고 생각해 보죠. 당신이 필요로 할 때, 왈도가 나와서 펼쳐지고, 그 시간대에 필요로 하는 업무에 있어서 가장 전문가인 사람이 원격으로 왈도를 조종한다고 생각해 봐요. 식사를 원한다고요? 그럼 셰프가 원격으로 요리를 할 수 있겠죠.

특정한 장치가 있어서 그들이 팔을 움직일 때마다 로봇도 동일하게 팔을 움직일 수 있죠. 그리고 조종하는 사람이 특수한 장갑을 끼게 된다면, 로봇이 만지는 것을 그대로 느낄 수도 있을 거예요. 그래서 물건을 집고, 칼로 자르고, 냉장고로 가서 문을 열 수 있겠죠. 마치 거기 있는 것처럼 말이죠. 그리고 그 왈도는 셰프가 요리하는 게 끝나면, 이번엔 청소하는 것에 특화된 사람에 의해 조종될 수 있죠. 왈도는 이번에는 주방으로 가서 모든 것을 말끔히 청소할 겁니다. 서비스 경제인데, 당신 집에서 이루어져요. 그렇죠? 결국 전문가의 서비스를 손 뻗으면 쓸 수 있는 거예요. 이제 그런 일들이 10년 안에 널리 퍼질 것이라고 생각합니다.

놀란 부쉬넬: 20년 후에는 전체 가구의 80%가 이런 로봇을 보유하게 될 겁니다.

캐롤 바츠: 모든 변곡점은 특정한 상품을 구매 가능한 가격으로 만들 수 있을 때 만들어집니다. 그래야지만 대중들과 산업이 그 상품을 통해서 무언가를 할 수 있기 때문이죠. 그 상품을 더 많은 사람들 손에 올려줄 수 있을 때, 시장은 점점 커지죠.

스콧 하산: 그 로봇은 결국 오늘날의 냉장고와 같은 가격이 될 거에요. 우리가 오늘날 차와 집을 보유하듯이 왈도를 보유하게 되겠죠. 이를 통해 예상되는 멋진 일은, 이 로봇이 상용화되면서 관련된 많은 애플리케이션이 쏟아져 나올 것이라는 사실입니다. 그래서 애플리케이션을 설치하고 감자를 선택하면, 왈도가 자동적으로 감자와 관련된 일을 해 줄 거에요. 아주 빠른 속도로 말이죠. 이런 애플리케이션들은 집안일을 더욱 쉽게 해 줄 겁니다. 그리고 어느 시점에 가면 단순히 하나의 왈도만 조종하지 않을 거에요. 결국엔 3개, 10개, 100개의 왈도를 동시다발적으로 조종하게 될 겁니다. 이해가 가죠? 당신이 할 수 있는 일의 범위가 아주 확장되는 겁니다.

짐 클락: 저는 가상현실과 관련된 이야기를 들으면 딱히 흥분되거나 하진 않습니다. 자율주행차나 로봇에 관한 이야기도 마찬가지죠. 이런 일들은 현실이 될 겁니다. 저를 정말 신나게 하는 것은 인간과 컴퓨터 간의 교류, 특히 신경 시스템을 통해서, 그리고 생물학적인 전달을 통해서 교류하는 것에 대한 이야기를 들을 때입니다. 제가 다시 청년이 되어서 박사 학위를 받으려고 한다면, 반드시 생물학을 공부했을 거에요. 왜냐하면 생물학이 미래가 향하고 있는 곳이기 때문이죠. 컴퓨터과학과 기술에 대한 지식으로 무장된 생물학자들은 인류에 큰 영향을 가져다 줄 겁니다.

아델 골드버그: 오늘날 실험실에서 벌어지고 있는 일들을 토대로 미래를 추론하면, 전자공학이 아닌 합성생물학에 미래가 있음을 깨닫게 되죠.

앤디 허츠펠드: 다음 개척지가 생물학이라는 생각은 실제로 실리콘에 근거하고 있어요. 사람의 머리에는 대략 1,000억 개의 뉴런이 있어요. 30년 전에는 "세상에, 1,000억 개라니 엄청나게 많구나!"라고 생각했죠. 그런데 지금은 1,000억 개라고 하면, '그렇게 많지는 않구나'라고 생각해요. 그렇죠? 뉴런 하나당 1바이트라고 하면, 전체를 다 해도 1테라바이트가

안 되요. 제 책상 컴퓨터의 용량이 30테라바이트 정도입니다. 무어의 법칙이 이와 같이 복잡한 생물학적 스케일도 다룰 수 있게 했죠.

앨비 레이 스미스: 제가 정의하는 바로는, 무어의 법칙은 5년 기준으로 1의 크기 정도를 의미합니다. 그러나 그 크기 정도가 2 혹은 3이 되면 무슨 일이 벌어질까요? 우리 인간은 그에 대한 답을 내놓지 못하죠. 1이라는 크기 정도가 자연 장벽과도 같기 때문입니다. 당신이 1의 크기 이상을 알 수 있다면, 아마도 엄청난 부자가 될 겁니다.

짐 클락: 장치를 통해 인간과 컴퓨터를 연결하는 것은 우리 뇌 속 신경계의 신호를 측정하고 물건을 조종하는 헬멧을 통해 실현 가능할 거예요. 20년 후에는 뇌에서 직접적으로 신호를 받는 머리에 둘러쓰는 컴퓨터를 사용하고 있을 겁니다.

스콧 하산: 우리는 시신경계에 바로 연결하여 당신이 보지 못하는 것을 입력할 거예요. 하지만 당신의 뇌는 그것을 실제로 보지 못한다는 점을 인지하지 못하죠. 우리는 당신의 시신경계에 정보를 직접적으로 입력하게 될 겁니다. 뇌 속에서 기억이라는 것이 어떻게 작동하는지는 아직 알지 못하지만, 시신경계가 어떻게 작동하는지는 알고 있죠. 간단하게 설명하면 이는 뇌에 연결된 케이블과 같아요. 이론적으로 시신경에 어떻게 정보를 입력할 수 있을지는 알고 있어요. 물론 이를 가능하게 하기 위해서는 수많은 기술적 작업이 필요합니다.

짐 클락: 시간이 지날수록, 저는 이런 신호의 지도를 완성하고 추론하고 뇌와 피질에 투사하는 것이 더욱 정교해질 거라 봅니다. 그 점은 확신하고 있습니다.

래리 페이지: 언젠가 우리는 뇌에 임플란트를 심을 거예요. 그래서 어떤 것이 궁금하자마자, 바로 답을 알 수 있게 될 거예요.

스콧 하산: 아직 20년 정도 남았어요. 시장이 MR, 즉 혼합현실을 얼마만큼 잘 받아들이느냐에 따라 그 시간은 달려있어요. 시장이 MR을 좋아한다

면 그 시간이 더 앞당겨질 것이고, 시장이 더 늦게 반응한다면 더 오래 걸릴 수도 있죠. 하지만 언젠가는 그 시점이 올 겁니다.

짐 클락: 우리는 물론 생각으로 컴퓨터를 조종하게 되겠죠. 생물학적 특성과 컴퓨터의 특성을 동시에 가지는 일종의 하이브리드 시스템을 갖게 될 겁니다. 그리고 인간은 그 어느 때보다 더욱 효과적인 존재가 될 것입니다.

토니 파델: 그리고 앞으로 정말 중요한 주제는 인간이 어떻게 인공지능과 함께 진화해 가느냐에요. 어떻게 인간은 인간이 개발한 인공지능과 함께 진화할 수 있을까요? 체스 챔피언을 생각해 보세요. 1990년대에 인간 체스 챔피언은 딥블루Deep Blue에게 졌어요. 그렇죠?

케빈 켈리: 러시아의 체스 선수인 가리 카스파로프Garry Kasparov는 IBM의 체스용 컴퓨터인 딥블루에게 패배했을 때, 주최 측에 불만을 제기했어요. "이봐, 딥블루는 게임 중에 두었던 모든 수에 대한 데이터베이스를 보유하고 있어. 실시간으로 모든 수에 대한 데이터베이스에 접속이 가능한데, 어떻게 딥블루를 이길 수 있겠어?" 그 말에 운영자가 "저도 인간이 모든 데이터에 접속할 수 있는 새로운 체스 경기 리그를 열고 싶어요"라고 했죠. 이는 어디서든 할 수 있고, 어디서든 접속이 가능하고, 인간처럼 경기할 수도 있으며, 인간 혼자서만 혹은 AI가 혼자서만 하는 그런 자유로운 곡예 무술 같은 겁니다. 그는 이와 같은 AI와 인간의 결합을 켄타우로스centaur라고 불렀어요. 실제로 지난 4년간 세계 최고의 체스 플레이어는 사람도 아니고 AI도 아닌, 바로 인간과 AI가 함께 팀을 이룬 켄타우로스였어요.

토니 파델: 그래서 체스 챔피언은 기술과 함께 진화하고 있어요. 더 스마트해졌죠. 인간은 꽤 많은 시간 동안 스스로의 생각 속에 갇혀서 살아갑니다. 이와 같은 기술의 발전은 우리에게 엄청난 생각의 변화를 가져다 줄 수 있어요. 그건 마치 아인슈타인이 나타나 우리를 도와 주는 것과 같은

거죠.

케빈 켈리: 그렇다면 저는 30년 후에 사람들이 인공 양심에 적응하게 될 거라고 말하고 싶습니다. 그리고 AI에게 몸을 입히면 로봇이 되죠.

놀란 부쉬넬: 로봇이 스스로를 인지하게 될 때, 그리고 스스로를 보존하려고 할 때, 우리는 해결해야 할 문제에 봉착하게 될 거예요. 스스로를 보존하기 위해 어떤 행동이 이루어져야 할까요? 스스로를 인지하고 스스로를 프로그래밍하고, 스스로를 이해하며, 스스로 배우는 로봇이라. 이 로봇의 행동을 우리는 통제할 수 있을까요? 50년 후에나 있을 만한 일이겠지만 언젠가 우리가 해결해야 할 이슈이긴 합니다.

스티브 워즈니악: 만약 로봇이 인간보다 더 똑똑하다 할지라도, 로봇은 우리를 파트너로 인식할 겁니다. 그들의 창조자이기 때문에 첫 번째 친구가 되는 거죠. 현재는 인간이 로봇을 통제하고 있답니다. 그리고 저는 그 누구도 우리가 곧 통제를 잃을 것이라고 이야기하는 것을 들어보지 못했어요.

토니 파델: 생물체라는 것이 운동력을 의미하는지 혹은 조작이 가능한 존재를 의미하는지를 결정하는 시점에 또 한 번 큰 분열이 있을 거라 생각합니다. 로봇은 굉장히 연약하고, 수리가 어려우며, 스스로 자가 치료를 못하기 때문에, 우리는 생물학적 체계를 로봇에게 적용하는 방법을 알아낼 것이며, 이에 따라 로봇은 스스로를 자가 치료하는 법을 배울 겁니다. 그러면 더 쉽게 훈련되고, 더 에너지 효율적인 존재가 되겠죠. 이는 말 그대로, 에너지를 얼마나 섭취하고 얼마나 소비하는가를 놓고 벌이는 기계공학 시스템과 생물학 시스템의 대결인 셈이죠. 우리가 슈퍼 인간을 원한다면, 메가트론과는 정반대인 그들이 어떻게 생물체가 아닐 수 있을까요? 그 시점에서 AI 때 벌어진 일과 마찬가지로 온갖 종류의 사회적, 철학적, 관료적인 그리고 도덕적인 이슈들이 일어나게 될 것입니다.

스티브 워즈니악: 100년 동안 하부 기계들은 상급 종이 될 겁니다. 우리 인간은 무엇을 해야 될까요? 인간은 그저 애완견처럼 돌봄을 받는 것으로 만족할 수 있을까요?

케빈 켈리: 저는 슈퍼 AI가 신과 같이 된다는 생각은 여러 가지 이유로 실행 불가능하다고 생각하기 때문에 반대합니다. 하지만 분명히 그 이유 중에선 제가 이해하지 못하는 부분이 있을 것이라고 생각해요. 그것이 바로 특이점의 정의 중 하나라고 생각합니다.

스티브 워즈니악: 저는 제 강아지에게 안심 스테이크를 먹이기 시작했어요. 왜냐하면 언젠가 우리 인간도 필요, 편안함, 여가 등을 위해 컴퓨터의 보살핌을 받을 것이기 때문입니다. 대우를 받고 싶은 대로 대우를 하라는 성경 구절을 따라 강아지에게 잘 해 주기 시작했어요. 기계가 저를 보살핀다면, 저도 제 강아지처럼 좋은 대우를 받고 싶네요.

케빈 켈리: 우리는 특이점에 이미 와 있다고 할 수 있어요. 이미 시작되었지만 우리가 인지하지 못했죠. 첫 번째 단계는 이미 완성되었어요. 30억 인구가 이미 인터넷에 연결되어있죠. 그러므로 이미 시작된 거죠.

스티브 잡스: 인간은 진정한 도구를 제작하는 존재죠. 우리는 우리 내적인 능력을 극도로 확장하기 위해 도구를 만들었습니다.

케빈 켈리: 이전에 상상할 수 없었던 스케일로 인간끼리 협업하면서 무언가를 만들거나 어떤 일들을 가능케 도와주는 도구들을 만들고 있어요. 그 스케일은 기본적으로 우리 행성의 스케일과 같습니다.

스티브 잡스: 과거를 돌이켜보면, 인간의 발명품 중에서 컴퓨터가 최고의 발명품임을 알 수 있어요. 그건 우리 인간이 만든 모든 도구 중에서 가장 굉장한 도구라고 할 수 있어요. 그리고 저는 그러한 발명이 가장 크게 도약하기 시작한 그 시기에 가장 적합한 장소인 실리콘밸리에서 일할 수 있었다는 점을 무척 행운이라고 생각하고 있습니다.

앨비 레이 스미스: 제가 마운틴 뷰의 중턱에 있을 때였어요. 스탠퍼드 학생

들이 사는 근교 타운이 굉장히 빠른 속도로 성장하고 있다는 사실에 놀랐어요. 실리콘밸리는 이제 도시죠. 도심은 밤새 걸어야 할 정도로 매우 길고, 레스토랑도 끝없이 있으며, 주차도 쉽지 않을 정도죠.

마크 포랏: 실리콘밸리는 원래 산타 클라라와 서니베일이었어요. 그리고 나중에 팔로알토가 되었죠. 그 누구도 멘로파크에 살지 않았어요. 마운틴 뷰는 단순히 아시아 음식을 먹는 곳이었고요. 레드우드 시티Redwood City는 노동자 계급이 사는 곳이었어요. 현재 레드우드 시티의 일부는 집을 살 수가 없을 정도로 집값이 올랐어요. 오크랜드Oakland는 들어가서 사는 것을 고려하기엔 너무 위험한 동네였어요. 하지만 지금은 제 2의 브루클린Brooklyn이 되었습니다.

앨비 레이 스미스: 샌프란시스코에서처럼 고층 건물이 빨리 올라가는 것을 본 적이 없어요. 고층건물들이 샌프란시스코의 지형을 완전히 바꾸어 놓고 있습니다.

존 마코프: 세일즈포스 타워는 트랜스아메리카 빌딩Transamerica Building보다도, 뱅크오브아메리카 센터보다도 높아요. 이 건물은 샌프란시스코의 스카이 라인을 가장 압도적인 방식으로 잠식했죠. 이는 실리콘밸리가 어떻게 변화해왔는지에 대한 강력한 메세지를 보여 주는 듯 합니다. 이는 새로운 시대의 확실한 상징이죠. 실리콘밸리는 이제 여러 수십억 달러 이상의 기업가치를 자랑하는 큰 기업들의 본사를 가지고 있어요. 세일즈포스뿐만이 아니에요. 페이스북, 애플, 엔비디아 그리고 구글도 있죠.

마크 포랏: 실리콘밸리는 결국 밀 밸리MilValley로 퍼져갔으며, 리치몬드와, 오크랜드, 버클리를 넘어, 프리몬트 그리고 헤이워드와 산호세까지 확장되었어요. 결국 모든 샌프란시스코 베이 지역이 실리콘밸리가 되었어요.

스티브 잡스: 아직 조금 밖에 못 왔어요. 여전히 형성되고 있는 중임에도 불구하고 우리는 큰 변화들을 목격해 왔어요. 하지만 앞으로 100년 동안 벌어질 변화에 비교하면, 아주 작은 수준의 변화에 불과합니다.

스콧 하산: 지금 일어나고 있는 일이죠. 이 근방 반지름으로 20마일 이내에서 미래의 100년이 발명될 겁니다.

찰리 에이어스: 당신이 정말 똑똑하다면, 어떤 곳에 가든 아주 달콤한 기회들을 발견하게 되겠죠.

스콧 하산: 핵융합 관련된 일을 하는 기업을 알고 있습니다. 이는 중요한 기술이 될 겁니다. 핵융합 기술이 있으면 공기 중에서 물을 만들어낼 수 있어요. 핵융합 에너지는 전 세계의 많은 것들을 자유롭게 해줄 겁니다. 저는 가까운 미래에는 당신이 살고 싶은 만큼 길게 살 수 있을 것이라고 믿어요. 그 문제가 해결될 겁니다.

마크 포랏: 당신이 본 것을 기반으로 추론하고, 어떤 것이든 심하게 밀어붙이세요. 규모의 비용, 용량, 기능 그게 무엇이든 너무 많이 밀어붙여서 패러다임의 전환이 생기고, 기존의 것들이 부서지고 있다고 할 정도까지 밀어붙이세요.

스콧 하산: 경제는 특정 기간 이내의 사망자 수와 많은 연관관계를 가지고 있어요. 하지만 이제 그럴 일은 없어요. 이런 사실이 많은 것에 변화를 일으킬 겁니다. 핵융합으로 만들어진 전력이 많은 것들에 변화를 초래할 겁니다.

마크 포랏: 변화는 중단이나 재앙이나 혁신의 과정을 동반해요. 그리고 의도치 않은 결과들이 이를 따르죠. 그리고 이는 또 다른 밀어붙임의 시기를 만들어낼 겁니다. 그리고 계속 반복되겠죠.

케빈 켈리: 저는 실리콘밸리의 미래를 생각할 때, 새로운 아이디어에 대한 최소한의 저항이 있는 곳이라는 점에서 우주의 중심이라고 생각합니다. 이곳은 거친 아이디어들을 받아들이는 문화를 역사로 가지고 있는 곳입니다.

리 펠센스타인: 실리콘밸리는 일반화된 물리학 영역의 마음이라고 할 수 있습니다.

찰리 에이어스: 실리콘밸리는 에너지이며, 초점이며, 당신이 허락하면 당신을 소비하고 장악하는 파동입니다.

마크 포랏: 높은 IQ를 가진 사람들이 이곳으로 오게 됩니다. IQ 점수는 일종의 방사능적인 성격을 갖고 있기 때문에, 만약 당신이 그들을 엄청 압박한다면 융합을 이루어낼 것입니다. 이곳에는 학교들이 있고, 모멘텀도 있어서 굉장히 효과적인 융합이 진행 중에 있습니다.

찰리 에이어스: 당신은 같은 편에 서거나, 반대쪽에 설 수 있습니다.

스콧 하산: 실리콘밸리에서 개발 중인 기술 중에 하나라도 작동을 잘 한다면, 세상은 놀라운 곳이 될 것입니다. 그리고 저는 모든 기업이 기술 개발을 잘 할 것이라고 믿습니다. 맞아요. 저는 극도로 낙관주의자거든요.

케빈 켈리: 우리가 이곳에서 만들고 있는 것은 인류에 도움이 되는 것들입니다.

스콧 하산: 이 양자 얽힘 시스템이 데이터를 빛의 속도보다 더 빨리 전송해 주기를 기대합니다. 만약 이 일이 가능하다면, 우리는 우리 은하계 전체를 정복할 수 있고, 다른 은하계도 정복할 수 있을 겁니다. 이게 정말 가능하다면, 정말 놀라운 일이 벌어지겠죠.

케빈 켈리: 도구는 우리 자신에 대해서 이야기해 줄 뿐만 아니라, 우리가 더 나은 자신으로 발전하기 위해 필요한 것을 알려줍니다. 그리고 도구는 인간이 스스로를 이해하는 방식과 인간으로서의 정체성에 큰 영향을 줄 것입니다.

스콧 하산: 세계는 무척이나 멋진 곳이 될 겁니다. 물론 꽤나 희안한 곳이 되겠죠.

케빈 켈리: 그리고 절대 끝나지 않을 겁니다. 우리는 연결, 도구, 능력과 지성의 층들 위로 추가적인 층들을 계속 쌓을 겁니다. 그 연결된 것들이 바로 메인 이벤트겠죠.

스콧 하산: 그건 오늘날 보는 그 어떤 것과도 같지 않을 겁니다. 정말 그 어

떤 것과도.

케빈 켈리: 이것은 엄청나게 큰 이야기입니다. 제가 충분히 크게 설명하고 있나요?

감사의 말

내 에이전트인 크리스 칼훈, 편집자인 션 데스몬드에게 진심으로 감사의 말을 전한다. 이 책은 데스몬드의 아이디어에서 시작되었고, 칼훈이 데스몬드를 소개해 주었다. 책을 써 보는 것이 처음인데, 이 긴 터널의 끝에 빛이 잘 보이지 않을 때도 계속 나아가게 해 준 것은 칼훈과 데스몬드가 내게 보인 신뢰다.

내 인터뷰에 응한 모든 분께 진심으로 깊은 감사의 말씀을 드린다. 그 이름들은 인명란에 모두 기재되어 있기에, 여기에서 그들 한명 한명의 이름을 모두 다시 쓰지는 않겠다. 하지만 그들의 도움 없이는 이 책을 결코 만들 수 없었을 것이다. 실리콘밸리 전체에서 매우 중요하고, 엄청나게 바쁜 사람들이 나를 위해서 시간을 내줬을 뿐 아니라, 허심탄회하게 이야기를 해 주었고, 더 나아가 반복해서 인터뷰에 응해 주었다. 내 생각에 원대한 프로젝트를 진행하고자 하는 낯선 사람에게 보여준 이 개방성이야 말로 실리콘밸리의 가장 중요한 가치이자 성공으로 가는 열쇠인 것 같다.

기재하진 않았지만 책을 쓰면서 연락처 정보와 조언, 그리고 각종 사진을 찾아주면서 나를 도운 사람들에게도 정말 감사하다. 그런 사람을 전부

더그 엥겔바트: 실리콘밸리의 원조 선지자이자 현 시대의 '인터랙티브 컴퓨팅'의 창시자다. 물론 마우스도 빼놓을 수 없다.

1950년에 약혼을 했어요. 어느 날 결혼을 하고 평생 잘 사는 게 삶의 전부가 아니라는 생각이 들었어요. 그다음은 뭐가 있지? 제가 아무런 목표가 없다는 걸 깨달았거든요. 당시 저는 25살이었고, 12월 10일 혹은 11일이었어요. 그날 저녁 퇴근 후 이런 생각이 들더군요. '이런…… 이건 정말 말도 안 돼.' 저는 안정적인 직업을 가지고 있었습니다. 지금은 NASA라고 불리는 곳에서 전기 엔지니어로 근무하고 있었죠. 근데 안정적이고 흥미로운 직업을 가지고 있다는 것 외에는 정말 아무런 목표가 없었어요! 그게 제가 얼마나 시대에 뒤처진 촌놈인지 나타내는 듯했어요. '인류를 위해 내가 할 수 있는 모든 일을 최대한 시도해 보는 것은 어떨까?' 어떻게 그런 생각을 하게 되었는지는 잘 모르겠지만, 꽤나 커다란 포부였어요.

앨런 케이: 인간이 컴퓨터를 편리하게 사용할 수 있게 해 준 '그래픽 유저 인터페이스' 탄생의 공로자이자 이론가이자 브레인이다.

사업가들은 대가리에 총 맞아 마땅해요. 항상 "우리는 돈을 버느라 바쁘지"라고 말합니다. 저는 '글쎄, 사실 당신들은 단지 수백만, 수십억 달러를 벌고 싶어 할 뿐이야'라고 생각해요. 그런데 제록스파크에서 나온 수익을 따져 보면 거의 35조 달러에 달한다고요! 0이 몇 개인지 세 보고 나서 사업가들이 뭐 하는지 제게 알려 주시겠습니까? 그들은 그냥 편하게 살고 싶어 할 뿐입니다.

놀란 부쉬넬: 아타리를 설립한 개성 넘치는 '어른이'이자, 스티브 잡스의 멘토, 그리고 비디오 게임 시장을 열고 실리콘밸리가 대중 문화로 나아갈 수 있게 길을 튼 장본인이다.

저는 기술이 어떻게 과거의 간단한 비디오 게임인 〈퐁〉에서 오늘 우리가 있는 곳까지 발전해 왔는지를 지켜봐 왔어요. 그리고 동일한 방식으로 VR도 발전할 거라 기대해요. 지금으로부터 20년 후에는 VR이 할 수 있는 것들을 보며 큰 충격을 받을 겁니다. 저는 현재의 VR이 과거 〈퐁〉이 있었던 위치에 처해 있다고 말하고 싶어요. 20년 후에 VR은 오래된 기술이 될 것이며, 그때쯤이면 모두가 VR에 익숙해져 있을 거에요. 그리고 아마도 영원히 익숙한 채로 살겠죠.

스티브 잡스: 깨달음을 찾고자 순례하는 인도인처럼 컴퓨터 사업을 열심히 쫓아다닌 젊은 히피다.

실리콘밸리는 미국에서 로큰롤이 나고 자란 유일한 곳이라고 해도 과언이 아닙니다. 그렇죠? 1960년대 밥 딜런 외에 미국 대부분의 밴드는 이곳에서 나왔어요. 조안 바에즈부터 제퍼슨 에어플레인, 그레이트풀 데드, 재니스 조플린, 지미 헨드릭스. 모두가 여기에서 시작했습니다. 왜 그럴까요? 사실 좀 의아하긴 해요. 그리고 스탠퍼드랑 버클리라는 두 곳의 훌륭한 대학이 이 깨끗하고 화창하고 분위기 좋은 지역에 자리잡고 전 세계에서 가장 똑똑한 사람들을 끌어당기고 있죠. 이곳에는 똑똑한 사람과 맛있는 음식이 널려 있어요. 그리고 당시엔 마약과 재미있는 것들이 넘쳐 났어요. 그러니 한번 온 사람들은 그냥 머무른 거죠.

스티브 워즈니악: 남는 시간에 집에서 비디오 게임을 하기 위해 직접 컴퓨터를 설계하고 만들어 본의 아니게 한 산업의 선구자가 된 해킹 천재다.

보세요. 전 애플을 탄생시킨 그 제품을 만들어냈어요! 만약 잡스가 저 없이 시작했다면 그는 어떻게 되었을까요? 그는 평생 4번 컴퓨터를 만들려고 했어요. 수백만 달러를 들여서요. 그리고 모두 실패했죠. 애플 III는 마케팅 때문에, 리사는 비용을 고려하지 않았기 때문에. 매킨토시는 사실 그렇게 좋은 컴퓨터도 아니었고, 컴퓨터처럼 보이는 프로그램에 가까웠죠. 그게 발전되어서 나중엔 더 큰 문제를 불러왔어요. 그게 넥스트죠.

앨비 레이 스미스: 픽사의 공동 창립자로 화면 위 몇 개의 픽셀 수준이었던 컴퓨터 애니메이션을 〈토이 스토리〉라는 장편 영화으로까지 성장시킨 장본인이다.

잡스와의 삶은 끔찍했습니다.

많은 사람들이 그때 제가 해고당한 걸로 알고 있는데, 잡스는 저를 해고할 권한이 없었어요. 잡스는 이사회 의장이었기 때문에 에드가 해고해야 했고, 그는 절 해고하려고 하지 않았어요. 저는 그 후로 1년 동안 픽사에 있었지만 잡스를 제 삶에서 빼야 한다는 걸 알았어요. 그는 뼛속까지 불량배였거든요. 그리고 마침내 디즈니가 찾아왔어요. 무어의 법칙에 따라 컴퓨터 성능이 우리가 필요한 수준에 도달한 시점에 그들이 와서 말했어요. "당신들이 그렇게 만들고 싶어 했던 장편 영화를 만들어 봅시다." 꿈이 이루어지는 순간이었어요.

그렇게 우리는 영화를 만들게 되었고, 저는 그때 픽사를 그만뒀어요. 영화 제작이 들어가게 되어서 저도 짐을 내려놓을 수 있게 되었거든요.

하워드 워쇼: 실리콘밸리 최악의 폭탄이자 불명예로 영원히 기억될 게임, 〈E.T.〉의 개발자다.

VCS용으로도 6개월 만에 개발한 게임이 없었는데, 5주 만에 만들어야 했어요. 빠듯한 일정으로 일하는 것에 익숙했지만, 이건 그냥 미친 짓이었어요. 이번 프로젝트의 성공에 아타리 CEO도 자기 자리를 건 큰 도박을 했습니다.

훗날 〈E.T.〉는 이 업계를 파괴한 걸로 평가되었어요. 자신이 속한 플랫폼을 없애 버리는 게임보다 최악인 게임은 없을 거에요. 다시 생각해 보니, 와, 정말 엄청난 일이었어요. 내가 수십억 달러 산업을 단 8킬로바이트의 코드로 날려 버릴 수 있다니! 제가 엄청난 사람처럼 느껴졌어요. 궁극의 실력자인 거잖아요. 반물질을 출시한 셈이니까요. 말도 안 되는 황당하고 터무니없는 일이었어요.

앤디 허츠펠드: 첫 매킨토시를 개발하고 1990년대에 아이폰의 프로토타입을 만든 프로그래머 영웅이다.

실리콘밸리에는 두 가지의 공통적인 가치 체계가 있습니다. 우선 제가 재무적 가치라고 부르는 것이 있죠. 그 핵심은 많은 돈을 버는 일이에요. 비록 중요한 가치이긴 하지만 프로젝트를 진행하는 데 좋은 정신적인 바탕은 아니죠. 그다음엔 기술적 가치가 있어요. 최고의 기술을 사용하는 것, 이는 일을 제대로 해내는 것을 중시하는 사람들이 많은 곳에서는 지배적인 가치입니다. 때론 기술적 가치를 능력이나 성과로 치환하기도 하지만, 사실 정말로 모든 것을 기술로 바라보는 것을 의미해요. 그리고 공통적이라고 말하기는 힘들지만 세 번째 가치가 있습니다. 예술적 가치예요. 세계 최초로 무언가를 만들 때 이 가치가 필요해요. 예술에 기여하고 싶다면, 기술에 집중해서는 안 됩니다. 중요한 것은 독창성이에요. 감정적인 가치죠.

브루스 스털링, 브렌다 로럴, 스티븐 레비: 1984년 처음 개최된 해커 컨퍼런스에서 실리콘밸리의 기술자들은 자신들을 하나의 문화로 인식하기 시작했다.

그때야말로 그동안 어렴풋했던 의식이 선명해지는 순간이었어요. 동성애 운동 때 동성애자들이 자기를 온전히 이해할 수 있는 사람은 이 세상에 존재하지 않는다고 느끼며 외로움에 치를 떨던 때가 있었던 것처럼요. 그때 깨닫게 되었어요. '그래, 이게 바로 나야!'

저는 요즘 고등학생들이 동성애자든 해커든 스스로에게 떳떳할 수 있다는 것이 멋지다고 생각해요.

웃음이 엄청 많이 들렸던 것도 또 하나의 특이한 점이었어요. 모든 세션이 즐거웠습니다. 사람들은 정말 재미있었어요. 내내 웃음소리가 끊이질 않았어요. 이렇게 참석자들이 웃다 가는 컨퍼런스는 가 본 적이 없는 것 같아요.

모두 비슷한 경험을 했기에 다들 공감하는 유머였죠. 서로 만난 적이 없지만, 마치 수년 동안 같이 일했던 동료처럼 우리끼리만 아는 농담을 할 수 있는 사람들이었어요. 뭐랄까, 동료가 아닌데도 직장 비화를 이야기하는 느낌이랄까요?

- 스티븐 레비

스튜어트 브랜드: 실리콘밸리의 변화무쌍한 전위예술가이자 '개인용 컴퓨터(PC)'라는 말을 처음 만들고, 해커라는 단어를 대중화하고, 소셜 미디어계의 성공적인 실험이었던 더웰을 만들어낸 인물이다.

전에 온라인 화상 회의를 본 적이 있는데, 어떤 것들은 환상적이었지만 어떤 것들은 끔찍했죠. 그리고 BBS가 개발되면서 파생된 다양한 것들이 있었지만, 그 중에는 좋은 것과 좋지 못한 것이 공존했어요. 그러한 경험에 기반해서 더웰을 디자인했죠. 지금까지 온라인상에서의 토론이 어땠는가를 반영해서 말이죠.
우린 컨퍼런스를 만들기 쉽게 했어요. 컨퍼런스를 누구나 만들 수 있었죠.
저는 해커를 시스템 안으로 끌어들이고 싶었어요. 그래서 해커들을 초대했죠. 또한 작가나 기자들에게도 모두 무료 계정을 제공했어요. 저희 마케팅 전략이었죠. 그리고 나서 보니 그건 어느정도 『지구백과』의 사촌 같게 됐어요.
사람들은 트롤을 어떻게 다뤄야 하는지 학습하기 시작했어요. 그들은 사람들이 반응하면 불꽃을 더 크게 만들었죠.
어쨌든 더웰은 스스로 생명력을 지니고 성장했어요. 그리고 트롤과 익명성과 관련하여 온라인상에서 꽤 다양한 사례를 모으게 되었죠.

제론 레니어: '가상현실(VR)'이라는 단어를 만들어낸 장본인이자 VR 안경과 장갑을 하드웨어 및 소프트웨어와 페어링해서 판매한 최초의 인물이다.

이로써 우리 업계는 쓰레기를 만들어 버렸고 모든 인류에게 끝없는 지루함을 선사했어요. 원래 의도했던 바는 절대 아니죠. 원래 우리가 도구를 설계한 방식은 사람들이 만들어내는 무궁무진하게 랜덤한 행동을 전적으로 받아들이는 것이었어요. 그런데 우리는 인류를 완전히 미로에서 훈련된 실험실 생쥐처럼 만들어 버렸습니다. 저는 진심으로 근본적인 시각에서 우리가 디지털 기술에 잘못된 방식으로 접근하고 있다고 생각합니다.

서바이벌 리서치랩(SRL): 로봇의 대학살과 기계를 이용한 난동으로 실리콘밸리 '사이버 문화'의 촉매 역할을 한 무법 예술단이다.

거기에는 피아노도 있었어요. 25개 정도의 피아노를 고속도로 일부분을 향해서 쌓아 올렸죠. 그리고 어떤 지점에서 피아노에 불이 붙었고, 고속도로 순찰대가 통행을 막았어요. 왜냐하면 그 불길이 너무 높이 올라가서 15미터 위 고속도로를 덮을 정도였으니까요. 우리는 한 번에 12미터에서 15미터씩 불을 뿜는 엄청난 화염 방사기도 고속도로 밑에 가지고 있었어요. 당시에 이 모든 일이 한번에 일어났죠. 엄청 엄청 큰 불과, 연기 그리고 굉장한 혼란, 무지하게 많은 폭발과 미친 물건들. 어쨌건 그 화염은 고속도로에도 꽤 타격을 주었어요. 다행인 건 몇 달 있다가 지진이 발생을 했다는 것입니다. 캘리포니아 교통국에서 "걱정하지 마세요. 당신이 했다고 우리는 받아들이지 않을 거예요. 그냥 흘러가게 놔둘 생각입니다"라고 말하면서, 우리가 고속도로를 수리하게 하지 않았어요. 운이 좋았죠. 한 가지 재밌는 점은 아무도 우리에게 멈추라고 이야기하지 않았다는 점입니다. 경찰은 그 이후에 한마디 말도 하지 않았고, 소방서에서도 아무 말이 없었어요. 고속도로 순찰대도 한 번도 고속도로 밑으로 내려와서 "당신이 만든 이 불길 때문에 고속도로를 멈춰야 했다고! 망할!"이라고 하지 않았어요.

- 마크 폴린

제인 멧칼프와 루이스 로제토: 실리콘밸리의 목소리와 관점을 뚜렷하게 담아내 인기를 끈 잡지 『와이어드』의 공동 창간 멤버다.

저는 1967~1969년, 그리고 1971년도에 콜롬비아 대학에 다니고 있었어요. 그 4년 중 2년은 봄에 일어난 시위를 하느라 없었다고 봐도 무방해요. 세상이 화난 것 같았어요. 눈이 있는 사람이라면 사회에 문제가 있고, 옳지 않은 일이 일어난다는 걸 알 수 있었죠. 그러다 아인 랜드를 읽게 됐어요. 거기에서 객관주의를 뛰어넘는 그 이상의 것이 있다는 것을 깨닫게 되었죠. 자유지상주의에 정말 깊은 철학이 녹아져 있다는 것을 알게 되었어요. 피에르 조제프 프루동과 그 너머로 거슬러 올라갈 수 있었고, 자유지상주의가 미국 역사 곳곳에 여러 다른 징후로 나타났음을 확인할 수 있었어요. 저는 점점 더 빠져들어 이 사상이야말로 세상을 바라보는 좋은 관점임을 깨달았어요.

- 루이스 로제토

세상은 변하고 있었어요. 모든 사람이 자기만의 세계관으로 세상을 보았죠. 일부는 『와이어드』도 『몬도 2000』처럼 사람들을 약에 취하게 해서 세상을 변화시킨다고 생각했어요. 또 다른 이들은 우리가 디지털 도구로 세상을 변화시킨다고 믿었어요. 이 두 관점 모두 세상을 변화시키는 데 기여한다는 점에서는 비슷했어요. 그 둘 사이에서 파도 타듯 생각이 왔다 갔다 하던 사람들도 있었죠.

- 제인 멧칼프

숀 파커: 실리콘밸리의 수많은 악동 기업인 중 한 명으로, 최초로 전통적인 산업 하나를 깨부수었다.

냅스터에서 일하던 사람들은 욕심이 별로 없었어요. 우린 음반 회사에 회사를 넘길 수도 있었어요. "자, 가지세요!"라며 던져 주는 것처럼요. 우린 그저 냅스터의 사상이 살아남기만을 바랄 뿐이었어요. 우리는 음반 산업을 미래로 이끌 변화가 바로 냅스터라는 사실을 알고 있었어요. 그 미래는 모든 아티스트와 음반 회사와 유통 회사가 돈을 버는 미래였죠. 냅스터에는 모든 사용자가 있었으니까요. 그래서 저는 이런 생각을 음반 회사를 찾아 다니면서 말하고 싶었어요. 하지만 아무도 저희 이야기를 들어주지 않았어요.

마크 저커버그: 10대에 캘리포니아에 아이디어 하나를 들고 오더니 실리콘밸리의 최고 권력자가 된 페이스북의 공동 창립자다.

마크는 제 옆에 앉아서 페이스북이 어떤 존재인지를 설명해 줬어요. "우리가 하는 일은 각자 자신의 삶에 어떤 가치가 있는 모든 사람을 서로 연결시키는 시스템을 구축하는 것입니다. 각 개인이 그것을 보존하길 원하는 한 말이죠. 그리고 각 개인이 어디에 있건, 누구와 함께 있건, 인생이 어떻게 변하건 상관없습니다. 왜냐하면 당신은 항상 당신에게 가장 중요한 사람들과 연결되어 있고, 그들과 함께 항상 일상을 공유할 수 있기 때문이죠." 저는 그 말을 듣고, 이 일에 참여하고 싶다고 생각했어요. 페이스북이 하고자 하는 일은 모든 사람이 연결되어 있고, 모든 사람이 서로를 공유할 수 있는 그런 아름다운 유토피아적 인터넷으로 돌아간다는 것과 같았고, 그건 제게 큰 울림을 줬습니다. 마크는 1990년대 당시를 알기엔 너무 어렸지만, 제 생각에 그는 1980년대와 1990년대에 인터넷이 어때야 했는지를 이해하는 것 같았어요. 그리고 저는 그 당시에 했던 이야기와 같은 이야기를 마크를 통해서 다시 듣고 있었습니다. 정말 매력적이었어요.

- 맥스 켈리

비즈 스톤과 에반 윌리엄스: 블로그, 포스트, 그리고 트윗에 힘을 실어 주는 매체를 구축하여 웹에서 텍스트의 힘이 얼마나 막강한지를 보여 준 2인조다.

엄청나게 많은 사업이 돈을 벌기 위해 '거래'를 하는 사람들에 의해 주도되고 있어요. 월스트리트에 앉아서 거래만 하며 사업을 할 수 있다는 말이죠. 실리콘밸리가 그들과 다른 점은 무언가를 '창조'하는 사람이 주도하고 있다는 것입니다.

- 에반 윌리엄스

실제로 몇몇 사람은 이렇게 이야기합니다. "저흰 2,500만 달러가 필요해요. 하지만 저와 제 공동창업자가 이 사업에 집중할 수 있게, 각각의 은행 봉상에 300만 달러씩 필요해요. 그래야지만 청구서들에 시간을 뺏기지 않고 정말 집중해야 할 일에 집중할 수 있죠. 그렇죠?" 그리곤 돈을 다 날려 먹고 나선, "글쎄요. 뭐 잘 안 됐어요. 그래도 저희 각자에게 주신 300만 달러는 저희가 가지고 있을게요. 와 이제 우린 부자다!" 말이 되나요? 정말 미친 소리죠. 미친 세상이고요. 여긴 그런 일을 할 수 있는 정말 정신 나간 곳입니다.

- 비즈 스톤

합치면 수백 명에 달하며, 모두에게 진심으로 감사의 말씀을 드린다. 하지만 겸손한 정신의 겸양을 나에게 보여 준 사람들이 있다. 특별한 순서없이 그들을 적어 보자면, 엘리사 부쉬넬, 클라이브 톰슨, 스티브 코스트, 존 마코프, 바네사 그리고리아디스, 크리스티나 엥겔바트, 브루스 다머, 레트로게이밍라운드업 사람들(마이크 케네디, 마이크 제임스, 스캇 슈라이버), 레너드 허먼, 작 펜, 알렉스 수정-김 팡, 테드 그린왈드, 존 인스, 엘레노어 맥마누스, 존 테이먼, 린 폭스, 에린 트로 브리지, 댄 파햄, 디 가데띠, 에릭 맥도우갈, 클라우디아 세니체스, 제임스 네스터, 조브라운, 줄리안 디벨, 휴고 린드그렌, 브라이언 램, 블레이즈 제레가, 마이클 루빈, 케이티 젬인더, 네이트 타일러, 반 번햄, 세바스티앙 드 할루, 리차드 젠킨스, 벤 메스리히, 니콜라스 톰슨, 게리 울프, 스티븐 존슨, 메러디스 아서, 조쉬 애브램슨, 타니아 케텐지안, 마이클 나이마크, 마우라 에간, 프레드 보겔스타인, 린지 스핀들, 로렐 투비, 알렉산더 로즈, 제임스 치앙, 카라스위서, 마이클 카루소, 줄리안 거스리, 브래드 스톤, 이브 베하르. 전사해 준 사람들 모두 감사드린다. 특히 데이비드 마르커스에게 감사를 표한다.

모든 작가는 친구, 가족, 그리고 사랑하는 사람의 헌신과 지지에 많이 기댄다. 나도 예외는 아니다. 나의 가장 깊고 가장 단단한 사랑과 존경을 그들에게 바친다. 누군지는 아마 본인들이 알 것이라 생각한다.

등장 인물 소개

ㄱ

가이 바넘 Guy Bar-Nahum: 애플 아이팟 프로젝트의 초기 엔지니어 중 한 명이었고, 이후 아이폰 프로젝트를 담당했다. 이 두 제품은 컴퓨터 시장에서 파산에 가까웠던 애플을 세계에서 가장 가치 있는 기업으로 만들었다.

게리 울프 Gary Wolf: 『와이어드』 최초이자 최고의 작가 중 한 명이었고, 그 인쇄 잡지의 온라인 스핀오프인 핫와이어드를 바로잡기 위해 호출되었다. 그의 회고록인 『와이어드, 로맨스 스토리Wired: A Romance』는 그 소란스러운 시대에 관한 아름다운 글이다.

고든 무어 Gordon Moore: 1965년 페어차일드 반도체에서 연구개발을 하다가, 향후 10년간 칩에 박힌 트랜지스터의 수가 매년 2배씩 증가할 것이라고 대담하게 예측했다. 그 예측은 적중했고, 이후에 무어의 법칙이라고 알려진 법칙을 조금 수정하여, 18개월마다 트랜지스터의 수가 2배로 증가할 것이라고 법칙을 수정했다. 놀랍게도 그 예측은 지금까지도 계속 적중하고 있다.

ㄴ

노아 글래스 Noah Glass: 실패한 초기 팟캐스트 기업인 오데오의 창업자였다. 그 실패의 유산에서 트위터가 피어났다.

놀란 부쉬넬 Nolan Bushnell: 컴퓨터 게임 산업을 시작하고 실리콘밸리를 현대적으로 만든 아타리를 설립했다. 스티브 잡스의 멘토이자 친구였던 그는 애플 컴퓨터에 투자하는 것을 거절한 일화로도 유명하다.

니콜라스 네그로폰테 Nicholas Negroponte: 실리콘밸리를 만든 사람은 아니지만, 실리콘밸리를 만드는 데 큰 힘을 보탠 인물이다. 그가 1985년 MIT에서 설립한 미디어랩은 여러 세대의 컴퓨터과학자들을 실리콘밸리로 모이게 했고, 1992년에 그는 『와이어드』의 칼럼니스트이자 첫 번째 투자자가 되었다.

니틴 가나트라 Nitin Ganatra: 애플에서 거의 20년을 보냈다. 아이폰을 운영할 극비 소프트웨어 프로젝트인 '퍼플'의 핵심 엔지니어로 자리 잡았다.

닉 빌턴 Nick Bilton: 기업의 깊은 곳 그리고 그 안에서의 대화까지 다뤄 마치 스릴러물처럼 읽혀지는 『해칭 트위터Hatching Twitter』의 저자다. 그의 최신 저서인 『아메리칸 킹핀American Kingpin』은 마약, 총기, 소프트웨어 해킹, 위조 여권, 위조지폐, 독극물 등을 거래하는 불법 온라인 시장인 '실크로드 Silk Road'를 동일하게 다루고 있다.

ㄷ

댄 잉걸스 Dan Ingalls: 제록스파크의 앨런 케이 연구실에서 근무했다. 그는 알토 컴퓨터에서 실행되는 케이의 객체 지향 프로그래밍 언어인 스몰토크의 핵심 프로그래머였다. 스티브 잡스가 알토를 보기 위해 파크를 방문했을 때, 잉걸스는 그 유명한 데모를 선보였다. 이후 애플에서 잡스와 함께 일했다.

댄 코트키 Dan Kottke: 1974년에 스티브 잡스와 인도를 여행했다. 그들은 『지금 여기 있으라』라는 책을 읽고 알게 된 스승을 찾아 다니고 있었다. 돌아온 후, 잡스의 첫 직원 중 하나가 되었다. 그러나 두 사람은 잡스가 혼외의 딸 리사를 인정하지 않으면서 멀어졌다. 잡스는 결국 리사와 화해했으나 코트키와는 결코 화해하지 못했다.

더그 칼슨Doug Carlson: TRS-80†용 〈은하왕국Galactic Empire〉의 컴퓨터 게임 출시를 위해 1980년에 브로더번드 소프트웨어Brøderbund Software를 창업했다. 이 기업은 〈미스트Myst〉, 〈페르시아의 왕자Prince of Persia〉와 〈카르멘 샌디에고를 찾아라Where in the World Is Carmen Sandiego?〉를 출시했다.

더글러스 에드워즈Douglas Edwards: 1999년 구글에 최초의 마케팅 인력으로 입사했다. 2005년에 구글을 떠난 후, 그는 그곳에 머물렀던 시기에 대한 회고록을 썼다. 제목은 『기분 좋은 예감: 구글 직원 59호의 고백I'm Feeling Lucky: The Confessions of Google Employee Number 59』이다.

더글러스 엥겔바트Douglas Engelbart: 오늘날 우리가 사용하는 컴퓨터에서 익숙한 모든 요소를 최초로 모은 인물이다. 그가 만든 NLS에는 화면, 키보드와 마우스가 있었다. 곧 그것을 본 사람들에게 알려졌고 컴퓨팅 혁명을 촉발했다. 그러나 엥겔바트 자신은 실패했다고 생각했고, 상심한 채로 세상을 떠났다.

더스틴 모스코비츠Dustin Moskovitz: 2004년 2월 하버드에서 페이스북을 설립한 최초의 기숙사 멤버 중 한 명이다. 다음 해 여름 실리콘밸리로 이사하면서 마크 저커버그의 오른팔이 되었다.

데이비드 레빗David Levitt: 아타리 리서치랩을 설립하기 위해 MIT에서 실리콘밸리로 이동하여, VPL의 제론 레니어와 함께 VR을 개발했다. 당시에 그는 레게머리를 한 사람으로 유명했다. 지금도 그는 VR 기술을 연구하고 있다.

데이비드 보이스David Boies: 미국 대 마이크로소프트라는 범 정부적 재판 소

---

† 탠디Tandy 사에서 1977년에 출시한 컬러 모니터 데스크탑 컴퓨터.

송을 추진했고 소송에서 이겼다. 몇 년 후 이 유명 변호사는 냅스터의 변호를 맡았지만 소송에서 졌다.

데이비드 체리톤 David Cheriton: 스탠퍼드 대학의 컴퓨터과학 교수이며, 구글의 공동창립자인 래리 페이지와 세르게이 브린이 조언을 구하던 인물이다. 체리톤은 그들이 개발한 검색 알고리즘을 외부로 라이센싱하지 말고 직접 회사를 설립하라고 권했다. 둘은 처음에는 그 말을 듣지 않았지만 결국에는 들었다.

데이비드 최 David Choe: 페이스북의 첫 번째 사무실 벽에 그림을 그리기 위해 고용된 그래피티 작가다. 그는 그림을 그리면서 사무실에서 잠을 자고 심한 폐렴으로 병원에서 몇 주를 보냈다. 하지만 그가 그림 대금으로 지급 받은 페이스북 주식이 지금 수억 달러의 가치가 되었으니 가치 있는 일이었을 것이다.

데이비드 켈리 David Kelley: 훗날 산업디자인계의 실세로 군림하게 되는 아이디오IDEO로 성장할 스탠퍼드 대학의 제품 디자인 스타트업 호비-켈리 디자인의 반쪽이었다.

데이비드 쿠쉬너 David Kushner: 게임 문화의 역사를 전문으로 다루는 작가다. 그의 책『둠: 컴퓨터 게임의 성공 신화Masters of Doom』,『강탈Jacked: The Outlaw Story of Grand Theft Auto』, 그리고 최근의『던전 마스터의 부활Rise of the Dungeon Master: Gary Gygax and the Creation of D&D』는 그 장르의 표준이다.

데이비드 크레인 David Crane: 아타리의 스핀오프로 아타리 홈 게임 콘솔인 VCS용 카트리지를 만든 액티비전을 창립한 4명의 프로그래머 중 한 명이다. 그가 만든 액티비전 게임〈피트폴〉은 베스트셀러 VCS 게임 중 하나다.

돈 발렌타인 Don Valentine: 실리콘밸리 최초의 벤처 투자자 중 한 명이다. 그는 아타리와 애플 둘 다에 투자한 것으로 유명하다.

돈 앤드루스 Don Andrews : 스탠퍼드 연구소의 증강연구센터Augmentation Research Center에서 더글러스 엥겔바트와 함께 그의 유명한 1968년 데모에 참여한 소프트웨어 엔지니어다. 거의 끝까지 엥겔바트와 함께 있었고, 이후 1985년 어도비로 이직했다.

돔 사골라 Dom Sagolla: 트위터의 아이디어가 만들어진 샌프란시스코 사우스파크의 놀이터에 있었던 인물이다.

딕 슙 Dick Shoup: 제록스파크의 연구원이었다. 그의 독창적인 그래픽 컴퓨터와 그것을 구동시키는 소프트웨어인 슈퍼페인트는 컬러 이미지와 비디오를 처리할 수 있었다. 선구적인 업적 덕분에 에이미상과 아카데미상을 동시에 받았다. 동시에 그는 초심리학에 진지한 관심을 갖고 있었다. 2015년에 세상을 떠났다.

딘 호비 Dean Hovey: 호비-켈리 디자인의 디자인 컨설턴트로 스티브 잡스가 마우스를 디자인할 사람이 필요했을 때 찾아간 사람이다. 잡스는 제록스파크에서 보았던 마우스보다 사용하기 편하고 만들기 쉬운 것이 필요했다.

ㄹ

라스 울리히 Lars Ulrich: 미국의 헤비메탈 밴드 메탈리카를 제임스 헷필드James Hetfield와 함께 결성해 리더 겸 드러머로 활동했다. 작업하던 미완성의 노래가 냅스터에 올라와 있다는 것을 것을 알았을 때, 메탈리카는 세계에서 가장 큰 록 밴드 중 하나였다. 울리히의 분노로 냅스터를 고소하게 되었고, 냅스터를 폐쇄하고 싶어 하는 음악 산업의 상징이 되었다.

라이언 바르톨로뮤 Ryan Bartholomew: 구글의 애드워즈를 이용한 첫 번째 사람이다. 그는 '생랍스터'라는 검색어를 구매했다. 바르톨로뮤는 랍스터 판매에 성공하지는 못했지만, 애드워즈의 거래 가능성을 알게 되었다. 바르톨로뮤는 전략적으로 검색어를 구매하고, 판매하면서 하루에 수만 달러를 벌었다.

랄프 구겐하임 Ralph Guggenheim: 픽사의 첫 애니메이션 담당자이자 픽사의 혁신적인 영화, 〈토이 스토리〉의 프로듀서였다.

랄프 베어 Ralph Baer: 1969년 'TV 게임 장치 및 방법'에 대한 특허를 받았으며, 삶의 대부분 동안 놀란 부쉬넬과 '비디오 게임의 아버지'라는 명예를 두고 싸웠다. 2014년에 사망했다..

람 다스 Ram Dass: 인도 성직자인 님 카롤리 바바가 1967년에 아쉬람에서 다시 이름을 지어주기 전까지는 리처드 알퍼트Richard Alpert라는 이름을 가지고 있었다. 스승과 보낸 시간을 담은 그의 저서 『지금 여기 있으라Be Here Now』는 당대의 고전 중 하나이며, 히피족 세대, 특히 스티브 잡스에게 영감을 주었다.

래리 브릴리언트 Larry Brilliant: 천연두 바이러스를 사냥하여 박멸시킨 인물로 널리 알려져 있지만, 그의 진짜 천재성은 사람들을 연결하는 데 있었다. 그는 세계를 구하는 과정에서 여러 고위 공무원은 말할 것도 없고 람 다스, 스티브 잡스, 스튜어트 브랜드, 웨이비 그레이비 등 특이한 인맥을 형성했다. 그리고 이 인맥은 히피 교수에서 최첨단 기술 기업가를 거쳐 실리콘밸리 유력 인사들의 고문이자 친구로 지냈던 래리 브릴리언트의 인생 후반을 내내 함께했다.

래리 엘리슨 Larry Ellison: 오랫동안 실리콘밸리에서 가장 부유한 사람 중 한 명이었다. 그의 부유함은 오라클이라는 아주 따분하지만 무척 중요한 기업에서 시작됐다. 엘리슨은 스티브 잡스와 매우 친한 친구였으며 아메리카스컵America's Cup[†]에서 2번 우승할 정도로 훌륭한 항해사였다.

래리 카플란 Larry Kaplan: 〈스트리트 레이서Street Racer〉, 〈에어-시 배틀〉, 〈슈퍼 브레이크아웃Super Breakout〉 게임을 개발한 아타리의 프로그래머였다. 그는 아타리의 첫 경쟁사인 액티비전을 창업하기 위해 아타리를 떠난 4명의 VCS 프로그래머 중 한 명이다.

래리 테슬러 Larry Tesler: 제록스파크에서 앨런 케이 아래에서 일하면서 '잘라

---

† 세계에서 가장 큰 요트 대회.

내기와 붙여넣기 Cut and Paste' 개념을 발명했다. 그는 애플로 망명한 많은 사람들 중 최초였고, 제록스파크에 널려 있던 아이디어를 애플에서 상용화하는 걸 도왔다.

래리 페이지 Larry Page: 세르게이 브린과 함께 구글을 공동 창업했다. 그의 다른 사업 아이디어는 우주 엘리베이터를 건설하는 것인데, 아직은 실현 불가능하다고 판명되었다.

랜디 위긴턴 Randy Wigginton: 홈브루 컴퓨터 클럽의 단골손님이었다. 거기서 클럽의 최고 너드인 워즈를 만나 제자가 되었다. 그들은 집으로 돌아오는 길에 식당에 들렀고, 거기서 워즈는 젊은 위긴턴에게 고급 프로그래밍을 가르쳤다. 이후 위긴턴은 애플 컴퓨터의 최초의 직원 중 한 명이 되었다.

레이 매클루어 Ray McClure: 예술가로 훈련받았지만, 나중에 트위터를 만들게 된 오데오에 입사했다. 당시 오데오는 샌프란시스코의 힙한 지역인 미션 디스트릭트Mission District에서 예술적이고 해커스러운 사람들이 모여 있던 기업이었다.

레이 시드니 Ray Sidney: 최초의 구글 직원 중 한 명이었다. 몇 년 동안 밤을 새운 끝에 지쳐버려서 2004년 구글 상장 직전에 회사를 떠나 타호 호수로 이사했다.

레이 카사르 Ray Kassar: 놀란 부쉬넬을 이어 아타리의 CEO가 되었다. 카사르의 격식 차린 상명하복 방식의 미국 동부 관리 스타일은 부쉬넬과 다르지 않았다. 하지만 끊임없이 혁신하는 실리콘밸리의 문화를 이해하지 못해 아타리가 처참하게 실패하는 원인이 되었다.

로버트 우드헤드 Robert Woodhead: 애플 II 컴퓨터에서 플레이하는 〈던전 앤 드래곤Dungeons and Dragons〉 시리즈의 한 버전인 〈위저드리Wizardry〉의 배후에 있던 프로그래머다.

론 로젠바움 Ron Rosenbaum: 1971년 『에스콰이어』 잡지에 「작은 블루박스의 비밀」이라는 기사를 썼다. 당시 세계에서 가장 큰 컴퓨터 네트워크였던 AT&T의 글로벌 전화 시스템을 해킹했던 '폰 프리크phone phreak'라는 새로운 종류의 미국 무법자, 캡틴 크런치에 관한 이야기였다.

론 밀너 Ron Milner: 가장 먼저 아케이드용 오락기 내에 게임 개발자가 자신이 개발한 게임에 재미로 숨겨 놓는 메시지나 기능인 '이스터에그easter egg'를 추가한 것으로 잘 알려져 있다. 아타리에서 1977년 출시한 〈스타쉽 1Starship 1〉에 숨겨진 그의 이스터에그를 찾으면 화면에 "HI RON"이라고 깜빡이고 10개의 게임 크레딧을 줬다.

론 존슨 Ron Johnson: 애플스토어를 만들기 위해 애플에 오기 전까지는 타깃Target의 판매 총괄 부사장이었다. 애플스토어는 면적당 매출이 가장 높은 성공적인 소매업으로 성장했다.

루 몬툴리 Lou Montulli: NCSA 모자이크를 처음 봤을 때, 캔자스 대학University of Kansas의 학생이었다. 조각을 이어 붙였다는 뜻인 '모자이크'라는 이름에 걸맞게 이 웹 브라우저는 매끄럽게 구동되지 않았고, 몬툴리는 바로 버그 리포트를 작성하기 시작했다. 그는 실리콘밸리의 넷스케이프에 입사하여 18개월 동안의 밤샘 작업을 한 이후, 엄청난 부자가 된다.

루이스 로제토 Louis Rossetto: 『와이어드』의 공동 창립자 겸 CEO이자 최초의 편집자였다. 『와이어드』는 순식간에 미디어 제국이 되었고 성공적으로 상장될 뻔했다. 2번의 IPO가 실패한 후, 회사는 산산이 조각나며 매각되었다. 『와이어드』는 미국 동부 소재의 거대 미디어 재벌의 자회사로 편입되었다.

루치 상비 Ruchi Sanghvi: 페이스북의 첫 여성 엔지니어이자 뉴스피드를 개발한 메인 개발자였다. 2006년에 이 기능이 처음 소개되었을 때 많은 사람들이 싫어했다. 페이스북 사용자 10명 중 1명은 이 기능을 폐기하라고 요구하는 청원을 냈다. 하지만 루치는 인내심을 갖고 버텼고, 뉴스피드는 오늘날의 페이스북을 만든 근간이 되었다.

리 클로 Lee Clow: 광고업계의 유명 예술 감독이다. 그는 매킨토시의 출시를 알리는 상업 광고로 가장 잘 알려져 있다. 그 광고는 슈퍼볼에서 방송되었다. 단순한 기업 경쟁으로 여겨지던 애플과 IBM의 라이벌 구도를 선과 악, 파시즘과 자유의 대결로 재구성함으로써 큰 반향을 일으켰다.

리 펠센스타인 Lee Felsenstein: 스티브 워즈니악이 컴퓨터를 만드는 데 영감을 주고, 애플이 시작된 곳인 홈브루 컴퓨터 클럽을 운영했다. 이 클럽은 12개가 넘는 컴퓨터 기업을 배출해냈다. 그는 가장 중요한 두 기업인 프로세서 테크놀로지Processor Technology와 오스본컴퓨터회사Osborne Computer Company의 하드웨어를 설계했다.

리들리 스콧 Ridley Scott: 영화 〈에이리언〉, 〈블레이드 러너〉, 〈셀마와 루이스〉, 〈마션〉, 그리고 매킨토시 컴퓨터를 소개한 광고 '1984'를 감독했다.

리처드 멜빌 홀 Richard Melville Hall: 일명 '모비Moby'. 미국의 음악가다. 모비가 〈플레이Play〉로 200만 장 이상 판매되었다는 더블 플래티넘 인증을 받으며 상업적인 성공을 거두었을 때, 냅스터 또한 사업의 정점을 찍고 있었다. 모비는 냅스터가 라디오 다음으로 도래할 음악의 미래라고 보았다.

리처드 솔 워먼 Richard Saul Wurman: 기술, 엔터테인먼트, 디자인 분야의 융합에 주목한 후 1984년에 TED 페스티벌을 설립했다. 첫 번째 축제에서는 스티브 잡스가 매킨토시를 시연했고, 니콜라스 네그로폰테가 미래에 대해 이야기했으며, 루카스필름의 초기 픽사 팀이 3D 그래픽을 선보였다. 워먼은 새로운 문화가 생겨나고 있었다는 걸 알아챘다.

ㅁ

마리사 메이어 Marissa Mayer: 1999년 스탠퍼드에서 컴퓨터공학 석사 학위를 받고 거의 즉흥적으로 구글 인턴에 지원해 구글의 첫 여성 엔지니어로 일했다. 그녀는 20번째 직원이었고 이후 구글을 떠나 야후의 CEO가 되었다. 그녀는 2017년 야후의 매각 절차를 주관한 이후 물러났다.

마이크 마쿨라 Mike Markkula: 애플의 첫 주요 투자자였고, 젊은 스티브 워즈니악과 스티브 잡스가 필요로 했던 부모 역할도 마지못해 제공했다. 스티브 잡스가 1996년 애플의 CEO로 복귀한 후, 마쿨라는 은퇴했다.

마이크 머레이 Mike Murray: 매킨토시 출시를 준비한 마케팅 이사였다. 당시 IBM이 이미 PC 시장을 장악하고 있어서, 매킨토시는 매우 힘든 싸움을 해야 했다.

마이크 슬레이드 Mike Slade: 윈도우 운영체제가 개발되기 전의 마이크로소프트에서 일하면서 빌 게이츠와 좋은 친구가 되었다. 그리고 넥스트로 건너가 스티브 잡스와도 친한 친구가 되었다. 2005년 그의 결혼식에 게이츠와 잡스 모두 초대했는데, 멜린다 게이츠가 로렌 잡스에게 말을 걸고 분위기를 풀어주기 전까지 둘 사이는 정말 어색했다.

마이클 듀이 Michael Dhuey: 하드웨어 엔지니어로, 애플에서 35년을 일했다. 일을 시작한 첫날, 그는 영웅인 스티브 워즈니악과 앤디 허츠펠드와 점심을 먹었고, 은퇴할 때까지 그 회사에 머물렀다.

마이클 말론 Michael Malone: 최초의 테크 전문 저널리스트다. 1979년 실리콘밸리를 취재하기 위해 『산호세 머큐리 뉴스』에 고용되었고, 몇 년이 지나지 않아 '실리콘밸리'라는 용어가 사용되기 시작했다. 그는 지금은 지나고 없는 실리콘밸리의 사업이 실리콘 칩에 기반을 두고 있던 시대에 관한 전문가다. 그의 저서 『인텔: 끝나지 않은 도전과 혁신The Intel Trinity』는 실리콘밸리의 기원에 대한 가장 신뢰할 만한 책이다.

마이클 마이클 Michael Mikel: 일명 데인저 레인저Danger Ranger. 1970년대부터 실리콘밸리에서 일했다. 그의 첫 직장인 페어차일드 반도체Fairchild Semiconductor는 실리콘 반도체 칩을 처음으로 상용화해 실리콘밸리가 현재의 이름을 가지게 한 기업이었다. 1980년대에 그는 샌프란시스코의 포스트 히피, 포스트 펑크 사이버 문화에 푹 빠졌고, 1980년 후반과 1990년 초반 사이에 버닝맨 페스티벌을 흥행시켰다.

마이클 스턴 Michael Stern: 제너럴 매직의 변호사였다. 그는 현재 유명한 실리콘밸리 로펌인 쿨리Cooley의 파트너로 있다.

마크 베니오프 Marc Benioff: 세일즈포스의 공동 창업자이자, 현 CEO다. 세일즈포스 타워는 샌프란시스코에서 가장 높은 마천루다.

마크 안드레센 Marc Andreessen: 일리노이 대학의 컴퓨터 전공 학생들과 NCSA의 '모자이크'를 해킹했다. 모자이크는 1993년에 개발된 하이퍼 텍스트 전송 프로토콜을 실제로 활용한 최초의 브라우저다. 1년 반 만에 그와 친구들은 실리콘밸리에서 산업용 버전인 넷스케이프를 만들었다. 안드레센의 브라우저는 실리콘밸리가 낳은 가장 중요한 소프트웨어다.

마크 저커버그 Mark Zuckerberg: 페이스북의 CEO다. 실리콘밸리의 모든 젊은 창업자들과는 달리, 기업을 나이가 많고 더 현명한 누군가에게 넘기도록 강요당하지 않았다.

마크 포랏 Marc Porat: 스탠퍼드 대학원생이던 1976년에 '정보 경제'라는 용어를 만들었다. 이후 애플의 선행기술그룹에 영입되어 미래를 구상했다. 그가 거기서 본 미래가 아이폰이다. 1990년에 제너럴 매직이라는 기업을 만들어 그 미래를 직접 만들려고 했다. 그 시도는 거의 성공했다.

마크 폴린 Mark Pauline: 불을 뿜는 거대 로봇을 만드는 샌프란시스코 베이 지역 예술가다. 그는 자신이 만든 로봇들을 검투사 삼아 배틀 로얄 방식으로 겨루게 했다.

마크 프레이저 Mark Fraser: 최초의 이베이 고객이었다. 1995년에 이베이 설립자인 피에르 오미다이어가 만든 경매 사이트 테스트를 위해 판매한 파손된 레이저 포인터를 구입했다. 프레이저는 레이저를 값싸게 사서 고칠 수 있을 거라고 생각했지만 그러지 못했다. 이 판매로 인해 오미다이어는 이베이가 좋은 아이디어라고 확신했다.

마크 핀커스 Mark Pincus: 닷컴 붕괴에서 생존한 몇 안 되는 기업가 중 하나이며, 2005년에 페이스북에 투자한 초기 투자자다. 몇 년 후, 징가Zynga†를 창업하고 팜빌Farmville을 비롯한 소셜 네트워크 게임을 페이스북에서 출시하면서 다시 한번 페이스북에 큰 베팅을 했다.

맥스 켈리 Max Kelly: '사운드 트래픽 컨트롤Sound Traffic Control'이라는 실험적인 밴드의 멤버로 샌프란시스코에 처음 왔다. 9.11 테러 이후 그는 연방수사국FBI에 합류하여 컴퓨터과학수사 연구소에서 일했고, 이를 계기로 2005년 페이스북에서 첫 최고보안책임자로 일했다. 5년 후 그는 정부기관으로 복귀했는데, 그땐 국가안보국NSA이었다.

맷 로저스 Matt Rogers: 학교를 졸업하자마자 애플에서 인턴십을 시작했다. 아이팟에 대한 그의 노력은 '아이팟의 아버지'인 토니 파델이 그를 수제자로 여기게 하는 일등공신이었다. 두 사람은 이후 애플을 떠나 함께 회사를 차렸다.

메건 스미스 Megan Smith: 애플에서 경력을 시작했지만 곧 제너럴 매직으로 옮겨 스마트폰 엔지니어로 일했다. 그 후 최초의 온라인 미디어 회사 중 하나인 플래닛아웃의 CEO가 되었다. 구글에서 잠시 근무한 후 오바마 행정부에 들어가 백악관 최고기술책임자가 되었다.

메리 루 송 Mary Lou Song: 이베이에 1996년에 입사했다. 아직 이베이가 옥션웹이라는 이름을 쓰던 시절이었다. 그는 젊고 이상을 추구하는 스탠퍼드 졸업생이었고, 이베이도 그런 회사였다. 놀랍게도 그러한 이상주의는 이베이의 비밀 무기가 되어 구매자들과 판매자들이 기업이 어려울 때도 기다려 주는 밑거름이 되었다.

메이너드 웹 Maynard Webb: 실리콘밸리의 해결사 중 하나다. 1999년 폭발적인 성장으로 웹사이트가 마비된 이베이의 CEO가 그에게 전화해 웹사이트를 고쳐 달라는 부탁을 했다. 현재 웹은 링크드인과 야후의 이사회에 있고, 여전히 패닉에 빠진 CEO들의 전화를 받고 있다.

---

† 소셜 네트워크 게임이란 새로운 장르를 만든 게임 개발사.

모나 심슨 Mona Simpson: 스티브 잡스의 여동생이자 소설가다. 어릴 때 입양된 스티브 잡스가 어른이 되어서 그의 생물학적 뿌리를 찾으러 다니다 심슨을 알게 되었다. 그 둘은 이내 가까워졌고, 심슨은 이윽고『평범한 사내A Regular Guy』란 실화를 바탕으로 한 소설을 썼다. 소설의 첫 대목은 이랬다. "그는 화장실 물을 내릴 수 없을 정도로 너무 바쁜 사내였다."

미셸 바텔 Michelle Battelle: 샌프란시스코에 있는 잡지 사무실로 걸어 들어가던 당시에는『와이어드』의 편집자인 존 바텔의 약혼자였다. 그녀는 결국 그 곳에서 일하게 되었고, 뉴욕 시티를 떠나며 뒤로 했던 미디어 엘리트들이 주목한 그 잡지의 첫 번째 발간을 도왔다.

미치 알트만 Mitch Altman: 제론 레니어가 만든 최초의 VR 기업인 VPL의 초창기 직원이다. 최근에는 전 세계를 여행하면서, 모든 것에 대한 전문 지식을 찾을 수 있는 커뮤니티인 '해커스페이스hackerspaces'를 널리 퍼뜨리고 있다.

미하엘 나이막 Michael Naimark: 실리콘밸리의 예술가이자 발명가로, 당대의 가장 흥미로운 연구개발 연구소들인 아타리 리서치, 애플 멀티미디어 랩Apple Multimedia Lab, 루카스필름 인터랙티브 부서Lucasfilm's interactive division, 인터벌 리서치Interval Research, 구글 VR 부서Google's VR division 등에서 근무했다.

ㅂ

밥 멧칼프 Bob Metcalfe: 사무실 간 네트워킹 프로토콜인 이더넷을 제록스파크에서 공동 발명했고, 그 후 이더넷의 상용화를 위해 쓰리콤3Com을 설립했다. 그는 실리콘밸리에서 자기 이름이 붙은 '법칙'이 있는 몇 안 되는 사람 중 하나다. 멧칼프의 법칙은 네트워크의 가치는 그 사용자 수의 제곱에 비례하는 것을 의미한다.

밥 테일러 Bob Taylor: 마우스, 인터넷, 그래픽 컴퓨터 인터페이스를 발명하게 될 연구자들을 찾아 자금을 지원했다. 2017년 캘리포니아 우드사이드에 있는 자택에서 사망했다.

밥 플레걸 Bob Flegal: 제록스파크에 거의 25년간 근무했다. 그는 밥 테일러와 컴퓨터 연구실에서 그리고 앨런 케이와 러닝 리서치 그룹Learning Research Group에서 같이 근무했다.

밥 화이트헤드 Bob Whitehead: 친구들과 함께 액티비전을 만들기 위해 회사를 떠나기 전까지, 아타리 2600용 게임인 〈홈런Home Run〉, 〈풋볼Football〉, 〈비디오 체스Video Chess〉를 개발했다.

버렐 스미스 Burrell Smith: 매킨토시의 아버지다. 스티브 워즈니악이 애플 Ⅱ를 빠르고 저렴하고 섹시한 기계로 들었다면 매킨토시는 버렐 스미스가 만들었다. 매킨토시 출시 후, 스미스는 앤디 허츠펠드와 다른 애플 퇴사자들과 함께 라디우스Radius라는 회사를 설립했다. 라디우스는 매킨토시용 모니터와 다른 하드웨어 액세서리를 만들었다.

버틀러 램슨 Butler Lampson: 1960년에 UC 버클리의 학생일 때 컴퓨터 설계를 시작했다. 나중에 그는 제록스파크에서 알토, 이더넷, 그리고 레이저 프린터를 개발한 핵심 인력이 된다.

브라이언 벨렌도프 Brian Behlendorf: 『와이어드』의 첫 웹마스터였다. 그는 넷스케이프가 판매할 계획이었던 소프트웨어의 무료 버전을 만들었다. 후에 이 프로젝트는 오픈 소스 운동으로 변화되었다. 오늘날 벨렌도프는 오픈 소스 하이퍼레저Hyperledger 프로젝트를 이끌고 있으며, 이 프로젝트는 혁신적인 차세대 데이터 저장 기술의 완성에 전념하고 있다.

브래드 스톤 Brad Stone: 아마존, 에어비앤비, 우버에 대해 가장 잘 아는 유일한 저널리스트로, 이들에 대한 책을 2권 썼다. 『업스타트: 실리콘밸리의 킬러컴퍼니는 어떻게 세상을 바꾸었나The Upstarts』와 『아마존, 세상의 모든 것을 팝니다The Everything Store』. 스톤의 본업은? 블룸버그Bloomberg의 테크 커버리지의 운영자다.

브래드 템플턴 Brad Templeton: 최초의 닷컴 회사를 설립했다. 오늘날 인간 이후의 미래를 준비하는 실리콘밸리 기관인 싱귤래리티 대학Singularity University의 전산학과 학장을 맡고 있다.

브래드 핸들러 Brad Handler: 실리콘밸리 프로그래머 출신의 지적재산권 변호사다. 그는 1997년 이베이가 막 성장할 즈음에 입사했고, 디지털 밀레니엄 저작권법을 제정하는 데 기여해 온라인에서의 저작권 보호 규칙을 수립했다.

브렌다 로렐 Brenda Laurel: 기업의 미래를 예측하기 위해 아타리에 고용되었다. 아타리가 무너진 이후, 자신의 이론을 바탕으로 영향력 있는 저서 『극장으로서의 컴퓨터Computers as Theatre』를 집필했다.

브루스 스털링 Bruce Sterling: 텍사스를 선호해 실리콘밸리에서 살아본 적은 없지만, 실리콘밸리에 긴 그림자를 드리운 인물이다. 소설가 겸 편집자로, 공상과학 소설에서 '사이버펑크'라는 새로운 개념을 정의했다. 사이버펑크는 1980년대와 1990년대 샌프란시스코의 테크노그라운드에서 영감을 받았고, 반대로 현실에 영감을 주었다.

브루스 혼 Bruce Horn: 실리콘밸리의 전설적인 연구개발 기관인 제록스파크에 취직했을 때 겨우 십대였다. 나중에 그는 매킨토시에서 일하기 위해 애플로 이직했고, 그와 함께 멤버들은 '드래그 앤드 드롭' 마우스 제스처를 포함하여 우리가 현재 당연하게 생각하는 많은 것들을 발명했다. 현재는 인텔의 수석 연구원이다.

블레인 쿡 Blaine Cook: 회사가 고용하기를 좋아하는 '히피-해커hippie-hacker'의 표본으로, 긴 머리의 트위터 선임 엔지니어였다.

비즈 스톤 Biz Stone: 블로깅이라고 불리는 온라인에서의 이상하고 새로운 활동을 발견했을 당시에는 어머니 집 지하실에 사는 예술 학교 중퇴자였다. 스톤의 블로그는 자신이 구상한 새로운 일제 슈퍼제트기 제작이나 상상으로만 존재하는 디자인 등에 대한 농담으로 가득했다. 그의 철학은 이룰 때까지 이룬 척 해라'였고, 놀랍게도 성공했다. 1년이 지나지 않아 스톤은 구글에서 일하고 있었고, 5년 채 지나지 않았을 때 몇몇 다른 사람들과 함께 트위터를 만들었다.

빌 앳킨슨 Bill Atkinson: 매킨토시의 획기적인 형태와 감각을 책임진 소프트웨어의 마법사. 그가 만든 프로그램인 하이퍼카드는 월드와이드웹 이전에 하이퍼 링크된 하이퍼 미디어의 첫 번째 성공적인 사례였다.

빌 잉글리시 Bill English: 스탠퍼드 리서치 연구소의 더글러스 엥겔바트팀에 처음으로 합류한 사람이다. 그는 최초의 마우스를 직접 제작했으며 엥겔바트의 유명한 1968년 데모의 무대를 지휘했다. 1970년에 제록스파크로 이직했고 거기서 엥겔바트 시스템의 새 버전을 개발했다.

빌 팩스톤 Bill Paxton: 스탠퍼드 연구소와 제록스파크, 그리고 마지막으로 어도비에서 활동한 컴퓨터과학자다. 그는 천체물리학자들을 위한 소프트웨어를 개발하며 은퇴 생활을 보내고 있다.

ㅅ

산지브 쿠마르 Sanjeev Kumar: 몇몇 엔지니어와 함께 새로운 형태의 디지털 음악 시대를 예상했고, 휴대용 MP3 플레이어에 필요한 전문 칩을 설계하기 위해 1999년에 창업했다. 2001년에 애플이 아이팟을 출시하기로 결정하면서 그가 창업한 회사의 가장 큰 고객이 되었다.

세르게이 브린 Sergey Brin: 구글의 공동 창업자다. 박사 수준의 수학 능력으로 인터넷의 심오한 구조를 뒷받침하면서, 웹을 세상에서 가장 중요한 정보 자원으로 바꾸었다.

숀 파커 Sean Parker: 친구 숀 패닝의 기숙사 프로젝트를 사업화하기 위해 10대일 때 실리콘밸리로 왔다. 냅스터는 계획대로 되지 않았지만 파커는 또 다른 기숙사 내 사업을 진행하던 마크 저커버그를 발견했고, 그가 무엇을 해야 하는지 정확히 알았다. 페이스북의 초대 회장으로, 저커버그에게 통제력을 유지하면서 자본을 모으는 방법을 보여 주었다.

숀 패닝 Shawn Fanning: 음악 파일을 찾고 다운로드하기 위해 최적화된 검색 엔진인 냅스터를 만든 사람이다. 패닝은 독학하는 10대 프로그래머였고, 기숙사에서 냅스터를 만들었다. 냅스터가 유행한 후, 저작권이 있는 음악을 다운로드하는 것에 대한 윤리적 논란이 불붙었다.

수잔 보이치키 Susan Wojcicki: 구글이 막 시작했을 당시 멘로파크Menlo Park에 있는 자기 집의 빈방 몇 개를 구글에 빌려주었다. 그 후 빠르게 구글에 빨려 들어가 깊숙이 관여하게 되었고, 지금은 구글의 자회사인 유튜브의 CEO다.

스콧 말렛 Scott Marlette: 페이스북의 프로그래머로 사진 구현에 가장 큰 역할을 했다. 사진을 업로드한 다음 친구를 태그할 수 있는 기능은 페이스북이 폭발적으로 성장할 수 있는 계기를 제공했다. 사진 공유 기능을 통해 페이스북은 널리 퍼지기 시작했다.

스콧 포스톨 Scott Forstall: 스티브 잡스가 CEO로 다시 돌아왔을 때 애플의 소프트웨어 최고 인재 중 한 명이었다. 그리고 아이폰이 개발되기 시작하자 포스톨은 운영체제 팀을 담당했다.

스콧 피셔 Scott Fisher: 아타리 리서치랩과 NASA의 VR 분야 초기 연구원이었다. 그는 이제는 친숙해진 고글형 안경과 글러브의 인터페이스를 개발한 최초의 엔지니어다. 우주 보행 로봇을 원격 제어할 수 있게 하여 우주 보행을 더 안전하게 만드는 것이 그의 아이디어였다.

스콧 하산 Scott Hassan: 실리콘밸리 안에서는 구글 '제3의 설립자'로 유명한 인물이다. 그는 초기 코드의 상당 부분을 작성했고, 래리 페이지와 세르게이 브린의 연구 프로젝트를 검색 엔진 기업으로 바꿀 것을 설득하기도 했다.

스탠 허니 Stan Honey: 놀란 부쉬넬의 로스앤젤레스에서 하와이까지의 범선 경주를 이끌었던 항해사다. 태평양 한복판에서 두 사람은 자동차를 운전하는 사람들이 길을 잃지 않도록 하는 사업을 구상했다. 그 결과로 설립된 이택은 현재와 같이 GPS로 네비게이션이 일상화되기 훨씬 이전에 최초의 자동차 네비게이션 시스템을 만들었다.

스튜어트 브랜드 Stewart Brand: 히피족 운동의 바이블이 된 『지구백과』를 기획하고 구성하고 편집했다. 몇 년 후, 그는 자신의 저서 『인공두뇌학의 두 가지 전선Two Cybernetic Frontiers』에서 채택한 'PC'라는 표현은 또 다른 종류의 혁명을 촉발시켰다. 그는 여전히 멸종된 종을 부활시키는 활동을 주도하고 있으며, 1만 년 동안 끄떡없는 거대한 지하 탑을 건립하는 일 등에 빠져 있다.

스티브 러셀 Steve Russel: 최초의 컴퓨터 게임인 〈스페이스워〉를 개발한 프로그래머다. 〈스페이스워〉는 놀란 부쉬넬이 아타리를 만들도록 영감을 준 게임이었다.

스티브 메이어 Steve Mayer: 아타리의 가정용 게임 콘솔 VCS의 프로토타입을 만든 작은 팀의 멤버였다. VCS는 컬러 TV에 연결할 수 있고, 상단에 게임 카트리지를 꽂는 슬롯이 있었다.

스티브 워즈니악 Steve Wozniak: 일명 워즈Woz. 1977년 PC 혁명을 일으킨 애플 II를 만든 천재다. 그 당시 두 스티브들, 잡스와 워즈는 절친한 친구였다. 그러나 잡스가 세상을 떠날 때쯤 둘은 사이가 틀어져 워즈는 잡스의 추도식에도 참석하지 않았다.

스티브 웨슬리 Steve Westly: 한때 스탠퍼드 경영대학원의 교수였던 인물로, 인터넷이라는 것을 알고서 한번 사용해 보기로 마음을 먹으면서 인생이 바뀌었다. 웨슬리의 특기는 이커머스 서비스들이 창출하는 수치를 추적하는 마케팅 지표 분석이 되었다. 그 특기와 행운은 그를 이베이라는 이름의 작은 스타트업으로 이끌었는데, 알고 보니 가장 뛰어난 지표를 가진 기업이었다.

스티브 자렛 Steve Jarrett: 1990년대 중반 애플에서 분사한 제너럴 매직의 프로젝트 매니저였다. 나중에 그는 애플에 합류하여 최초의 아이팟을 출시하는 데 도움을 주었다. 현재 그는 페이스북의 중역 임원이며, 런던에 살고 있다.

스티브 잡스 Steve Jobs: 친구인 스티브 워즈니악과 PC의 상용화에 가장 큰 역할을 한 기업인 애플을 공동 창업했다. 잡스는 20년 동안 자기 회사를 완전히 장악하지는 못했지만, 그 후에 애플은 아이맥, 아이팟, 아이폰, 아이패드 등의 히트 상품을 출시하며 세계에서 가장 가치 있는 기업이 되었다. 2011년 암으로 55세에 사망했다.

스티브 펄먼 Steve Perlman: 실리콘밸리의 모든 것을 본 인물이라 할 수 있다. 그는 아타리가 무너졌을 때 아타리에 있었고, 스티브 잡스가 애플에서 쫓겨났을 때 애플에 있었으며, 제너럴 매직이 설립되었을 때 함께 했다. 이후 자신의 발명 아이디어를 기반으로 여러 기업을 설립했다. 가장 알려진 기업은 웹TVWebTV였고, 가장 최근의 피셀pCell은 이론적으로 거의 무한한 양의 무선 대역폭을 제공할 수 있는 기술을 바탕으로 만들어졌다.

스티븐 레비 Steven Levy : 저서인 『해커스: 세상을 바꾼 컴퓨터 천재들』은 1985년에 출판되었다. 『뉴욕타임스』가 혹평하고, 라디오와 TV 평론가로부터 무시당했지만, 『해커스』는 지금도 여전히 읽히고 있다. 컴퓨터 괴짜가 되는 것이 어떤 의미인지 최초로 그리고 지금까지도 가장 명확하게 설명한 책이다.

스티븐 존슨 Steven Johnson: 최초의 디지털 전용 온라인 잡지인 『피드』를 창간했다. 그는 현재 9권의 책을 출판한 작가이며, 실리콘밸리에서 창안된 기술의 의미를 가장 확실하고 명료하게 전달하는 사람 중 한 명이다.

○

아델 골드버그 Adele Goldberg: 제록스파크에서 앨런 케이의 친한 동료였다. 케이가 아타리로 떠난 후, 러닝 리서치 그룹의 후임 관리자가 되었다.

아서 락 Arthur Rock: '벤처캐피털'이라는 용어를 만들었다. 그는 페어차일드와 인텔과 같은 반도체 기업들이 투자를 유치하는 데 크게 기여했다. 그는 애플에도 초기 투자했고, 한동안 사외이사로 활동했다.

아티 피셸 Artie Fischell: 아타리에서 '근무한' 가상의 인물이다. 그는 이메일 계정, 사무실, 심지어 비서도 있었다. 피셸의 말을 들은 대부분의 사람들은 그가 진짜 사람이라고 생각했다. 167페이지의 인용문? 실은 가짜다.

알 알콘 Al Alcorn: 아타리의 첫 번째 엔지니어로, 근무를 시작한 지 일주일 만에 아타리를 유명하게 만든 아케이드 비디오 게임 〈퐁〉을 제작했다. 아타리는 최초의 실리콘밸리 기업이었으며 향후 실리콘밸리에서 일어날 모든 것을 가능케 했다.

알렉스 토틱 Aleks Totić: 일리노이 대학에서 모자이크를 만든 학생 팀의 멤버였다. 이후 넷스케이프라는 실리콘밸리의 신생 기업이 그를 영입했다.

애덤 디안젤로 Adam D'Angelo: 컴퓨터 프로그래밍에 매우 관심이 많은 마크 저커버그의 기숙사 룸메이트로, 그와 함께 시냅스라는 인공지능적인 MP3 플레이어를 만들었다. 이 MP3 플레이어는 당신이 다음에 듣고 싶어 하는 노래를 예측할 수 있었다. 그들은 이것을 사업화할 수 있었지만 대학에 진학하기로 결정했다.

애덤 루겔 Adam Rugel: 오데오에서 사업개발부장을 맡았다. 회사가 트위터로 방향을 틀면서 해고되었지만, 트위터 사무실에서 몇 년 동안 자신의 프로젝트를 계속 진행했다.

애론 시틱 Aaron Sittig: 페이스북의 첫 그래픽 디자이너였다. 그는 그 유명한 좋아요like 버튼을 만든 장본인이다.

앤디 그리뇬 Andy Grignon: 애플이 아이팟을 만들 때 필요했던 기술을 가지고 있던 스타트업 픽소를 인수하면서 영입하게 된 직설적 화법을 구사하는 엔지니어다. 아이팟이 출시된 후 그리뇬은 아이폰 개발로 재배치되었다. 그리뇬은 아이폰의 '폰' 부분, 즉 송수신기를 담당했다.

앤디 밴 댐Andy van Dam: 말 그대로 컴퓨터 그래픽 책을 썼다. 『컴퓨터 그래픽스: 원리와 실전Computer Graphics: Principles and Practice』은 그 분야의 필수 교과서여서 컴퓨터 애니메이션으로 만들어진 최초의 장편 영화인 픽사의 〈토이 스토리〉에 카메오로 나왔다.

앤디 벡톨샤임Andy Bechtolsheim: 스탠퍼드 대학에서 전기공학 박사과정 중에 있었고, 학교에서 모든 연구원과 학생을 대상으로 한 네트워크 구축을 위임받았다. 그가 디자인한 스탠퍼드 대학 네트워크는 '썬SUN'이라고 불렸다. 그것은 상품화되었고 빠르게 과학자, 엔지니어 및 기타 고급 사용자를 위한 최고의 브랜드가 되었다. 10여 년 후, 벡톨샤임은 유망한 아이디어를 가지고 온 스탠퍼드 박사 학생들에게 약간의 종자돈을 제공했다. 그리고 구글이 탄생하게 되었다.

앤디 커닝햄Andy Cunningham: 애플의 대외 전문가인 레지스 맥케나의 직원으로 매킨토시의 출시를 위해 스티브 잡스와 긴밀하게 일을 했다.

앤디 허츠펠드Andy Hertzfeld: 오리지널 매킨토시를 만든 소프트웨어 전문가 중 한 사람이며, 그 프로젝트의 비공식 역사 기록관이기도 하다. 매킨토시 이후 그는 제너럴 매직을 포함한 여러 중요한 기업을 공동 창업했다. 그가 제너럴 매직에서 멘토링한 새로운 세대의 창업가들이 지금의 실리콘밸리를 이끌고 있다.

앨런 밀러Alan Miller: 아타리가 고용한 최초의 게임 프로그래머 중 한 명이었다. 그는 〈서라운드〉, 〈행맨Hangman〉, 〈농구Basketball〉 등을 개발했고, 아타리의 경쟁자인 액티비전을 설립하기 위해 회사를 떠났다.

앨런 케이Alan Kay: 아주 작아서 여행할 때 휴대할 수 있고, 사용하기 쉬워 어린이도 프로그래밍 할 수 있는 '다이나북'이라는 컴퓨터를 구상했다. 이는 거의 50년 동안 컴퓨터과학자들의 성배였다.

앨비 레이 스미스Alvy Ray Smith: 1973년 뉴햄프셔에서 스키를 타다 다리가 부러지기 전까지 뉴욕 대학에서 전산학을 가르치고 있었다. 그는 3개월 동안 전신 깁스를 하면서 책을 읽고, 인생도 돌아보고, 마약도 좀 했는데, 회복할 때 즈음 자신이 전쟁을 위한 기계를 만들고 있음을 깨닫고 다르게 인생을 살아야겠다고 다짐했다. 캘리포니아로 탈출한 후, 최초의 컴퓨터 애니메이터로 일했고, 이후 에드 캣멀과 함께 픽사를 설립했다.

에드 캣멀 Ed Catmull: 앨비 레이 스미스과 함께 1986년 루카스필름에서 컴퓨터 그래픽 그룹을 분사하여 초창기에는 컴퓨터 회사였던 픽사를 창업했다. 픽사는 초기에 마케팅 목적으로 짧은 애니메이션을 제작했는데, 캣멀과 스미스가 루카스필름을 떠난 지 10년 후, 영화 〈토이 스토리〉를 만들었다. 그리고 〈토이 스토리〉 개봉 10년 후, 픽사는 아주 좋은 조건으로 디즈니에 매각되었다.

에디 큐 Eddy Cue: 아이튠즈, 앱스토어, 시리, 그리고 스트리밍 콘텐츠를 포함해 인터넷과 관련 있는 모든 것을 책임지는 애플의 임원이다.

에릭 데이비스 Erik Davis: 샌프란시스코에 기반을 둔 작가이자 캘리포니아의 반문화와 현대적 유산을 전문으로 다루는 지식인이다. 1998년에 출판된 그의 책 『기술의 직관TechGnosis』은 여전히 미국 내 대학원에서 연구되고 논의되고 있다.

에릭 슈미트 Eric Schmidt: 소위 구글의 '어른'으로, 젊은 공동 창업자인 래리 페이지만으로는 회사가 살아남을 수 없다고 믿는 투자자들의 주장으로 불려온 노련한 CEO다. 슈미트는 2001년부터 2011년까지 10년 동안 CEO를 역임했고, 이제 어른이 된 것으로 추정되는 페이지가 다시 구글의 지휘를 맡았다.

에반 윌리엄스 Evan Williams: 네브라스카의 농장 소년 출신으로, 1999년 샌프란시스코로 넘어와 스스로 코딩을 배웠다. 닷컴 붕괴 후, 실리콘밸리에 남아서 일련의 기업들을 시작했는데, 가장 주목할 만한 것은 트위터였다.

에반 헨쇼플랫 Evan Henshaw-Plath : 일명 '래블Rabble'. 오데오에 입사해 샌프란시스코로 이사오기 전에 떠돌이 운동가의 삶을 살았다. 1999년 시애틀 세계무역기구 시위에서 활동가 미디어 센터 설립을 도왔다. 그리고 2004년에 민주당과 공화당 전당 대회에서 당원들의 지지를 조직화하기 위한 티엑스티몹이라는 휴대폰 기반의 소셜 네트워크를 만드는 데 일조했다. 그는 오늘날까지도 활발하게 무정부주의적 활동을 한다.

에이미 린드버그Amy Lindburg: 애플의 칩 설계자 겸 하드웨어 엔지니어로, 이후 제너럴 매직에 입사하게 된다. 제너럴 매직은 실패했지만, 오늘날 널리 사용되는 스마트폰의 기술적 토대를 만들었다.

에이미 크리쳇Amy Critchett: 『와이어드』 최초의 인턴 중 한 명이었다. 그리고 웹캐스트에서부터 현재 거대한 공공 예술 작품에 이르기까지 모든 것을 다 제작해내는 능력 있는 프로듀서가 되었다.

에일린 리처드슨Eileen Richardson: 냅스터의 첫 CEO였다. 회사가 필요로 하던 어른 역할을 했다. 그러나 냅스터의 극적인 실패 이후 실리콘밸리의 벤처캐피털리스트들은 젊은 창업자를 점잖은 어른으로 바꾸는 아이디어를 싫어하기 시작했다.

에즈라 캘러한Ezra Callahan: 스탠퍼드 학생이던 시절, 냅스터 사건 이후 상황이 어려워진 숀 파커와 우연히 같은 집을 나눠 썼다. 자연스럽게 파커는 페이스북과 캘러한이 막 사업을 시작한 것을 알게 되었다. 지금은 매우 멋진 팜스프링스 호텔을 소유하고 있다.

알리 에이다Ali Aydar: 15살이였던 숀 패닝이 존경하고 조언을 구했던 프로그래머다. 몇 년 후, 에이다는 냅스터의 첫 직원으로 숀 패닝을 위해 일하게 되었다.

영 하빌Young Harvill: 아티스트이자 발명가이자 프로그래머. 그는 제론 레니어의 VR을 더 리얼하게 구현하는 그래픽 코드를 작성했다.

오르컷 부육콕텐Orkut Büyükkökten: 마크 저커버그가 하버드에서 더페이스북닷컴을 시작하기 3년 전에 스탠퍼드에서 캠퍼스 차원의 소셜 네트워크를 구축하고 운영했다. 구글 엔지니어인 그는 저커버그가 실리콘밸리로 이주하기 6개월 전에 오르컷Orkut이라는 또 다른 기업을 선보였다. 그는 여전히 그 일을 하고 있다. 2016년에는 비슷한 관심사를 가진 사람들과 만날 수 있는 소셜 네트워크인 헬로닷컴Hello.com을 내놓았다.

웨인 굿리치 Wayne Goodrich: 이벤트 프로듀서로, 애플, 넥스트, 픽사 등 스티브 잡스의 제품 출시 행사 대부분을 설계한 숨은 공로자다.

유진 모시어 Eugene Mosier: 컴퓨터에 능한 예술가이자 1990년대 초기 샌프란시스코 언더그라운드 문화의 열성적인 참여자로, 이후 『와이어드』의 첫 제작 책임 이사가 되었다.

유카리 케인 Yukari Kane: 애플을 취재한 통찰력 있는 기자 중 한 명이다. 『불안한 제국Haunted Empire』이라는 책에서 그녀는 애플뿐만 아니라 중국 제조사인 폭스콘까지 들어가 애플의 아이폰과 아이패드를 실제로 만드는 노동자들을 인터뷰했다.

이브 베하 Yves Béhar: 하이테크를 아름답게 만드는 것으로 유명한 산업 디자이너다. 베하는 1993년 샌프란시스코의 사우스파크로 옮겼지만, 스티브 잡스가 아이맥, 아이팟, 아이폰 및 아이패드로 좋은 디자인이 그 기업의 기본이 될 수 있다는 것을 알린 후에야 실리콘밸리에서 유명해졌다. 베하의 회사 퓨즈프로젝트fuseproject는 오늘날 테크 분야에서 가장 중요한 디자인 기업 중 하나다.

ㅈ

잭 도시 Jack Dorsey: 트위터의 첫 CEO이자, 아마도 실리콘밸리에서 레게머리와 코걸이 모두를 선보인 유일한 CEO일 것이다.

잭 볼웨어 Jack Boulware: 1980년대 후반과 1990년대 후반에 데스크탑 출판을 통해 폭발적으로 생겨난 수많은 작은 잡지들에 관한 베테랑 전문가다. 그는 자신의 잡지인 『노즈Nose』가 있었고, 다른 잡지에도 기고했다. 현재 볼웨어는 1999년 공동 창립한 샌프란시스코의 문학 축제인 〈릿퀘이크

Litquake〉의 전무 이사로 있다.

저스틴 홀 Justin Hall: 아마도 초기 인터넷의 미니 셀럽 중 하나였을 것이다. 온라인에 일기를 쓰기 시작한, 뽐내기 좋아하는 대학생이었던 홀은 당시 웹상에서 바이럴로 퍼지게 되었다. 그는 이 유명세로 핫와이어드에서 일하게 되었고, 블로깅 탄생에 관한 유명 다큐멘터리인 〈홈페이지Home Page〉에서 주연을 맡았다.

제론 레니어 Jaron Lanier: 실리콘밸리의 게임 프로그래머로, 처음으로 진정한 예술 작품으로 평가받는 게임인 〈문더스트〉로 큰 돈을 벌었다. 이를 바탕으로 레니어와 그의 친구들은 그가 '가상현실'이라고 부르는 것에 대한 연구와 개발을 시작했다. VR은 레니어가 발명한 용어다.

제리 가르시아 Jerry Garcia: 그레이트풀 데드의 리드 기타리스트이자 보컬리스트였다. 데드헤드와 기술의 관계는 생각보다 깊다. 그러나 가르시아가 했다고 알려진 이 책 342쪽에 인용되어 있는 "넷스케이프가 어디에 공개됐다고?!"라는 말은 출처가 불분명하다.

제리 카플란 Jerry Kaplan: 고 코퍼레이션Go corporation의 공동 설립자로, 완전히 실패한 그 스타트업에 대한 저서『스타트업: 실리콘밸리의 모험Startup: A Silicon Valley Adventure』은 고전이며 여전히 출판되고 있다. 이후 그는 전자상거래 사이트인 '온세일OnSale'을 심지어 이베이보다 더 일찍 창업했다. 여전히 창업을 하고 책을 쓴다. 가장 최근의 저서는 『인공지능의 미래: 상생과 공존을 위한 통찰과 해법들Artificial Intelligence: What Everyone Needs to Know』이다.

제이미 자윈스키 Jamie Zawinski: 일찍이 모자이크 웹 브라우저의 가능성을 알아본 젊은 이상주의 해커 중 한 명이다. 그는 대가 없이 제출했던 버그 리포트와 수정안 덕분에 넷스케이프에서 일하게 되었다. 몇 년 후 그는 어느 정도의 부를 쌓았고, 테크 산업 대신 나이트클럽 산업에서 일하기 위해 회사를 떠났다. 그는 오늘날 샌프란시스코의 나이트클럽인 DNA

라운지DNA Lounge를 운영하고 있으며, 과거보다 조금 나이가 들고 현명해졌지만 여전히 이상주의자다.

제이미스 맥니븐 Jamis MacNiven: 실리콘밸리에서 인생을 즐기는 전형적인 인물이다. 캘리포니아 우드사이드에 위치한 벅스 레스토랑의 주인인 맥니븐은 짐 클락과 그의 팀이 넷스케이프를 구상할 때, 페이팔이 투자를 받았을 때, 테슬라Tesla가 설립되었을 때와 같이 실리콘밸리에서 역사가 쓰일 때마다 항상 그 옆자리에 있었다. 벅스를 운영하기 전에는 스티브 잡스의 절친한 친구였다. 존 레논John Lennon이 총에 맞아 사망했을 때, 스티브 잡스가 맥니븐의 품에서 목놓아 울 정도로 친했다.

제인 멧칼프 Jane Metcalfe: 루이스 로제토와 함께 『와이어드』를 창간했다. 멧칼프는 편집자이자 『와이어드』를 단순한 아이디어에서 사업으로 발전시킨 경영자였다. 오늘날 그녀는 『와이어드』가 컴퓨터를 다뤘던 것처럼 '새로운 생물학 혁명'을 다루는 온라인 출판 프로젝트인 '네오.라이프 Neo.Life'에 힘쓰고 있다.

제프 래스킨 Jef Raskin: 자칭 매킨토시의 발명가다. 엄밀히 따지면 맞는 말이긴 하다. 스티브 잡스가 쫓아내기 전까지 애플에서 매킨토시 프로젝트를 담당했다. 래스킨의 미니멀리즘 컴퓨터 디자인은 최신 그래픽 디스플레이를 구동하는 고성능 컴퓨터를 만들기 위해 기각되었다. 래스킨은 2005년에 죽었다.

제프 로스차일드 Jeff Rothschild: 실리콘밸리 연쇄 창업가 출신의 벤처투자자다. 동료로부터 페이스북이라는 스타트업을 몇 주간 도와 달라는 요청을 받아 시작된 인연은 10년의 여정이 되었다. 로스차일드는 20대가 우글거리는 그곳에서 혼자 50대였지만, 그의 어릴 적 창업 때처럼 활기차게 하루 종일 일했다.

제프 루립슨 Jeff Rulifson: 더글러스 엥겔바트의 혁신적인 컴퓨터 시스템 NLS의 수석 소프트웨어 설계자다.

제프 스콜 Jeff Skoll: 개발자에서 스탠퍼드 MBA로 전향한 엔지니어였다. 이베이에서 사업 계획을 담당했는데, 그 계획이 매분기 많은 수익을 내면서 유명해졌다. 스콜은 이베이에서 몇 년간 근무하다 로스앤젤레스로 건너가 영화 제작자로 새로운 커리어를 시작했다. 〈불편한 진실An Inconvenient Truth〉과 〈링컨Lincoln〉 등을 포함한 그의 사회 참여적인 영화들은 50개의 아카데미상 후보에 올랐고 11개의 상을 수상했다. 여기에는 그의 대표작인 〈스포트라이트Spotlight〉로 포함된다.

조너선 스트어 Jonathan Steuer: 스탠퍼드 대학에서 VR 박사 과정을 하면서 샌프란시스코에서 '사이버코뮨cybercommune'을 운영하던 너드였는데, 루이스 로세토가 『와이어드』의 온라인 스핀오프 개발을 위해 그를 고용했다. 스트어의 공동체주의적 성격이 로세토의 자본주의적 성향과 충돌해서 그 협업은 오래가지 않았다.

조던 리터 Jordan Ritter: 설립 때부터 냅스터에서 일했는데 공동창업자라는 직함만 없었다. 그가 공정한 대우를 받기 위해 소스코드를 인질로 잡고 있었던 적도 있다. 냅스터가 업계의 극렬한 저항으로 무너졌기 때문에 리터의 노력은 부질없게 되었다.

조스 웨던 Joss Whedon: 〈토이 스토리〉의 내부 시사회가 디즈니 경영진의 기대를 충족시키지 못하자 서둘러 초대된 대본 작가다. 픽사에서 2주간 치열하게 작업한 끝에 영화를 되살리는데 성공했다.

조안나 호프만 Joanna Hoffman: 아주 초창기부터 매킨토시 팀과 함께 한 인물이다. 그녀는 매킨토시의 사용자 인터페이스를 구현했고, 오리지널 매킨토시의 성공적인 출시를 이끈 숨겨진 마케팅 전문가였다.

조이 아너프 Joey Anuff: 일명 'URL의 공작Duke of URL'. 썩닷컴의 창립자 중 한 명으로 독설가로 유명하다. 썩닷컴은 웹에서 인기를 끌던 짤막한 상황 이미지와 밈을 많이 만들던 곳이다. 그곳의 전문 분야는 그날그날의 허세와 가식을 표출하는 것이었고, 아너프는 그것을 엄청 즐겁게 그리고 자유롭게 했다. 오늘날 웹을 채우는 풍자와 비판은 아너프의 이러한 성격이 반영된 것이라고 볼 수 있다.

조지 루카스 George Lucas: 〈스타워즈〉 시리즈의 성공을 통해 쌓은 부의 일부로 자신만의 연구개발 팀을 만들었다. 그는 컴퓨터 그래픽의 권위자들을 데려왔다. 처음에는 에드 캣멀, 나중에는 앨비 레이 스미스 등을 데려와 더 나은 영상 및 음향 편집 도구를 만들어 달라고 요청했다. 애니메이션은 뒷전이었다.

존 도어 John Doerr: 실리콘밸리에서 가장 오래되고 유명한 벤처캐피털 기업 중 하나인 클라이너퍼킨스코필드 앤드 바이어스Kleiner Perkins Caufield & Byers의 의장이다. 그는 1980년대와 1990년대에 실리콘밸리에서 넷스케이프, 아마존 그리고 구글을 발굴하고 자금을 조달한 것으로 유명하며, 가장 성공적인 젊은 벤처기업가 중 한 명이다.

존 라세터 John Lasseter: 컴퓨터 애니메이션을 추구하다 월트디즈니Walt Disney Company에서 해고되었으며, 이후 마린에 위치한 루카스필름 내 컴퓨터 그래픽 그룹으로 이직했다. 그 그룹은 이후 픽사가 되었는데, 그곳에서 픽사 컴퓨터를 위해 홍보용 단편 영화를 제작했다. 그러다 결국 〈토이 스토리〉를 만들게 된다. 현재 픽사와 디즈니 애니메이션의 최고크리에이티브책임자Chief Creative Officer다.

존 루빈스타인 Jon Rubinstein: 일명 '루비Ruby'. 애플에서 스티브 잡스의 가장 중요한 대리인 중 한 명이었다. 그는 새로운 종류의 음악 플레이어가 필요한 시기가 되었음을 처음 깨달은 사람이었다. 아이팟은 다른 어떤 제품보다 애플을 거대 기업으로 성장시키는 역할을 했다.

존 마코프 John Markoff: 약 30년간 『뉴욕타임스』에서 근무한 실리콘밸리 전문가다. 저서 『도마우스가 말한 것What the Dormouse Said』은 반문화와 실리콘밸리 공학 문화의 교집합에 대한 고찰이다. 현재 마코프는 두 문화 사이의 연결을 상징하는 인물인 스튜어트 브랜드의 전기를 집필하고 있다.

존 바텔 John Battelle: 버클리의 저널리즘 대학원을 졸업하자마자 『와이어드』의 첫 에디터로 취직했다. 얼마 후, 그는 비즈니스 잡지인 『인더스트리 스탠더드』를 설립했다. 그다음에는 구글에 관한 책을 썼고, 온라인 광고 네트워크를 구축했으며 인기 있는 컨퍼런스 시리즈를 만들었다. 지금도 존 바텔은 새로운 온라인 시대를 맞이하여 전통적인 잡지 저널리즘을 재발견하려고 노력 중이다.

존 스컬리 John Sculley: 잡스가 "여생을 설탕물이나 팔면서 보내겠느냐, 아니면 나와 함께 세상을 바꾸어 보고 싶으냐?"고 물으며 1983년 애플 CEO로 영입한 펩시 임원이었다. 2년 후 스컬리는 잡스를 애플에서 쫓아냈다.

존 지아난드레아 John Giannandrea: 기술자 중의 기술자다. 더할 나위 없이 얌전했지만, 경력은 화려했다. 실리콘밸리가 움직일 때면 그 중심에 늘 그가 있었다. 그는 실리콘그래픽스가 실리콘밸리에서 가장 존경받는 기업이었을 때는 실리콘그래픽스에 있었고, 제너럴 매직이 최정상에 있을 때 제너럴 매직에 있었다. 넷스케이프가 상장할 때도 넷스케이프에 있었다. 구글의 리서치 부문 전체를 경영했었고, 오늘날 애플의 시리를 책임지고 있다.

존 코치 John Couch: 애플이 고용한 최초의 고위 직원 중 한 명이었다. 그는 제록스파크가 애플에 제공한 유명한 데모에 참석했으며 리사 컴퓨터에서 본 것의 일부를 구현했다. 리사가 팔리지 않자 코치는 애플을 떠났고, 몇 년 후에 마케팅 경영자로 돌아왔다.

존 페리 발로우 John Perry Barlow: 목장 주인, 활동가, 작가, 작사가 등 많은 직업을 가지고 있다. 그러나 본인에게 물으면 사이버 공간의 정착민이라고 답할 것이다. 그는 아마도 스튜어트 브랜드의 초기 소셜 미디어인 '더 웰'에 가장 많이 기고한 작가 중 한 명이었을 것이다. 1990년대에 그는 전자 프런티어 재단Electronic Frontier Foundation 창립에 중요한 역할을 했고, 여전히 이사회에서 활동 중이다.

존 플런켓John Plunkett: 『와이어드』의 독특한 분위기를 만들어낸 부부의 나머지 한 사람이다. 난잡한 네온 컬러로 불협화음의 레이아웃을 만들었다. 이 튀는 디자인은 다가오는 디지털 세기를 알리기 위함이었고 실제로 그렇게 되었다.

짐 그리피스Jim Griffith: 일명 '그리프 아저씨Uncle Griff'. 초기의 이베이 커뮤니티에서 적극적으로 활동한 재미난 판매자였다. 이후 그는 이베이의 대변인이자 마스코트가 되었다.

짐 레비Jim Levy: 아타리 출신 프로그래머들이 창업한 비디오 게임 회사 액티비전의 첫 번째 CEO였다. 액티비전은 아타리의 가정용 게임 콘솔에 들어가는 게임을 만드는 최초의 외부 최초의 외부 게임 개발사였고, 많은 개발사들이 액티비전의 뒤를 따랐다. 결국 게임 과잉 현상은 1983년 아타리를 무너뜨렸고, 실리콘밸리의 경제 체제 전반에 충격을 주었다.

짐 박스데일Jim Barksdale: 넷스케이프의 첫 CEO였다. 그는 자금을 끌어오고 인재를 모으는 일을 담당하고 있던 짐 클락에 의해 채용되었다. 박스데일은 1995년에 넷스케이프가 상장한 후 1999년에 AOL에 최종 매각될 때까지 마이크로소프트의 지속적인 공격을 견뎌내면서 기업을 운영했다.

짐 삭스Jim Sachs: 호비-켈리 디자인 연구소에서 컴퓨터 마우스의 내부 구조를 저렴하고 안정적으로 만들 수 있게 디자인한 인물이다. 처음에 삭스는 이 디자인이 불가능할 거라고 생각했다.

짐 워렌Jim Warren: 홈브루 컴퓨터 클럽의 주요 멤버였고 사실상 사내 소식지인 『닥터 돕 저널Dr. Dobb's Journal』의 편집자였다. 이 저널의 부제는 '메모리를 적게 쓰면서 가볍게 실행하기Running light without the overbyte'였다. 그는 이후 워즈와 잡스가 애플 II를 출시하게 되는 웨스트 코스트 컴퓨터 페어를 만들었을 때도 비슷한 감성이 작용했다.

짐 유르첸코Jim Yurchenco: 호비-켈리 디자인 연구소에서 애플 마우스를 재설계한 인물로, 당시에 아타리의 트랙볼 디자인에서 번쩍이는 영감을 얻었다.

짐 클락 Jim Clark: 서부 텍사스에서 자랐으며 고등학교를 중퇴하고 해군에 입대했다. 그는 가난한 지역의 순박한 어린 시절을 지나 고급 컴퓨터 그래픽 분야의 박사 학위를 받았다. 그 후 특수 목적의 실리콘 그래픽 칩을 발명하여 컴퓨터 회사인 실리콘그래픽스를 설립했다. 실리콘그래픽스는 클락이 후에 넷스케이프를 시작하는 데 필요한 종자돈 마련에 큰 역할을 했다. 넷스케이프는 오늘날 인터넷의 형성에 가장 큰 역할을 한 회사다.

짐 헬러 Jim Heller: 아타리에서 반품된 불량 게임 카트리지 처리를 담당했다. 1982년 크리스마스 시즌 이후 너무 많은 사람이 게임 카트리지를 반품해서 수백만 개를 텍사스 매립지에 묻어야 했다. 이는 훗날 '위대한 비디오 게임 매장 사건'으로 불리는데, 아타리의 종말을 알리는 계기였다.

ㅊ

찰리 에이어스 Charlie Ayers: 데드헤드의 일원이자 요리사다. 에이어스는 제리 가르시아가 죽은 후에도 종종 그레이트풀 데드를 위해 요리를 했다. 그러다 그는 1999년에 구글의 첫 요리사로 합류했다. 에이어스는 데드헤드의 독특한 문화를 구글로 많이 가져왔고, 구글이 2004년 주식시장에 상장할 때까지 아주 잘 지냈다.

찰스 시모니 Charles Simonyi: 17세에 헝가리에서 망명한 이민자 출신으로, 제록스파크에 입사해 최초의 워드프로세서를 개발했다. 이 프로그램은 이후 마이크로소프트 워드가 되었다. 시모니는 마이크로소프트에서 20년 넘게 근무하면서 우주 여행을 하러 국제 우주정거장에서 몇 번의 휴가를 지냈다.

척 태커 Chuck Thacker: '장인tinkerer' 겸 발명가였고, 팔로알토에 기반을 둔 연구 개발 연구소인 제록스파크에서 알토 컴퓨터를 만들었다. 알토는 최초의 PC라 할 수 있으며, 애플 매킨토시에 영감을 주었다. 2009년에 그는 컴퓨터 분야의 최고 영예인 튜링상을 수상했으며, 박사 학위 없이 그 상을 받은 몇 안 되는 사람 중 하나다. 2017년에 세상을 떠났다.

ㅋ

카렐 발룬 Karel Baloun: 페이스북의 직원으로 1시간씩 걸리는 출퇴근을 피하기 위해 일주일에 2~3번은 사무실에서 잠을 잤다. 그래서 첫 번째 페이스북 시상식에서 '책상 아래에서 발견될 가능성이 가장 높은 직원'으로 선정되었다.

칼 스테드먼 Carl Steadman: 일명 '웹스터Webster'. 핫와이어드의 경영진들이 얼마나 그들의 청중과 산업에 대해 무지한지 보여 주고자 썩닷컴을 공동 설립했다. 칼과 그의 동료들은 밤중에 비밀리에 작업한 썩닷컴은 논란의 여지는 있지만 최초의 블로그라 할 만했고, 건방지고 냉소적이면서 심오한 정보의 기사들은 오늘날의 웹과 의미가 닿아 있다.

캐롤 바츠 Carol Bartz: 실리콘밸리의 유리 천장을 깬 최초의 여성이자 입이 거친 공화당원이다. 그녀는 2001년에 은퇴했지만 오토데스크와 야후에서 CEO로 활약했으며, 남녀를 막론하고 실리콘밸리에서 가장 성공적인 리더 중 한 명으로 존경받고 있다.

캡틴 크런치 Captain Crunch: 본명은 존 드레이퍼John Draper로, 반문화를 외치는 사람들과 1970년대에 실리콘밸리를 만든 컴퓨터 괴짜들의 영웅이었다. 캡틴 크런치는 AT&T의 전화 네트워크 해킹하여 공짜 전화를 사용하게 만든 사람이었다. 그의 객기는 젊은 스티브 워즈니악과 스티브 잡스가 공짜 전화를 쓸 수 있는 불법장치인 블루박스를 판매하는 사업에 뛰어들도록 영감을 주었다.

케빈 켈리 Kevin Kelly: 전 세계를 떠돌며 미래를 분석하는 편집자 겸 작가치고는 아주 옛날 스타일을 고수한다. 그의 저서들은 흠잡을 수 없이 완벽하고, 그중 최신 저서인 『인에비터블 미래의 정체The Inevitable』가 단연 최고다.

케이트 루스Kate Losse: 2005년 페이스북 내에서 가장 영향력이 약한 부서인 고객 서비스 부서에 입사했다. 갖은 노력 끝에 결국 CEO 마크 저커버그의 연설문 작성자로 일하게 되었지만, 회사에 대한 환상이 깨지게 되어 그 모든 이야기를 털어놓는 책 『소년왕들: 소셜 네트워크의 심장으로 떠나는 여행The Boy Kings: A Journey into the Heart of the Social Network』을 집필했다.

케이티 제민더Katie Geminder: 페이스북의 첫 번째 프로젝트 매니저이자 끊임없이 진화하는 페이스북에 대한 저커버그의 생각을 구체화시키는 책임자였다. 저커버그는 다이어그램으로 표현한 자기 아이디어를 늦은 밤 평범한 검은 노트에 쏟아 냈다. 그러고나서 아침마다 그것을 제민더에게 건네 주었다.

켄 고프만Ken Goffman: 일명 R. U. 시리우스R. U. Sirius. 영향력 있는 잡지 『몬도 2000』의 편집자였다. 이 잡지는 미래는 어떻게 어떻게 될 것인지에 대해 때로는 현실적으로 때로는 상상의 나래를 펴며 '사이버 문화'를 촉발시켰다.

켄 키지Ken Kesey: 1950년대와 1960년대 초 팔로알토의 자유분방한 페리 레인Perry Lane에서 살았던 소설가였다. 주변 엔지니어들이 실리콘밸리의 기초를 만들고 있는 동안, 키지와 그의 조수 스튜어트 브랜드는 마약 파티를 열었고, 당시 생소했던 LSD를 대중에게 널리 알렸다.

코코 존스Coco Jones: 『와이어드』의 초창기 직원이었고, 그 기업 최초의 전국 광고 영업 매니저였다.

크리스 매카스킬Chris MacAskill: 또 다른 제너럴 매직 출신 인물이다. 제너럴 매직이 실패한 후, 몇 개의 유명한 닷컴 회사를 설립했다.

크리스 아가파오Chris Agarpao: 처남의 가장 친한 친구인 피에르 오미다이어와 종종 성룡 영화를 같이 보는 사이였다. 그러다가 우연히 오미다이어가 아가파오에게 새로 시작한 사업에 도움이 필요하다고 말했고, 그렇게 아가파오는 1996년에 이베이eBay의 첫 직원이 되었다. 아가파오는 지금도 이베이에서 근무 중이다.

크리스 카엔 Chris Caen: 매년 여름 아타리에서 고등학생으로 일했으며, 18살에 단독 사무실과 훌륭한 월급을 받는 프로젝트 매니저가 되었다. 여름이 끝날 무렵 아타리는 무너졌고, 크리스 카엔에게 스탠퍼드는 매력적인 대안이었다. 졸업 후 그는 VR과 PR 분야에서 일했으며 현재는 기술에 관해 글을 집필 중이다.

크리스토퍼 스트링거 Christopher Stringer: 애플의 사내 디자이너 중 가장 영향력 있었다. 25년의 근무 끝에 2017년 회사를 떠났다.

크리스티나 울시 Kristina Woolsey: 초대 이사인 앨런 케이가 애플로 떠난 후, 그 뒤를 이어 아타리 리서치랩 이사가 되었다. 나중에 그녀 역시 애플의 멀티미디어 연구 프로젝트를 진행하기 위해 회사를 떠났다.

크리스틴 스펜스 Kristin Spence: 지금은 원래 이름인 블래드 스펜스Blaed Spen-ce로 불린다. 그녀는 애플에서 행정 보조원으로 경력을 시작했고, 『와이어드』잡지사가 설립할 때 이직해, 지금은 전업으로 기사를 쓴다.

클리브 톰슨 Clive Thompson: 과학기술 전문 언론인이다. 그는 『생각은 죽지 않는다: 인터넷이 생각을 좀먹는다고 염려하는 이들에게Smarter Than You Think: How Technology is Changing Our Minds for the Better』를 썼고, 준비 중인 다음 책은 컴퓨터 프로그래머들의 독특한 사고 과정을 다룬다.

ㅌ

테드 넬슨 Ted Nelson: 1975년에 출간된 『컴퓨터 리브/드림 머신Computer Lib/Dream Machines』에서 '하이퍼텍스트'와 '딜도닉스dildonics'라는 단어를 처음 만들었다.

테드 다브니 Ted Dabney: 아타리의 창립자 중 자주 잊혀지는 사람이다. 그는 회사를 일찍 떠났고, 실리콘밸리에서 시에라Sierra 산기슭의 작은 마을로 이사했으며, 비디오 게임에 관심이 없었다.

테리 위노그라드 Terry Winograd: 스탠퍼드 대학의 컴퓨터과학 교수다. 그는 래리 페이지의 논문 지도교수였고, 구글의 가장 초기 모습을 제안했다.

토니 스터블바인 Tony Stubblebine: 팟캐스트 기업 오데오의 수석 엔지니어였다. 사업이 실패하자 직원들이 트위터에 대한 아이디어를 냈다.

토니 파델 Tony Fadell: 시장보다 너무 빨리 스마트폰을 개발했던 제너럴 매직의 또 다른 졸업생이다. 제너럴 매직이 실패하자 토니 파델은 음악 쪽으로 돌아서서 아이팟의 핵심 아이디어를 생각해냈고, 이것을 애플에 가져갔다. 아이팟 이후에는 네스트Nest(스마트 난방조절기 기업)를 창업했고, 구글에 회사를 팔았다. 현재 그는 파리에 살고 있다.

톰 수터 Tom Suiter: 스티브 잡스가 1984년에 매킨토시를 출시하기 위해, 그리고 1998년에 다시 아이맥을 출시하기 위해 고용했던 크리에이티브 디렉터였다.

톰 짐머만 Tom Zimmerman: 최초의 VR 기업인 VPL에서 제론 레니어의 파트너였다. 춤 동작을 디지털화하는 데 유용할 것이라고 생각해서 손가락 위치를 감지할 수 있는 데이터글러브를 발명했다. 하지만 래니어는 그것을 보고 마치 컴퓨터 화면에서 마우스가 사용되듯, VR에서는 데이터글러브가 쓰일 것임을 깨달았다.

톰 포터 Tom Porter: 픽사의 프로그래머 겸 그래픽 연구원이었는데, 모션블러 Motion Blur[†]를 컴퓨터로 그리는 법을 발견했다. 광학 카메라에서는 빠르게 움직이는 피사체를 느린 셔터 속도로 촬영해 쉽게 모션블러를 만들 수 있다. 하지만 디지털 영상에서는 매우 획기적인 알고리즘을 필요로 한다.

트립 호킨스 Trip Hawkins: 아타리 게임에 푹 빠져 있던 1970년대 후반의 스탠퍼드 MBA 학생이었다가 마케팅 담당으로 애플에 입사했다. 그의 업무는 애플 II를 비즈니스 사용자에게 판매할 방법을 찾는 것이었다.

[†] 화면 이동 시 잔상을 남기는 그래픽 효과.

1982년 호킨스는 첫사랑이었던 게임으로 돌아와 최초의 컴퓨터 게임 퍼블리셔 중 하나인 일렉트로닉 아츠Electronic Arts, EA를 시작했다.

티파니 슈라인 Tiffany Shlain: 닷컴 시대의 최고의 연례 파티인 '웨비스Webbies'를 개최했다. 오늘날 슈라인은 21세기에 자신이 '클라우드 영화 제작'이라고 부르는 기술을 도입하기 위해 노력하는 실험 영화 제작자다.

ㅍ

패브리스 플로린 Fabrice Florin: 『지구백과』의 평론가였으며 TV 프로듀서였다. 첫 번째 해커 컨퍼런스에서 만든 다큐멘터리가 기술 분야를 시작한 계기였다. 플로린은 멀티미디어 비디오, 사운드 및 모든 종류의 이미지가 컴퓨터에 의해 가능하게 한 가장 초기 개척자 중 한 사람이다.

패티 베론 Patty Beron: 샌프란시스코의 닷컴 버블의 상징과 같은 여자다. 그녀는 어디에서 파티가 열리는지 다 알고 있었고, 그녀의 웹사이트 SF-Girl.com을 확인하면 누구나 샌프란시스코에서 열리는 파티 일정들을 알 수 있었다.

포 브론슨 Po Bronson: 기자로 글을 쓰기 전에는, 금융 시장과 스타트업 기업에 관한 소설을 썼다. 포 브론슨의 주제인, '1990년대 후반의 위대한 인터넷 버블'은 완벽했다. 저자 정보에 따르면 『실리콘밸리의 누디스트The Nudist on the Late Shift』는 그 시대에 관한 최고의 책이다.

폴 부케이트 Paul Buchheit: 구글의 아주 초창기 직원이었다. 그는 '사악해지지 말자'라는 문구를 만들었고, 이는 구글의 기업 모토가 되었다. 그는 애드센스 프로토타입을 만들었고, 구글은 지금까지도 이 소프트웨어로 많은 돈을 벌고 있다. 또 한 번의 영광을 위해 그는 지메일이라는 작은 실험을 했다.

프레드 데이비스 Fred Davis: 『지구백과』를 지은 스튜어트 브랜드 밑에서 작가로의 경력을 쌓기 시작했으며, 『A+』, 『맥유저』, 『PC매거진』 및 『PC위크』

를 비롯한 여러 중요한 잡지의 편집장이 되었다. 오늘날 그는 다음 세대의 기업가를 위한 전문 멘토로 활동하고 있다.

피에르 오미다이어 Pierre Omidyar: 자유주의 철학에 괴상한 흥미를 가진, 제너럴 매직의 말단 직원이었다. 그는 막 발명된 월드와이드웹을 보고 자신의 철학을 시험해 볼 수 있다는 사실을 알았고 일반인들이 규제나 중간자 없이 평범한 물건을 거래할 수 있는 온라인 시장을 만들었다. 놀랍게도, 그 아이디어는 성공했다.

피터 틸 Peter Thiel: 스탠퍼드의 노골적인 캠퍼스 보수주의자로 닷컴 버블의 정점에서 페이팔을 설립했다. 페이팔은 이베이에 의해 빠르게 흡수되었지만 그 핵심 팀인 소위 '페이팔 마피아'는 여전히 실리콘밸리에서 경외심과 두려움의 대상이다. 피터 틸은 페이스북의 초기 투자자였고, 대통령 후보 도널드 트럼프를 지지한 거의 유일한 실리콘밸리 인물이다.

피트 헬메 Pete Helme: 애플에서 애플의 스핀오프 기업인 제너럴 매직으로 이직한 프로그래머로, 후에 이베이로 다시 이직했다.

필 쉴러 Phil Schiller: 애플의 마케팅 책임자로 스티브 잡스가 CEO로 복귀한 1997년부터 활동해 왔다.

ㅎ

하워드 라인골드 Howard Rheingold: 실리콘밸리의 역사와 문화에 대한 책들을 집필한 작가이다. 1985년에 저술한 『사고 도구Tools for Thought』에서는 PC의 탄생에 대해 썼고, 1993년에 집필한 『가상공동체The Virtual Community』는 초창기 소셜 미디어를 평가했다.

하워드 워쇼 Howard Warshaw: 아타리의 기준에서도 엄청난 괴짜였지만, 게임 개발자 중에선 최고의 실력을 가지고 있었다. 그의 VCS 게임 중 〈야르의 복수Yar's Revenge〉와 〈레이더스Raiders of the Lost Ark〉는 엄청난 인기를 끌었다. 하지만 맞든 틀리든 〈E.T.〉를 만든 사람으로 널리 알려져 있다. 아타리를 무너뜨렸던 바로 그 게임 말이다.

하워드 킹 Howard King: 메탈리카 밴드의 변호사로 메탈리카 대 냅스터의 법정 소송에서 메탈리카를 대변했다. 그는 여기서 유리한 합의를 이루어내서 메탈리카를 파일 공유 비지니스로 돈을 번 몇 안 되는 밴드로 만들었다.

행크 베리 Hank Barry: 처음에는 변호사로, 그다음에는 실리콘밸리 벤처 자본가로 살았으며, 그 이전에 록 드러머였다. 그리고 마지막으로 냅스터의 CEO가 되었다. 음반업계와 냅스터가 법적인 문제로 시끄러워질 무렵, 냅스터의 첫 번째 CEO인 에일린 리처드슨으로부터 CEO 자리를 넘겨받았다.

헤더 케언즈 Heather Cairns: 구글에서 창업자 래리 페이지와 세르게이 브린이 좋아하지 않는 모든 일을 담당했다. 그는 실제로 이렇게 자신의 업무를 설명했다. 구글이 성장하면서 헤더 케언즈의 직급도 올라갔다. 그녀는 최종적으로 인사부의 책임자가 되었으며, 구글 내 모든 사람들이 속내를 털어 놓는 사람이다.

힐러리 로슨 Hilary Rosen: 미국음반산업협회의 오랜 직원이었으며 1998년에 CEO가 되었다. 로젠의 지휘하에 RIAA는 냅스터를 상대로 일련의 소송을 진행했고, 결국 냅스터는 파산했다.

출처에 관하여

문어체와 구어체는 매우 다르다. 그래서 인터뷰 내용에서 발음의 흐트러짐을 바로잡고, 의식의 흐름을 문장으로 나누고, 긴 문장을 단락으로 구분하고, 중복되는 부분을 없앴다. 원래의 대화를 문어체로 다듬기보다는, 실제로 말한 것을 읽을 수 있는 형태의 대화로 구성하는 것에 주안점을 두었다. 이 책을 위해 인터뷰한 모든 사람의 화법과 성격을 그대로 유지하려 노력했다. 그래서 읽을 때 가능한 모든 단어의 의미가 독자의 마음속에서 드러날 수 있도록 말이다. 즉, 그들의 삶에 진실되고, 대화 원문에 가깝고, 발화자의 의도에 충실하게 전달하려 했다.

이 책에서 찾을 수 있는 대부분의 대화는 내가 수행한 인터뷰에서 비롯되었다. 특히 이 책을 쓰기 위해 수행한 인터뷰가 많다. 인터뷰를 시도했지만 힘든 경우는 기존에 공개되지 않은 인터뷰를 찾으려고 노력했다. 그리고 몇 가지 사례에서는 이전에 출판된 인터뷰를 인용했다. 이러한 보조 자료의 전체 목록은 ValleyOfGenius.com과 아래에서 확인할 수 있다.

프롤로그

스티브 잡스는 2011년 10월 5일, 이 책을 구상하기 전에 세상을 떠났다. 이 장과 이후의 장에서 인용한 그의 말은 1995년 대니얼 모로우Daniel Morrow가 수행한 스미스소니언 연구소 인터뷰, 1985년 데이비드 셰프David Sheff의 『플레이보이』 인터뷰, 1994년 실리콘밸리 역사 협회Silicon Valley Historical Association의 인터뷰, 1990년 WGBH 보스톤WGBH Boston의 인터뷰에서 발췌했다. 고든 무어의 말은 2014년 12월 유튜브에 게시된 〈고든 무어가 무어의 법칙에 대해 말하다Gordon Moore About Moore's Law〉에서 따왔다. 돈 발렌타인의 말은 세쿼이어 캐피탈Sequoia Capital의 홈페이지에서 인용했다.

01 빅뱅

더글러스 엥겔바트는 이 책이 구상되기 전인 2013년 7월 2일에 세상을 떠났다. 그의 인용구는 여러 출처에서 수집했다. 2008년 12월 SRI에서 주관한 '엥겔바트와 인터랙티브 컴퓨팅의 여명Engelbart and the Dawn of Interactive Computing' 행사, 1998년 12월 스탠퍼드 대학교 도서관과 미래연구소Institute for the Future가 주관한 심포지움, 1994년 5월 존 에클룬드가 수행한 스미스소니언 연구소 인터뷰, 1986년 12월과 1987년 4월 두 차례에 걸쳐 스탠퍼드 대학교의 주디 애덤스Judy Adams와 헨리 로우드Henry Lowood가 수행한 인터뷰 등이다. 이번 장과 다른 장에서 스티브 잡스의 말은 로버트 크링글리RobertCringely가 제작한 다큐멘터리 〈스티브 잡스: 더 로스트 인터뷰Steve Jobs: The Lost Interview〉와 마이클 로런스Michael Lawrence와 줄리안 크레인Julian Krainen의 다큐멘터리 〈기억과 상상: 의회 도서관으로의 새로운 통로들Memory & Imag-ination: New Pathways to the Library of Congress〉(1990)에서 인용했다. 켄 케시의 "LSD 다음으로 대단한 발명이에요!"라는 말은 존 마코프의 훌륭한 역사서 『도마우스가 말한 것What the Dormouse Said』에서 찾아볼 수 있다.

02 1번 선수 대기하세요

테드 다브니의 인용문은 2010년 10월 마이크 케네디Mike Kennedy, 마이크 제임스Mike James, 스콧 슈라이버Scott Schreiber가 진행한 '레트로게이밍 라운드업RetroGaming Roundup' 팟캐스트 24회와 2012년 컴퓨터역사박물관Computer-History Museum이 제작한 테드 다브니에 관한 구술사 자료에서 따왔다. 이 장과 이 책 전반에서 인용된 밥 멧칼프의 말은 컴퓨터역사박물관의 2007년 구술사 자료에서 가져왔다. 스티브 메이어의 말은 팟캐스트 ANTIC의 '인터뷰 65Interview 65'에서 인용했다.

03 타임머신

이 장과 다른 장에 실린 찰스 시모니의 인용문은 컴퓨터역사박물관의 2008년 구술사 자료에서 따왔다. 스티브 러셀의 말은 딘 타카하시Dean Takahashi의 2011년 2월 인터뷰 '스티브 러셀, 초기 비디오 게임 〈스페이스워〉에 대해 말하다!Steve Russell Talks About His Early Video Game Spacewar!'에서 인용했다. 이 장과 다른 장의 래리 테슬러의 인용문은 컴퓨터역사박물관의 2013년 구술사 자료에서 가져왔다.

04 틀을 깨는 자들

이 장과 다른 장에 인용된 스티브 워즈니악의 말은 나와의 심층 인터뷰와 2가지 기록에서 비롯되었다. 패트릭 벳데이비드Patrick Betdavid와의 2010년 12월 인터뷰와 『게임 인포머Game Informer』와의 2013년 6월 인터뷰다. 스티브 잡스의 "해탈" 인용구는 월터 아이작슨 최고의 책 『스티브 잡스Steve Jobs』에서 따왔다. 마이크 마쿨라의 말은 다큐멘터리 〈섬씽 벤쳐드Something Ventured〉(2011)에서 가져왔다. 아서 락의 말은 2002년 스탠퍼드 대학의 실리콘밸리 구술사 프로젝트인 '실리콘 제네시스Silicon Genesis'에서 인용했다.

05 관리자보다 똑똑한 노동자

론 밀너의 말은 팟캐스트 ANTIC의 '인터뷰 74Interview 74'에서 가져왔다. 래리 캐플런의 인용문은 비디오 게임 데이터베이스인 디지털 프레스Digital Press의 날짜를 알 수 없는 인터뷰에서 따왔다. 이 장과 다른 장에서 인용한 레리 카사르의 말은 2011년 4월 트리스탄 도노반의 『가마수트라Gamasutra』 인터뷰에 실려 있다.

06 제록스파크의 속살

딘 호비, 짐 삭스, 짐 유르첸코의 말은 알렉스 수정-김 팡Alex Soojung-Kim Pang이 진행한 스탠퍼드 대학 도서관의 '매킨토시 만들기Making the Macintosh' 역사 프로젝트에서 인용했다. 이 장과 다른 장에서 인용한 빌 앳킨슨의 말은 빌 모그리지Bill Moggridge의 『상호 작용을 디자인하다Designing Interactions』(2007)에서 가져왔다.

08 안녕하세요, 전 매킨토시입니다

스티브 잡스의 "형편없는 개자식"은 월터 아이작슨의 책 『스티브 잡스』찾아볼 수 있다. 제프 라스킨의 "프랑스 절대왕정에서 아주 훌륭한 왕"은 마이클 모리츠Michael Moritz의 『작은 왕국의 귀환The Return to the Little Kingdom』에서 따왔다. 마이크 머레이, 조안나 호프만, 앤디 커닝햄의 말은 2004년 컴퓨터 역사박물관에서 열린 패널 토론 '매킨토시 마케팅 이야기: 사실과 허구, 그리고 20년 후The Macintosh Marketing Story: Fact and Fiction, 20 Years Later'에서 가져왔다. 버렐 스미스의 말은 1985년 5월 『지구 리뷰Whole Earth Review』에서 인용했다. 리 클로우의 말은 2012년 광고의 시대Advertising Age가 게시한 앤-크리스틴 디아즈Ann-Christine Diaz의 인터뷰 영상 '슈퍼볼 광고의 예술: 리 클로우, 애플의 '1984'가 좌절될 뻔했던 사연, 광고가 한 번만 상영되었던 진짜 이유를 말하다The Art of the Super Bowl Ad: Lee Clow on How Apple's '1984' Almost Didn't Happen—The Real Story on Why the Spot Only Aired Once'에서 인용했다. 리들리 스콧의 말은 1984년 애플 영업점에 배포된 애플의 홍보 영상에서 가져왔다. 존 스컬리의 발언은 2011년 보카 라톤에서 열린 IBM PC의 30주년 기념식에서 나온 것으로 『사우스 플로리다 비즈니스 저널South Florida Business Journal』이 보도했다.

10 정보는 무엇을 원하는가

테드 넬슨의 인용문은 1984년 11월 첫 해커스 컨퍼런스에 관한 마이클 슈레이지Michael Schrage의 『워싱턴 포스트Washington Post』 기사에 실려 있다. 빌 앳킨슨의 인용문은 2012년 8월 버클리 사이버살롱Berkeley Cybersalon 하이퍼카드의 창조와 유산에 관한 행사에서 나온 말을 가져왔다. 더그 칼슨, 로버트 우드헤드, 스티브 워즈니악의 말은 1985년 5월 『지구 리뷰』에 보도된 해커스 컨퍼런스에서 인용했다.

11 전 지구를 전자로 연결하라

람 다스의 말은 아래의 Seva 재단Seva Foundation 영상 2개에서 인용했다. 〈람 다스가 님 카롤리 바바, 래리 브릴리언트, 그리고 Seva 재단의 탄생에 관해 말하다Ram Dass Talks About Neem Karoli Baba, Larry Brilliant, Service, and the Birth of Seva Foundation〉와 "〈람 다스와의 저녁: 1985년 Seva 재단 자선 행사An Evening with Ram Dass: Seva Foundation Benefit 1985〉.

12 현실감 체크

이 장과 다른 장에 인용된 미치 알트만의 말은 유튜브에 게시된 해커트립스Hackertrips의 영상 〈미치 알트만과의 인터뷰An Interview with Mitch Altman〉에서 가져왔다.

13 미친 완벽함에서 완벽한 미침으로

존 스컬리의 말은 『비즈니스 인사이더Business Insider』의 짐 에드워즈Jim Edwards가 보도한 프라하에서의 인게이지Engage 2015 컨퍼런스에서 이루어졌다. 니콜라스 네그로폰테의 인용문은 1995년 11월 『와이어드』의 인터뷰에서 가져왔다.

15 장난감들의 이야기

에드 캣멀의 말은 컴퓨터역사박물관의 2013년 구술사 자료, 스탠퍼드의 이코너eCorner 강연 시리즈에서 그가 한 2014년 강연, 그리고 1995년 다큐멘터리인 〈토이 스토리는 어떻게 만들어졌나The Making of Toy Story〉에서 인용했다. 존 라세터의 인용문은 1996년 10월 찰리 로즈Charlie Rose의 인터뷰, 2006년 5월 『포춘Fortune』의 기사 「픽사의 마술사Pixar's Magic Man」, 2011년 6월 『엔터테인먼트 위클리Entertainment Weekly』의 기사 「존 라세터, 초기 픽사에 대해 말하다: 토이 스토리는 팀 버튼 없이는 불가능했다John Lasseter on Pixar's Early Days—and How Toy Story Couldn't Have Happened Without Tim Burton」, 그리고 2009년 6월 오브리 데이Aubrey Day의 인터뷰에서 가져왔다. 조스 웨돈의 말은 『조스 웨돈: 대화Joss Whedon: Conversations』라는 책에서 인용했다. 조지 루카스의 인용문은 『무한한 공간, 저 너머로!: 픽사 이야기To Infinity and Beyond!: The Story of Pixar Animation Studios』라는 책에서 비롯되었다.

16 어이 일어나봐 인터넷

마크 안드레센의 인용문은 『비즈니스 인사이더』의 2009년 비디오 인터뷰와 크리스 앤더슨Chris Anderson의 2012년 4월 『와이어드』 인터뷰에서 가져왔다.

19 벼룩시장의 급습

피에르 오미다이어의 말은 2000년 미국공로학회American Academy of Achievement와의 인터뷰에서 인용했다.

20 인터넷의 생김새

래리 페이지와 세르게이 브린의 말은 존 잉스John Ince가 2000년 1월 『업사이드Upside』의 기사를 작업하는 동안 수행한 일련의 인터뷰에서 인용했다. 이 인터뷰의 대부분은 출판되지 않았다. 래리 페이지의 추가 인용문은 『포춘』의 2008년 5월 인터뷰, 2009년 미시간 대학에서의 졸업식 연설, 2002년 스탠퍼드의 이코너 강연, 2000년 12월 『샌프란시스코 크로니클San Francisco Chronicle』과의 인터뷰에서 가져왔다. 세르게이 브린의 추가 인용문은 2000년 미국공로학회 인터뷰, 2000년 11월 『MIT 테크놀로지 리뷰MIT Technology Review』 인터뷰, 2002년 12월 오라일리 컨퍼런스O'Reilly conference에서의 발언, 2004년 9월 『플레이보이Playboy』 인터뷰에 따른 것이다. 마리사 메이어의 '버닝맨' 발언은 데이비드 A. 바이스David A. Vise와 마크 말시드Mark Malseed의 책 『구글 스토리The Google Story』에서 찾을 수 있다. 에릭 슈미트의 말은 2014년 뉴욕시 92번가 Y에서 이뤄진 인터뷰에서 나온 것이다.

21 국가가 허용한 유일한 마약

숀 패닝의 말 대부분과 숀 파커의 말 중 일부는 다큐멘터리 〈다운로디드Downloaded〉와 잡지 『빌보드Billboard』의 레지 오그우Reggie Ugwu가 수행한 영화 시사회 인터뷰에서 인용했다. 추가적인 숀 패닝의 인용문은 2009년 5월에 게시된 SF게이트SFGate 팟캐스트에서 가져왔다. 행크 베리는 자신의 발언은 개인으로서 말한 것이며 그의 견해가 반드시 그의 회사인 시들리 오스틴 LLPSidley Austin LLP의 견해인 것은 아니라고 말했다. 라스 울리히의 말은 2000년 5월 야후가 주최한 라이브 채팅과 2013년 9월 허프포스트 라이브HuffPost Live의 마이크 색스Mike Sacks와의 인터뷰에서 인용했다. 데이비드 보이스David Boies의 인용문은 2000년 10월 『와이어드』 인터뷰에서 가져왔다.

22 닷컴 폭탄

피터 틸의 코멘트는 2012년 봄 스탠퍼드에서 진행된 강의에서 이뤄졌고, 객석에 있던 블레이크 마스터스Blake Masters가 노트에 기록했다.

23 왕의 귀환

래리 엘리슨의 발언은 2013년 8월 CBS 〈디스 모닝This Morning〉에서 이뤄진 '래리 엘리슨과의 한 시간An Hour with Larry Ellison'이라는 특별 대담과 2016년 서던 캘리포니아 대학에서 한 졸업식 연설에 따왔다.

24 될 놈은 된다

폴 부케이트의 인용문은 제시카 리빙스턴Jessica Livingston의 『세상을 바꾼 32개의 통찰Founders at Work』라는 책에서 찾을 수 있다. 수잔 보이치키의 인용문은 2007년 7월 제퍼슨 그레이엄Jefferson Graham의 『USA 투데이USA Today』 기사 「구글을 만드는데 도움을 준 집The House That Helped Build Google」에서 찾을 수 있다.

25 내가 CEO다, 이놈들아!

마크 저커버그의 발언은 2005년 하버드 대학 '컴퓨터 과학 입문Introduction to Computer Science'수업에 했던 초청 강연, 그리고 같은 해 2월『하버드 크림슨Harvard Crimson』과 진행한 인터뷰, 2007년 Y 콤비네이터 스타트업 스쿨Y Combinator's Startup School 행사에서 이루어졌다. 더스틴 모스코비츠의 말은 2008년 12월 청년운동연합회의Alliance of Youth Movements Summit에서의 기조 연설과 데이비드 커크패트릭David Kirkpatrick의 권위 있는 역사서인『페이스북 효과The Facebook Effect』에서 인용했다. 데이비드 최의 발언은 2016년 3월〈하워드 스턴 쇼The Howard Stern Show〉에서 가져왔다. 스티브 잡스는 그의 전기 작가인 월터 아이작슨에게 말을 남겼다. 이 인터뷰는 2011년 잡스가 세상을 떠난 직후에 〈60분60 Minutes〉에 방영되었다.

26 프로젝트 퍼플
필 쉴러, 스콧 포스톨, 크리스토퍼 스트링거는 2012년 8월 애플 대 삼성 사건에서 증언했다. 스티브 잡스의 코멘트는 2010년 6월 '모든 것 DAll Things D' 컨퍼런스의 무대에서 이뤄졌다. 맷 로저스의 발언은 케빈 로즈Kevin Rose의 〈파운데이션Foundation〉 21회에서 인용했다. 〈파운데이션〉은 테크 거물급 인사들과의 인터뷰를 촬영한 시리즈다. 에디 큐의 인용문은 브렌트 슐렌더 Brent Schlender와 릭 테첼리Rick Tetzeli의 스티브 잡스 전기 『비커밍 스티브 잡스 Becoming Steve Jobs』에서 따왔다.

27 내 손 안의 우연성
노아 글래스의 발언은 2005년 3월 버클리 언론대학원에서 열린 강연에서 나왔다. 토니 스터블바인은 쿼라Quora라는 웹사이트에 그의 기억을 공유했다. 마크 저커버그의 '광대차' 발언은 닉 빌턴의 멋진 책 『해칭 트위터Hatching Twitter』에서 가져왔다.

28 무한한 공간, 저 너머로!
래리 페이지의 뇌 이식 수술에 대한 추측은 구글의 역사를 광범위하게 다룬 스티븐 레비의 『In the Plex 0과 1로 세상을 바꾸는 구글, 그 모든 이야기 In the Plex』에서 찾을 수 있다.